더욱 믿음의 세대로

더욱 믿음의 세대로

다음 세대를 믿음으로 세우는 통로

강인구 지음

차례

추천의 글   12
머리말   16

제1부 창조주 하나님의 절대 진리   25

1장 왜 절대 진리인가?   26
1. 진리의 근원이신 창조주 하나님이 직접 밝히셨기 때문이다
2. 창조주 하나님이 밝히신 진리는 영원불변하기 때문이다
3. 인간은 하나님 말씀을 따르도록 창조되었다

2장 창조인가? 우연인가?   33
1. 우주의 탄생 - 빅뱅 이론과 신의 입자
2. 태양계와 지구의 신비
3. 자연과 식물의 신비
4. 생명과 인간의 신비
5. 진화론의 오류와 한계

3장 창조주의 성품과 뜻을 어떻게 알 수 있는가?   46
1. 자연 계시
2. 특별 계시

4장 어떻게 창조하셨는가? 왜 창조하셨는가? 인간은 어떤 존재인가?   50
1. 말씀으로 창조되었다.
2. 하나님의 기쁨이 되도록, 선하고 아름답고 조화롭게 창조되었다
3. 인간은 하나님 형상을 지닌 하나님의 자녀로 창조되었다
4. 인간의 죽음과 영생

5장 창조주 하나님의 성품과 속성 55

   1. 전능하신 하나님, 질서의 하나님

   2. 거룩하고 선하신 하나님, 공의로우신 하나님

   3. 축복의 하나님, 은혜의 하나님

   4. 사랑의 하나님, 용서의 하나님

   5. 인격적인 하나님

6장 성경이 말하는 죄란 무엇인가? 어떻게 죄에서 구원받을 수 있는가? 60

   1. 죄의 의미와 특성

   2. 아담의 죄가 왜 원죄인가? 하나님은 왜 아담의 죄를 막지 않으셨는가?

   3. 하나님 공의에 의한 구원의 길은 예수님 십자가 대속이다

7장 예수님은 어떤 분인가? 67

   1. 흠 없는 깨끗한 제물이 되셔서 십자가에 죽으심으로 인간의 죄를 완전하게 대속하셨다

   2. 하나님 나라의 해방, 하나님 형상의 회복을 보여주셨다

   3. 예수님은 완전한 치유자가 되시기 위해 인간 최고의 고난과 고통, 배반과 상처를 친히 겪으셨다

   4. 보이지 않는 하나님을 보여주셨다

   5. 부활 승천하심으로 영생의 소망을 주셨다

8장 예수님 구원의 절대성과 다른 종교인에 대한 자세 84

9장 오늘날의 갈멜산 전투! 무엇이 참 진리인가! 88

   1. 구약의 갈멜산 전투

   2. 오늘날 갈멜산 전투는 무엇이 참 진리인가? 갈멜산 전투는 이미 시작되었다

   3. 창조주 하나님만이 인간의 근본 문제에 대한 분명한 해답을 준다

   4. 하나님 의와 다른 종교의 의

   5. 기독교와 서양문화, 철학과의 차이

   6. 필자가 본 기독교의 하나님과 이슬람의 알라신 차이

제2부 현대 위기의 근본 원인과 대책   107

1장 오늘날 위기의 근본 원인은 하나님 관계가 깨어진 데에 있다   108
  1. 아담의 불순종으로 인간은 영적 생명을 잃고 육적 존재로 전락했다
  2. 하나님은 순종하는 아벨의 후예를 통해 구원 계획을 이루어오셨다
  3. 하나님의 구원 섭리는 예수님을 통해 완성되었지만, 인간이 구원의 은혜를 외면하고 있다
  4. 하나님 창조하신 인간 사회질서가 무너지고 있다
  5. 자연과의 조화를 잃고 자연을 잘 다스리지 못하고 있다

2장 위기의 근본대책은 하나님 관계의 회복, 하나님 형상을 회복하는 길이다   127
  1. 인간의 구원은 하나님 형상의 회복, 하나님 자녀로의 정체성 회복이다
  2. 출애굽과 광야 훈련은 언약 백성의 정체성을 회복하기 위함이었다
  3. 언약 백성의 정체성은 혈통이 아닌 믿음에 있었다
  4. 언약 백성이 정체성을 지킬 때 하나님의 축복, 하나님의 능력이 임했다

3장 예수님 안의 새 생명   143

4장 예배는 하나님 백성 정체성의 제1 기준이다   145

5장 기도는 하나님과 인격적 교통이다. 하나님 백성의 특권이자 의무이다   148
  1. 인간은 기도로 하나님과 인격적으로 교통하며 하나님 뜻을 이루도록 창조되었다
  2. 하나님은 기도를 통해 일하신다. 기도하는 사람이 사명자이다

6장 하나님 능력은 말씀의 능력이다. 하나님께 순종은 말씀의 순종이다   155

7장 믿음으로 의롭게 된다. 믿음의 궁극적 목적은 하나님의 성품을 닮는 성화이다   159
  1. 구원의 믿음
  2. 성화로 나아가는 믿음
  3. 하나님은 믿음 위에 역사하신다. 믿음을 훈련시켜 구원의 역사를 이루어 오셨다

8장 지성을 넘어 영성으로　170
1. 성령을 받는 것은 인간의 특권이자 의무이다
2. 성령을 거역하는 것은 죄가 된다. 거듭남은 성령의 열매로 나타난다

9장 율법에서 사랑으로　173

10장 판단과 정죄에서 용서를 통한 평강과 샬롬으로　176

제3부 하나님 관계의 사회적 회복　183

1장 공산주의 실패　184
1. 마르크스 공산주의 이론의 등장 배경
2. 과학적 사회주의와 공상적 사회주의
3. 마르크스의 자본론
4. 잉여가치론
5. 유물론과 유물사관
6. 계급투쟁과 프롤레타리아 혁명

2장 자본주의는 완전한가? 공산주의 실패가 자본주의 승리인가?　201
1. 사유재산제도와 이윤 극대화의 문제점
2. 시장경제, 자유방임의 문제점
3. 경제적 인간의 문제점
4. 자본 지배의 문제점
5. 단기간에 압축 성장한 우리나라는 자본주의 부작용이 더욱 심하다

3장 자본주의에서 파생된 우리나라 교육 문제　224
1. 자본주의 나쁜 면이 극명하게 드러난 곳이 우리나라 교육이 되었다
2. 공교육이 본질적 사명을 망각하고 있다
3. 교육정책과 입시정책이 거꾸로 되었다. 입시정책이 교육정책의 전부가 되었다
4. 인성교육에 역행하는 교육이 되었다

4장 자본주의 문제점, 교육의 문제점을 어떻게 해결할 것인가? 240

1. 종교개혁이 자본주의 태동의 계기가 되었지만, 자본주의가 성경적인 것은 아니었다
2. 자본주의는 르네상스에서 비롯된 인본주의, 나아가 계몽주의에 바탕하였다
3. 자본주의가 영국에서 태동된 배경 - 자본주의 태동까지의 시대적 흐름과 변화
4. 자본주의를 지탱하고 성장으로 이끈 동력은 기독교 정신이었다
5. 기독교 정신이 더 이상 자본주의를 지탱할 수 없게 되었다
6. 궁극적 해결책은 하나님 창조 질서를 구현하는 길, 성경적 사회로 나아가는 길이다

제4부 자립공생사회 257

1장 개인의 자립 258

1. 자립의 의미와 내용
2. 자립공생사회는 자립이 바탕이다. 모두가 자립하는 사회이다
3. 하나님의 일은 자립에서부터 시작된다. 하나님은 자립한 사람을 쓰셨다. 자립시켜 쓰셨다

2장 공생사회 287

1. 자립한 사람들이 이루는 사회, 창조 본래의 질서를 회복하는 사회이다
2. 더불어 사는 사회적 안전장치가 마련된 사회이다
3. 영성에 바탕한 사회이다
4. 공동체 이익과 가치를 우선한다. 국민 총행복을 추구한다
5. 하나님 주신 창조 능력을 마음껏 발휘한다. 국제협력과 공조로 자연을 잘 다스린다

3장 자립공생사회 교육 320

1. 혼이 있는 교육

2. 교육과 대학에 대한 인식이 달라진다. 대학입시와 대학 공부가 달라진다
   3. 대학교육의 환경과 여건이 달라진다
   4. 대학교육과 입시개혁, 취업과 고용문제를 함께 해결한다
   5. 대학교육과 입시개혁으로 초중고 교육을 정상화한다. 공교육의 질을 높인다
4장 자립공생사회 정신, 가치관 336
   1. 한 몸을 이루는 지체
   2. 무관심은 죄이다
   3. 제로섬 게임이 아닌 파이의 증대
   4. 심은 대로 거둔다. 썩어야 열매를 맺는다
   5. 악을 선으로 이긴다. 지는 것이 이기는 길이다
   6. 최고의 가치는 사랑이다
   7. 최고의 질서는 정직, 최고의 도리는 효도, 최고의 영성은 겸손, 최고의 신학은 감사이다
5장 자립공생사회의 성경적 배경 347
   1. 십계명
   2. 레위기 정신
   3. 신명기 주제는 하나님의 긍휼하신 마음이다
   4. 세례 요한의 '회개에 합당한 열매' 촉구
   5. 예수님의 비유와 가르침

제5부 우리나라에 부어주신 하나님 축복과 주시는 사명 355

1장 하나님 예비하신 우리 민족 356
   1. 하나님을 경외하며 하나님 마음을 품어 온 민족
   2. 고난을 통해 하나님을 사모해 온 민족, 하나님과 특별히 관계된 대한민국
2장 민족의 독립과 근대화의 등불이 되었던 기독교 372

1. 풍전등화였던 구한말 조선의 상황
2. 선교사들은 조선의 독립과 근대화의 구심점이 되었다
3. 한글의 우수성을 세계에 알리고 민족의 자긍심을 불러일으킨 호머 헐버트 선교사(1963-1949)
4. 기독교는 민족의 인재 양성과 독립운동에 앞장섰다
5. 대표적인 기독교 인재 이승만
6. 자유민주공화국 대한민국 수립
7. 6·25전쟁에서 대한민국을 구한 하나님의 손길
8. 이승만 대통령의 휴전 반대와 한미상호방위조약의 체결

3장 우리나라에 부어주신 하나님 축복과 은혜   419
1. 굳게 닫혔던 선교의 문을 여신 하나님
2. 초기 선교사들의 발자취
3. 한반도를 뒤덮은 성령의 바람
4. 핍박과 박해 속에서 신앙의 순수성을 지킨 믿음의 선진들
5. 우리나라에 부어주신 영적, 물질적 축복

4장 대한민국에 주시는 하나님의 사명   431
1. 영적 대결의 상징인 한반도
2. 6·25 전쟁은 1차 영적 전쟁이었다
3. 마지막 영적 전쟁이 남았다. 어떻게 승리할 것인가?

5장 하나님 은혜와 사명을 망각한 오늘 우리의 모습   440
1. 세계적 기독교 쇠퇴와 한국 기독교의 쇠퇴
2. 영적 암흑기였던 구약의 사사시대
3. 오늘 우리의 모습이 사사시대와 같다

6장 어떻게 믿음을 회복하고 하나님 주신 사명을 감당할 것인가?   448
1. 이스라엘 포로 귀환 시대의 성전 건축, 말씀의 회복, 성벽 재건의 교훈
2. 우리도 무너진 마음의 성전과 신앙의 순수성을 회복하고 성벽을 구축해야 한다

3. 법궤를 통한 교훈

4. 교회의 본질적 사명 회복 - 하나님 나라, 하나님 공동체의 회복

제6부 다음 세대의 양육 461

1장 교회를 통한 양육 462

1. 다음 세대의 양육에 연합 사역이 필요하다
2. 자카르타 교회의 연합 사례 및 늘푸른교회에서의 경험
3. 교회학교가 부흥하지 않으면 미래의 소망이 없게 된다

2장 가정을 통한 양육 467

1. 부모는 위대한 호칭이다. 거룩하고 소중한 자리, 권한과 책임이 따르는 자리이다
2. 가정은 하나님 나라의 축소판, 천국의 모형이며 가장 중요한 신앙교육 장소이다
3. 이 세대는 하나님을 아는 복을! 다음 세대는 하나님을 전하는 복을!
4. 자녀의 죄와 축복은 부모로부터 온다. 죄의 뿌리와 나쁜 습성은 당대에 끊어야 한다
5. 자립 공생 정신 양육

3장 인생에서 가장 중요한 것은 예수님과의 만남이다 484

1. 왜 예수님을 만나야 하는가?
2. 예수님을 만나면 무엇이 달라지는가?
3. 그리스도인의 소명
4. 하나님 뜻을 정하여 나아갈 때 하나님 역사하시는 현장에 서게 된다

만남의 축복 503
참고문헌 507

추천의 글

강인구 장로님께서 손주들에게 전해주기 위해 묵상한 메모들이 책으로 나오게 된 것을 진심으로 축하드립니다. 특별히 장로님의 집안 형님이 되시는 고 강민구 장로님은 오랜 기간 극동방송 이사장으로 계시며 내외분이 많은 헌신을 해주셨고, 유성컨튜리 회장, 기독실업인 회장, 국제라이온스클럽 회장을 역임하며 장학과 구제사업, 남을 위한 헌신된 인생을 살며 한국여자골프가 세계적인 수준이 되는 일에도 큰 기여를 하셨습니다. 장로님께서 이번에 발간한 책은 다음 세대에게 신앙의 계승이 이루어져야 한국교회가 살 수 있음을 강조하고 있습니다. 한국교회가 회개와 각성을 통해 초대교회와 한국기독교 1세대의 신앙을 회복해야 한다는 말에 많은 공감을 했습니다. 이 책이 침체된 한국교회에 새로운 도전과 비전을 줄 것이라 여기며, 축하와 함께 교회지도자들과 신학생들의 일독을 권합니다.

김장환 목사(극동방송 이사장)

강인구 장로님은 10년 이상을 자카르타에서 같이 신앙생활한 분입니다. 장로님은 교인들로부터는 사랑과 존경을 받은 분이셨고 목회자에게는 하나님 나라를 위한 좋은 동역자였습니다. 특히 다음 세대를 향한 뜨거운 마음을 가지신 분이셨습니다. 이 책에는 장로님의 신앙의 섬세함과 기도하며 받은 하나님의 마음을 봅니다. 적은 범위에서는 손주들을 향한 할아버지의 큰 사랑이, 넓게는 다음 세대에 하나님에 대한 신앙이 이어지길 소원하는 간절함이 담겨져 있습니다. 아무쪼록 많은 분들에게 읽혀지길 소원합니다.

김신섭 목사(예산 계정교회 담임/전 자카르타 늘푸른교회 담임)

강인구 장로님은 호기심이 많은 소년 같습니다. 궁금한 게 있으면 밤을 새워서라도 공부를 해야 하고, 설교시간에는 항상 메모를 합니다. 저는 그것을 단순한 지적 탐심이 아니라, 진리에 대한 갈망이라고 부르고 싶습니다. 이 책은 '하나님의 뜻이 무엇인지, 어떻게 살아야 하는지, 다음 세대에게 무엇을 물려줘야 하는지'를 놓고 평생 씨름해 온 저자의 지적 갈망의 열매입니다. 사도 바울은 스스로를 '빚진 자'라고 하였습니다. (복음에 빚진 자, 은혜에 빚진 자라는 뜻) 현재의 나를 있게 해준 사회에 대한 빚진 마음으로, 특별히 다음 세대에 대한 부채의식으로 이 책을 썼습니다. 그러기에 이 책속에는 길을 잃은 시대의 항도가 되어줄 깊은 통찰력이 곳곳에 숨겨져 있습니다.

제가 미국에서 만난 원로 목사님 한분은 **"공부해서 남 주나"** 라는 말처럼 못된 말이 없다고 했습니다. 사실 공부는 남 주기 위해 하는 것이기 때문입니다. 우리사회의 불행 중 하나가 남들보다 열심히 공부해서 더 좋은 자리에 올라가 온갖 특권을 누리는 게 성공이라고 여기는 풍토입니다. 그런 의미에서 강인구 장로님의 책은 제대로 된 공부가 무엇인지 보여주는 귀감이 됩니다. 저자가 제시하고 있는 '자립공생사회'는 언뜻 보기에는 상호 모순적인 주장 같습니다. 자립이란 말은 각자도생을 정당화하는 차가운 자본주의를 떠오르게 하고, 공생이란 말은 마치 공산주의를 연상시키는 말처럼 들리기 때문입니다. 하지만 이 상호 모순적인 두 개념의 다리를 잇는 저자의 다양한 시도들 속에서 얍복강 나루에서 하나님과 씨름하던 야곱의 집념이 느껴집니다. 야곱이 **"당신이 나를 축복하지 않으면 가게 하지 않겠습니다."** 하고 하나님을 붙들고 씨름한 것처럼 저자는 **"하나님이 다음 세대를 축복해 주시기를 바라며"** 씨름하고 있는 겁니다. 이 책이 이전 세대와 다음 세대가 서로를 이해하지 못하고, 부모와 자녀가 서로를 낯선 타자처럼 바라보는 이 시대에 '다리를 잇는 역할'을 해 주기를 간절히 바랍니다.

김인기 목사**(일산신광교회 담임)**

장로님이 삶 속에 만났던 한분 한분을 소중하게 기억하며 좋은 점을 회상, 글로 남기시니 더욱 의미가 깊고 감명을 받습니다. 다음 세대에게 좋은 길잡이가 되기를 소망하며 기도합니다.

어성호 선교사(인도네시아/전 자카르타중앙교회 담임)

온누리교회 은퇴장로로서 2012년 자카르타 CGNTV 개국 행사에 갔을 때 자카르타 교회 장로들이 연합하여 개국에 협력하는 모습이 인상적이었습니다. 저자가 그 중심에서 인사말을 했는데, 본인이 외환은행장일 때 영업본부 차장으로 업무보고도 하였고 결재도 자주 받아 낯익은 얼굴이라 반가웠습니다. 이 책은 평소 저자의 성실한 자세가 다음 세대를 믿음으로 세워야 한다는 사명감으로 응축된 결정체로, 다음 세대가 믿음으로 세워지는 좋은 통로가 되었으면 합니다.

이용만 원로장로(온누리교회/전 외환은행장/재무부장관)

아버지! 평생을 일찍 일어나서서 하루의 시작을 기도로 여시고, 그날의 일정을 적으시며, 한편으론 다른 무언가를 열심히 적으시던 아버지의 모습을 아직도 기억합니다. 뒤늦게 일어나 궁금해하던 어린 초등학생인 저에게 훗날 책을 쓰실 것이라고 말씀하셨습니다.

그렇게 긴 세월 속에 정성을 들이신 이 책의 집필을 마치시고 며칠 후, 아버님은 갑자기 하나님의 부르심을 받고, 천국에 가셨습니다.

그리하여 이렇게 유고집이 된 아버지의 책은 어느덧 쉰이 된, 두 아이의 아비가 된 아들에겐 아버지의 음성이 되고, 사랑하는 후손들에겐 귀한 믿음의 유산이 됨을 보며, 하나님의 뜻과 관여하심을 생각하게 됩니다.

저를 키우시며 단 한 번도 큰 소리로 야단치신 적이 없으셨던 온화하셨던, 제가 어려울 때, 늘 기도와 긍정의 말로 힘이 되어 주셨던

우리 아버지! 죄송하고, 감사하고, 사랑합니다!

강진모(고 강인구 장로 큰 아들)

"봉화"

봉화는 제가 다녔던 의과대학의 의료봉사 동아리 이름입니다. 동아리의 이름을 봉화라고 지은 연유는, 경상북도 봉화는 의료가 닿지 않는 오지로, 그런 먼 곳까지 의료봉사를 해보자는 취지에서 이름을 붙였다고 합니다.

그렇습니다. 필자인 아버지, 강인구 장로님은 아주 작은 시골마을 경북 봉화군 법전면에서 태어나고 자라셨습니다. 너무 외딴 동네이다 보니 초, 중등학교를 다닐 때도 매일 산을 넘어 다니셔야 했습니다. 다행히 아버지는 어린 나이부터 신앙이 있는 어머니 손에 이끌려 교회도 출석하셨습니다. 비록 가난했지만, 열심히 공부하여 서울로 올라오시게 되었고, 결국 하나님의 은혜로 직장에서도 인정받아 해외에서도 일하게 되었습니다. 이제 50을 바라보는 나이가 되어 보니, 아버지께서 가족들에게 많은 선물과 추억들을 남겨 주셨고, 주님을 섬김에 있어서도 누구보다 열심이었음을 깨닫게 됩니다.

아버지를 기억하노라면, 몇 가지 떠오르는 모습이 있습니다. 아침 일찍 영어 테이프를 틀어 놓으시고 늘 공부하시던 모습. 그리고, 새벽마다 거실에서 무릎 꿇고 기도하시던 모습.

아버지께서는 자녀들에게, 그리스도인이 가져야 할 믿음과 삶에 대해 말씀을 해주실 때면 참 열정적이셨습니다. 너무 이상적인 생각이 아닌가 반문할 때도 있었지만, 생각해 보니 아버지께서는 그리스도인으로서 세상에서 어떻게 살아야 하는지에 대해 평생 고민하면서 살아오셨구나 싶습니다.

안타깝게도 필자 강인구 장로님은 집필이 완성되는 즈음에 소천하셨습니다. 이 책은 아버지께서 자녀들에게 남긴 마지막 선물이자 유산입니다. 부디 이 책을 읽는 모든 분에게, **"더욱 믿음의 세대로"** 가기를 소원했던 아버지의 마음이 잘 전달되기를 소망합니다.

강중모(고 강인구 장로 작은 아들)

머리말

책을 내면서
"아버님 책을 쓰시지요!"

2002년 평생직장이던 외환은행의 마지막 근무지로 인도네시아 외환은행장으로 부임하여 2005년 말 임기를 마친 후 10년이 더 지나, 섬기던 늘푸른교회의 장로 은퇴를 하게 되었다. 2015년 귀국하여 서재를 정리하고 있었다. 그때 과거 메모했던 성경책들을 보았고 이를 정리하여 손자들에게 물려줘야겠다는 생각이 들었다. 필자는 메모하는 습관이 있어 성경책마다 많은 메모가 있었고 이를 옮기느라 덧칠을 하고 별지를 붙이는 등, 애쓰는 모습을 보던 며느리가 조심스럽게 건네는 말이었다. 처음엔 가당찮게 여겼지만, 자꾸만 성경책을 덧칠하며 혼잡해졌고, 손자 넷을 생각하니 급기야 책을 내는 쪽으로 생각이 바뀌게 되었다.

사실 필자에겐 학부 시절부터 쌓인 숙제가 있었다. 그것은 어떤 사회제도가 바람직한가?였고 과분한 학교 혜택(학비 면제는 물론 생활비까지 월 6천 원, 지금의 약 200만 원을 지원받는 경희대 특대생 혜택)에 대한 부담도 있어 이 분야 연구에 평생을 바칠 생각도 했지만, 바람직한 사회제도에 대한 확신이 없어 직장의 길을 택하고 말았다. 밝히기 쑥스럽지만, 연구를 접은 또 다른 이유가 있었다. ROTC 졸업생 중에 육사 교관(교수) 요원을 학과별로 한 명씩 뽑는데 경제학 부분에 필자가 선발되었다. 군대 대신 대학원을 가고 수료한 후 교관(교수)으로 군대 기간 만큼만 근무하면 되는 좋은 기회였지만, 이를 자의 반 타의 반으로 포기한 것이 후회도 되고, 나 때문에 기회를 잃은 사람들에게 죄송스럽기도 하여 평생 숙제로 남았다. 그래서 더욱 바람직한 사회제도는 풀어야 할 숙제이자 마음의 빚이었는데 성경을 가까이하면서 '성경에 바탕한 사회는 어떤 사회인가?' 관심으로 이어져 성경적 사회가 점차 그려지게 되었다. 책을 쓰려고 하니 늦게나마 숙제를 풀 수 있는 기회가 되었고 정성을 다해 기도하며 정리한 내용이 제3, 4부 '하나님 관계의 사회적 회복'과 '자립공생사회'이다.

필자에겐 또 다른 숙제가 있었다. 하나는 어떻게 하면 믿지 않는 가까운 친구에게 복음을 전할 수 있을까?였고, 다른 하나는 다음 세대를 어떻게 믿음으로 세우느냐?였다. 가까운 친구 중에 복음을 전하려고 애를 썼지만 결실을 보지 못한 친구들이 있다. 한 친구는 독실한 불교 신자로, 기독교가 배타적 독단적이며, 종교는 서로 존중하고 강요해서는 안 된다는 것이었다. 다른 친구는 무신론자로 복음을 전하는 필자를 딱하게 보며 진화론자 리차드 도킨스의 '만들어진 신'을 권유했다. 그동안은 서로의 주장으로 중간에 대화가 끊겼지만, 책을 통하여 일단 전하고 싶은 내용을 끝까지 전할 수 있는 길이 열린 것이다. '어떻게 하면 믿지 않는 사람들에게 복음을 효과적으로 전할까?' 간절한 마음에서 누구나 가질 수 있는 의문을 중심으로 정리한 내용이 제1, 2부 '창조주 하나님의 절대 진리'와 '현대 위기의 근본 원인과 대책'이다.

자카르타 늘푸른교회를 섬길 때 터키와 그리스 성지 순례를 간 적이 있다. 터키의 갑바도키아에 갔을 때 박해를 피해 지하 땅굴에 살면서 숨어서 예배를 드렸던 흔적들을 보았다. 당시 지하 예배 때는 매일 성찬식을 했다고 한다. 그날이 마지막이 될지도 모르기 때문이었다. 오늘날 터키는 98%가 이슬람으로 지금은 그 지하 현장에서 찬송도 예배도 드릴 수 없다. '관광만 허용되고 찬송이나 예배 시에는 추방될 수 있다'고 가이드는 미리 주지시킨다. 왜 이렇게 되었는가? 인솔하시던 김신섭 목사님은 '다음 세대를 세우지 않았기 때문'이라고 하셨는데 필자의 마음속 깊이 새겨졌다. 귀국하여 믿음의 다음 세대들이 사라지는 현실을 보며 더욱 절박한 숙제로 가슴에 다가와 손주를 위한 성경책 메모를 시작했다가 확대되어 제5, 6부 '우리나라에 부으신 하나님 축복과 주시는 사명' 및 '다음 세대의 양육'을 쓰게 되었다.

책을 낼 수 있게 된 결정적 계기는 이사였다. 이사한 집은 섬기는 교회와 10m 거리로 마주 보고 있다. 책상에 앉으면 교회 십자가와 본당을 마주한다. 책을 쓰려고 앉으면 기도하게 되고, 본당에서 예배드리는 마음으로 쓰게 되었다. 특별히 김인기 목사님의 설교 말씀은 필자의 가슴을 울리며 많은 감동과 영감을 주었다. 목사님은 독서를 많이 하신다. 인품이 훌륭하시다. 필자로선 하나님께서 이 책을 쓰도록 좋은 교회, 좋은 목사님께로 인도하셨다고 고백하지 않을 수 없다. 또 다른 계기와 도움은 코로나였다. COVID19가 가져다준 '열린 감옥 생활'은 필자가 다시 책을 보고 정리하는 데 최적의 환경을 제공해 주었다. 손주들을 위한 성경 메모는 2015년 시작했지만, 이 책의 실질적 집필은 코로나로부터 시작되었다. 코로나가 있었기에, 한편으로는 인터넷 시대이기에 가능했다. 필자는 '코로나 대학 집중 연구 과정(Compact & Intensive Research)'을 독학으로 밟은 셈이다. 시간 가는 줄도 모른 채 성경을 비롯한 책들을 읽고 몰두, 밤을 새운 적도 많았다. 세상이 고요한 밤, 교회 십자가를 바라보며 주님과 마주하는 시간, 하나님 임재하심을 경험한 시간들이었다. 마음속 의문이 풀렸을 때의 감격과 기쁨은 이루 말할 수 없었다. 세상이 줄 수 없는 기쁨을 맛보며 소리쳐 감사 기도했다.

작은 동기로 시작되었지만, 자꾸만 내용과 폭이 확대되었다. 필자의 의지와 노력, 지혜와 능력이 아니라 강력한 힘에 이끌려 왔음을 고백하게 된다. 하지만 신학을 공부하지 않은 평신도가 성경을 깊게 다루는 것, 학문적 연구 배경이 없는 무명의 은퇴자가 전문적 내용을 포함하는 책을 낸다는 것은 가당치 않기에 '당초대로 손자를 위한 성경 메모로 돌아가자' 수없이 되새기며 고뇌했다. 김인기 목사님을 비롯한 여러분께 상의를 드렸지만, 책을 내도록 용기와 힘을 북돋아 주셨고, 다음 세대를 믿음으로 세워야 한다는 절체절명의 과제 앞에 부족하지만 책을 내게 되었다. 이 책의 성경적 내용은 김인기 목사님, 김신섭 목사님, 어성호 목사님의 설교와 성경공부에 바탕하였다. 어렵게 집필을 결심한 늦깎이 필자를 격려하며 흔쾌히 책을 발간해 주신 베드로서원 출판사 방주석 장로님께 깊은 감사의 말씀을 드린다.

하나님 은혜와 인도하심

책을 내려고 하니 여기까지 인도하신 하나님 은혜를 돌아보지 않을 수 없다. 필자의 지혜와 능력, 그간의 행실로는 이같은 책을 낼 수 없음을 잘 알기 때문이다. 하나님은 부족한 필자에게 만남의 축복을 주셨다. 믿음의 가정으로 인도하셨고, 훌륭한 목사님들과 좋은 믿음의 사람들을 붙여 주셨다. 머리말에 추가하여 이를 먼저 돌아보는 이유는 만남의 축복이 이 책을 쓰는 바탕이었기 때문이다. 특히 제3, 4부 '하나님 관계의 사회적 회복'과 '자립공생사회'를 구상하는 데에 필자가 만난 좋은 분들이 스승이자 모델이 되었다. 이분들을 통해 하나님 나라 질서를 보았고, 하나님 나라를 이룰 수 있다는 확신을 얻었다. 이분들의 삶의 모습에서 받은 영감이 없었다면 이 책을 쓸 엄두도 내지 못했기에 먼저 돌아보지 않을 수 없다.

믿음의 가정으로 인도하심
어머님 신앙

어머님은 대구 근교에서 첩첩 산골인 경북 봉화군 법전으로 시집을 오셨다. 어머님 조부님과 아버님 조부님이 성균관 박사(지금의 서울대 교수)이셨는데 서울에서 교류하시다가 손자 손녀를 결혼시키기로 정하신 것이었다. 어머님은 시집오시기 전에 복음을 접하셨고, 산골 생활이 너무도 힘들어서 교회를 더욱 간절히 찾으셨다. 필자는 어릴 때 어머님 손을 잡고 교회를 다녔다. 너무도 산골이어서 목사님이 안 계셨고, 초등학교 교사 한 분이 전도사 역할을 하며 설교를 하셨다. 어머님 손에 이끌리어 교회를 다닌 추억은 필자에게 영원한 그리움이자 하나님 가까이 나아가는 첫 번째 축복이었다.

아내 신앙

고등학교 때 서울로 올라와 교회에 나가지 않았지만, 믿음의 배우자를 만난 것이 하나님께로 나아가는 두 번째 축복이었다. 아내는 필자의 믿음을 지키는 언덕이요 기둥이었다. 아내의 기도가 믿음의 가정으로 이끌었다. 하나님은 필자의 기도보다 아내의 기도를 잘 들어 주신다. 아내가 하나님 뜻에 더 가깝게 구하기 때문일 것이다. 사실 아내는 이 책을 내는 데에 반대했다. 필자의 부족을 너무도 잘 알기 때문이다. 그렇게 살지를 못했는데 어떻게 그토록 좋은 얘기들을 할 수 있느냐는 것이었다. 하지만 책의 의미를 이해하고는 누구보다 이해, 격려하며 기도했다. 이에 필자는 힘을 얻어 기도하며 책을 쓰게 되었다. 필자에겐 아들 둘이 있는데 필자보다는 믿음이 좋다. 곧은 생각과 정직한 마음에 필자는 늘 감사한다. 필자와는 다르게 수학적 과학적 사고를 지녀 전공도 천문학과 의학을 공부했고 필자가 이 책을 쓰는 데에도 많은 도움을 주었다.

며느리들 신앙

며느리들은 아들들보다 믿음이 좋다. 큰 며느리는 피아노를 전공, 피아노 강사로 출강하다가 아들과 결혼하여 호주에서 교회 피아노 반주로 봉사하고 있다. 둘째 며느리는 어릴 때부터 찬양단으로 봉사했고, 성악을 전공한 후 미국에서 교육학을 했다. 둘째 며느리의 권유로 책을 쓰게 되었고, 며느리들의 관심에 나중에는 손자들까지 삽화를 그려준다고 하는 등 관심에 책 쓰기를 게을리할 수 없었다. 필자는 천사 며느리들이라고 말하곤 한다. 요즈음 딸 자랑, 딸 바보 시대에 필자는 며느리 바보인 셈이다. 며느리를 보기 전에는 친구들로부터 딸 자랑과 효도 얘기를 듣고 부러웠는데, 남부럽지 않은 딸을 둘이나 얻었으니 얼마나 축복인가! 이에 필자는 기회 있을 때마다 젊은이들에게 '믿음의 배우자를 만나는 것이 가장 큰 축복'이라며 권면하곤 한다.

부족한 모습인 채 하나님 손에 이끌림
억지로 받게 된 집사 직분

결혼한 후 교회는 다녔지만 신앙은 겉돌고 있었다. 교회 직분을 맡아 봉사하는 것은 나와는 상관없는 일로 여겨졌다. 그런데 계기가 생겼다. 1985년 개포동 외환은행 직원 아파트에 입주할 즈음, 옆 단지에 개척교회가 들어왔다. 집사람 성화로 어느 날 개척교회에 나가 예배를 드렸다. 성도가 30여 명밖에 되지 않아 방문자 소개

겸 다과 자리를 뜰 수가 없었고, 기이하게도 그중에 고등학교 동창이 있어 눈도장이 확실하게 찍히게 되었다. 처음엔 교회를 정할 생각이 전혀 없었지만, 동창을 비롯한 성도님들의 적극적인 권면에 등록하게 되었다. 등록하고 보니 교회 일을 외면할 수 없는 상황이었다. 교회 여러 부서가 있어 성도 대부분이 한자리씩 맡아야 했다. 필자는 집사 직분을 받고 그 후 선교부장을 맡게 되었다. 직장 일도 버거운데 교회 일까지 맡으니 능력이 부족한 필자로선 정말 힘들게 느껴졌다.

예기치 못한 권사 직분

1992년 봄 외환은행 인도네시아로 발령을 받았고, 무엇보다 교회 일에서 벗어나는 것이 홀가분했다. 자카르타에 가면 큰 교회에 등록하여 직분의 부담에서 벗어날 생각이었다. 금요일 자카르타에 도착했는데 토요일 누군가 숙소로 찾아왔다. 창립한지 3개월도 안 된 감리교회 성도님 두 분이었고, 다음날 주일 아침에는 우리 가족을 픽업하여 교회로 함께 갔다. 해외에 나가면 차를 주문하여 나오기까지 약 한 달이 걸리고, 라이드해 주는 분들을 쫓아가지 않을 수 없는 상황이 된다. 교회에 도착하는 순간 성도가 몇 명인지를 살폈고, 20명 정도인 것을 보고 개포동 개척교회가 떠 오르며 눈앞이 캄캄해졌다. 차편이 없어 돌아올 수도 없는 상황이었다. 예배 후 식사를 하고 오후까지 친교를 나누게 되었고 이렇게 몇 주가 지난 후 결국 등록하게 되었다. 그동안 장로교에서 감리교로 바뀌는 순간이었다. 자카르타 개척교회 등록은 하나님 예비하신 축복이었다. 인도네시아 외환은행은 현지 은행과 합작 설립된 별도의 법인으로 업무상 교민들을 많이 접촉하게 되어 자연스레 전도를 할 수 있었고 교회 성장의 기쁨을 맛보았다. 교회는 건강하게 성장하여 성도 수가 200여 명으로 늘어났고 1994년 교회임직에서 필자는 권사 직분을 받게 되었다.

예수님이 십자가를 지시고 골고다 언덕길을 오를 때에 여러 번 넘어지자, 로마 병정은 옆에 있던 구레네 시몬에게 대신 십자가를 지고 오르게 했다. 시몬은 아프리카 북부 구레네(지금의 리비아 수도 트리폴리)에 흩어져 살던 디아스포라 유대인으로, 유월절을 지키려 예루살렘에 왔다가 우연히 십자가를 지게 되었다. 제자들도 도망하고 없었을 때, 예수님을 본 적도 없고 알지도 못하는 시몬이 십자가를 대신 진 것이었다. 시몬에겐 억지로 진 십자가였지만 그 짐은 하나님 예비하신 축복이었다. 예수님이 어떤 분이신가를 알게 된 시몬은 예수님의 십자가 대속과 부활의 복음을 전하는 제자가 되었다. 자신뿐만 아니라, 온 가족이 예수님의 제자가 되는 믿음의 명문 가정을 이루었다. 두 아들 알렉산더와 루포는 사도 바울이 성경에 기록할 정도로 충실한 초대 교회의 지도자가 되었고, 아내는 바울이 어머니라고 부를 정도로 신실한 믿음의 어머니가 되었다. **"주 안에서 택하심을 입은 루포와 그의 어머니에게 문안하라 그의 어머니는 곧 내 어머니니라 (로마서 16:13)"** 필자의 개포동 및 자카르타 개척교회에서 맡게 된 직분은 구레네 시몬에 비길 수 없지만, 믿음이 자라난 점에서는 동일한 축복의 통로였다. 억지로 맡은 직분이었지만, 하나님은 축복하셔서 지금까지 믿음의 길로 인도하셨음에 감사드리지 않을 수 없다. 이에 필자는 젊은이들에게 '억지로 진 십자가도 하나님은 거룩한 순종으로 받으신다. 억지로라도 예배드리고 직분을 감당하는 것이 축복의 통로가 된다'고 권면하곤 한다.

하나님 역사하심을 체험한 장로 직분

1995년 자카르타에서 돌아와 부평감리교회를 섬기게 되었다. 자카르타 교회에 부흥회를 오셨던 목사님이 추천하셨던 교회라 한번 방문하고자 들렀다가, 과분한 환영을 받고 등록을 하게 되었다. 집이 멀다는 핑계로 교회를 잘 섬기지 못한 부담이 있던 중, 2002년도에 인도네시아 외환은행으로 다시 나가게 되자 자카르타 감리교회를 잘 섬겨야겠다는 각오를 다졌다. 자카르타에 가서 1년쯤 지나 김신섭 목사님이 자카르타 늘푸른교회에 부임하셨고, 목사님을 따라 필자는 하나님 역사하시는 현장에 서는 기쁨과 감동을 체험하게 되었다. 그 기쁨과 감동은 교회 건축에서부터 시작되었다. 늘푸른교회는 가정집을 빌려 교회로 쓰고 있었는데, 집주인으로부터 급하게 집을 비워달라는 통지가 왔다. 교회로선 아무런 준비가 없어 임차 연장을 간절히 요청하였지만, 주인은 단호히 거절하였다. 지나고 보니 성전을 빨리 건축토록 하신 하나님의 뜻이었다. 할 수 없이 임시로 다른 곳을 임차하여 교회를 옮기면서 김신섭 목사님은 성전 건축을 결단하셨다. 당시로는 불가능해 보이는 일이었다. 성도가 100여 명에 불과했고 주재원이 대부분인 교회에서 자체 성전을 건축한다는 것은 무리였지만 놀랍게도 하나님의 역사가 시작되었다. 김신섭 목사님은 24시간 릴레이기도를 시작하셨다. 교회에 기도실을 마련하고 돌아가며 24시간 기도하게 하셨다. 심야 시간은 목사님과 사모님, 전도사님들이 맡으셨다.

목사님의 결단으로 교회 부지와 건축 자재를 확보할 수 있었다. 문제는 재정이었는데 마침 우리은행 인도네시아 행장으로 믿음이 좋은 장로님이 부임했다. 필자는 하나님이 보내신 장로님으로 믿는다. 자카르타에 한국계 은행으로 외환은행과 우리은행이 있는데 두 은행장이 모두 늘푸른교회를 섬기는 것이었다. 늘푸른교회는 정식 교회 허가를 받지 못해 (인도네시아는 신규교회 허가를 불허함) 교회 명의로 건축허가를 받거나 건물을 소유할 수 없어 여러명의 성도 앞으로 신용 대출을 해야 하는 상황에서 두 은행이 자연스럽게 나누어 대출할 수 있었다.

놀라운 일은 건축을 하면서 성도가 늘어나고 재정이 채워진 것이었다. 24시간 릴레이 기도와 새벽기도에 많은 성도들이 참여하여 합심 기도했다. 누구랄 것 없이 전도에 불이 붙었다. 교회 주보를 교민들이 거주하는 아파트의 동호수를 찾아서 넣었고, 어린이들을 위한 인형극을 준비하여 아파트를 순회하며 공연하는 한 편, 새로 오는 주재원들에게 인도네시아 생활 안내 책자를 만들어 건네주고, 인도네시아어반을 열어 언어의 불편을 해소하는데 도움을 주며, 문화 탐방반을 만들어 인도네시아 문화를 소개하는 등 성심을 다한 노력으로 성전 건축 중에 성도들이 늘어나, 2007년 성전 완공 시에는 500석의 본당이 거의 채워지는 하나님의 역사를 경험하게 되었다. 얼마 지나지 않아 은행 차입금도 모두 갚아 늘푸른교회는 더 큰 하나님 사역을 감당할 수 있었다. 성전 준공에 즈음한 2007년 필자를 포함한 네 명이 장로로 피택되었고, 성도들 모두 성전 건축을 통해 보여주신 하나님 역사에 은혜와 감격이 넘쳤다.

김신섭 목사님은 계획적, 조직적이셨다. 성전을 어떻게 활용할 것인가를 미리 계획, 설계에 반영하셨는데 그중 하나가 본당 옆에 붙여 마련한 체육관이었다. 자카르타에는 교민들이 이용할 만한 체육관이 없는데 체육관을 개방하여 많은 교민들이 배드민턴, 탁구, 족구, 배구 등을 즐기고 있다. 1층에는 교민들을 위한 도서관을 설치, 좋은 책들을 들여와 많은 교민이 이용한다. 남은 자리를 최대한 활용, 가능한 많은 방을 만들어 교회학교 교육과 교민들을 위한 문화교실로 활용하고 있다. 하나님께서는 성전 건축으로 더 큰 사역을 예비하셨다. 동남아(스리랑카, 오세아니아 포함) 한인 목회자 및 선교사 초청 세미나, 인도네시아 현지목회자 초청 세미나를 매년 시행했다. 한국에서 유명 목사님들이 자비량으로 오셔서 설교하시고 함께 기도하며 간증을 나눔으로써 동남아 목회자, 선교사님들이 영적으로 재충전되고 사명을 새롭게 다지는 귀한 통로가 되었다. 필자는 외환은행 은퇴 후 교민 업체 고문, KOICA 봉사 등으로 10년을 더 있었지만, 기업 고문이나 봉사 활동보다도 섬기던 늘푸른교회 봉사가 주 활동이자 목적이었다.

제1부 창조주 하나님의 절대 진리

인간에 대해 가장 잘 아시는 분은 창조주 하나님이시다. 하나님은 피조물인 인간에 대해 절대 선이 되신다. 하나님 뜻을 따르는 것이 인간 최고의 선이다. 창조주 하나님이 밝히신 진리와 주신 말씀은 인간에게 절대 기준, 절대 진리가 된다.

인간은 하나님의 영이 부여된 자녀로 창조되었다. 우주 만물을 인간을 위해 만드셨고 인간에게 다스리도록 선물로 주셨다. 인간은 하나님 뜻에 따라 우주만물을 잘 다스림으로써 하나님의 기쁨이 되고 하나님 주시는 기쁨을 누리도록 창조되었지만, 인간이 하나님 말씀을 거역하고 하나님을 떠남으로써 영적 암흑시대, 물질의 탐욕으로 서로 투쟁하는 죄악의 세상이 되었다.

하나님을 거역하고 말씀을 따르지 않는 것이 죄의 본질이다. 죄의 결과는 하나님과 교통이 끊어진 영적 죽음이다. 인간은 하나님을 떠났지만, 하나님은 구원 계획을 세우시고 인간을 죄에서 구원하셨다. 예수님의 십자가 대속은 인간을 구원하신 하나님 공의의 은혜요 기적이다. 복음을 영접하면 '하나님 앞에 의롭다 함을 입어' 하나님의 자녀로 회복된다. 성령으로 하나님과 교통하며 하나님 뜻을 따를 때 인간의 모든 문제가 해결된다. 이 얼마나 놀라운 축복이고 은혜인가!

1장 왜 절대 진리인가?

1. 진리의 근원이신 창조주 하나님이 직접 밝히셨기 때문이다.

○ 창조주 하나님은 진리의 근원이요 본체이시다. 선과 악의 절대 기준이 되신다.
 인간이 찾은 진리는 창조주 하나님 진리, 창조 질서의 일부에 불과하다. 인간은 창조주 하나님에 대해 극히 일부분을 알 수 있을 뿐이지만, 창조주 하나님은 인간에 대해 전부를 아신다. 창조주 하나님은 생명을 창조하신 분, 피조 세계와 그 운행 질서를 만드신 분이다. 피조물과 피조 세계는 창조주가 만드신 질서에 따라 움직이는 절대적인 순종의 관계이다. 창조주 말씀, 창조주 진리와 질서는 모든 피조물에게 절대 진리, 절대 질서가 된다. 인간의 지혜로 얻은 진리와 구별되어야 하는 절대성이 있다.
 하나님은 인간에게 절대 선, 절대 의가 되신다. 인간 선의 근원, 선의 원천이시다. 하나님께로부터 받은 양심이 이를 증거한다. 하나님의 선하심은 인간의 선과는 차원이 다른 하나님의 공의가 된다. 하나님이 인간에 주신 말씀은 인간이 절대적으로 따라야 하는 절대 기준, 절대 진리가 된다. 절대 진리는 하나님 진리밖에 없다. 피조물인 인간이 하나님 진리의 옳고 그름을 논할 수 없다. 인간은 창조주 하나님께 절대 순종이 선이다. 절대 진리를 따르는 것이 선이요 거역하는 것이 악이다.

○ 창조주 하나님은 완전하고 전능하신 분, 유일하신 분이다.
 창조주 하나님은 모든 피조물과 피조 세계에 완전함과 완벽함, 전능함의 상징이다. 피조물로서는 만드신 분이 완전할 수밖에 없다. 하나님 말씀 이상의 진리, 하나님 질서 이상의 진리와 질서가 있을 수 없다. 피조 세계, 자연 질서는 완벽한 조화를 이루고 있다. 피조 세계가 창조주 하나님의 완벽하심, 완전하심을 증거한다.
 창조주 하나님은 유일하신 분이다. 피조 세계, 모든 피조물의 근원이시기 때문이다. 창조주는 한 분이시다. 모든 존재의 궁극적 근원은 전능하신 창조주 한 분일 수밖에 없다. 다른 신이 있다면 그 신은 창조주가 직접 창조하셨거나, 창조주의 질서를 벗어난 타락한 존재일 수밖에 없다. 창조주 하나님으로부터 비롯되지 않은 것은 존재할 수 없다. 영적이든 육적이든, 정신적이든 물질적이든, 보이는 것이든 보이지 않는 것이든, 모든 존재는 창조주 하나님 관계에서는 피조물이 될 수밖에 없다.

2. 창조주 하나님이 밝히신 진리는 영원불변하기 때문이다.

(이사야 40:6-8) …모든 육체는 풀이요 그의 모든 아름다움은 들의 꽃과 같으니/ 풀은 마르고 꽃이 시듦은 여호와의 기운이 그 위에 붊이라…/ 풀은 마르고 꽃은 시드나 우리 하나님의 말씀은 영원히 서리라…

○ 영원하신 분은 창조주 하나님뿐이다. 영원불변의 진리는 하나님 진리뿐이다. 세상의 모든 것은 변한다. 변하지 않는 분은 창조주 하나님밖에 없다. 창조주 하나님은 스스로 계시는 분, 전능하신 분으로 완벽한 상태로 계시기 때문이다. 인간을 포함한 피조물은 시간과 공간의 제약을 받는 3차원의 세계에 있지만, 하나님은 시공간을 넘어선 4차원에 계신다. 인간이 하나님 진리를 이해하기는 한계가 있지만, 하나님은 인간 세계를 밝히 보신다. 인간이 찾은 하나님 진리는 극히 일부분으로 완전할 수 없다. 하나님이 스스로 밝히시고 드러내시는 것만이 정확하다. 인간은 창조주가 직접 밝히시고 드러내시는 만큼 창조주에 대해서 정확히 알 수 있다. 피조 세계, 보이는 세계에 나타난 하나님 질서를 찾는 것이 과학이다. 과학으로 하나님 진리, 하나님 질서를 모두 밝힐 수 없다. 과학으로 증명할 수 없는 보이지 않는 질서가 있다. 피조물인 인간으로서는 신비롭게 느낄 수밖에 없다. 창조주 하나님 하시는 일은 인간에겐 기적이 된다. 인간의 사상과 이념, 제도와 질서는 완전하지 않다. 시대 상황에 따라 얼마든지 변할 수 있다. 인간이 찾은 종교는 완전할 수 없다. 옳은 부분이 있다고 하더라도 창조주 하나님 질서와 진리의 극히 일부분

에 불과하다.

○ 인간은 인간 자신에 대해 알 수 없다. 창조주 하나님에 대해서는 더더욱 알 수 없다.

그리스 철학자 소크라테스(BC 470-399)는 "**내가 확실히 아는 것은 내 자신에 대해 아무것도 모른다는 것이다. 나는 내 자신에 대해 모른다는 것을 깨달았을 뿐이다**" 했다. '너 자신을 알라'는 것은 '네가 모른다는 사실을 깨달으라'는 외침이다. 소크라테스는 자신의 한계, 인간의 한계를 고백했다. 자기가 아는 지식이 완전한 것처럼, 모든 것을 아는 것처럼, 주장하던 당시의 지식인들, 소피스트들에게 자신의 무지부터 자각하도록 깨우쳤다. 피조물인 인간이 창조주와 창조진리에 대해 알 수 없다. 소크라테스는 창조주 하나님을 찾지는 못했지만, 창조주 앞에 겸손해야 함을 깨달았다. '너 자신을 알라' 외침은 '내가 누구인지? 어디로 향해 가는지? 알고자 하는 몸부림과도 같다.

소크라테스의 제자 플라톤(BC 427-347)은 '감각적인 모든 사물과 현상은 비감각적인 본질, 이데아에서 나온다'는 이데아론을 정립했지만, 이데아의 근원인 하나님을 만나지 못했다. 그는 '영혼과 육체는 분리된 개체로 육체는 본질적으로 악하며, 영혼이 육체의 악에 물들어져 있는 한 궁극적 만족과 평안이 없다'며 육체가 아닌 정신, 곧 이성이 주체가 되어야 함을 강조했지만, 이성의 근원인 하나님을 찾지 못한 채, 그리스 신화와 접목하는 등 이성의 한계 속에서 방황했다. 플라톤의 이데아론에 의한 구원의 개념은 영혼이 육체를 벗어나는 것이 되지만, 이는 절대진리인 성경의 내용과는 다른 개념이다. 인간은 하나님의 형상대로 창조되었고, 하나님의 영이 불어넣어졌다. 인간의 몸은 영혼과 육체의 결합체이다. 영혼이 하나님과 교통하며 몸을 지배함으로써 몸의 행위 또한 하나님의 거룩과 영광을 드러내도록 창조되었다. 플라톤은 하나님을 만나지 못했기에, 하나님을 떠난 타락한 인간의 모습만 보고 영혼과 육체를 분리해 인식했다.

중세 프랑스의 철학자이자 물리학자, 수학자인 파스칼(1623-1662)은 "**인간의 마**

음속에는 창조주 하나님에 의해서만 채워질 수 있는 공간이 있다. 이성이 걷는 마지막 걸음은 이성을 능가하는 무한한 신이 존재한다는 인식에서 끝이 난다. 내가 신을 찾을 때 신은 숨어 버리고, 신 앞에 엎드릴 때 품어 주셨다. 진실은 설명이 아닌 고백이다. 신이 존재한다는 고백보다 더 큰 설명은 없다. 신은 합리적으로 설명할 수 있는 철학자, 과학자의 신이 아니다. 구원은 인간의 이성으로가 아니라 신의 은혜로 얻는다. 이성은 구원에 대한 무관심으로 잘못 인도할 수 있다"했다. 지성과 이성을 통해 구원을 얻으려고 했던 파스칼의 열정은 결국 창조주 하나님에 대한 믿음으로 귀결되었다. 파스칼은 이성과 자아가 존귀한 가치임을 인정하지만, 그 가치가 창조주 하나님이 주신 것임을, 하나님이 보증하신 것임을 깨달았다. 인간의 지혜와 지식, 지성과 이성의 한계를 깨닫고 창조주 하나님께 귀의함으로써 궁극적 평안을 얻었던 것이다.

영국의 위대한 과학자로 근대 과학의 지평을 열었던 아이작 뉴턴(1643-1727)은 중력의 법칙, 관성의 법칙, 작용과 반작용의 법칙 등 위대한 발견을 하였지만, "**내가 발견한 것 중 가장 위대한 발견은 하나님의 발견이다. 중력은 모든 행성의 이동을 설명하지만, 누가 그 행성들을 움직이게 했는지는 설명할 수 없다**(Gravity explains the motions of the planets, but it cannot explain who sets the planets in motion). **하나님이 그 모든 것을 주관하신다. 인간이 발전시키는 변화는 마음속의 하나님 주시는 동기와 영감에 비례한다.**" 고백했다.

신에 도전한 독일의 니체(1844-1900)는 '신은 죽었다' 외치며 하나님을 거부하고 '초인'이라는 자기가 만든 신을 믿었다. 그는 후회하지 않는 삶, 자기 주도적인 삶을 표방하며, 자기 힘에 의한 자기 극복 의지를 내세웠지만, 말년에 정신병으로 발작을 일으키는 등 고통 속에 살다가 생을 마감했다. 자신을 믿고 자신의 힘으로 사는 사람은 허망한 죽음을 맞이할 수밖에 없다. 인간은 창조주 하나님 안에서 궁극적 평안을 얻도록 창조되었기 때문이다.

러시아의 대문호 톨스토이(1828-1910)는 "**신은 무한한 전체이며, 인간은 시간과 공간 속에 드러난 신의 모습**"이라고 했다. 명문 백작 출신의 톨스토이는 베스트셀러

제1부 창조주 하나님의 절대 진리　29

'전쟁과 평화'를 쓴 후 더욱 명성과 부를 얻었지만, 여전히 삶의 허무, 죄와 죽음의 공포에서 벗어날 수 없었다. 그는 '나의 회심'이란 글에서 **"어느 날 시골길을 가다가 유난히 편안한 얼굴의 농부를 만나 비결이 무엇인가? 물었다. '하나님을 바라보며 살기에 언제나 기쁩니다.' 대답에 진지하게 하나님을 찾기 시작했다. 신앙의 회의와 방황에서 벗어나 하나님을 인격적으로 만나게 되었고 삶이 변했다. 이전에 욕망하던 것을 바라지 않게 되었고, 이전에 구하지 않던 것들을 갈망하게 되었다. 이전에는 행운의 무지개를 좇았지만, 그 허무함을 알게 되었다. 거짓으로 꾸미는 것, 쾌락과 방탕, 술에 취해 기분 좋아하는 것들이 행복이 아님을 깨닫게 되었다"** 고백했다.

독일의 하이데거(1889-1976)는 가톨릭 집안에서 태어나 신학교육까지 받았지만, 야스퍼스를 비롯한 무신론자와 교류하면서 하나님을 떠난 실존 철학자가 되어 '인간 존재의 의미'를 밝히려 했지만 밝힐 수 없었다. 그는 '존재의 의미로 가는 수많은 길 중 하나의 길을 사유했을 뿐'이라고 했다. 그 하나의 길은 양심이었지만, 양심의 바탕인 하나님을 외면한 채 '인간은 태어나면서부터 죽음으로 나아가는 존재, 치유될 수 없는 고통 가운데 사는 존재'라고 했다. 죽음이 끝이라면 허무한 존재가 된다. 죽음이 끝이 아니기에 무신론자일수록 두려움을 느낀다. 허무하지 않은 길, 죽음의 두려움을 이기는 길은 창조주 하나님 품에 안기는 길뿐이다.

실존주의 철학자 프랑스 사르트르(1905-1980)는 '신이 존재하지 않기 때문에 인간은 완전히 자유로운 존재다' 했지만, 말년의 삶이 죽음의 공포와 우울증으로 비참했다. '타인은 지옥이다' 그의 말대로 병원에서 의사와 간호원에게 고함을 치고 찾아온 사람들에게 소리를 지르며 발악했다. 죽음으로부터 자유함을 외쳤던 그의 마지막이 왜 그렇게 되었는가? 영혼이 돌아갈 고향을 찾지 못했기 때문이다.

3. 인간은 하나님 말씀을 따르도록 창조되었다.

○ 하나님은 인간에게 필요한 말씀을 주셨다.

인간의 본질적인 질문인 '내가 누구이며 어떻게 살아야 하는가?'를 가르쳐 주실 분은 창조주 하나님밖에 없다. 하나님 말씀인 성경밖에 없다. 인간은 하나님 형상을 닮은 하나님 자녀로 창조되었다. 말씀은 하나님이 자녀인 인간에게 주신 지침이자 약속이다. 인간의 가장 큰 축복이요 은혜이다. 인간이 바르고 선하게 살아가도록 인도하는 길이요 진리요 생명이 된다. 하나님 자녀는 말씀을 따르는 자녀이다. 말씀을 따를 때 자녀의 권세와 축복을 누리는 삶, 가장 기쁘고 평안한 삶, 행복하고 형통한 삶, 축복과 능력의 삶이 된다.

말씀을 따르는 것이 선, 말씀을 무시하고 하나님을 거역하는 것이 악이다. 하나님을 거역하며 자녀 관계를 벗어나는 것이 죄의 본질이다. 하나님은 창조의 비밀을 다 밝히지 않으셨다. 인간에 꼭 필요한 부분만 밝히셨다. 인간에게 그만큼 중요하고 인간이 꼭 따라야 하기 때문이다. 인간에게 중요한 것은 '어떻게 창조했는가?' 보다 왜 창조했는가? 어떤 삶이 바른 삶인가?'이다. 오늘날 탐욕과 죄악, 다툼과 분쟁의 타락 세상이 된 것은 말씀을 따르지 않았기 때문이다.

인간은 하나님과 교통하는 영적 존재로, 하나님 말씀을 따르도록 창조되었다. 그런데 인간이 하나님 말씀을 어기고 하나님을 떠남으로써 영적 생명을 잃게 되었다. 만물은 하나님 창조하신 질서대로 움직인다. 인간만이 하나님께서 축복으로 주신 자유의지로 하나님께 불순종함으로써 하나님을 떠나게 되었다. 아담의 원죄로 하나님과 교통 관계가 끊어진 육적 존재가 되었다. 인간은 하나님을 떠날 때 불안과 두려움에 싸이게 된다. 하나님 안에서 참된 자유함과 평안, 샬롬을 누리도록 창조되었기 때문이다. 불안과 두려움에서 벗어나기 위해 무엇인가를 찾아 의지한다. 하나님 아닌 것을 찾아 섬기는 것이 우상이다. 타락한 인간은 결핍의 두려움에서 물질의 우상을 쫓는다. 그 결과 끝없는 탐욕과 분쟁, 시기와 다툼의 타락 세상이 되었다. 하나님 관계를 회복, 하나님께로 돌아가지 않고서는 결핍의 두려움을 벗어나 궁극적 평안을 얻을 수 없다.

○ 예수님이 인간의 죄를 대신하여 십자가에 죽으심으로 하나님 관계를 회복

할 수 있게 되었다.

　하나님을 떠나 영적 생명을 잃은 인간이 스스로 하나님 관계를 회복, 영적 생명을 얻을 수 없다. 인간을 구원해 주실 분은 하나님밖에 없다. 하나님은 인간에게 구원의 길을 열어 주셨다. 예수님의 십자가 대속으로 영적 생명을 회복하는 길이 열렸다. 인간에게 가장 복된 소식이 아닐 수 없다. 복음을 영접하면 '하나님 앞에 의롭다 함을 입는 자녀'로 회복된다. 복음을 영접한 하나님 자녀가 가장 선하고 의로운 사람이다. 말씀을 따르며 성령의 능력을 힘입는 사람이 가장 복되고 능력있는 사람이다. 안타깝게도 복음을 쉽게 접할 수 있는 오늘날 하나님과 더욱 멀어지고 있다. 구원의 기쁜 소식을 인간이 외면하고 있다. 오늘날 물질적으로는 번영했지만, 물질의 우상 속에 하나님 말씀을 무시하는 영적 암흑시대가 되었다. 사막에서 길을 잃은 모습과도 같다. 방향을 모르면 아무리 노력해도 헛된 일이 된다. 노력할수록 거꾸로 가게 된다.

　절대 진리의 핵심은 창조의 절대성, 성경 말씀의 절대성, 예수님을 통한 구원의 절대성이다. 창조는 하나님의 절대적 영역이다. 창조의 절대성은 하나님 은혜의 절대성이다. 생명을 얻은 것, 잃어버린 영적 생명을 다시 찾게 된 것은 전적으로 하나님의 은혜이다. 성경 말씀은 하나님이 인간에게 주신 구원의 언약, 인간 사랑과 축복의 약속이다. 죄로써 하나님을 떠난 인간이 하나님께로 돌아오는 길은 하나님 질서에 의할 수밖에 없다. 하나님 질서에 의한 구원이 예수님 십자가 대속이다. 이 책의 모든 내용은 절대 진리를 바탕으로 전개된다. 절대 진리의 핵심 내용이 반복적으로 강조된다. 절대 진리를 증거하며 창조 질서의 하나님 나라를 회복하는 것이 이 책의 목적이기 때문이다.

2장 창조인가? 우연인가?

1. 우주의 탄생 - 빅뱅 이론과 신의 입자

영국의 천체 물리학자 스티븐 호킹 박사는 우주의 탄생이 빅뱅으로 시작되었다고 밝혔다. 필자는 빅뱅 이론의 진위를 알지 못한다. 빅뱅 이론이 맞다고 하더라도 그것은 창조주 하나님의 우주 창조 과정의 한 단면, 우주 탄생 원리의 일부분을 물리적 법칙을 이용해 어렴풋이 파악한 것일 뿐이다. 중요한 것은 빅뱅 이론의 진위보다 그러한 현상이 우연히 이루어졌느냐? 창조주 하나님의 계획으로 이루어졌느냐?이다. 빅뱅은 무질서인 상태에서 우연히 일어난 원시적인 사건이 아니다. 어느 한순간에, 저절로 빅뱅이 일어날 수 없다. 인간이 상상할 수 없는 초월적 지혜와 능력으로 질서 정연하게 일어난 사건이다. 스티븐 호킹 박사 스스로도 '빅뱅이 있은 후 우주 팽창 속도가 1/10의 19승 초만 늦었어도 우주는 불덩이가 되었을 것'이라고 말한다. 우주가 완벽하게 탄생하기 위해서는, 더욱 지구에 생명이 존재할 수 있는 환경이 되기 위해서는 인간이 상상할 수 없을 정도로 완벽하게 설계하고 조정할 수 있는 완전한 지혜의 주체가 있어야만 한다.

우주 생성의 또 다른 비밀을 푼 영국 물리학자 피터 힉스 박사(1929-2024)는 우주 대폭발 (빅뱅) 직후 '기본 입자'에 질량을 부여하는 '별도의 입자'가 있어야만 물질이 서로 뭉쳐 우주 만물이 탄생할 수 있다는 가설의 '힉스 입자'를 1964년에 발표했다. '힉스 입자'는 실제로 존재함이 2012년 유럽입자 물리연구소의 '강입자 가속기 실험'을 통해 최종 확인되었다. 입자물리학에 의하면 모든 물질은 '12개의 기본 입자'와 4개의 매개입자의 상호작용으로 이루어지는데, 기본 입자에 질량을 부여하는 보이지 않는 힘 '힉스 입자'가 확인됨으로써 '13개의 기본 입자'와 4개의 매개 입자 총 17개의 입자로 구성됨이 밝혀졌다. 과학이 밝힌 '기본 입자'들은 질량이 없지만 빛의 속도로 결합할 때 질량이 부여된다는 가설의 '힉스 입자'가 실제임이 밝혀져 '신의 입자'로 불리어지게 되었다(출처:한국물리학회 물리학백과). 우주 만물을 구성하는 힘은 '신의 힘'임이 밝혀졌고, 결국 과학자들은 신의 존재를 확인하게 되었다. 힉스 박사는 논문 발표 후 49년 만인 2013년 노벨물리학상을 받았다.

이렇듯 과학의 이론으로 유추해 보면 완벽한 질서에 의해 운행되는 우주가 우연히 생길 수 없다는 결론에 이르게 된다. 원인이 없는 결과가 있을 수 없다는 것이 과학의 기본 전제가 아닌가? 질량 불변의 법칙, 에너지 보존의 법칙이 이 같은 논리가 아닌가? 투입된 에너지보다 큰 출력은 있을 수 없다는 것, 에너지 형태는 바뀌지만 총량은 변할 수 없다는 것이 '열역학 제1 법칙'이 아닌가? 또한 모든 사물은 시간이 지날수록 질서에서 무질서로 바뀐다는 것이 '열역학 제2 법칙, 엔트로피 증가의 법칙'이 아닌가? 시계가 시간이 지나면 고장날 수 있지만, 고장난 시계가 저절로 작동할 수 없다는 논리가 아닌가? 그렇다면 빅뱅 이론은 창조를 부정하는 논리가 아니라, 창조주가 있을 수밖에 없다는 논리가 된다. 아무것도 없는 상태에서 우연히 에너지가 폭발할 수 없다. 급팽창의 원인, 무한한 에너지의 근원이 있어야만 한다. 인간의 눈에 보이지는 않지만, 에너지의 근원, 무에서 유를 창조할 수 있는 생명의 근원, 전지전능한 절대자가 있어야만 한다. 그렇지 않다면 과학은 자기 당착에 빠지는 것이 아닌가? 우주가 무에서 우연히 탄생했다는 것은 과학적이 아니지 않는가!

과학은 보이는 물질의 세계, 자연계의 질서와 원리를 찾는다. 보이는 자연계의 질서는 창조주가 만들어 놓았다. 과학은 피조 세계에 나타난 창조주 하나님의 질서를 밝힌다. 과학이 찾은 질서와 원리는 피조 세계에 나타난 하나님의 자연 계시가 된다. 빅뱅 이론처럼 과학을 통해 창조가 어떻게 일어났는지? 어느 정도 밝힐 수 있다는 측면에서 과학과 창조는 보완 관계가 된다. 과학은 우주와 자연의 신비한 질서를 밝힘으로써 창조주 하나님을 증거한다. 생명과학이 생명체의 놀라운 질서를 발견할수록 하나님의 위대함을 증거한다. 궁극적으로 과학은 창조를 뒷받침한다. 과학의 끝은 창조주 하나님의 신비와 연결된다. 성경은 태초에 하나님이 천지를 창조하실 때 **"땅이 혼돈하고 공허하며 흑암이 깊음 위에 있고 하나님의 영이 수면 위에 운행하시며 빛이 있으라 하시니 빛이 있었다 (창세기 1:1-3)"** 말씀한다. 현대 과학이 모든 이론을 총동원해도 피조 세계를 설명할 수 있는 대상은 5%도 안 된다고 한다. 인간이 보고 느끼는 모든 것, 태양과 달, 밤하늘을 가득 채우는 별들을 다 합쳐도 그렇다는 말이다. 인류가 알아낸 모든 지식으로도 우주를 구성하는 95%의 암흑 물질, 암흑 에너지가 무엇인지 밝히지 못한다는 얘기다. 성경은 그 답을 제시한다. 성경의 제일 첫 장, 첫 구절은 암흑 에너지의 근원이 하나님임을 밝힌다. 모든 에너지의 주체이신 하나님이 흑암 속에서, 말씀으로, 제일 먼저 빛을 창조하셨다. 하나님이 에너지의 근원임을, 말씀이 하나님이요 생명임을, 빛이 흑암을 밝히는 진리의 상징임을 보여주신다.

  과학으로 증명할 수 없다고 창조주 하나님을 부인하는 것, 우주의 신비를 보면서 신비의 주체를 무시하는 것은 과학적이지 않다. 우주 만물의 존재, 완벽한 우주의 운행 질서가 하나님 계심의 명백한 증거이다. 과학으로 밝힐 수 없기에 기적이라고 한다. 기적은 인간의 눈으로 볼 수 없는 무한한 하나님 능력이다. "**믿음으로 모든 세계가 하나님의 말씀으로 지어진 줄을 우리가 아나니 보이는 것은 나타난 것으로 말미암아 된 것이 아니니라 (히브리서 11:3)**" 중요한 것은 기적을 행하시는 하나님을 만나는 것, 하나님 뜻을 따르는 일이다. 성경은 하나님이 주신 말씀이다. 이탈리아의 천문학자 갈릴레오(1564-1642)는 "**하나님은 인간에게 두 권의 책을 주셨다. 한 권은 성경이고 다른 한 권은 자연이다. 성경은 인간이 어떻게 천국에 가는지를 가르쳐 주고, 자연은 하나님의 임재, 하나님 솜씨와 능력을 보여 준다**"고 했다. 영국의 물리학자 제임스 진스(1877-1946)는 "**나는 하나의 과학자에 불과하며 연구하면 할수록 창조주 하나님의 위대함에 감탄할 뿐이다. 제한된 지식을 알게 된 피조물인 내가 어떻게 하나님의 무한한 능력을 알 수 있겠는가?**" 고백했다. 시계는 인간이 목적을 가지고 설계하여 만든 것이다. 시계에 비교될 수 없는 완벽한 우주가 저절로 생겨날 수 없다. 하나님이 특별한 목적을 가지고 만드셨다. 하나님 창조의 신비를 좀 더 보기로 한다.

2. 태양계와 지구의 신비

인간은 우주 속, 태양계 안의 지구라는 집에 살고 있다. 그 집은 인간이 안전하게 살 수 있도록 완벽하게 지어졌다. 하나님이 인간을 위해 필요한 조건과 환경을 완벽하게 준비하셨고 지금도 보살피신다. 과학자들은 지구상에 인간이 존재하기 위해선 20만 가지 이상의 조건이 필요하다고 한다. 이러한 모든 조건이 충족되게 하실 수 있는 분은 창조주 하나님밖에 없다. 하나님은 우주 만물을 창조하시고 '보시기에 좋았더라' 하셨다. 하나님 보시기에 좋은 것보다 더 아름답고 조화로운 질서는 없다. 지구는 인간이 살아가는 데 최적의 조건과 환경을 갖추고 있다. 하나님은 맨 마지막에 인간을 창조하시고 우주만물을 다스리도록 하셨다. 인간이 지구를 잘못 다스려도, 지구 스스로 자정 능력을 어느 정도 갖추고 있다. 사람들은 가끔 일어나는 일식과 월식에 감탄한다. 일식과 월식이 아니라, 우주 만물을 질서 있게 움직이시는 하나님께 열광해야 한다. 잠을 자는 동안에도 심장의 박동으로 구석구석까지 피가 돌게 하시는 하나님 은혜에 감사해야 한다.

지구가 자전하며 태양을 공전하는 원형 운동을 함으로써 생명체가 살 수 있는 햇빛과 바람, 공기와 물이 제공된다. 자전과 공전 주기가 정확하게 일치한다. 지구의 자전 속도는 시속 1,600Km, 공전 속도는 11만 Km나 된다. 지구가 일정한 자전 속도를 가짐으로 밤과 낮이 교체된다. 자전 속도가 지금보다 빨라지면 공기가 빨리 돌며 태풍이 매일 일어나고, 느리면 낮에는 너무 뜨겁고 밤에는 너무 추워진다. 달이 지구 자전축의 변화를 안정시킨다. 달이 없다면 지구 자전축의 변화가 커져 날씨 변화가 극심하게 된다. 지구의 크기가 물이 순환하는데 적당하다. 10%만 더 크면 중력이 너무 커져 물이 수증기로 증발되지 않고 물의 순환이 차단되어 생명체가 살 수 없게 된다. 10%만 더 작아지면 중력이 너무 약해져 증발한 수증기가 우주 공간으로 날아가 버린다. 태양과 지구 거리는 약 19,000만 Km로, 물을 보존하고 순환하기에 가장 적합한 거리, 태양의 열을 적당하게 받아 적당한 온도를 유지할 수 있는 거리이다. 거리가 더 가까우면 너무 뜨겁게 되고, 멀어지면 너무 춥게 된다. 태양열을 1%만 더 받으면 노아의 홍수가 일어나고, 1%만 덜 받으면 빙하가 된다. 달과 지구의 거리가 더 가까우면 달의 인력이 커져 조수 간만의 차와 파도가 커지고, 더 멀어지면 바닷물이 썩게 된다. 파도와 바람과 태풍, 천둥과 비가 적당히 있어 바닷물이 썩지 않도록 하고, 자연적으로 냉난방 효과를 내며, 공기를 정화한다. 지구 자전축이 23.5도 기울어져 있어 태양 빛이 골고루 비치며 사계절의 변화가 일어난다. 지구가 똑바로 서서 돌면 적도 지역은 너무 뜨겁고 남극 북극은 너무 춥게 된다. 계절의 변화가 없고 극심한 여름과 겨울만 있게 된다. 기울기 때문에 위도에 따라 기후가 달라진다. 태양 에너지가 수직에 가깝게 떨어질 때 여름이 되고, 반대일 때 겨울이 된다. 조금만 더 기울면 극지방의 빙하가 녹아내리게 되고, 덜 기울면 극지방은 더욱 춥게 된다.

 지구 바깥쪽에 성층권이 형성되어 지구가 안정적 온도를 유지하도록, 공기가 우주로 빠져나가지 못하도록 한다. 별똥별로부터 피해를 막아 주며, 태양으로부터 오는 자외선도 적절히 막아 준다. 자외선이 성층권에서 대부분 오존을 만드는 데 사용되어 지상에 도달하는 자외선이 크게 줄어든다. 대기가 있어 빗물이 사뿐히 내린다. 대기가 없으면 빗물이 총알처럼 내리게 된다. 대기권의 온도와 기압이 생명체가 살기에 적합하게 유지되도록 순환하며 조절된다. 공기 중에 이산화탄소가 많으면 기온과 기압이 올라가 생명체가 견딜 수 없게 된다. 매년 70억 톤 이상의 엄청난 탄산가스가 배출되지만, 이산화탄소는 물에 잘 녹아 비에 흡수되어, 약 70%가 사라짐으로써 알맞게 기온과 기압이 유지된다. 바다에 흘러 들어간 이산화탄소는 지각판의 갈라진 틈에서 나오는 칼륨 및 마그네슘과 결합해서 탄산칼륨과 탄산마그네슘이 됨으로써 바다 또한 적정량의 이산화탄소를 유지하게 된다. 이러한 지구의 자정 능력으로 지구 환경의 훼손에도 불구하고 지구의 온도가 미미하게 증가하고 있다. 지구의 하늘은 파랗고 아름답다. 지구의 공기를 구성하는 질소와 산소의 특별한 비율 때문에 태양 빛이 지구에 와서 파랗게 산란된다. 화성은 항상 빨간 색이다. 지구처럼 아름다운 행성은 없다. 공기 중 산소의 농도가 약 21%로 일정하게 유지되고 있다. 산소의 농도가 더 많으면 불바다가 되고, 더 적으면 호흡이 곤란, 질식으로 사망하게 된다. 대기 중에 가연성인 메탄가스와 조연성인

산소, 화학적 연소 반응을 일으키는 자외선이 함께 있는데도 연소 반응이 일어나지 않는 것은 창조의 신비이다. 이 모든 신비는 지구가 인간이 살기에 가장 적합하도록 창조하신 하나님의 전능하신 능력이라고 볼 수밖에 없다.

3. 자연과 식물의 신비

(창세기 1:29) … 내가 온 지면에 씨 맺는 채소와 씨 가진 열매 맺는 모든 나무를 너희에게 주노니 너희의 먹을거리가 되리라

자연은 서로 주고받음을 통해 신비로운 조화를 이루고 있다. 자연의 신비는 이루 말할 수 없지만, 여기선 씨앗의 신비와 광합성 작용만을 간략히 본다. 하나님은 씨 맺는 채소와 열매 맺는 나무를, 인간을 위해 각기 종류대로 창조하셨다. 씨앗은 창조의 신비를 증거한다. 현대 과학이 씨앗 하나를 창조할 수 없다. 창조된 씨앗의 개종이 가능할 뿐이다. 동일한 흙과 물과 공기에서 다양한 종류의 꽃과 색깔이 나온다. 각기 다른 수많은 종류의 씨앗이 존재하는 것, 같은 종류의 씨앗에서도 다른 색깔의 꽃을 피우고 열매를 맺는 것은 신비로운 조화이다. 씨앗 하나만 보더라도 하나님 창조의 완벽성을 인정하지 않을 수 없다. 자연과 식물은 인간을 위해 아름답고 조화롭게 창조되었다.

식물은 광합성 작용을 통해 자란다. 햇빛과 물, 공기 중의 이산화탄소가 어울려 광합성 작용을 함으로써 탄소화합물인 포도당을 만들며 식물이 자란다. 식물은 태양 에너지를 이용하여 물과 이산화탄소를 결합해 탄수화물을 만드는 화학반응을 일으키며, 그 부산물로 산소가 배출되어 동물이 호흡한다. 동물은 식물이 만든 탄수화물을 먹고 산소와 결합하여 에너지를 생성하며 그 부산물로 이산화탄소를 배출한다. 동물이 뱉어내는 이산화탄소를 식물은 받아서 영양소로 사용한다. 동물이 호흡하면서 나빠진 공기를 식물이 원래대로 환원시킨다. 이산화탄소는 대기와 생명체 사이를 순환한다. 광합성 작용의 결과인 포도당은 생명체 에너지의 근원이다. 식물이 만든 것을 동물이 먹고, 동물의 노폐물이 식물에 의해 해소된다. 광합성 작용은 동물과 식물이 서로 돕는 상호작용으로, 자연을 보존하고 모든 생명체의 존재를 가능하게 하는 오묘한 창조 원리이다. 인간은 이산화탄소를 자연스럽게 흡수하는 나무와 숲을 잘 보존해야 한다. 인간의 잘못으로 자정 능력이 이미 균형을 잃고 한계 상황에 이르렀다. 지구의 자정능력을 보존할 책임이 인간에게 있다.

4. 생명과 인간의 신비

○ 생명의 신비

과학이 아무리 발달해도 생명을 창조할 수 없다. 창조된 생명의 신비를 밝히며 신비한 생명의 질서를 찾아낼 뿐이다. 생명의 신비를 찾아낼수록 생명의 경이로움, 하나님 창조의 위대하심에 감탄하게 된다. 창조가 아니면 생명체의 복잡성과 다양성을 설명할 수 없다. 우주의 신비, 생명의 신비를 보고도 창조주가 없다고 주장한다면 자신에 대한 확신이 있는 사람이다. 모든 생명체는 아름답고 복잡한 구조를 지니고 있다. 가장 기초적 생물인 단세포 유기체도 현대 과학으로 이룰 수 없는 자체 복제 능력을 갖추고 있다. 단백질인 아미노산이 결합하여 분자가 되고, 분자가 조립되어 기능성 세포를 이루는 것은 현대 과학이 이룰 수 없는 경지이다. 기적적으로 생명이 우연히 생겼다 하더라도 생존할 수 있는 확률은 제로이다. 물리학자들에 의하면 생명이 살 수 있는 필수 요건이 갖추어질 확률은 $1/10$의 23승이다. 50여 개의 상수가 무한대에 가까울 정도의 균형을 이루어야 생명체가 생존할 수 있는 환경이 된다는 것이다.

생명체의 설계도인 세포 속의 DNA가 창조를 증거한다. 현대과학은 생명체의 기본단위인 DNA가 복잡한 정열 구조로 되어 있음을 밝히고 있다. 모든 생명체는 서로 다른 DNA를 가지고 있다. DNA는 마이크로프로세서 역할을 하며 각기 다르게 조립을 유도한다. DNA가 우연히 만들어질 수 없다. 놀라운 지적 설계의 전능자가 아니면 불가능하다. DNA는 모든 생명체가 창조되었다는 과학적인 증거이다. 생명체가 진화한다고 DNA가 바뀔 수는 없다. 환경에 대한 적응일 뿐, DNA는 그대로이다. 현대 과학이 DNA를 만들 수 없다. 생명의 신비는 과학의 경지를 넘어선 창조의 신비이다.

○ 인간의 신비

사람은 하나님 만드신 최고의 걸작품이다. 사람의 몸은 우주의 신비를 넘어선다. 인간의 창조는 우주 창조보다도 위대하고 신비한 창조이다. 사람은 우주 만물을 다스리도록 특별한 목적을 가지고 창조하셨다. 인간은 정신세계, 사고능력을 지녔다. 사람은 영혼을 지닌 영적 존재이다. 과학자들이 인간의 느낌과 생각, 행동이 뇌에서 결정된다는 신비만 확인할 뿐, 뇌의 근원인 영을 밝힐 수는 없다. 성경은 하나님이 흙으로 사람을 만드시고 코에 생기를 불어넣으셨다고 말씀한다. 생기는 생명의 기운, 하나님과의 호흡이다. 인간은 하나님과 호흡하며 교통하도록 창조된 영적 존재이다. 하나님의 형상과 성품을 지닌 하나님의 자녀이다. 인간만이 부끄러움과 수치심, 양심과 죄책감이 있다. 영적 상태에 따라 표정이 바뀐다. 인간은 태초에 지적 능력을 부여받았다. 아담은 동물의 이름을 지었다. 인간만이 말을 하며 불을 사용한다. 말과 불의 사용은 문화와 문명 발전의 토대가 되었다. 인간으로 태어나 산다는 자체가 축복이다. 하나님 은혜에 감사, 감격하지 않을 수 없다.

사람은 가장 복잡한 생명체 구조를 지닌, 우주의 축소판이다. 인체를 구성하는 세포는 그 안에서 분주하게 일하는 신비한 것들의 집합체이다. 세포의 각 성분은 다른 성분들로부터 오는 신호에 반응함으로써 신비롭고 조화로운 생명 활동이 전개된다. 세포는 세포막과 세포핵으로 이루어져 있고 세포핵 속에는 23쌍, 46개의 염색체(Chromosome)가 들어있다. 염색체 속에는 유전물질이자 암호인, 이중 나선형 구조의 DNA라는 꼬불꼬불한 줄이 꼬여있다. DNA가 모여 유전자를 구성하고 유전자가 모여 염색체를 구성한다. 게놈(Genome)은 유전자와 염색체의 합성 어인 유전체로서, 생명체가 생명 유지에 필요한 유전물질의 집합체이다. 게놈은 DNA의 염기서열로 생명 설계도의 암호와도 같다. 한 몸에 있는 모든 세포는 같은 수의 염색체와 유전정보, 유전자 구조를 지닌다. 길이가 1미터에 달하는 DNA는 칭칭 감겨서 무한히 작은 세포핵 안에 들어 있다. DNA 200억 가닥을 뭉치면 가느다란 머리카락 굵기라고 한다. 우리 몸에는 37조 2천개의 세포가 있다고 한다. 우리 몸의 DNA를 한 가닥으로 이으면 160억 Km나 된다고 한다. 이 길이는 지구에서 명왕성 너머까지 뻗어가는 거리이다. 인간은 말 그대로 우주적 존재이다. 인체의 모든 구조가 놀라운 조화로 움직이는 완벽한 우주이다.

  피의 신비가 또한 하나님 창조를 증거한다. 생명이 피에 있다. **"육체의 생명은 피에 있음이라 내가 이 피를 너희에게 주어 제단에 뿌려 너희의 생명을 위하여 속죄하게 하였나니 생명이 피에 있으므로 피가 죄를 속하느니라 (레위기 7:11)"** 성경이 수천 년 전에 밝힌 진리가 현대 과학에 의해 확인되고 있다. 고대사회의 죽음은 코끝에 있었다. 호흡으로 죽음을 확인했다. 근대사회는 심장이 멎는 것이 죽음이었다. 심장 박동의 정지로 죽음을 확인했다. 현대사회는 뇌가 죽는 것, 뇌사를 죽음으로 판명한다. 오늘날에는 피가 죽는 것, 피가 식는 것이 죽음이다. 생명이 피로 시작되고, 피로 생명이 자란다. 현대 과학이 인공 심장은 만들어도 피는 만들지 못한다. 피는 생명이기 때문이다. 피는 적혈구, 백혈구, 혈소판, 혈장으로 구성된다. 적혈구는 폐에 가서 산소를 받아들여 필요한 곳에 공급한다. 자신의 100%를 준다. 모든 것을 나누어 주고, 4일쯤 있다가 비장에 가서 숨을 거둔다. 백혈구는 외부의 침입자, 병균이 들어오면 감싸안아 침입자를 녹여 버린다. 인간의 혈관을 한 줄로 이으면 112,000Km나 된다고 한다. 지구를 두바퀴 반이나 감을 수 있는 거리이다. 혈관의 피가 쉬지 않고 돌고 있다. 한 번에 지구를 2.5바퀴 돌고 있는 셈이다. 피는 끊임없이 생성된다. 1초에 100개 이상의 적혈구가 만들어진다고 한다. 피가 혈관 속을 돌며 산소와 영양분을 공급하고 노폐물을 처리한다. 혈관의 피가 도는 것이 심장의 박동, 인체의 순환 체계이다. 피가 죽는 것이 사망이다. 심장은 1초도 쉼이 없이 뛴다. 하루에 12만 9천 번이나 뛰고 있다. 잠을 잘 때에도 심장은 뛰며 피를 돌게 한다. 내 힘으로 심장을 뛰게 할 수 없다. 심장을 뛰게 하고 멈추게 하실 분은 하나님뿐이다. 생명은 하나님의 선물이다. 아기를 가지면 배 속에서 태아의 심장 박동 소리가 들린다.

  세상의 어떤 부모도 태아의 심장박동 소리를 들으면 감격하며 하나님께 감사, 기도하게 된다.

  인체의 면역계는 생명을 보호하는 하나님의 신비이다. 인체에는 2조에 달하는 방어군이 나쁜 세균들에게 즉각적인 대응을 한다. 면역체계는 모든 정보를 기억하고 저장하며 사용하는 놀라운 능력이 있다. 끊임없이 자기와 비자기를 구분해 공격한다. 비자기는 바이러스, 기생충, 박테리아와 같은 질병을 유발하는 유기체와 세균들이다. 침, 콧물, 눈물에는 질병의 원인인 미생물을 죽이는 물질이 들어있다. 폐로 통하는 기도에는 머리털 같은 섬모가 이물질을 목구멍에서 밀어내며 재채기와 기침을 통해 밖으로 보낸다. 위에 침입하면 위산과 효소로 격퇴한다. 몸속까지 침투하면 혈액 속의 면역계, 2조에 달하는 백혈구가 대응한다. 백혈구는 골수에서 생성되며 우리 몸에 들어온 온갖 질병원에 대응하는 세포를 만들어낸다. 인체는 각종 질병과 바이러스에 대항, 자기 파괴와 소각 활동을 계속한다. 외부 감염이나 스트레스로 축적된 노폐물을 비닐과 같은 형태로 둘러싸서 소각장으로 보내 분해시켜 새로운 에너지 아미노산을 생성한다. 자체 정화 기능, 자동 리셋 기능이다. 인체는 하나님에 의해 완벽하게 디자인되고 창조되었다.

5. 진화론의 오류와 한계

○ 창조가 있어야 진화가 가능하다.

  영국의 생물학자 찰스 다윈(1809-1882)은 1859년 '종의 기원'이라는 진화론을 발표했다. 생명체가 자연선택을 통해 적자 생존하며, 생존에 유리한 종이 살아남아 번식한다는 것이다. 진화론은 경쟁에서 이긴 쪽이 살아남는다는 강자의 논리, 약육강식의 육적 논리이다. 하나님 창조 세계는 강자만이 살아남지 않는다. 약자를 보호하며 더불어 사는 조화의 논리, 공생의 질서이다. 적자생존이 일부 있더라도 주고받는 질서가 중심이다. 적자생존으로 설명되지 않는 현상이 훨씬 더 많다. 조화와 균형을 이루도록 하나님이 창조하셨기 때문이다. 적자생존이 초점이 아니라, 조화와 균형을 이루도록 창조하신 하나님의 신비에 주목해야 한다. 진화론은 정신 세계를 부정하며 정신의 바탕인 하나님을 부정한다. 인간은 하나님 영이 부여된 영적 존재이다. 진화론의 뿌리는 신본주의에 대응하는 인본주의, 그에 바탕으로 한 계몽주의이다. 인간의 계몽은 하나님께로 나아가는 계몽이어야 한다. 진화론은 계몽이 아닌 반 계몽이다. 고귀한 인격체인 인간을 동물로 전락시킨다.

  진화론은 생명의 시작을 밝힐 수 없다. 진화는 유에서 출발한다. 무에서 유로는 진화할 수가 없다. 진화가 아닌 창조가 된다. 진화는 창조를 전제로 한다. 창조는 무에서 유를 만드는 하나님의 능력이다. 오늘날 진화론에 바탕을 두어 거꾸로 창조를 부정하고 있다. 진화론이 사실인 양, 과학인 양 다방면으로 확산되고 있다. 교육계와 학계가 뿌리내려 하나님을 부정하는 것이 오늘날의 진짜 문제이다. 진화론에 바탕한 사회과학자들이 인간의 역사를 자연선택 개념으로 정리한다. 하나님 영이 부여된 인간의 고귀한 생명, 윤리와 도덕의 바탕을 무너뜨리고 있다. 어릴 때부터 학교에서 진화론을 가르쳐 인간을 원숭이의 후예로 믿는 잘못된 인식이 심어졌다. 모든 동물이 태초에 다르게 창조되었다. 앞에서 본대로 모든 생명체의 DNA가 다르다. DNA가 환경 변화에 따라 바뀔 확률은 제로이다. DNA의 변형은 곧 죽음이다. 진화 부분이 있더라도 창조의 울타리 안에서의 작은 변화이다. '환경에 따라 유전자 세포가 적응하여 변화한다'는 논리는 하나님 창조 질서에 순응하는 현상일 뿐, 창조에 대항할 수 없다. 창조된 생명체가 환경에 적응해 가는 것은 당연한 창조 질서이다. 환경에 적응하도록 창조 본능이 부여되었다. 창조가 본질인데, 환경에 적응하는 변화로 창조를 부인하는 것은 완전히 거꾸로 되었다.

○ 진화론은 사실에 바탕한 이론이 아니다. 화석은 진화론의 근거가 되지 못한다.

진화론은 증거에 바탕한 이론이 아닌 가설이자 추론이다. 모든 식물은 종류대로 씨앗이 다르다. 모든 동물은 DNA가 다르다. 인간은 이성적 존재이다. 이성이 진화로 생겨날 수 없다. 인간은 하나님을 찾고자 하는 영적 본능이 있다. 아무리 아프리카 오지에 있는 원시적인 생활의 인간이라도 제단을 만들고 기도하며 신을 섬긴다. 잘못하면 죄책감을 느끼며 제사를 드린다. 원숭이가 절대로 흉내 낼 수 없는 일이다. 진화론은 과학적 사고가 아닌 인위적 전개이다. 아인슈타인은 '신은 주사위를 던지지 않았다. 우연히 생겨난 것은 없다'고 했다

진화론은 근거가 없다. 연속적 중간단계의 화석이 없다. 시조새는 멸종된 새일 뿐이다. 다른 종, 새로운 종으로 바뀌었다는 대진화의 증거는 없다. 있을 수 없기 때문에 제시할 수 없는 것이다. 화석은 진화론의 근거가 아니라 창조의 근거이다. 각기 다른 종류의 생명체 화석만이 발견되었다는 것은 모든 생명체가 완전한 형태로 창조되었음을 증거한다. 화석의 연대 측정은 불확실하다고 필자는 생각한다. 화석은 화산 폭발이나 지진, 홍수 등 급격한 변화에 의해 발생했다. 급작스런 죽음, 순식간에 매몰된 상태가 아니고서는 온전한 형태를 유지하는 화석이 이루어질 수 없다. 자연적 퇴적으로는 선명한 화석으로 남을 수 없다. 급격한 변화에 의해 생겨진 현상을 일상적 변화에 의한 시간으로 연대를 측정하는 것은 합리적이지 않다. 노아의 홍수에서 화석의 해답을 찾을 수 있다. 화석의 상당 부분은 노아 홍수의 흔적이라고 볼 수 있다. 각기 다른 생물이 같은 층에서 발견되는 것은 일시에 매몰되었음을 증거한다. 다른 지층에서 동일한 화석이 발견되는 것도 대홍수와 같은 변혁이 있었음을 암시한다. 그랜드 캐니언의 지층은 급격하게 바닷물이 움직인 흔적들을 보여준다. 자연적 퇴적이라기보다는 노아의 홍수를 뒷받침한다. 높은 산 위에서 바다 생물의 흔적이 발견되는 것은 융기의 증거도 되지만 대홍수의 증거임이 더욱 유력하다. 석탄과 석유도 나무와 숲과 동식물이 일시에 매몰되는 대변혁이 있었음을 시사한다.

○ 진화론은 창조 질서를 거역하는 사탄의 논리이다. 공교육에서 진화론을 가

르쳐선 안 된다.

　진화론은 하나님을 거역하는 무신론의 뿌리가 되어 사회를 그릇된 방향으로 인도한다. 고귀한 인간의 삶을 생존을 위한 경쟁으로 전락시킨다. 인간의 삶은 적자생존의 육적 삶이 전부가 아니다. 다윈 자신도 말년에 친구 그레이 박사에게 보낸 편지에서 '아름다운 우주와 자연계를 볼 때 이것이 맹목적으로 일어났다고 믿기에는 무리가 많으며, 특히 인간을 볼 때 더욱 그러한 생각을 할 수 없게 된다' 고백했다. 인간은 하나님과 교통하며 하나님 뜻을 이루도록 창조되었다. 하나님 뜻을 따를 때 삶의 의미와 목적이 달라진다. 나를 위한 삶, 약육강식의 경쟁적 삶이 아니라, 배려와 협동의 더불어 사는 삶이 된다. 다른 사람을 짓밟고 이기는 성공이 아니라, 다른 사람을 세워주며 함께 이루는 성공이 된다. 하나님 창조질서는 은혜의 질서이다. 사랑과 긍휼, 섬김과 희생의 더불어 사는 공생의 질서이다.

　공교육은 바른 삶, 인간의 고귀한 가치와 도리를 가르쳐야 한다. 인간이 하나님 관계에서 어떤 존재인지를 깨닫는 것이 바른 삶의 출발이다. 하나님 영이 부여된 하나님 자녀임을 깨닫는다면 삶의 의미와 목적이 달라진다. 진화론을 가르치는 것은 교육의 기본 정신에 어긋난다. 인간이 추구해야 할 궁극적 가치가 무엇인지를 제시하지 못한다. 영적 존재인 인간의 고귀한 생명을 그릇되게 왜곡한다. 유전자들이 경쟁하여 가장 우월한 유전자가 살아남는다는 논리는 인성 교육에 역행한다. 인격적 존재인 인간을 배려와 협동이 아닌 이기심과 탐욕, 경쟁과 교만으로 인도한다. 근본적으로 선과 악에 대한 회의를 초래한다. 궁극적 선과 악의 기준이 없어져 죄의 심각성을 느끼지 못하게 한다.

3장 창조주의 성품과 뜻을 어떻게 알 수 있는가?

1. 자연 계시

○ 창조주 하나님의 능력과 성품, 신성이 피조 세계에 나타나 있다.

(로마서 1:20) 창세로부터 그의 보이지 아니하는 것들 곧 그의 영원하신 능력과 신성이 그가 만드신 만물에 분명히 보여 알려졌나니 그러므로 그들이 핑계하지 못할지니라

자연 만물에는 하나님 뜻과 성품, 창조 질서가 숨어져 있다. 하나님은 피조 세계, 우주 만물을 통해 당신의 능력과 신성을 드러내셨다. 피조 세계를 통해 드러내신 창조주 하나님의 신성, 성품과 능력이 자연 계시(일반 계시, 보편 계시)이다. 피조 세계는 하나님 창조 질서대로 움직인다. 자연은 몸짓으로 하나님 영광을 드러낸다. 자연을 통해 하나님을 만나고 하나님 음성을 들을 수 있기에 하나님을 모른다고 핑계할 수 없다. 폭풍우가 지나간 뒤의 무지개, 달빛, 별빛이 비치는 밤, 아름다운 꽃과 향기, 계절마다 바뀌는 자연의 아름다움이 하나님을 증거한다. 자연만이 아니라, 인간의 마음을 통해서도 하나님 계심과 당신의 선하심을 드러내신다. 인간의 선한 양심, 창조주를 두려워하는 마음은 하나님 성품이 부여된 내적인 일반 계시라고 볼 수 있다.

보이는 세계는 보이지 않는 하나님의 성품과 능력이 투영되어 나타난 현상이다. 자연을 통한 하나님 질서, 자연 계시를 따르기만 해도 인간 사회는 조화로운 사회가 된다. 하지만 인간이 물질적 탐욕으로 자연을 마구 훼손하고 있다. 자연의 신음 소리, 자연을 통한 하나님의 경고를 무시하고 있다. 자연은 조화의 세계이다. 자연 만물은 서로 주고받는 관계적 존재, 주고받음으로 하나를 이루는 연결된 존재이다. 일방적 관계는 영속될 수 없다. 주고받는 원운동을 함으로써 서로 힘을 얻어 영속한다. 지구와 달, 태양과 지구, 태양계도 원운동을 하며 영속하고 있다.

주고받는 관계는 과학으로도 증명된다. 물질의 기본 원소인 원자는 원자핵과 원자핵을 도는 전자로 구성된다. 양전자와 음전자가 서로 주고받으며 중성자인 원자핵을 돌고 있다. 모든 물체는 서로 당기는 힘, 인력이 있다. 지구도 중력의 힘으로 존재한다. 인간과 자연과도 주고받는 관계이다. 인간은 자연을 잘 다스려야 한다.

○ 자연 계시를 통해 창조주 하나님을 이해하는 데에는 한계가 있다.

피조 세계에 숨어져 있는 창조주 모습은 다양하게 편재되어 있다. 피조 세계를 통해 파악하는 하나님 질서는 극히 일부분일 수밖에 없다. 보이는 세계의 근원인 보이지 않는 세계가 훨씬 깊고 심오하다. 피조 세계를 통한 자연 계시로는 창조주 하나님을 완전하게 알 수 없다. 인간은 하나님을 향한 영적 갈망이 있다. 하나님 영이 불어넣어졌기 때문이다. 종교가 난무하는 것은 하나님에 대한 갈망, 하나님 안에서의 평안을 찾기 위함이다. 하지만 자연 계시에 나타난 한 단면에 집착한다면 창조주 하나님을 잘못 이해하게 된다. 자연 계시는 하나님 은혜를 깨닫고 하나님을 경외하며 찬양하는 데에 본질적인 의미가 있다.

창조주 하나님을 찾는 길은 두 갈래가 있다. 인간이 스스로 창조주를 찾아가는 길과 창조주가 직접 밝히시는 길이다. 인간이 창조주를 찾는 구도(求道)냐? 창조주가 인간에게 찾아오는 계시(啓示)냐?이다. 세상의 종교는 찾아가는 求道이다. 스스로 자신을 알고자, 창조주를 찾고자 산속에 들어가 수십 년간 도를 닦기도 한다. 아무리 도를 닦은들 산은 산이요 물은 물임을 깨달을 뿐, 자기 자신이 어디서 와서 어디로 가는지? 창조주가 어떤 분인지? 인간과는 어떤 관계인지? 명확한 답을 찾을 수 없다. 기독교는 창조주가 밝힌 특별 계시를 따르는 종교이다. 일반 계시는 하나님의 선하심과 위대하심을 깨닫게 하지만, 구원의 길을 제시하지는 못한다. 죄는 무엇인지? 어떻게 하나님 관계를 이탈했는지? 어떻게 구원받을 수 있는지?는 창조주가 알려주셔야 한다. 인간이 그릇되게 찾을 수 있기 때문에 하나님은 인간을 찾아오셨다. 인간에 필요한 모든 것, 인간의 바른 삶을 가르쳐 주셨다. 특별 계시는 창조주 하나님이 인간에게 주신 가장 큰 축복이요 은혜가 아닐 수 없다.

2. 특별 계시 - 성경

(출애굽기 2:2) … 그가 보니 떨기나무에 불이 붙었으나 그 떨기나무가 사라지지 아니하는지라
(출애굽기 3:14) 하나님이 모세에게 이르시되 나는 스스로 있는 자이니라 또 이르시되 너는 이스라엘 자손에게 이같이 이르기를 스스로 있는 자가 나를 너희에게 보내셨다 하라

하나님은 시내산에서 모세에게 떨기나무에 사라지지 않는 불로 나타나셨다. 떨기나무는 보잘것없는 나무, 쉽게 불에 타서 재가 되는 나무이다. 사라지지 않는 떨기나무의 불은 무한한 능력을 나타낸다. 불꽃 같은 열정과 변함없으신 사랑의 마음을 보여주신다. 모세가 40년 미디안 광야에서 양을 치며 나이 팔십이 되어 기력이 떨어졌을 때 하나님은 사라지지 않는 불로 나타나셨다. 모세는 떨기나무같이 연약하지만, 하나님이 불꽃같이 지키실 것임을 보여주셨다.

히브리어 야훼(여호와)는 '스스로 있는 자'란 뜻이다. 헬라어로는 '**에고 에이미, 나는 나다**'이다. 여호와 하나님은 스스로 계시는 분이다. '나는 나다' 하실 분은 스스로 계시는 하나님밖에 없다. 나머지 모든 존재는 스스로 계시는 분에게서 나온 피조물이다. 스스로 계시자면 절대 선과 진리의 근원으로, 완전해야 한다. 하나님은 영원한 빛과 진리가 되신다.

○ 성경은 성령의 감동으로 쓰여진 하나님의 특별 계시이다.
(디모데후서 3:16-17) 모든 성경은 하나님의 감동으로 된 것으로 교훈과 책망과 바르게 함과 의로 교육하기에 유익하니/ 이는 하나님의 사람으로 온전하게 하며

모든 선한 일을 행할 능력을 갖추게 하려 함이라

성경은 하나님이 인간에 주신 말씀, 인간에게 보내신 사랑의 편지이다. 인간과 맺은 계약 (Testament), 절대 불변의 약속(Covenant)이다. 성경의 저자는 하나님, 성령님이시다. 성경은 하나님 말씀, 성령의 감동으로 쓰여졌다. 말씀의 감동이 있을 때 말씀의 능력, 하나님의 능력이 나타난다. 성경을 기록한 사람은 40여명이다. 모세의 5경(창세기, 출애굽기, 레위기, 민수기, 신명기)에서부터 요한이 기록한 요한계시록까지 약 1,600년에 걸쳐서 기록되었다. 구약 39권의 상당 부분은 하나님이 직접 주신 말씀, 하나님과의 대화, 하나님의 명령이다. 구약을 구분하면 역사서, 지혜서(시가서), 예언서가 된다. 예언은 장래의 일을 말하는 豫言(예언)이 아니라, 하나님이 전하라고 선지자들에게 맡기시는 말씀, 預言(예언)을 말한다. 구약은 인류를 구원하기 위해 오실 메시아에 대한 언약과 메시아의 오심을 준비하기 위한 믿음의 훈련이다. 신약 27권은 메시아가 오셔서 인간의 죄를 대속하신 복음의 내용과 복음을 영접한 후 하나님 성품을 회복하기 위한 믿음의 훈련이다.

성경은 하나님 관점에서 인간에게 중요한 것, 필요한 것을 말씀한다. 하나님 구원 섭리의 관점에서 의미를 깨닫고 뜻을 새겨야 한다. 인간이 중하게 생각하는 죄와 하나님이 중하게 여기시는 죄는 다르다. 인간의 눈에는 다른 사람의 죄가 더 크게 보이지만, 성경은 자신의 드러나지 않은 내면의 죄가 더 크다고 말씀한다. 하나님을 떠난 인간은 똑같은 죄인이다. 성경은 제품 제조자에 의한 상품 설명서와 같다. 특별 계시인 성경이 있는데도 창조주를 찾는 노력은 불필요하다. 성경이 없이 하나님의 뜻과 성품, 하나님 진리를 찾는 노력은 마치 사막의 원주민이 노트북을 스스로 깨우치려는 것과 같다. 우주 질서는 노트북보다 훨씬 복잡하다. 제작자의 설명서를 보아야 한다. 더욱 인간의 타락과 구원의 문제는 우주 질서를 넘어서는 영적인 문제이다. 구원은 창조주가 제시하는 길을 따를 수밖에 없다. 그 길을 거역하는 것은 인간의 교만이자 하나님을 거역하는 죄가 된다.

4장 어떻게 창조하셨는가? 왜 창조하셨는가? 인간은 어떤 존재인가?

1. 말씀으로 창조되었다.

○ 말씀이 곧 하나님이시다.

(요한복음 1:1) 태초에 말씀이 계시니라 이 말씀이 하나님과 함께 계셨으니 이 말씀은 곧 하나님이시니라

태초에 말씀이 하나님과 함께 계셨다. 천지를 창조하신 능력, 무에서 유를 창조하신 능력은 말씀의 능력이었다. 말씀에는 하나님의 능력과 권세가 있다. 말씀을 믿을 때, 말씀의 감동이 느껴질 때 하나님 능력이 나타난다.

○ 닭이 먼저인가? 달걀이 먼저인가?

(창세기 1:11) 하나님이 이르시되 땅은 풀과 씨 맺는 채소와 각기 종류대로 씨 가진 열매 맺는 나무를 내라 하시니 그대로 되어
(창세기 1:20-21) 하나님이 이르시되 물들은 생물을 번성하게 하라 땅 위 하늘의 궁창에는 새가 날으라 하시고/ 하나님이 큰 바다 짐승들과 물에서 번성하여 움직이는 모든 생물을 그 종류대로, 날개 있는 모든 새를 그 종류대로 창조하시니 하나님이 보시기에 좋았더라

모든 생물은 하나님이 종류대로, 완성체로 창조하셨다. 닭이 먼저이다. 씨앗이 아닌 씨맺는 채소와 나무를 창조하셨다. 새와 물고기, 가축과 짐승도 종류대로 완성체로 창조하셨다. 모든 생물은 하나님 창조하신 질서와 원리대로 성장하고 번식한다. 생육하고 번식하는 것이 하나님 뜻이요, 하나님 보시기에 아름다움이다

2. 하나님의 기쁨이 되도록, 선하고 아름답고 조화롭게 창조하셨다.

(창세기 1:31) 하나님이 지으신 그 모든 것을 보시니 보시기에 심히 좋았더라 저녁이 되고 아침이 되니 이는 여섯째 날이니라

하나님은 천지 만물을 6일간 순차적으로 창조하시고 각기 **"보시기에 좋았더라"** 말씀하셨다. 마지막에 하나님 형상대로 사람을 창조하시고 하나님 창조하신 모든 것을 다스리도록 하셨다. 6일간의 창조는 물리적인 6일이 아니라 순차적으로 창조하셨음을 의미한다. 인간을 맨 마지막에 창조하신 것은 그만큼 소중한 존재로, 우주 만물을 인간을 위해 창조하셨다는 의미이다. 7일째 쉬신 것은 삶에는 쉼이 중요함을, 쉼을 통해 재충전하고 새롭게 한 주를 시작해야 함을 가르쳐 주신다.

3. 인간은 하나님 형상을 닮은 하나님의 자녀로 창조되었다.

(창세기 1:26) 하나님이 이르시되 우리의 형상을 따라 우리의 모양대로 우리가 사람을 만들고 그들로 바다의 물고기와 하늘의 새와 가축과 온 땅과 땅에 기는 모든 것을 다스리게 하자 하시고

인간은 하나님 형상대로 창조되었다. 하나님을 대신하여 모든 피조물을 다스리도록 인간은 하나님의 속성, 성품과 능력을 부여받았다. 인간은 하나님 성품을 닮은 인격적인 존재로 사랑과 긍휼, 선함과 의로움, 아름다움과 거룩함을 부여받았다. 하나님은 **"우리의 형상을 따라"** 당신을 복수로 표현하셨다. 하나님은 말씀의 본체인 영으로 계시며, 하나님의 영이 성령님이시다. 예수님은 하나님과 동일체로 인간을 구원하시기 위해 이 땅에 오셔서 보이지 않는 하나님을 보여주셨다. 하나님, 예수님, 성령님은 삼위일체로 본체가 같으시다. 인간과 친밀히 교통하며 인간을 구원하기 위해 세 분의 역할로 나타나셨다. 하나님 자녀인 인간이 하나님 성품을 회복하도록, 하나님 뜻에 따라 우주 만물을 잘 다스리며 조화로운 하나님 나라를 이루도록 하시기 위함이다.

하나님은 아담에게 동물의 이름을 짓도록 하셨다. 다스리는 권세를 가진 자가 이름을 짓는다. 아담의 이름은 하나님이 지으셨다. 인간을 다스리는 권한이 하나님께 있다. 인간은 하나님의 다스림을 받는 순종의 관계이다. 자연 만물은 인간의 다스림을 받는 순종의 관계로, 인간의 사랑을 받기 원한다. 인간은 자연 만물을 잘 다스려야 할 책임이 있다. 기독교는 창조주 하나님을 아버지라 부르는 유일한 종교이다. 창조주 하나님이 아버지가 되신다는 사실보다 놀라운 축복이 있겠는가! 예수님은 하나님의 성품과 능력을 보여주셨다. 예수님을 닮아 하나님 성품으로 성화되는 것이 믿음의 목적이자 구원받은 자녀의 책임이다.

4. 인간의 죽음과 영생

○ 인간에게 하나님 영이 부여되었지만, 인간의 타락으로 하나님 영이 떠난 육적 존재가 되었다.

(창세기 2:7, 6:3) 여호와 하나님이 땅의 흙으로 사람을 지으시고 생기를 그 코에 불어 넣으시니 사람이 생령이 된지라/ 여호와께서 이르시되 나의 영이 영원히 사람과 함께 하지 아니하리니 이는 그들이 육신이 됨이라 …
(전도서 12:7) 흙은 여전히 땅으로 돌아가고 영은 그것을 주신 하나님께로 돌아가기 전에 기억하라

인간의 삶과 죽음에 대해 명확하게 설명하고 구원의 길을 제시하시는 분은 창조주 하나님밖에 없다. 하나님은 흙으로 사람을 지으시고 생기를 코에 불어 넣으셨다. 하나님의 영을 인간에 불어넣어 살아있는 영, 생령이 되게 하셨다. 인간은 영적 존재로 하나님과 교통하며 하나님 안에서 참 평안, 샬롬을 얻도록 창조되었다.

인간의 생명은 영적 생명이다. 하나님 형상과 속성을 잃어버릴 때 영적 생명을 잃게 된다. 인간은 죄로 인해 영적 생명을 잃게 되었다. 성경에는 세 가지 죽음이 있다. 첫째는 육적 죽음이다. 육적 죽음은 생명의 멸절이 아니라 영혼의 분리이다. 영과 육이 결합된 몸에서 영체로 바뀌는 것이다. 둘째는 영적 죽음이다. 타락된 인간의 영혼이 하나님과 분리되는 것이다. 영적 생명, 하나님 형상과 성품을 잃게 되는 육적 삶이다. 셋째는 영원한 죽음, 영혼이 하나님께로 돌아가지 못하는 영벌(永罰)의 죽음이다. 영혼이 가는 내세(來世)는 하나님 나라로 들어가는 영생의 천국과 들어가지 못하는 영벌의 지옥으로 구분된다. 지옥은 하나님 창조하신 곳이 아니라 인간이 하나님을 피해 스스로 가는 곳이다. 하나님께로 돌아가지 못하는 영혼이 떠도는 곳, 하나님과 교통이 없는 곳, 하나님 주시는 평안과 기쁨, 샬롬이 없는 곳이다

인간이 고귀한 것은 하나님의 영을 지녔기 때문이다. 사람에게는 영(Holy Spirit)과 혼(Soul)과 육(Body)이 있다. 육은 물질적인 것들을 접촉하며 받아들인다. 혼은 정신적인 것들을 접촉하고 받아들이며 지성과 이성, 심리적인 영역을 관장한다. 영은 사람의 가장 깊고 중요한 부분으로서 하나님과 교통하며 하나님 뜻을 따른다. 혼은 영으로부터 나온 것으로 혼의 바탕이 영이다. 혼이 최고의 경지에 이르면 하나님 마음과 하나 되는 영의 상태가 된다. 사람은 위 속에 음식을 담고, 생각 속에 지식을 담는 것이 전부가 아니라, 영혼이 하나님과 교통하며 하나님 마음을 담아야 한다. 그럴 때 영적 생명을 지닌 하나님 자녀가 된다.

사람이 죽음을 앞에 두고는 아무리 무신론자라도 하나님을 찾고 기도하게 된다. 영혼이 하나님께로 돌아가야 함을 본능적으로 느끼기 때문이다. 인간에게, 정말 중요한 것은 영혼의 안식이다. 살려야 할 것은 영이요, 영적 생명의 회복이다. 육적 삶은 죽음으로 끝나지만, 영혼은 죽음으로 끝나지 않는다. 죽는 것은 육신일 뿐, 영혼은 죽지 않는다. 죽고 싶어도 죽을 수가 없다. 죽음이 두려운 이유는 죽음이 끝이 아니기 때문이다. 하나님께로 돌아가지 않고서는 영혼의 안식이 없기 때문이다. 하나님 품으로 돌아가지 못하고 떠도는 영혼이 악령, 귀신이요 마귀요 사

탄이다. 어떻게 영적 생명을 회복할 수 있는가? 하나님은 그 길을 마련해 주셨다. 인간에게 가장 큰 축복이요, 기쁨의 소식이 아닐 수 없다.

◦ 예수님 십자가 대속으로 영적 생명의 회복, 영원한 생명을 누릴 수 있게 되었다.

(요한복음 3:5-7) 예수께서 대답하시되 진실로 네게 이르노니 사람이 물과 성령으로 나지 아니하면 하나님의 나라에 들어갈 수 없느니라/ 육으로 난 것은 육이요 영으로 난 것은 영이니/ 내가 네게 거듭나야 하겠다 하는 말을 놀랍게 여기지 말라

아담의 원죄, 하나님께 불순종으로 하나님과 교통이 끊어진 육적 존재가 되었지만, 예수님 십자가 대속으로 영적 생명을 회복할 수 있게 되었다. 하나님의 영, 성령을 받게 되었다. 영적 생명은 인간의 수양이나 선행으로 얻어질 수 없다. 복음을 영접하고 하나님 관계를 회복, 하나님과 교통하며 성령의 지배를 받을 때 영적 생명이 회복된다. 안타깝게도 물질문명이 최고조로 발달한 오늘날 하나님과 더욱 멀어지고 있다. 물질 추구, 물질의 풍요가 영원한 생명을 찾지 못하도록, 죽음에 대한 준비를 최악으로 만들고 있다. 인간은 죽을 운명이어서 불행한 것이 아니라, 죽음을 준비하지 않기 때문에 불행하다.

하나님을 떠날 때 죽음이 가장 두렵게 된다. 사후 영적 세계가 있기 때문이다. 사람이 죽으면 '돌아가셨다' 말한다. 영이 하나님께로 돌아간다는 의미이다. 이 땅의 삶은 천국에 들어가는 준비이다. 이 땅에서 복음을 영접하고 영적 생명을 회복해야 하기에, 이 땅의 삶이 중요하다. 육신의 죽음보다 영적 죽음이 더욱 두렵고 무서운 일이다. 영적 생명을 회복할 때 이 땅의 삶이 하나님 주시는 참 기쁨과 평안을 누리는 천국이 된다. 죽음도 하나님 품에 안기는 영원한 소망이 된다. 어느 쪽을 택할 것인가? 살아도 죽은 쪽을 택할 것인가? 죽어도 사는 쪽을 택할 것인가?

5장 창조주 하나님의 성품과 속성

1. 전능하신 하나님, 질서의 하나님

(창세기 17:1) 아브람이 구십구 세 때에 여호와께서 아브람에게 나타나서 그에게 이르시되 나는 전능한 하나님이라 너는 내 앞에서 행하여 완전하라

아브라함은 100세에 이삭을 얻었다. 자손이 번성하리라는 하나님 축복의 말씀을 믿지 못하고 아내 사라의 경수가 끊어지자, 인간적 생각으로 사라의 몸종 하갈을 통해 86세에 이스마엘을 얻었다. 이스마엘을 얻은 후 13년 동안 아브라함에게 침묵하시다가 99세에 본문 말씀을 하셨다. **"완전하라"** 는 전능하신 하나님을 믿고 하나님 약속을 온전하게 지키라는 말씀이다. 이에 아브라함은 하나님 인도하시는 대로 믿음의 순례길을 걸었고 마침내 모리아 산에서 이삭을 바치기까지 순종함으로써 믿음의 조상이 되었다. 하나뿐인 아들을 번제물로 바친 아브라함의 믿음은 예수님 십자가 대속을 통한 인간의 구원을 상징한다.

2. 거룩하고 선하신 하나님, 공의로우신 하나님

○ 하나님은 거룩의 주체가 되신다.
(출애굽기 3:4-5) … 모세야 모세야 하시매 그가 이르되 내가 여기 있나이다/ 하나님이 이르시되 이리로 가까이 오지 말라 네가 선 곳은 거룩한 땅이니 네 발에서 신을 벗으라

하나님은 호렙산에서 모세를 부르시고 거룩한 곳이니 **"신을 벗으라"** 명령하셨다. 하나님은 거룩이시다. 하나님 계시는 곳은 거룩한 곳이다. 하나님 만나는 장소는 거룩하게 구별되어야 한다. 거룩하지 않으면 하나님을 만날 수 없다. 하나님을 만나려면 세상의 신을 벗어야 한다. 내가 의지했던 것, 소중히 여겼던 것을 내려놓아야 한다. 내 의와 공로, 내 자랑과 교만을 내려놓아야 한다. 산에서 신을 벗으면 한 발짝도 움직일 수 없다. 내 힘으로 움직일 수 없을 때 하나님의 역사가 시작된다. 신은 삶을 의미한다. 내 뜻대로 살던 삶에서 하나님 뜻을 따르는 삶으로 바꾸어야 한다. 신은 온몸의 무게를 지탱한다. 내가 짊어진 세상의 무거운 짐을 내려놓아야 한다. 하나님께 맡길 때 하나님이 책임지신다. 맨발은 종을 의미한다. 하나님의 종이 되어 하나님께 순종하는 삶이 인간의 본분이다.

여호수아가 법궤를 앞세우고 요단강을 건너 길갈에서 온 이스라엘에 할례를 행하고, 여리고성을 정복하고자 이르렀을 때, 하나님은 여호수아에게 **신을 벗으라** 하셨다(여호수아 5:15). 모세에게 하신 말씀과 동일하게 명령하셨고 여호수아는 그대로 따랐다. 하나님 백성이 거룩하게 구별되었을 때 여리고성이 무너지는 기적이 일어났다. 거룩해야 하나님께 쓰임 받는다. 하나님이 역사하신다.

○ 하나님은 선의 주체, 의의 주체가 되신다. 죄에는 하나님 공의의 심판이 따른다.

(로마서 9:23) 죄의 값은 사망이나 하나님의 선물은 예수 그리스도 우리 주를 통해 얻는 영원한 생명이니라
(히브리서 11:7) 믿음으로 노아는 아직 보이지 않는 일에 경고하심을 받아 경외함으로 방주를 준비하여 그 집을 구원하였으니 이로 말미암아 세상을 정죄하고 믿음을 따르는 의의 상속자가 되었느니라

하나님은 선의 주체, 근원이 되신다. 하나님의 뜻이 선이다. 하나님의 뜻이 아닌 것이 악이다. 하나님 뜻을 따르는 것이 선이요, 거역하는 것이 악이다. 하나님의 창조는 절대 선이다. 창조 세계는 선의 세계, 선하고 아름다운 조화의 세계이다. 창조 질서에 어긋나는 것, 창조 질서를 이탈하는 것이 악이다. 창조주 하나님이 계시지 않는다면 선악의 기준이 없게 된다. 가치관과 윤리관, 양심과 도덕의 바탕이 없게 된다. 하나님은 당신의 형상대로 인간을 만드시고 당신의 영을 불어넣으셨다. 인간이 타락하여 하나님을 떠났지만, 인간에게는 양심이 있다. 양심은 하나님 선한 성품의 잔재이다. 죄를 지으면 양심의 가책을 받는다. 두렵고 떨리게 된다. 하나님이 없다면 죄의식도 없게 된다.

하나님은 의의 주체가 되신다. 하나님 의는 인간의 의와 구별되는 공의이다. 공의로우신 분은 하나님밖에 없다. 하나님은 죄와 공존하실 수 없다. 죄를 씻어야 하나님 앞에 나아갈 수 있다. 죄에 대한 심판이 있는 것이 하나님의 공의이다. 공의의 하나님이 계시기에 죄를 지으면 무섭고 떨리게 된다. 창세 때에 하나님의 공의를 드러내신 심판이 있었다. 노아의 홍수이다. 노아는 하나님 관계가 바로 선 의인이었다. 의인은 하나님에 대한 믿음이 있는 사람, 하나님께 순종하는 사람이다. 노아의 방주는 훗날 모세를 태워 안전하게 나일강을 흘러가 애굽 공주의 손에 건져진 갈대 상자를 상징한다. 성경은 방주와 갈대상자를 같은 단어, '테바'로 표현한다.

하나님의 의는 자신을 희생하는 의이다. 하나님 공의에 의한 인간 구원의 방법은 죄 없으신 분이 대신 죽으시는 방법밖에 없다. 하나님은 당신의 희생을 통해 인간에게 구원의 길을 열어 주셨다. 예수님 십자가 대속으로 인간은 죄의 용서를 받고 거룩한 하나님 자녀로 회복되었다. 이 얼마나 놀라운 축복이요 은혜인가!

3. 축복의 하나님, 은혜의 하나님

(창세기 1:27-28) 하나님이 자기 형상 곧 하나님의 형상대로 사람을 창조하시되 남자와 여자를 창조하시고/ 그들에게 복을 주시며 이르시되 생육하고 번성하여 땅에 충만하라, 하늘의 새와 땅에 움직이는 모든 생물을 다스리라 하시니라

하나님은 축복의 근원이 되신다. 하나님은 당신의 형상대로 인간을 창조하시고 첫 번째 하신 일이 복을 주시는 일이었다. 자녀의 축복을 주시고 온 생물을 다스리게 하셨다. 아담의 불순종으로 인간은 하나님을 떠났지만, 하나님은 인간의 구원, 자녀 관계를 회복시키시기 위해 아브라함을 택하시고 축복의 근원이 되게 하셨다 (창세기 12:1-2).

하나님 구원의 약속은 인간에게 최고의 은혜요 축복이다. 하나님은 약속대로 언약백성 이스라엘을 축복하시고 언약백성을 통해 구원 섭리를 이루어 오셨다. 그리하여 마침내 아브라함의 후손으로 예수님이 오셔서 인간의 죄를 대신하여 십자가에 죽으심으로 하나님은 구원의 약속을 완전하게 이루셨다.

4. 사랑의 하나님, 용서의 하나님

○ 하나님은 사랑이시다.

(요한일서 4:8) 사랑하지 아니하는 자는 하나님을 알지 못하나니 이는 하나님은 사랑이심이라
(아가서 1:13) 무화과나무에는 푸른 열매가 익었고 포도나무는 꽃을 피워 향기를 토하는구나 나의 사랑, 나의 어여쁜 자야 일어나 함께 가자
(호세아서 1:2) 여호와께서 호세아에게 이르시되 너는 가서 음란한 여자를 맞이하여 음란한 자식들을 낳으라 이 나라가 여호와를 떠나 크게 음란함이니라 하시니

하나님 사랑은 무조건적인 아가페 사랑, 목숨까지 희생하는 사랑이다. 하나님은 우리에게 완전한 사랑을 베푸셨다. 우리의 죄를 대속하시기 위해 죄 없으신 예수님을 보내셔서 십자가에 못 박혀 죽게 하셨다. 우리가 하나님을 사랑하기 전에 하나님이 우리를 사랑하셨다. 인간은 죄를 탕감받는 방법도 몰랐지만, 하나님은 인간 구원 계획을 세우시고 구원 섭리의 역사를 이루어 오셨다. 예수님은 십자가에 죽기까지 우리를 사랑하셨다.

성경은 인간의 불순종에 대한 하나님의 용서와 사랑의 이야기이다. 아가서는 하나님의 인간 사랑을 술람미 여인에 대한 지순한 사랑으로 노래한다. 술람미 여인은 언약을 지키기를 바라시는 언약백성을 상징한다. 오늘날의 교회와 성도, 나아가 온 인류를 상징한다. **"나의 사랑, 나의 어여쁜 자야 일어나 함께 가자"** 하나님은 우리 모두가 죄에서 돌이켜 하나님께로 돌아오기를 기다리신다. 호세아서는, 선지자 호세아를 음란한 여자 고멜과 결혼하게 함으로써 언약을 수없이 어긴 이스라엘에 대한 하나님의 심정을 느끼게 하신다. 간음하고 집 나간 고멜을 수없이 용서하고 찾아 나선 것처럼, 하나님은 언약을 어기고 우상을 쫓은 이스라엘을 수없이 용서하고 찾아 나섰던 것이다.

5. 인격적인 하나님

하나님은 인격적인 아버지가 되신다. 자녀와 인격적인 교제를 원하신다. 자녀에게 만물을 다스리도록 자유의지를 주셨다. 자유롭지 않다면 주체적으로 만물을 다스릴 수 없다. 자유는 스스로 계시는 하나님의 본질이다. 자유의지는 인간에게 주신 가장 큰 축복이다. 완전한 인간 사랑의 증거이다. 하나님 형상대로 지음받은 인간의 본성이자 정체성이다. 자유의지로 우주 만물을 다스리는 일은 하나님의 창조 사역에 동참하는 축복이다. 하나님은 자녀가 하나님과 교통하며 하나님 뜻에 따라 우주 만물을 잘 다스리는 모습을 보시고 기뻐하시기 위해 자유의지를 주셨다.

우주 만물은 하나님 창조 질서대로 움직이지만, 인간만이 하나님 주신 자유의지로 하나님 명령을 거역하는 죄를 범하고 말았다. 하나님은 악을 창조하지 않으셨다. 인간이 자유의지로 하나님을 거역함으로써 죄와 악이 생기게 되었다. 하나님을 떠날 때 불안과 두려움에 싸이게 된다. 불안과 두려움을 벗어나고자 끝없는 물질의 탐욕과 분쟁, 시기와 다툼의 지옥이 되었다. 자유의지에는 책임이 따른다. 자유의지의 단 하나의 조건은 하나님 뜻을 따르는 하나님께 순종이다. 자유의지를 주신 축복에 감사하며 하나님께 순종하는 일, 하나님과 인격적 교통의 바른 관계를 회복하는 일이다. 인류의 영원한 과제가 아닐 수 없다.

6장 성경에서 말하는 죄란 무엇인가? 어떻게 죄에서 구원받을 수 있는가?

1. 죄의 의미와 특성

일산신광교회 김인기 목사님은 죄의 본질, 죄의 의미와 특성을 다음과 같이 설명한다. 성경에서의 죄는 하나님 관계에서의 죄이다. 인간의 모든 죄는 이에서 비롯된다.

○ 죄의 의미

헬라어 성경에서 하나님 관계의 죄는 다음의 세 가지 의미이다. 죄는 세 가지 본성을 지니고 있다.

첫째, 하나님 과녁을 벗어나는 '하마르티아'이다. 하나님께 불순종이 된다. 하나님의 과녁, 하나님 뜻과 다른 방향으로 가는 것, 하나님 명령의 불순종이 죄의 제1본성이다. 하나님께 불순종은 하나님을 부인하고 하나님을 떠나는 것, 아버지 관계를 부인하고 무시하는 것이 된다. 창조 목적, 창조 질서를 벗어나는 것이 된다. 과녁을 벗어날 때 하나님과 멀어지게 된다. 더욱 하나님과 교통이 어려워지고 하나님 뜻과 반대가 된다. 둘째, 하나님 관계없이, 하나님의 법 없이 사는 '아노미아'이다. 인간의 교만이 된다. 내가 왕이고 주인인 것, 내가 옳고 법인 것, 내 마음대로 사는 것이 된다. 내 생각에 옳은 대로, 내 고집과 욕심대로 사는 것이 된다. 인간은 하나님 자녀로 하나님께 순종하는 관계적 존재로 창조되었다. 하나님을 무시하고 자녀 관계를 벗어나 사는 인간의 교만이 죄의 제2 본성이다. 셋째, 하나님께 진 빚을 갚지 않는 '오페일레마'이다. 하나님 은혜를 잊어버리는 배은망덕이다. 인간은 하나님 축복으로 주신 자유의지로 하나님께 불순종하고 하나님을 떠났지만, 하나님은 인간을 찾으시고 죄를 용서하셨다. 예수님을 보내서서 인간의 죄를 대신하여 죽게 하셨다. 인간은 예수님의 십자가 대속으로 구원을 받고 하나님 자녀로 회복되었다. 인간은 하나님께 갚을 수 없는 은혜의 빚을 졌다. 갚을 수 없는 죗값을 탕감받은 우리가 다른 사람의 사소한 죄를 용서하지 않는다면, 이웃의 어려움을 외면한다면 오페일레마의 죄를 범하게 된다.

○ 죄의 특성

(창세기 3:4-6) 이 여자에게 이르되 너희가 결코 죽지 아니하리라/ 너희가 그것을 먹는 날에는 너희 눈이 밝아져 하나님과 같이 되어 선악을 알 줄 하나님이 아심이라/ 여자가 그 나무를 본즉 먹음직도 하고 지혜롭게 할만큼 탐스럽기도 한 나무인지라 여자가 그 열매를 따먹고 자기와 함께 있는 남편에게도 주매 그도 먹은지라

죄의 성질과 특성, 죄성을 깨달아야 복음의 은혜를 깨닫게 된다. 아담의 후예, 타락한 인간은 죄성이 고착되었다. 타락한 인간의 몸은 죄를 짓는 데에 최적화되어 있다. 드러난 죄보다 드러나지 않은 내면의 죄성이 훨씬 크다. 죄성을 이기자면 살점을 끊어내는 것과 같은 고통이 있어야 한다. 내 힘으로, 내 의지와 노력으로 죄를 이길 수 없다. 죄를 이기는 길은 십자가 보혈을 의지하는 길뿐이다. 예수님의 십자가 대속으로 하나님 관계가 회복되어 인간은 성령을 받게 되었다. 하나님과 교통하며 성령의 지배를 받을 때 죄를 이길 수 있다. 죄를 이겨야 진정한 구원, 하나님의 자녀가 된다.

죄는 유혹성이 있다. 인간은 뱀 곧 사탄의 유혹에 넘어가 하나님 명령을 어기고 선악과를 따먹었다. 마귀는 교만과 탐심으로 죄를 유혹한다. 사탄의 본질은 탐심과 교만과 거짓이다. 사탄은 그럴듯하게 포장하여 유혹한다. 죄는 먹음직하고, 보암직하고 지혜로울 만큼 탐스럽다. 먹음직한 것은 육신의 정욕, 본능의 유혹, 물질의 탐욕이다. 좋아 보이지만 삼키면 배탈이 난다. 보암직한 것은 안목의 정욕, 명예와 허세, 위장과 거짓이다. 삼키면 고통이 따른다. 지혜롭게 탐스러운 것은 이생의 자랑, 교만의 유혹이다. 지혜로운 것 같지만 취하면 우둔해진다. 하나님과 멀어져 하나님을 떠나게 된다. 전염성, 확장성이 있다. 죄는 전파력이 커서 금방 퍼진다. 작은 곰팡이가 퍼져 빵 전체가 부패되듯이 죄를 도려내지 않으면 장성하여 영적 사망하게 된다. 죄는 크고 작음이 없다. 하나님 앞에는 똑같은 죄이다. 감추어진 죄, 드러나지 않은 죄를 죽여야 영혼이 산다. 죄는 누룩에 비유된다. 곡물을 가루로 만들어 드리는 구약의 소제에는 누룩이 들어가지 않았다. 출애굽 때에도 누룩이 들어가지 않은 무교병을 먹었다. 중독성, 악화성이 있다. 죄를 한번 지으면 끊기가 어렵다. 더욱 쉽게 죄를 짓는다. 죄가 고착된다. 처음에는 찔림을 받지만, 점차 죄에 무감각해진다. 점점 죄가 커지고 대범해진다. 은닉성이 있다. 죄는 감추고 숨기는 특성이 있다. 죄의 본성은 숨김이다. 밝은 곳을 피한다. 하지만 내면의 죄책감은 피할 수 없다. 죄책감 때문에 더욱 숨는다. 아담이 죄를 범한 후 하나님을 피해 동산 나무 사이에 숨었지만 피할 수 없다. 피할수록 불안과 두려움은 커진다. 죄를 짓고 편안하게 사는 방법은 없다. 분리성이 있다. 죄는 사람 사이를 분리시킨다. 단절과 고립, 고독과 소외를 가져온다. 마귀는 '이간하며 모략하는 자, 비방하며 참소하는 자'란 뜻이다. 마귀는 말로 참소하며 이간질한다. 타락 세계는 분리와 분쟁, 시기와 갈등이 그칠 수 없다. 죄를 숨기며 다른 사람에게 전가한다. 죄를 숨기기 위해 더욱 큰소리친다. 죄가 숨겨지는 것 같지만 내면의 상처는 더욱 커진다. 죄를 이기는 길은 복음을 영접하고 하나님께로 돌아오는 길뿐이다.

2. 아담의 죄가 왜 원죄인가? 하나님은 왜 아담의 죄를 막지 않으셨는가?

○ 아담의 죄로 하나님 관계가 끊어진 상태, 영적 사망의 상태에서 태어나기 때문이다.

하나님은 에덴동산을 창조하시고 아담과 하와에게 다스리도록 선물로 주셨다. 에덴은 기쁨이란 뜻이다. 에덴동산은 기쁨의 동산, 염려와 불안이 없는 동산, 모든 필요가 채워지는 은혜와 축복의 동산이다. 기쁨은 관계에서 온다. 하나님 자녀는 하나님께 순종하는 관계이다. 하나님께 순종할 때 에덴동산의 모든 축복을 누리게 된다. 아담은 자유의지로 하나님과 교통하며 하나님 뜻에 따라 에덴동산을 잘 다스림으로써 하나님의 기쁨이 되어야 했다. 하지만 아담은 자유의지로 하나님 명령을 어기고 불순종했다. 하나님 명령을 따르지 않는 곳은 더 이상 에덴동산이 아니다.

하나님 명령을 어긴 것은 창조 질서를 이탈하는 죄, 하나님 자녀임을 포기하는 죄가 된다. 하나님은 선의 주체로 죄와 공존하실 수 없다. 죄가 있는 곳, 창조 질서를 벗어난 곳에는 하나님이 거하실 수 없다. 하나님 명령에 불순종한 죄는 하나님과 교통 관계가 끊어지는 영적 사망이 된다. 영적 사망은 하나님과의 영적 분리로, 하나님 공의에 의한 죄의 1차적 심판이 된다. 아담의 후예는 에덴동산에서 쫓겨난 상태, 하나님과 교통할 수 없는 상태에서 태어나게 되었다. 하나님을 떠난 인간은 불안과 두려움에 싸이게 된다. 불안과 두려움에서 벗어나고자 물질의 우상을 추구하는 탐욕적 삶이 되었다. 자연과의 조화도 깨어지고 자연을 잘 다스릴 수 없게 되었다. 인간 상호 간의 관계가 깨어져 각기 생각에 옳은 대로 행동하며 남을 판단하고 정죄하게 되었다.

○ 하나님은 왜 인간의 죄를 막지 않으셨는가? 왜 선악을 알게 하는 나무를 동산 중앙에 두셨는가?

인간에게 자유의지를 주셨기 때문이다. 하나님 창조 질서의 절대성 때문이다. 하나님은 자연만물을 다스리도록 인간에게 자유의지의 축복을 주셨다. 자유의지의 단 하나의 조건은 하나님께 순종하며 하나님 뜻을 따르는 일이다. 선악을 알게 하는 나무는 자유의지에 의한 온전한 사랑과 순종의 관계를 상징한다. 하나님은 자녀가 생명나무의 풍성한 열매를 먹으며 에덴동산에서 천국의 삶을 살도록 하셨고, 한편으론 하나님께 순종하는 자녀의 관계에서 축복을 누리도록 선악을 알게 하는 나무를 동산에 함께 두셨다. 아담과 하와는 단 한 가지 금지하신 선악과를 바라보며 하나님께 순종해야 하는 자녀임을 자각했어야 했다. 하지만 하와는 사탄의 유혹에 넘어가 하나님 명령을 어기고 선악을 알게 하는 나무의 열매를 먹었고 아담에게 주어 아담도 따라서 먹었다. 사탄은 거짓말로 유혹한다. '눈이 밝아져 하나님과 같이 된다'며 유혹했고, 아담과 하와는 하나님과 같아지려는 교만과 탐심으로 유혹에 넘어갔다. 사탄은 '죽지 않으리라' 유혹했지만, 하나님 명령을 어긴 결과는 하나님과 관계가 끊어지는 영적 사망이었다. 영적 사망의 결과는 판단과 정죄였고, 끝없는 시기와 다툼으로 타락한 세계가 되었다.

선과 악을 판단하시는 분은 오직 하나님 한 분이시다. 하나님 명령을 어기고 선악과를 따먹은 것은 인간이 하나님 자리를 차지하는 것이 된다. 인간은 하나님의 자녀지만, 하나님 고유 권한인 선악을 판단하는 심판자가 될 수는 없다. 하나님 관계가 끊어진 물질적 탐욕의 육적 세계, 자기 생각대로 옳고 그름을 판단하는 타락 세계에서는 선악과를 따먹지 않을 수 없다. 하나님 관계가 회복되어 하나님과 교통하며 성령의 지배를 받을 때 비교 판단에서 벗어날 수 있다.

3. 하나님은 구원의 길을 열어 주셨다. 하나님 공의에 의한 구원의 길은 예수님 십자가 대속이다.

(창세기 3:7-10) 이에 그들의 눈이 밝아져 자기들이 벗은 줄을 알고 무화과나무 잎을 엮어 치마로 삼았더라… 여호와 하나님이 아담을 부르시며 그에게 이르시되 네가 어디 있느냐/ 이르되 내가 동산에서 하나님의 소리를 듣고 내가 벗었으므로 두려워하여 숨었나이다
(창세기 3:20-21) 아담이 그의 아내의 이름을 하와라 불렀으니 그는 모든 산 자의 어머니가 됨이더라/ 여호와 하나님이 아담과 그의 아내를 위하여 가죽옷을 지어 입히시니라

아담이 하나님 명령을 어기고 두려워 하나님을 피했지만, 하나님은 **"네가 어디 있느냐"** 부르셨다. 어디 있느냐는 장소적 물음이 아니라, 관계적 물음, '네가 있어야 할 자리에 있느냐'의 물음이다. 아담은 범죄하여 하나님을 피했지만, 하나님은 아담을 찾아 나섰다. 하나님은 아담의 범죄 순간부터 구원 계획을 세우셨다. 죄를 범하기 전 하와의 이름은 아담의 아내, 그냥 여자였다. 범죄한 후 이름이 '산 자의 어머니' 하와로 바뀌었다. 하와의 이름은 '마리아의 순종을 통한 예수님의 탄생'을 상징한다. 하나님은 죄를 범한 아담과 하와에게 가죽옷을 지어 입히셨다. 가죽옷은 인간 사랑의 표시이자 예수님을 통한 구원의 약속이다. 가죽은 동물이 피 흘려 죽어야 얻는다. 가죽옷은 예수님 보혈로 우리의 죄가 감추어짐을 상징한다. 무화과나무 잎은 율법을 상징한다. 내 의와 공로, 율법을 지킨다고 구원받을 수 없다. 무화과 잎으로, 일시적으로 죄를 가리더라도 금방 말라 부스러져 부끄러움이 드러난다. 하나님이 죄를 덮어주셔야 한다. 구원은 인간의 행위, 선행으로 얻을 수 없는 전적인 하나님의 은혜이다.

○ 인간의 자유의지로 복음을 끝까지 외면한다면 최후의 심판은 불가피하다.

(에스겔 33:11) 나는 악인이 죽는 것을 기뻐하지 아니하고 악인이 그의 길에서 돌이켜 떠나 사는 것을 기뻐하노라 이스라엘 족속아 돌이키고 돌이키라 너희 악한 길에서 떠나라 어찌 죽고자 하느냐
(베드로후서 3:9) 주의 약속은 어떤 이들이 더디다고 생각하는 것같이 더딘 것이 아니라 오직 주께서는 너희를 대하여 오래 참으사 아무도 멸망하지 아니하고 다 회개하기에 이르기를 원하시느니라

하나님은 인간에게 하나님 뜻에 따라 만물을 잘 다스리도록 자유의지의 축복을 주셨다. 한편으로 자유의지는 영적 생명을 잃어버린 인간에 대한 하나님 구원 섭리의 바탕 원리가 된다. 인간의 자유의지로 복음을 받아들여야 구원이 완성된다. 이제 자유의지로 인간이 해야 할 가장 중요한 마지막 책임이 남았다. 에덴동산에서 생명나무 열매를 먹으면 살고, 선악을 알게하는 나무 열매를 먹으면 죽었듯이 복음을 영접하면 살고 그렇지 않으면 죽는다. 새로운 생명나무와 선악을 알게 하는 나무가 우리 앞에 놓였다. 무엇을 택할 것인가! 죄의 결과대로 심판하신다면 죽을 수밖에 없다. 복음을 영접하는 일은 단순한 종교적 선택의 문제가 아니라, 생명이냐, 죽음이냐의 문제이다.

　하나님은 심판을 원하지 않으신다. 심판의 경고는 구원의 메세지이다. 복음은 하나님의 한없는 사랑과 용서의 선물이다. 아담의 원죄는 어쩔 수 없지만, 구원의 은혜는 지금 나의 선택에 달렸다. 인간이 최초로 하나님 명령을 어긴 아담의 원죄보다, 하나님과의 언약을 수없이 어긴 언약 백성의 불순종보다, 복음을 외면하는 오늘의 죄가 하나님 마음을 더욱 아프시게 한다. 하나님은 오래 참으시지만, 영원히 참으시지는 않으신다. 최후 심판은 불가피하다. 하나님의 공의를 드러내시는 최후의 수단이 심판이기 때문이다. 심판이 없다면 공의의 하나님이 되실 수 없고, 궁극적 선도 있을 수 없기 때문이다.

7장 예수님은 어떤 분인가?

1. 흠 없는 깨끗한 제물이 되셔서 십자가에 죽으심으로 인간의 죄를 완전하게 대속하셨다.

○ 예수님은 완전한 제물이 되시기 위해 성령으로 잉태하셨다.

(마태복음 1:16,23) 야곱은 마리아의 남편 요셉을 낳았으니 마리아에게서 그리스도라 칭하는 예수가 나시니라…/ 보라 처녀가 잉태하여 아들을 낳을 것이요 그의 이름을 임마누엘이라 하리라 하셨으니 이를 번역한즉 하나님이 우리와 함께 계시다 함이라

마태복음 1장은 예수님의 족보를 밝히고 있다. 족보로는 아브라함과 다윗의 자손, 요셉의 아들이지만, 요셉에게서 나지 않고 마리아에게서 나셨다고 말씀한다. 예수님은 원죄를 가지고 태어난 아담의 후손이 아니다. 인류의 깨끗한 제물이 되시기 위해 동정녀 마리아에게 성령으로 잉태하여 태어나셨다. 아담은 흙으로 빚으셨지만, 예수님은 하나님의 영, 성령의 잉태로 이 땅에 오셨다. 원죄 없이 태어나는 방법은 동정녀를 통해 성령으로 잉태하는 방법밖에 없다. 예수님은 인류의 죄를 대속하시기 위해 원죄 없이 태어나셨다. 원죄 없이 태어난 사람은 예수님밖에 없다.

예수님은 선지자 중의 한 사람, 성인의 한 사람이 아니다. 하나님의 독생자 아들로, 인류의 깨끗한 제물이 되시기 위해 육신의 몸을 입고 이 땅에 오셨다. 성령의 잉태는 인간을 구원하시기 위한 하나님의 섭리이다. 인간의 이해를 넘어서는 하나님의 창조 능력, 무에서 유를 창조하신 생명 창조의 능력이다. 중요한 것은 '성령 잉태가 가능한가?'가 아니라, '왜 성령 잉태로 이 땅에 오셔야 했는가?' 하나님의 뜻을 새기는 일이다.

○ 예수님만이 인간을 구원하실 수 있다. 사람이 착하다고, 선한 행위를 한다고 구원받을 수 없다.

(에베소서 2:8-9) 너희는 그 은혜에 의하여 믿음으로 말미암아 구원을 받았으니 이것은 너희에게서 난 것이 아니요 하나님의 선물이라/ 행위에서 난 것이 아니니 이는 누구든지 자랑하지 못하게 함이라

구원은 백 퍼센트 하나님의 은혜이다. 인간의 행위, 인간의 의로 얻을 수 없는 하나님의 선물이다. 하나님은 죄악된 인간을 구원하시기 위해 독생자까지 내어주셨다. 예수님은 우리를 구원하시기 위해 십자가 고통을 참으셨다. 하나님은 독생자 아들의 죽음을 보시고 우리의 죄를 용서하셨다. 하나님의 한없는 사랑을 깨닫는다면, 십자가의 예수님 고통을 느낀다면 두렵고 떨리는 마음으로 복음을 받아들이지 않을 수 없다. 예수님 십자가 대속 앞에 아무도 자기 의, 자신의 공로를 내세울 수 없다. 하나님을 떠난 인간은 하나님 앞에 똑같은 죄인이다. 인간의 선행은 완전하지 않다. 옳고 그름의 기준이 하나님께 있다. 하나님이 죄를 물으신다면 자유로울 사람이 아무도 없다. 내 의를 앞세우는 구원은 교만일 뿐이다.

예수님의 십자가 대속보다 더 큰 기적, 더 큰 은혜는 없다. 예수님 당시, 십자가의 죽음은 저주의 상징이었다. 예수님은 인간을 구원하시기 위해 저주를 받으시고 십자가에 달려 죽으셨다. 저주의 죽음이 생명을 살리는 기적, 하나님 관계를 회복시키는 은혜가 되었다. 인류 역사상 누구도 다른 사람의 죄를 위해 대신 죽은 사람은 없다. 지혜로운 말을 하고 훌륭한 삶을 살았던 성인들이 많지만, 그 누구도 다른 사람의 죄를 대속하기 위해 자신의 목숨을 내어준 분은 없다. 석가모니, 공자, 무함마드 같은 성인은 훌륭한 삶을 살았지만 인간의 죄를 대속할 수는 없다. 의인을 위해 대신 죽는 것도 어려운 일인데, 죄인들을 위해 대신 죽는 사람은 없다. 예수님은 죄인 된 우리를 위해 죽기까지 우리를 사랑하셨다. 그 누구도, 그 무엇도 예수님의 우리에 대한 사랑을 끊을 수 없다. 예수님 사랑과 희생을 대체할 수 없다. "우리가 아직 죄인되었을 때에 그리스도께서 우리를 위하여 죽으심으로 하나님께서 우리에 대한 자기의 사랑을 확증하셨느니라(로마서 5:8)"라는 복음보다 더 기쁜 소식이 있겠는가! '예수님의 피로 내가 의롭게 되어 하나님 자녀의 권세와 축복을 누리게 되었다'는 사실보다 더 큰 은혜가 있겠는가!

2. 하나님 나라의 해방, 하나님 형상의 회복을 보여주셨다.

(누가복음 4:18-19) 주의 성령이 내게 임하였으니 이는 가난한 자에게 복음을 전하게 하시려고 내게 기름을 부으시고 나를 보내사 포로 된 자에게 자유를, 눈 먼 자에게 다시 보게 함을 전파하며 눌린 자를 자유롭게 하고/ 주의 은혜의 해를 전파하게 하려 하심이라 하였더라
(요한복음 1:35-39) 또 이튿날 요한이 자기 제자 중 두 사람과 함께 섰다가/ 예수께서 거니심을 보고 말하되 보라 하나님의 어린 양이로다/ 두 제자가 그의 말을 듣고 예수를 따르거늘/ 예수께서 돌이켜 그 따르는 것을 보시고 물어 이르시되 무엇을 구하느냐 이르되 랍비여 어디 계시오니까 하니/ 예수께서 이르시되 와서 보라…

예수님은 메인 자를 자유케 하시고, 가난한 자에게 복음을 전하시며, 병든 자를 치유하시고, 죽은 자를 살리시기 위해 이 땅에 오셨다. 죄의 문제를 해결하시기 위해, 인간 본래의 형상을 회복시키시기 위해, 참 자유함과 영원한 생명을 주시기 위해 오셨다. 메인 자는 죄에 메인 자이다. 가난한 자는 영적으로 가난한 자, 죄인임을 깨닫는 자이다. 병 고침이 목적이 아니라 영혼 구원이 목적이었다. '병이 나았다'가 아니라 '죄 사함을 받았느니라'고 말씀하셨다. 예수님이 행하신 기적은 하나님 나라, 하나님 형상의 회복을 상징적으로 보여주신 사건이었다.

세례 요한은 광야에서 예수님을 증거하며 하나님 나라의 도래를 선포했다. 이에, 요한의 두 제자가 처음으로 예수님을 따랐다. 예수님은 요한의 두 제자에게

"**무엇을 구하느냐**" 말씀하셨고 두 제자는 "**어디 계시오니이까**" 물었다. 어디 계시오니이까는 하나님 나라가 어떤 모습인지?에 대한 물음이었고, 예수님은 "**와서 보라**" 하셨다. 세례 요한은 하나님 나라의 도래를 선포했지만, 하나님 나라를 보여줄 수는 없었다. 예수님은 하나님 나라를 보여 주셨다. 굶주린 자를 먹이시고, 눈먼 자를 보게 하시고, 병든 자를 고치셨다. 고아와 과부, 소외된 자들을 품으시며 같이 아파하셨다. 죽은 자를 살리시고 영혼을 구원하셨다. 예수님은 실제 하나님 나라, 천국의 모습을 보여 주셨다.

굶주린 자를 먹이심(요한복음 6:1-15). 오병이어의 기적은 예수님이 한 아이가 가진 보리떡 다섯 개와 물고기 두 마리를 축사하신 후 나누어 주시니 오천 명의 군중이 배불리 먹고도 열두 광주리가 남은 사건으로, 마태, 마가, 누가, 요한 4복음서에 모두 기록되어 있다. 예수님은 큰 무리가 모이는 것을 보시고 "**우리가 어디서 떡을 사서 이 사람들을 먹이겠느냐**" 빌립에게 물으셨다. 빌립은 헬라식 이름으로, 제자들 중 배운 사람이었다. 예수님은 빌립의 이성적인 믿음을 시험하셨다. 이성적으로 계산한 빌립은 '이백 데나리온(우리 돈 약 2천만 원)으로도 부족하리이다' 했지만, 안드레는 '한 아이가 있어 보리떡 다섯 개와 물고기 두 마리를 가지고 있나이다'하며 아이를 예수님께로 인도했다. 아이가 가진 보리떡은 가난한 사람들이 먹는 빵이었고, 물고기는 '익투스'가 아니라, 가난한 사람들이 먹도록 버려진 '옥사리온'의 작은 물고기였다. 하나님 나라 질서는 인간의 이성적 사고를 넘어선다. 인간의 계산은 언제나 부족하다. 인색함에서 시작하여 부족함으로 끝난다. 하나님의 역사는 감사를 바탕으로 넘치도록 채우신다. 작은 것도 남을 배려하는 마음으로 드리면 부족함이 없도록 축복하신다. 안드레는 아이를 배려하는 마음에서 예수님께로 인도했고, 아이는 감사한 마음으로 전부를 드렸다. 아이는 이름이 없다. 자기를 내세우지 않았다. 보리떡 다섯 개와 물고기 두 마리는 아이가 가진 전부였다. 군중 중에는 먹을 것을 가진 사람도 많았지만, 자기 것을 내어놓은 사람은 한 아이뿐이었다. 아이가 가진 오병이어는 보잘것없는 것이었지만, 예수님이 기뻐 받으시고 축복했을 때, 오천 명이 배불리 먹고도 열두 광주리가 남았다. 예수님은 오병이어의 기적을 통해 하나님 나라의 진리를 보여주셨다. 인간의 눈에는 오병이어의 기적이지만, 하나님 나라에서는 오병이어의 진리, 오병이어의 질서임을 보여 주셨다.

눈먼 자를 보게 하심(마가복음 10:46-52, 요한복음 9:6-7). 마가복음 10장의 맹인 거지 바디매오는 예수님이 허다한 무리와 함께 지날 때에 **"다윗의 자손 예수여 나를 불쌍히 여기소서"** 소리쳤다. 바디매오는 육신의 눈은 멀었지만, 영적 눈이 뜨여 예수님이 다윗의 자손으로 오신 구세주이심을 믿었다. 그리하여 눈 고침만이 아니라 영혼 구원을 받았다. 눈을 뜬 후 예수님을 따르는 제자가 되었다. 오늘날 많은 사람들이 눈으로 보는 것만 믿고 영적 눈이 어두워 예수님을 보지 못하고 있다. 영적 맹인이 더욱 불행한 일이다. 지금은 예수님께 '불쌍히 여기소서' 소리칠 때이다.

귀먹고 말 더듬는 자를 고치심(마가복음 7:32-34). 귀먹은 자는 듣지 못하기에 예수님은 손가락을 양 귀에 넣어 만지심으로 느끼도록 하셨다. 말을 더듬기에 침을 발라 혀를 만지심으로 혀를 고치신다는 믿음을 주셨다. 예수님은 귀먹고 말 더듬는 장애인이 공감하도록, 긍휼한 마음으로 귀와 혀를 만지셔서 믿음을 갖게 하셨다. 손가락과 손의 느낌으로 예수님이 고치신다는 믿음을 가졌을 때 예수님은 **"에바다"** 하셨고, 이에 귀가 열리고 말이 분명해졌다. 구원은 믿음의 눈과 귀, 혀와 입술이 열리는 **"에바다"**의 축복이다.

문둥병자를 깨끗게 하심(누가복음 17:11-19). 누가복음 17장에는 문둥병자 열명이 고침 받는 장면이 나온다. 문둥병자들이 멀리 서서 '우리를 불쌍히 여기소서' 외치는 소리를 들으신 예수님은 **"가서 제사장에게 너희 몸을 보이라"** 말씀하셨다. 문둥병자들이 제사장에게 몸을 보이려 가다가 모두 깨끗함을 입었지만, 그 중 사마리아인 한 사람만이 예수께로 돌아와 감사를 드렸다. 예수님은 **"네 믿음이 너를 구원하였느니라"** 하시며 그의 영혼까지 구원하셨다. 예수님은 **"아홉은 어디 있느냐"** 물으셨다. 병 고침보다 중요한 것은 영혼 구원이다. 구원을 받고도 감사가 없는 모습, 변화하지 않고 계속 죄 속에 빠져 있는 우리의 모습이 병 고침을 받은 영적 문둥병자 아홉의 모습이다.

베데스다 연못가의 38년 된 병자를 고치심(요한복음 5:1-9). 예수님은 유대인의 명절이 되어 예루살렘에 들어가셔서 제일 먼저 베데스다 연못가의 38년 된 병자를 고치셨다. 베데스다 연못의 물이 움직일 때 먼저 들어가면 병이 낫는다는 기대로 오랫동안 누워서 기다린 병자에게 **"일어나 네 자리를 들고 걸어가라"** 말씀하셨다. 베데스다는 은혜의 집이란 뜻이다. '네 자리를 들라'는 '옛 습관, 옛 사람을 버리라'이다. 걸어가라는 행동하라이다. 예수님을 만난 병자가 말씀에 의지하여 믿음으로 일어섰을 때 병이 나아 걸어갔다. 바리새인과 서기관들은 '안식일에 병을 고친 것, 자리를 들고 걸어가라' 한 것은 율법을 어긴 것이라고 예수님을 고발했다. 율법의 본질은 무시하고 형식만 쫓은 위선적 신앙을 보여준다.

열두 해 혈루증을 앓은 여인을 치유하심(마가복음 5:25-34). 구약 레위기(15:19-33)에 의하면 혈루증은 부정한 병이다. 열두 해 혈루증을 앓은 여인은 모든 인간관계가 단절된 채 살아왔지만, 예수님 옷에 손만 대면 병이 낫는다는 믿음으로, 무리 속에 끼어들어 예수님 옷에 손을 대었다. 레위기에 의하면 예수님 옷이 부정하게 되지만, 예수님은 거꾸로 여인의 병이 낫게 하시고 영혼까지 구원하셨다. 병은 고쳐도 언젠가는 죽지만, 영혼 구원은 영원한 생명의 회복이다. 율법은 다른 사람을 정죄하지만, 예수님은 사람을 살리신다. 여인이 구원을 받은 것은 옷에 손을 대어서라 아니라 '손만 대어도 낫는다'는 믿음이었다. 예수님은 **"딸아 네 믿음이 너를 구원하였으니 평안히 가라"** 하셨다. 가족관계도 끊고 소외된 채 살아온 여인에게 예수님은 '딸아' 부르시며 모든 관계를 회복시키셨다.

죽어 장사하러 가던 나인 성 과부의 아들을 살리심(누가복음 7:11-17). 나인은 '기쁨과 행복'이란 뜻이다. 기쁨의 성이 가장 슬픔의 성이 되었다. 하나뿐인 아들을 잃은 과부의 슬픔은 그 무엇보다도 아픈 슬픔이다. 예수님은 크나큰 아픔을 당한 여인을 찾아가셨다. 죽어 장사하러 가는 시신을 손으로 만지셨다. 율법에 어긋나는 부정한 일이지만, 예수님은 과부를 불쌍히 여기사 손을 대시며 **"청년아 일어나라"** 하시매 청년이 일어났다. 예수님은 말씀으로 생명을 살리셨다. 슬픔이 된 성을 기쁨의 성으로 회복시키셨다.

예수님은 공생애 기간에 죽은 사람을 세 번 살리셨다. 금방 죽은 자(회당장 야이로 딸), 죽어 장사하러 가는 자(나인 성 과부의 아들), 죽은 지 나흘 되어 무덤에 있는 자(나사로)를 모두 살리셨다. 하나님의 창조 능력 앞에 죽음이 아무것도 아님을, 예수님은 생명의 주인이심을 보여 주셨다.

죄인 삭개오를 구원하심(누가복음 19:1-10). 예수님은 잃어버린 영혼을 구원하시기 위해 오셨다. 율법의 본질이 생명을 살리는 사랑임을 보여 주셨다. 당시 세리는 세금을 거두어 로마에 바치고 뒷돈을 챙기는 죄인의 대명사였다. 세리장인 삭개오는 로마의 앞잡이로 매국노 취급을 받았다. 예수님은 율법의 굴레에서 자유하시고 죄인 삭개오의 집에 머무심으로써 삭개오도 잃어버린 한 영혼임을, 예수님께 용서받지 못할 죄인이 없음을 보여주셨다. 삭개오는 키가 작아 예수님을 보기 위해 돌무화과 나무에 올라갔다. 예수님이 먼저 삭개오를 찾으셨다. **"예수께서 그 곳에 이르러 쳐다 보시고 이르시되 삭개오야 속히 내려오라 내가 오늘 네 집에 유하여야 하겠다 하시니"** 구원은 자격이 있어서 얻는 것이 아니라, 전적인 하나님의 은혜임을 보여주셨다. 예수님을 만난 삭개오가 변했다. 구원을 받으면 사람이 변화된다. **"소유의 절반을 가난한 자들에게 주겠사오며 만일 누구의 것을 속여 빼앗은 일이 있으면 네 갑절이나 갚겠나이다"** 레위기 율법에는 잘못한 것에 1/5을 더해서 갚으면 되지만, 삭개오는 네 갑절이나 갚겠다고 다짐했다. 구원받은 삭개오의 철저한 회개와 변화의 모습을 보여주다.

간음한 여인을 용서하시고 영혼을 구원하심(요한복음 8:2-11). 서기관과 바리새인들은 예수를 고발할 근거를 찾으려고 간음한 여인을 끌고 와서 **"모세는 율법에 이러한 여자는 돌로 치라 명하였거니와 선생은 어떻게 말하겠나이까"** 물었다. 예수님은 **"너희 중에 죄 없는 자가 먼저 돌로 쳐라"** 말씀하시고 몸을 굽혀 손가락으로 땅에 사람들의 죄를 쓰셨다. 양심의 가책을 받은 사람들은 돌을 버리고 물러갔다. 예수님은 간음한 여인에게 **"여자여 너를 고발하던 그들이 어디 있느냐 … 나도 너를 정죄하지 아니하노니 가서 다시는 죄를 범하지 말라"** 하셨다. 예수님은 스스로 죄인임을 깨닫고 고개를 들지 못하는 여인을 **"여자여"** 부르시며 가련한 영혼을 구원하셨다. **"여자여"**는 모친 마리아께 사용하셨던 동일한 호칭이다. 예수님은 간음한 여인을 높이심으로, 스스로 의롭다며 정죄하려던 서기관과 바리새인들을 부끄럽게 하셨다.

　사마리아 여인의 상처를 치유하시고 영혼을 구원하심 (요한복음 4:6-30). 예수님 당시 유대인은 사마리아인을 이방인보다도 천대하며 상종도 하지 않았다. 유대인들은 북쪽으로 갈 때 사마리아를 통과하지 않고 돌아서 갔다. 예수님은 유대에서 갈릴리로 가실새 사마리아를 통과하셨고, 더욱 숨어서 사는 기구한 운명의 사마리아 여인을 우물가로 찾아가셨다. 사마리아 여인은 남편이 다섯이나 있었고, 또 다른 남자와 동거 중이었기에 남들의 눈을 피해 뜨거운 대낮에 물을 길으러 왔던 것이다. 예수님은 상처가 많은 사마리아 여인의 이야기를 들어주시고, 같은 마음으로 아파하시며 대화하심으로 사마리아 여인을 변화시키셨다. 예수님은 여인의 모든 상처를 아시며 대화의 주제를 바꾸심으로 인생의 관점을 바꾸셨다. 상처와 두려움에 갇힌 외로운 여인에게 **"내가 주는 물을 마시는 자는 영원히 목마르지 아니하리라"** 영혼의 생수를 마시게 하셨다. **"이 산에서도 말고 예루살렘에서도 말고 너희가 아버지께 예배할 때가 이르리라"** 하시며 예배 장소가 중요한 것이 아니라, 하나님을 향한 마음이 중요함을 가르치셨다. 나아가 메시아를 기다리는 여인에게 **"네게 말하는 내가 그다"** 말씀하셨다. '내가 메시아다' 말씀하실 수 있는 분은 예수님밖에 없다. **"내가 그다"** 말씀은 하나님이 모세에게 말씀하신 **"나는 스스로 있는 자다"**와도 같다. 상처와 고통 속에 살았던 여인이 예수님을 만나 병든 영혼을 치유받고 새사람이 되었다. 가슴이 뜨거워져 물동이를 버려둔 채 동네로 들어가서 담대히 예수님을 전했다.

3. 예수님은 완전한 치유자가 되시기 위해 인간 최고의 고난과 고통, 배반과 상처를 친히 겪으셨다.

○ 가장 낮게 이 땅에 오셨다. 예수님 탄생 소식이 목자에게 제일 먼저 전해졌다.

(누가복음 2:8-10) 그 지역에 목자들이 밤에 밖에서 자기 양 떼를 지키더니… 천사가 이르되 무서워하지 말라 보라 내가 온 백성에게 비칠 큰 기쁨의 좋은 소식을 너희에게 전하노라… 너희가 가서 강보에 싸여 구유에 뉘어 있는 아기를 보리니 이것이 너희에게 표적이니라 하더니

하나님 은혜는 낮은 곳으로 흐른다. 낮은 신분의 목자에게 예수님 탄생의 기쁜 소식이 먼저 전해졌다. 당시 목자는 어렵고 힘든 일을 하는 낮은 신분이었다. 성경은 예수님과 인간관계를 목자와 양으로 표현한다. 예수님 탄생 소식이 목자에게 먼저 전해짐은, 예수님이 인류의 양을 돌보시는 목자로 오셨음을 말해주고 있다. 아기 예수님은 강보에 싸여 구유에 뉘이셨다. 강보는 누더기 천이다. 구유는 먹이통이다. 아무리 형편이 어려워도 구유에 뉘이는 아기는 없다. 예수님은 머리 둘 곳도 없어 누더기 천에 싸여 냄새나는 구유에 뉘이셨지만, 만왕의 왕이시면서도 가장 낮게, 가장 가난하게 오심으로 하나님 나라는 낮은 곳에서, 작은 것에서, 겸손함에서 시작됨을 보여 주셨다.

○ 작은 시골 마을, 베들레헴에서 태어나셨다.

베들레헴은 야곱의 아내 라헬이 죽어 장사된 슬픔이 있는 곳이다. 라헬은 베들레헴 근처 라마에서 막내 베냐민을 낳다가 산고로 죽음을 맞이해 베들레헴에 장사되었다(창세기 35:16-19/ 예레미야 31:15). 라헬의 슬픔, 사랑하는 아내를 잃은 야곱의 슬픔에는 복음의 비밀이 감추어져 있다. 라헬이 통곡한 곳에 예수님이 태어나셨다. 라헬은 '암 양'이란 뜻이다. 예수님은 슬픔의 땅에 기쁨과 소망으로 오서서, 인류의 죄를 대신 지신 어린 양, 제물이 되셨다. 인류에 더 이상 슬픔이 없도록, 인류를 살리는 생명의 구원자로 베들레헴에서 태어나셨다. 베들레헴은 다윗이 태어난 곳이기도 하다. 다윗은 이스라엘이 블레셋의 침략 아래 있을 때, 식민 지배의 공포 속에 희망이 보이지 않을 때 아무도 주목하지 않았던 시골의 작은 마을 베들레헴에서 태어났다. 다윗의 후손 예수님은 부모가 호적 정리를 위해 잠시 들렀던 베들레헴에서 세상이 고요히 잠들어 있을 때, 산파도 없이 태어나 구유에 뉘이셨던 것이다.

○ 인류의 구원자로 오심이 이방인, 동방박사를 통해 먼저 증거되었다.

(마태복음 2:10-11) 그들이 별을 보고 매우 크게 기뻐하고 기뻐하더라/ 집에 들어가 아기와 그의 어머니 마리아가 함께 있는 것을 보고 엎드려 아기께 경배하고 보배합을 열어 황금과 유향과 몰약을 예물로 드리니라

동방박사는 이방 나라 페르시아의 천문학자들이었다. 별을 쫓아 며칠을 걸어서 찾아와 예수님께 경배하고 예물을 드렸다. 예수님 탄생의 기쁜 소식이 이방인에게 먼저 들려졌던 것이다. 이스라엘은 언약 백성임을 자랑했지만, 메시아 구세주 오심을 사모하는 마음이 없었다. 메시아에 대한 지식은 있었지만, 영적으로 무디어 있었다. 당시 이스라엘은 로마에 아부하며 세상 권력을 좇는 헤롯왕 아래에서 형식적 율법에만 매달려, 로마의 압제로부터 해방시켜 줄 세속적 왕을 기대했던 것이다. 메시아에 대한 지식이 없는 이방의 학자들이 구세주 오심을 기뻐하며 먼 길을 찾아와 경배한 모습과는 너무도 대비된다.

동방박사는 예수님께 최고의 예물, 황금과 유향과 몰약을 드렸다. 황금은 불변성과 왕권을 상징한다. 예수님은 인류의 영원한 왕이심을 의미한다. 유향은 하나님께 경배와 기도, 예수님의 신성을 상징한다. 예수님이 인류의 죄를 대속하시기 위해 오신 구세주이심을 의미한다. 몰약은 시신의 훼손을 막는 방부제로, 예수님의 십자가 죽으심을 상징한다. 동방박사는 모친 마리아가 아닌 아기 예수님께 엎드려 경배하고 예물을 드렸다. 마리아는 위대한 순종을 했지만 숭배의 대상이 될 수는 없다.

ㅇ 가장 겸손한 모습으로 섬기시며 온갖 고난과 핍박을 당하셨다.

(고린도후서 8:9) 우리 주 예수 그리스도의 은혜를 너희가 알거니와 부요하신 이로서 너희를 위하여 가난하게 되심은 그의 가난함으로 말미암아 너희를 부요하게 하려 하심이라
(빌립보서 2:6-8) 그는 근본 하나님의 본체시나 하나님과 동등됨을 취할 것으로 여기지 아니하시고/ 오히려 자기를 비워 종의 형체를 가지사 사람들과 같이 되셨고/ 사람의 모양으로 나타나사 자기를 낮추시고 죽기까지 복종하셨으니 곧 십자가에 죽으심이라

예수님은 태어나심부터 죽을 때까지 가난과 고난의 삶을 사셨다. 처음 출생이 구유였고 마지막이 십자가였다. 태어나자마자 왕권의 위협을 느낀 헤롯왕의 유아학살 사건으로, 애굽으로 피신하셨다. 유년기를 작은 시골 마을 나사렛에서 목수의 아들로 가난하게 보냈다. 공생애 기간도 사랑과 긍휼, 겸손과 희생의 삶을 사셨다. 첫 사역지가 갈릴리 중에서도 가장 소외되고 가난한 어촌마을 가버나움이었다(마태복음 4:12-17). 가버나움은 '어머니 자궁, 긍휼한 마음'이란 뜻이다. 예수님은 공생애 3년 내내 긍휼한 마음으로 소외되고 가난한 자, 고아와 과부, 죄인의 친구가 되셨다. 당시 유대인들은 로마의 억압에서 해방시켜 주실 정치적 메시아를 기대했지만, 예수님은 세속 정치와 무관하셨다. 예수님은 영혼 구원을 위해 이 땅에 오셨다. 평화와 겸손의 상징인 나귀를 타고 예루살렘에 입성하셔서 인간의 죄를 대신 지시고 십자가에 달려 죽으셨다. 십자가는 가장 잔인한 형틀로 가장 고통스런 죽음이다. 예수님은 피흘려 죽으셨다. 예수님은 인간의 몸으로 오셔서 극한의 고통 속에 피 한 방울, 땀 한 방울 남기지 않으시고 다 쏟으시고 죽으셨다.

예수님은 왜 가장 낮은 모습으로 오셔서 최고의 고난과 고통을 당하셨는가? 아무도 예수님 앞에 자랑하지 못하게 하심이다. 예수님 앞에서는 아무도 '의롭다' 자랑할 수 없다. '힘들다' 불평할 수 없다. 어떠한 고난과 어려움, 어떤 상황과 처지에서도 예수님을 바라볼 때 위로와 소망을 얻게 된다. 예수님이 구유에 뉘이셨기에 가난한 자에게 위로와 소망이 되신다. 헤롯의 칼을 피해 애굽에 피난 가셨기에 피난민의 상황을 아신다. 제사장과 서기관, 바리새인의 핍박을 받으셨기에 핍박받는 자의 심정을 아신다. 제자들의 배신과 배반을 당하셨기에 배신당한 사람의 아픔을 아신다. 억울한 재판으로 십자가에 달리셨기에 억울한 사람의 고통과 심정을 아신다. 상처받은 사람이 다른 사람의 상처를 치유할 수 있다. 고통과 고난을 겪은 사람이 다른 사람의 고통을 위로할 수 있다. 예수님은 인간의 완전한 치유자가 되시기 위해 최고의 고난과 고통, 배반과 상처, 슬픔을 친히 겪으셨다. 예수님께는 누구나 마음을 토로하고 위로받을 수 있다.

예수님은 하나님의 완전한 의를 드러내셨다. '완전한 의'는 죄 없으신 예수님이 죄인들을 대신해 죽으시는 길이었다. 가장 완전한 의, 완전한 희생은 가장 고통스런 죽음이었다. 십자가는 페르시아인이 개발, 로마에 전수된 가장 잔인한 형틀로 양 손목뼈 사이와 다리를 겹쳐 발목뼈 사이에 못을 박는다. 숨을 쉬자면 다리를 펴야 하고 온몸이 으스러지는 고통을 받는다. 인간의 죄를 용서하시기 위해 가장 고통스런 죽음을 택하신 것이 하나님의 절대적 공의이다. 십자가의 대속 앞에 아무도 자신의 의를 자랑할 수 없다. 인간은 하나님의 완전한 의, 절대적 공의로 구원을 받았다. 예수님은 하나님의 완전한 사랑을 보여주셨다. 사랑에는 희생이 따른다. 사랑하는 사람이 희생한다. 최고의 사랑은 목숨을 바치는 사랑이다. 십자가 대속의 죽음보다 완전한 사랑은 없다. 십자가 대속은 죄를 이기는 능력이다. 내 죄를 대속하시기 위해 하나님이 치르신 참혹한 대가를 안다면, 예수님의 십자가 극한의 고통을 느낀다면 다시 쉽게 죄를 지을 수 없다. 구원은 십자가에 내 죄를 못박는 것이다. 복음은 내 죄가 예수님과 함께 십자가에 못박혀 죽었다는 기쁜 소식이다. 죄에서 구원받은 하나님 자녀라면 죄에 매여 불안과 두려움으로 사는 것이

싫어지게 된다. 예수님은 하나님의 완전한 영광을 보이셨다. 예수님이 십자가에 달리신 장소는 '해골'이라는 곳이다. 히브리어로는 '골고다', 라틴어로는 '갈보리'이다. 갈보리 산은 나무가 없는 바위투성이의 민둥산이다. 예수님은 황폐한 언덕 위, 십자가에 달려 극한의 고통 속에 숨을 거두시며 **"다 이루었다"** 말씀하셨다. 예수님의 십자가 대속으로 인간의 하나님 관계가 완전하게 회복되었다. 이사야 선지자 예언대로 그가 징계를 받으므로 우리가 평화를 누리고, 그가 채찍에 맞으므로 우리가 나음을 입었다.

예수님의 눈물

예수님은 이 땅에 계시는 동안 세 번 우셨다. 베다니 마을에서 나사로가 죽었을 때 우셨고, 잡히시기 전날 십자가 죽음을 앞두고 겟세마네 동산에서 땀이 피가 되기까지 기도하시면서 우셨고, 감람산에서 곧 멸망할 예루살렘을 보시며 우셨다. 예수님의 눈물은 믿음 없음에 대한 안타까움의 눈물, 사명을 감당하기 위한 순종의 눈물이었다.

지금은 예수님 당시보다도 믿음이 없는 세상, 영적으로 무감각한 세상이 되었다. 오늘날 세상을 보시고, 교회와 성도의 믿음 없음을 보시고 예수님은 얼마나 눈물을 흘리시겠는가? 믿음의 다음 세대가 사라지는 모습을 보시고 얼마나 안타까워 우시겠는가! 예수님은 십자가를 지시고 골고다 언덕길을 오르실 때 여인들이 울자 **"예루살렘의 딸들아 나를 위해 울지 말고 너희와 너희 자녀를 위해 울라 (누가복음 23:28)"** 하셨다. 지금은 자녀를 위해, 다음 세대를 위해 울 때이다. 자녀들이 교회를 떠나는 데도, 청소년 범죄가 상상을 초월하는 데도 눈물 한 방울 흘리지 않고 있다. 눈물의 영성을 회복해야 한다. 예수님의 애통한 마음, 애통의 눈물을 새긴다면 악이 관영한 세상을 보고, 다음 세대의 믿음이 사라지는 것을 보고 울 수밖에 없다.

4. 보이지 않는 하나님을 보여 주셨다.

(요한복음 14:7-9) 너희가 나를 알았더라면 내 아버지도 알았으리로다 이제부터는 너희가 그를 알았고 또 보았느니라/ 빌립이 이르되 주여 아버지를 우리에게 보여 주옵소서 그리하면 족하겠나이다/ 예수께서 이르시되 빌립아 내가 이렇게 오래 너희와 함께 있으되 네가 나를 알지 못하느냐 나를 본 자는 아버지를 보았거늘 어찌하여 아버지를 보이라 하느냐

예수님은 보이지 않는 하나님의 성품과 사랑을 보여주셨다. 말씀의 능력, 말씀의 실체를 보여주셨다. 하나님을 본 사람은 없다. 구약에서 하나님 임재의 상징인 법궤를 들여다보면 죽었다. 예수님을 보면 하나님을 보는 것이다. 하나님은 영으로 계신다. 말씀이 곧 하나님이시다. 하나님은 태초 인간에게 당신의 영을 불어넣으셨다. 인간의 타락으로 하나님과 교통이 끊어지고, 하나님의 영을 잃게 되었지만, 예수님은 인간을 구원하시기 위해 말씀이 육신이 되어 이 땅에 오셨다. 예수님의 십자가 대속으로 인간은 하나님의 영, 성령을 다시 받게 되었다. 하나님과 예수님, 성령님은 본체가 같으시다. 인간을 구원하시기 위한 상황과 역할에 따라 다른 모습으로 나타나셨지만, 본질적으로 동일 인격체이시다.

하나님 나라는 하나님이 통치하시는 나라, 하나님 주권의 나라이다. 죄와 사망의 굴레에서 해방된 나라, 죄에서 자유함을 얻은 나라이다. 마음이 하나님과 하나 될 때, 성령으로 거듭날 때 하나님 나라를 이룬다. 하나님 나라는 마음속에 있다. 마음속에 성령님을 모시면, 성령의 지배를 받으면 하나님 나라, 천국이 된다. 예수님은 이 땅에 하나님 나라를 이루시기 위해 오셨다. 하나님 나라를 보여주시고 하나님 나라의 질서를 가르치셨다. 마태복음 5장 산상수훈은 하나님 나라의 윤리와 질서이다. 예수님은 실제 하나님 나라를 보여주셨다. 예수님은 빌립을 만나 **"나를 따르라"** 하셨다(요한복음 1:43). 이성적인 빌립이었지만 예수님을 따랐을 때 하나님 나라를 보게 되었고 예수님의 증인이 되었다. 복음은 이 땅에서 천국을 이루는 살아있는 개념이다. 예수님은 이 땅에 천국을 이루시기 위해 죽으셨다. 이 땅에 계실 때 천국을 보여주셨고, 부활하심으로 확실하게 영생을 보여주셨다.

5. 부활 승천하심으로 영생의 소망을 주셨다.

○ 부활은 영원한 영적 생명의 회복이다. 예수님 십자가 대속은 부활의 기적을 낳았다.

　예수님은 인간의 죄를 대속하시기 위해 십자가에 죽으셨다. 예수님의 삶이 죽음으로 끝난다면 허무한 결과가 된다. 예수님은 3일 만에 부활하심으로 사망의 권세를 이기셨고, 우리에게 영생의 소망을 주셨다. 인간의 눈에는 부활의 기적이지만 하나님의 원리로는 당연한 질서이다. 예수님이 부활하심으로 사탄에게 완전하게 승리하셨고, 승천하심으로 죄와 사망의 권세를 이기셨다. 예수님 안에 생명이 있다. 예수님은 무덤에 뉘이셨지만, 예수님의 무덤은 인간의 무덤과는 달랐다. 인간의 무덤은 인생의 종착역이지만, 예수님의 무덤은 영원한 생명의 시작이었다. 부활하신 예수님은 '너희도 죄와 사망의 권세를 이길 수 있다' 말씀하신다. 성령을 약속하셨고 약속대로 성령을 보내셨다. 성령님은 우리 안에서 말할 수 없는 탄식으로 우리를 위해 간구하신다. 성령의 음성에 따를 때 생명의 삶이 된다. 영원한 천국의 삶, 능력의 삶을 살게 된다.

　예수님은 무덤에 계시지 않는다. 훌륭한 성자들이 많지만 죽음을 극복한 분은 예수님뿐이시다. 석가모니, 공자, 무함마드 등 모든 성인은 무덤 속에 있다. 무덤이 성지가 되었다. 하나님은 죽은 자의 하나님이 아닌 산 자의 하나님이시다. 기독교는 무덤을 찾아 경배하는 종교가 아닌 영원한 생명의 종교이다. 부활은 영적 생명의 회복이다. 새 생명은 하나님 영, 성령의 내재하심이다. 부활의 능력은 변화의 능력이다. 내 힘으로 변화될 수 없지만, 성령의 능력으로 변화된다. 예수님의 십자가 죽으심과 부활하심, 승천하심과 성령을 보내심은 인간의 구원, 영적 생명을 회복하기 위한 하나의 연결된 사건이다. 부활이 없는 종교는 아무리 미화해도 죽음의 종교일 수밖에 없다. 하나님을 떠난 세상은 죽음을 이길 수 없다. 죽음 앞에 모두 백기를 든다. 병이 나았더라도, 기적적으로 살았더라도 결국은 죽는다. 죽지 않는 삶은 복음을 영접하고 하나님 안의 영원한 생명을 얻는 길뿐이다.

○ 부활은 확실한 증거가 있는 역사적 사실이다.

부활의 증거와 증인은 무수히 많다. 우선 빈 무덤이 증거한다. 시신을 감싼 수의, 세마포는 그대로 벗겨져 놓여 있었다. 로마의 절대 권력 앞에 감히 시신을 옮길 수는 없었다. 제자들도 두려워 도망을 갔는데 누가 시신을 옮길 수 있었겠는가! 시신을 누군가가 옮겼다면 발견되지 않을 수 없었다. 로마 황제의 절대 권력이 지시하여 많은 군인들이 동원되었지만, 시신을 찾을 수 없었다. 수많은 증인들이 있다. 부활 주일 새벽, 무덤을 찾았던 막달라 마리아와 다른 여인이 최초의 증인들이었다. 로마 지배 아래 이스라엘 여인들은 사람 취급을 받지 못했다. 거짓말을 하면 그 자리에서 목숨을 잃었다. 그런 상황에서 여인들이 거짓말을 했다는 것은 상상할 수도 없다. 예수님은 엠마오로 내려가던 두 제자에게 나타나셨다. 그리고 다락방에 숨어있던 제자들에게 나타나셔서 손과 발의 못 자국을 보이셨다. 그 자리에 없었던 의심 많은 도마에게는 그 후에 나타나사 직접 못 자국과 옆구리의 상처를 만져보라고 하셨다. 갈릴리 디베랴 호숫가에 나타나셔서 고기잡이 나갔던 베드로와 제자들에게 조반을 지어주셨다. 마지막에 감람산에서 500여 명의 제자들에게 제자의 도(道)와 사명을 설교하시고 제자들이 바라보는 가운데 승천하셨다.

부활하신 예수님을 만나고도 본업인 고기잡이로 돌아갔던 제자들이었다. 인간의 연약함을 아시는 예수님은 제자들을 용서하시고 40일을 함께 계시며 제자들을 가르치셨다. 예수님의 끝없는 용서와 사랑으로 마침내 제자들이 변화됐다. 사람이 변화되는 것이 기적이다. 3년 동안이나 예수님 곁에 있었지만 변화되지 않았던 제자들이 부활하신 예수님을 만나고 변화됐다. 예수님이 왜 이 땅에 오셨는지? 왜 죽으셨는지? 왜 부활하셨는지? 깨닫게 되었다. 예수님은 제자들의 사명을 회복시키셨고 성령을 약속하셨다. 사명을 회복한 제자들, 성령을 받은 제자들은 땅끝까지 복음을 전하는 사도들이 되었다. 제자들은 지식적으로 복음을 깨닫고 증거한 것이 아니라 부활하신 예수님을 직접 보았고, 말씀을 들으며 가르침을 받았기에 죽기까지 부활의 증인이 되었던 것이다. 베드로는 바로 매달려 죽기가 부끄러워 거꾸로 매달려 죽었다. 안드레는 X자 형틀에 사흘간 묶여 죽었다.

  미국의 닉슨 대통령을 사임케 한 워터게이트 사건을 견주어 볼 때 예수님의 부활은 의심의 여지가 없게 된다. 그들은 모든 지혜를 동원하여 거짓을 지키려 했지만, 그것이 거짓이었기에 진술이 어긋날 수밖에 없었다. 닉슨 대통령이 사임한 것은 민주당 전국위원회를 도청한 사건 자체가 아니라 거짓말로 은폐하다가 들통이 나서 사퇴에 이른 것이었다. 만약 누군가가 예수님의 부활을 꾸몄다면 오늘까지 들통나지 않을 수 있겠는가? 무식한 어부들 중심의 제자들이 아무리 말을 맞춘들 며칠이나 숨길 수 있었겠는가! 당시 예수님의 부활은 논쟁의 대상이 되지 않았다. 진실은 논쟁의 대상이 될 수 없다. 진실을 증거할 사명이 있을 뿐이다.

8장 구원의 절대성과 다른 종교인에 대한 자세

○ 기독교는 왜 배타적, 독선적으로 보이는가?

 구원의 절대성 때문이다. 십자가 대속은 창조주 하나님이 열어주신 구원의 유일한 길이기 때문이다. 종교는 창조주를 바르게 찾기 위해 존재한다. 종교의 궁극적 목적은 창조주 하나님 진리, 절대 진리를 찾는 데에 있다. 인간의 지혜와 노력으로 창조주를 바르게 찾을 수 없다. 창조주가 직접 밝히신 내용이 가장 정확하다. 진리는 원래 절대적이다. 창조주가 인간에게 주신 말씀은 타협의 대상이 될 수 없다. 배타적이냐 아니냐?가 초점이 아니라 무엇이 참 진리인가?가 중요하다. 창조주는 한 분이시다. 창조주 하나님 진리가 하나인데 인간이 배타적이냐 아니냐 따지는 것은 어리석은 일이다.

 예수님은 단순한 선지자나 철학자, 종교 창시자나 스승이 아니다. 창조주 하나님과 동일체이시다. 예수님은 인간을 구원하시기 위해 동정녀 마리아를 통해 인간의 몸을 입고 세상에 오신 성육신(成肉身, Incarnation) 하신 분이다. 예수님의 성육신과 십자가 대속, 부활과 승천은 인간의 지혜를 넘어선다. 인간의 이성으로 타협할 수 없는 믿음의 영역이다. 기독교는 독선적이고 배타적인 것이 아니라 하나님이 정해주신 구원의 바른길, 생명의 길을 제시한다. 하나님은 절대 선, 절대 의로우신 분이시다. 하나님의 선은 인간의 선에 비교될 수 없는 절대 선이자 공의이다. 공의로우신 분은 하나님 한 분밖에 없다. 배타적이냐 아니냐의 문제가 아닌 하나님 공의를 따르느냐 아니냐의 문제이다.

○ 기독교의 배타성이 왜 문제가 되는가? 다른 종교인에 대한 자세는 어떠해야 하는가?

 십자가 복음은 절대적이지만, 믿지 않는 사람들과 다른 종교인에 대한 교만이나 우월의식이 되어서는 안 된다. 복음주의가 자칫 교만해질 수 있기 때문에 더욱 겸손하고 낮아져야 한다. 예수님은 가장 낮게 이 땅에 오셔서 가장 낮은 자세로 섬기셨다. 교만 의식과 우월주의는 성경의 가르침, 예수님의 사랑과 섬김과는 정반대가 된다. 오늘날 기독교가 외면당하는 이유는 말씀의 실천이 없기 때문이다. 예수님 가르침대로 행동하지 않기 때문이다. 절대 진리가 타협의 대상이 될 수 없기에 믿지 않는 사람들, 다른 종교인들을 예수님 마음으로, 사랑과 긍휼의 마음으로 품어야 한다.

편협한 배타주의로는 복음을 전할 수 없다. 다른 사람을 판단하고 정죄한다면, 혐오하고 배척한다면 예수님을 증거하는 것이 아니라 그 반대가 된다. 예수님은 정죄하지 않고 용서하셨다. 긍휼과 사랑으로 품으셨다. 예수님 마음을 품는다면 정죄할 수 없다. 다른 사람에게 상처를 줄 수 없다. 다른 종교인을 차별하며 배척하거나 벽을 쌓을 수 없다. 개방된 자세로, 진실한 모습으로 사랑과 겸손을 실천해야 한다. 복음은 모두에게 복된 소식, 기쁨의 소식이다. 다른 사람에게 기쁨이 되지 못한다면, 이웃에 선한 영향력을 주지 못한다면 복음의 본질에 어긋난다.

○ 필자가 인도네시아에서 체험한 사례

라마단 기간에 지방 여행을 갔을 때의 후회되는 경험: 인도네시아는 인구 기준으로 세계 최대의 이슬람 국가이다. 대도시에서도 그렇지만, 지방에서는 이슬람의 종교의식, 형식주의가 더욱 눈에 띈다. 라마단(이슬람의 한 달간 금식 기간으로 해가 떠서 지기까지 금식) 기간에 수마트라 '부켓 땡기'로 친구 내외와 여행을 갔을 때의 경험이다. 낮에 식당이 전부 문을 닫아 점심을 먹을 수가 없었다. 저녁 무렵이 되어 마침 맥도널드 집이 문을 열었기에 들어가 음식을 주문하고 받아서, 맛있게 먹었다. 한참 이야기하며 먹다가 보니 거기 있는 모든 사람들이 우리만 보고 있었다. 순간 '아! 우리도 참을걸' 후회했다. 그들은 6시가 되자 우르르 달려가 줄을 서서 주문했다. 이슬람의 율법주의에 다시금 놀랐지만, 한편으론 그들의 의식을 이해하고 방해되지 않도록 행동했어야 함을 뒤늦게 후회했다. 음식을 먹더라도 보이지 않는 구석으로 가서 조용하게 먹을 일이었다. 선교는 그들의 문화와 의식을 존중하고 상대를 배려하며 겸허하게 낮아지는 자세에서 출발함을 깊

제1부 창조주 하나님의 절대 진리   85

이 느꼈다.

 단기 선교를 갔을 때의 감동적인 체험: 자카르타 늘푸른교회 단기 선교팀이 정해지면 한 달간 매주 토요일 저녁에 모여 교육을 받고, 봉사 분야별로 나뉘어 토의하며 계획을 세우고 연습하며 훈련한다. 필자는 특별한 재능이 없어도 봉사할 수 있는 페인트반에 소속되었다. 늘푸른교회는 성도 대부분이 젊은 주재원들로, 은퇴한 필자는 가장 나이가 많았다. 행여나 방해되지 않을까, 부담이 되지 않을까 더욱 열심히 준비하고 기도했다. 현장에서는 이슬람 집주인에게 진심이 전해지도록, 마음에 감동을 줄 수 있도록 최선을 다했다. 라마단 기간이라 물도 마시지 않고(보이지 않는 곳에서 한 모금씩 마심) 땀을 흘리며 열심히 페인트칠을 했다. 낡고 빛이 바랜 집이 새롭게 단장되어 갈 때 기분이 뿌듯했다. 어느 한 집에서였다. 정말 열심히 칠을 했고 생각보다 칠이 잘 되었다. 그때 히잡(얼굴을 가리며 머리에 두른 천)을 두른 집주인 여인이 안으로 들어오라고 해서 조심스럽게 들어갔더니 놀랍게도 음료와 바나나튀김이 준비되어 있었다. 나이가 든 사람이 땀을 흘리며 열심히 일하는 모습이 안쓰러웠던 모양이다. 너무나 뜻밖이어서 큰 감동을 받고 한동안 멍했었다. 사랑과 진실에는 마음이 통하는 것을 느꼈다. 사랑의 마음은 종교의 벽도 뛰어넘음을 확인했다. 다른 종교인이라고 적대시하고 배척할 것이 아니라, 배려하고 존중함으로써 대화의 물꼬를 터야 함을 절실하게 느꼈다.

 단기 선교를 마치고 돌아올 때의 씁쓸한 장면: 선교를 마치고 돌아오는 길에 해변에 들러 즐거운 휴식을 가졌다. 소기의 성과를 이룬 선교였기에 홀가분한 마음으로 즐기며, 음식을 푸짐하게 시켜서 먹고 남은 것을 버리고 왔다. 배를 타고 돌아오는 길에 무심코 뒤를 돌아본 필자는 눈을 의심했다. 우리가 먹다가 버린 음식물을 사람들이 뒤지는 것이었다. 순간 필자는 머리를 한 대 두들겨 맞은 것 같았다. 저들의 눈에 우리가 어떻게 비쳤을까? 우리의 행동이 선교하는 사람들 모습이었을까? 거부감과 위화감을 주지는 않았을까? 여러 생각이 머릿속을 스치며 내 모습을 돌아보게 되었다. 아무 생각 없이 한 행동이 위화감을 주고 상처가 될 수 있음을 느꼈다. '진심 어린 관심과 배려. 정성과 희생이 없다면, 진심으로 사랑하는 마음이 없다면 자칫 단기 선교가 선교팀을 위한 행사로 끝날 수 있겠구나' 하는 생각이 들었다. 한편으론, '한국선교 초기 선교사들에게 비친 우리의 모습이 저런 모습이 아니었겠는가?' 생각이 들었다. 필자는 인도네시아에 오래 살면서 변하지 않는 그들의 모습을 보고 답답함과 실망감을 느끼고 있었다. '초기 선교사들은 변하지 않는 우리의 모습을 보며 얼마나 안타까웠을까?' 생각하게 되었다. 하나님은 오늘 우리의 모습, 물질적으로는 풍요해졌지만, 끝없는 탐욕으로, 영적으로 더욱 무디어진 모습을 보시고 얼마나 안타까워하실까? 생각이 들었다.

9장 오늘날의 갈멜산 전투! 무엇이 참 진리인가!

1. 구약의 갈멜산 전투 (열왕기상 17-18장)

 구약의 이스라엘이 남과 북으로 분열된 후 북이스라엘은 여호와 하나님을 버리고 이방신 바알을 섬겼다. 아합은 북이스라엘의 가장 악한 왕이었다. 아합은 이방 나라, 시돈의 공주 이세벨과 결혼하였고 이세벨을 쫓아 바알을 섬겼다. 바알은 풍요의 신, 돈과 물질을 숭배하는 탐욕의 신, 인간의 욕망을 쫓는 기복주의 신이다. 바알은 왕궁에서부터 싹트게 되었다. 왕과 왕비가 바알을 섬기자, 백성들은 누가 참 신인지 모르게 되었고 점점 우상 숭배에 빠져들었다. 권력을 움켜쥔 이세벨은 하나님의 선지자들을 참소하여 죽이고 하나님을 믿는 백성들을 핍박하여 북이스라엘은 바알의 천지가 되었다.

 하나님은 선지자 엘리야를 아합에게 보내어 우상을 숭배하는 죄 때문에 이스라엘 땅에 수년간 비가 내리지 않을 것이라고 경고했지만(열왕기상 17:1), 아합과 이세벨은 듣지 않았다. 엘리야는 아합에게 바알의 선지자 450명과 아세라(육적 쾌락의 신) 선지자 400명, 도합 850명을 갈멜산으로 모으게 하여 '누가 참 신인지' 영적 전투를 벌였다. 엘리야는 백성들에게 소리쳤다 **"너희가 어느 때까지 둘 사이에서 머뭇머뭇 하려느냐 여호와가 만일 하나님이면 그를 따르고 바알이 만일 하나님이면 그를 따를지니라(열왕기상 18:21)."** 갈멜산 전투는 송아지 둘을 가져다가 각기 한 마리를 택하여 각을 떠서 제단 나무 위에 놓고 하나님의 이름과 바알의 이름을 불러, 하늘에서 불이 내려 제단 위의 송아지에 불을 붙이는 신이 참 신임을 증거하는 전투였다. 이기는 편이 지는 편을 사로잡아 죽이는 목숨을 건 전투였다. 엘리야가 바알의 선지자들에게 이르되 **"너희는 많으니 먼저 송아지 한 마리를 택하여 잡고 너희 신의 이름을 부르라."** 이에 그들이 송아지를 택하여 잡고 '바알이여 응답하소서 불을 내리소서' 아침부터 저녁 소제드릴 때까지 온종일 외치고 날뛰었지만, 그들의 신은 아무 응답이 없었고 불을 내리지 않았다.

 이제 엘리야가 나섰다. 백성들을 가까이 모으고 12지파의 수효대로 열두 돌을 취해 제단을 쌓고, 제단 나무 위에 송아지의 각을 떠서 놓고, 제단을 돌아가며 곡식 종자 두 세아를 둘 만한 도랑을 만들고, 백성들에게 12통의 물을 채워다가 번제물과 나무 위에 붓게 하여 물이 제단으로 두루 흐르고 도랑에 가득 차게 했다. 저녁 소제 드릴 때에 엘리야는 간절히 기도했다. "**아브라함과 이삭과 이스라엘의 하나님 여호와여 주께서 이스라엘 중에서 하나님이신 것과 내가 주의 종인 것과 내가 주의 말씀대로 이 모든 일을 행하는 것을 오늘 알게 하옵소서. 여호와여 내게 응답하옵소서 이 백성에게 주 여호와는 하나님이신 것과 주는 그들의 마음을 되돌이키심을 알게 하옵소서 하매, 여호와의 불이 내려서 번제물과 나무와 돌과 흙을 태우고 도랑의 물을 핥았다.**" 이 놀라운 광경을 바라본 백성들은 여호와 하나님이 참 하나님이심을 엎드려 고백하였고, 엘리야는 백성들에게 바알과 아세라 선지자들을 모두 잡도록 하여 그들을 기손 시냇가로 데려가서 칼로 쳐 죽였다.

갈멜산 전투 승리 후 이스라엘에 가뭄이 그쳤다. 엘리야는 이스라엘에 비를 내리실 하나님의 계획을 알았지만, "**갈멜산 꼭대기로 올라가서 땅에 꿇어 엎드려 얼굴을 무릎 사이에 넣고**" 이스라엘에 비를 내리시기를 간절히 기도했다. 하나님의 계획은 기도를 통해 이루어진다. "**사환에게 이르되 올라가 바다쪽을 바라보라 그가 올라가 바라보고 말하되 아무것도 없나이다 이르되 일곱 번까지 다시 가라/ 일곱 번째 이르러서는 그가 말하되 바다에서 사람의 손 만한 작은 구름이 일어나나이다… 조금 후에 구름과 바람이 일어나서 하늘이 캄캄해지며 큰 비가 내리는지라…**" 하나님은 갈멜산 전투의 승리 후 무릎 굶고 간절히 기도하는 엘리야의 기도를 들으시고 3년 반 만에 이스라엘에 은혜의 단비를 내리셨던 것이다.

2. 오늘날 갈멜산 전투는 무엇이 참 진리인가?이다. 갈멜산 전투는 이미 시작되었다.

1) 지금은 아합 때보다도 악한 시대, 더욱 우상을 섬기는 시대이다.

바알은 '지배하고 소유하는 주인'이란 뜻으로 물질적 탐욕과 교만의 신, 쾌락과 음란의 신이다. 오늘날 바알 신앙이 아합 때보다도 깊고 넓게 뿌리내렸다. 물질의 탐욕, 우상과 미신이 판을 치고 있다. 하나님을 떠나면 불안과 두려움에서 우상과 미신을 쫓아 의지하며 위안을 얻고자 한다. 돈과 물질, 육적 쾌락, 명예와 권력, 이념과 사상 등 무엇인가를 믿고 쫓는다. 그런 의미에서 무신론자는 없다. 문명이 최고조로 발달한 오늘날 거꾸로 운세와 사주 풀이, 미신과 점술, 무당을 찾고 있다. 춤사위, 노랫가락, 신내림 등 무당 기술을 배우는 무속학원까지 생겼다. 젊은이들이 직업으로, 취직하듯이 무속인의 길을 걷고 있다. 무당을 찾아가 두 손 모아 빌며 기도한다. 무당에게 받은 부적을 목숨처럼 지닌다. 무당 굿풀이에 엄청난 돈을 바친다. 물질로 신을 움직이려 한다. 오죽하면 현대인이 무당에게서 위안을 얻겠는가! 미신과 무당을 포함, 물질적 우상과 쾌락을 추구하는 오늘날의 현실이 바알 신앙이다. 여기서 바알 신앙과 하나님 신앙을 간략히 대비해 본다. 바알 신앙에서 돌이켜 참 진리인 하나님 신앙으로 돌아와야 하기 때문이다.

   형상화된 신인가? 아닌가? 하나님은 보이지 않는다. 신앙은 하나님과의 인격적 교제이다. 하나님과 영적으로 교통하며 하나님 뜻을 따르고 하나님 성품을 닮아 간다. 바알은 보이는 것, 물질적 탐욕과 육체적 쾌락을 추구한다. 신을 형상화하여 그 앞에 절하고 기도한다. 인격적 교제나 거룩과는 상관없이 내 욕심을 추구한다. 내가 원하는 것을 얻으면 된다. 무당도 신에게 기도한다. 기도의 목적이 다르다. 오직 내 뜻을 관철시키는 기도이다. 말씀이 있는가? 없는가? 하나님은 말씀이시다. 말씀이 생명이다. 말씀이 영혼을 살린다. 말씀을 좇아 하나님 성품을 닮아 간다. 바알 신앙은 말씀이 없다. 인간을 현혹하는 주문(呪文)을 외운다. 그 속에 진리가 없다. 영혼을 황폐시키며 영적 생명을 잃게 한다. 인격적, 도덕적, 윤리적인가? 아닌가? 하나님은 인격적이시다. 억지로 끌고 가시지 않는다. 영성은 윤리와 도덕의 바탕이다. 내 이익을 위해 다른 사람에게 피해를 주지 않는다. 바알 신은 겁을 주어 따르도록 한다. 내가 원하는 것을 얻기 위해 수단과 방법을 가리지 않는다. 다른 사람에게 피해가 되어도 내 욕심을 채우면 된다. 변화의 대상이 자신인가? 상대방(신)인가? 하나님 신앙은 하나님 성품을 닮는 성화가 목적이다. 내가 변화하여 하나님 마음과 하나 된다. 바알은 기복 신앙이다. 나는 변하지 않고 상대방(신)이 변하도록 기도한다. 온갖 노력과 정성으로 신의 마음을 움직이려 한다. 많이 바칠수록 신을 움직인다. 하향식 구원인가? 상향식 구원인가? 하나님 신앙은 하향식 구원이다. 구원은 내 공로가 아닌 하나님의 은혜이다. 바알 신앙은 상향식 구원이다. 내 노력으로 구원을 얻는다. 내가 공적을 쌓으면 대가를 얻는다. 바친 만큼 응답을 받는다. 신과 거래를 하는 것이다. 원하는 것을 이루지 못하는 것은 공적이 부족한 탓이다. 결국 모든 것을 바치게 된다. 기도자의 영적, 도덕적 상태가 중요한가? 아닌가? 하나님 신앙은 기도자의 영적, 도덕적 상태가 중요하다. 죄의 회개가 먼저이다. 하나님 뜻을 새기며 하나님 뜻에 나를 굴복시킨다. 바알 신앙은 기도자의 영적 도덕적 상태와 무관하다. 내 뜻을 이룰 때까지 기계적 반복적으로 주문을 외우며 모든 것을 바친다.

○ 인본주의와 합리주의, 철학과 인문학, 지성과 과학이 하나님을 거역하고 있다.

(골로새서 2:7) 누가 철학과 헛된 속임수로 너희를 사로잡을까 주의하라 이것은 사람의 전통과 세상의 초등학문을 따름이요 그리스도를 따름이 아니니라

창조주 하나님은 지식으로 알 수 있는 분, 철학이나 심리학, 과학으로 찾을 수 있는 분이 아니시다. 오늘날 인간의 지혜와 지식으로, 철학과 인문학, 과학의 이름으로 하나님을 부정하고 있다. 인간이 하나님 자리를 차지하고 있다. 오늘날 최대의 위기는 하나님 가치관의 상실이다. 인간이 만든 이념과 사상, 인본주의와 합리주의를 하나님보다 더 앞세운다. 인문학적 사고, 철학적 사유의 가치관은 무엇인가? 인간의 고귀한 가치와 인간성을 회복하고 인간의 바른 삶을 인도하는 길이 아닐 수 없다. 궁극적으로 하나님 부여하신 인간의 본성 회복과 창조 목적을 이루는 길이 되지 않을 수 없다. 인간 존재의 근원이 창조주 하나님이시기 때문이다. 하나님 창조하신 목적, 창조 질서 이상의 목적과 가치가 있을 수 없다.

인간에 대해 가장 잘 아시는 분이 창조하신 하나님이시다. 인간의 바른 삶, 바른 관계는 하나님 보시기에 좋은 삶, 조화롭고 아름다운 관계여야 한다. 하나님 주신 인간의 본성을 찾고 하나님 기준, 바른 삶으로 인도하는 인문학과 철학이 되어야 한다. 휴머니즘과 인간애를 추구하는 인문학이 하나님과 분리되어 존재할 수 없다. 인본주의, 휴머니즘의 바탕이 하나님이시다. 하나님이 없는 철학은 물음으로 시작해 물음으로 끝날 수밖에 없다. 타락된 인간의 삶을 바꾸지 못하는 철학은 의미가 없다. 하나님 진리를 무시하고 순수한 진리를 추구한다는 개념 자체가 모순이다. 하나님은 진리의 본체이시다. 하나님 관계없이, 각기 생각에 옳은 대로 살았던 시대가 영적 암흑기, 사사시대였다. 하나님 의는 인간의 이성적 사고, 윤리와 도덕을 넘어서는 절대적인 공의이다. 인간을 선한 길, 풍요한 삶으로 인도하자면 인문학과 철학, 지성과 과학은 하나님 진리의 바탕 위에 추구해야 한다. 하나님을 거역하는 지성과 이성, 인문학과 철학, 합리주의와 과학은 바탕이 없는 학문이 된다. 하나님은 지혜의 바탕이시자 이성과 사고 능력을 부여하신 분이기 때문이다.

○ 종교에도 합리주의를 내세우며 종교다원주의를 주장하고 있다.

다윈의 진화론은 하나님 창조 질서, 절대 진리에 대한 도전이다. 진화론 이후 자유주의 신학이 싹트게 되었다. 부활을 신화라고 주장한다. 하나님과 성경 말씀을 인간의 합리적인 이성과 경험에 바탕하여 이해하려 한다. 모든 종교에 구원이 있다며 종교다원주의를 주장한다. 합리적이고 보편타당한 종교는 인간이 만들어낸 이상론일 뿐이다. '모든 종교는 창조주 하나님께로 통한다. 어느 길로 가도 하나님께로 갈 수 있다'는 주장은 그럴듯하지만 틀린 것이다. 예수님 외에 구원의 길이 있다는 것은 하나님 구원 섭리를 무시하는 교만이자 하나님 질서에 의한 구원을 가로막는 죄가 된다. 죄로 인해 하나님을 떠난 인간이 하나님께로 돌아가는 길은 오직 예수님의 십자가 대속을 통한 길뿐이다.

오늘날 인간의 근본적인 문제, 죄와 구원에 대한 문제의 해답을 이성적으로 찾고 있다. 인간의 생각으로 합리적인 종교, 이성적인 종교를 만들고 있다. 예수님 십자가 대속은 인간의 이해를 넘어서는 하나님의 은혜이다. 인간의 이성으로 하나님 은혜가 무시되고, 구원의 절대성이 부정될 수 없다. 아담의 죄로 하나님을 떠난 인간은 하나님 앞에 똑같은 죄인이다. 구원은 하나님 공의의 질서에 의지할 수밖에 없다. 죄 없으신 예수님이 이 땅에 오셔서 인간의 죄를 대신 지시고 죽으신 이유이다. 하나님 구원 섭리는 인간의 이성으로 이해할 수도, 이룰 수도 없는 기적이다. 하나님 하시는 일은 인간의 눈에는 기적이다. 매일 기적 속에 살면서 하나님 은혜를 부정하는 것은 전혀 이성적이지 않다.

2) 하나님 구원의 은혜, 복음이 빛을 잃고 있다. 어떻게 해야 할 것인가!

○ 말씀의 실천으로, 행위로, 모습으로 복음을 증거해야 한다.

오늘날 갈멜산 전투는 이미 시작되었지만, 예수님 십자가 대속의 복음이 빛을 잃고 있다. 사람들이 기독교보다는 철학과 과학, 자기 수양을 내세우는 다른 종교에 관심이 많다. 한편으론 이슬람과 이단이 팽창하고 있다. 이슬람은 오일 머니를 바탕으로 물질적 공세를 취한다. 취업 근로자들을 중심으로 선진국에도 이슬람이 깊게 뿌리내리고 있다. 이 모든 현상의 근본 원인은 기독교 내부에 있다. 기독교의 위기는 세상의 박해와 핍박 때문이 아니라, 거룩하게 구별되어야 할 교회와 성도가 세상에 동화되었기 때문이다. 행위로, 행동으로 복음을 전하지 못했고, 복음대로 살지 않았기 때문이다. 오늘날 교회의 비리, 세습과 물질 추구, 거짓과 위선이 세상 사람들의 비웃음을 사고 있다. 교회와 성도가 복음을 부끄럽게 하고 있다. 세상 진리와 다를 바 없게, 오히려 세상 진리보다도 못하게 만들어 버렸다. 세상 사람들이 자기들이 믿는 신, 미신이나 우상과 다를 바 없다고 생각하게 되었다.

오늘날 갈멜산 전투는 예수님의 증인된 싸움, 복음의 능력을 증거하는 싸움이다. 갈멜산 전투의 승리를 위해서는 교회와 성도가 예수님 사랑과 희생, 겸손과 섬김의 증인이 되어야 한다. 구원을 받고도 변화가 없다면 가짜 복음이 된다. 세상 사람들이 복음을 받아들이지 않는 것은 복음의 능력을 보지 못하기 때문이다. 교회와 성도를 비난하는 것은 말씀의 실천이 없기 때문이다. 초대교회의 모습을 회복해야 한다. 다시 그리스도인으로 불리워져야 한다. 믿지 않는 사람들이 보고 감동을 받아야 한다. 변화의 힘이 어디서 나오는지? 소망의 원천이 무엇인지? 궁금해하며 복음을 영접하도록 해야 한다. 한편으로 사이비 종교가 팽창하고 미신과 우상, 이단이 난무하는 것은 참 진리를 모르기 때문이다. 참 진리가 보이지 않기 때문이다. 자기가 믿는 종교와 이단이 진짜라고 생각하기 때문이다. 말씀의 실천과 함께 참 진리를 적극적으로 알려야 한다.

　오늘날 갈멜산 전투는 선지자 한 사람의 몫이 될 수 없다. 그리스도인 모두가 있는 자리에서 복음을 전파하며 하나님 나라를 증거해야 한다. 예수님은 하나님 나라에 대해 묻는 제자들에게 **"와서 보라"** 하셨고 실제로 하나님 나라를 보여 주셨다. 예수님의 증인된 그리스도인은 '내 모습을 보라' 할 수 있어야 한다. 오늘날 갈멜산 전투는 반드시 승리해야 하는 마지막 전투이다. 갈멜산 전투에서 패배한다면 하나님 심판을 피할 수 없게 된다. 오늘날 사람들이 하나님을 부정하며 구원의 은혜를 거절하고 있다. 교회와 성도가 세상에 침묵하기 때문이다. 예수님은 오늘날 교회와 성도들에게 '너희가 침묵하면 돌들이, 산과 나무가, 땅과 바다가 소리지르며 하나님을 높이리라' 말씀하신다.

○ 미디어 통신을 통해 땅끝까지 복음을 전해야 한다.

　오늘날 물리적 갈멜산 전투는 불가능하다. 구약 시대에는 종교적 장벽이 불가피하게 존재했다. 지리적, 인종적, 언어적, 문화적 장벽이 있었다. 오늘날은 구약시대의 환경적 장벽이 사라져 전 세계가 정보를 교환하는 시대가 되었지만, 인위적 종교적 장벽은 더욱 두껍게 배타적으로 쌓이고 있다. 참 진리를 가릴 수 있는 길은 얼마든지 있다. 인터넷 통신으로 언제 어디서나 실시간으로 세계가 연결된다. 미디어 통신은 예수님의 지상 명령인 땅끝까지 복음을 전할 수 있는 좋은 통로이다. 이런 점에서 필자는 모든 사람, 모든 종교인들에게 'One Creator Organization'을 제안하고 싶다. 종교다원주의가 아니라 그 반대이다. 폐쇄적 장벽이 아니라 개방적 토론으로 무엇이 참 진리인가?를 밝히기 위함이다. 종교의 장벽을 넘어 모든 사람이 참 진리를 깨닫게 하기 위함이다. 창조주는 한 분이시다. 창조주 하나님 진리는 하나이다. 아이러니하게도 물리적 장벽이 허물어져 세계공동체가 된 오늘날 종교의 장벽은 더욱 두꺼워지고 높아졌다. 미디어 통신을 통해 종교의 장벽을 허물어야 한다. 누구나 자유롭게 복음을 접하고 깨닫도록 해야 한다. 오늘날 갈멜산 전투는 폭력이 아닌 평화적 싸움이다. 투쟁이 아닌 토론과 이해의 장이다. 미디어 통신을 통한 땅끝까지 선교는 이 시대 가장 중요한 과제이자 시대적 사명이 아닐 수 없다.

지금 물리적으로 세계 곳곳에 찾아가는 선교는 더욱 어렵게 되었다. COVID19로 비대면 온라인 예배를 경험했다. 온라인 예배는 멀리 떨어져 있는 사람들, 곳곳에 흩어져 있는 사람들을 하나로 연결해 주었다. 기독교가 종교의 장벽을 넘어 이교도들에게 적극적으로 복음을 전해야 한다. 스마트폰은 최상의 통로가 될 수 있다. 전 세계 언어로 송출하는 선교의 통로로 활용해야 한다. 교계 지도자. 신학자들이 연합하여 체계적 선교 프로그램을 제작, 송출해야 한다. 그동안 대규모 부흥회는 대형 체육관이나 공연장에서 열렸지만, 앞으로는 비대면 온라인 세미나를 통한 세계적 부흥회로 열어야 한다. 이교도와의 공개 토론의 장, 질의응답과 개방된 토론회도 적극적으로 열어야 한다.

예수님은 먼저 **"가라"** 하셨다. **"가서 모든 민족을 제자 삼으라"** 하셨다(마태복음 28:18-20). 가장 중요한 것은 먼저 가는 일이다. 복음이 종교의 장벽을 넘어가야 한다. 오늘날 이교도들이 니느웨에 해당된다. 이들에게 적극적으로 복음을 전하지 않는다면 요나의 행위, 요나의 죄가 된다. 요나는 마지못해 하나님 말씀을 전했지만, 하나님은 요나의 부족한 순종에도 니느웨를 구원하셨다. 진실한 모습, 긍휼한 마음으로 저들에게 복음을 전해야 한다. 다른 종교인들도 참 진리를 찾는 마음의 소유자들이다. 참 종교인이라면 영성이 깊을 수밖에 없다. 복음의 기쁜 소식을 그들에게 전해야 한다. 그들 중에도 아합 시대의 오바댜와 같은 일꾼들이 있다. 많은 오바댜들이 세워져야 한다. 가장 중요한 대상은 이슬람이다. 이슬람은 기독교와 출발점이 같다. 분리가 된 것은 하나님 뜻이 아니었다. 아브라함이 하나님 약속을 믿지 못하고 인간적 방법으로 사라의 몸종 하갈을 통해 이스마엘을 얻었기 때문이었다. 사라의 하갈에 대한 분노는 아브라함에 대한 분노였지만, 결국 하갈과 이스마엘에 전가되어 갈라지게 되었다. 하나님은 인간의 잘못으로, 하나님 뜻과 다르게 태어난 이스마엘도 축복하셨다. 온 인류가 한 형제요 구원의 대상이다. 죄를 깨닫고 회개할 때 모두가 하나님 안에서 하나가 된다. 모두가 하나되어 하나님 나라를 이루는 것이 갈멜산 전투의 궁극적 목표이다.

3. 창조주 하나님만이 인간의 근본 문제에 대한 분명한 해답을 준다.

인간은 어떤 존재인가? 창조주와 어떤 관계인가? 영혼은 어떻게 부여되었으며 어디로 가야 하는가? 죄란 무엇이며 죄에 대한 구속(救贖)은 어떻게 가능한가? 등에 대한 설명은 창조주만이 가능하다. 기독교만이 이러한 인간의 근본적 문제를 분명하게 밝힌다. 기독교는 계시의 종교이다. 대부분의 종교가 신을 찾아가지만, 기독교는 하나님이 자신을 드러내시며 말씀을 주셨다. 종교는 인간의 근본 문제에 답을 얻기 위함이다. 답을 얻는 방법에 따라 여러 종교가 발생한다. 불교를 비롯한 많은 종교가 명상과 선(禪)을 통하여 모든 집착에서 벗어나라고, 마음을 비우라고 말한다. 마음을 비워 모든 집착을 벗어난다고 해서 인간의 근본 문제를 깨달을 수 없다. 마음 수양을 한다고 해서 마음의 본질을 알 수 없다. 비우는 것보다 중요한 것은 하나님 마음으로 채우는 일이다. 참 평안은 하나님 주시는 평안, 하나님 안에서 얻는 평안이다. 비움은 기독교 영성의 출발점이다. 탐욕을 버려야 한다. 마음을 정화해야 한다. 하지만 기독교의 비움은 하나님 마음으로 채우기 위함이다. 하나님 마음으로 채울 때 이기심과 탐욕에서 벗어나 하나님 안에서 참 평안을 얻는다.

종교가 죄에서 구원을 얻기 위함이라면 인간이 찾은 종교로는 완전한 답을 얻을 수 없다. 영혼이 무엇인지? 죽음 후에 영혼은 어디로 가는지? 영원한 생명은 무엇인지? 등은 인간의 지혜와 노력으로는 의문만 쌓일 뿐이다. 인간이 이러한 근본 문제를 밝힌다는 것은 바닷물을 퍼서 옮기려는 것과 같다. 영혼 문제를 해결하실 분은 영혼을 불어넣으신 하나님밖에 없다. 영적 생명을 회복시키실 분은 예수님밖에 없다. 예수님은 단순한 종교 창시자나 윤리와 도덕, 철학자가 아닌 생명과 진리 자체가 되신다. 다른 종교 창시자들의 삶이 아무리 훌륭하더라도 생명을 살릴 수는 없다. 인간은 완전하게 선할 수 없다. 선악의 기준이 하나님이시다. 하나님 마음에 합할 때 완전한 선이 된다. 마음의 본질은 하나님이 인간에 불어넣으신 영이다. 창조 본래의 세계는 하나님과 교통하며 하나님 마음과 하나 되는 세계였다. 인간의 타락으로 영적 세계에서 육적 세계로 전락했다. 탐욕과 집착은 육적 세계 인간의 모습이다. 모든 욕심과 집착을 버린 무아의 경지, 해탈의 경지에 도달했다면 창조 본래의 영적 세계를 잠시 경험한 셈이다. 해탈이 목적이 될 수 없다. 하나님과 교통, 하나님 마음과 하나 되어 하나님 뜻을 이루는 것이 궁극적 목적이다.

공자와 석가모니는 생명의 근원과 내세, 죄와 구원의 문제를 다루는 종교를 만들지 않았다.

공자는 '죽은 다음에 사람은 어떻게 됩니까?' 묻는 제자들에게 '이 세상의 일도 다 알지 못하는데 죽은 후의 일을 어찌 알 수 있겠느냐(未知基生 焉知基死)' 했다. '아침에 도를 깨달을 수 있다면 저녁에 죽어도 좋다(朝聞道 夕死可矣)'며 도를 깨닫기를 갈망했다. '인명은 재천'이라며 하나님이 생명의 주재이심을 고백했다. 공자가 찾은 도는 하나님 창조 질서의 일부인 인간관계의 질서와 도리이다. 공자는 하나님 말씀을 접할 길이 없었지만, 하나님 창조하신 질서인 인간의 도리, 인간답게 사는 길을 찾았다. 맹자 또한 인간의 본성이 선하다는 성선설을 주장하며, 교육을 통해 선한 인간의 본성을 찾도록 가르쳤다.

석가모니도 도를 닦았지만 '생명이 어디서 와서 어디로 가는지? 죄의 근원이 무엇이며 어떻게 구원을 받는지?'는 밝히지 않았다. 석가모니는 창조주 하나님 진리를 찾아 나선 구도자(求道者)였다. 그가 깨달은 자각(自覺)의 경지는 하나님 창조하신 우주 만물과의 조화와 순응의 경지로, 하나님 질서의 일부를 깨우친 것이었다. 진리의 일부와 진리의 본체와는 근본적으로 다르다. 일부를 전부인 양 믿을 때 그릇된 방향이 된다. 석가모니의 훌륭한 삶을 닮는 것은 좋지만 형상을 새겨 그 앞에 절하고 기도한다면 우상이 된다. 사람은 신앙의 대상, 숭배의 대상이 될 수 없다. 하나님만이 참 진리, 믿음과 숭배의 대상이 된디. 하나님은 말씀이시다. 하나님도 형상화하여 기도하면 우상이 된다. 아담의 후예인 인간은 하나님 앞에 똑같은 죄인이다. 인간의 노력으로 구원을 얻을 수 없다. 구원은 하나님 용서의 은혜이다.

4. 하나님 의와 다른 종교의 의

하나님의 의로 구원을 받는가? 자신의 의로 구원을 받는가? 기독교는 전적인 하나님 은혜, 하나님의 의로 구원을 받는다. 인간의 의, 인간의 노력과 선행이 개입될 여지가 없다. 하나님의 의는 인간의 의와 구별되는 공의이다. 예수님의 십자가 대속은 하나님의 공의를 드러내신 사건이다. 죄의 값은 반드시 치루어야 하는 것이 하나님 공의이다. 죄 없으신 예수님이 십자가에 죽으신 것이 하나님의 공의에 의한 인간의 구원이다. 하나님은 아버지가 되신다. 아버지 사랑은 다함이 없는 사랑, 자신을 희생하는 사랑이다. 하나님 공의는 누구에게나 차별이 없다. 복음을 받아들이면 '의롭다 함'을 입어 하나님 자녀로 회복된다. 구원의 은혜를 진정으로 깨닫는다면 하나님 성품을 닮아가게 된다. 실제 의로운 사람이 된다.

다른 종교는 인간의 의가 구원에 기여한다. 자신의 노력과 선행으로 죗값을 탕감받을 수 있다. 인간적인 생각으론 설득력이 있지만, 하나님 관점에서 볼 때 인간의 의는 차이가 없다. 하나님 마음을 알고 하나님 뜻에 따르는 순종이 중요하다. 하나님과 친밀히 교통하며 하나님 뜻을 따르는 자녀가 될 때 인간 최고의 선, 최고의 의가 된다.

믿음으로 의인이 되는가? 행위로 의인이 되는가? 기독교는 믿음으로 의인이 된다. 하나님의 의를 믿을 때, 예수님 십자가 대속의 복음을 받아들일 때 의로운 하나님 자녀로 회복된다. 누가복음 15장에서 아버지 분깃을 미리 받아 방탕하게 쓰고 거지 신세가 된 탕자가 '품꾼의 하나라도 되었으면'하고 아버지께로 돌아왔지만, 아버지는 품꾼이 아닌 자녀로 회복시키셨다. 탕자는 아버지 사랑과 은혜에 감격해서 아버지께 순종했을 것임에 틀림없다.

다른 종교는 인간의 노력과 행위로 의인이 된다. 다른 종교의 의로는, 돌아온 탕자는 최소한의 대가를 치루어야 한다. 적어도 수년간 아버지 밑에서 고생하며 궂은 일을 감당해야 한다. 하지만 탕자가 아버지 관계를 회복한 것은 수고와 고행을 통해서가 아니라 아버지 품에 안기는 일이었다.

용서와 사랑, 긍휼의 의인가? 율법적인 의인가? 하나님은 긍휼한 마음으로 인간을 구원하셨다. 의인이어서 구원하신 것이 아니라, 구원을 받음으로써 의로운 사람이 된다. 구원의 은혜에 감격해서 죄에서 벗어나 새사람이 된다. 용서받기 위해 일하는 율법적인 대가 이상으로, 기쁨으로, 스스로 찾아서 일하게 된다.

다른 종교는 율법적인 의이다. 노력한 만큼 인정을 받는다. 자격이 있어야 구원을 받는다. 율법적인 의는 다른 사람과 비교하며 남을 판단하게 된다.

죄를 감추어주는 의인가? 들추어내는 의인가? 하나님 의는 죄를 덮고 감추어주는 의이다. 하나님은 몰라서 속으시는 것이 아니라, 알지만 속아주신다. 하나님께로 돌아오면 버선발로 나가 맞으신다. 하나님 마음을 안다면 복음을 받아들이게 된다. 복음의 은혜를 깨닫는다면 죄에서 돌이키게 된다.

다른 종교의 의는 죄를 들추어 밝히는 의이다. 인간의 의는 자기를 자랑하며 자기를 드러낸다. 다른 사람의 죄를 들추어내며 정죄한다.

자신을 희생하는 의인가? 남을 희생시키는 의인가? 하나님 의는 자신을 희생하는 의이다. 독생자 예수님을 인간의 죄를 대신하여 죽게 하셨다. 자신이 희생함으로써 다른 사람을 살리는 것이 십자가의 도, 하나님의 의이다. 십자가의 도가 생명을 살린다. 예수님이 화목 제물이 되심으로 하나님 관계 및 인간관계를 완전하게 화목케 되었다.

다른 종교는 인간의 희생을 요구한다. 수행과 고행이 필요하다. 전부는 아니더라도 상당 부분 인간의 노력과 희생이 요구되는 상향식 구원이다. 상향식 구원일 때에는 남과 비교, 경쟁하게 된다. 하나님 관계 및 인간관계를 완전하게 회복할 수 없다.

5. 기독교와 서양문화, 철학과의 차이

　서양문화와 철학은 인간의 지식과 학문을 대표한다. 우주 만물의 근원을 찾고 인간의 근본 문제를 탐구, 삶의 질을 향상시키고자 하는 점에서 목적과 방향이 종교와 비슷하다. 인간이 찾은 종교가 근본적 문제에 답을 줄 수 없듯이 서양문화와 철학이 인간의 근본 문제에 답을 주지는 못한다.

　신 중심의 사고냐? 인간 중심의 사고냐? 기독교는 신 중심의 사고이다. 하나님은 인간에 대한 절대 주권자이다. 인간은 하나님 형상을 닮은 하나님 자녀로 창조되었다. 하나님을 섬기며 하나님 뜻을 따르는 것이 자녀의 기본 도리, 바른 관계이다. 하나님은 인간을 축복하시고, 인간은 하나님께 순종하며 하나님 주시는 참 평안과 기쁨을 누리는 것이 창조 질서이다.

　서양문화와 철학은 인간 중심의 사고이다. 인간이 소중히 여기는 가치, 효율성과 합리성, 실용성을 추구한다. 인간은 완전하지 않다. 하나님과 교통하며 하나님 뜻을 따를 때 온전하게 된다. 하나님은 인격적인 분으로 자유의지를 주셨다. 자유의지로 하나님께 순종할 때 하나님은 기뻐 축복하시고, 인간은 하나님 주신 권세와 축복을 누린다. 하나님 중심 사고가 최고의 인간 중심 사고가 된다.

　신본주의냐? 인본주의냐? 기독교는 신본주의이다. 인간은 하나님 관계에서는 인본주의를 주장할 수 없다. 하나님 자녀인 인간은 하나님 뜻을 따르는 것이 최고의 선이요 의가 된다. 신본주의가 최고의 인본주의가 된다.

　서양문화는 인본주의이다. 인간이 중심이다. 하지만 인간의 존엄성은 하나님이 부여하셨다. 하나님과의 바른 관계가 인간 존엄성의 바탕이다. 하나님 관계를 벗어날 때 하나님의 형상과 성품을 잃는다. 인간의 존귀한 가치와 지위, 권세와 축복을 누리지 못하게 된다. 인본주의와 신본주의는 대립의 개념이 아닌 같은 창조 질서이다. 하나님 자녀 관계를 하나님 입장에서 보느냐, 인간의 입장에서 보느냐의 차이이다. 하나님의 자녀 사랑이 인본주의요, 자녀의 하나님 사랑이 신본주의이다. 하나님은 인본주의로 우주 만물을 창조하시고 인간에게 선물로 주셨다. 하나님 뜻에 따라 우주 만물을 잘 다스리는 것이 신본주의이다. 인간은 하나님 앞에 인본주의를 내세울 필요가 없다.

영적 사고냐? 이성적 사고냐? 기독교는 영적 사고이다. 이성을 넘어 영성을 추구한다. 영적으로 하나님과 교통하며 하나님 뜻을 따른다. 성령의 도우심을 구하며 성령의 인도로 하나님 뜻을 이룬다. 성령의 능력으로 세상의 유혹, 죄와 싸워서 이긴다.

서양문화의 바탕은 이성적 사고, 논리 중심의 사고이다. 이성적 사고는 플라톤에서 시작하여 아리스토텔레스를 거쳐 내려온 헬레니즘 사고의 바탕이다. 이성적 사고로는 신비적인 복음을 받아들이기 어렵다. 기독교 초기 바울이 아테네 전도에 결실을 보지 못했던 이유이다. 이성적 사고는 인간의 의를 앞세운다. 인간의 의가 하나님 의에 이를 수는 없다. 하나님 의에 바탕할 때 온전한 사고, 온전한 의가 된다.

관계 중심인가? 개체 중심인가? 기독교는 관계 중심이다. 인간은 관계적 존재이다. 관계 중심의 뿌리는 신본주의이다. 하나님 관계가 바로 설 때 모든 관계가 바로 선다. 자연을 잘 다스리며, 인간 사이 조화와 협력을 이루게 된다.

서양문화는 개체 중심이다. 개체 중심의 뿌리는 헬레니즘 사고이다. 개체 중심의 사고에서 인본주의, 계몽주의가 나왔다. 사유재산 제도와 자유방임의 자본주의가 나왔다.

동적 사고, 의미 중심인가? 정지적 사고, 현상 중심인가? 기독교는 동적 사고, 의미 중심이다. 하나님 주권, 하나님 뜻과 섭리에 따라 움직인다. 인간은 하나님 자녀로 하나님이 주어, 인간은 동사이다. 인간은 하나님 안에서, 하나님 다스림을 받을 때 참 자유함과 평안, 자녀의 축복과 권세를 누린다.

서양 문화는 정지적 현상적 사고, 사실 중심이다. 객관적 증거와 과학적 증명, 보이는 질서를 중시한다. 신이 아닌 인간이 주어가 된다.

6. 필자가 본 기독교의 하나님과 이슬람의 알라신 차이

필자는 인도네시아에 오래 살면서 종교의 벽, 이슬람의 벽을 실감했다. 인도네시아는 KTP(주민등록증)에 반드시 종교를 적어야 한다. 무종교는 있을 수 없다. 자연히 태어나면서부터 부모의 종교를 적는다. 문제는 KTP에 적힌 종교를 변경하기가 거의 불가능하다는 점이다. 가족과 친족의 동의는 물론, 때론 종족 회의까지 열어서 동의를 얻어야 한다. 종교를 바꾸는 것은 가족과 친족관계, 종족 관계를 끊는 추방을 의미한다. 외형상 종교의 자유가 있지만 개종은 거의 불가능하다. 반면 이슬람으로의 개종은 쉽다. 혼인을 통해 개종을 유도한다. 물질적으로 지원한다. 세계적으로 이슬람 인구가 증가하는 이유이다.

필자가 가깝게 지낸 이슬람 친구들에게 복음을 전하려고 애썼지만 불가능했다. 기독교에 관심이 없었고 알려고 하지도 않았다. 종교 얘기 자체를 금기시했다. 종교를 강요하거나 전도해서는 안 된다는 자세였다. 저들에게 어떻게 복음을 전할 것인가? 필자의 머릿속에 계속 숙제로 남았기에, 책을 쓰는 기회에 '저들에게 복음을 전하는 통로가 되었으면' 하는 간절한 마음으로 기도하며 쓰게 되었다. 필자가 보기에는 저들의 신앙은 무조건적인 신앙이었다. 경전인 쿠란도 깊은 이해에서가 아니라 율법적으로 믿었다. '성경을 제대로 설명하는 통로가 있다면, 무엇이 참 진리인가를 깨닫게만 한다면 이슬람의 벽을 허물 수 있겠다' 생각이 들었다.

이슬람은 절대자 유일신을 믿는 점에서 기독교와 일단 그 방향이 같다. 그렇다면 무엇이 참 진리인가? 창조주 하나님이 어떤 성품인가? 인간과는 어떤 관계이며 어떻게 하나님 관계를 회복할 수 있는가? 하나님과 어떻게 친밀히 교통할 수 있는가? 등을 적극적으로 비교하며 알릴 필요가 있다. 기독교를 모르니까 더욱 적대시한다. 이에, 우선 필자가 보고 느낀 기독교와 이슬람의 차이를 적어 본다. 앞으로 전문가들이 체계적으로 연구, 정리하여 적극적으로 알릴 필요가 있다. 첨단 통신 시대에 충분히 그 길이 열려 있다고 생각된다.

기독교의 하나님과 이슬람의 알라신: 기독교의 하나님은 아버지가 되신다. 아버지는 자녀를 사랑하고 축복하며, 자녀는 아버지께 순종하며 기쁨을 드린다. 자녀는 언제든지 아버지를 찾고 부를 수 있다. 자녀만이 가질 수 있는 권세이자 축복이다. 아버지는 아무리 바빠도 자녀가 찾을 때 기뻐한다. 필자 아들이 레지던트로 한창 바쁜 시간에 손자가 전화해서 **"아빠 TV 봐도 돼요?"** 했다고 한다. 엉뚱했지만 무척 기뻤다고 한다. 인간과 하나님 관계가 이러한 관계이다.

이슬람의 알라신은 아버지 관계가 아닌 지극히 높고 두려운 심판자이다. 알라신을 감히 아버지라 부를 수 없다. 인간이 알라신 가까이 다가간다는 것은 꿈도 꿀 수 없다. '이슬람'이란 뜻 자체가 '알라신의 뜻에 절대 복종한다' 의미이다. 알라신과 인간이 하나가 될 수 없다. 일라신은 인간과 인격적으로 교통할 수 없는 절대적 권위자이다. 알라신과 상의하는 것은 신에 대한 도전, 신성 모독이 된다. 오직 신의 뜻에 따르는 절대적 복종이 있을 뿐이다.

예수님과 무함마드: 예수님은 하나님과 동일체, 말씀의 실체가 되신다. 보이지 않는 하나님과 하나님 성품, 하나님 나라를 보여주셨다. 성경은 하나님 말씀, 예수님의 말씀이다. 성경에는 노아, 아브라함, 모세, 사무엘, 엘리야, 엘리사 등 하나님 계시를 받은 많은 선지자와 예언자가 있었지만, 그들은 예수님을 증거할 뿐이었다.

무함마드는 알라신과 동일체가 아니다. 알라신의 계시를 받은 예언자, 사도일 뿐이다. 천사가 알라신의 계시를 무함마드에게 전했고, 그 계시를 받아 기록한 책이 쿠란이다.

후계자, 대리인이 필요한가? 아닌가?: 예수님은 후계자가 필요 없다. 누구나 예수님을 통해 하나님 관계가 회복된다. 예수님 사랑을 실천하는 예수님의 제자, 증인이 필요할 뿐이다. 복음을 받아들이면 누구나 예수님의 증인이 된다. 성령으로 하나님과 직접 교통하는 하나님 자녀로 회복된다. 모두가 하나님 사랑받는 자녀이다.

이슬람은 무함마드의 후계자인 칼리프가 중요하다. 수니파와 시아파는 후계자 문제로 분리되었다. 인품이 훌륭한 친구가 후계자인가? 가까운 친족이 후계자인가? 문제로 갈라졌고, 지금도 동일한 문제, 칼리프의 정통성 문제로 다투고 있다.

인격적 관계인가, 율법적 관계인가? 신앙심인가, 종교심인가?: 기독교는 인격적 교통 관계이다. 구약에는 율법이 있었지만, 예수님이 오시기 위한 믿음과 순종의 훈련을 위함이었다. 예수님은 율법을 사랑으로 대체하셨다, 모든 율법이 사랑 안에 포함된다. 하나님을 사랑하고 사람을 사랑하면 모든 율법을 지키게 된다. 사랑의 하나님, 인격적인 하나님이시다. 죄의 심판은 불가피하지만, 심판이 목적이 아니라 구원이 목적이기에 예수님이 대신 죽으셨다. 신앙은 하나님과의 인격적 교제, 사랑의 관계가 본질이다. 예배의 형식이 중요한 것이 아니라 마음이 중요하다. 하나님을 사랑하기에 하나님 뜻을 따르며 하나님 성품을 닮아간다.

알라신은 인격적인 교제 관계가 아닌 율법적 심판자이다. 이슬람의 5대 의무 사항은 율법적 종교의식이다. 알라신과 무함마드에 대한 신앙고백, 하루 5번 성지 메카를 향한 기도, 구제 헌금, 라마단 금식, 하지가 그것이다. 예배와 기도를 인도하는 이맘(종교 지도자)도 설교가 아닌 주문을 외운다. 하루 5번 기계적, 반복적으로 낭독한다. 신앙심이 아닌 종교심이다. 인격적인 기도, 마음을 드리는 기독교의 예배와는 다르다. 이슬람은 정교일치이다. Sharia(이슬람 율법)에 의한 통치, 신정정치를 지향한다. 샤리아법이 정치, 사회, 문화 전반을 지배한다. 음식도 샤리아법에서 허용하는 할랄 음식만 먹는다.

성령으로 교통하는가? 아닌가?: 기독교의 하나님은 성령으로 교통한다. 인간은 태초에 하나님 영이 부여되었다. 인간의 타락으로 육적 존재가 되었지만, 예수님의 십자가 대속으로 하나님 영, 성령을 받게 되었다.

이슬람의 알라신은 성령으로 교통하는 인격적 관계가 아니다. 성령이 인간에 내재하지 않는다. 인간이 알라신과 친밀하게 교통하는 동격인 신적 지위, 신성을 소유할 수 없다. 오직 종교의식과 율법적 행위를 통해 알라신에게 나아갈 수 있다.

인간의 행위로 구원이 가능한가, 아닌가? 폭력을 정당화하는가, 아닌가?: 기독교는 인간의 행위로 구원받을 수 없다. 구원은 100% 하나님 은혜이다. 하나님은 모든 사람의 구원을 원하신다. 심판은 목적이 아니라 구원으로 인도하는 채찍이다. 인격적 하나님은 폭력을 원하지 않으신다. 악을 선으로 갚으신다. 자녀가 하나님 형상과 성품을 닮아가는 성화가 구원의 궁극적 목적이다.

알라신은 사랑과 용서가 아닌 정죄와 심판의 신이다. 구원은 알라신의 성품을 닮는 성화의 개념이 아닌, 율법적 행위와 복종으로, 오직 알라신의 뜻에 좌우된다. 행위에 따라 죄가 상쇄된다. 자신이 가진 것을 어려운 사람에게 나누어 주면, 죄를 상쇄할 수 있다. 최고의 선행은 순교이다. 순교가 천국에 들어가는 1순위이다. 비이슬람은 적이다. 지하드는 '정해진 목적을 위해 노력한다'의 뜻이다. 이슬람 전파를 목적하는 전쟁은 성전이다. 테러로 사망해도 순교가 된다.

제2부 현대 위기의 근본 원인과 대책

오늘날 위기의 근본 원인은 인간이 하나님을 떠난 데에 있다. 하나님과 관계없이, 하나님 질서를 무시하고 사는 것이 근본 원인이다. 하나님을 떠날 때 결핍의 두려움에서 물질을 쫓는다. 오늘날 모든 문제는 물질의 탐욕에서 비롯되었다. 물질주의 우상으로 하나님 말씀이 빛을 잃었다. 절대 진리를 무시하고 세상 진리를 앞세운다. 과학 맹신주의가 되었다. 인문학과 철학이 하나님을 거역하고 있다.

인간이 하나님 명령을 어기고 하나님을 떠남으로써 영적 생명을 잃게 되었지만, '하나님 의'에 의한 하나님 구원 섭리로 예수님이 이 땅에 오셔서 인간의 죄를 대신 지시고 십자가에 죽으심으로 하나님 관계의 회복, 영적 생명을 얻을 수 있게 되었다. 타락한 육적 삶에서 돌이켜 영적 생명을 얻어야 한다. 영적 생명의 회복은 하나님 자녀의 정체성 회복이다. 하나님은 인간을 가난하게 창조하지 않으셨다. 하나님 자녀로 창조하시고 우주만물을 다스리도록 인간에게 선물로 주셨다. 복음을 영접하고 하나님 자녀의 권세와 축복을 누릴 때 결핍의 두려움에서 벗어날 수 있다. 오늘날의 모든 문제가 해결된다.

1장 오늘날 위기의 근본 원인은 하나님 관계가 깨어진 데에 있다.

1. 아담의 불순종으로 영적 생명을 잃고 육적 존재로 전락했다.

○ 하나님 관계는 모든 관계의 근본이다.

 하나님 기준에서는 순종이 선이고 불순종이 죄악이다. 하나님은 죄와 공존하실 수 없다. 죄가 있는 곳에는 하나님이 떠나신다. 아담과 하와가 하나님 명령을 어기고 선악을 알게 하는 나무 열매를 먹음으로써 에덴동산에서 쫓겨났다. 하나님이 떠난 상태, 하나님과 분리된 상태가 영적 사망이다. 세상의 모든 죄는 영적 사망에서 비롯된다. 인간은 하나님과 교통하며 하나님의 다스림을 받도록 창조되었다. 하나님을 떠난 인간은 각자 주인이 되어 소견에 옳은 대로 행동한다. 하나님 형상대로 창조된 인간이 하나님의 거룩한 성품을 잃고 남을 서로 판단, 정죄하게 되었다, 하나님을 떠날 때 불안과 두려움에 싸이게 된다. 결핍의 두려움에서 벗어나고자 물질을 추구하는 탐욕적 다툼으로 하나님 주시는 참 기쁨과 평안, 샬롬을 누릴 수 없게 되었다.

 불안과 두려움은 하나님 부재(不在)의 감정이다. 두려움을 벗어나는 길은 하나님께로 돌아가는 길뿐이다. 믿음 안에 있을 때 두려움이 없게 된다. 성경에서 가장 많이 나오는 말씀이 '두려워하지 말라'이다. 무려 366번이나 나온다. 매일 매일, 1년 내내 두려워하지 말라는 말씀이다. 예배와 기도, 말씀으로 언제나 하나님 안에, 믿음 안에 거하라는 말씀이다.

○ 하나님 관계의 회복을 위해서는 하나님께 순종하는 선이 불순종하는 악을 이겨야 한다.

(로마서 12:19-21) 내 사랑하는 자들아 너희가 친히 원수를 갚지 말고 하나님의 진노하심에 맡기라 기록되었으되 원수 갚는 것이 내게 있으니 내가 갚으리라고 주께

서 말씀하시니라/ 네 원수가 주리거든 먹이고 목마르거든 마시게 하라 그리함으로 네가 숯불을 그 머리에 쌓아 놓으리라/ 악에게 지지 말고 선으로 악을 이기라

하나님 관계의 회복, 하나님의 구원 섭리가 이루어지기 위해서는 하나님께 순종하는 선의 세력이 절대 필요하다. 하나님은 인간에게 자유의지를 주셨기에 인간의 순종을 통하지 않고서는 구원 계획을 이루실 수가 없다. 하나님은 순종하는 선한 세력을 세워 구원 섭리의 역사를 이루시고자 아브라함을 택하사 언약백성, 이스라엘을 세우셨다. 하나님 구원 섭리의 여정은 순종하는 선한 세력이 불순종하는 악한 세력을 이기는 여정, 선이 악을 축출함으로써 하나님 나라를 확장하는 여정이 된다.

이스라엘은 전통적으로 숯불에 빵을 구워서 식사를 했다. 빵을 굽는 숯불이 꺼지지 않도록 불씨를 살려 두었다. 숯불이 꺼졌을 땐 불씨 그릇을 머리에 이고 다니면 이웃은 불씨를 얹어주었다. 이웃과 원수라면, 죄를 범해 이웃에 피해를 주었다면 아무도 숯불을 얹어주지 않는다. 성경은 원수의 머리에도 숯불을 얹어주라고, 악을 선으로 이기라고 말씀하신다. 피해를 입은 사람이 숯불을 얹어줄 때 피해를 준 악인은 부끄러움을 느끼게 된다. 악인에게 회개의 기회를 준다. 비록 악인이 회개하지 않더라도 하나님께 영광을 드리는 일이 된다. 상처받은 사람이 용서해야 진정한 평화가 온다. 궁극적으로 자신의 상처도 치유된다. 하나님 구원 섭리의 원리, 하나님 나라 회복의 원리이다. 선으로 악을 이겨야 하나님 나라가 확장된다.

○ 하나님께 순종하는 선과 불순종하는 악의 분리는 가인과 아벨에서부터 시작되었다.

(창세기 4:3-9) 세월이 지난 후에 가인은 땅의 소산으로 제물을 삼아 여호와께 드렸고/ 아벨은 자기도 양의 첫 새끼와 그 기름으로 드렸더니 여호와께서 아벨과 그의 제물은 받으셨으나/ 가인과 그의 제물은 받지 아니하신지라 가인이 몹시 분하

여 안색이 변하니/ 여호와께서 가인에게 이르시되 네가 분하여 함은 어찌 됨이며 안색이 변함은 어찌 됨이냐/ 네가 선을 행하면 어찌 낯을 들지 못하겠느냐 선을 행하지 아니하면 죄가 문에 엎드려 있느니라 죄가 너를 원하나 너는 죄를 다스릴지니라/ 가인이 그의 아우 아벨에게 말하고 그들이 들에 있을 때에 가인이 그의 아우 아벨을 쳐죽이니라/ 여호와께서 가인에게 이르시되 네 아우 아벨이 어디 있느냐 그가 이르되 내가 알지 못하나이다 내가 아우를 지키는 자니이까

(히브리서 11:4) 믿음으로 아벨은 가인보다 더 나은 제사를 하나님께 드림으로 의로운 자라 하시는 증가를 얻었으니 하나님이 그 예물에 대하여 증언하심이라 그가 죽었으나 그 믿음으로써 지금도 말하느니라

하나님은 불순종한 아담과 하와를 에덴동산에서 쫓아내시고, 아담에게는 땀 흘려 수고하여 먹을 것을 얻도록 하셨고, 하와에게는 출산의 고통을 주셨다. 가인은 '내가 얻었다'의 뜻이다. 하와가 출산의 고통으로 얻은 아들임을 의미한다. 아벨은 '숨, 호흡'이란 뜻이다. 하나님이 숨을 불어넣으신 아들, 하나님께 속한 아들임을 상징한다. 가인과 아벨 때에는 동물의 고기는 먹지 않았다. 땅의 소산, 씨 맺는 채소와 식물의 열매만 먹었다(창세기 1:29). 노아의 홍수 이후 하나님은 동물의 고기를 먹도록 하셨다(창세기 9:3). 땅의 소산으로 제물을 드린 가인은 자신을 위해 일하며 자신의 양식을 구했음을 의미한다. 농사를 지은 것이 문제가 아니라, 땅을 주인으로 삼은 것이 문제였다. 아벨은 하나님을 위해 일했다. 하나님께 제사드리기 위해 양을 길렀고, 양의 첫 새끼를 제물로 드렸다. 하나님은 아벨의 제물은 받으시고 가인의 제물은 받지 않으셨다.

가인과 아벨은 제사드리는 목적이 달랐다. 가인은 자신을 위한 제사였고 아벨은 하나님을 위한 제사였다. 가인의 중심에는 자기가 있었지만, 아벨의 중심에는 하나님이 있었다. 양의 첫 새끼를 드림으로써 하나님을 우선하는 마음, 하나님께 감사한 마음으로 제사를 드렸다. 히브리서가 이를 증거한다.

하나님은 순종하는 선의 세력을 통해 구원 섭리의 역사를 이루실 수밖에 없지만,

하나님의 목적은 모든 사람의 구원이다. 하나님의 뜻을 이루기 위해서는 불순종하는 악이 순종하는 선을 본받아 악에서 돌이켜야 한다. 가인은 왜 하나님이 제사를 안 받으셨는지? 무엇이 잘못되었는지? 돌아보며 돌이켜야 했다. 하지만 가인은 돌이키지 않고 더욱 하나님과 멀어졌다. 분노하며 안색이 변했다. 하나님은 가인에게 선을 행하라고, 죄를 다스리라고 말씀하셨지만, 더욱 반항했다. 죄를 다스리는 것, 죄에서 돌이키는 것은 인간의 책임이다. 하나님과 더욱 멀어진 가인은 급기야 아벨을 쳐 죽이는 인류 최초의 살인자가 되었다. 죄의 확장성과 악화성을 보여준다.

가인은 '아벨이 어디 있느냐?' 찾으시는 하나님께 자신의 죄를 회피하며 **"내가 아우를 지키는 자니이까"** 반항했다. 하나님의 **"네 아우 아벨이 어디 있느냐"** 는 관계에 대한 물으심, 아우를 미워하는 자신을 돌아보며 관계를 회복하라는 말씀이다. 인류 최초로 불순종한 아담에게 **"아담아 네가 어디 있느냐(창세기 3:9)"** 물으심과 같은 물음이다. 하나님의 물으심은 인간의 본질적 관계, 하나님 관계와 형제 관계가 잘못되었음을 깨닫고 돌이키라는 말씀이다. 하지만 가인의 대답은 돌이킴이 아닌 반항이었다. 인류 최초의 하나님께 질문은 하나님을 거역하는 반항의 질문이었다. 하나님 아닌 인간이 주인인 모습, 하나님 관계, 형제 관계가 필요 없는 모습이었다. 가인은 하나님을 알고 있었다. 하나님 관계의 중요성, 형제를 사랑해야 하는 관계를 알고 있었다. 가인의 질문은 모든 것을 알고 있음에서 나온 반항, 알기 때문에 더욱 반항하며 거역한 것이었다. 가인의 모습이 하나님을 떠난 타락한 인간의 모습, 오늘날 죄악된 세상의 모습이다.

○ 가인의 혈통을 대표하는 라멕

(창세기 4:16-24) 가인이 여호와 앞을 떠나서 에덴 동쪽 놋 땅에 거주하더니/ 아내와 동침하매 그가 임신하여 에녹을 낳은지라 가인이 성을 쌓고 그의 아들의 이름으로 성을 이름하여 에녹이라 하니라/ 에녹이 이랏을 낳고 이랏은 므후야엘

을 낳고 므후야엘은 므드사엘을 낳고 므드사엘은 라멕을 낳았더라/ 라멕이 두 아내를 맞이하였으니 하나의 이름은 아다요 하나의 이름은 씰라였더라… 라멕이 아내들에게 이르되 아다와 씰라여 내 목소리를 들으라 라멕의 아내들이여 내 말을 들으라 나의 상처로 말미암아 내가 사람을 죽였고 나의 상함으로 말미암아 소년을 죽였도다/ 가인을 위하여는 벌이 칠 배일진대 라멕을 위하여는 벌이 칠십칠 배이리로다 하였도다

하나님을 떠나는 것이 죄의 본질이다. 가인은 아벨을 죽이고 하나님을 떠나 에덴 동쪽, 놋 땅으로 가서 거주했다. 놋은 '유리와 방황, 불안과 두려움'이란 뜻이다. 하나님을 떠날 때 길을 잃고 방황하며 불안과 두려움에 싸이게 된다. 가인이 처음 한 일은 성을 쌓는 일이었다. 가인은 두려움을 피하고자 성을 쌓았다. 성은 하나님과의 단절을 의미한다. 하나님과 관계없이 내가 주인 노릇 하겠다는 뜻이다. 가인은 에녹을 낳았다. 에녹은 '헌신'이란 뜻이다. 가인은 성의 이름도 에녹이라 하였다. 가인의 수고, 에녹의 헌신은 성을 쌓는 수고와 헌신이었다. 자기를 위한 탐욕의 수고, 자신의 힘을 과시하기 위한 교만의 헌신이었다. 하나님을 떠난 인간의 첫 번째 행동이 하나님께 반항하여 성을 쌓는 교만이었다. 노아의 홍수 후에도 인간은 하나님을 대적하여 하늘 높이 교만의 바벨탑을 쌓았다.

이랏은 '인생무상'이란 뜻이다. 므후야엘은 '하나님께 매 맞다' 뜻이다. 므드사엘은 '지옥의 사람'이란 뜻이다. 가인의 혈통은 점점 더 하나님과 멀어져 갔다. 라멕의 뜻은 '강하다'이다. 아다의 뜻은 '화장하다'이다. 씰라의 뜻은 '교태를 부리다'이다. 라멕의 강함은 약육강식의 힘의 논리를 대표한다. 두 아내는 음란과 쾌락을 표방한다. 악이 지배하는 세상의 모습이다. 가인의 후예는 피의 복수로 이어졌다. 분노의 복수가 더 큰 분노를 불러온 것이었다. 라멕은 자기 상처 때문에, 기분이 상하여 사람을 죽였다. 아무 죄도 없는 소년을 죽였다. 하나님을 떠나 자기 마음대로 사는 모습이다. 그런 후 '가인보다 칠십칠 배나 더한 벌을 받을 것'이라고 자책하고 있다. 하나님 떠난 죄악 속에서 회개할 줄도 모르고 구원받을 길도 없는 절망적인 모습이다. 라멕은 가인의 혈통을 대표한다. 라멕의 모습은 하나님을 대적하는 악한 세상, 하나님께 불순종하는 죄악된 속성을 대표하고 있다.

2. 하나님은 순종하는 아벨의 후예를 통해 구원 계획을 이루어 오셨다.

(창세기 4:25-26) 아담이 다시 자기 아내와 동침하매 그가 아들을 낳아 그의 이름을 셋이라 하였으니 이는 하나님이 내게 가인이 죽인 아벨 대신에 다른 씨를 주셨다 함이며/ 셋도 아들을 낳고 그의 이름을 에노스라 하였으며 그 때에 사람들이 비로소 여호와의 이름을 불렀더라

하나님이 아벨을 대신하여 다른 씨, 셋을 주셨으므로 셋의 혈통이 영적으로 아벨의 혈통이 된다. 아벨의 영적 후사로 셋을 주신 것은 인간을 구원하시기 위한 하나님의 긍휼하심이자 구원 섭리 역사의 시작이었다. 에노스는 '죽을 수 밖에 없는 자'란 뜻이다. 죽을 수밖에 없음을 깨달을 때 하나님을 찾고 의지한다. 자신의 한계를 깨닫고 하나님 은혜를 구하게 된다. 에노스 때에 비로소 여호와의 이름을 불렀다. 여호와 이름을 부르는 것은 하나님을 간절히 찾는 모습이다. 하나님께 감사하며 순종하는 모습, 경배와 찬양, 예배드리는 모습이다. 하나님을 애타게 찾으며 순종할 때 구원 섭리의 역사가 이루어진다.

하나님은 아벨의 후손, 아브라함을 택하시고 언약을 맺으셨다. 언약 백성을 거룩하게 구별하시고 믿음의 훈련, 순종의 훈련을 시키시기 위함이셨다. 아브라함은 노아의 장남, 셈의 후손이지만, 그 이전에 하나님 구원 섭리의 혈통으로는 하나님께 순종하는 선의 세력인 아벨의 혈통 및 셋의 혈통이다(창세기 5장). 예수님이 이 땅에 오시기 위한 믿음의 토대, 순종의 훈련을 위해 하나님은 셋의 후손인 아브라함을 택하셨다. 언약백성을 세우신 후, 하나님의 관심은 세상의 죄악이 아닌 언약 백성의 죄악이었다. 언약 백성은 하나님 뜻을 깨닫지 못하고 언약을 수없이 어겼지만, 하나님은 끝까지 참으시며 구원 섭리의 역사를 이루어 오셨다. 성경은 언약 백성이 언약을 어기고 하나님께 불순종한 역사의 기록이자, 그럼에도 불구하고 끝없는 용서와 인내로 언약을 이행해 오신 하나님의 인간 사랑 이야기이다. 하나님은 끝까지 언약 백성이 축복의 근원이 되게 하셨다. 순종하는 남은 자들을 통해, 그 믿음의 그루터기에 싹이 돋게 하셔서 구원의 약속을 이루어 오셨다. 하나님은 절대적으로 언약을 이행하심을, 하나님 구원 섭리는 반드시 이루어짐을 보여 주셨다.

3. 하나님의 구원 계획은 예수님을 통해 완성되었지만, 인간이 구원의 은혜를 외면하고 있다.

예수님은 하나님과 인간 사이를 가로막고 있는 죄의 벽을 허무셨다. 예수님의 십자가 대속으로 창조 본래의 하나님 관계가 회복되었다. 예수님은 구약의 언약을 완성하시고 새 언약인 성령을 주셨다. 성령으로 하나님과 친밀하게 교통하는 자녀 관계가 회복되었다. 하나님과 직접 교통한다는 것은 구약 시대에는 상상할 수 없었다. 아날로그 시대가 디지털 시대로 바뀐 것보다도 더 큰 변화이다. 구약 시대에는 대제사장이 1년에 한 번, 대속죄일에 하나님 계신 지성소에 들어갈 수 있었다. 대제사장도 죄가 있으면 죽어서 나왔다. 예수님의 십자가 대속으로 지성소의 휘장이 위로부터 아래로 찢어졌다. 죄인 된 인간이 예수님을 통해 의롭다 함을 입고 하나님께 직접 나아갈 수 있게 되었다.

○ 안타깝게도 오늘날 인간이 하나님 구원의 은혜를 외면하고 있다.

(마태복음 11:16-17) 이 세대를 무엇으로 비유할까 비유하건대 아이들이 장터에 앉아 제 동무를 불러/ 이르되 우리가 너희를 향하여 피리를 불어도 너희가 춤추지 않고 우리가 슬피 울어도 너희가 가슴을 치지 아니하였다 함과 같도다
(예레미야 7:13) 여호와의 말씀이니라 … 내가 너희에게 말하되 새벽부터 부지런히 말하여도 듣지 아니하였고 너희를 불러도 대답하지 아니하였느니라

오늘날 하나님께 순종하는 선이 아니라, 하나님께 대항하는 악이 지배하는 세상, 가인의 후예 세상이 되었다. 예수님은 세상의 그 무엇보다 귀한 천국의 복음을 가지고 오셨지만, 사람들이 거절하고 있다. 예수님은 먼저 이스라엘에 찾아오셨지만, 이스라엘은 예수님을 외면했다. 하나님 마음이 얼마나 아프시겠는가! 하나님이 세우시고 순종의 훈련을 시키신 언약백성이 예수님을 외면함으로써 세상 사람들도 복음을 외면하고 있다. 구원의 은혜를 거역하는 오늘날의 모습은 예수님을 은 30냥에 팔아넘긴 가룟 유다의 모습과도 같다. 오늘날 우리 안에 가룟 유다의 모습이 있다. 첫째, 자기 의에 빠진 모습이다. 자기 자신은 돌아보지 않고 남을 판단하고 정죄한다. 나사로의 동생 마리아가 예수님 은혜에 감격하여 비싼 향유를 예수님 발에 붓고 머리털로 닦을 때 가룟 유다는 감동한 것이 아니라, 비싼 향유를 팔아 가난한 자들에게 주지 않았다고 비난했다(요한복음 12:3-5). 둘째, 가면을 쓴 탐욕의 모습이다. 가룟 유다는 가난한 사람들을 위하는 척했지만, 마음속에는 물질적 탐욕이 가득했다. 그는 예수님 제자 중에서도 돈궤를 맡을 정도로 신뢰를 얻었지만, 돈으로 인해 탐심이 생겼고, 종국에는 예수님 아닌 돈을 섬기게 되었다. 마귀가 영혼을 빼앗는 방법이 돈이다. 셋째, 끝까지 회개하지 않는 모습이다. 예수님은 가룟 유다의 생각과 배반의 마음을 아셨지만, 끝까지 참으셨다. 최후의 만찬을 하시면서 제자들의 발을 씻으실 때 가룟 유다의 발도 씻으셨다. 가룟 유다가 예수님 사랑을 깨닫고, 회개하고 돌아오기를 바라셨지만 가룟 유다는 마지막까지 돌아오지 않았다. 예수님 사랑과 용서의 은혜를 끝내 외면한 채 밖으로 나가 예수님을 팔았던 것이다.

현대인의 우상은 물질이다. 물질의 우상이 맘몬(Mommom)이다. 맘몬은 헬라어로 물질을 의미한다. 예수님이 우리에게 가장 경계시킨 우상이 맘몬 곧, 물질의 우상이다. 돈의 유혹으로 영혼이 파괴되고, 영적 생명을 잃기 때문이다. 오늘날 자본주의, 물질문명이 발달하면서 맘몬의 우상이 더욱 깊게 뿌리내렸다. 모든 것을 물질로 판단한다. 인간관계가 물질 관계로 전락했다. 물질 추구에 수단과 방법을 가리지 않는다. 물질 앞에 옳고 그름이 무너져 내렸다. 교회가 외형을 자랑하는 것도 맘몬 숭배와 다름이 없다. 교회가 세상적 성공, 물질적 축복을 부추긴다면 맘몬 신앙이 된다. 지금 우리나라는 탐욕과 맘몬의 우상이 도처에 뿌리내렸다. 몸이 우상이 되었다. 몸을 만드는 데에 모든 것을 바친다. 외모 때문에 자살도 한다. 음란과 퇴폐, 육적 쾌락, 끝없는 탐욕으로 인간이 하나님 형상을 잃고 악마화되고 있다. 청소년들이 마약 조직, 성폭력 조직을 만들어 운영한다. 세계를 지배하던 로마가 망한 원인은 외부의 침략이 아니라 내부의 퇴폐한 문화, 끝없는 육적, 물질적 탐욕 추구 때문이었다. 공중목욕탕이 수백 개 있었지만, 그곳은 쾌락과 음란의 소굴이었다. 지금 우리의 모습이 그런 모습이다.

○ 하나님은 말세의 우상, 탐욕과 거짓, 음란과 부정, 사욕과 악한 영에서 돌이키라고 말씀하신다.

(골로새서 3:5-6) 그러므로 땅에 있는 지체를 죽이라 곧 음란과 부정과 사욕과 악한 정욕과 탐심이니 탐심은 우상숭배니라/ 이것들로 말미암아 하나님의 진노가 임하느니라
(요한계시록 3:17-18) 네가 말하기를 나는 부자라 부요하여 부족한 것이 없다 하나 네 곤고한 것과 가련한 것과 눈먼 것과 벌거벗은 것을 알지 못하는도다/ 내가 너를 권하노니 내게서 불로 연단한 금을 사서 부요하게 하고 흰옷을 입어 벌거벗은 수치를 보이지 않게 하고 안약을 사서 눈에 발라 보게 하라

하나님이 가장 싫어하시는 것이 우상이다. 우상이 영적 생명을 빼앗기 때문이다. 탐심은 우상 숭배이다. 물질의 영, 탐심이 지배하면 하나님과 단절된 영적 사망이 된다. 오늘날 사회는 브레이크 없이 달리는 욕망의 전차와 같다. 겉모습은 화려해 보인다. 전차에 오르지 못한 사람은 낙오자로 취급된다. 앞에서 달려가니 뒤에서 따라 뛴다. 어디로 가는지도 모르고 뛴다. 불행히도 전차는 사망의 낭떠러지로 달려가고 있다. 하나님은 사망에서 돌이켜 생명을 찾으라고 말씀하시지만, 열차를 쫓느라 하나님 음성을 외면하고 있다. 열차 안에서는 하나님의 경고가 들리지도 않는다.

오늘날 하나님을 대적하는 새로운 바벨탑을 쌓고 있다. 구약의 바벨탑보다 더욱 두껍고 높게 쌓고 있다. 하나님은 언어를 다르게 하여 바벨탑이 무너지게 하셨다. 오늘날 바벨탑의 의미를 새겨야 한다. 언어가 다르게 된 것은 소통이 막히고 신뢰가 무너진 상태이다. 말세의 핍박은 감옥에 가두는 것이 아니라 말로 인한 고통과 불신의 혼란이다. 하나님 관계가 끊어질 때 사람 관계도 끊어진다. 오늘날 하나님과의 교통이 끊어진 결과, 사람 사이 신뢰가 무너졌다. 말의 홍수 속에 살지만 진실한 대화가 없다. SNS, 유튜브, 미디어가 거짓을 사실처럼 현혹한다. 그릇된 생각과 세상 진리의 현혹 속에 복음이 빛을 잃고 있다. 물질문명이 최고도로 발달한 오늘날 영적으로 가장 위험한 시대가 되었다. 탐욕적, 이기적 물질 추구로 파편화된 삶이 되었다. 인간의 이성과 합리주의를 하나님보다 더 앞세운다. 하나님도 과학적으로 증명하려고 한다. 이대로는 하나님 심판을 면할 수 없다. 인간의 지혜와 이성은 하나님 안에서 온전하게 된다. 영성에 바탕한 지혜와 지식, 이성이 되어야 한다. 물질문명이 발달할수록 하나님 뜻을 구하며 겸손해야 한다. 하나님 안에 하나 되는 더불어 사는 세상을 이루어야 한다.

4. 하나님 창조하신 인간 사회 질서가 무너지고 있다.

○ 동성애와 트랜스젠더는 하나님 창조 질서의 파괴이다.
(레위기 18:22) 너는 여자와 동침함 같이 남자와 동침하지 말라 이는 가증한 일이니라
(레위기 20:13) 누구든지 여인과 동침하듯 남자와 동침하면 둘 다 가증한 일을 행함인즉 반드시 죽일지니 그들이 가증한 일을 행하였음이라 그들의 피가 자기들에게로 돌아가리라

성은 하나님 질서의 근본인 생명 창조의 질서이다. 성은 인간이 바꾸거나 선택할 수 없는 하나님 창조의 영역이다. 성을 무시하고 거부하는 것은 하나님 창조 질서를 거역하는 죄가 된다. 하나님은 인간을 남자와 여자로 창조하셨다. 아담의 갈비뼈를 뽑아 하와를 만드신 후 '보시기에 심히 좋았더라' 기뻐하시며, '생육하고 번식하라' 축복하셨다. 남자와 여자가 부부가 되어 자녀를 낳고 기르는 것은 하나님이 주신 기쁨이요 축복이다. 자녀 사랑을 통해 하나님 사랑, 하나님 마음을 느끼며 천국을 체험한다. 부모, 자녀의 관계가 하나님 질서, 천국의 바탕이다. 부모 자리는 소중한 자리이다. 자녀를 낳아 기르는 것은 자랑스런 일이다. 짐승도 창조 질서에 순응한다. 만물을 다스리도록 창조된 인간이 짐승보다 못해서야 어찌 하나님 축복을 받겠는가!

'포괄적 차별금지법'은 장애인, 인종, 남녀 등 기존 개별 차별금지법들을 하나로 묶으면서 교묘하게 성소수자와 동성애 조항이 숨어져 있다. 동성애를 합법화하는 차별금지법은 차별금지가 아니라 차별을 조장하는 악법이다. 동성애는 근원적 불법이다. 인권의 문제가 아닌 인간의 본질인 하나님 창조 질서의 문제로, 평등의 개념이 아닌 하나님 창조 질서의 본질적 문제로, 평등이 아닌 죄악이다. 인간의 법으로 하나님 질서를 거역할 수 없다. 동성애는 에이즈에 감염되거나 고질적 질병으로 후회하게 된다. 젊은이들에게 후회가 될 인생을 살아가게 해서야 되겠는가! 잘못을 잘못되었다고 얘기하지 못하는 것이야말로 잘못된 법이다. 음주 운전자가 '왜 인권을 침해하느냐' 주장하는 것과 같다. 왜 하나님의 축복을 거역하려고 하는가! 종족 보존은 어떻게 할 것인가!

동성애를 허용하는 건강가정기본법은 건강한 가정을 해치며 결혼과 가정의 소중함, 가족의 의미를 퇴색시키는 사탄의 유혹이다. 사탄은 가정을 파괴한다. 가정이 하나님 질서의 기본이자 축복의 바탕이기 때문이다. 성은 적대적 관계가 아닌, 보완 관계이다. 여성의 평등이 남성에 대한 혐오, 페미니즘이 되어 남성을 공격 할 수 없다. 남성 우월주의로 여성을 공격해서는 더더욱 안 된다. 남녀는 다르게 창조되었다. 남녀 평등은 서로를 존중하는 인격적 평등이다. 동성애는 이러한 평등의 기본 개념을 무너뜨린다. 자녀 출산과 양육이라는 가정의 소명을 저버린다. 역사적으로 망하는 나라의 특징은 성적 문란과 퇴폐였다. 동성애는 말세의 징조이다. 동성애가 시대적 흐름으로, 인권이란 명분으로 포장될 수 없다. 자녀와 다음 세대를 보호하는 것이 인권이다.

○ 가정이 무너지고 있다. 가족관계가 깨어지고 있다.

　혈연 중심의 가족 개념이 사라지고 친구나 애인끼리 거주하는 가정이 늘어나고 있다. 가정이 가구로 전락하고 있다. 전통적 가족문화를 낡고 진부한 사고로 치부한다. 결혼과 출산은 다양한 선택 중 하나일 뿐이라는 잘못된 트랜드를 만들고 있다. 세상 풍조에서 돌이켜 하나님께로 돌아와야 한다. 하나님이 세상을 창조하시고 처음으로 주신 공동체가 가정이다. 가정은 천국의 모형, 하나님 나라의 축소판이다. 하나님 나라는 가정에서부터 시작된다. 결혼하여 자녀를 낳고 양육하는 것보다 중요한 일, 기쁘고 행복한 일은 없다. 가정은 하나님 축복과 은혜, 하나님 사랑을 느끼며 체험하는 곳이다. 가장 숭고한 희생과 사랑은 부모의 자녀 사랑이다. 주고 또 주어도 부족한 마음이 부모의 마음, 하나님 아버지의 마음이다. 모성애보다 더한 인간의 본성은 없다. 부모 공경과 효도보다 더한 인간의 도리는 없다. 가족은 한 우산 아래 있다. 내가 젖어도 가족이 젖지 않아야 한다. 내가 희생해도 가족은 행복해야 한다. 가정의 확대된 개념이 하나님 공동체이다. 하나님 나라를 이루자면 가정이 회복되어야 한다.

　오늘날 가족의 의미가 퇴색되어 법적 가족의 개념이 사실혼, 비혼 동거로 확대되고 있다. 경제적 이유, 자녀 양육의 부담으로 결혼이 늦어지고 출산을 포기하여 수년째 세계 최저 출산율을 갱신하고 있다. 아이들이 형제가 없이 외롭게 자란다. 직계만 있고 방계가 없다. 삼촌, 이모와 고모, 조카와 사촌이 없어지고 있다. 나 홀로 자라면서 배려와 협동심이 사라지고 있다. 친구는 경쟁하는 적이 되었다. 극도의 핵가족화로 사회 전체가 파편화되었다. 2022년 7월 통계청이 발표한 인구주택 총조사 결과, 1인 가구는 전체의 33.4 %로 1/3에 달했다. 인구는 2022년 5,144만 명으로 전년 대비 20만 명 감소했지만, 가구 수는 2,371만 가구로 전년 대비 24만 가구가 증가했다. 1인 가구 증가율은 20대 2.7%, 30대 3.8%, 60대 4.8%, 70대 이상 5.4%로 대부분 연령대에서 증가했다. 이러한 통계는 하나님 질서와 반대로 나아감을 보여준다. 3대가 한 가정에 사는 경우는 찾아보기 어렵다. 예전에는 아이들이 조부모와 함께 살며 사랑을 받고 자랐는데, 그런 모습이 사라졌다. 조부모 얼굴도 이름도 잘 모른다. 인간의 가장 큰 불행은 외로움이다. 가족에서 소외되는 외로움이 가장 크다. 가족의 사랑과 위로를 받지 못한다면 위로받을 곳이 없게 된다.

가정이 무너진 주원인은 물질주의 탐욕, 불균형의 심화 때문이다. 경제적 문제로 인한 불안과 스트레스, 좌절과 분노를 가장 가까운 가족에게 쏟아낸다. 청소년들의 학교 밖 폭력의 주된 원인이 가정불화이다. 돈 때문에 가족 간에 다툼과 불화, 살인까지 일어난다. 모성애까지 사라져 갓난 아기를 버린다. 하나님은 절대로 자녀를 버리지 않으신다. 가정이 하나님 축복의 질서를 회복하면 사회 문제가 해결된다. 가정이 행복해야 행복한 사회를 이룬다. 자녀는 가정에서 행복하게 자라야 한다. 행복한 가정을 이루도록 사회적 안전장치를 마련해야 한다. 가정의 안전망이 사회 안전망의 시작이자 끝이다. 젊은이들이 결혼을 포기하는 원인, 자녀를 낳지 않는 원인을 제거해야 한다. 근본적으로 생활의 염려가 없는 사회, 자녀를 낳아도 부담이 되지 않는 사회를 만들어야 한다. 이러한 사회에 대해서는 제4부 자립공생사회에서 검토하기로 한다.

○ 이웃 관계, 공동체 관계가 무너지고 있다.

오늘날 물질주의에 따른 개인주의, 이기주의로 서로가 담을 쌓고 산다. 다른 사람의 아픔과 고통에서 방해받지 않도록 담을 쌓는다. 담장 밖은 애써 무관심한다. 집단 이기주의로 사회적 담을 쌓는다. 끝없는 탐욕의 님비(NIMBY/ Not in my back yard) 현상과 핌피(PIMFY/ Please in my front yard) 현상이 확산되고 있다. 내가 사는 곳에 위험 시설이나 혐오 시설이 들어올 수 없다. 장애인 특수학교 건립이 주민들 반대로 무산된 적이 있다. 집값이 하락한다는 이유였다. 장애인 부모가 주민들 앞에 무릎을 꿇고 빌어도 소용이 없었다. 장애인이 죄인인 비정한 사회가 되었다. 한편으론, 집값에 좋은 영향을 주는 시설은 내 앞마당에 놓기 위해 극심하게 투쟁한다.

자신의 아이가 가난한 집 아이들과 어울리지 못하게 한다. 집값 차이로 사람을 차별하고 장벽을 쌓는다. 같은 아파트 단지 내에서도 임대아파트를 분리한다. 정(情)이 없는, 나눔과 사귐이 없는 무정한 사회가 되었다. 필자가 돌아볼 때 1980년대까지는 이웃사촌 개념이 있었다. 1990년대까지는 마을공동체 개념의 반상회가 있었다. 1990년대 후반, 필자는 일산 정발산동에 살면서 반상회 야유회를 가진 추억이 있다. 멀리 가지는 않았지만, 정발산 기슭에서 각 가정이 준비해 온 음식을 나누며 반상회 가족들이 함께 정담을 나누었다. 그 후 오랜 해외생활 끝에 돌아와 보니 반상회가 없어졌다. 그때의 그리움이 있다. 반상회 이웃 몇 분은 아직도 그대로 사신다. 서로 안부를 나누고 있다. 만나면 반갑기 그지없다. 이제는 서로 정을 나누는 이웃의 개념, 이웃 관계의 행복이 사라졌다.

○ 생명의 가치보다 돈을 우선하는 사회가 되었다.

인터넷 통신이 지구의 구석구석을 연결하지만, 정작 바로 옆, 독거노인의 죽음은 우편물이 수북이 쌓여야 비로소 아는 세상이 되었다. 노인 빈곤과 고독사가 OECD 국가 중 단연 1위이다. 인간 사회의 최대 비극은 가난으로 인한 단절과 고독이다. 이웃과 단절된 채, 가난을 딛고 일어설 수 없다고 생각할 때 극단적 선택을 하게 된다. 생활고를 비관하여 온 가족이 동반 자살하는 안타까운 뉴스를 보게 된다. 사회적 타살이다. 2018년 5월 구미 한 원룸에서 생후 16개월 된 아기가 20대 후반 아버지와 함께 나란히 죽은 채 발견되었다. 아버지가 지병으로 먼저 숨지고 아기는 그 옆에서 굶주려 죽은 것으로 추정된다. 아버지는 주민등록이 말소된 상태였고, 아기는 출생신고도 되지 않았다. 2022년 8월 수원에서 세 모녀가 세상을 등진 지 두 달 만에 발견되었다. 난소암과 싸우던 69세 어머니와 난치병을 앓는 49세 딸, 이들을 책임져야 했던 42세 딸이 "주인아주머니께, 마지막 집세와 공과금입니다. 정말 죄송합니다." 유서 아닌 유서를 남겼다. 병원비로 인한 빚 때문에 전입신고도 하지 않은 채, 도와달라는 목소리 한번 내지 못하고 생을 마감했다. 2023년 1월 성남의 한 월세방에서 채무와 생활고에 시달리던 70대와 40대 모녀가 극단적 선택을 한 사실이 뒤늦게 밝혀졌다. "장사하면서 빚이 많아져 폐를 끼쳐 미안합니다. 보증금 5백만 원으로 밀린 월세를 처리해 주세요." 유서를 남겼다. 인간 사회에서, 선진국에 진입한 대한민국에서 일어나서는 안 되는 일들이다. 오늘을 살아가는 모두의 책임이다. 누구도 그 책임에서 자유로울 수 없다.

하나님을 떠난 결과 세상이 점점 더 악해지고 있다. 양육 지원금을 타기 위해 거짓 입양을 한 후, 잔인하게 학대하여 죽이기까지 한 사건이 있었다. 2020년 10월 서울 양천구에서 발생한 '정인이 사건'이다. 홀트아동복지회에서 8개월 된 여자아이를 입양하여 심하게 학대, 입양 후 10개월 만에 아이가 죽었다. 겉으로 보인 천사의 얼굴은 후원금을 타기 위한 가면이었다. 생명을 경시하는 이윤 추구로 열악한 노동 환경에 내몰려 사고사하는 경우도 있었다. 2018년 12월 태안화력발전소 컨베이어 벨트에 끼어 몸이 분리된 채 사망한 비정규직 김용균 청년의 죽음은 우리 모두를 슬프게 한다. 석탄을 운반하는 컨베이어 벨트에서 떨어지는 낙탄을 처리하는 위험한 작업이었다. 2인 1조의 작업 규칙이 지켜지지 않았다. 작업실 출입구가 좁아 컨베이어에 부닥칠 위험이 있어 넓혀달라는 요청을 했지만 묵살되었다고 한다. 사람의 생명보다 비용 절감을 목표로 한 비정한 노동 현장이었다. 2024년 1월 문경의 식품공장 화재는 생명을 경시한 인재였다. 화재경보 장치가 고장이 나서 가끔 울리자 고칠 생각을 하지 않고 장치를 꺼 놓았다. 소방관 2명이 급히 들어갔다가 인화물질인 식용유가 폭발, 순직했다. 한 기업의 문제가 아닌 사회적 불행, 시대의 아픔이다. 선진국이라고 불리워질 수 없는 부끄러운 모습이다.

○ 혐오와 분노의 편 가르기 사회, 상처와 소외의 고독하고 우울한 사회가 되었다.

오늘날 인터넷 공간에서 진실을 왜곡하는 무책임한 정보와 동영상이 범람하고 있다. 자기를 숨기기가 쉬워졌다. 3자 대면이 안되는 세상. 거짓을 바로잡고 오해를 풀기가 어려운 세상이 되었다. SNS로 사귀는 친구는 많지만, 더욱 외롭고 고독한 사회가 되었다. 서로의 체온을 느끼는 진실한 사귐이 없어 대놓고 말할 수가 없다. 약점을 잡고 상처를 주기에 실체가 드러날까 숨긴다. 감정대로 말했다간 온갖 차별과 비난으로 배척을 당한다. 초연결 사회가 되었지만, 서로가 마음 문을 닫고 산다. 애써 다른 사람을 외면하며 핸드폰만 본다. 다른 사람의 방해를 받지 않겠다는 싸인이다. 다른 사람에게 방해되지 않게 무관심하라는 것이 오늘날의 법이다. 모든 것을 자기 중심으로 판단한다. 생각이 다르면 적이고 적폐의 대상이 된다. 한편으론 가짜 뉴스가 범람한다. 거짓 정보는 순식간에 퍼진다. 진실한 소통은 없고 극단적인 선동으로 혐오와 분노, 시기와 적대심, 분리와 차별의 편 가르기 사회가 되었다.

오늘날 정보의 홍수, 유혹과 선동 속에 사람들은 각종 상처를 받으며 산다. 소셜 미디어 등 영향으로 상대적 박탈감 속에 쉽게 자조와 체념에 빠진다. 마음의 상처는 깨어진 유리 조각과 같다. 치유하지 않으면 주변에 분노로 확산된다. 자기 감정이 상해 다른 사람을 미워하고 분노한다. 훈계라도 할라치면 목숨을 내어놓아야 한다. 억눌린 상처와 분노가 폭발할 때에는 다른 사람의 목숨은 안중에도 없다. 2023년 7월 21일 서울 신림동에서 33세 청년의 흉기 난동으로 1명이 사망하고 3명이 부상당했다. 2023년 8월 3일에는 분당 서현역에서 22세의 청년의 난동으로 1명이 사망하고 13명이 부상을 당했다. 이유도 없이 자기 홧김에 저지른 사건이었다. 대한민국이 상처와 좌절, 고독과 소외의 우울한 나라가 되었다. 한창 꿈을 키워야 할 젊은이들이 우울증에 시달리고 있다. 치열한 경쟁 환경에서 소외된 무기력의 표출이 우울이다. 미국의 베스트 셀러 작가로 「신경 끄기의 기술」을 집필한 마크 맨슨은 2023년 말 한국 여행기를 유튜브에 올리면서 '세계에서 가장 우울한 나라'라고 표현했다. '한국의 우울증은 유교와 자본주의의 장점은 무시하고 단점을 극대화한 결과이다. 유교의 가장 나쁜 수치심과 비교 판단을 극대화한 반면, 장점인 가족 및 이웃과의 친밀감을 저버렸다. 한편으론 자본주의 단점인 물질주의에 집착하는 이기적 경쟁 환경 때문이다'고 지적했다.

하나님을 떠날 때 자신의 죄는 망각하고 다른 사람의 죄를 심판한다. 남을 판단 정죄할 때 고독과 소외, 상처와 우울, 혐오와 증오심을 벗어날 수 없다. 고독과 우울은 마음을 알아주는 친구와 모든 것을 털어놓고 서로 위로하며 공감할 때 해소된다. 궁극적으로 하나님 관계가 회복될 때, 하나님과 친밀히 교통할 때 해소된다. 하나님 안의 영적 생명을 회복하지 않고서는 비교와 판단, 거짓과 참소의 영을 몰아낼 수 없다. 상처와 우울, 혐오와 분노에서 벗어나는 길은 하나님께로 돌아오는 길뿐이다. 화내고 분노하는 것은 하나님에 대한 믿음이 없기 때문이다. 하나님이 모를까 봐 분노한다. 하나님 공의를 믿는다면 분노할 일이 없다. 하나님 마음으로 채워질 때 긍휼한 마음으로 상대를 품고 용서하게 된다. 용서할 때 상처가 치유된다. 상처를 그대로 두면 비수가 되지만 치유하면 다른 사람의 상처를 치유하는 능력이 된다. 하나님 나라에도 분노는 있다. 하나님 나라를 이루기 위한 분노, 악을 선으로 이기는 거룩한 분노이다. 이기심과 탐욕의 분노에서 벗어나 거룩한 분노를 회복해야 한다. 그렇지 않으면 악한 시대의 공범자가 된다. 하나님 심판을 면할 수 없게 된다. 자립공생사회는 하나님 의를 위한 분노, 남을 살리는 거룩한 분노를 회복하는 사회이다.

5. 자연과의 조화를 잃고 자연을 잘 다스리지 못하고 있다.

○ 코로나 팬데믹은 인간이 자연 질서를 파괴한 결과이다.

COVID19는 인간의 탐욕을 멈추라는 자연의 신음소리, 인간의 욕심을 그치게 할 수 없다는 피조물의 탄식소리였다. 팬데믹의 근본 원인은 인간이 하나님 관계, 하나님 질서를 벗어난 데에 있다. 하나님이 다스리라고 맡기신 자연을 무분별하게 사용하고 파괴한 데에 있다. 성층권이 파괴되고 오존층에 구멍이 뚫리고 있다. 강물과 바다가 산성화되고 생물학적 순환 질서가 파괴되고 있다. 생태계 질서가 파괴되고 생물의 다양성이 사라지고 있다. 자연은 인간에게 모든 것을 아낌없이 주지만,

인간의 무제한적 욕망 추구로 지구의 위기, 인류의 위기가 다가오고 있다. 돌이키지 않고 계속 파괴하면 인류의 파멸이 초래된다.

코로나 팬데믹은 인간의 잘못된 모습을 멈추어 돌아보고, 잘못된 길에서 돌이키라는 하나님의 경고이다. 인간은 자연 앞에 무기력함을, 하나님 보호가 필요한 연약한 존재임을 체험했다. 하나님이 왜 멈추게 하셨는지? 왜 흩어지게 하셨는지? 그 뜻을 새기며 물질적 이기적 탐욕에서 벗어나야 한다. 하나님 은혜를 깨닫고 감사해야 한다. 코로나 팬데믹은 당연한 것으로 여겼던 것들이 하나님 은혜였음을 깨닫게 했다. 맑은 물과 공기를 마시고, 가고 싶은 곳을 가고, 만나고 싶은 사람을 만나는 것이 하나님의 선물이었음을 깨닫게 했다.

○ 코로나 팬데믹은 인류의 궁극적 방향, 자연과의 조화와 더불어 사는 삶을 깨우쳐 주었다.

지금은 COVID19 바이러스가 왜 생겼는지? 사람 사이가 왜 멀어졌는지? 성찰할 때이다. 정말 필요한 것이 무엇인지? 깨닫고 돌이킬 때이다. 인간이 지구의 위기를 초래했기에 문제를 해결하고 환경을 복원할 책임이 있다. 자연은 자기조절 능력을 지니고 있다. 하나님 부여하신 창조 능력이다. 인간의 무분별한 개발과 물질적 탐욕으로 자연의 자기조절 기능이 한계에 이르렀다. 자연과의 조화, 동식물과의 조화를 이루어야 한다. 그 길은 탐욕을 줄이는 길, 적게 가지고 만족하는 길, 자족하는 길뿐이다. 백신 개발이 궁극적 해결책이 아니다. 정신적 바탕, 삶의 방식을 바꾸지 않으면, 또 다른 바이러스가 공격할 것이다. 백신 개발보다 중요한 것은 마음을 찢어 회개하며 하나님께로 돌아오는 일이다. **너희는 옷을 찢지 말고 마음을 찢고 너희 하나님께로 돌아올지어다 그는 은혜로우시며 자비로우시며 노하기를 더디하시며 인애가 크시사 뜻을 돌이켜 재앙을 내리지 아니하시나니**(요엘 2:13). 물질적 풍요, 경제 발전이 전부가 아니다. 물질적 풍요의 결과, 하나님 창조하신 아름다운 지구를 회생 불능 상태로 만들었다. 건강한 지구를 담보하던 나무와 숲, 강물과 바다, 푸른 하늘과 맑은 공기가 사라지고 있다. 모든 피조물이 인간의 구원을 갈망하고 있다. **피조물이 고대하는 바는 하나님의 아들들이 나타나는 것이니** (**로마서 8:19**). 지금 모든 피조물이 인간의 구원을 갈망하고 있다.

 코로나 팬데믹은 자연과의 조화를 이루며 인간 사이 더불어 살라는 하나님의 메세지였다. 팬데믹으로 멈춰서 보니 담장 밖의 소외된 사람들이 보이게 되었고, 들리지 않던 이웃의 고통 소리가 들리게 되었다. 한편으론 다른 사람의 고마움을 느끼게 되었다. 내가 누린 일상의 편리함과 행복이 수많은 사람들의 희생과 수고의 덕택임을 깨닫게 되었다. 팬데믹 이후는 달라져야 한다. 내 것만 챙기는 이기적 탐욕에서 벗어나 서로 협력하고 희생하는 아름다운 세상을 만들어야 한다. 이 세상 누구도 홀로 존재할 수 없다. 내가 안락을 누리는 만큼 누군가가 희생하고 있다. 희생이 없이 일방적으로 누릴 수 있는 자유와 권리는 아무에게도 없다. 다른 사람의 수고와 희생이 고마운 만큼, 나도 다른 사람을 위해 수고하고 희생해야 한다. 우리는 1만 달란트를 탕감받은 구원의 은혜는 잊어버리고 1달란트를 갚지 않았다고 이웃을 고발해 왔다. 팬데믹은 이같은 계산법이 틀렸음을 깨우쳐 주었다. 하나님 은혜는 1만 달란트가 아니라 계산할 수도 없는 무한한 은혜이다. 팬데믹은 탐욕의 삶에서 은혜의 삶으로, 배려와 나눔의 계산법으로 바꾸라는 하나님의 명령이다. 하나님 앞에 내 것을 자랑할 수 없다. 원래 내 것이 없었다. 하나만 있어도, 반쪽만 가져도 감사해야 한다. 코로나 이전의 탐욕의 세계, 무한 경쟁의 각자도생으로 회귀해서는 안 된다. 하나님의 경고를 끝까지 외면한다면 하나님의 심판, 인류의 종말을 피할 수 없게 된다.

2장 위기의 근본 대책은 하나님 관계의 회복, 하나님 형상을 회복하는 길이다.

1. 인간의 구원은 하나님 형상의 회복, 하나님 자녀로의 정체성 회복이다.

오늘날 위기의 근본 원인이 하나님 관계를 벗어난 데에 있으므로 하나님 관계를 회복해야 근본 문제가 해결된다. 하나님 관계의 회복은 하나님 자녀로의 회복, 인간의 정체성 회복이다. 하나님 형상을 지닌 하나님 자녀로의 회복은 하나님께도 가장 중요한 문제이다. 창조 목적을 이루셔야 하기 때문이다. 내가 누구인가? 어떻게 살아야 하는가?를 깨닫고 따르는 것이 정체성이다. 하나님 자녀가 하나님과 교통하며 하나님 뜻을 따르는 정체성을 지닐 때 하나님 은혜와 축복, 하나님의 능력이 임한다. 하나님 자녀로서의 정체성 회복이 모든 문제의 시작이자 끝이다.

정체성의 회복은 일순간에 이루어지지 않는다. 끝없는 믿음의 훈련, 믿음의 성장이 필요하다. 정체성 회복의 길, 믿음의 성장 과정은 대나무가 자라는 것과 같다. 대나무는 4년 동안 뿌리를 내린다. 뿌리를 내리기까지는 거의 자라지 않는다. 뿌리를 단단하게 내린 후 무럭무럭 자란다. 뿌리를 깊게 내려야 빠르게 자란다. 하나님 자녀의 정체성을 회복하기 위해서는 말씀에 깊이 뿌리내려야 한다. 대나무는 일정 기간 자라면 성장을 멈추고 매듭을 짓는다. 속이 빈 대나무가 쓰러지지 않고 자라는 비결이다. 정체성 회복도 일정 기간마다 멈추어 매듭을 짓고 잘못된 점을 고쳐 더욱 깊은 하나님 관계로 나아가야 한다. 하나님 자녀의 정체성 회복은 하나님 구원 섭리의 여정, 믿음의 훈련 과정이 된다.

○ 하나님은 인간의 구원, 정체성의 회복을 위해 아브라함을 택하시고 언약을 맺으셨다

(창세기 12:1-3) 여호와께서 아브람에게 이르시되 너는 너의 고향과 친척과 아버지의 집을 떠나 내가 네게 보여 줄 땅으로 가라/ 내가 너로 큰 민족을 이루고

네게 복을 주어 네 이름을 창대하게 하리니 너는 복이 될지라/ 너를 축복하는 자에게는 내가 복을 내리고 너를 저주하는 자에게는 내가 저주하리니 땅의 모든 족속이 너로 말미암아 복을 얻을 것이라 하신지라

인간이 죄로써 하나님을 떠나 하나님과의 교통이 끊어졌을 때, 영적 사망에서 구원의 길을 알 수 없을 때에 하나님은 인간의 구원 계획을 세우시고, 그 길을 인도해 오셨다. 하나님은 아브람에게 고향 갈대아 우르를 떠나 가나안으로 가라고 명령하셨다. 갈대아 우르는 당시 최고의 문명인 메소포타미아 문명의 중심지로 물질적으로는 풍요하였지만, 하나님을 모르는 우상 숭배의 도시였다. 떠나라는 것은 단순한 장소의 이동이 아니라 우상 숭배에서 벗어나라는 명령이었다. 하나님 보여주실 땅, 가나안은 하나님을 의지하여 사는 땅, 하나님 은혜가 없이는 살 수 없는 땅, 예배와 기도로 하나님 뜻을 따르는 땅이다.

　하나님은 한 나라와 민족을 세우시기 전에, 한 사람을 세우셨다. 대표성의 원리이다. 아브람을 택하신 것은 하나님 의에 의한 일방적인 선택이었다, 아브람이 원해서 택하신 것이 아니었다. 아브람이 자격이 있어서, 선하고 믿음이 좋아서 택하신 것도 아니었다. 아브람이 하나님을 찾은 것이 아니라 하나님이 아브람을 찾아오셨다. 인간의 구원은 하나님의 일방적인 은혜이다. 하나님은 인간의 구원 계획을 세우시고, 구원 계획을 이루시는 데 필요한 인간의 책임 분담을 위해서, 하나님께 순종하는 믿음의 언약백성을 세우시기 위해 아브람을 택하셨다. 아브람에 대한 축복은 전 인류에 대한 축복이자 자연과 만물의 회복을 위한 축복이었다. 아브람의 후예로., 그 순종과 믿음의 토대 위에 예수님이 오셔서 십자가를 대신 지심으로 온 인류를 구원하시기 위함이셨다.

○ 아브라함과의 언약은 하나님 의로 맺어진 계약이었다.
　아브라함과의 언약은 아브라함이 원하거나 의지가 있어서 맺어진 것이 아니었다. 하나님이 주체가 되셔서 맺으신 언약, 하나님의 일방적인 사랑과 용서의 약속이었다. 계약은 쌍방이 지킬 수 있을 때 맺어진다. 아브라함은 하나님과 계약을 맺을 위치에 있지 않았다. 계약을 지킬 의지도 능력도 없었다. 하나님은 이를 아시면서도 계약을 맺으셨다. 하나님의 약속은 Promise가 아닌 Covenant, 언약이다. 하나님의 언약은 반드시 성취된다. 인간의 구원, 창조 목적을 이루셔야 하기 때문이다. 아브라함과의 계약은 하나님 구원 섭리에 의한 언약이었다. 아브라함과 언약을 맺는 장면(창세기 15:9-17)이 이를 증거한다.

2. 출애굽과 광야 훈련은 언약백성의 정체성을 회복하기 위함이었다.

○ 하나님은 호렙산에서 모세를 부르시고 출애굽을 명령하셨다.

(출애굽기 3:10-12) 이제 내가 너를 바로에게 보내어 내 백성 이스라엘 자손을 애굽에서 인도하여 내게 하리라/ 모세가 하나님께 아뢰되 내가 누구이기에 바로에게 가며 이스라엘 자손을 애굽에서 인도하여 내리이까/ 하나님이 이르시되 내가 반드시 너와 함께 있으리라 네가 그 백성을 애굽에서 인도하여 낸 후에 너희가 이 산에서 하나님을 섬기리니 내가 너를 보낸 증거니라

구원 섭리는 하나님의 절대적인 계획과 주권 아래 이루어진다. 모세를 세우신 것도 하나님의 의에 따른 일방적인 선택이었다. 출애굽은 아브라함과의 언약을 이루시기 위함이었다. 노예에서 자유인으로, 죄의 종에서 하나님 자녀로의 정체성 회복을 위함이었다. 언약백성이 자유롭게 하나님을 예배하도록, 예배와 말씀의 훈련을 통해 하나님 형상과 성품을 닮은 거룩한 인격체, 완전한 자유인으로의 회복을 위함이었다. 자유는 하나님의 본성, 하나님 자녀의 정체성이다. 자유의 본질은 죄로부터의 자유함이다. 성막은 하나님을 만나는 장소, 하나님께 예배드리는 거룩한 장소였다. 율법은 하나님께 제사드리는 방법, 하나님 중심의 삶을 살도록 하기 위함이었다. 출애굽은 예배와 믿음의 훈련을 통해 하나님 주신 땅, 가나안에 들어가도록 하시기 위함이었다.

하나님은 이스라엘을 홍해 바다로 내모셨다. 애굽 군대가 쫓아오는 상황에서 바다로 내모는 것은 절망적인 상황, 죽음의 길이었다. 절망의 끝에 하나님의 역사가 시작된다. 홍해가 갈라지는 기적이 일어났다. "**모세가 백성에게 이르되 너희는 두려워하지 말고 가만히 서서 여호와께서 오늘 너희를 위하여 행하시는 구원을 보라 너희가 오늘 본 애굽 사람을 영원히 다시 보지 아니하리라/ 여호와께서 너희를 위하여 싸우시리니 너희는 가만히 있을지니라**(출애굽기 14:13-14)" 하나님은 홍해를 가르심으로써 언약백성이 안전하게 애굽을 탈출하게 하셨다. 인간의 힘으로 할 수 없는 것이 기적이다. 죽을 수밖에 없는 상황에서 살아난 것이 최고의 은혜이다. 하나님은 언약백성 이스라엘에게 기적의 하나님이심을, 언약백성은 하나님 은혜로 사는 백성임을 깨닫게 하셨다.

출애굽은 옛이야기가 아니라 오늘 우리에 대한 이야기, 우리가 새겨야 할 교훈이다.
우리 안에 바로의 모습이 있다. 내 안에 있는 교만과 탐욕, 강퍅한 모습이 바로의 모습이다. 하나님 계심을 알고도 믿지 않는 것, 하나님 능력을 보고도 두려워하지 않는 것, 하나님 채찍을 맞고도 변화하지 않는 것, 하나님 은혜를 입고도 하나님 아닌 우상을 섬기는 모습이 바로의 모습이다. 지금 우리가 하나님 자녀의 정체성을 잃은 채 세상 명예와 권력, 물질의 우상을 섬기고 있다. 홍해를 가르신 것은, 애굽을 두려워했던 노예근성을 벗어나도록, 하나님 안에서 참 자유함을 누리도록 하시기 위함이었다. 오늘 우리도 마음속 출애굽이 필요하다. 죄의 구속으로부터 홍해를 건너야 한다. 교만과 탐심, 세상적 자랑과 물질적 탐욕에서 벗어나야 한다. 말씀과 기도, 믿음의 훈련으로 하나님 지시하신 땅, 가나안으로 들어가야 한다. 하나님 안의 영원한 생명을 회복, 하나님 주시는 참 자유함과 기쁨, 샬롬을 누려야 한다.

○ 하나님은 시내산에서 모세와 다시 언약을 세우셨다(출애굽기 34-40장).

시내산은 모세가 하나님을 만났던 호렙산과 같은 산이다. 호렙산은 높은 산이란 뜻이다. 하나님을 만나는 산, 하나님 음성을 듣는 산이다. 하나님은 시내산에서 모세에게 십계명과 율법을 주셨다. 십계명 돌판을 직접 새겨서 주셨다. 십계명과 율법은 하나님이 모세와 맺은 언약, 시내산 계약이었다. 율법은 아브라함과의 언약을 이루시기 위함이었다. 언약백성은 하나님을 섬기며 예배하도록, 하나님 뜻을 따르도록 언약을 맺은 백성이다. 하나님은 언약백성이 하나님께 예배하도록, 정체성을 지니도록 애굽의 종살이에서 해방시키셨고, 거룩하게 구별된 삶을 살도록 율법을 주셨다. 율법은 하나님 임재의 상징인 성막의 제작, 하나님께 제사드리는 방법, 지켜야 할 절기, 제사장의 규례, 몸과 음식의 정결, 공동체의 규례와 질서를 가르치고 있다. 시내산 계약도 아브라함과 맺은 언약처럼 하나님 의에 의한 일방적인 계약이었다. 모세가 일방적으로 명령을 받은 것이었다. 언약백성이 율법을 지킬 때 축복하시고 못 지킬 때 저주하신다는 계약이었다. 언약백성의 정체성은 언약을 지키는 일이다. 언약을 지키게 하심은 언약백성을 축복하시기 위함이었다. 저주는 축복의 길로 인도하시기 위한 채찍이었다. 이에, 모세는 신명기에서 '언약을 지키면 복을 받고 어기면 저주를 받는다'고 반복해서 강조했다.

광야 훈련은 믿음과 순종의 훈련, 정체성의 훈련이었다. 언약백성은 믿음이 훈련되어 가나안에 들어가야 했다. 하나님은 매일 만나를 내리셨다. 바위에서 샘물이 나게 하셨다. 낮에는 구름기둥, 밤에는 불기둥으로 인도하셨다. 구름기둥, 불기둥은 하나님의 보호와 인도하심의 상징이다. 광야의 삶은 하나님 은혜로 사는 삶이다. 하나님은 광야 훈련을 통해 하나님의 놀라운 능력과 은혜를 체험토록 하셨지만, 언약백성은 하나님을 믿지 못하고 의심했다. 가나안 정복을 앞두고 가데스에 이르러 모세가 각 지파 대표 12명의 정탐꾼을 뽑아 40일간 가나안 정탐을 보냈을 때 여호수아와 갈렙을 제외한 10명은 가나안을 정복할 수 없다고 말했다. 백성들은 10명의 정탐꾼 말을 믿고 애굽으로 돌아가자며 불평했다. 정탐의 목적은 믿음의 테스트였다. 하나님은 이스라엘을 노예에서 해방시키셨지만, 이스라엘은 하나님에 대한 믿음이 없어 조금만 힘들어도 하나님을 원망하며 애굽으로 돌아가자고 불평했다. 하나님은 변화되지 않고 노예 생활을 그리워한 출애굽 1세대들, 자유를 주셨지만 잘못된 선택을 한 출애굽 1세대들을 모두 광야에서 죽게 하셨다. 이를 통해 구원은 무조건적인 천국의 티켓이 아님을, 변화해야 함을 보여주셨다. 오늘날 복음을 영접하고 구원을 받았다면 하나님 성품을 닮은 자녀로 회복되어야 함을 보여주신다. 가나안까지 가는 길은 40일이면 충분했지만, 하나님은 40년 동안이나 광야 생활을 통해 믿음을 훈련시키셨다. 믿음이 없었던 출애굽 1세대들은 광야에서 죽었고, 광야에서 태어나 믿음의 훈련을 받은 출애굽 2세대들이 가나안에 들어갈 수 있었다. 믿음은 일순간에 자라지 않는다. 언약백성의 믿음이 자라나 가나안을 밟기까지 40년이나 걸렸던 것이다.

3. 언약백성의 정체성은 혈통이 아닌 믿음에 있었다.

하나님은 이스라엘에 국한된 하나님이 아니시다. 하나님은 인류의 구원계획을 세우시고, 그 계획을 이루기 위한 믿음과 순종의 토대를 쌓도록 언약백성을 세우셨다. 아브라함과의 언약은 하나님을 섬기는 신앙공동체의 언약, 하나님께 예배드리는 예배공동체의 언약이었다. 언약백성의 정체성은 혈통이 아닌 하나님 약속을 믿는 믿음, 언약을 지키는 순종에 있었다. 언약을 지켜야 언약백성이 되고, 언약을 지키는 사람이 언약백성인 것이다. 모세를 통해 율법을 주신 것도 신앙공동체로서의 믿음을 세우기 위함이었다. 광야 훈련은 믿음의 훈련, 예배와 순종의 훈련, 하나님 말씀을 따르는 훈련이었다. 혈통공동체가 아닌 신앙공동체를 이루기 위한 훈련이었다. 다음의 사례들이 이를 증거한다.

○ 갈렙의 혈통

이스라엘이 출애굽 시 함께 한 이방 거류민들도 있었다. 이들은 이방인이었지만 하나님을 경외한 사람들이었다. 성경은 '그니스 사람 갈렙'이라고 부르며 갈렙이 이방인 출신임을 강조한다. **"헤브론이 그니스 사람 여분네의 아들 갈렙의 기업이 되어 오늘까지 이르렀으니 이는 그가 이스라엘의 하나님 여호와를 온전히 좇았음이라(여호수아 14:14)" 갈렙은 온전히 하나님을 좇는 믿음의 본, 언약백성의 정체성을 지녔다. 어떤 분들은 에서의 후손 그나스 자손 중 일부가 애굽에 내려가 유다 지파의 일원이 되었다고 말한다. 성경은 갈렙이 유다의 후손인지, 이방인의 후손인지, 에서의 후손인지 분명하게 밝히지 않는다. 다만 **"그가 이스라엘의 하나님 여호와를 온전히 좇았다"** 말씀한다. 누구의 후손인지? 이방인인지? 가 초점이 아니라, 하나님을 온전히 섬기는 정체성이 중요한 것이다.

갈렙은 유다 지파의 대표로 12명의 정탐꾼에 뽑혀 40일간 가나안을 정탐하고 돌아왔다. 다른 10명의 정탐꾼은 '그곳 백성은 신장이 장대한 아낙 자손으로 우리는 스스로 보기에 메뚜기 같다'고 말했지만, 여호수아와 갈렙은 '우리가 능히 그 땅을 차지하리라' 믿음으로 말했다. 백성들이 10명의 정탐꾼 말을 믿고 애굽으로 돌아가자고 했을 때 여호수아와 갈렙은 '자기들의 옷을 찢고 그 땅은 심히 아름다운 땅이라, 여호와께서 우리를 기뻐하시면 우리를 그 땅으로 인도하여 들이시고 그 땅을 우리에게 주시리라' 믿음으로 호소했다(민수기 14:6-8). 믿음의 정체성을 확고하게 지닌 갈렙은 이스라엘이 가나안을 정복하기 위해 땅을 분배할 때 85세의 나이였지만 모두가 두려워하는 땅, 아낙 자손이 살던 헤브론 땅을 '이 산지를 내게 주소서' 솔선해서 분배받아 그 땅을 정복함으로써 아브라함이 값을 주고 샀던 헤브론 마므레 땅을 되찾았다. 갈렙은 하나님이 아브라함에게 하신 약속의 말씀(창세기 13:14-18)을 성취함으로써 신앙의 적통(嫡統)인 아브라함의 묘역, 헤브론 마므레의 막벨라 굴에 묻히는 영광을 얻었다.

○ 다윗 조상의 혈통

야곱의 넷째 아들 유다는 이방 며느리인 다말에게서 베레스를 낳았고, 베레스의 후손 살몬은 이방 기생 라합에게서 보아스를 낳았으며, 보아스는 이방 여인 룻에게서 오벳을 낳고, 오벳은 이새를 낳고 이새는 다윗을 낳았다. 이방 여인들은 언약백성들의 얘기를 전해 들은 믿음이었지만 이들의 믿음이 더욱 온전하여 하나님의 택하심을 받았다. 모계의 혈통을 중시, 어머니가 유대인이면 유대인으로 인정받던 구약 시대에, 다수 이방 여인들의 혈통을 통해 다윗이 태어났다는 것은 언약백성의 정체성은 혈통이 아닌 믿음에 있음을 보여 준다. 특별히 유다의 부끄러운 모습은 하나님 앞에 언약백성의 잘못된 모습을 보여준다. 이방 며느리 다말이 기업무를 후사를 얻기 위해 창녀로 변장해 유다를 유혹했지만, 이에 넘어간 유다의 모습은 그릇된 것임에 틀림이 없다.

하나님이 택하신 언약백성 이스라엘의 역사, 야곱의 열두 아들 12지파의 역사는 출발부터 죄로 시작했다. 장자 르우벤은 아버지 야곱의 아내(첩) 빌하와 동침함으로써(창세기 35:22) 아버지를 모욕하는 죄를 범했다. 요셉의 형들은 요셉을 시기하여 애굽에 노예로 팔고 그의 옷에 염소의 피를 묻혀 야곱에게 보이며 짐승에 물려 죽은 것처럼 아버지를 속였다. 여동생 디나가 히위 족속 추장에게 강간당하자 '히위 족속이 할례를 하면 디나를 주겠다'고 속여 할례를 하게 한 후 3일째에 그들을 보복 살해했다. 시므온과 레위가 이를 주도했다(창세기 34장). 악을 악으로 갚는 것, 더욱 속여서 보복하는 것, 열배 백배로 갚아 집안과 종족을 멸족시키는 것은 선하신 하나님의 뜻이 아니다.

하나님 구원 섭리의 역사는 언약백성의 믿음과 거룩에 기초한 것이 아니라 하나님의 일방적인 약속의 이행, 절대적인 은혜임을 보여주신다. 언약백성은 그릇된 믿음, 거룩하지 못한 모습을 보였지만, 오히려 이방 여인들을 통해 믿음이 보충되고 자라나 믿음의 혈통이 다윗에게까지 이어져 왔다. 언약백성의 그릇된 믿음, 약속의 불이행에도 불구하고 언약을 이행하시는 하나님의 의가 극명하게 대비된다. 성경은 출발부터 부끄러웠던 언약백성의 모습을 숨김없이 기록하고 있다. 다윗의 조상, 예수님 조상의 잘못된 모습을 그대로 드러낸다. 인간의 기록이었다면 수치스런 모습을 감추거나 미화했을 것이다. 성경은 이를 통해 하나님의 절대적인 사랑과 긍휼로 구원의 약속이 이루어졌음을 보여주신다. 이스라엘이 하나님 택하신 선민임을 자랑하지 못하게 하신다.

○ 하나님은 요나에게 니느웨로 가서, 니느웨를 구원하도록 명령하셨다.

니느웨의 구원은 하나님 사랑과 구원은 우주적인 것임을, 하나님은 이스라엘에 국한된 하나님이 아니심을 보여주신다. 니느웨는 구약 시대 이스라엘을 괴롭혔던 앗수르의 수도로 악의 상징이었다. 하나님은 그들의 죄악은 미워하셨지만 그들도 구원의 대상임을 보여주셨다. 한편으로 니느웨의 구원과 회개하는 모습을 보고 이스라엘이 죄를 뉘우치며 하나님께로 돌아오기를 바라셨다. 하나님 뜻을 깨닫지 못한 요나는 적국의 심장인 나느웨의 구원을 원하지 않았다. 요나는 하나님 명령을 어기고 다시스로 가는 배를 탔고, 배 밑으로 내려가 불순종의 깊은 잠을 잤다. 하나님은 풍랑을 일으키셨고, 배에 탄 이방인들이 요나를 깨워 하나님께 기도하게 했다. 사명자가 영적으로 잠을 자고, 세상 사람들이 기도하도록 깨우는 것은 부끄러운 일이다. 요나는 하나님의 징계로 바다에 던져졌다. 하나님은 요나의 징계를 통해 배에 탄 이방인들을 먼저 구원하셨다. 이방인들이 하나님을 두려워하며 죄를 회개했던 것이다.

요나는 하나님 채찍을 맞고 니느웨로 갔지만 '40일이 지나면 죄악으로 니느웨는 멸망한다'는 하나님 경고의 말씀을 제대로 전하지 않았다. 니느웨는 사흘 동안 걸어야 할 만큼 큰 성읍이었지만, 요나는 하루만 다니며 성의 없이 하나님 말씀을 전했다. 하지만 니느웨 사람들은 마지못해 전하는 하나님 경고의 말씀을 듣고 금식하며 죄를 회개하고 돌이켰다. 왕은 굵은 베옷을 입고, 죄인의 상징인 재 위에 앉아 하나님께 용서를 구했다(요나 3:6). 하나님은 니느웨의 회개하는 모습을 보시고 니느웨에 내리시기로 한 재앙을 거두셨다. 악한 니느웨가 언약백성 이스라엘보다도 하나님 말씀에 순종했다. 내심 니느웨의 멸망을 바랐던 요나는 40일이 지나도 니느웨가 멸망하지 않자 하나님을 원망했다. 하나님은 요나의 대머리를 덮었던 박넝쿨을 벌레들이 갉아 먹게 하셨고, 이에 불평하는 요나를 꾸짖으시며 하나님 뜻을 깨닫게 하셨다. **"네가 이 박넝쿨로 말미암아 성냄이 어찌 옳으냐…. 네가 수고도 아니하였고 재배도 아니하였고 하룻밤에 났다가 하룻밤에 말라 버린 이 박넝쿨을 아꼈거든/ 하물며 이 큰 성읍 니느웨에는 좌우를 분별하지 못하는 자가 십이만여 명이**

요 가축도 많이 있나니 내가 어찌 아끼지 아니하겠느냐(요나 4:9-11)"

○ 세례 요한이 바리새인들과 사두개인들에게 아브라함의 자손임을 자랑하지 말라고 했다.

(마태복음 3:7-9) 요한이 많은 바리새인들과 사두개인들이 세례 베푸는 데로 오는 것을 보고 이르되 독사의 자식들아 누가 너희를 가르쳐 임박한 진노를 피하라 하더냐/ 그러므로 회개에 합당한 열매를 맺고/ 속으로 아브라함이 우리 조상이라고 생각하지 말라 내가 너희에게 이르노니 하나님이 능히 이 돌들로도 아브라함의 자손이 되게 하시리라

세례 요한이 예수님을 증거하며 광야에서 세례를 베풀 때에, 바리새인과 사두개인들을 보고 '아브라함 자손임을 자랑하지 말고 회개에 합당한 열매를 맺으라' 질책했다. 바리새인들은 형식적 율법에 매여 남을 판단하고 정죄했다. 사두개인들은 세상 권력과 결탁하여 자신들의 욕심을 채웠다. 언약백성은 인류 구원을 위한 사명을 감당하도록 세워졌다. 다른 민족을 하나님께로 인도할 사명과 책임이 있다. 믿음의 본, 거룩의 본을 보여야 할 이스라엘이 사명을 망각한 채 선민의식을 내세우는 것은 잘못되었다. 유대교가 히브리 민족 개념으로 혈통을 중시하는 것은 본질을 벗어났다. 이에 세례 요한은 '독사의 자식들아' 하고 바리새인과 사두개인을 질책했던 것이다.

하나님은 아브라함과의 언약을 지키셨고, 아브라함의 후손으로 예수님이 오셔서 인류의 죄를 대신하여 십자가에 죽으심으로 온 인류에게 구원의 길을 열어주셨다. 오늘날 언약백성은 복음을 받아들이는 성도들이다. 누구나 하나님 구원의 초대에 응하면 언약백성이 된다. 그런데 1순위로 초대받은 언약백성이 초대에 응하지 않고 있다. 예수님 십자가 대속을 믿지 않는 유대인은 더 이상 언약백성이 아니다. 언약백성의 정체성을 잃었다. 복음을 받아들이는 성도들이 정체성을 지닌 언약백성이다. 예수님의 십자가 대속을 믿는 성도들이 아브라함의 자손이다(로마서 4:11-14).

O 성경의 역사는 언약백성을 본보기로 한 인류 구원 섭리의 역사이다

(갈라디아서 3:28-29) 너희는 유대인이나 헬라인이나 종이나 자유인이나 남자나 여자나 다 그리스도 예수 안에서 하나이니라/ 너희가 그리스도의 것이면 곧 아브라함의 자손이요 약속대로 유업을 이을 자니라

하나님께서 이스라엘을 언약백성으로 세우신 것은 이스라엘만을 구원하시기 위함이 아니었다. 성경은 이스라엘을 본보기로 한 인류 구원의 역사 이야기이다. 이스라엘의 역사는 예수님을 보내시기 위한 믿음의 훈련에 초점이 있다. 하나님은 끝없는 용서와 사랑으로, 때론 채찍과 징계로, 이스라엘의 믿음을 훈련시키셨고, 그 믿음의 토대 위에 예수님이 오셔서 인류를 구원하셨다. 이스라엘은 언약백성으로서 믿음의 본을 보여야 했지만, 그러하지 못했다. 선민의식으로 교만했다. 이방인들에게 거룩하게 구별된 모습도 보여주지 못하고 거꾸로 이방신들을 따르고 우상을 숭배했다.

십자가는 페르시아인과 로마인이 쓰던 이방인의 형틀이다. 이방인의 형틀이 구원의 상징으로 사용되었다. 성경의 일부는 이방 언어인 아람어로 쓰여졌다. 앗수르 제국의 영향을 받던 시대였기 때문이다. 신약성경은 헬라어로 쓰여졌다. 알렉산더의 알렉산드리아가 세계를 지배하던 시대였기 때문이다. '말씀'이라는 단어가 희랍어로 '로고스(Logos)'이다. 로고스는 '만물을 지배하는 이성적인 원리'이다. 말씀이 로고스로 쓰여졌다고 해서 '말씀을 이성이다'라고 생각하는 사람은 없다. 로마가 세계를 지배하던 시대에 성경은 라틴어로 번역되었다. 히브리어, 헬라어, 라틴어가 중요한 것이 아니라 그 뜻을 새기는 일, 하나님에 대한 믿음이 중요한 것이다. 하나님을 위해 사용되면 하나님의 아름다운 도구가 된다. 겉모습이 아니라 하

나님을 향한 마음이 중요하다.

4. 언약백성이 정체성을 지킬 때 하나님의 축복, 하나님의 능력이 임했다.

○ 아브라함에 대한 축복

창세기 22장에는 아브라함이 하나님 말씀에 순종하여 모리아산에서 이삭을 번제물로 바치는 장면이 나온다. 하나님은 아브라함이 100세 때 약속의 말씀대로 아들 이삭을 주셨고, 이삭이 15세쯤 되었을 때 하나뿐인 아들을 번제물로 바치라고 명령하셨다. 하나님은 아브라함이 믿음의 조상이 되도록 그의 믿음을 이끄시며 시험하셨다. 아브라함의 아내 사라의 경수가 끊어진 후에 얻은 이삭을 통해 하나님 약속의 말씀은 반드시 이루어짐을 체험하였지만, 그토록 귀하게 얻은 아들을 번제물로 바치라는 명령에는 선뜻 순종할 수 없었다.

모리아산까지는 나귀를 타면 한나절에 이를 수 있었지만, 아브라함은 사흘을 걸어서 모리아산으로 갔다. 순종할 수 없었기에, 순종하기 위해서 걸어서 갔다. 사흘 동안 걸으며 하나님께 묻고 또 물으며, 순종하는 믿음을 달라고 기도하며 모리아산을 올랐던 것이다. 하나님은 번민하고 고뇌하는 아브라함에게 순종의 마음을 불어넣으셨고, 아브라함은 마침내 믿음으로 이삭을 번제물로 바쳤던 것이다. "**사자가 이르되 그 아이에게 네 손을 대지 말라 그에게 아무 일도 하지 말라 네가 네 아들 네 독자까지도 내게 아끼지 아니하였으니 내가 이제야 네가 하나님을 경외하는 줄을 아노라**(창세기 22:12)" 하나님은 아브라함의 순종을 기뻐 받으셨다. '여호와 이레' 하나님은 이미 숫양을 제물로 예비하여 두셨고, 아브라함의 순종을 기다리셨다. 아브라함은 마침내 믿음의 조상, 순종의 조상이 되었다.

○ 이삭의 우물 축복

아브라함에 대한 축복은 이삭에게로 이어졌다.

창세기 26장에는 이삭의 우물 이야기가 나온다. 이삭이 흉년을 피해 블레셋 땅

그랄에 이주하여 살게 되었다. 그랄 골짜기는 우물이 귀한 곳이었다. 하지만 이삭은 파는 곳마다 우물이 터졌다. 그랄 사람들이 우물을 뺏으면 다투지 않고 넘겨주고 다른 곳으로 옮겨가 우물을 팠다. 하나님은 이삭의 지경을 넓혀주셨다. 우물은 하나님 축복을 상징한다.

이삭은 온유와 순종의 대명사이다. 이삭의 축복은 순종의 결과였다. 아브라함이 모리아 산에서 이삭을 바친 것은 놀라운 순종이지만, 그 순종은 이삭의 아브라함에 대한 순종이 바탕이었다. 아브라함이 칼로 내려치려고 할 때까지 이삭은 잠잠히 묶여 있었다. 모리아 산으로 사흘 길을 걸어올 때까지, 제단을 쌓고 제단 위에 묶여서 놓일 때까지, 칼로 내려칠 때까지 한 번도 저항하지 않았다. 부모에 대한 순종은 하나님에 대한 순종이다. 아브라함의 하나님에 대한 순종, 이삭의 부모에 대한 순종이 믿음의 뿌리가 되었고, 그 믿음의 뿌리에서 예수님이 오셨다. 모리아 산에서 이삭을 제물로 바친 번제는 예수님의 십자가 대속을 상징한다.

○ 여리고성을 무너뜨린 정체성의 교훈(여호수아 1-6장)

견고한 여리고성을 무너뜨린 비결은 정체성의 회복이었다. 여호수아는 먼저 기도로 준비했다. 요단강을 건너기 전에 3일간 요단에 유숙하며 기도했다. 요단강을 건넌 후에는 여리고성 정복에 앞서 길갈에서 할례를 실시했다. 광야에서 태어나 할례를 모르는 출애굽 2세대들에게 먼저 언약백성의 정체성을 지니도록 한 것이다. 전투를 앞두고 걷지도 못하도록 할례를 행하는 것은 세상적으로는 맞지 않다. 하지만 언약백성에겐 여리고성 정복보다도 정체성의 회복이 중요했다. 할례는 하나님과의 언약, 하나님 백성의 정체성을 상징한다. 정체성이 없는 승리는 의미가 없는 것이었다.

이스라엘은 여리고성을 소리 없이 6일간 매일 한 바퀴씩 돌았다. 소리 없이 도는 것은 하나님께 절대 순종과 믿음을 상징한다. 돌면서 기도하여 하나님 마음과 하나 되었음을 의미한다. 7일째는 새벽에 일어나 똑같은 방식으로 소리 없이 일곱 바퀴를 돌고, 제사장들의 나팔 소리에 맞추어 일제히 소리쳤을 때 여리고성이 저절로 무너져 내렸다. 여리고성은 밖에서 무너뜨릴 수 없는 견고한 성이었지만, 온 백성이 믿음의 정체성을 지켰을 때 여리고성이 안에서부터 밖으로 무너져 내렸다. 하나님 역사하심이었다.

○ 태양을 멈추게 한 여호수아의 기도, 약속을 지킴으로써 승리한 기브온 전쟁

(여호수아 10:12-13) 여호와께서 아모리 사람을 이스라엘 자손에게 넘겨 주시던 날에 여호수아가 여호와께 아뢰어 이스라엘의 목전에서 이르되, 태양아 너는 기브온 위에 머무르라. 달아 너도 아얄론 골짜기에서 그리할지어다 하매/ 태양이 머물고 달이 멈추기를 백성이 그 대적에게 원수를 갚기까지 하였느니라
(여호수아 10:14) 여호와께서 사람의 목소리를 들으신 이같은 날은 전에도 없었고 후에도 없었나니 이는 여호와께서 이스라엘을 위하여 싸우셨음이니라.

언약백성의 정체성은 언약을 지키는 일이다. 하나님과의 언약만이 아니라 사람과의 약속도 지켜야 한다. 특별히 하나님 이름으로 맺어진 약속은 반드시 지켜야 한다. 여호수아의 기브온 전쟁이 이를 증거한다. 기브온 전쟁은 이스라엘이 가나안 정복 초기에 화친 조약을 맺은 기브온을 아모리족속 연합군이 쳐들어왔을 때, 이스라엘이 아모리 연합군을 물리치고 기브온을 구한 전쟁이다.

기브온 전쟁은 하나님 이름으로 맺어진 약속은 변개할 수 없음을, 비록 잘못 맺어진 약속일지라도 신실하게 지킬 때 하나님이 축복하심을 보여 준다. 기브온은 가나안 족속이 아닌 것처럼, 멀리서 온 것처럼 위장하여 이스라엘과 화친조약을 맺었다. 이스라엘은 성급하게 속아서 기브온과 조약을 맺었지만, 이를 신실하게 지킨 여호수아를 하나님은 기뻐하시며 그의 기도를 들어주셨다.

가나안 지리에 어두운 이스라엘로서는 해가 지기 전에 전쟁을 끝내야만 했다. 이에 여호수아는 태양이 멈추도록 기도했고 하나님은 그 기도를 들어 주셨다. 신실하게 약속을 지키는 여호수아의 모습을 하나님이 얼마나 기뻐하시며 응답하셨

는가를 성경은 증언한다. 사람의 목소리를 듣고 우주의 운행을 멈추신 하나님의 응답, 태양과 달을 멈추게 한 기도의 응답은 전무후무하다고 말씀한다. 그만큼 약속을 지키는 신실한 모습, 정직한 모습을 하나님은 기뻐하신다. 하나님은 어떠한 경우에도 언약을 지키시는 분임을 보여주신다.

○ 하나님은 정체성을 지킨 다니엘을 존귀케 하셨다.

(다니엘 1:8) 다니엘은 뜻을 정하여 왕의 음식과 그가 마시는 포도주로 자기를 더럽히지 아니하리라 하고 자기를 더럽히지 아니하도록 환관장에게 구하니
(다니엘 3:17-18) 왕이여 우리가 섬기는 하나님이 계시다면 우리를 맹렬히 타는 풀무불 가운데에서 능히 건져내시겠고 왕의 손에서도 건져내시리이다/ 그렇게 하지 아니하실지라도 왕이여 우리가 왕의 신들을 섬기지도 아니하고 왕이 세우신 금 신상에게 절하지도 아니할 줄을 아옵소서
(다니엘 6:10) 다니엘이 이 조서에 왕의 도장이 찍힌 것을 알고도 자기 집에 돌아가서는 윗방에 올라가 예루살렘을 향한 창문을 열고 전에 하던 대로 하루 세 번씩 무릎을 꿇고 기도하며 하나님께 감사하였더라

1차 바벨론 포로로 끌려간 다니엘은 하나님 백성의 정체성을 지켰다. 왕의 음식과 포도주는 이방 신의 제사용 음식이자 세상의 쾌락을 상징하기에 다니엘은 이를 거절했다. 하나님은 정체성을 지킨 다니엘을 축복하셨다. 다니엘에게 지혜를 주시고 모든 환상과 꿈을 깨달아 알게 하셨다. 느부갓네살 왕의 꿈을 해석함으로써 바벨론의 총리가 되게 하셨다.

느부갓네살은 신상을 세워 다니엘과 세 친구들에게 절하도록 명령하였지만, 다니엘과 친구들은 목숨을 걸고 이를 거절했다. 분에 못이긴 느부갓네살은 세 친구들을 풀무불에 던졌으나 세 친구들은 안전하였고, 오히려 던지던 군사들이 뜨거운 불꽃에 타서 죽었다. 느부갓네살은 하나님이 구원하셨음을 인정하지 않을 수 없었고 이에 다니엘과 세 친구들을 더욱 높였다.

바벨론이 멸망하고 메데와 바사로 바뀌어도 다니엘은 정체성을 굳건히 지켰고, 하나님은 그를 더욱 존귀케 하셨다. 메데의 다리오왕 때에도 총리가 되게 하셨고, 이를 시기한 고관들의 참소로 '왕 외에 다른 신을 섬기면 사자굴에 던지도록' 조서가 내려졌지만, 다니엘은 전과 같이 예루살렘을 향해 창문을 열고 하루 세 번씩 무릎을 꿇어 기도했다.

다니엘은 사자 굴에 던져졌지만, 하나님은 안전하게 지키셨다. 하나님은 다니엘에게 환상으로 장래 일을 보게 하셨다. 바사 제국의 멸망과 헬라 제국의 등장, 헬라의 멸망과 이후의 박해와 수난, 메시아가 오시기까지의 장래 일을 계시해 주셨다. 역사가 하나님의 섭리로 움직임을 보여 주셨다.

3장 예수님 안의 새 생명

○ 예수님 십자가 대속으로 영적 새 생명을 얻게 되었다.

(요한복음 1:12) 영접하는 자 곧 그 이름을 믿는 자들에게는 하나님의 자녀가 되는 권세를 주셨으니
(로마서 8:14-15) 무릇 하나님의 영으로 인도함을 받은 사람은 곧 하나님의 아들이라/ 너희는 다시 무서워하는 종의 영을 받지 아니하고 양자의 영을 받았으므로 우리가 아빠 아버지라고 부르짖느니라

인간은 하나님과 교통하는 영적 존재, 하나님 형상을 지닌 하나님 자녀로 창조되었지만, 하나님께 불순종으로 하나님과의 교통이 끊어진 육적 존재가 되었다. 예수님이 인간의 죄를 대신 지시고 십자가에 죽으심으로 하나님 관계가 회복되어 영적 생명을 얻게 되었다. 예수님은 골고다 해골의 언덕을 생명의 언덕으로 바꾸셨다. 기독교는 은혜의 종교이다. 내 힘과 노력으로 할 수 없는 것을 얻는 것이 은혜이다. 구원은 하나님의 절대적인 은혜이다. 인간의 노력이나 선한 행위, 수행이나 고행으로 구원을 얻을 수 없다. 예수님이 인간의 죄를 대신 지시고 십자가에 죽으심으로 하나님 앞에 의롭다 함을 입어 누구나 '아빠 아버지' 부르며 하나님께로 나아갈 수 있게 되었다.

예수님을 영접하며 복음을 받아들이는 일이 하나님의 일이 된다. 인간과의 관계 회복, 하나님 자녀로의 회복이 하나님 가장 기뻐하시는 일이다. 창조 질서의 회복, 창조 목적을 이루셔야 하기 때문이다. 구원의 은혜에 감사한다면, 자녀로의 회복에 감격한다면 하나님 기뻐하시는 삶을 살게 된다. 하나님 자녀는 세상 만물을 다스리는 권세와 능력을 부여받았다. 구원을 받은 자녀라면 하나님과 친밀히 교통하며 하나님 뜻에 따라 만물을 잘 다스리며 하나님 보시기에 아름다운 공동체를 이룸으로써 하나님의 기쁨이 되어야 한다.

○ 새 생명, 거듭남은 성령의 지배를 받는 삶, 하나님 형상과 성품의 회복이다.

(로마서 8:8-10) 육신에 있는 자들은 하나님을 기쁘시게 할 수 없느니라/ 만일 너희 속에 하나님의 영이 거하시면 너희가 육신에 있지 아니하고 영에 있나니 누구든지 그리스도의 영이 없으면 그리스도의 사람이 아니라/ 또 그리스도께서 너희 안에 계시면 몸은 죄로 말미암아 죽은 것이나 영은 의로 말미암아 살아 있는 것이니라

새 생명은 하나님 안의 영적 생명이다. 거듭남은 영적 생명의 회복, 성령의 지배를 받는 삶이다. 복음은 변화의 능력, 죄를 이기는 능력이다. 구원받은 후의 삶은 변화되는 삶, 하나님 성품을 닮아가는 삶이 된다. 말로만 복음을 받아들이고 변화가 없으면 새 생명이 아니다. 구원을 받았다면 내적인 변화, 성품의 변화가 있어야 한다. 예수님을 구주로 영접하면 변화가 없어도, 죄를 계속 지어도 구원을 받는다는 자유주의 신앙은 잘못되었다. 예수님을 주인으로 모시면 죄에서 벗어나기 때문에 새 생명이 되는 것이다. 죄에서 용서받았다고 편하게 죄를 짓는다면 복음이 아니다. 죄를 지으면 더욱 통렬한 회개가 있어야 한다. 죄에서 자유함은 죄를 이기는 자유함이다. 구원을 받은 하나님 자녀가 전과 똑같이 죄를 짓는다면 예수님 십자가 죽음이 헛된 것이 된다. 구원의 의미가 없게 된다. 죄에서 벗어나 하나님 성품을 닮는 성화가 복음의 본질이요 구원의 목적이다.

하나님 관계의 회복은 하나님과의 교통 관계의 회복, 성령의 지배를 받는 삶이다. 구약 시대에는 제사와 율법을 통해 하나님께 나아갔지만, 예수님 십자가 대속으로 성령을 받게 되었다. 성령을 통해 하나님과 직접 교통할 수 있게 되었다. 성령의 지배를 받을 때 죄에서 벗어나 하나님 성품을 닮아가게 된다.

4장 예배는 하나님 백성 정체성의 제1 기준이다

○ 인간은 하나님을 섬기고 예배하도록 창조되었다. 언약백성은 예배 공동체이다.

(출애굽기 29:42) 이는 너희가 대대로 여호와 앞 회막 문에서 늘 드릴 번제라 내가 거기서 너희와 만나고 네게 말하리라

출애굽 후 광야 생활 때 하나님은 성막을 만들게 하셨고 성막 문에서 번제를 드리게 하셨다. 하나님은 전능하신 분으로 어디에나 계시지만 왜 성막에서 만나겠다고 하셨는가? 하나님 만나는 곳을 거룩하게 구별하시기 위함이셨다. 예배를 통해 우리를 거룩하게 하시기 위함이셨다. 하나님은 '**예배를 통해 만나시고 우리에게 말씀하시겠다**' 하셨다. 예배는 창조 본연의 하나님 질서이다. 예배를 통해 말씀을 듣고, 말씀의 감동으로 하나님 성품으로 변화된다. 하나님 자녀로서 하나님께 기쁨과 영광을 드리는 첫 번째가 예배이다. 하나님은 인간에게 예배 본능을 주셨다. 창세기 가인과 아벨도 제사 곧 예배를 드렸다. 홍수 심판 후 노아가 처음 한 일도 예배를 드리는 일이었다. 하나님이 아브라함과 맺은 언약은 왕과 백성이 되는 계약이었다. 하나님은 다스리는 왕이 되시고, 언약백성은 하나님을 섬기며 예배하는 백성이 되는 계약이었다. 예배는 하나님과의 약속이다. 하나님 자녀의 의무이자 특권이다. 언약백성은 하나님을 섬기는 예배 공동체이다. 하나님 다스림에 대한 감사와 순종의 표시가 예배이다.

하나님은 6일간 세상을 창조하시고 7일째 쉬셨다. 쉼은 창조의 완성이다. 멈춤이 아닌 재창조의 시작이다. 7일째에 쉬심은 인간을 위함이셨다. 하나님은 세상 만물을 창조하시고 그 다스리는 권세와 축복을 인간에게 주셨다. 인간은 자연 만물을 잘 다스림으로써 하나님 창조 사역을 이루어야 할 사명이 있다. 쉼은 사명을 회복하는 시간, 사명을 감당할 힘과 능력을 공급받는 시간이다. 구약 율법은 토요일을 안식일로 지켰다. 율법은 언약백성의 훈련을 위함이었다. 예수님은 율법을 완성하셨다. 우리에게 참된 쉼과 안식을 주셨다. 예수님은 금요일에 죽으시고 일요일에 부활하셨다. 토요일은 무덤에 있었다. 부활하신 일요일을 주님의 날, 주일로 지키는 이유이다. 주일은 새로운 한 주의 시작이다. 지난 한 주를 돌아보고 영적으로 재충전하여 하나님 나라의 사명자로 새롭게 출발해야 한다. 예배를 통해 하나님께 감사와 영광을 드릴 때 하나님은 말씀으로 영혼을 새롭게 하시며, 한 주를 살아갈 힘과 능력을 부어주신다.

하나님을 만나는 곳, 예배드리는 장소는 거룩한 곳, 영성의 장소여야 한다. 오늘날 교회는 하나님을 만나는 곳, 기도와 말씀으로 하나님 뜻을 깨닫고 사명을 회복하는 거룩한 곳이다. 예배를 통해 성령 충만을 받아 각자의 자리에서 하나님 나라 확장에 쓰임 받아야 한다. 코로나는 함께 모이는 예배의 중요성을 일깨워 주었다. 현장 예배의 제약을 받았던 만큼 함께 드리는 예배가 축복임을 깨닫게 했다. 한편으론 모여서 은혜를 받은 만큼 흩어져 사명을 감당해야 함을 깨닫게 했다. 흩어져 삶 속에서 사명을 감당하기 위해 모이는 것이지 모이는 자체가 목적은 아니다. 교회를 상징하는 헬라어 에클레시아(Ecclesia)는 '밖으로 불러모으다' 뜻으로, 흩어져 사명을 감당하는 모습이다. 부르심의 주체가 예수님, 성령님이시다. 예수님을 증거하도록, 복음을 전하도록 부르셨다. 예수님의 증인은 본질적으로 교회 밖에 대한 개념, 세상 속에서의 사명을 감당하는 모습이다. 교회 안의 은혜로 끝나서는 안 된다. 예배를 통해 영적인 힘과 에너지를 충전하여 세상 속에서 예수님의 증인된 삶을 사는 것이 예배의 본질이자 목적이다.

○ 하나님 백성은 삶이 예배여야 한다.

(마태복음 9:13) 너희는 가서 내가 긍휼을 원하고 제사를 원하지 아니하노라 하신 뜻이 무엇인지 배우라
(로마서 12:1) 그러므로 형제들아 내가 하나님의 모든 자비하심으로 너희를 권하노니 너희 몸을 하나님이 기뻐하시는 거룩한 산 제물로 드리라 이는 너희가

드릴 영적 예배니라

하나님은 자녀가 말씀을 듣고 따르기를 원하신다. 예배와 삶이 분리될 수 없다. 예배의 완성은 하나님 기뻐하시는 삶이다. 구원받은 사람은 성령을 받은 사람이다. 성령에 순종하는 삶이 영적 예배이다. 성령의 인도를 따라 악을 선으로 이길 때 삶으로 드리는 예배가 된다. 맡은 자리에서 성실하게 정직하게 일하는 것이 하나님 기뻐 받으시는 예배가 된다. 하나님 거하시는 성전인 몸을 거룩한 산 제물로 드리는 것, 몸의 용도가 하나님 기뻐하시는 데에 쓰임 받도록 변화하는 삶이 살아있는 예배이다. 찬양은 교회에서의 찬송만이 아니라, 삶 속에서 행위와 모습으로 영광을 드리는 일, 이웃과 공공체를 섬기며 하나님 나라를 확장하는 삶이 찬양이요 영적 예배가 된다.

삶이 예배인 것은 구체적으로 성령 충만이다. 하나님과 교통하며 하나님 마음과 하나 되는 삶이다. 하나님은 거짓이 없으시다. 하나님 마음과 하나 되면 정직한 삶이 된다. 성령 충만할 때 교회 안팎의 모습이 동일하게 된다. 사랑과 긍휼, 겸손한 삶이다. 사랑과 긍휼은 하나님 마음이다. 하나님을 사랑한다고 하면서 형제와 이웃을 미워하면 그 사랑과 믿음은 가짜가 된다. 내가 가진 모든 것이 하나님 은혜임을 깨달을 때 겸손하게 된다. 내 것을 자랑하며 교만하지 않게 된다. 겸손이 하나님 축복을 받는 비결이다. 겸손할 때 서로 섬기는 하나님 나라를 이루게 된다. 말이 아닌 행위, 선하고 착한 행실이다. 태도와 행위로 선을 드러내며 배려하고 존중한다. 이웃과 공동체를 섬기며 하나님 주신 축복을 나눈다. 하나님 축복과 은혜는 이웃과 나누도록, 공동체를 섬기도록 주셨다. 나눌 때 하나님은 더욱 풍족하게 채우신다. 말과 행동이 같을 때 서로 신뢰하고 존중하는 하나님 나라를 이룬다. 맡은 일을 통한 섬김이다. 일은 하나님의 거룩한 사역, 하나님 창조 사역을 이루는 행위이다. 일을 통해 하나님께 영광을 드리며 하나님 나라를 확장한다.

5장 기도는 하나님과 인격적 교통이다. 하나님 백성의 특권이자 의무이다.

1. 인간은 기도로 하나님과 인격적으로 교통하며 하나님 뜻을 따르도록 창조되었다.

○ 신앙의 본질은 기도로 하나님과 인격적으로 교통하며 친밀한 교제를 나누는 데에 있다.

(로마서 8:26) 이와 같이 성령도 우리의 연약함을 도우시나니 우리는 마땅히 기도할 바를 알지 못하나 오직 성령이 말할 수 없는 탄식으로 우리를 위하여 친히 간구하시느니라

구원은 하나님 자녀 관계의 회복이다. 자녀로서 하나님 아버지와 사랑의 대화, 인격적인 교통의 통로가 기도이다. 인격적인 하나님은 강제로 끌고 가지 않으신다. 성령은 우리 안에서 기도하게 하시고 기도로 하나님 뜻을 깨닫고 이루게 하신다. 기도의 본질은 하나님과 깊은 사귐, 친밀한 대화로 하나님 마음을 깨닫고 헤아리는 것이다. 기도할 수 있다는 것은 자녀의 특권이자 의무이다. 자녀의 기도에 응답하시는 것은 하나님의 약속이다. 하나님 마음을 헤아릴 때 응답받지 못하는 기도가 없게 된다. 사랑의 관계일 때 일일이 고하지 않아도 채워주신다. 채워주시지 않더라도 감사하게 된다. 사랑의 관계가 없다면 습관적 형식적 기도에 그친다. 참된 자유와 평안을 누리지 못하게 된다. 친밀한 교제로 하나님 사랑에 물들면 하나님 성품을 닮아가며, 하나님 주시는 기쁨과 평안이 넘치게 된다.

성령은 하나님 사랑과 은혜를 깨닫도록. 하나님 마음을 헤아리며 순종하도록 도우신다. 하나님 마음을 헤아릴 때 기도의 내용이 달라진다. 내 욕심 기도, 요구하는 기도에서 순종하는 마음으로 하나님 뜻을 구하게 된다. 내 요구를 멈출 때 하나님이 일하신다. 내 기도가 하나님의 뜻과 하나 될 때 하나님의 역사, 하나님 능력이 나타나게 된다. 그리스도인이 세상에서 영향력을 발휘하지 못하는 이유는 기도하지 않기 때문이다. 기도하지 않으면 하나님의 뜻과 계획을 깨닫지 못하게 된다. 성령의 역사, 하나님의 역사를 가로막게 된다. 기도 없이 일하는 것은 무기 없이 전쟁터에 나가는 것과 같다. 가장 강한 사람은 기도하는 사람, 하나님 능력을 힘입는 사람이다. 가장 어리석은 사람은 기도하지 않는 사람, 자기 욕심으로 사는 사람이다.

○ 예수님은 기도의 본을 보이셨다.

(마가복음 1:35) 새벽 아직도 밝기 전에 예수께서 일어나 나가 한적한 곳으로 가사 거기서 기도하시더니
(누가복음 22:39-44) 예수께서 나가사 습관을 따라 감람 산에 가시매 제자들도 따라 갔더니/ 그 곳에 이르러 그들에게 이르시되 유혹에 빠지지 않게 기도하라 하시고/ 그들을 떠나 돌 던질 만큼 가서 무릎을 꿇고 기도하여/ 이르시되 아버지여 만일 아버지의 뜻이거든 이 잔을 내게서 옮기시옵소서 그러나 내 원대로 마시옵고 아버지의 원대로 되기를 원하나이다 하시니/ 천사가 하늘로부터 예수께 나타나 힘을 더하더라/ 예수께서 힘쓰고 애써 더욱 간절히 기도하시니 땀이 땅에 떨어지는 핏방울 같이 되더라

예수님은 새벽에 기도하셨다. 한적한 곳으로 가서서 기도하셨다. 습관적으로 기도하셨다. 무릎을 꿇고 기도하셨다. 하나님 원하심대로 이루어지기를 기도하셨다. 십자가 사명을 앞두고 땀방울이 핏방울이 되도록 기도하셨다. 바리새인들은 사람에게 보이려고 회당과 큰 어귀에 서서 기도했지만, 예수님은 한적한 곳에서 마음을 다해 기도하셨다. **"아버지의 뜻이거든 이 잔을 내게서 옮기시옵소서"** 십자가 고난을 앞두고 잔을 옮겨달라고 기도하였지만, 어디까지나 하나님 뜻을 구하는 기도였다. 하나님 뜻에 순종하기 위한 기도, 사명을 감당하기 위한 기도였다. 예수님의 십자가 대속은 피눈물 나는 기도의 열매였다.

예수님의 기도를 본받자면, 하나님 뜻을 이루자면 어떻게 기도해야 할 것인가? 어려움을 피하기 위한 기도가 아니라 두려움을 없애기 위한 기도여야 한다. 하나님 마음일 때 두려움이 없어진다. 문제가 크기 때문에 두려운 것이 아니라, 하나님과 멀어졌기 때문에 두려운 것이다. 누구에게나 어려운 상황은 있다. 상황은 선택할 수 없지만 염려는 없앨 수 있다. 기도를 통해 마음과 생각을 하나님 마음으로 채우면 된다. 하나님은 언제나 새 힘과 능력을 주시며, 기쁨과 평안, 샬롬을 주신다. 자신을 돌아보며 돌이키는 회개의 기도여야 한다. 회개를 통해 내적 변화, 영적 성장이 이루어진다. 끝없는 돌이킴을 통해 하나님 형상을 닮아가게 된다. 요구하는 기도가 아니라 순종하는 기도여야 한다. 기도의 목적은 하나님 뜻에 순종하며 하나님 뜻을 이루는 데에 있다. 응답받을 때까지 기도는 순종할 때까지의 기도가 된다. 순종의 기도는 사명 감당의 기도이다. 예수님의 기도가 이를 보여준다.

○ 기도는 쌍방향이다. 하나님 음성을 듣는 것이 먼저이다.

(야고보서 4:3) 구하여도 받지 못함은 정욕으로 쓰려고 잘못 구하기 때문이라"
(잠언 7:14) 형통한 날에는 기뻐하고 곤고한 날에는 되돌아 보아라 이 두 가지를 하나님이 병행하게 하사 사람이 그의 장래 일을 능히 헤아려 알지 못하게 하셨느니라

우리는 때론 탕자와 같은 마음으로, 내 분깃을 먼저 달라고 욕심이 가득한 기도를 하지만, 하나님은 우리가 하나님 마음을 깨달을 때까지 참고 기다리신다. 기도는 '줄탁동시'이다. 병아리가 안에서 껍질을 톡톡 쪼는 것이 '줄'이고 어미 닭이 밖에서 같이 쪼아주는 것이 '탁'이다. 같이 두드려야 병아리가 알을 깨고 나올 수 있다. 하나님 계획하심과 인간의 기도가 합쳐져야 하나님 뜻이 이루어진다. 내 요구보다 중요한 것은 하나님 음성에 귀를 기울이는 일이다. 내 요구만 하는 기도는 역방향의 기도이다. 물론 하나님은 기도를 들어주신다. 우리의 필요를 아시고 채워 주시며 가장 좋은 길로 인도하신다. 순방향의 기도는 하나님 뜻을 구하는 기도이다. 내가 원하는 것은 하나님 입장에서 볼 때 큰 일이 아니다. 기도의 본질은 하나님을 움직이는 것이 아니라 하나님 원하시는 것을 깨닫는 것, 하나님 음성을 듣고 내 마음을 하나님 마음으로 채우는 데에 있다. 기도는 불평을 감사로, 탄식을 찬양으로, 절망을 소망으로 바꾸는 능력이다.

  기도는 모든 종교가 다 한다. 대부분 내 뜻을 이루기 위한 기도이다. 기독교의 기도는 하나님 뜻을 이루는 것, 하나님과 깊은 교제로 하나님 마음을 느끼고 하나님 마음으로 돌아가는 것이 된다. 하나님 마음과 하나될 때 하나님 뜻을 따르며 하나님이 주시는 평안이 넘치게 된다. 하나님을 내 뜻대로 움직이려 한다면 믿음이 아닌 미신이 된다. 무당과 점쟁이들이 그렇게 한다. 다가올 미래를 가르쳐주고 예언한다. 하나님은 각자의 미래를 정해 놓지 않으시고 자유의지로 선택하게 하셨다. 성령은 하나님 원하시는 길을 가도록 도우시며 그 길을 인도하신다. 하나님은 끝까지 인내하시며 하나님 원하시는 모습으로 우리를 빚어가신다. 하나님은 누구에게나 소망을 주신다. 정해진 길이 아닌 약속의 말씀을 주신다. 기도로 하나님 뜻을 보게 하시며 그 길을 인도하신다.

○ 하나님 뜻을 새길 때, 하나님의 침묵도 기도 응답이다.

(하박국 3:17-18) 비록 무화과나무가 무성하지 못하며 포도나무에 열매가 없으며 감람나무에 소출이 없으며 밭에 먹을 것이 없으며 우리에 양이 없으며 외양간에 소가 없을지라도/ 나는 여호와로 말미암아 즐거워하며 나의 구원의 하나님으로 말미암아 기뻐하리로다
(야고보서 1:4) 인내를 온전히 이루라 이는 너희로 온전하고 구비하여 조금도 부족함이 없게 하려 함이라

하박국은 바벨론에 의해 유다가 멸망하던 시대의 선지자였다. 하박국의 기도는 신앙 성장의 과정을 보여 준다. 하박국은 '하나님은 왜 이스라엘의 멸망을 보고만 계십니까?' 질문으로 시작한다. 하나님의 계속된 침묵 속에 하박국은 묵시로 하나님 뜻을 깨닫는다. 때가 차면 회복시키신다는 이스라엘 회복의 소망을 깨닫고 감사하게 된다. 처음엔 보이는 현상만 바라보며 원망하고 탄식했지만, 멈추어 자신과 이스라엘이 하나님 관계에서 어떤 존재인지? 왜 바벨론에 멸망하게 되었는지? 하나님 뜻을 새겼을 때, 하나님 소망의 말씀, 이스라엘 회복에 대한 약속의 말씀을 깨닫게 되었다. 상황은 변하지 않았지만 하박국의 마음이 변하고 관점이 바뀌었다. 하나님 마음을 느끼고 하나님 소망을 보게 된 하박국은 기뻐 하나님을 찬양했다.

하나님의 침묵은 무관심이나 무능력이 아니라 우리의 고집이 꺾이도록, 영적 눈과 귀가 열려 하나님 음성을 듣고 깨닫게 하시기 위함이다. 하나님을 신뢰하며 하나님 뜻과 계획을 온전히 이루게 하시기 위함이다. 하나님 음성을 듣지 못하는 것은 내 마음이 닫혀 있기 때문이다. 하나님 뜻을 받아들일 준비가 되지 않았기 때문이다. 하나님은 먼저 마음을 회복시키신다. 하나님 마음을 헤아리며 내 감정과 욕심을 내려놓게 하신다. 하나님은 내가 바라는 물질적 성취, 세상적 성공이 아닌 생명 길로 인도하신다. 내 뜻대로 응답을 바라기에 침묵으로 느껴질 뿐이다. 하나님 뜻을 따를 때 하나님의 침묵이 없게 된다.

2. 하나님은 기도를 통해 일하신다. 기도하는 사람이 사명자이다.

○ 기도를 쉬는 것은 죄가 된다.

(사무엘상 12:23) 나는 너희를 위하여 기도하기를 쉬는 죄를 여호와 앞에 결단코 범하지 아니하고 선하고 의로운 길을 너희에게 가르칠 것인즉

하나님의 일은 기도를 통해 이루어진다. 하나님은 기도를 통해 구원의 역사를 이루어 오셨다. 전능하신 하나님은 기도 없이도 이루실 수 있다. 그런데 왜 기도해야 하는가? 하나님은 인격적인 분으로 인간에 자유의지를 주셨기 때문이다. 하나님 입장에서 기도는 하나님 계획에 대해 인간의 동의를 구하는 것이 된다. 기도 없이 이루신다면 자유의지를 주신 의미가 없게 된다. 기도가 하나님 계획, 하나님 사명을 이루는 통로이다. 모세의 기도가 아말렉을 물리쳤다. 모세가 손을 들면 이스라엘이 이기고 손을 내리면 아멜렉에 졌다. 모세의 손이 내려오지 않도록 아론과 훌이 양손을 받침으로써 전쟁에 승리했다(출애굽기 18:9-13). 모세의 손이 위대한 것이 아니라 기도할 때 응답하신 하나님 은혜와 능력이 위대하시다. 사무엘의 기도가 블레셋을 물리쳤다. 사무엘이 온 백성을 미스바에 모으고 죄를 회개하며 금식 기도하고 온전한 번제를 드렸을 때 하나님이 우뢰를 발하여 블레셋을 물리치셨다.

사무엘은 백성들의 요구로 사울을 왕으로 세웠지만, 사울이 하나님을 거역하자 고향 라마나욧으로 돌아와 죽는 날까지 '기도를 쉬는 죄'를 범하지 않았다. 기도하는 사람이 사명자이다. 사무엘이 기도하는 곳에 성령의 능력이 임했다. 사무엘의 기도가 다윗을 살렸다. 사울이 다윗을 잡으러 라마나욧에 왔지만 성령에 취해 되돌아갔다. 기도의 능력, 성령의 능력을 체험한 다윗은 더욱 하나님을 의지하는 영성의 사람이 되었지만, 사울은 그 반대가 되었다. 회개하지 않은 사울, 기도하지 않은 사울은 사무엘이 죽은 후 말씀이 침묵되자 하나님 대신 무당을 찾아가는 등 패역한 길로 나아가 파멸했다.

○ 중보기도 할 때 하나님 나라가 확장된다.

(출애굽기 32:32) 그러나 이제 그들의 죄를 사하시옵소서 그렇지 아니하시오면 원하건대 주께서 기록하신 책에서 내 이름을 지워 버려 주옵소서

하나님은 중보기도에 기뻐 응답하신다. 중보기도는 하나님 아버지 마음의 기도이다. 모세가 시내산에서 하나님으로부터 십계명을 받아오는 동안 이스라엘 백성들은 금송아지 우상을 만들었고, 화가 난 모세는 십계명 돌판을 던져 깨뜨렸다. 하지만 모세는 목숨을 걸고 하나님께 백성들을 위해 중보했다. 하나님은 모세의 중보기도를 들으시고 백성들을 용서하셨다. 십계명 두 돌판을 다시 써 주셨다. 마가복음 2장에는 중풍병자의 네 친구들이 지붕에 올라가 기와를 벗기고 병자를 침상채 달아내렸을 때 예수님은 친구들의 믿음을 보시고 중풍병자를 고쳐주셨다. 친구들이 병자를 달아내린 줄은 중보기도의 줄이다.

초대교회 때 야고보는 헤롯에 의해 제일 먼저 순교 당했다. 다음 타깃으로 베드로가 감옥에 갇혔고, 성도들이 마가의 집에 모여 뜨겁게 중보기도 했을 때 쇠사슬이 풀리고 옥문이 열리는 기적이 일어났다(사도행전 12장). 중보기도는 사람을 살리는 힘이 있다. 긍휼한 마음으로 다른 사람을 위해 중보할 때 영혼이 살아나 생명을 얻는다. 하나님의 능력은 기도를 통해 얻는다. 의인의 기도는 역사하는 힘이 크다(야고보서 5:16). 의인은 누구인가? 하나님 앞에 의롭다 여김을 받은 사람, 복음을 영접하여 의롭게 된 믿음의 사람이다. 예수님을 구주로 영접할 때 누구나 의인이 된다. 구원의 은혜를 깨닫는다면 다른 사람을 위해 중보기도하게 된다.

6장 하나님 능력은 말씀의 능력이다. 하나님께 순종은 말씀의 순종이다.

○ 인간은 영적 존재이다. 말씀을 깨닫고 따르는 것이 영성이다.

　하나님은 말씀으로 천지를 창조하셨다. 천지 창조의 시작은 빛이었다. 빛이 있기 전에 말씀이 있었다. 세상이 공허한 흑암 속에 있을 때 하나님은 말씀으로 빛을 창조하셨다(창세기 1:1-5). 말씀의 능력은 창조의 능력이다. 말씀이 생명의 원천이다. 인간은 하나님 영을 지닌 영적 존재로, 영의 양식인 말씀을 먹어야 영적으로 산다. 하나님 자녀의 정체성은 말씀의 순종이다. 말씀을 깨닫고 따르는 것이 영성이다. 영적 무장은 말씀의 무장이다. 하나님을 믿는 것은 말씀을 믿는 것이다. 말씀을 거부하는 것은 하나님을 거역하는 것이 된다. 아담이 하나님 음성을 듣고 동산 나무 사이에 숨었다(창세기 3:8). 죄의 본질은 하나님을 피하는 것, 말씀을 따르지 않는 것이다. 말씀을 따를 때 하나님 형상, 하나님 성품을 닮아가게 된다. 예수님은 말씀이 육신이 되어 이 땅에 오셔서 말씀을 실체, 말씀의 능력을 보여주셨다.

　하나님은 타락한 인간이 하나님 형상을 회복하도록 아브라함을 택하시고 언약을 맺으셨다. 말씀을 지킬 때 축복하시고, 안 지킬 때 저주하신다는 언약이다. 언약백성은 말씀을 따르는 백성이다. 하나님 자녀는 말씀을 따르는 자녀이다. 말씀이 생명이요 능력이다. 엘리야는 갈멜산 전투의 승리 후 이세벨이 죽이려고 하자 광야로 내려가 로뎀 나무 아래서 죽기를 간구했지만, 하나님은 어루만지시며 떡과 물을 주셨다. 떡은 말씀이고 물은 성령의 생수이다. 새 힘을 얻은 엘리야는 사십 주 사십 야를 가서 하나님의 산 호렙에 이르러 하나님 앞에 서게 되었다. 크고 강한 바람이 산을 가르고 바위를 부수었다. 바람 후에 지진이 있었고 지진 후에는 불이 있었다. 놀라운 기적들이 일어났지만, 하나님은 계시지 않았다. 기적 후에 세미한 소리가 들렸다. 하나님은 세미한 소리, 말씀으로 엘리야에게 나타나셨다. 엘리야는 하나님 음성, 말씀을 듣고 다시 힘을 얻어 사명자로 서게 되었다(열왕기상 19장).

○ 말씀은 생명력이 있다. 거듭남은 말씀의 생명력을 회복하는 것이 된다.

(시편 105:18-19) 그의 발은 차꼬를 차고 그의 몸은 쇠사슬에 매였으니/ 곧 여호와의 말씀이 응할 때까지라 그의 말씀이 그를 단련하였도다
(에스겔 37:4-10) 또 내게 이르시되 너는 이 모든 뼈에게 대언하여 이르기를 너희 뼈들아 여호와의 말씀을 들을지어다… 내가 생기를 너희에게 들어가게 하리니 너희가 살아나리라… 인자야 너는 생기를 향하여 대언하라… 생기야 사방에서부터 와서 이 죽음을 당한 자에게 부어서 살아나게 하라 하셨다 하라. 이에 내가 그 명령대로 대언하였더니 생기가 그들에게 들어가매 그들이 곧 살아나서 일어나 서는데 극히 큰 군대더라

하나님은 말씀으로 인간을 창조하셨다. 태초에 하나님이 흙으로 인간을 빚으신 것도 말씀이었고 생기를 코에 불어넣으신 것도 말씀이었다. 영적 생명은 살아있는 말씀에 있다. 말씀의 능력은 생명 창조의 능력, 생명을 살리고 회복시키시는 하나님의 능력이다. 예수님은 말씀으로 병을 고치셨고, 죽은 사람을 살리셨다. 말씀을 깨닫고 말씀의 감동이 있을 때 영적 생명이 살아난다. 고난을 받는다고 믿음이 단련되는 것이 아니다. 말씀이 없는 고난은 고통일 뿐이다. 말씀이 없다면 미움과 분노, 원망과 좌절 속에 몸만 망가질 뿐이다. 요셉은 억울한 누명으로 감옥에 갇혔지만, 요셉의 믿음이 단련된 것은 발이 차꼬에 묶이고 몸이 쇠사슬에 매인 고난이 아니라 말씀이었다. 말씀이 그를 단련시켰고, 어려움을 이기게 하였고, 미래를 준비시켰다. 하나님은 요셉이 감옥에서 애굽의 정치를 배우게 하셨고, 때가 차서 애굽의 총리가 되게 하셨다.

하나님은 에스겔에게 말씀으로 죽은 뼈들에 살이 붙고 생기가 들어가 살아나서 큰 군대를 이루는 환상을 보여주셨다. 창세기 하나님이 말씀으로 인간을 창조하시고 생기를 불어넣으신 모습을 재현해 보이심으로 이스라엘이 바벨론 포로에서 회복될 것임을 보여주셨다. 죽은 생명도 말씀의 생기가 들어가면 살아난다. 말씀에는 하나님의 생기가 들어 있다. 말씀을 깨닫고 말씀이 내 안에 살아 움직일 때 하나님의 능력, 말씀의 생명력이 살아난다. 말씀으로 하나님과 교통하며 하나님의 생기를 호흡할 때 영적 생명이 살아난다. 거듭남은 말씀의 생명력 회복이다. 구약 성소 안의 떡상은 말씀을 의미한다. 성소 안에는 교회를 상징하는 금촛대, 기도를 상징하는 분향대, 말씀을 상징하는 떡상이 있었다. 그 중에서 떡상의 높이가 가장 낮았다. 겸손히 말씀을 받아야 함을, 내 생각을 죽이고 말씀에 순종해야 함을 보여준다. 하나님을 떠난 삶은 말씀을 떠난 삶이다.

○ 기적이나 표적이 아닌 말씀을 구해야 한다.

(누가복음 4:25-27) 엘리야 시대에 하늘이 삼 년 육 개월간 닫히어 온 땅에 큰 흉년이 들었을 때에 이스라엘에 많은 과부가 있었으되/ 엘리야가 그 중 한 사람에게도 보내심을 받지 않고 오직 시돈 땅에 있는 사렙다의 한 과부에게 뿐이었으며/ 또 선지자 엘리사 때에 이스라엘에 많은 나병환자가 있었으되 그 중의 한 사람도 깨끗함을 입지 못하고 오직 수리아 사람 나아만이었느니라

엘리야 시대, 우상을 섬기는 이스라엘에 하나님은 삼 년 육 개월간 비를 내리지 않으셨다. 온 땅에 흉년이 들어 헐벗고 굶주린 많은 과부들이 있었지만, 하나님 말씀이 시돈 땅의 사르밧 과부에게 임했다. 하나님 명령에 따라 엘리야가 사르밧 과부에게 갔을 때 그녀는 '나와 내 아들을 위해 음식을 만들어 먹고 그 후에는 죽으리라' 했지만, 엘리야는 '먼저 그것으로 나를 위하여 떡 한 개를 만들어 내게로 가져오고 그 후에 너와 네 아들을 위하여 만들라' 했다. 사르밧 과부가 말씀에 순종하였더니 통에 가루가 떨어지지 않았고 병의 기름이 없어지지 않았다(열왕기상 17:8-16). 엘리사 시대에 많은 문둥병자가 있었지만 고침받은 사람은 말씀에 순종한 나아만 뿐이었다. 나아만은 아람국(수리아)의 군대장관이었지만 이스라엘에서 잡혀 온 여종의 말을 듣고 엘리사에게로 갔고, '요단강에 내려가 몸을 일곱 번 씻으라'는 말씀에 순종한 결과 문둥병이 깨끗하게 나았다(열왕기하 5:9-14).

두 사례를 들어 예수님은 말씀이 생명임을, 믿음의 본질임을 보여주신다. 말씀을 믿고 순종할 때 하나님의 능력이 나타난다. 말씀보다 더 큰 능력, 말씀 이상의 표적이 없다. 신비한 체험이나 기적은 신앙의 본질이 아닌 말씀의 능력이 나타난 현상일 뿐이다. 말씀 이외의 특별한 기적이나 표적이 불필요하다. 하나님 음성은 신비로운 기적이나 환상이 아니라, 말씀을 통해서 얻는다. 두 사례의 주인공은 이방인이었다. 구원의 은혜는 이스라엘에 국한되지 않음을 보여주신다.

7장 믿음으로 의롭게 된다. 믿음의 궁극적 목적은 하나님의 성품을 닮는 성화이다.

1. 구원의 믿음

○ 하나님의 의, 예수님 십자가 대속의 복음을 믿을 때 구원을 받는다.

(로마서 5:8) 우리가 아직 죄인 되었을 때에 그리스도께서 우리를 위하여 죽으심으로 하나님께서 우리에 대한 자기의 사랑을 확증하셨느니라
(에베소서 2:8) 너희는 그 은혜에 의하여 믿음으로 말미암아 구원을 받았으니 이것은 너희에게서 난 것이 아니요 하나님의 선물이라

하나님을 믿는 것은 하나님의 의를 믿는 것, 예수님이 인간의 죄를 대신 지시고 십자가에 달려 죽으신 복음을 믿는 것이다. 복음을 믿을 때 하나님 앞에 의롭게 된다. 하나님 앞에 의인은 믿음의 유무이다. 하나님은 인간에게 자유의지의 축복을 주셨다. 축복으로 받은 자유의지로 하나님 명령을 어긴 것이 아담의 원죄이다. 하나님 구원 섭리의 역사도 인간의 자유의지 때문에 직선이 아닌 곡선의 여정이 되었지만, 궁극적으로 예수님이 오셔서 인간의 죄를 대신하여 십자가에 죽으심으로 하나님의 구원 섭리는 완전하게 이루어졌다. 이제 인간이 자유의지로 해야 할 마지막 책임은 복음을 받아들이고 하나님 자녀 관계를 회복하는 일이다.

구원은 내가 의롭다고 얻는 것이 아니라, 하나님 열어주신 길을 내가 받아들이는 것, 하나님 사랑과 은혜에 붙들리는 것이다. 인간은 영적 갈망, 영원한 하나님 품에 대한 그리움이 있다. 영혼이 하나님께로서 왔고, 하나님께로 돌아가야 하기 때문이다. 구원은 하나님 품으로 돌아가는 인간의 본질적인 근원적 문제이다. 복음을 영접하고 하나님 관계를 회복하지 않고서는 영적 갈망을 해소할 수 없다. 사람이 배가 고프면 먹을 것을 찾는다. 굶어죽을 지경이면 돼지가 먹는 쥐엄나무 열매라도 먹는다. 이도저도 할 수 없는 상황이 되면 하나님을 찾게 된다. 누가복음 13장의 탕자는 돼지가 먹는 쥐엄나무 열매를 먹다가 아버지 종이라도 되고자 아버지께로 돌아왔지만, 아버지는 자녀의 권세를 회복시켰다. 지금 온 인류가 영적으로 탕자와 같은 상황이 되었다. 하나님 품으로 돌아가지 않고서는 해결할 길이 없다.

○ 믿음은 바라는 것의 실상이요 보이지 않는 것의 증거이다.

(히브리서 11:1-3) 믿음은 바라는 것들의 실상이요 보이지 않는 것들의 증거니/ 선진들이 이로써 증거를 얻었느니라/ 믿음으로 모든 세계가 하나님의 말씀으로 지어진 줄을 우리가 아나니 보이는 것은 나타난 것으로 말미암아 된 것이 아니니라

믿음은 바라는 것을 이루게 하는 받침대이자 통로이다. 믿음으로 바라는 것이 실제가 된다. 믿음은 보이지 않는 하나님 약속의 말씀을 믿는 것이다. 믿음이 있을 때 하나님의 약속이 이루어진다. 하나님은 우리를 축복하시기 위해 믿음을 요구하신다. 믿음이 하나님 축복을 받는 비결이다. 사람에게는 두 종류의 눈이 있다. 보이는 것을 보는 육신의 눈과 보이지 않는 것을 보는 믿음의 눈, 영적인 영안이다. 육신의 눈에 보이는 것을 믿을 때 우상이 된다. 보이는 것은 영원한 소망이 될 수 없다. 보이지 않는 약속의 말씀이 인간에게 가장 축복이요 소망이 된다.

육신의 눈은 부정확하다. 젓가락을 물에 넣으면 구부러져 보인다. 태양이 동쪽에서 떠서 서쪽으로 지는 것 같지만 태양은 그대로 있고 지구가 돈다. 보이지 않는 것을 볼 수 있는 사람이 지혜로운 사람이다. 찬송가 384장 '나의 갈 길 다가도록 예수 인도하시니'를 지은 훼니 크로스비(Fanny J. Crosby, 1820-1915)는 태어난 지 6개월 때 다른 사람의 실수로 앞을 못 보게 되었다. 육신의 눈은 못 보지만 어려서부터 할머니가 들려주는 성경이야기를 듣고 영적 눈으로 하나님을 보았고, 기도하는 중에 9,000여 편에 달하는 찬송시를 썼다. 믿음은 보이지 않는 것을 보며 증거한다. 믿음이 하나님을 기쁘시게 한다. 가장 능력 있는 사람은 믿음의 사람이다. 믿음이 인간을 위대하게 한다. 하나님 형상으로 창조된 인간은 무한한 가능성을 지니고 있다. 그 가능성을 이루게 하는 통로가 믿음이다.

○ 믿음과 행위는 별개가 아니다. 행함으로 믿음이 온전하게 된다.

(요한복음 14:11) 내가 아버지 안에 거하고 아버지께서 내 안에 계심을 믿으라 그렇지 못하겠거든 행하는 그 일로 말미암아 나를 믿으라
(야고보서 2:26) 영혼 없는 몸이 죽은 것 같이 행함이 없는 믿음은 죽은 것이니라

예수님은 행위로서 하나님을 보여 주셨고, 하나님과 동일체이심을 증거하셨다. 제자 빌립이 '하나님을 보여주소서' 했을 때 예수님은 **"내가 행하는 일을 보고 나를 믿으라"** 하셨다. 예수님은 사랑을 실천하셨다. 십자가 대속으로 구원을 받았다면 삶의 열매로 나타나야 한다. 하나님 자녀로 회복되었다면 신분에 맞는 옷을 입어야 한다. 예수님 사랑, 구원의 은혜에 감격한다면 그 사랑에 물들어 변화하게 된다. 구원을 받으면 죄를 지어도 천국에 간다고 믿는다면 복음에 대한 심각한 오해이다. 하나님은 죄와 공존하실 수 없다. 죄가 있는 곳은 떠나신다. 복음은 단순한 천국의 티켓이 아니라, 천국을 이룰 수 있는 능력을 부여받는 것이다. 죄에서 자유함이란 죄를 계속 지어도 용서받는 자유함이 아니라 죄의 구속을 벗어나는 자유함이다. 믿기만 하면 천국에 가는 것이 아니라, 죄를 짓지 않기에 천국이 되는 것이다. 천국은 가는 개념이 아니라 이루는 개념이다.

한번 구원받으면 영원히 구원받는다는 구원파가 거리낌 없이 죄를 짓도록 잘못 인도한다. 구원의 은혜만 강조하고 행위와 실천은 따르지 않는다면 이단인 구원파와 다름이 없다. 행동으로 고백 되지 않는 신앙, 변화가 없는 신앙은 죽은 신앙이다. 죗값을 갚아주었다고 죄책감도 없이 죄를 짓는다면 구원이 아니다. 기독교는 실천적 종교, 하나님 형상과 성품을 닮아가는 종교이다. 말씀과 성령의 능력으로 죄에서 벗어날 때 진정한 구원이 된다. 예수님의 사랑과 긍휼, 섬김과 희생을 실천할 때 예수님의 증인이 된다.

2. 성화로 나아가는 믿음

○ 구원은 하나님 자녀로의 인치심이다. 성령의 보증하심과 중보하심, 죄에서 견인하심이다.

(요한복음 10:28-29) 내가 그들에게 영생을 주노니 영원히 멸망하지 아니할 것이요 또 그들을 내 손에서 빼앗을 자가 없느니라/ 그들을 주신 내 아버지는 만물보다 크시매 아무도 아버지 손에서 빼앗을 수가 없느니라
(에베소서 1:13) 그 안에서 너희도 진리의 말씀 곧 너희의 구원의 복음을 듣고 그 안에서 또한 믿어 약속의 성령으로 인치심을 받았으니

복음을 받아들이는 것은 하나님 자녀로의 인치심이다. 성령은 구원의 보증하심이다. 한번 구원을 받으면 구원이 상실되지는 않는다. 하나님 자녀로, 성령으로 인치셨기 때문이다. 아무도 하나님 자녀의 위치를 빼앗을 수 없다. 그렇다고 죄를 짓고 계속 용서를 받으면 된다는 의미가 아니다. 예수님을 구주로 고백하는 것은 구원의 끝이 아니라 시작이다. 구원의 종착점은 하나님 형상의 회복, 하나님 성품을 닮은 성화이다. 궁극적으로 죄를 짓지 않는 것이 구원의 목적이다. 성령은 말할 수 없는 탄식으로 죄에서 돌이키기를 간구하신다. 죄를 짓고 평안을 누리는 방법은 없다. 성령의 음성에 마음이 찔리기 때문이다. 성령은 죄에서 벗어날 때까지, 죄가 소멸될 때까지 우리를 위해 간구하신다.

하나님은 구원받은 자녀의 죄를 더욱 아파하시며 죄에서 견인하신다. 구원은 죄수의 옷만 갈아입는 단순한 치장이나 장식품이 아니라 실제로 하나님 성품을 닮은 자녀가 되는 것이다. 하나님 의는 의인이어서 구원을 받는 것이 아니라, 구원을 받음으로써 의로운 사람이 되는 의미다. 복음의 능력은 '의롭다 함을 얻는 칭의'만이 아니라 실제로 의롭게 되는 능력이다. 구원받은 후의 회개는 성화의 과정이 된다. 성화의 과정이기에 죄를 지어도 구원이 유효한 것이다. 세상 사람들에게는 믿음을 속일 수 있지만, 그러한 믿음으로 하나님 앞에 설 수는 없다. 세상 사람들이 두려운 것이 아니라 내 안에 자라는 죄의 씨앗, 하나님께 불순종이 두려운 것이다. 두렵고 떨리는 마음으로 구원을 이루어야 한다.

○ 죄의 깨달음과 회개

(누가복음 5:3-11) 예수께서 한 배에 오르시니 그 배는 시몬의 배라··· 배에서 무리를 가르치시더니··· 시몬에게 이르시되 깊은 데로 가서 그물을 내려 고기를 잡으라··· 그렇게 하니 고기를 잡은 것이 심히 많아 그물이 찢어지는지라··· 시몬 베드로가 이를 보고 예수의 무릎 아래에 엎드려 이르되 주여 나를 떠나소서 나는 죄인이로소이다··· 예수께서 시몬에게 이르시되 무서워하지 말라 이제 후로는 네가 사람을 취하리라 하시니/ 그들이 배들을 육지에 대고 모든 것을 버려 두고 예수를 따르니라
(신명기 10:16) 그러므로 너희는 마음에 할례를 행하고 목을 곧게 하지 말라

누가복음 5장의 본문은 예수님이 베드로를 선택하는 장면, 제자들이 배를 버리고 예수님을 따르는 장면이다. 예수님은 시몬 베드로의 배에 올라 말씀을 전하셨다. 고기 잡는 배가 설교 강대상이 되었다. 배의 주인이 바뀌었다. 예수님은 '배의 주인이 네가 아니다' 말씀하신다. **'깊은 데로 가서 그물을 내리라'** 하셨다. 깊은 곳은 어디인가? 내면의 깊은 곳, 숨겨지고 감추어진 죄, 불안과 두려움의 실체이다. 해가 뜬 낮에는 고기가 잘 잡히지 않지만, 그물이 찢어질 정도로 잡혔다. 내면의 죄성 덩어리가 드러난 것이다. '주여 떠나소서 나는 죄인이로소이다' 베드로는 예수님을 주님으로 고백했다. 죄로 가득한 내면의 실체를 보고 무릎을 꿇고 죄를 고백했다. 예수님은 '**이후로는 네가 사람을 취하리라**' 하셨다. 죄의 고백, 심령의 변화는 다른 사람을 감동시킨다. 다른 배도 불러 가득 차게 고기를 실었다. 다른 배의 사람들도 죄성에 놀라며 찔림을 받고 죄를 회개했다. 예수님을 만나면 변화된다.

회개는 마음의 할례이다. 생각과 마음을 돌이키는 결단이다. 할례는 표피를 자르는 것이다. 돌이킴의 회개는 살점을 끊어내는 것과 같은 아픔이 있다. 회(悔, 후회)만 있고 개(改, 돌이킴)가 없다면 하나님 마음을 더욱 아프시게 한다. 죄를 지을 때마다 회개하고 돌이켜야 한다. 구원받은 사람의 첫 번째 증거가 은혜의 눈물, 회개의 눈물이다. 통렬한 회개의 눈물을 통해 성품이 변화된다. 구원은 값싼 은혜가 아니다. 너무도 크고 놀라운 은혜이기에 값을 매길 수 없다. 구원을 받고도 변화가 없다면 값싼 구원, 구원의 은혜를 값없게 여기는 것이 된다. 죄의 종이었을 때에는 자유롭게 죄를 지었지만, 구원을 받은 후에는 그럴 수가 없다. 죄의 고백만으로는 기쁨을 누릴 수 없다. 죄에서 벗어날 때 구원의 기쁨을 누릴 수 있다. 다윗은 죄에 대한 통렬한 회개로 하나님께로 돌아왔다. 다윗의 시편은 죄의 통렬한 고백이자 눈물의 기도이다. 하나님께로 돌아가기 위한 몸부림이자 구원의 기쁨을 달라는 절규이다. 다윗은 죄의 자복과 회개로 날로 새로워져 하나님 마음에 합한 자가 되어 하나님 주시는 기쁨과 평안을 누렸다.

○ 세례의 영적 의미

(사도행전 1:5) 요한은 물로 세례를 베풀었으나 너희는 몇 날이 못되어 성령으로 세례를 받으리라
(고린도전서 10:1-2) … 우리 조상들이 다 구름 아래에 있고 바다 가운데로 지나며/ 모세에게 속하여 다 구름과 바다에서 세례를 받고
(갈라디아서 3:26-27) 너희가 다 믿음으로 말미암아 그리스도 예수 안에서 하나님의 아들이 되었으니/ 누구든지 그리스도와 합하기 위하여 세례를 받은 자는

그리스도로 옷 입었느니라

세례의 영적 의미는 첫째, 죄에 매인 옛사람이 죽고 그리스도 안에서 새롭게 태어나는 것이다. 영적으로 다시 사는 것, 육의 사람에서 영의 사람으로 거듭나는 것이다. 거듭나자면 성령 세례를 받아야 한다. 하나님의 영, 성령이 내 안에 계셔야 새 생명이 된다. 성령이 내 안에 없다면 육의 사람 그대로이다. 하나님 관계의 회복은 성령으로 거듭나는 것, 성령의 지배를 받는 삶이다.

둘째, 죄에 대한 배수진을 치는 것이다. 출애굽 때 홍해를 건넌 것은 민족이 세례를 받은 것이었다. 바다가 갈라져 건넌 후 바닷물이 채워져 애굽으로 다시 돌아갈 수 없게 되었다. 세례를 받으면 죄의 종살이로 다시 돌아갈 수 없다. 구원을 받았다면 변화되어 목적지인 가나안에 들어가야 한다. 출애굽은 노예에서 자유함을 얻기 위함이었다. 자유함은 죄에서 자유함이다.

셋째, 그리스도 옷을 입는 것이다. 옷은 신분을 표시한다. 그리스도 옷은 하나님 자녀로의 신분의 변화이다. 세상 잔치에도 호스트가 정하는 옷을 입는다. 하물며 천국의 혼인 잔치에 하나님이 정해주신 구원의 옷, 의의 옷을 입지 않을 수 없다. 의의 옷은 옳은 행실, 하나님 성품을 닮은 변화이다. 그리스도의 옷은 예수님과의 연합이다. 옷에 대한 긍지와 품위를 지녀야 한다. 옷에 맞는 말과 행동이 따라야 한다. 연합은 소속감이다. 내 마음대로 하지 않고 예수님 뜻을 따르는 것이다. 연대감이다. 예수님과 함께 죄와 싸우는 것, 예수님 멍에를 함께 지며 예수님처럼 섬기고 희생하는 것이다. 동질감이다. 예수님과 같은 사랑과 긍휼의 마음, 같이 아파하고, 같이 즐거워하는 마음이다.

○ 구원의 완성은 실제 의인답게 사는 것, 성품이 변화하여 하나님 형상을 닮는 성화이다.

(마태복음 7:20-21) 이러므로 그들의 열매로 그들을 알리라/ 나더러 주여 주여

하는 자마다 다 천국에 들어갈 것이 아니요 다만 하늘에 계신 내 아버지의 뜻대로 행하는 자라야 들어가리라
(요한일서 3:9) 하나님께로부터 난 자마다 죄를 짓지 아니하나니 이는 하나님의 씨가 그의 속에 거함이요 그도 범죄하지 못하는 것은 하나님께로부터 났음이라
(빌립보서 2:5) 너희 안에 이 마음을 품으라 곧 그리스도 예수의 마음이니

　믿음의 열매는 성품의 변화이다. '아버지 뜻대로 행하는 자'는 하나님 마음과 하나 되는 사람, 성품이 변화되어 하나님을 닮은 성화 된 사람이다. 구원받은 후에 해야 할 가장 중요한 일은 하나님 성품을 닮는 성화이다. 하나님 자녀로 옷만 갈아입고 변화가 없다면 구원받은 상태가 아니다. 성품의 변화는 평생의 훈련도 부족하다. 생각이 변해 행동이 되고, 행동이 쌓여 습관이 되고, 습관이 쌓여 성품이 된다. 성품의 훈련은 예수님을 닮아가는 훈련, 사랑과 긍휼, 겸손한 섬김, 정직하고 신실함의 훈련이다. 예수님을 사랑할 때 예수님을 닮아가게 된다. 그리스도인의 최종 목적지는 하나님 품이다. 하나님 품에 안기자면 하나님 마음, 하나님 성품을 닮아야 된다. 하나님은 죄와 공존하실 수 없으시기에 죄를 이겨야 하나님 품에 안길 수 있다.
　타락된 인간의 몸은 죄에 최적화되어 있다. 내 의지로 죄에서 벗어날 수 없다. 성령의 지배로 죄에서 벗어날 수 있다. 구원의 확실한 증거는 몸의 용도가 바뀌는 것이다. 죄짓는 도구였던 몸이 예배에 적합한 몸, 하나님과 친밀히 교통하며 하나님께 쓰임을 받는 몸으로 변화되는 것이다. 우리 몸은 하나님 거하시는 성전으로 창조되었다. 죄를 벗어나야 하나님 거하시는 성전으로 회복된다. 믿음은 성품으로 열매를 맺고 성품은 태도와 행실로 나타난다. 태도와 행실이 변하지 않고, 시기 질투하며 남을 짓밟고 이기려 한다면, 내 욕심을 채우려고 수단과 방법을 가리지 않는다면 복음을 믿는 것이 아니라, 다윈의 진화론을 믿는 실천적 무신론자가 된다. 복음의 본질, 믿음의 본질은 예수님 마음을 품어 성품이 변화하여 의롭게 되는 것, 하나님 성품을 닮아가는 성화이다.

마틴 루터(1483-1546)는 "그리스도인은 믿음이 완성된 상태가 아니라 완성되어 가는 과정에 있다. 구원받은 후는 더욱 통렬한 회개를 통해 성화 되어야 한다"고 했다. 영국의 청교도 신학자 존 오웬(1616-1683)은 "그리스도인의 생명과 평안은 칭의로 말미암은 것이 아니라 성화의 과정을 통해 얻어지는 믿음의 열매, 성령의 도움으로 죄를 이기고 영원한 기쁨을 얻게 되는 영적인 선물이다"고 했다. 감리교 창시자 요한 웨슬리(1703-1791)는 "죄를 회개하며 주님을 영접하는 구원의 믿음은 대문을 열고 들어가는 것이고, 성화의 믿음은 안방까지 들어가는 것"이라 했다. 성화가 믿음의 본질이며 구원의 완성이다. 구원이 죄를 탕감받는 칭의 곧 하나님 자녀로의 신분의 변화라면, 성화는 실제 의인답게 사는 것, 하나님 형상으로의 성품의 변화이다. 믿음의 기적, 신앙의 기적은 성품이 하나님을 닮는 성화의 기적이다. 다른 기적을 구하기 전에 성품이 변화하도록 기도해야 한다.

3. 하나님은 믿음 위에 역사하신다. 믿음을 훈련시켜 구원의 역사를 이루어 오셨다.

○ 예수님은 제자들의 작은 믿음을 책망하시며, 믿음이 있을 때 불가능이 없다고 말씀하셨다.

(마태복음 17:17-20) 믿음이 없고 패역한 세대여 내가 얼마나 너희와 함께 있으며 얼마나 너희에게 참으리요 그를 이리로 데려오라/ 이에 예수께서 꾸짖으시니 귀신이 나가고 아이가 그 때부터 나으니라/ 제자들이 우리는 어떻게 쫓아내지 못하였나이까/ 너희 믿음이 작은 까닭이니라. 너희에게 믿음이 겨자씨 한 알 만큼만 있어도 이 산을 명하여 저기로 옮겨지라 하면 옮겨질 것이요 또 너희가 못할 것이 없으리라

예수님은 믿음이 없고 패역한 세대를 보시고 한탄하셨다. 믿음이 없고 패역한 세대는 귀신들린 아이를 포함한 무리를 지칭한 말씀이다. 무리는 목적을 위해 쫓는 사람들, 목적을 이루면 예수님을 떠나는 사람들이지만, 제자는 예수님을 따르며 예수님을 증거하는 사람들이다. 예수님은 귀신을 쫓아내지 못하는 제자들을 책망하셨다. 제자들은 믿음이 있었지만 작은 믿음이었다. 예수님은 믿음의 능력을 보여 주셨지만, 제자들의 믿음은 실제가 되지 못했다. 믿음은 생명력이 있어 자라난다. 병이 낫고, 귀신을 쫓아내고, 물 위를 걷고, 물맷돌로 골리앗을 죽이는 기적이 중요한 것이 아니라 믿음이 중요하다. 믿음이 있을 때 이 모든 기적이 일어난다. 믿음의 능력은 하나님의 능력이다. 하나님은 믿음 위에 역사하신다.

○ 믿는 자에게 고난은 감추어진 축복이다. 믿음의 훈련이자 연단이다.

(로마서 8:17-18) 자녀이면 또한 상속자 곧 하나님의 상속자요 그리스도와 함께 한 상속자니 우리가 그와 함께 영광을 받기 위하여 고난도 함께 받아야 할 것이니라/ 생각하건데 현재의 고난은 장차 우리에게 나타날 영광과 비교할 수 없도다
(야고보서 1:2-3) 내 형제들아 너희가 여러 가지 시험을 당하거든 온전히 기쁘게 여기라/ 이는 너희 믿음의 시련이 인내를 만들어 내는 줄 너희가 앎이라

인생에는 고난이 없을 수 없다. 고난이 없는 열매는 없다. 세상적 고난과 상처는 마귀의 사냥감이지만, 믿음 안에서는 진주로 변화되는 연단이 된다. 조개가 물을 빨아들일 때 모래나 이물질이 들어와 연한 속살에 상처가 생기면 콘키올린이라는 탄산칼륨이 분비되어 상처를 감싼다. 오랜 세월 동안 콘키올린이 감싸고 응고되어 만들어진 것이 진주이다. 그리스도인은 세상의 죄와 오염된 것들을 품고 녹여 마음의 진주를 만들어내는 사람들이다. 그것은 말할 수 없는 고난과 아픔이지만, 믿음의 밭을 일구는 축복의 바탕이 된다. 고난이 결과일 때는 불행하지만, 과정일 때에는 기쁨과 소망, 능력이 된다. 과정임을 안다면 고난을 기쁨으로 이기게 된다. 하나님은 시험과 고난을 통해 믿음을 단련시키신다. 하나님은 자녀를 사랑하시기에 하나님 성품, 하나님 형상이 빚어질 때까지 우리를 단련시키신다. 그리스도인의 고난에는 하나님의 숨겨진 뜻이 있다. 야곱이 에서를 피해 도망갈 때, 가장 힘들고 외로울 때 벧엘의 하나님을 만났다. 요셉이 억울한 누명으로 감옥에 갇혔을 때 임마누엘의 하나님을 체험했다. 고난과 어려움이 없다면 하나님 은혜와 사랑, 하나님의 능력을 모르게 된다. 모든 것이 내 힘으로 이룬 양 교만하게 된다. 하나님께 쓰임받은 인물들은 광야 훈련을 받았다. 광야는 하나님 없이 살 수 없는 곳, 하나님만을 의지하는 곳이다. 하나님은 아브라함을 고향 친척 아비 집을 떠나 평생 광야 길을 걷게 하셔서 믿음의 조상이 되도록 하셨다. 모세의 혈기가 왕성했을 때 미디안 광야로 보내서서 40년 동안 양을 치며 하나님만을 의지하는 겸손과 순종의 사람이 되게 하셨다.

8장 지성을 넘어 영성으로

1. 성령을 받는 것은 인간의 특권이자 의무이다.

○ 예수님 십자가 대속으로 성령을 받게 되었다. 예수님은 '성령을 받으라' 명령하셨다.

(요한복음 3:5-8) … **사람이 물과 성령으로 나지 아니하면 하나님 나라에 들어갈 수 없느니라/ 육으로 난 것은 육이요 영으로 난 것은 영이니/ 내가 네게 거듭나야 하겠다 하는 말을 놀랍게 여기지 말라/ 바람이 임의로 불매 네가 그 소리는 들어도 어디서 와서 어디로 가는지 알지 못하나니 성령으로 난 사람도 다 그러하니라**
(요한복음 14:7) **그러나 내가 너희에게 실상을 말하노니 내가 떠나가는 것이 너희에게 유익이라 내가 떠나가지 아니하면 보혜사가 너희에게로 오시지 아니할 것이요 내가 가면 너희에게로 보내리니**
(요한복음 20:22) **이 말씀을 하시고 그들을 향하사 숨을 내쉬며 이르시되 성령을 받으라**

세례 요한은 예수님 사역을 예비하며 물로 세례를 베풀었다. 요한의 물 세례는 죄의 깨달음이었다. 예수님은 성령 세례를 주셨다. 성령 세례는 하나님 자녀로의 거듭남이다. 성령을 받아야 영적으로 거듭난 새 생명, 하나님 형상과 성품을 지닌 하나님의 자녀가 된다. 성령을 받지 못하면 육의 사람 그대로이다. 우리 몸은 하나님 거하시는 성전으로 창조되었다. 성령이 우리 안에 계실 때 성전의 모습을 회복하게 된다. 성령을 받는 것은 인간의 가장 큰 축복이자 능력이다. 영적 부흥은 성령의 부흥, 성령 충만이다. 성령 충만할 때 죄에서 벗어나 하나님 주시는 참 기쁨과 평안, 샬롬을 누린다. 성령 충만이 예수님이 오신 이유, 교회의 존재 이유이다.
　예수님은 제자들에게 떠나시는 것이 유익하다고 말씀하셨다. 떠나서야 성령을 보내시기 때문이다. 예수님은 제자들과 언제까지나 함께 계실 수는 없었다. 인간의 죄를 대신하여 십자가에 못 박히셔야 하기 때문이었다. 부활하신 예수님은 제자들을 찾아가 **"숨을 내쉬며 성령을 받으라"** 하셨다. 창세 때 하나님께서 흙으로 인간을 빚으시고 코에 생기를 불어넣으신 모습과 같다. 성령은 하나님의 영이다. 하나님, 예수님, 성령님은 동일체이시다. 성령으로 하나님과 교통, 하나님 뜻을 따를 때 하나님 능력이 임한다. 예수님은 승천하시면서 제자들에게 예루살렘을 떠나지 말고 성령을 기다리라고 당부하셨다(사도행전 1:3-4). 제자들이 분부대로 예루살렘을 떠나지 않고 모여서 기도했을 때, 오순절 날 성령이 임했다(사도행전 2:1-3). 예수님은 유월절에 죽으시고 3일 후 부활하셔서 40일을 계셨기에, 승천하신 지 7일째인 오순절(유월절 지나 50일째 날)에 약속하신 성령을 보내셨다. 성령이 바람같이, 불같이 임했다. 성령이 임할 때 악한 영과 죄를 태운다. 주님의 권능이 임해, 복음의 증인이 된다.

2. 성령을 거역하는 것은 죄가 된다. 거듭남은 성령의 열매로 나타난다.

(마태복음 12:31-32) 그러므로 내가 너희에게 이르노니 사람에 대한 모든 죄와 모독은 사하심을 얻되 성령을 모독하는 것은 사하심을 얻지 못하겠고/ 또 누구든지 말로 인자를 거역하면 사하심을 얻되 누구든지 말로 성령을 거역하면 이 세상과 오는 세상에서도 사하심을 얻지 못하리라
(갈라디아서 5:22-23) 오직 성령의 열매는 사랑과 희락과 화평과 오래 참음과 자비와 양선과 충성과/ 온유와 절제니 이같은 것을 금지할 법이 없느니라

성령은 하나님의 영이다. 내 생각과 의식 속에 하나님을 가두어둘 수 없다. 성령을 의식적으로 무시하고 의도적으로 훼방한다면 성령을 모독하는 죄가 된다. 구원의 은혜를 값없게 하는 죄, 하나님을 거역하는 죄가 된다. 구원의 궁극적 목적인 하나님 성품을 닮은 자녀로의 회복이다. 병이 낫는 것보다 중요한 것은 하나님 성품의 회복이다. 천국은 하나님 마음과 하나 되는 곳이다. 천국에 들어가지 못한다면 병 고침의 의미가 없다. 병은 고쳐도 죽지만, 영혼은 하나님 품에서 영생해야 한다. 미신도, 귀신도, 사탄도 능력이 있다. 아프게도 하고 병을 낫게도 한다. 하지만 그 속에 인격이 없다. 생명이 없다. 하나님 능력을 그릇되게 탐하고 모방한다. 하나님 나라의 도래를 방해하는 것이 사탄의 목적이다. 성령의 지배를 받을 때, 성령의 열매를 맺을 때 하나님 나라를 이루게 된다.

성령은 보혜사와 인도자가 되신다. 말씀이 생각나게, 말씀을 깨닫게 하신다. 우리 마음이 변하여 하나님 성품을 닮아가게 하신다. 성령은 볼 수 없지만, 열매로 알 수 있다. 성령의 열매는 성령의 지배를 받은 결과 나타나는 성품의 변화이다. 탐욕과 이기심이 배려와 나눔으로 미움과 분노가 사랑과 용서로, 교만과 자랑이 겸손과 낮아짐으로 바뀐다.

하나님 나라는 예수님 사랑으로 용서하고 화해하며, 희생하고 섬기는 나라이다. 성령의 열매를 통해 예수님을 증거한다. 성령의 열매는 은사와는 다르다. 은사는 내적 변화가 없어도 가능하지만 성령의 열매는 내적 변화가 있어야 나타난다. 은사는 사랑이 없어도 가능하지만 성령의 열매는 사랑이 없이는 불가능하다.

성령의 9가지 열매 중 사랑과 희락과 화평은 자신과의 관계, 자신에 대한 변화된 자세이다. 하나님 자녀로서 사랑과 희락, 기쁨과 은혜를 누리는 모습이다. 하나님의 사랑받는 자녀임을 깨달을 때 자신을 사랑하며 다른 사람을 사랑하게 된다. 세상이 주는 일시적 기쁨이 아닌 내면에서 샘솟는 생수, 성령이 주시는 기쁨과 평안을 누리게 된다. 오래 참음과 자비와 양선은 다른 사람과의 관계, 다른 사람에 대한 자세가 된다. 베풂과 나눔, 희생하며 섬기는 자세이다. 공감과 배려, 긍휼한 마음으로 남을 도우며, 다른 사람의 아픔을 위로하고 상처를 치유하는 마음이다. 충성과 온유와 절제는 하나님 관계, 하나님에 대한 자세가 된다. 충성은 한결같은 마음, 변함이 없는 하나님 중심의 삶이다. 온유와 절제는 내 고집과 감정을 꺾는 것이다. 온유와 절제를 통해 하나님께 순종하게 된다.

9장 율법에서 사랑으로

○ 예수님은 율법을 완성하셨다. 율법의 형식에서 율법의 본질인 사랑으로 대체하셨다.

(마태복음 22:37-40) 예수께서 이르시되 네 마음을 다하고 목숨을 다하고 뜻을 다하여 주 너의 하나님을 사랑하라 하셨으니/ 이것이 크고 첫째 되는 계명이요/ 둘째도 그와 같으니 네 이웃을 네 자신 같이 사랑하라 하셨으니/ 이 두 계명이 온 율법과 선지자의 강령이니라

　예수님은 율법의 모든 계명을 사랑으로 대체하셨다. 사랑 안에 모든 율법의 정신이 포함된다. 사랑하면 모든 계명을 실천하는 것이 된다. 예수님은 율법을 폐하려 오신 것이 아니라 완성하려 오셨다. 사랑은 율법의 완성이다. 예수님 주신 첫째 계명 하나님 사랑과 둘째 계명 이웃 사랑은 동일한 내용으로 연결된 개념이다. 한쪽만 지킨다면 가짜가 된다. 하나님을 사랑하면 하나님 마음으로 이웃을 사랑하게 된다. 예배를 잘 드리면서 이웃을 사랑하지 않는다면 예배를 잘못 드리는 것이 된다. 신약은 구약 약속의 성취이다. 율법은 돌판에 새겨졌지만 복음은 심령에 새겨진다. 하나님을 사랑하며 하나님 사랑을 받는 자녀이기에 하나님께 순종한다. 하나님 사랑 안에 있을 때, 예수님 사랑에 물들 때 성품이 변화, 죄에서 벗어나게 된다.

　율법으로부터 해방은 율법을 무시하는 해방이 아니라, 율법의 정신을 온전히 이루는 해방이다. 구약의 제사장은 정결의식을 행하며 병을 진단하고 완치 판정을 내릴 뿐, 병을 치유하는 능력은 없었다. 예수님은 모든 병의 완전한 치유자로 오셨다. 복음은 교리가 아닌, 십자가상의 주님을 만나는 사건이다. 주님 마음이 내 마음, 주님 고통이 내 고통이 될 때 성품이 변화한다. 누가복음 7장 36-50절에는 바리새인 시몬과 죄를 지은 한 여인의 모습이 대비된다. 시몬은 예수님을 초대했지만,

예수님을 사랑하는 마음이 없었다. 경건의 모양만 있을 뿐 능력이 없었다. 죄를 지은 여인은 눈물로 예수님 발을 적시고, 자기 머리털로 닦고 발에 입 맞추고, 자신의 전 재산인 향유 옥합을 부었다. 가엾은 자신의 영혼을 사랑해 주신 주님께, 모두가 비난하는 자신의 죄를 덮어주신 주님께 너무도 고맙고 감사한 마음에서였다. 차마 말도 하지 못하고 눈물을 흘리며 전심으로 섬긴 여인을 예수님은 칭찬하시며 **"네 믿음이 너를 구원하였으니 평안히 가라"** 하셨다.

구약 아가서의 교훈

솔로몬의 아가서는 '세상에서 가장 아름다운 노래, 영어 성경으로 Song of Songs'이다. 순수한 사랑, 지순한 결혼 생활은 어떤 모습인지를, 사랑은 상대방을 얼마나 고귀하게 만들 수 있는지를 아름다운 노래로 가르쳐 준다. 솔로몬은 포도원에서 포도를 가꾸고 양을 치는 볼품없는 술남미 여인을 가장 아름다운 여인으로 노래한다. 자기 몸을 가꾸지 않고 포도원 일에만 충실하는 순박한 모습이 포도원 주인 솔로몬의 마음을 빼앗았다. 사랑은 사랑받는 사람을 존귀하게 만든다. 사랑을 받으면 아름다워진다. 숨겨진 아름다움이 드러난다. 술남미 여인이 아름답게 된 것은 솔로몬의 넘치는 사랑을 받았기 때문이다. 솔로몬은 예수님을 상징한다. 술남미 여인은 예수님 보혈의 피로 새롭게 태어난 교회와 성도들이다.

솔로몬 성전에는 아름다운 여인들이 많았지만, 솔로몬은 순박한 시골 처녀, 술남미 여인을 가장 아름다운 여인으로 노래한다. **"예루살렘의 딸들아 나를 위해 울지 말고 너희와 너희 자녀를 위해 울라"** 하신 예수님 말씀과도 같다. 예루살렘의 딸들은 겉치레의 아름다움을 뽐내는 솔로몬 성전의 여인들이다. 세상에 물든 교회, 세상에 숨어서 죄짓고 거짓말하는 성도들이다. 내가 자격이 있어 구원받은 것이 아니다. 드러나지 않았을 뿐, 감추어진 죄가 얼마나 많은가! 하나님은 우리의 죄를 감추어 주셨다. 우리는 사랑받을 자격이 없는데 사랑을 받았다. 죄 없으신 예수님이 내 죄 때문에 죽으셨다. 죄를 지적받고 혼이 나서 죄를 멀리하는 것이 아니라 하나님 용서의 은혜, 예수님 사랑과 희생에 감격해서 죄를 미워하게 된다.

○ 율법의 행위가 아니라 하나님의 의로, 예수님 십자가 대속으로 의롭게 되었다.

(로마서 3:20) 율법의 행위로 그의 앞에 의롭다 하심을 얻을 육체가 없나니 율법으로는 죄를 깨달음이라
(로마서 4:14-15) 만일 율법에 속한 자들이 상속자이면 믿음은 헛것이 되고 약속은 파기되었느니라/ 율법은 진노를 이루게 하나니 율법이 없는 곳에서는 방법도 없느니라

율법은 언약백성이 하나님을 바르게 섬기도록, 사람 관계를 바르게 하도록 주셨다. 하나님은 사랑이시다. 하나님은 사랑을 주고받으시기 위해 인간을 창조하시고 자녀 삼으셨다. 언약백성은 율법의 뜻을 새기며 하나님을 사랑해야 했지만, 하나님을 사랑하는 마음이 없었다. 율법으로 자신을 돌아본 것이 아니라, 자신의 의를 드러내며 남을 정죄했다. 율법은 죄를 깨닫게 할 뿐, 율법의 행위로 구원받을 수는 없었다. 율법은 지키지 않으면 매를 맞는 종의 영이지만, 복음은 하나님 사랑과 은혜에 감격해서 율법의 정신을 지키는 자녀의 영이다. 종은 주인이 무서워서 일하지만, 자녀는 아버지의 기쁨이 되기 위해 일한다.

지금은 복음의 시대이다. 구원은 복음을 영접하는 길뿐이다. 복음을 받아들이지 않는다면 하나님을 거역하는 죄, 자녀 관계를 영원히 이탈하는 돌이킬 수 없는 죄가 된다. 그리스도인의 책임이 무거운 이유, 땅끝까지 복음을 전해야만 하는 이유이다.

10장 판단, 정죄에서 용서를 통한 평강과 샬롬으로

○ 부활하신 예수님은 제자들에게 먼저 평강, 샬롬을 주셨다. 용서로 배반의 상처를 치유하셨다.

(요한복음 20:19) 이 날 곧 안식 후 첫날 저녁 때에 제자들이 유대인들을 두려워하여 모인 곳에 문들을 닫았더니 예수께서 오사 가운데 서서 이르시되 너희에게 평강이 있을지어다

요한복음 20-21장에는 부활하신 예수님이 제자들에게 샬롬을 주시고, 사명을 회복시키시는 장면이 나온다. 부활하신 예수님은 제자들을 찾아가셔서 먼저 **"평강이 있을지어다"** 세 번이나 반복해서 말씀하셨다. 세 번째는 의심 많은 도마에게 부활하신 몸을 확인시키시며 평강을 주셨다. 평강, 샬롬이 그만큼 중요하기 때문이었다. 제자들에게 샬롬이 없었고, 샬롬이 없다면 사명을 감당할 수 없기 때문이었다. 제자들 내면에는 예수님을 배반한 상처가 있었다. 예수님은 상처와 두려움 속에 있는 제자들에게 먼저 샬롬을 주셨다. 제자들은 3년간이나 예수님을 지켜보며 따랐지만, 샬롬이 없었다. 예수님이 십자가에 달려 죽으시자 두려움에 싸여 도망을 갔다. 예수님은 배반한 제자들을 탓하지 않으시고 용서하셨다. **"평강이 있을지어다"** 는 '용서하노라'와 같다. 용서하지 않으시면 제자들은 죄책감을 벗어날 수 없었기 때문이었다.

예수님은 잡히시기 전날 밤, 제자들이 배반할 것을 아시면서도 제자들 발을 친히 씻으셨다. 예수님은 베드로가 세 번이나 부인할 것을 알고 계셨다. 가룟 유다가 예수님을 팔아넘길 것도 알고 계셨다. 제자들은 부활하신 예수님의 용서와 위로를 받고서도 샬롬을 얻지 못했다. 죄책감을 벗을 수 없었던 베드로는 '나는 물고기 잡으러 가노라' 하며 갈릴리 바다로 나갔다. 상처는 전염된다. 다른 제자들도 따라서 갔다. 갈릴리 바닷가는 베드로가 처음 예수님을 만나 그물을 버리고 예수님을 쫓앉던 곳, '주님만으로 족하며 주님을 떠나지 않겠다'고 다짐했던 곳이다. 하지만 베드로는 예수님을 부인한 배반자가 되어 갈릴리로 돌아왔고 다시 고기잡이에 나섰던 것이다. 밤새 고기를 잡지 못한 제자들에게 예수님은 **"그물을 배 오른편에 던지라"** 하셨고, 제자들은 그물을 들 수 없을 정도로 많은 고기를 잡았다. 육지에 올라와 보니 예수님이 숯불을 피우시고 생선과 떡을 구우시며 제자들을 기다리고 계셨다. 제자들이 변화되기를, 샬롬을 찾아 사명자로 서기를 눈물로 기도하시며 조반을 준비하셨던 것이다. 예수님은 꾸짖지 않으셨다. 사랑과 용서로 사명을 깨닫게 하셨다. 두려움을 이기는 길, 상처를 치유하는 길은 사랑과 용서임을 보여주셨다. 예수님의 끝없는 사랑과 용서에 제자들은 상처가 치유되어 샬롬을 찾았고 사명을 회복했던 것이다.

　예수님은 베드로가 세 번 부인했던 새벽처럼, 새벽에 숯불 앞에서 베드로에게 **"요한의 아들 시몬아 네가 나를 사랑하느냐"** 세 번이나 물으시고 사랑을 확인하신 후, **"내 양을 먹이라"** 사명을 회복시키셨다. 숯불은 베드로에게 배반의 상처였다. 예수님은 베드로의 상처를 씻으시기 위해, 숯불 앞에서 세 번이나 물으셨다. 상처가 더 큰 사명이 되게, 더욱 사명을 감당하는 용기가 되게 하셨다. 예수님은 베드로의 이름을 시몬 갈대에서 반석인 베드로로 바꾸셨지만, 이날은 **"요한의 아들 시몬아"** 부르셨다. 갈대로 돌아간 시몬을 반석의 베드로로 회복시키기 위함이셨다. 예수님은 베드로의 상처를 용서와 사랑으로 치유하심으로써 베드로를 다른 사람의 상처를 치유하는 사명자로 서게 하셨다. 예수님 사랑에 물든 제자들은 땅끝까지 예수님 사랑과 용서의 증인이 되었다.

○ 초대교회 사랑과 용서, 섬김이 로마를 감동시켜 기독교가 국교로 공인되었다.

(마태복음 6:14-15) 너희가 사람의 잘못을 용서하면 너희 하늘 아버지께서도 너희 잘못을 용서하시려니와/ 너희가 사람의 잘못을 용서하지 아니하면 너희 아버

지께서도 너희 잘못을 용서하지 아니하시리라

　예수님은 '우리가 서로 용서해야 하나님도 우리를 용서하신다.' 말씀하셨다. 용서가 하나님 축복을 받는 비결이다. 용서는 자신에게 주는 신령한 선물이다. 용서하지 못하고 미움과 원망 속에 사는 것이 지옥이다. 지옥에서 탈출하는 길은 용서이다. 용서가 상처를 치유하며 마음의 평안, 샬롬을 얻는 길이다. 판단 정죄하는 만큼 평안이 없고, 용서하고 화해하는 만큼 샬롬을 누리는 것이 하나님 나라 원리이다. 증오와 저주, 분노와 복수는 악순환을 낳는다. 용서가 복수보다 크고, 사랑이 정의보다 위대하며, 긍휼이 심판을 이긴다. 비교 판단의 세계에서는 끝없는 다툼이 있지만, 하나님 사랑과 용서의 세계에서는 영원한 평안을 누린다. 판단과 정죄, 심판은 하나님의 영역이다. 하나님 공의를 믿는다면 용서하지 못할 사람이 없다. 하나님은 모든 것을 아시고 갚아주신다. '하나님이 친히 갚으신다'는 말씀이 인간에게 축복이요 위안이 된다.

　기독교는 사랑과 용서, 은혜의 종교이다. 세상은 가해자가 용서의 조건을 충족해야 용서하지만, 기독교는 피해자가 자기희생을 통해 용서의 문을 연다. 초대교회 때 로마에 복음이 뿌리내리게 된 힘은 사랑과 용서의 힘, 겸손한 희생과 섬김이었다. 로마인에게 기독교는 멸시와 조롱의 대상이었다. 구세주로 오신 분은 가난한 자와 병든 자, 고아와 과부의 친구였고, 힘없이 십자가에 달려 죽었다. 힘을 자랑하는 로마인에게 기독교는 어리석은 종교일 수밖에 없었다. 하지만 2-3세기 유럽에 창궐했던 세 차례의 전염병, AD 125년과 164년의 페스트, AD 251년의 천연두가 기독교에 대한 로마의 인식을 바꾸어 놓았다. 로마인의 반이 죽어 나갔고, 두려워 시체도 치우지 못할 때에 기독교인들이 지하 동굴, 카타콤에서 나와 거리의 시체를 치우고 버려진 환자들을 돌보았다. 로마인에게 기독교인은 시체를 치우는 사람들로 불리워졌지만, 예수님 사랑과 용서의 은혜, 겸손한 섬김과 희생은 기적을 낳았다. 로마인들이 감동했고 예수님이 어떤 분이신가를 알게 되었다. 죽은 종교라고 멸시했던 기독교가 살아있는 종교임을, 성경 말씀이 진리임을 깨닫게 되었다. 이에 로마는 AD 313년 기독교를 국교로 공인했던 것이다.

핍박과 박해 속에 부흥했던 기독교가 국교로 공인된 이후 타락의 나락으로 떨어졌다. 사랑과 용서, 희생과 섬김이 사라졌다. 교회가 권위의 상징이 되어 세상에 군림했고, 급기야 면죄부를 팔기까지 타락했던 것이다. 종교개혁으로 기독교가 새롭게 태어났지만, 오늘날 또다시 영적 생명을 잃어가고 있다. 교회가 세상에 동화되어 영성이 사라지고 능력이 사라졌다. 세상 사람들이 교회를 비웃고 있다. 초대교회의 모습을 회복하고 세상 사람들에게 다시 그리스도인으로 불리워지는 일이 오늘날 교회와 성도의 시급한 과제요 시대적 사명이다.

○ 용서에는 아픔과 희생이 따른다.

십자가는 용서의 상징이다. 십자가의 도가 생명을 살린다. 죄 없으신 예수님이 대신 죽으심으로 우리가 하나님 앞에 의롭게 되었다. 인간의 연약함을 아시는 예수님은 베드로의 부인을 연민의 눈으로 바라보셨다. 예수님의 용서는 베드로의 영혼을 울렸다. 그리스도인은 예수님과 연합한 사람들이다. 용서가 예수님과 연합, 예수님 고난에 동참하는 길이다. 베드로는 닭이 세 번 울었을 때 자신의 잘못을 깨달았다. 지금 우리는 닭이 계속 우는데도 깨닫지 못하고 있다. 예수님은 우리를 얼마나 연민의 눈으로 바라보시겠는가! 그리스도인은 화목하게 하는 직분을 받았다. 세상의 화해자, 중보자로 세워졌다. 하나님 나라 회복의 사명을 받았다. 용서할 때 하나님 나라가 회복된다.

참된 용서는 대가를 치루어야 한다. 하나님께 용서를 받았다고 피해를 준 상대방 관계가 회복되지는 않는다. 하나님께 용서를 구하기 전에 피해를 입은 상대방을 찾아가 용서를 구하며 피해를 보상해야 한다. 그래야 하나님이 기뻐하시며 우리를 용서하신다. 가해자는 피해자에게 영원한 죄인이다. 피해자가 용서할 때까지 사죄해야 한다. 영화 '밀양'에서 아들을 유괴해 죽인 범인을 피해자 어머니가 용서의 마음으로 면회를 갔지만, 범인이 '하나님께 용서를 받았다.' 뻔뻔스럽게 말할 때 어머니 가슴이 뒤집어졌다. 범인의 태연하고 편안한 모습이 어머니 가슴에 더욱 상처를 주었고, 어머니를 분노케 했다. 범인을 용서한 하나님, 범인이 믿는 하나님을 믿을 수 없다며 교회를 뛰쳐나왔던 것이다. 이런 뻔뻔스런 모습이 우리의 모습이 아닌지 돌아보게 된다.

○ 용서를 통한 회복과 축복의 사례

악을 선으로 갚은 요셉의 눈물 (창세기 44-46장)

　아버지 야곱의 사랑을 독차지한 요셉을 형들은 시기하여 애굽 노예상에게 은 20냥을 받고 팔았다.(창세기 37장) 요셉은 모든 일에 하나님의 주권을 인정했기에, 하나님의 섭리가 있음을 믿었기에 참고 인내했다. 요셉은 형들의 배신, 보디발 장군 아내의 배신, 술맡은 관원장의 배신 등 상처의 연속이었지만 하나님에 대한 믿음과 소망으로 인내했다. 두 아들의 이름이 이를 증거한다. 장남 므낫세는 '하나님이 잊게 하셨다' 뜻이다. 요셉은 아들 므낫세를 부르며 형들에게 배반당한 상처를 잊고자 수없이 다짐했던 것이다. 차남 에브라임은 '하나님이 번성하게 하셨다' 뜻이다. 용서할 때 하나님이 축복하심을 믿었던 것이다. 하나님은 요셉의 믿음을 기뻐 받으시고 애굽의 총리가 되기까지 축복하셨다.

　상처는 성공의 보상을 받는다고 사라지지 않는다. 하나님 은혜로, 눈물의 용서로 완전히 치유된다. 요셉은 애굽의 총리가 된 후 형들을 용서하기 위해 여러 번 울었다. 양식을 구하기 위해 애굽에 온 형들에게 '형들이 노예로 판 것이 아니라 하나님이 가족을 구원하시려고 나를 먼저 애굽으로 보내셨다'며 눈물을 흘렸다. 하나님이 요셉을 울게 하셨다. 눈물의 용서로 상처가 치유되게 하셨다. 하나님은 요셉의 눈물을 속죄 제사로 받으시고 형들의 죄를 용서하셨다. 요셉은 예수님을 예표한다. 요셉의 눈물은 예수님의 눈물이었다. 요셉은 형들의 죄악을 눈물의 용서로 갚았다. 요셉의 용서는 예수님의 십자가 대속을 예표한다.

다윗은 용서와 긍휼로 하나님 마음에 합한 자가 되었다.

다윗이 하나님 마음에 합한 자가 된 것은 죄가 없었기 때문도, 죄에서 완전히 돌이켰기 때문도 아니었다. 긍휼한 마음, 용서의 마음 때문이었다. 사울은 다윗을 시기하여 죽이려 했지만, 다윗은 사울에 쫓기면서도 '하나님 기름 부으신 왕을 죽일 수 없다'며 사울을 두 번이나 살려 주었다(사무엘상 24:4, 26:12).

다윗은 긍휼한 마음, 용서와 위로의 사람이었다. 다윗이 사울을 피해 잠시 블레셋에 피신했다가 시글락에 돌아왔을 때 아말렉이 시글락에 쳐들어와 재물을 빼앗고 처자식을 포로로 끌고갔다. 다윗은 용사 600명과 함께 처자식을 찾으러 가는 도중 병들어 버려진 아말렉의 종, 애굽 소년을 만나, 추격을 멈추고 떡과 물, 건포도를 주며 소년을 구해주었다. 내 처자식이 귀한 만큼 다른 사람의 생명도 귀하게 여기는 긍휼한 마음에서였다. 촌각을 다투는 시각에 버려진 이방인 소년을 보살피고 먹을 것을 주는 것은 세상적으로는 어리석었지만, 결국 그 소년의 도움으로 아말렉의 은신처를 찾을 수 있었다. 아말렉을 쫓는 도중 200명은 낙오했지만, 다윗은 이들을 나무라지 않고 '소유물을 지켰다'는 명분을 세워주며 위로했다. 이에 400명이 불평하자 다윗은 '악한 자와 부랑배들'이라고 부르며, 자신들이 원래 어떤 처지였는지를, 죄짓고 도망친 악한 부랑배였음을 상기시켰다. 다윗 자신도 하나님이 죄를 덮어주신 은혜로 살아 있는 똑같은 죄인임을 상기시킨 것이기도 했다. 이로써 모두가 하나가 되었고, 이러한 위로와 동등한 분배는 이스라엘의 율례가 되었다(사무엘상 30장). 한편, 다윗이 베들레헴 근방의 르바임 골짜기에서 블레셋과 대치했을 때, 목이 마른 다윗을 위해 용사 3명이 목숨을 걸고 적진을 돌파하여 물을 길러 왔지만, '내가 충성된 용사들 피를 마실 수 없다'며 물을 땅에 부었다(사무엘하 23:13-17).

다윗은 자신을 저주한 부하 시므이를 용서했다. 압살롬의 반역 때 사울 왕의 친족, 베냐민 지파의 시므이가 반역에 가담, 다윗을 저주했다. **"피를 흘린 자여 사악한 자여 가거라 가거라/ 사울의 족속의 모든 피를 여호와께서 내게로 돌리셨도다 그를 이어서 네가 왕이 되었으나 여호와께서 나라를 네 아들 압살롬의 손에 넘기셨**

도다 보라 너는 피를 흘린 자이므로 화를 자초하였으니라(사무엘하 16:7-8)" 다윗의 부하 장군 아비새가 '그의 머리를 베게 하소서' 간청했지만, 다윗은 아비새를 말렸다. **"그가 저주하는 것은 여호와께서 그에게 다윗을 저주하라 하심이니 네가 어찌 그리하였느냐 할 자가 누구겠느냐 … 여호와께서 그에게 명령하신 것이니 그가 저주하게 버려두라/ 혹시 여호와께서 나의 원통함을 감찰하시리니 오늘 그 저주 때문에 여호와께서 선으로 내게 갚아 주시리라(사무엘하 16:10-12)"** 압살롬의 반역이 실패하여 다윗이 예루살렘으로 귀환할 때 시므이가 다윗 앞에 엎드려 용서를 빌었다. 다윗은 '죽여 마땅하다'는 아비새의 간청을 물리치고 시므이를 용서해 주었다. 하나님 진노하심에 맡기고 자유함을 얻었기 때문이었다.

제3부 하나님 관계의 사회적 회복

인간은 사회적 동물로 사회제도의 영향을 받는다. 하나님 관계가 깨어진 결과 사람 관계가 깨어졌고 사회제도의 울타리는 더욱 하나님과 멀어졌다. 개인의 하나님 관계와 사회적 하나님 관계는 서로 맞물려 영향을 준다. 자본주의, 사회주의, 공산주의는 인간적 생각과 이념에서 만들어진 제도로, 사회를 지탱하는 정신적 바탕이 될 수 없다. 근본 바탕은 창조주 하나님 진리와 질서가 되어야 한다. 하나님은 인간 사회에 필요한 질서를 말씀하셨다. 성경적 사회를 구현하면 오늘날 모든 사회적 문제가 해결된다.

하나님 질서의 본질은 하나님 사랑과 사람 사랑이다. 하나님 사랑이 개인적 하나님 관계의 회복이라면, 사람 사랑이 사회적 하나님 관계의 회복이 된다. 안타깝게도 오늘날 개인적 하나님 관계와 사회적 하나님 관계가 모두 어긋났다. 서로 보완하며 하나님 관계를 회복시켜야 하는데, 거꾸로 더욱 멀어지게 하고 있다. 사회적 하나님 관계의 회복이 없이는 개인의 하나님 관계 회복도 어렵게 되었다. 사회제도라는 배가 하나님을 떠나 풍랑에 휩쓸리고 있는데 혼자 똑바로 설 수 없다. 배가 기울어 가라앉는데 그 안에서 내 것을 챙기려고 경쟁하는 모습이 타락한 오늘날 현상이다. 이대로 침몰해도 좋은 것인가? 침몰할 수밖에 없는가! 새로운 안전한 배를 준비해야 한다. 하나님은 안전한 배를 말씀하셨다. 하나님 말씀하신 배를 준비하여 옮겨 타야 한다.

1장 공산주의 실패

1. 마르크스 (1818-1883) 공산주의 이론의 등장 배경

○ 마르크스 공산주의 이념이 싹튼 배경은 무신론이었고, 프랑스 시민혁명이었다.

마르크스는 유대인 집안으로 부친은 독일 프로이센 제국의 유대교 탄압으로 기독교로 개종, 마르크스도 세례를 받았지만 교회에는 관심이 없는 반항아가 되어 학생 교도소에 들어가기도 했다. 말과 행위가 다른 교회의 모습에 실망했고, 부친이 믿음의 본이 되지 못했기 때문이다. 부친의 뜻에 따라 법대에 갔지만 1938년 부친이 사망하자 법학에서 철학으로 옮겨 헤겔 철학의 좌파들(초기 헤겔의 견해를 따른 사람들)과 교류, 무신론적 사회주의자가 되었다. 1942년부터 '라인신문' 기고자가 되어 봉건체제 타파, 부르주아지 비판 글들을 실었고, 라인신문은 구독자가 폭발적으로 증가했다. 프로이센은 1843년 4월 라인신문을 폐쇄했고, 마르크스를 위험 인물로 지목, 추방하여 1843년 10월 마르크스는 파리에 정착했다. 파리는 그에게 노동자 혁명 사상을 심어주었다. 프랑스는 1789년 대혁명 이후 공화정이 수립되었지만, 나폴레옹의 쿠데타로 다시 황제국이 되었고, 그 뒤 다시 군주제로, 공화정으로 체제가 바뀌는 정치적 혼란의 연속이었다. 혼란의 핵심은 언론 탄압이었다. 나폴레옹 시대에 해외로 피신했다가 돌아온 망명 귀족들, 왕당파가 언론 탄압에 동조했다. 의회 내 왕당파와 자유주의 세력간의 다툼이 계속되었고, 1824년 루이 18세가 사망하자 왕위를 이어받은 샤를 10세는 의회를 해산, 언론을 더욱 탄압했다. 이에 시민들이 분노, 1830년 7월 시민혁명이 일어났다. 신문사 폐쇄를 두려워한 인쇄 노동자들이 주동이었다. 파리는 다시 혁명으로 왕정이 무너졌지만, 혁명의 과실은 시민과 노동자의 몫이 아니었다. 권력은 귀족들과 부르주아지가 장악했고, 그들은 루이 14세의 동생 가문인 루이 필리프를 왕으로 추대했다.

이러한 상황에서 마르크스는 파리에 정착했다. 당시 프랑스는 영국의 산업혁명으로 촉발된 산업사회의 등장으로 산업노동자들이 파리로 몰려들었고, 이들 노동자 농민에 대한 사회적 물음은 마르크스 사상과 학문의 주제가 되었다. 그는 독일의 엥겔스(Friedrich Engels/ 1820-1895)와 교류하며 사회주의를 구상했고, 독일은 프랑스에 그를 고발, 마르크스는 1845년 2월 벨기에 브뤼셀로 망명했다. 거기서 그는 헤겔의 관념론을 비판하며 변증법적 유물론의 기초를 세웠고, 1847년에는 엥겔스와 연합해 공산주의자 동맹을 결성했다. 그의 사상과 학문은 혁명적 관점에서 시작되었다. 자신의 학문을 전개하기도 전에 1848년 2월 21일 엥겔스와 함께 '공산당 선언'을 발표했다. '만국의 노동자여 단결하라' 공산당 선언의 마지막 문구는 혁명적 메세지였다. 공교롭게도 공산당 선언 다음날인 1848년 2월 22일 프랑스는 또다시 시민혁명이 일어나 루이 필리프가 폐위되고 공화정이 선포되었고, 노동자 혁명의 위협을 느낀 프랑스는 벨기에와 마르크스 추방을 협의, 마르크스는 1849년 영국에 정착하게 되었다.

○ 마르크스 공산주의 이론은 자본주의 모순에 대한 대응 논리로 전개되었다.
마르크스가 정착했을 때 영국은 그의 사상과 이념을 체계적으로 전개할 수 있는 최상의 환경을 제공했다. 마르크스는 18세기 산업혁명 이후 영국에 나타난 빈부의 격차, 불균형에 초점을 두고 자본주의에 대응하는 논리로 1867년 자본론을 출간했다. 자본론은 자본주의 모순을 파헤치고 노동자 혁명의 근거를 제시하는 책이다. 순수한 학문에 바탕한 것이 아니라, 공산주의라는 목표에 도달하기 위해 의도적 도식적으로 이론을 전개했다. 마르크스 이론의 바탕인 노동가치설은 아담 스미스, 데이비드 리카도 등 자본주의를 태동시킨 경제학자들이 이미 상품가치와 노동시간 사이의 연계를 연구, 밝혔던 것이다. 마르크스는 공산주의라는 결론에 도달하기 위해 노동가치설을 무리하게 잉여가치론으로 전개, 자본주의 모순을 밝히는 핵심 툴로 이용했다. 자본주의는 자본의 지배로 노동의 잉여가치가 자본에 귀속, 필연적으로 불균형이 초래되며 이를 해결하는 길은 공산주의라고 전개했다. 자본주의는 생산력과 생산관계의 구조적 모순으로 노동력이 상품화되어 자본의 지배아래 귀속됨으로써 필연적으로 빈부 격차를 가져오고 점점 불균형이 심화되어 자본주의는 몰락하고, 노동자 지배의 공산주의가 도래한다는 것이다. 과연 그런가? 아니라면 자본주의 모순은 없는 것인가? 모순이 있다면 그에 대한 해답은 어떻게 찾을 것인가? 중요한 과제임이 아닐 수 없다.

○ 공산주의는 실패했지만 마르크스 이론은 살아 있다.
　마르크스가 분석한 자본주의 모순은 상당 부분 현실로 나타났다. 자본주의는 자본이 중심이며 자본은 끊임없이 이윤을 추구, 팽창한다. 자본가는 점점 더 돈이 많아졌고 노동자들은 상대적으로 궁핍해졌다. 그래서 19~20세기 많은 사람들이 공산주의에 열광했다. 공산주의를 실험한 결과 실패로 끝났지만, 그렇다고 자본주의가 성공한 것은 아니다. 자본주의 구조적 모순과 불균형은 해소된 것이 아니라 심화되었기 때문이다. 공산주의가 실패한 오늘날도 마르크스 이론이 살아있는 이유이다. 자본주의로는 구조적 불균형을 궁극적으로 해결할 수 없다. 자본주의는 자본이 중심인 사회, 인간의 이기적 욕망을 바탕한 질서이기 때문이다.
　자본주의는 마르크스 이론의 온상이다. 자본주의 모순에 대한 답을 제시하지 못하는 한 마르크스 이론은 살아남는다. 자본주의에 대한 맹목적 신뢰가 공산주의를 살려주고 있다. 자본주의가 성역은 아니다. 공산주의에 비해 상대적으로 나은 제도일 뿐이다. 공산주의를 이 땅에서 몰아내기 위해서는 자본주의 바탕 정신을 바꾸어야 한다. 공산주의냐 자본주의냐의 이분법적 사고를 벗어나야 한다. 자본주의 모순에 대한 해결책이 마르크스 이론이 될 수 없듯이 마르크스 이론의 모순에 대한 답이 자본주의가 될 수도 없다. 자본주의 모순에서 마르크스 이론이 나왔기 때문이다. 그렇다면 계속 쳇바퀴를 돌 것인가?

○ 자본주의도, 공산주의도 아닌 제3의 질서가 나와야 한다. 그 길은 하나님 질서이다.
　자본주의 모순은 분명히 있다. 자본주의 모순을 마르크스 이론이 아닌 다른 방법으로 해결해야 한다. 그러자면 두 제도의 문제점을 제대로 알아야 한다. 필자는 머리말에서 언급했듯이 어떤 사회가 바람직한가에 대한 고민을 학부 시절부터 했다. 마르크스의 분석이 아니더라도 자본주의 문제점을 인식했지만, 공산주의가 대안이 될 수는 없었기에 고민이 깊었다. 그런데 성경을 가까이 접하면서 마르크스의 이론은 대중을 현혹시키는 사탄의 속임수임을 깨닫게 되었다. 사회제도가 인위적 필연적으로 전개될 수 없다. 사탄은 하나님 나라 질서를 그릇되게 취해 유혹한다. 하나님 나라의 도래를 방해하기 위함이다.

자본주의 모순은 성경적 사회가 될 때 해결된다. 성경은 더불어 사는 공동체 질서를 가르쳐 준다. 성경의 가르침을 따르면 된다. 사회주의(Socialism)는 개인주의(Indivisualim)에 대립되는 개념으로 좋은 개념이다. 사회주의를 하려면 성숙한 시민의식, 높은 지적 수준과 도덕성, 교양과 준법정신이 전제된다. 나눔과 배려의 공동체 의식, 절제와 소명의 책임의식이 필요하다. 재능과 능력은 하나님 주신 은혜임을 자각할 때 겸손하게 서로 섬기며 사랑과 나눔의 조화로운 사회를 이룰 수 있다. 마르크스의 오류는 이러한 정신적 바탕을 무시한 점이다. 정신적 바탕의 최고 경지가 영성이다. 영성에 바탕한 사회를 이룬다면 사회주의라고 표현하지 않더라도 그 모습이 사회주의가 된다. **필자가 성경에 바탕하여 그려 본 질서가 제4부 자립공생사회이다.** 이에 앞서 여기서는 마르크스 이론의 잘못된 점과 허구, 자본주의 모순과 파생된 문제점을 살펴 보고자 한다. 마르크스 이론의 허구와 자본주의에 내재된 문제점을 제대로 알아야 그 해결책을 찾을 수 있기 때문이다.

2. 과학적 사회주의와 공상적 사회주의

○ 과학적 사회주의

마르크스 사회주의와 공산주의는 자본주의에 대응한 개념으로 그 성격과 뿌리가 같다. 마르크스는 사회주의 이론을 전개하면서 자기가 주창하는 사회주의를 과학적 사회주의로, 그 외의 사회주의를 공상적 사회주의로 구분했다. 마르크스 이전에도 사회주의 개념이 있었고, 마르크스 이후에도 마르크스와는 결이 다른 사회주의가 나타났지만, 마르크스는 이를 인지, 예견하고 자신의 이론을 과학적 사회주의로 차별화했다. 그는 자신의 이론이 아닌 사회주의적 이상은 구체적인 개혁과 실천 방안을 담고 있지 않다고 비판하며, 자신의 이론은 자본주의에 대한 과학적 분석을 통해 구조적 모순을 파헤쳐 필연적으로 사회주의로 나아간다는 의미에서 과학적 사회주의로 구분한 것이다. 하지만 마르크스 이론이야말로 공상적이다. 현실적으로 이루어질 수 없고 억지로 이룬다면 무자비한 독재의 불평등 사회가 되기 때문이다.

마르크스에 의하면 자본주의에서 공산주의로 넘어가는 과도기가 사회주의며, 사회주의가 무르익어 사유재산과 계급적 구분이 완전히 소멸된 사회가 공산주의이다. 하지만 실제 공산주의는 그렇게 진행되지 않았다. 1917년 소련의 볼셰비키 혁명으로 최초의 공산주의 국가가 탄생했다. 혁명은 노동자들이 주도한 것이 아니라 엄격하게 조직된 공산당 간부들이 주도했다. 노동자들은 공산주의 선동에 현혹되어 이용당했을 뿐이다. 이념적 환상에 젖어 공산주의를 도입한 국가들은 경제가 낙후되고 빈곤을 면치 못하게 되었다. 마르크스 주장과는 반대로 공산주의 국가들은 사회주의로, 다시 자본주의로 넘어오고 있다. 왜 이렇게 될 수밖에 없는가? 마르크스가 정신적 바탕을 무시하고 인위적으로 물질적 평등사회를 전개했기 때문이다.

○ 공상적 사회주의

마르크스에 의해 공상적 사회주의로 치부되었지만, 사회주의 개념은 마르크스 이전에 있었다. 사회주의 바탕과 시작은 기독교 정신이었다. 사회주의란 용어를 사용하지는 않았지만, 사회주의 정신은 중세 스콜라 철학에서 찾아볼 수 있다. 스콜라 철학의 대표적 사상가 토마스 아퀴나스(1225-1274)는 성경에 바탕한 사회 질서의 방향을 제시했다. 이윤 추구와 재산 형성, 이자와 금융자산 추구, 노동의 의미와 가치 등을 신학적으로 해석, 그 근거를 제시했다. 토마스 아퀴나스의 신학적 해석은 필자가 성경적 사회, 자립공생사회를 구상하는 데에도 바탕이 되었다. 한편, 영국의 작가 토마스 모어(1478-1535)는 유토피아(1516년)에서 이상사회를 그렸는데 마르크스에 의하면 공상적 사회주의가 된다. 유토피아는 희랍어 U(없는) + Eu(좋은) + Topos(나라)로 현실에서는 없는 가상적 나라이다. 말 한마디만 거슬려도 처형되던 헨리 8세 시대, 토마스 모어는 하고 싶은 말을 라틴어로, 풍자적 우화의 유토피아를 썼다. 영어본은 모어가 헨리 8세에게 처형된 후인 1551년에 나왔다. 유토피아는 극단적 평등국가이다. 똑같은 모양으로, 똑같이 생활하며, 똑같은 시간 일하고 쉰다. 사유재산도 없고 직업의 구분도 없다. 농사가 모두에게 주업이고 직조, 석공, 목수 등 부업을 각자 하나씩 가진다. 오직 생필품만 생산하며 남은 시간은 지적, 종교적, 예술적 교양을 함께 쌓는다. 모어 자신도 책 말미에 이러한 나라가 유토피아가 아니라며 결론을 뒤집는다. '극단적 정의는 무정의이다. 유토피아가 아닌 디스토피아가 된다' 토마스 모어의 해답이다. 어쩌면 공산주의야말로 이를 그대로 따랐다고 볼 수 있다.

  영국의 청교도 신학자 존 오웬(1616-1683)은 '육이 아닌 영의 생각이 생명과 평안을 지켜 주기에 사회제도도 영이 육을 지배하는 질서가 될 때 하나님 주신 자유와 인권을 온전하게 누리며 모든 억압과 구속, 불평등에서 벗어날 수 있다'고 했다. 그는 옥스퍼드대학 박사로 고전문학과 철학에도 깊은 지식을 쌓아 5세기 아우구스티누스 신학, 중세 토마스 아퀴나스 신학에 대해서도 통달한 바탕 위에 개혁신학을 추구, 사회적 문제로까지 접목하려 했지만 어디까지나 신학자였고 사회주의란 용어를 사용하지는 않았다. 사회주의 용어는 산업혁명 이후 노동자 공동체를 구상하던 영국 감리교도 로버트 오웬(1771-1858)을 따르는 사람들이 1827년 자신들을 설명하는 과정에서 처음 사용했다. 로버트 오웬은 19세기 비인간적인 자본주의에 맞서 기독교 박애주의 공동체를 건설하고자 했다. 노동자들의 인간다운 삶을 추구, 노동자 협동조합을 만들었다. 마르크스에 의해 공상적 사회주의로 치부되었지만, 마르크스보다 훨씬 인간적이고 현실적인 사회주의였다. 그는 세계협동조합 운동의 아버지라고도 불린다. 한편, 프랑스에서는 기독교 사상가 앙리드 생시몽(1760-1825)을 따르던 사람들이 1832년부터 사회주의자로 불리어졌다. 생시몽은 역사 발전의 과정을, 자원을 독점한 지배 계급과 이들에 의해 어쩔 수 없이 피지배 계급이 된 계층 간의 갈등 관계로 보았다. 이에 그는, 산업 사회의 출현과 함께 봉건 영주에서 산업자 계층으로, 농민에서 노동자 계층으로 이어지는 프랑스 투쟁의 역사를, 양쪽이 협력하여 계획하고 생산하는 사회제도로 나아가야 한다고 주장했다. 그의 주장은 천재적인 것이었지만, 마르크스에 의해 역시 공상적인 것으로 치부되었다. 계급투쟁의 필연성을 부정했기에 과학적이지 못하고 공상적이라는 것이다. 하지만 생시몽의 사상은 실제 마르크스의 사회주의 사상에 큰 영향을 주었다.

3. 마르크스의 자본론(1867)

마르크스 자본론은 공산주의를 도출하기 위해 자본주의 체제의 운동법칙을 분석한다. 이윤은 어떻게 창출되는지? 자본가들은 어떻게 새로운 기계를 도입할 수 있는지? 중소기업은 어떻게 대기업에 흡수되는지? 호황은 어떻게 파국으로 끝나는지? 등을 분석하여 자본주의가 구조적 모순을 내포하고 있음을 밝힌다. 구조적 모순의 핵심은 노동 착취에 있다고 보았다. 유토피아의 길은 노동 착취를 종결, 노동자 지배의 평등 사회를 이루는 길이다. 마르크스는 프롤레타리아 독재가 정의이며 노동자들이 지배하는 사회가 유토피아라고 주장한다. 노동자가 자기 노동의 생산물을 자기 것으로 하고, 그 가치를 스스로 결정할 때 모든 부조리가 제거된다고 주장한다. 이를 뒷받침하기 위해 자본주의가 자기 파괴 요소, 혁명으로 귀결될 수밖에 없는 내적 모순을 지니고 있음을 밝혀야 했다. 그 결과로 이미 철이 지난 노동가치설에 더욱 집착, 자본주의 내부에서 일어나는 '노동소외 과정'을 전개했다. 마르크스는 자본주의를 자신의 노동을 통해 가치를 창조하는 노동계급, 프롤레타리아와 자본을 이용하여 더 많은 부를 창조하는 자본가계급, 부르주아지 사이의 대립 관계로 묘사한다. 프롤레타리아는 시장에 팔아야 하는 자신의 노동력 외에 아무것도 가진 게 없다. 자본가는 공장, 기계, 원료 등 모든 생산 수단을 소유한다. 자본주의는 노동력과 생산수단이 분리되어 한편에선 자유로운 노동력이 쌓이고 다른 한편에선 사적인 자본이 쌓이게 된다.

자본주의 모순은 무한하게 진행되는 자본 증식에 있다. 자본주의 사회의 상품 생산은 사회적 필요를 위한 생산이 아니라 이윤을 목적하는 생산이 된다. 그 결과 필연적으로 과잉 생산을 초래한다. 이러한 국면에서는 생산이 제한되고 노동자들이 일자리를 잃는다. 이러한 위기는 약 10년 주기로 나타나며 상승과 하락 국면을 반복한다. 이는 사회적 생산과 생산 수단의 사적 소유 관계의 모순, 자본주의 생산 방식과 생산품의 가치를 얻는 방식의 모순에서 비롯된다. 노동과 생산수단의 소유가 같아야 이러한 문제가 해결된다. 자본가들은 생산수단의 소유를 자발적으로 포기할 수 없기 때문에 혁명을 통해 생산수단을 몰수, 공유해야 한다는 것이다. 자본주의 모순은 궁극적으로 체제를 파괴하는 두 개의 축으로 발전한다. 자본가 계급과 노동자 계급의 축이다. 자본이 소수의 손에 집중된다. 대자본가, 대기업은 보다 싸게 상품을 생산할 수 있지만, 소자본가, 소기업은 경쟁력을 잃고 대기업에 흡수됨으로써 자본의 집중이 가속화된다. 축적된 자본은 더욱 '불변자본인 기계와 시설'에 투자되며, 점점 더 적은 비율이 '가변자본인 임금, 노동력 구매'에 투여된다. 자본가는 노동자를 늘리는 것이 아니라 기계 설비의 현대화를 통해 노동 생산성을 높인다. 합리화라는 명분으로 실업자를 증대시킨다. 자본축적으로 노동자의 처지는 점점 열악해진다. 한쪽에는 부의 축적, 다른 쪽에는 노동자의 고통이 증가된다. 결국 자본주의는 대규모의 빈곤화를 초래하고, 더 이상 잃을 것이 없는 노동계급의 혁명으로 귀결된다는 것이다. 혁명이 아니더라도 종국에는 한쪽에 소수의 집중된 거대한 불변자본이 있고, 다른 쪽에는 대중의 빈곤이 있어 상대적 소비가 사라짐으로써 더 이상 이윤 추구가 불가능하게 되어 자본주의 체제가 멈추게 된다는 것이다.

4. 잉여가치론

○ 노동가치설은 아담 스미스에 의해 제기되었지만 산업사회 발전에 따라 의미가 퇴색되었다.

노동가치설은 산업사회의 출현과 함께, 고전 경제학의 원조 아담 스미스(1723-1790)가 최초로 제기했다. 그는 국부론(1776)에서 상품 가치가 노동시간에 연계된다는 노동가치설을 정립했다. 산업혁명과 더불어 시작된 산업사회에서 국부(國富)는 생산적 노동에서 나온다는 것을 강조하기 위함이었다. 아담 스미스의 노동가치설은 중세의 하나님 소유권 개념에 대응, 인간의 소유권 개념을 정립하려는 인본주의, 나아가 계몽주의에 바탕한 것이었다. 생산물의 가치는 투입된 노동의 가치이며 노동에 의해 소유권이 주어진다는 아담 스미스의 노동가치설은 자본주의의 뿌리인 개인 소유권의 근거를 제시하고 부의 축적을 정당화하는 이론적 뒷받침으로 제기되었다. 아담 스미스는 노동가치를 기반으로, 생산가치 증대를 위한 노동 분업을 강조했다. 노동 분업에 의한 생산성의 증대는 부의 축적을 가져오고, 이는 더욱 많은 생산가치 증대를 촉진하여 국부를 증대시킨다는 것이다.

국부론을 읽고 경제학을 시작한 데이비드 리카도(1772-1823)는 효용가치를 주장했다. 모든 상품은 노동가치만이 아니라, 유용성 즉 상품을 구성하는 재료, 제조기술, 제조 목적에 따른 효용가치를 지닌다는 것이다. 데이비드 리카도는 효용가치가 더욱 중요하며, 효용가치에 바탕한 각국의 비교우위를 가진 분야와 산업에 특화하여 다른 나라와 교역을 하는 것이 유리하다는 비교우위론을 제기했다. 아담 스미스의 분업론과 데이비드 리카도의 비교우위론은 각국의 특화산업과 자유무역을 추진하는 바탕이 되었다. 산업사회의 발전은 자본 축적을 가속화했고, 그에 따른 기계와 노동의 분리는 생산성 향상과 물품의 대량 생산을 가져오게 되었다. 이에 따라 상품 가치가 투입된 노동에 의해 결정된다는 노동가치설은 근거가 불충분하게 되었고, 자본에 의한 가치창출이 중심이 됨으로써 노동가치설은 자연히 퇴색되고 말았다.

○ 마르크스는 퇴색된 노동가치설에 더욱 집착, 무리하게 잉여가치론을 전개했다.

　마르크스 이론의 바탕은 노동가치설이다. 그는 공산주의를 도출하기 위해 퇴색된 노동가치설에 더욱 집착했다. 자본주의가 자기 파괴 요소, 노동자 혁명으로 귀결될 수밖에 없는 메커니즘, 구조적 모순을 지녔음을 증명하기 위해 무리하게 잉여가치론을 전개했다. 자본이 축적되는 과정을 노동가치에 초점을 두어, '노동의 잉여가치'가 자본으로 쌓인다는 것이다. 자본가는 공장에 생산수단을 제공하고, 노동자는 생산 수단을 사용하여 상품을 생산한 대가로 임금을 받는다. 기술 개발과 시설 투자로 노동 생산성이 향상되면 필요한 노동력은 감소한다. 노동자는 많은 양을 생산하지만, 임금은 비례하여 증가하지 않는다. 초과 생산한 분량은 '잉여가치'가 되어 자본가의 몫이 된다. 마르크스는 잉여가치를 노동의 착취로 보았다. 노동자는 일을 초과해서 해준 셈이며 그만큼 자본가는 노동력을 착취했다는 것이다.

　마르크스는 토지, 자본, 노동을 생산의 3요소로 규정하는 아담 스미스 및 데이비드 리카도와는 달리, 다른 생산 요소도 축적된 노동(Accumulated Labor)으로 본다. 상품 생산의 사회적 관계를 노동관계로 인식하고 해석한다. 사회가 요구하는 사용가치 전체의 생산에 소요되는 노동 전체를 한 덩어리로 생각하며 노동의 사회적 의미를 부여한다. 그에 따르면 자본의 구성 요소인 기계와 설비, 원자재까지 모두 노동의 생산물, 축적된 노동이 된다. 자본은 새로운 생산 수단으로 사용되는 축적된 노동이 된다. 이러한 바탕에서 자본주의 모순을 지적한다. 자본주의 특징은 자유로운 상품의 생산과 시장에서의 교환 시스템이다. 자본은 자유로운 임금 노동을 전제로 한다. 임금 노동의 전제조건은 자본이다. 자본과 노동은 서로 상대방의 존재를 조건으로 존립한다. 하지만 이는 자본가에게 절대적으로 유리한 조건이다. 잉여가치를 낳을 수 있는 바탕은 자본가가 '자유로운 노동시장'에서 구입할 수 있는 노동력이다. 자본가는 노동자가 자신의 노동력을 유지할 수 있을 만큼의 노동 대가를 지불하고 노동 시장에서 노동력을 얼마든지 구입할 수 있다. 노동자는 임금으로 받는 것보다 훨씬 많은 가치를 제공하게 된다. 상품 순환 과정에서 주체가 되어야 할 노동이 수동적으로 끌려가는 '노동 소외 현상'이 발생한다는 것이다.
　마르크스에 의하면 자본주의 사적 소유의 증대, 자본 축적은 소외된 노동의 착취에 기초한다. 소외된 노동 착취로 발생한 잉여가치가 자본가의 몫이 되어 자본이 증식된다. 인간은 자유로운 노동을 통해 자기를 실현해야 하는데, 노동력을 파는 것에 기초한 임금 노동은 이를 불가능하게 하여 인간을 소외시킨다는 것이다. 잉여가치와 노동 소외는 그럴듯해 보이지만, 노동자가 생산수단을 공유하는 공산주의가 이상 사회라는 결론에 도달하기 위해 인위적 의도적으로 전개한 이론이다. 실제 자본주의는 마르크스 도식대로 전개되지 않았고, 자본주의가 발전된 선진국일수록 국민적 삶은 향상되었다. 경제 성장, 산업사회 발전의 혜택을 어떻게 다 같이 누리느냐의 문제를 마르크스 방식으로 해결할 수는 없다.

○ 잉여가치론의 허상
　상품의 가치를 노동의 가치로만 환산하여 매길 수 없다. 아이디어와 위험 부담을 감수한 결단, 경영 능력 등은 노동의 잣대로 측량할 수 없다. 노동을 물질적 상품 생산 가치로만 평가할 수 없다. 정신적 가치, 자발적 협력, 인간관계 등 무형의 가치까지 노동이 독점, 일률적 노동 시간으로 가치를 측정할 수 없다. 노동가치 증대만으로는 산업사회, 기술 발전에 따른 가치 증대를 설명할 수 없다. 자본에 의한 가치 창출, 기술 개발과 시설 투자로 증대된 가치를 모두 노동의 몫으로 돌릴 수는 없다. 잉여가치론을 따른다면 생산성과 효율성이 전혀 없는 통제 경제, 억압된 사회가 된다. 마르크스 이론은 실체가 없는 허상이다. 실체적으로 이룬다면 성장도 발전도 없는 암흑사회가 된다.
　정신적 바탕이 없는 마르크스의 노동자 평등은 관념일 뿐이다. 정신세계를 배제하고 하나님을 무시한 채 물질 중심으로, 그것도 퇴색된 노동가치설을 인위적으로 전개하여 도출한 사회가 유토피아일 수 없다. 공산주의는 유물론과 결합하여 영혼을 황폐시키며 인간의 존엄성, 자유와 인권이 무시된다. 하나님 관계를 회복, 하나님 질서를 따를 때 자발적 나눔의 조화로운 사회를 이룰 수 있다. 마르크스는 종교는 민중의 아편이라고 말했지만, 자신은 공산주의라는 비인간적인 종교를 만들었다. 그는 공산주의라는 신을 믿었고, 그의 믿음대로 공산주의는 악독한 종교가 되었다.

5. 유물론과 유물사관

○ 유물론

마르크스는 헤겔 철학을 관념적, 비과학적이라고 비판하며 유물론을 제기했다. 유물론은 물질 중심의 이론, 물질이 정신을 지배한다는 이론이다. 헤겔(1770-1831)은 19세기 초 세계적으로 큰 영향력을 끼쳤던 독일의 철학자로 사물과 사회의 발전 과정을 변증법적 과정으로 풀이했다. 당시 역사를 종교적으로 해석했던 많은 사상가들과는 달리 '역사는 인간 자신이 만들어 가며, 인간 이성을 실현하려는 일정한 법칙적인 과정으로 발전한다'고 했다. '정 + 반 => 합'을 반복함으로 역사가 발전한다는 '변증법 이론'을 제시했다. 어떤 사물이나 현상에 모순과 문제점이 있으면 그것을 극복하여 더 나은 결과를 만들어내는 과정이 반복된다. 모든 사물과 현상은 모순을 안고 있으며 '정반합 과정'을 통해, 대립과 갈등, 타협을 통해 합리적인 방향으로 발전해 간다는 것이다.

마르크스는 '공산주의'라는 최종 목표를 위해 헤겔 철학을 유물론으로 전개, 보이는 물질세계가 보이는 않는 정신세계를 지배한다고 주장한다. 정신적 바탕을 무시한 물질적 평등 사회를 도식적으로 전개, 공산주의를 도출했다. 유물론은 하나님을 거역하며 인간의 존엄한 가치, 자유와 인권을 무시한다. 인간은 하나님 영이 부여된 영적 존재이다. 유물론에 바탕한 이데올로기로는 궁극적 만족과 평안, 기쁨과 행복을 얻을 수 없다. 공산주의는 그럴듯하게 인간을 현혹시켜 하나님 나라의 도래를 방해한다. 창세 때 인간을 에덴동산에서 쫓겨나게 했던 마귀의 유혹과 비슷하다. 마귀가 아담과 하와에게 선악과를 따먹도록 먹음직하고 보암직하고 지혜로울 만큼 탐스럽게 유혹했듯이 공산주의가 그럴듯하게 인간을 유혹하여 하나님과 멀어지게 한다.

○ 마르크스는 헤겔의 변증법 철학을 유물사관으로 전개했다.

헤겔은 사적 재산에 의해 형성된 노동 분업적 사회로의 '시민 사회 개념'을 도입, 이러한 사회로의 발전 과정에서 노동의 역할을 인정하지만, 그에겐 어디까지나 정신이 역사의 주체였다. 그는 종교와 예술, 법과 철학에 있어서 이념사적, 문화사적 발전에 의미를 부여했다. 마르크스는 헤겔의 변증법 철학에 바탕하지만, 현실에 대한 인식과 대책은 헤겔과 완전히 달랐다. 헤겔의 변증법에 의하면 각 사회는 모순을 극복할 수 있는 힘을 내부적으로, 합리적으로 도출함으로써 변화한다. 마르크스는 이를 지배계급과 지배당하는 계급 사이의 투쟁으로 전개했다. 각 사회마다 모순을 극복하기 위해 내적으로 일어나는 현상을 계급 투쟁의 관점에서, 사회에 필요한 가치를 생산하는 과정에서의 자본계급과 노동계급의 대립으로 보았다. 마르크스가 본 현실은 이성의 실현이 아닌 노동계급에 대한 자본계급의 착취였다. 프랑스 혁명의 영향을 받은 마르크스는 이성이 노동자 편을 들어 혁명으로 평등사회를 실현해야 한다고 주장한다. 그에 따르면 의식이 존재를 결정하는 것이 아니라 존재 곧 사회적 계급이 의식을 결정한다. 마르크스는 공산주의라는 결론을 도출하기 위해 역사를 물질적 투쟁 관계로 인식, 변증법에 의한 계급투쟁의 법칙성으로 전개했다. 허망한 자기도취일 뿐이다.

○ 유물사관에 따른 역사 발전 단계

마르크스 유물사관은 역사 발전 단계를 원시 공동체, 고대 노예사회, 중세 봉건사회, 근대 자본주의사회, 사회주의사회, 공산주의사회로 분류한다. 사회적 생산성이 향상되면 기존 생산관계의 모순이 발생한다. 기존 생산관계가 사회 발전을 저해하는 요소가 된다. 그 결과 기존의 생산관계가 무너지고 새로운 생산체제로 발전한다는 것이다. 그런데 역사는 실제 이렇게 발전되지 않았다. 고대사회는 노예사회가 아니었다. 문명의 발상지에는 자유와 민주가 있었다. 메소포타미아에는 법령이 있었다. 희랍에는 자유 사상과 민주제도가 있었다. 공자의 사상은 주권재민(主權在民)이었다. 경제사회는 농경사회, 상업사회, 산업사회로 발전해 왔다. 생산력과 생산관계의 싸움이 아니라 생산성과 합리성, 편리성과 효율성을 지향하며 발전했다. 신대륙 발견에 따른 시장 개척과 원거리 무역으로 국부의 중심이 농업에서 상업으로 이동했다. 산업혁명에 따른 대량생산과 생산성 향상으로 산업사회, 자본주의가 태동했다. 역사 발전 단계를 노동관계의 변화로 단순하게 도식화할 수 없다. 더욱 노동자 혁명으로 이상사회를 도출한다는 것은 역사를 거꾸로 가는 것이 된다.

역사를 바라보는 관점, 역사관이 중요하다. 인간이 바라보는 역사관의 공통점은 헬레니즘적 사고에 입각한 인본주의, 나아가 계몽주의 사관이다. 역사의 주체는 인간이며 인간의 이성이 역사를 발전시킨다고 본다. 중세 종교의 타락으로 신에 대항하는 인간 중심의 사관이 뿌리내렸다. 공산주의는 계몽주의에서 파생되었다. 물질적 관계의 개선은 인간이 해결할 영역이지 신의 영역이 아니라는 것이다. 역사를 움직이는 주체는 하나님이시다. 인류 역사는, 죄로써 하나님을 떠난 인간을 구원하시기 위한 하나님 구원 섭리의 역사이다. 구원 섭리의 종착점은 인간의 구원을 통한 창조 질서의 회복, 하나님 보시기에 아름다운 사회를 이루는 일이다. 유물사관은 이와 정반대이다. 하나님을 거역한 물질 질서를 그렸고, 그것도 인위적으로 그릇되게 도출했다. 안타까운 점은 자본주의도 계몽주의에 바탕, 하나님 소유권에 대항하는 인간 소유권 개념에서 정립되었다는 점이다. 그 결과 물질 중심의 사회가 되었다. 물질 중심인 점에서는 공산주의와 다를 바 없다.

공산주의에 대응하는 길은 하나님 질서로 나아가는 길이다. 교회와 성도가 본이 되어야 한다.

마르크스 공산주의 사상은 잘못된 기독교 모습에서 싹이 텄다. 러시아에서 공산주의 혁명이 일어난 것도 잘못된 교회의 모습에서 비롯되었다. 공산혁명 당시 제정 러시아는 샤롤 왕조 아래 헐벗은 노숙자들이 혹독한 겨울 추위에 길가에서 얼어 죽어 갔지만, 귀족들은 따뜻한 건물 안에서 화려한 파티를 즐기고 있었다. 러시아 정교회는 가난과 질병으로 고통받는 인민을 외면한 채, 목회자가 입는 가운의 길이 문제로 다투고 있었다. 그러는 사이 1917년 볼셰비키 유혈 혁명이 일어나 공산주의가 되었다. 교회가 새 부대를 준비하지 못하고 낡은 전통에 얽매여 있을 때 세상이 교회를 무너뜨렸다. 교회가 공산혁명을 막기는커녕 혁명의 온상이 되었다. 공산주의자들이 '종교는 민중의 아편'이라고 외치는 데에는 교회와 성도의 책임이 크다. 그것은 불교나 힌두교를 가리키는 말이 아니다. 사회적 책임을 회피하고 세상 욕망과 물질적 야망을 쫓는 기독교를 일컫는 말이다.

신대륙 개척기, 아프리카로 몰려간 백인들은 무차별적으로 땅을 빼앗고 원주민들을 잡아 돈을 받고 노예로 팔았다. 아메리카 대륙으로 건너간 백인들 역시 수많은 인디언들을 죽이고 그 땅을 강탈했다. 호주로 간 백인들은 원주민들을 무자비하게 죽여 거의 전멸시켰다. 이러한 백인들의 손에는 성경이 쥐어져 있었다. 그들은 개척이라는 미명 아래 야망의 노예, 물질의 노예가 되었다. 그 원인은 자본주의, 물질주의 때문이다. 그 이전에 중세 기독교의 타락 때문이다. 마틴 루터에 의해 종교개혁이 이루어졌지만, 안타깝게도 성경적 경제질서가 자리 잡지 못했다. 오늘날 자본주의는 하나님과 더욱 멀어진 물질지상주의, 천민자본주의가 되었다. 어떻게 할 것인가? 교회와 성도가 새롭게 태어나 하나님 나라의 본을 보이며 하나님 질서를 이끌어야 한다.

6. 계급투쟁과 프롤레타리아 혁명

○ 마르크스 이상사회에 도달하기 위해서는 필연적으로 계급투쟁이 수반된다. 마르크스 이론은 노동자 혁명을 조장하는 이론, 혁명으로 갈 수밖에 없는 이론이다. 실제 레닌은 '공산주의 엘리트로 구성된 공산당이 혁명을 주도해야 한다는 혁명이론'을 전개, 노동자 혁명을 공산당 혁명으로 대체했다. 프롤레타리아 독재는 노동자 독재가 아닌 공산당 독재가 되었고, 프롤레타리아는 지배당하는 노예 상태

가 되었다. 지옥으로 가는 길은 언제나 선의로 포장된다. 마르크스의 계급투쟁은 인간의 증오심을 자극하여 혁명으로 권력을 장악하는 사탄의 수법이다.

마르크스의 공산주의 평등은 인위적으로 만들어낸 허구이다. 인위적 평등은 자유도, 자발적 동기도, 성장도 분배도 없는 통제와 억압의 지옥이 된다. 자유가 있는 사회는 평등으로 나아갈 수 있지만, 강제적 평등은 자유가 실종된다. 평등은 모두가 똑같아야 하는 것이 아니다. 인간에게 절대적 평등은 있을 수 없다. 인간은 모두 다르게 창조되었다. 저마다 타고난 재능을 계발, 자기 역량을 발휘할 수 있도록 의욕과 동기, 기회를 공정하게 부여하는 것이 평등이다. 노동자 지배라는 구호 자체가 허구이다. 기업은 전문가가 경영해야 한다. 각자가 맡은 분야에서 전문성을 발휘해야 한다. 자유와 자율이 무시되는 공산주의는 본질적으로 이러한 사회를 이룰 수 없다.

○ 정의의 실현 방법이 폭력이면 정의가 아니다.

법과 질서를 무시, 폭력으로 목적을 달성하는 것은 정의가 아니다. 정의는 자유와 평등을 실현하는 바탕으로, 법과 도덕을 지키는 데에서 출발한다. 권력과 통제로 평등을 이루려는 공산주의는 본질적으로 정의로운 사회에 어긋난다. 정의와 공정은 인간의 행복과 인간다운 삶을 구현하는 바탕이다. 공산주의는 목적 달성을 위한 수단은 언제나 정의이고 선이다. 인민민주주의라고 현혹하지만, 인민은 노예 상태로 정의와 진실이 실종되었다. 폭력으로 정의를 실현할 수 없다. 하나님 진리에는 폭력투쟁이 없다. 인간은 영적 존재로 도덕과 양심이 있다, 법과 질서. 도덕과 양심을 지키는 사람이 정의로운 사람이다. 여기에 하나님 공의, 사랑과 배려, 섬김과 희생이 더해질 때 복음적 정의가 된다.

공산주의는 계층 간 갈등을 조장하며 거짓된 선동으로 혁명을 유도한다. 진실은 선동할 필요가 없다. 있는 그대로를 보여주면 된다. 마르크스는 계급투쟁이 없는 노동자 천국을 그렸지만, 전체주의 독재와 감시 아래의 노동자 지옥이 되었다. 과학적으로 도출한 이상사회는 무자비한 폭력으로 귀결되었다. 공산주의가 실패했다고 자본주의 모순이 정당화될 수 없다. 자본주의는 공산주의보다 상대적 장점이 많았을 뿐, 구조적 문제점은 그대로 있다. 자본주의가 경제 논리로는 승리했지만, 이면에는 사회갈등과 분열, 불균형과 불평등. 부조리와 부패, 실업과 불황, 공해와 환경파괴 등 문제가 도사리고 있다. 자본주의 모순을 해결하지 않는 한 자본주의 승리가 될 수 없다. 공산주의 침략을 당한 우리는 잘못된 이원론적 사고가 심어졌다. 공산주의의 반대로 자본주의를 무조건 신봉한다. 자본주의가 Bible은 아니다. 진짜 성경이 가르치는 길을 찾아야 한다.

2장 자본주의는 완전한가? 공산주의 실패가 자본주의 승리인가?

1. 사유재산제도와 이윤 극대화의 문제점

○ 사유재산제도의 문제점

　사유재산제도는 자본주의 경제의 근본이다. 개인의 이익 추구, 소유에 대한 욕망이 일과 노동, 모든 노력의 동기가 된다. 개인적인 이익이 있어야 적극적으로 행동한다. 자본주의가 경제 성장면에서 공산주의에 승리한 바탕이다. 그런데 이기적 요인이 동기의 전부가 되어서는 안 된다. 개인의 이익, 경제적 자유가 무제한으로 보장될 수는 없다. 사유재산은 보호되어야 하지만, 개인의 소유권이 절대적일 수는 없다. 사회 정의, 공동체 정신이 우선되어야 한다. 돈과 물질을 잘 사용하고 관리할 때 개인의 소유는 정당성이 인정되고, 부의 축적은 존중을 받는다. 다른 사람에게 피해를 주는 탐욕의 도구가 될 때 개인의 소유가 정당화될 수 없고, 부의 축적은 비난을 받을 수밖에 없다.

　토지와 재물, 물질의 소유권은 기본적으로 하나님께 있다. 물질은 하나님 축복과 은혜, 하나님 주신 지혜와 능력으로 얻은 것으로 하나님 뜻에 맞게 사용해야 한다. 인간은 더불어 살도록 창조되었다. 개인의 이익만 내세운다면 더불어 살 수 없다. 만인의 만인에 대한 투쟁, 약육강식의 사회가 된다. 안타깝게도 오늘날 이와 같은 자본주의가 되었다. 한쪽에서는 불로소득이 증가하고 다른 쪽에서는 상대적 빈곤이 심화되고 있다. 부동산 투기는 대표적인 불로소득이다. 토지는 공유가 바람직하다. 자본주의에 대한 인식의 전환이 필요하다. 자본주의에 반하기 때문에 안 된다면 자본주의는 존속할 가치가 없다.

　19세기 후반, 미국의 경제학자 헨리 조지(1839-1897)는 「진보와 빈곤(1879)」에서 토지 공개념을 도입했다. 당시 미국은 토지의 불로소득이 양극화를 부추기고 상대적 빈곤이 초래되고 있었다. 이에 헨리 조지는 지가 상승의 이익을 모두 세금으로 환수해 공공의 이익을 위해 사용하고, 땅 위에 지은 집에서 나오는 가치 증대는 건물 소유자에게 귀속하는 방안을 제시했다. 지대와 건축물의 가치를 분리하기가 어려운 한계가 있지만, 토지로 인한 불평등을 해소한다는 측면에서 새겨볼 의미와 가치가 있다. 어떻게 토지공개념을 실현하느냐는 인류의 과제가 아닐 수 없다.

○ 이윤 극대화의 문제점

　자본주의는 이윤 극대화를 위해 효율성과 경제성, 생산성을 추구한다. 시장경쟁에서 이기고 살아남기 위함이다. 자유주의 경제학자 밀턴 프리드먼(1912-2006)은 '기업의 사회적 책임은 기업의 이익을 증대시키는 것'이라고 했다. 이윤동기, 이윤 증대를 위한 노력, 시장경쟁에서 이기기 위한 노력이 경제성장과 발전을 가져온다. 자유로운 이윤추구는 창의와 혁신의 바탕이 된다. 하지만 효율성과 경제성 추구는 종업원 안전과 인권, 공동체 이익과 조화, 자연과 환경의 보존 등과 함께 추구해야 한다. 다른 중요한 가치를 위해 때론 효율성을 포기해야 한다.

　이윤추구를 앞세우는 자본주의는 충분한 일자리를 만들어내지 못한다. 생산성과 효율성 추구만으로는 사회가 안정될 수 없다. 높은 실업율과 노사 간 대립이 초래된다. 선진국도 예외가 아니다. 프랑스 파리는 노란 조끼들 시위가 그치지 않고 있다. 공동체 이익과 안전을 우선하는 바탕에서 이윤을 추구해야 한다. 선진국에서도 안전을 무시하고 이익만 추구한 결과 대형사고를 일으킨 경우가 종종 있었다. 2017년 6월 영국 런던 그렌펠 타워 Apt 화재가 그러했다. 오래된 노후 아파트를 외형만 그럴듯하게 리모델링한 것이었다. 방화시설도. 자동소화설비도 없었고 싸구려 외장재를 외벽에 덧붙여 4층에서 발화된 불이 외벽을 통해 15분 만에 24층 아파트 전체가 불길에 휩싸였다. 68명이 사망했고 300여 명이 부상을 입었다. 안전보다 눈앞의 이익이 우선이었다. 생명보다 이익을 우선한 것이 원인이었다.

2. 시장경제, 자유방임의 문제점

○ 아담 스미스의 「국부론」(The Wealth of Nations)과 보이지 않는 손

아담 스미스(1723 1790)는 고향 스코틀랜드 글래스고대학에서 도덕철학을 공부했고, 옥스퍼드대학에서 도덕철학을 연구한 뒤 1751년 글래스고대학 교수가 되어 논리학과 도덕철학을 가르쳤다. 1763년 교수직을 그만두고 유럽을 여행하며 당대 지식인들을 만나 토론하며 「국부론」 집필을 구상했다. 특히 프랑스 계몽주의 사상가 볼테르를 만나 계몽주의에 심취했다. 여행에서 돌아온 스미스는 10여 년의 집필 끝에 1776년 「국부론」을 출간했다. 스미스는 「국부론」에서 인간의 합리적 이성과 개인의 자유를 중시한 계몽주의에 바탕한 경제질서를 그렸다. 당시 기득권 카르텔을 형성했던 중상주의자들을 강력히 비판하며 개인의 자유로운 경제활동과 자유무역을 강조했다. 「국부론」은 무엇이 국가의 부를 형성하며, 어떻게 부를 증가시키는가를 다루는 책으로, 자본주의 질서의 바탕이자 고전경제학의 기초가 되었다. 16-18세기 중상주의는 왕실에 충성하는 소수에게 독점권을 준 식민지 무역이 국부의 바탕이었지만, 아담 스미스는 국민의 생활수준 곧 국민 전체가 소비하는 상품과 서비스의 총계가 국부라고 정의했다. 중상주의 시대는 무역이 국부의 중심이었지만, 1769년 제임스 와트의 증기기관 발명으로 상품의 대량생산이 이루어져 공업이 국부 창출의 중심이 되었다. 「국부론」은 이 같은 산업혁명기의 경제상황을 반영하여 시장에 의한 자원의 효율적 배분, 노동분업에 의한 생산성 향상, 수요와 공급에 의한 자유로운 가격 결정 등 자본주의 질서의 바탕을 정립했다. 아담 스미스는 부국의 해법을 분업에서 찾았다. 생산성을 높이는 방법으로 노동분업을 제시, 다양한 노동의 종류와 노동의 질을 전제하며 노동분업적 시민사회 개념을 도입했다. 시민사회에서 노동의 역할과 중요성은 분업에 있으며, 분업이 작업의 단순화와 전문화를 가져오고 생산성을 향상시킨다. 분업을 통해 생산성을 높이려면 생산공장이 필요하고 시설투자를 위한 자본축적이 필요하다. 자본축적은 신기술 개발을 촉진하고 대량생산을 가져온다. 결국 분업과 자본축적이 국부 증대의 선순환을 일으켜 국가와 사회의 번영을 촉진한다.

　국부에 의해 국민들의 생활 수준이 결정된다. 생산성을 높여야 생활수준이 높아진다. 아담 스미스는 생산성을 높이는 방법으로 자연법칙에 의한 순환 질서, '보이지 않는 손'에 의한 시장경제 질서를 그렸다. 산업사회, 대량생산에 따른 시장경제 체제의 확립이 필요하게 되었고, 이에 「국부론」은 '정부가 민간의 경제활동을 통제하지 말고 자유롭게 시장에 맡길 때 자원이 효율적으로 배분되며, 시장에서 자유롭게 경쟁하며 이익을 추구할 때 국가 전체의 이익이 증대된다'는 자본주의 경제질서의 바탕을 마련했다. 자본주의는 시장경제이다. 경제활동의 본질은 시장에서의 교환이다. 인간의 욕구, 교환 본성을 충족시키는 곳이 시장이다. 공급자는 물건을 비싸게 팔아 이윤을 많이 얻고자 하고, 수요자는 물건을 싸게 사려고 행동한다. '보이지 않는 손'에 의해 자연스럽게 가격이 결정되어 모두에게 유익한 결과를 가져다준다. '우리가 맛있는 식사를 할 수 있는 것은 푸줏간 주인이나 빵집 주인의 자비심이 아니라 그들의 이기심 덕분이다.' 시장에 맡기는 자유방임이 생산성과 효율성을 증대시키고 자율성과 창의성을 불러온다. 시장에서 승리하기 위한 노력이 경제성장과 발전의 바탕이 된다. 산업화 이전의 중상주의 시대는 정부가 개입하여 신시장 개척을 지원하는 보호무역이었지만, 산업혁명에 따른 대량 생산과 함께 아담 스미스에 의해 자유무역과 시장경제론이 정립되었던 것이다.

많은 사람들이 아담 스미스를 무조건적 시장 방임 주의자로 착각한다. 아담 스미스는 시장 참여자가 도덕적일 때 '보이지 않는 손'이 제대로 작동한다고 보았다. 깨끗한 양심과 정직, 건전한 여론과 도덕, 공정한 사법부가 있어야 사익 추구가 경제에 유익이 되고 사회통합이 유지된다고 믿었다. 아담 스미스는 소수가 특권을 누렸던 중상주의 시대의 카르텔과 '길드(상인, 장인 등의 조합)'를 강력히 비판하며 자유로운 질서에 의한 모두의 이익을 강조했다. 「국부론」에 앞서 1759년 출간한 「도덕감정론」에서 아담 스미스는 산업혁명 직전 영국의 도덕적 타락과 부패를 개탄했다. 부자와 권력자를 숭배하고 빈자와 하위계층을 무시하는 성향, 약자를 위해 정의를 세우기보다 강자를 위해 불의에 눈을 감는 이기심을 경계하며 '이기적인 인간이 타인을 위하는 도덕적 결정을 하는 것은 공명정대한 관찰자를 염두에 두기 때문이다'고 했다. 「도덕감정론」은 아담 스미스가 36살에 초판을 낸 후 죽기 전까지 여섯 번이나 고쳐 쓴 그의 평생의 생각이 반영된 책으로, 시장경제는 정의로운 질서가 본질임을 강조한다. 아담 스미스는 '기업가의 도덕률은 농부의 도덕률보다 엄격해야 하며, 기업가들에게는 금융 소득자보다 더욱 올바른 도덕적 품성이 요구된다.' 했다. 1772년 스코틀랜드 Ayr Bank 파산으로 금융위기를 겪었던 아담 스미스는 이를 「국부론」에 기술하며 금융위기를 경계했다. 경제의 거의 모든 분야에서 자유방임과 시장경제를 강조하지만, 은행업과 기업의 금융 행위에 대해서는 정부 감독의 필요성을 주장했다.

○ 보이지 않는 손은 수정과 재생이 반복되었다.
 보이지 않는 손에 의한 시장경제가 뿌리내리면서 부익부 빈익빈의 빈부격차가 확대되고 경기가 침체하는 등 시장경제의 부작용이 나타났다. 20세기 초 세계경제를 선도하던 미국이 대공황을 맞이하게 되었고 실업이 증가했다. 자본주의 체제가 위기에 직면하면서 정부의 시장개입이 불가피하게 되었다. 보이지 않는 손이 수정되고 재정의 역할이 강조되는 케인즈(1883-1946)의 수정자본주의 이론이 등장했다. 유효수요 창출을 위한 재정지출의 확대가 주요 내용이었고, 이에 따른 정부의 뉴딜정책이 시행되었다. 자유방임의 시장 기능에 맡겼던 정부가 적극적인 시장개입으로 바뀌었던 것이다. 1929년 대공황에 따른 개혁 중 하나는 금융기관 및 상장회사 활동을 폭넓게 규제, 감독하는 감독기관(Securities and Exchange Commission)의 창설이었다. 금융업의 신중한 운용과 기업의 공익 창출 효과를 유도하고 관리하기 위함이었다. 독점 제한과 금지, 공공투자 정책과 사회보장제도를 시행하여 자본주의 모순을 완화하고자 함이었다. 케인즈의 수정자본주의는 1970년대 오일 쇼크 전까지 대부분의 국가에서 경제 교과서로 활용되었다.
 1970년대 프리드리히 하이에크(1899-1992), 밀턴 프리드먼(1912-2006) 등 시카고 대학교수를 중심으로 정부의 개입과 재정지출을 축소하고 규제를 철폐, 시장의 조절 기능을 강화해야 한다고 주장하는 시카고학파의 신자유주의가 등장, 보이지 않는 손은 재생되었다. 1970년대를 경계로 공공정책을 추진할 때 경제학적 개념으로 접근, 비용과 편익을 분석하여 결정하는 시카고학파의 시대, 자율과 자유경쟁의 신자유주의 시대가 열리게 되었다. 한편으론, 1970년대 세계적으로 1, 2차 오일 쇼크가 오면서 세계경제는 스테그플레이션(경기는 불황인데 물가는 오르는 현상)을 겪게 되었다. 정부의 규제로 노동시장의 유연성이 떨어져 사용자가 노동자를 마음대로 해고할 수 없고, 노조는 계속 임금 인상을 요구해 원가가 높아져 물가는 떨어지지 않았다. 이에 시장의 자율을 강조하는 신자유주의는 더욱 힘을 얻게 되었고, 1970년대 후반부터 미국, 영국을 비롯한 많은 나라의 경제정책에 활용되며 신자유주의는 다시 경제 교과서의 주류가 되었다. 프리드먼은 선택의 자유를 강조한다. '큰 정부는 경제의 효율성을 낮춘다. 과도한 재정지출은 통화량 증가와 물가 상승을 가져오고 국가부채를 증가시킨다'는 신자유주의는 1980년대 미국 로널드 레이건 대통령의 경제정책, 레이거노믹스의 이론적 기반이 되었고, 영국 마거릿 대처 총리의 '각종 규제와 장벽을 혁파하는 'Big Bang 정책'의 바탕이 되었다.

신자유주의는 1997년 글로벌 금융위기 발생 전까지 전성기를 누렸지만, 그 결과는 실패였다. 신자유주의가 지배한 이후 세계는 무한경쟁의 소용돌이 속에 불평등은 더욱 심화되었고 한편으론 거품경제가 초래되었다. 1990년대부터 세계적으로 고성장의 선순환 구조가 깨어지고 저성장 구조로 진입함에 따라 자본이 생산적 활동인 제조업보다 비생산적인 금융과 부동산에 집중되는 금융투기자본 시대가 도래, 거품이 눈덩이처럼 불어나게 되었다. 선순환의 확대재생산 시기에는 시장경제에 맡길 수 있었지만, 선순환이 되지 않는 금융투기자본시대에는 시장경제에 맡겨서는 거품만 조장될 뿐이었다. 금융의 자유화는 정부 통제를 벗어나는 규제 철폐(Deregulation)로 이어져 예수금의 일정 비율을 중앙은행에 예치하는 지불준비금 규제의 완화를 가져왔고, 은행의 진입장벽을 낮추어 경쟁을 고취시켰으며, 급기야는 증권사의 은행업 겸업이 허용되어 증권사가 투자은행이 되었다. 은행업을 하면서도 연방준비이사회의 감독을 받지 않게 되었다. 이는 거대한 금융자본주의를 탄생시켰고 금융부문의 규모와 수익, 활동 영역이 급격하게 팽창, 국가의 금융 총규모가 GDP를 초과하게 되었다. 금융규모가 GDP를 초과하면 실물경제를 진작시키는 순기능보다 거품경제로 금융위기를 초래하는 역기능이 더욱 크다. 투자은행은 부채담보부증권(Collateralized Debt Obligation)이라는 파생 금융상품을 전 세계를 상대로 판매, 매매거래가 폭증하는 거품이 되어 1997년 '리먼 브러더즈 파산사태' 등 막대한 손실을 초래, 세계적 금융위기를 맞이했던 것이다. 그것으로 끝이 아니었다. 현금화할 수 없는 소액 비유동성 자산인 저당 대출(Mortgage loan), 리스(Leases) 등을 한데 모아 담보로 잡고 발행하는 자산 유동화 증권(Asset-backed Securities)이 난무했고, 결국은 비우량 저당권 담보부증권(Subprime Mortgage-backed Securities) 사태로 촉발된 2008년 미국의 금융위기가 또다시 세계를 강타했다. 미국의 대형 주택 금융회사들이 파산했고, 영국의 HSBC, 스위스 USB 등 세계 유수의 은행들이 대규모 손실을 입었다. '보이지 않는 시장의 손'을 믿었던 신자유주의 풍토의 거품이, 실물경제와 무관하게 덩치를 부풀린 파생금융상품들이, 빚을 내어서도 풍요를 누릴 수 있게 한 금융시스템이 한꺼번에 무너져 내렸다. 신자유주의 시장경제의 실패가 재확인되었고, 1970년대부터 풍미해 온 시장의 확대와 자유화, 실물경제를 벗어난 과도한 금융화 움직임이 결국 멈춰 서게 되었다. 자율에는 책임이 수반해야 함을, 시장에는 철저한 감독이 필요함을 깨우쳐 주었다. 은행은 시민의 돈을 관리하는 곳으로 은행예금과 부채에 대한 무한책임을 져야 한다는 아담 스미스의 교훈을 되새기게 되었다.

시장경제의 문제점을 궁극적으로 어떻게 해결할 것인가?

보이지 않는 손에 의한 결정이 정의로운 것만은 아니다. 시장에서의 승리가 최고의 가치는 아니다. 시장은 승패를 가를 뿐, 사회적 균형, 사회정의를 실현해 주지 않는다. 강자만 남는 것이 시장의 속성이다. 시장은 참여자의 투기적이고 이기적인 속성을 그대로 반영한다. 아담 스미스가 우려한 대로 도덕성이 결여된 시장의 손은 이기적 악마의 손이 된다. 시장에만 맡기는 것은 정부가 사회정의 실현을 회피하는 것이 된다. 아담 스미스가 「국부론」에서 말하는 자본주의정신, 시장에서의 자유경쟁은 건전한 질서와 페어플레이 규칙을 지키는 것을 전제로 한다. 인격적 바탕에서의 자연적인 순환질서를 그린 것이었다.

아담 스미스의 이상을 실현하기 위해서는 모두에게 노력하는 만큼의 정당한 몫이 돌아갈 수 있어야 한다. 시장 기능은 존중하지만 사회정의를 실현하며 모두가 공존할 수 있는 길을 찾아야 한다. 그런데 자본주의 체제에서는 그 길을 찾기가 어렵다. 시장경제와 자유경쟁, 개인의 소유권과 이익 추구, 자본축적과 자본의 지배가 자본주의의 바탕이자 기본 가치이기 때문이다. 기본 가치, 바탕 정신을 바꾸어야 한다. 정신적 바탕이 없는 시장경제는 최악의 질서가 될 수 있다. 진정한 '보이지 않는 손'은 하나님 은혜의 손길이다. 시장의 손은 승패를 가르는 손이지만, 하나님의 손길은 모두가 승리하는 손, 모두를 감싸는 손이다. 예수님 손은 용서와 치유의 손, 사랑과 겸손의 손이었다. 하나님 은혜의 손길, 예수님 사랑의 손길을 따를 때 조화로운 시장, 아름다운 사회를 이룰 수 있다. **제4부 자립공생사회에서 그 길을 찾아보기로 한다.**

3. 경제적 인간 (Homo Economicus) 의 문제점

○ 경제적 인간이란 경제학이 이론적 토대로 삼고 있는 인간형을 말한다.

경제적 인간은 경제학 이론을 그대로 따르는 경제학적으로 완벽하게 합리적으로 행동하는 인간을 말한다. 경제적 인간은 생산성, 효율성, 경제성을 극대화한다. 인간의 욕망을 충족시켜 줄 수 있는 생산 자원은 한정되어 있다. 경제적 인간은 한정된 자원을 자신의 이익을 극대화하는 쪽으로 선택한다. 생산 비용을 극소화한다. 생산성과 효율성, 경제성을 추구할 때 비용이 극소화된다. 이익의 극대화를 실현한다. 생산성의 극대화, 비용 극소화의 결과가 이익의 극대화이다. 결국 이익 극대화가 경제적 인간의 최고 가치이자 목표가 된다.

경제적 인간을 추구해서는 사회정의를 실현할 수 없다. 사회적 문제를 해결하는 것이 아니라 야기시킨다. 사회적 문제에 대한 책임을 회피하는 구실이 될 뿐이다. 경제사회 문제를 인간의 완벽성을 전제로 추구할 때 현실과는 동떨어진 이론이 된다. 무한 경쟁을 조장하며 다수의 패배자를 초래, 불균형의 바탕이 된다. 강자의 힘의 논리, 약육강식을 정당화하는 논리가 된다. 긍휼한 마음으로 이웃을 돕는 것은 어리석은 일이 된다. 생산에 참여하는 이해관계자 간에 다툼이 일어난다. 사용자에게 이익의 극대화가 된다면 노동자에겐 반대가 된다. 결국은 힘의 논리로 사용자가 이기게 되고 불균형이 심화된다.

'물질적 이익에만 초점을 맞춘 경제 이론은 초점이 왜곡된 렌즈와 같다. 사람들을 그릇된 강박 관념으로 이끄는 나쁜 경제학이 된다'고 말한다.

4. 자본 지배의 문제점

○ 자본주의(Capitalism)는 자본이 지배하는 제도이다. 필연적으로 양극화, 불균형을 초래한다.

자본주의는 이름이 표방하는 대로 자본이 지배하는 사회, 돈이 중심인 질서이다. 자본이 경쟁력이며 가치창출의 중심이 된다. 개인 소유권의 보장, 이윤추구의 극대화, 시장의 지배, 경제적 인간은 결국 자본의 지배를 강화하는 질서, 자본이 축적되도록 하는 질서이다. 생산의 3요소는 토지, 노동, 자본이다. 자본주의를 분배 측면에서 보면 마르크스가 분석한 대로 노동의 몫은 상대적으로 줄어들고 자본의 몫은 점점 커지게 된다. 필연적으로 부익부 빈익빈이 초래된다. 자본주의의 태생적 한계이다. 공산주의가 불행을 평등하게 나눠주는 것이 태생적 한계라면, 자본주의는 행복을 불평등하게 나눠주는 것이 태생적 한계이다. 인생을 자유롭게 살 수 없다는 의견, 원하는 대로 살 수 있는 자유가 부족하다는 의견이 선진국에서 오히려 더 높게 나오는 이유이다. 갤럽조사 결과 프랑스는 '자유롭게 살 수 있다는 자유 수준'이 69위였다. 그만큼 삶을 주도적으로 개척할 권리가 제한을 받고, 계층 간 이동이 어렵다는 증거이다. 자본주의 본고장인 미국 청년들의 자본주의에 대한 인식이 나빠지고 있다. 18-29세 청년들을 대상으로 한 갤럽조사 결과, 자본주의를 좋게 평가한다는 응답이 2010년 68%에서 2020년 45%로 급감했다. 경제성장의 황금기를 지낸 부모 세대와는 달리 2008년 세계적 금융위기, 실업과 파산을 보고 자란 청년들은 불평등을 가장 심각한 사회문제로 여기고 있다.

불균형, 양극화는 세계적 현상이 되었다. 자본주의 발전으로 사회 전체의 부는 증가하지만, 성장의 과실이 소수에게 집중된다. 자본의 집중은 기술 문명이 발전할수록 가속화된다. 자본이 경쟁력이자 기술 개발을 이끄는 동력이기 때문이다. 개인의 힘으로는 거대한 자본력에 대항하기 어렵고, 자본력의 울타리 안에서 개인이 기여한 공적을 인정받을 수밖에 없다. 한편으로 자본의 집중은 자동화로 인한 일자리의 감소, 실업의 증가를 초래한다. 빈부의 사회구조가 고착되어 열심히 노력해도 계층 이동이 어렵게 된다. 희망이 없을 때 분노하게 된다. 양극화에 대한 젊은이들의 분노는 세계적인 현상이 되고 있다. 부유한 도시에서 시위가 끊이지 않고 있다. 불균형 세상을 바꿀 수 있다면 독재도 용인할 수 있다고 생각한다. 마르크스가 예단한 혁명이 현실로 나타날 수도 있다. 불균형, 양극화는 결과적으로 자원 배분을 왜곡시키고 성장 잠재력을 저하시킨다. 극단적으로 되면 시장의 장점인 역동성과 생산성마저 마비시켜, 마르크스의 예견대로 자본주의가 멈춰설 수도 있다.

○ 물질우선주의가 생명경시 풍조로, 한편으론 투기와 불로소득으로 나타나고 있다.

자본의 지배는 돈을 우선하는 배금주의, 물질우선주의 가치관을 불러왔다. 오늘날 돈 때문에 돈보다 가치 있는 것들을 잃어버리고 있다. 생명까지 위협하고 있다. 가치관의 전도는 선진국도 예외가 아니다. 물질우선주의 산업화와 공업화로 온실가스와 폐기물이 마구 배출된다. 투기와 불로소득의 일확천금을 노린다. 불로소득은 다른 사람의 정당한 노력을 빼앗는 것, 다른 사람들을 희생시켜 자기 이득을 취하는 것이 된다. 투자와 투기는 구분된다. 투자는 경제순환과정에서 부가가치를 증대시키는 선순환 행위지만, 투기는 다른 사람을 희생시켜 이득을 취하는 사회악이다. 투자는 공동체 전체 파이를 증대시키지만, 투기는 다른 사람의 파이를 빼앗아 내 것을 채운다.

금융투기자본이 여러 차례 세계적 경제위기를 초래했다. 산업혁명 이후 대량생산과 기술혁신, 확대재생산의 선순환 구조가 20세기 후반부터 깨어졌다. 자본이 생산적인 투자가 되지 못하고 금융투기자본이 되어 거품을 초래했다. 앞에서 본 1997년과 2008년의 세계적 금융위기는 탐욕이 초래한 거품 때문이었다. 탐욕으로 조장된 금융위기는 결국 노동가치를 떨어뜨리고, 산업의 성장을 막고, 실물경제를 위축시킨다. 오늘날 실물경제와 금융경제가 어긋나는 디커플링(Decoupling) 시대, 경기는 안 좋은데 물가는 오르는 스테그플레이션(Stagflation) 시대가 되었다. 경제성장과 고용 등 실물지표는 최악의 수준을 보이지만, 주가지수와 부동산 가격, 물가는 오르고 있다. 넘쳐난 금융자본이 투기자본으로 변질했기 때문이다. 여러 차례의 자본주의 위기는 금융위기였고, 그것은 투기적 탐욕 때문이었다. 아직도 탐욕의 끝은 오지 않았다. 그 끝은 어디인가? 결코 마르크스 혁명이 되어선 안 된다. 혁명으로 자본주의가 허물어지기 전에 근본적 대안을 찾아야 한다.

○ 불균형 해소를 위해 기본소득이 대두되고 있지만 근본적 해결책이 되지 못한다.

오늘날 불균형 문제를 해결하지 않고는 자본주의를 지탱할 수 없게 되었다. 이에 기본소득이 대두되고 있지만, 불균형의 원인을 제거하지 않고 기본소득을 나누어 주는 것은 의존 심리만 부추길 뿐, 근본 대책이 될 수 없다. 막대한 재정 소요에 비해 효과는 미미하다. 단편적인 현금 복지가 아니라 일할 의욕과 일자리를 제공, 성장과 고용을 견지할 수 있는 길을 찾아야 한다. 기본소득은 성공한 나라가 없다. 스위스는 2016년 6월, 전 국민에게 매달 2,500 스위스 프랑(약 300만 원)의 생활비를 지급하는 기본소득을 국민투표에 부쳐 76.7%의 반대로 부결시켰다. 핀란드는 2017-2018년 2년 동안 실험을 해본 결과 효과가 미미하여 채택하지 않았다.

기본소득 개념은 1516년 토마스 모어에 의해 최초로 언급되었다. 모어는 유토피아에서 '도둑질 말고는 생존할 방법이 없을 때에는 어떠한 처벌도 도둑질을 막지 못한다. 처벌 대신 생활비을 지급해야 한다'며 오늘날 기본소득 개념을 언급했다.

시카고학파의 자유주의 경제학자 밀턴 프리드먼은 음의 소득세(Negative Income Tax)를 제안했다. 소득이 일정 수준을 넘는 사람은 소득세를 부과하고, 일정 수준에 미달하는 경우는 미달 금액에 비례한 마이너스 소득세를 부과, 보조금을 주자는 것이다. 유발 하라리는 저서 「21세기를 위한 21가지 제안」에서 기본소득을 포함하고 있다. 빈곤층의 경제적 혼란을 막고, 대중의 분노로부터 부유층을 보호하기 위해서는 기본소득이 필요하다고 말한다. 부부 경제학자, 아브하지트 바네르지와 에스테르 뒤플로는 저서 「힘든 시대를 위한 좋은 경제학」에서 '이상적 복지는 개별 국민의 니즈에 맞춘 맞춤형 복지다. 각자의 처한 상황과 조건에 맞추어 제공해야 만족도를 높인다. 맞춤 정도를 높일수록 정보 획득비용과 맞춤형 서비스의 행정비용이 발생한다. 행정 역량이 높은 국가라면 맞춤형 복지, 선별적 지원이 바람직하다. 기본소득은 후진국에서 보다 효과적이다. 선진국은 일자리를 만드는 것, 일을 통한 소속감과 존엄성을 느끼도록 하는 정책이 필요하다'는 의견이다. 프랑스 파리대 교수 토마 피케티는 저서, 「21세기 자본」(2013) 및 「자본과 이데올로기」(2019)에서 불평등의 기원을 파헤치며 자본주의는 양극화로 위기를 맞고 있다고 경고한다. '인구가 감소하고 성장이 정체되면서 축적된 자본의 힘은 더욱 커졌다. 임금소득보다 자산소득이 더 빨리 증가한 것이 불평등의 원인이다. 능력만 있으면 성공하는 자본주의가 사라지고 가문과 상속에 따라 성공하는 자본주의가 되었다'고 분석한다. 피케티는 모두에게 일률적 지급하는 기본소득보다는 필요한 사람에게 충분한 지원이 바람직하다는 의견이다. 다소 도발적 제안으로 젊은이들에게 종잣돈 12만 유로(약 1.8억 원)를 주자고 제안한다. 기본소득이 아닌 기본자산을 주자는 것이다. 그 재원은 매우 높은 누진과세이다. '소득세를 넘어 부유세를 도입, 자산에 높은 세율을 매겨야 한다. 최상위 부자의 재산세, 상속세를 대폭 높이고, 대기업 지분은 누구도 10%를 넘지 못하게 하자'고 제안한다. 진보 성향의 노벨상 수상 경제학자 조셉 스티글리츠 교수도 '불만 시대의 자본주의'에서 기본소득 도입은 신중한 접근이 필요하다는 의견이다. '일자리 창출과 고용시장의 안정, 노동시장의 정상화가 우선해야 한다. 기본소득이 평등을 지향하고, 일자리를 얻지 못한 이들에게 안전장치 기능을 하는 장점이 있지만, 본질적인 경제문제인 실업이 인간 존엄성에 미치는 폐해를 해결할 수는 없다'고 말한다.

결국 기본소득이든 고용 확대든 자본주의 안에서는 탁상공론일 뿐이다. 바탕 정신을 바꾸어 불균형의 근본 원인을 제거해야 한다.

성경적 바탕의 사회가 될 때 근본적 불균형 문제가 해결된다.

자본주의는 물질 중심 사회이다. 자본주의 중심은 정신이 아니라 물질이다. 자본주의가 표방하는 기치로는 불균형 해소가 불가능하다. 자본주의 아래 기본소득은 근로 의욕만 저하시킬 뿐이다. 정신적 가치를 세워야 한다. 노력하지 않고 잘 살려는 공짜심리가 없어져야 한다. 누구나 능력껏 공동체에 기여해야 공동체의 혜택을 누릴 자격이 있다. 자기 몫을 감당하지 않고 혜택만 받는 사회는 지속될 수 없다. 한편 앞으로 4차 산업시대에는 불균형이 더욱 심화된다. 고용 확대도 더욱 어렵게 된다. 단기 계약직 근로자, 용역, 택배 등 열악한 조건의 근로자들만 늘어나게 된다. 이러한 현상을 자본주의, 시장경제의 당연한 귀결로 받아들일 때 사회는 지옥이 된다. 모두가 행복한 4차 산업시대를 맞이할 수 있는 밑그림을 그려야 한다.

제2부에서 살펴본 현대의 위기는 자본주의, 물질주의에서 비롯되었다. 자본주의 바탕은 물질주의, 맘몬의 우상이다. 물질주의 때문에 이기주의와 개인주의, 파편화된 사회가 되었다. 오늘날 자본주의는 끝없는 물질적 욕망을 추구한다. 욕망은 채울수록 결핍을 느낀다. 영적 생명을 잃기 때문이다. 맘몬의 우상을 물리칠 분은 하나님밖에 없다. 하나님 관계가 바로 설 때 욕망의 굴레에서 벗어나 자족할 수 있다. 성경적 질서가 될 때 불균형 문제가 해결되고 더불어 사는 아름다운 사회를 이룰 수 있다.

5. 단기간에 압축 성장한 우리나라는 자본주의 부작용이 더욱 심하다.

○ 가치관이 전도되었다. 고속 성장기, 된 사람보다 난 사람을 우대했다.

　지금 한국 사회의 근본적 문제는 자본주의에서 비롯된 가치관의 전도이다. 1960년대 초까지 세계 최빈국이었던 우리나라는 선진국들을 따라잡기 위해 숨 쉴 틈 없이 달려만 왔다. 미국식 자본주의를 적극적으로 수용하고 따랐다. 그 결과 반세기 만에 선진국 대열에 진입했지만, 그 과정에 많은 부정적 요인이 잠재되어 있었다. 선진국의 좋은 면보다 나쁜 면을 빨리 따랐다. 속도가 중요했다. 수단 방법보다 결과가 중요했다. 반칙을 해도 남을 앞서야 했다. 속은 어찌 되었건 겉이 중요했다. 대한민국이 선진국이 되었지만, 병든 선진국이 되었다. 짧은 시간에 선진국을 따라잡은 만큼 부작용이 커졌고, 빠름을 위해 포기했던 것들이 부메랑이 되어 돌아왔다. 1997년 금융위기를 시작으로 잠재되어 있던 나쁜 면이 한꺼번에 표출되었다. 지금 우리나라는 자본주의 모순과 폐단이 가장 극명하게 드러난 선진국이 되었다. 돈만 아는 천민자본주의, 투기공화국이 되었다. 수단 방법을 가리지 않고 돈을 추구한다. 우리 민족의 고유한 미풍양속마저 사라졌다.

　고속 성장기에 자랑스럽게 내세웠던 구호가 '안 되면 되게 하라'였다. '불가능을 가능케 하라'가 업무처리 지침이자 능력의 잣대였다. 된 사람보다 난 사람을 우대했다. 과정의 정당성보다 결과가 중요했다. 그리하여 고속성장을 이루었지만, 부정과 부패, 불법과 편법, 뇌물과 온갖 비리가 싹트게 되었다. 죄가 만연된 토양이 되어 뇌물을 받은 죄인도 더 많은 뇌물을 받은 사람을 가리키며 억울하다고 한다. 뇌물을 준 사람은 더욱 억울하다고 호소한다. '성공학'이란 괴물이 각광을 받았다.

　경쟁에서 뒤진 다수는 각기 다양한 재능, 훌륭한 가치의 소유자들이다. 소수의 출세를 위해 들러리를 서야 하는 존재가 아니다. 소중한 다수가 약자가 되어 '세상 성공이라는 괴물'에 잡아먹히고 있다. 공공의 문제가 개인의 이익에 무너지고 있다. 정신적 가치가 실종되고 물질주의가 기업은 물론 교육계와 사회에 깊이 뿌리내렸다. 과거는 어쩔 수 없을지라도 이제는 달라져야 한다. 속도보다 방향이 중요하다. 된 사람이 인정받는 사회, 노력한 만큼 보상이 주어지는 사회를 만들어야 한다. 우리는 지금 공산주의 북한과 대치하고 있다. 정신적 가치를 되찾지 않으면 공산화 위협에 무방비로 노출된다. 물질적 성공에 집착하다가는 나라 전체를 잃게 된다.

○ 고속성장과정에 정경유착과 특혜, 독과점 등 나쁜 선례를 남겼다.
 고속성장을 위해서는 한정된 자원의 집중투자가 필요했다. 1960년대 자원도 없는 상태에서 경제개발을 시작했기에 정부가 경제개발 계획에 맞추어 한정된 자원을 소수의 선도 부문에 집중할 수밖에 없었다. 경제개발 계획의 효과적 수행, 중화학 공업의 육성과 관련 기술개발을 위해서는 정부와 기업이 협조하며 보조를 맞출 수밖에 없었고, 정책적 지원을 받은 대기업으로 부가 집중, 대기업 중심의 독과점이 형성되었다. 필자가 금융기관에서 본 고속성장기의 자본축적 과정은 단순했다. 정부의 특혜가 아니었더라도 금융기관 대출을 받아 공장을 건설하면 초기에 적자를 보더라도 땅값이 올라 충분히 적자를 감당하고 성장할 수 있었다. 높은 인플레와 환율은 기업의 자본축적을 가속화했다. 이러한 고속 성장으로 다수의 국민은 상대적으로 빈곤하게 되었고, 빈부의 격차가 벌어지게 되었다.
 한편으로 가족경영과 불투명경영으로 그릇된 기업문화가 뿌리내렸다. 고속 성장기에는 오너의 빠른 결단과 과감한 투자결정이 필요했다. 결과적으로 오너 중심의 권위주의, 불투명한 의사결정, 가족의 밀실경영 등 그릇된 기업문화를 가져왔고, 기업이 사유화되어 사회적 책임보다 총수 일가의 이익을 중심한 경영이 되었다. 내부통제 시스템이 결여되어 편법 상속과 증여, 경영권 승계가 이루어졌다. 기업은 사회적 책임을 다해야 한다. 편법과 불법, 불공정 관행을 근절하고 정당한 방법으로 부를 취득해야 한다. 그렇지 않으면 아무도 힘들게 일하려 하지 않고 모두가 투기와 불로소득, 일확천금을 꿈꾸게 된다. 선진국은 도덕과 준법 질서, 예의와 교양, 타인에 대한 배려와 존중이 뒷받침되어야 한다. 그렇지 못하면 아무리 물질적 성장을 이루어도 선진국이 될 수 없다.

○ 금융위기 이후 양극화와 불균형 문제가 대두되며 중산층이 몰락하고 있다. 고속성장기엔 가난을 극복한다는 일념에서 불평할 겨를도 없이 모두가 잘살기 위해 노력했다. 경제성장이라는 공동의 목표에 다 같이 희생, 불균형 문제가 드러나지 않았지만, 1997년과 2008년 세계적 금융위기를 맞으면서 불균형 문제를 절실하게 피부로 느끼게 되었다. 경제성장이 다수 국민의 행복을 가져다 주지 못하고, 삶의 만족도는 오히려 떨어졌다. 곳곳에 걸려 있는 힐링센터가 우리 사회의 병리 현상을 보여 준다. 강박 관념의 환자가 늘어나고 있다. 우리나라는 OECD 국가 중 자살률이 가장 높고 출생률은 가장 낮다. 불신 풍조가 만연되어 타인에 대한 신뢰도가 최하위다. 계층 간 세대 간 갈등이 증폭되고 있다. 앞으로 4차 산업시대가 되어 일자리가 감소하고 실업이 증가되면 불균형 문제는 더욱 심화된다.

통계상 중산층은 국민소득을 일직선으로 세웠을 때 가장 중간에 오는 값의 50%에서 150% 사이를 중산층으로 간주한다. 이에 따른 우리나라 중산층은 약 60%로 과거보다 줄었지만, 아직 국제적으로 손색이 없다. OECD 평균 61.5%와 비슷하다. 문제는 실제 중산층으로 인식하는 비율이 줄어든다는 점이다. 2024년 3월 통계청이 발표한 중산층 인식 비율은 2020년 59.4%에서 2022년 53.7%로 줄었고, 하위층으로 인식하는 비율은 40.5%에서 45.6%로 늘었다. 60%가 중산층이라는 통계는 이러한 대중의 심리와는 상당한 거리가 있다. 체감 중산층이 소득을 기준한 중산층보다도 급격하게 줄어들고 있다. 양극화 심화로 중산층에 대한 눈높이가 높아져 중산층이 위축되고, 경제적 불안을 느끼기 때문이다. 안정된 국가가 되자면 국민의 60% 정도는 중산층이라는 인식을 가져야 한다. 심리적 중산층이 수적으로 상위층과 하위층을 압도해야 건강한 사회가 된다. 우리나라가 선진국 대열에 합류했지만, 실질적 중산층이 적은 매우 불안정한 상태이다. 서구 유럽의 부르주아지가 오랜 전통과 종교적 도덕적 가치를 바탕으로 두터운 중산층을 형성해 온 것과는 달리, 우리는 급격한 성장으로 빈부 차이가 갑자기 커져 상대적으로 중산층이 적은 불안한 사회가 되었다.

이러한 환경으로 중산층의 위치가 흔들리며, 직장인들의 경제적 불안과 상대적 박탈감이 증가하고 있다. 성실하게 직장에서 일하며 저축하던 사람들, 가족과 평범한 행복을 누리던 사람들이 벼락거지가 되었다고 한탄한다. 직업을 중요한 가치로 생각하지 않고 있다. 투기 심리가 팽배해 모두가 로또 한 방을 노리는 세상이 되었다. 미국 여론조사기관 퓨리서치센터가 세계 17개 선진국을 대상으로 한 설문조사 결과를 2021년 11월 발표했다. 삶에서 가장 가치 있게 생각하는 것이 무엇인가?라는 질문에 한국은 물질적 행복을 1순위로 꼽은 유일한 나라였다. 한국은 돈을 첫째로 꼽았다. 각국의 응답을 평균하니 가족 38%, 직업 25%, 물질적 행복 9% 순이었다. 우리나라도 전에는 가정이 1순위였고 돈은 3순위였다. 그런데 가족과 직업, 돈에 대한 가치가 바뀌었다. 평균 응답으로 중요한 2위는 직업, 4위는 친구 관계였지만, 한국에선 직업과 친구 관계는 순위에도 들지 않았다. 삶의 원천으로 신앙을 꼽은 사람이 가장 많은 나라는 미국으로 15%였는데, 한국은 1%였다. 한국보다 낮은 나라는 일본밖에 없었다. 한국의 기독교인조차 신앙보다 돈을 최고 가치로 생각하고 있다는 증거이다. 대한민국이 선진국임을 자랑할 수 없다. 남 탓할 수가 없는 우리 모두의 책임이다.

지금 우리 사회에 가장 필요한 것은 노블레스 오블리주(NOBLESSE OBLIGE) 정신이다.

프랑스어 '노블레스는 고귀한 신분, 오블리주는 책임이 있다'이다. 합하여 지위와 명예에 대한 책임과 의무가 된다. 가진 자의 사회적 책임과 의무를 다하는 정신이다. 사회적 신분이 높은 사람은 그만큼 도덕적 의무와 책임이 따른다. 사회적 리더로서 본을 보이며 솔선수범해야 한다. 가진 자가 양보하고 희생해야 한다. 영국 옥스퍼드대학과 케임브리지대학에는 세계 1, 2차 대전에 전사한 동문들 이름이 새겨져 있다. 캠퍼스에서 가장 감동을 주는 곳, 노블레스 오블리제의 상징인 곳이다. 싸울 수 있는 거의 모든 학생과 동문들이 참전했고, 그 중 약 20%가 목숨을 잃었다. 영국이 전쟁을 치르면 전선의 맨 앞에 서는 사람들이 귀족들과 케임브리지, 옥스퍼드대학 출신들이었다. 귀족과 명문대 출신의 전사자 비율이 노동자 농민의 비율보다 훨씬 높았다. 미국 명문대에는 학교를 빛낸 동문들 이름이 새겨져 있다.

정계의 실력자나 재계의 거물들이 아니다. 세계 1, 2차 대전, 한국전쟁과 베트남전쟁에서 목숨을 잃은 영웅들이다. 이러한 정신이 노블레스 오블리제이다.

우리 사회는 정치인들과 지도층, 엘리트들이 앞다투어 무임승차를 한다. 무임승차에 조금도 거리낌이 없다. 이해할 수 없는 이유와 병명으로 병역을 면제받았고, 자식들도 면제받도록 모든 편법을 동원한다. 국회의원, 장관, 지도층의 군대 면제 비율이 일반 국민보다 훨씬 높다. 최고의 엘리트 교육을 받은 사람들이 부정부패, 입시비리와 병역비리, 부동산 투기에 앞장서고 있다. 거의 예외 없이 거짓과 불법, 특권과 반칙으로 재산을 증식한다. 아파트 투기를 위해 위장 전입을 하고, 자녀 입시와 취업비리, 특혜를 서슴지 않는다. 서류를 허위로 조작하며 허위 스펙을 만든다. 사회에 본이 되기는커녕 사회악을 부채질한다. 그런 모습이 국민들 마음을 허탈하게 하고 분노케 한다. 젊은이들에게 냉소와 불신, 상실감과 박탈감을 안겨준다. 명예와 훈장은 무게를 느껴야 한다. 걸맞은 희생과 헌신이 있어야 한다.

우리 사회에 노블레스 오블리주 정신이 사라진 것은 자본주의, 물질주의 때문이다. 급속한 경제 성장을 이루었지만, 정신적 바탕이 사라지고 물질우선주의가 되었다. 희생과 양보, 섬김과 헌신은 사라지고 내 것만 챙기는 이기주의가 되었다. 인격을 배양하는 데에는 평생의 노력도 부족하지만, 잃어버리는 데에는 단 하루면 족하다. 이제는 정신적 바탕을 구축해야 한다. 잃어버린 바탕을 구축하는 데에는 몇십 배의 시간과 노력이 필요하다. 그만큼 아픔이 있어야 한다. 정치인과 지도층부터, 엘리트와 가진 자부터 노블레스 오블리주 정신을 지녀야 한다. 선진국이 되기 위한 필수 조건이다

○ 투기 공화국이 되었다. 젊은이들이 희망을 잃고 '헬 조선'을 외치고 있다.

우리나라는 자본주의, 시장경제에 대한 무조건적 수용으로, 투기에 대한 관대한 사고가 심어졌다. 부동산 투기, 금융 투기는 당연한 권리라는 인식 아래, 행여나 낙오될까 앞다투어 투기를 한다. 자본주의는 본질적으로 투기를 부른다. 자본주의 나쁜 면을 빠르게 받아들인 우리는 규제가 있어도 교묘하게 피해, 편법과 불법

으로 투기를 한다. 부동산 투기 성공 스토리를 자랑스럽게 이야기한다. 다른 사람의 편법과 불법 행위에 눈을 감으며 자신도 그러한 행위를 본받고 있다. 국민 대다수가 부동산 투기의 공범자가 되었다. 오늘날 세계적으로 자본주의 불균형, 투기와 거품 경제의 문제점을 지니고 있지만, 단기간에 고속 성장을 이룬 우리는 더욱 심각하다. 불균형이 더욱 크게 느껴졌고, 한편으론 냉소주의와 한탕주의가 팽배하게 되었다. 젊은이들이 투기와 한탕주의를 쫓고 있다. 불법 투기, 부동산 갭투자를 서슴지 않고 있다. 한창 미래를 꿈꾸어야 할 젊은이들이 투기와 도박의 중독에 빠져들고 있다. 사회가 이러한 환경을 만들었다. 젊은이들 마음을 병들게 했다. 어른들이 그렇게 가르쳤다. 정치인들이 그러한 모습에 앞장섰다. 과거 고속 성장기에 '개천에서 용 났다. 억울하면 출세하라. 모로 가도 서울만 가면 된다' 같은 말들이 젊은이들에게 나쁘게 심어져 한탕주의가 되었다. 모두가 용이 될 필요가 없다. 억울해서 출세하면 안 된다. 올바른 노력으로 목적을 이루어야 한다. 성실하게 자기 책임을 다하는 사람이 존중받는 사회가 되어야 한다.

젊은이들이 꿈을 잃고 도전을 포기하고 있다. 취업과 연애, 결혼을 포기한다. 출산과 내 집 마련을 포기한다. 미래에 대한 희망과 인간관계를 포기한다. 3포, 5포, 7포 시대가 되었다. 엄마가 되는 나이가 33.4세로 OECD 국가 중 가장 높다. 여성 한 명이 평생 낳을 수 있는 아이의 수를 의미하는 합계출산율이 세계 최저이다. 1983년 합계출산율이 2.08명으로, 인구 수준 유지를 위한 필요출산율 2.1명 이하로 떨어졌다. 2022년 0.78명, 2023년 0.72명으로 최저기록을 계속 갱신하고 있다. 합계출산율이 1.3을 밑돌면 초저출산 국가로 분류된다. 일본은 합계출산율이 저점을 지나 2021년 1.3으로 회복되었다.

지금 우리나라에 가장 중요한 과제는 저출산 문제의 해결이다. 북한의 2022년 합계출산율이 1.8명인데 한국이 0.7명대에서 반등하지 못하면 의료 복지 분야의 엄청난 부담은 물론, 안보 위험까지 초래된다. 앞으로 생산가능인구 대비 부양해야 할 인구 비율인 총부양비율이 급격히 증가, 성장 동력이 무너질 우려가 크다. 최근 한 조사에 의하면 여성의 52.9%, 남성의 33.1%가 출산 의향이 없다고 밝혔다. 결혼과 출산에 관한 젊은이들 생각을 어떻게 바꿀 것인가? 단편적인 금전적 지원으로 해결될 문제가 아니다. 재정도 감당할 수 없을뿐더러 효과도 미미하다. 사람들의 가치관이 '임신은 축복, 양육은 행복'으로 바뀌어야 한다. 출산에 대한 욕구와 희망, 가족이 주는 행복의 가치가 회복되어야 한다. 자녀를 낳고 키우면서 부모로서 갖는 기쁨과 행복이 삶의 가장 중요한 가치라는 인식이 심어져야 한다. 자녀 사랑은 하나님 마음이다. 자녀 사랑과 희생을 통해 하나님 사랑, 하나님 주시는 행복과 기쁨을 체험한다. 자녀를 낳고 기르는 것보다 중요한 일은 없다. 하나님 축복, 행복의 원천인 자녀와 가정의 고귀한 가치를 찾도록 방안을 마련해야 한다. 근본적으로 취업과 고용 문제의 해결, 누구나 안정적 직장과 직업을 가질 수 있는 길을 찾아야 한다. 불안한 생계 문제를 그대로 두고 저출산 문제를 해결할 수 없다. **제4부 자립공생사회에서 그 길을 찾아보기로 한다.**

○ '헬 조선' 논쟁

젊은이들의 '헬 조선'에 대한 비판과 동조의 논쟁이 있었다. 필자는 어느 쪽을 편드는 입장이 아니다. 양편 모두를 이해한다. 논쟁의 초점이 갈등이 아닌 이해와 공감의 장이 되어야 한다. 젊은이들은 부모 세대와 조부모 세대의 피나는 노력과 희생을 이해해야 한다. 조부모 세대는 먹을 것이 없어 굶은 세대였다. 일자리가 없어 해외에 광부와 간호사로 나갔다. 중동의 사막, 뙤약볕 아래서 건설노동자로 일했다. 월남전에 참전 수당을 받아 가정을 일으켰다. 가난을 물려주지 않기 위해 온갖 고난을 참으며 땀 흘려 일했다. 주 6일 근무가 아니라 휴일에도 일했다. 그리하여 살기 좋은 나라, 대한민국을 만들었다. 아무것도 없었던 전쟁의 폐허, 세계 최빈국에서 선진국이 되기까지 이끌었다. 젊은이들은 사회가 잘못되었다고, 기성세대의 잘못이라고 불평만 해서는 안 된다. 기성세대가 이뤄낸 번영이 저주가 되어서는 안 된다. 그 바탕 위에 더욱 찬란한 미래, 자랑스런 대한민국을 열어야 한다. 부족한 부분이 많지만 부족을 채우고 개선하는 일은 그대들 몫이다. 기성세대의 잘못된 관행을 그대들이 고쳐야 한다. 현실이 아무리 어렵더라도 개선하고 고치는 일은 그대들 몫이다. 하나님의 선하신 계획은 그대들을 통해 이루어져야 한다. 정직의 씨앗, 진실과 성실, 겸손과 섬김의 씨앗을 뿌려야 한다. 힘들어도 뿌리고 가꾸어야 한다. 그렇지 않으면 그대들 다음 세대는 더욱 초라하게 된다.

 기성세대는 젊은이들을 가슴으로 안아야 한다. 젊은이들이 기성세대보다 어렵고 각박한 현실에 놓인 것은 사실이다. 국민소득 3만 5천불 시대를 지나며 불균형이 고착되고 사회 곳곳에 기득권 카르텔이 형성되어, 젊은이들이 기울어진 운동장에서 열심히 뛰어도 앞으로 나가지 못하고 있다. 기성세대는 기회가 있었다. 노력하면 성공할 수 있었지만, 지금은 노력해도 계층 이동이 어렵다. 자신의 의지와는 무관하게 무한경쟁의 강물에 떠밀려가고 있다. 한번 삐끗하면 영원한 패배자로 인식되는 경쟁에서 살아남기 위해 발버둥치고 있다. 정당한 노력의 보상을 받지 못하는 상황, 공정한 기회를 보장받지 못하는 상황에서 부정적 감정에 가득차 있다. 부모가 다니던 교회를 의식적으로 회피하고 있다. 하나님을 믿고 싶지만, 교회에는 나가기 싫다고 한다. 저들에게 '내 때는 안 그랬는데...' 훈계는 거부감을 줄 뿐이다. '의지력이 약하다고, 끈기와 열정이 없다'고 나무라는 어른들 때문에 저들이 갈 곳을 잃고 방황하고 있다. 저들의 마음을 이해하며 '정말 힘들겠구나, 아픔을 몰라서 미안해' 안아주어야 한다. 지금 젊은이들이 번아웃 상태에 있다. 눈높이에 맞는 일자리를 구하지 못하고, 기울어진 운동장에서 기진맥진한 상태에 있다. 어쨌든 그 책임은 기성세대에 있다. 기성세대는 책임을 통감하고 이제는 젊은이들이 꿈과 희망을 펼칠 수 있는 환경, 노력하면 보상을 받는 환경을 만들어야 한다. 긍정적으로 세상을 보며 도전할 수 있는 용기와 의욕이 솟도록 해야 한다. 저들을 돕는 것은 일시적 금전 지원이 아니라 죽음의 문화에서 생명 문화로, 이기적 경쟁문화에서 협동 문화로 환경을 바꾸는 일이다. 기성세대는 이 일을 위해, 다음 세대가 좋은 열매를 맺는 환경이 되도록 한 알의 밀알이 되어 썩어야 한다.

○ 보수와 진보의 편 가르기

 보수는 자유에 더 높은 가치를 두고 진보는 평등에 더 높은 가치를 둔다. 상대적으로 보수는 안정을 추구하고 진보는 변화와 개혁을 추구한다. 자유와 평등은 어느 한쪽이 절대적인 정의가 될 수 없다. 평등이 없는 자유는 방종이다. 자유 시민이 되기 위해서는 일정 수준의 경제적 기초와 공정한 교육, 문화적 접근이 보장되어야 한다. 한편, 자유가 없는 평등은 독재와 억압이다. 자유가 불평등을 낳아서도 안 되지만 절대적 평등은 더욱 자유를 억압한다. 기회의 보장, 기회의 균등이 평등의 바탕이다. 균등한 기회, 공정한 경쟁을 통한 불평등은 수용해야 한다. 공정이 자유와 만났을 때 보수가 되고, 평등과 만났을 때 진보가 된다. 보수가 불공정할 때 기회주의가 되고, 진보가 불공정일 때 위선이 된다. 우리는 보수와 진보 모두 공정이 무너졌다.

 보수는 자유와 권리를 누리는 만큼 노블레스 오블리주 정신이 있어야 한다. 도덕과 희생이 없는 보수는 힘도 능력도 없다. 보수는 지속가능성을 책임지는 자세가 중요하다. 인기가 없더라도 보수의 가치를 추구하며 흔들림 없는 원칙을 지켜야 한다. 좌파에 물들어 포퓰리즘 경쟁을 하려고 한다. 보수와 진보가 서로 기생, 편법을 부추기며 상대편을 살려주고 있다. 진보는 방법도 결과도 진보여야 한다. 진보를 외치면서 행위와 결과는 진보가 아니다. 진보를 내세우는 정치인들이 특권과 이권, 편법과 불법, 투기와 위장에 앞장서고 있다. 더욱, 한국 진보는 폐쇄적 이념에 사로잡혀 있다. 진보는 먼저 종북 좌파와 결별해야 한다. 북한은 진보의 반대편에 있는, 지구상 가장 후진적 집단이다. 한국에서 진보만큼 오용된 단어도 없다. 진보가 광범위하게 오염되어 언론과 학계에까지 좌파의 진보 프레임을 수용하고 있다. 자유와 인권을 억압하는 북한을 추종하며 미군 철수를 주장하는 집단이 진보일 수 없다. 이념 투쟁을 내세우며 역사를 왜곡하는 교육이 진보일 수 없다. 좌파가 어찌 진보인가? 좌파 진영일 뿐이다. 진보의 가치와 생명은 선동이 아닌 실천에 있다. 미래에 희망을 주는 참신한 정치, 시대를 앞서가는 혁신기업과 같은 진보여야 한다.

 우리나라 보수와 진보는 다 같이 말과 행동, 주장하는 가치와 행위가 다르다. 각기 정의를 부르짖지만 행위는 정의롭지 않다. 가치 추구는 실종되고 편법과 불법,

온갖 수단과 방법을 동원하여 이득을 추구하며 누가 더 나쁘냐로 싸운다. 보수와 진보를 불문하고 부동산 투기와 입시비리, 병역비리에 앞장서고 있다. 진정한 보수와 진보는 없고 이익추구의 편가르기 싸움만 있다. 왜 이렇게 되었는가? 자본주의, 물질주의 때문이다. 뒤에서 보겠지만, 자본주의는 인본주의, 나아가 18세기 계몽주의에서 비롯되었다. 계몽주의는 인간의 이성을 앞세운다. 인간의 이성은 완전하지 않다. 이성의 원천, 선악의 기준이 하나님이시다. 인간은 하나님 앞에 똑같은 죄인이다. 상대편을 비난하기 전에 하나님께 무릎 꿇고 하나님 마음으로 돌아가야 한다. 대한민국은 제5부에서 보듯 하나님 사명을 감당해야 할 나라이다. 그러자면 편가르기에서 벗어나 보수와 진보에 합당한 비전을 제시해야 한다. 궁극적으로 하나님 보시기에 좋은 사회를 어떻게 이룰 것인가를 찾는 보수와 진보가 되어야 한다. 그럴 때 한반도 통일도 이루고 하나님의 영광된 사명도 감당할 수 있게 된다.

3장 자본주의에서 파생된 우리나라 교육 문제

1. 자본주의 나쁜 면이 극명하게 드러난 곳이 우리나라 교육이 되었다.

○ 물질주의 가치관이 지배하는 교육이 되었다.

　오늘날 교육의 문제는 자본주의, 물질주의에서 비롯되었다. 사람은 교육을 통해 인격이 다듬어진다. 교육에 바탕 정신이 있어야 한다. 그런데 정신적 가치는 실종되고 물질주의 경쟁교육이 되었다. 과거 고속 성장기, 기업에 필요한 인재 공급과 빈곤 탈출을 위한 교육의 열의가 맞물려 교육은 성장을 뒷받침하는 동력이 되었지만, 인성교육이 뒷받침되지 못한 결과 물질주의가 교육에 뿌리내리고 말았다. 문제는 시대가 바뀐 지금도 과거의 주입식 암기식 빠른 교육, 줄 세우기 경쟁 교육에 집착한다는 점이다. 우리나라에서 가장 변하지 않은 것이 교육이다. 선진국에 진입한 오늘날도 교육은 옛날 그대로이다.

　지금 우리 사회는 구직난과 구인난이 동시에 심각하다. 청년 실업자는 늘고 있지만 기업들은 사람을 구하지 못해 허덕이고 있다. 전공과 일자리의 미스매치 때문이다. 재능과 적성에 관계없이 성적순으로 인기 학과에 줄을 섰기 때문이다. 대학이 학과의 틀에 갇혀 기업과 사회에 필요한 인력을 양성하지 못했기 때문이다. 미래지향적 교육이 되지 못하고 과거의 줄 세우기 경쟁 교육, 획일적 주입식 교육에 집착했기 때문이다. 그 결과 취업을 위해서는 별도의 취업 준비 교육을 받아야 하는 상황이 되었다. 국가 전체적으로 엄청난 낭비는 물론, 국가 경쟁력을 떨어뜨리고 있다. 교육이 시대를 앞서가야 하는데 거꾸로 시대에 역행하고 있다.

　우리에겐 '널리 인간 세상을 이롭게 한다'는 홍익인간의 위대한 민족혼이 있다. 그런데 현실은 물질 추구의 이기적 경쟁교육으로 홍익인간 정신과는 반대가 되었다. 홍익인간은 하나님의 뜻, 하나님이 인간을 창조하신 목적과도 같다. 궁극적으로 교육은 영성의 회복, 하나님 성품의 회복이어야 한다. 자본주의 바탕에서는 홍익인간 정신, 영성에 바탕한 교육의 혼을 기르기가 어렵다. 자본주의 바탕 정신을 바꾸어야 한다. **제4부 자립공생사회는 교육에서부터 남들과 경쟁하여 이기는 교육이 아니라 각자의 재능과 역량을 개발하는 교육이 된다.** 이에 앞서 여기서는 물질주의에 깊게 뿌리내린 교육의 잘못된 현상을 살펴본다. 궁극적 방향과 개선 대책을 찾기 위함이다.

○ 성적 따라 인기학과에 줄을 세우는 경쟁교육이 되었다.
 어릴 때부터 학벌의 우상을 쫓아 경쟁교육이 시작된다. 생각할 겨를도 없이 명문대 인기학과라는 우상을 향해 달려간다. 부모가 자녀의 진로를 강요한다. 학교가 인기학과를 부추긴다. 재능과 적성을 무시한 채 성적에 따라 대학과 학과를 추천한다. 일등부터 꼴등까지 성적 따라 줄을 세우는 야만적 경쟁교육이 되었다. 21세기에 이런 교육을 한다는 것은 부끄러운 일이다. 성적으로 줄을 세우는 교육에는 아이들의 행복이 없다. 우리나라가 선진국에 진입했지만, 행복지수는 OECD 꼴찌 수준이다. 어릴 때부터 경쟁에서 이겨야 한다는 강박 관념에 사로잡힌다. 공동체 정신, 협동 정신이 아니라, 이기적 개인주의, 파편화된 삶으로 인도한다. 초등학교 때는 마음껏 뛰어놀며 상상의 나래를 펴야 한다. 중학교를 마칠 때쯤에는 자율적인 학습 과정을 찾아 자기 역량을 키워야 한다. 고등학교는 재능과 적성에 맞는 진로를 탐색하고 준비하는 기간이어야 한다. 재능과 적성에 따라 필요한 대학에 갈 수 있어야 한다. 대학에 가기 위한 공부가 아니라 대학에 가서 열심히 공부해야 한다
 우리는 모두가 인기학과 한 방향에 줄을 서고 경쟁에서 이긴 사람이 그 일을 담당하는 교육, 국가적으로 고비용 저효율 교육이 되었다. 다양성 교육이 실종되었다. 앞으로 10년 후에는 현재 직업의 70%가 사라진다고 한다. 인기 직업에 줄을 서는 교육으로는 개인도 사회도 불행해진다. 유치원부터 사교육 과외를 받고, 치열한 경쟁을 통해 대학을 졸업했는데 일자리를 찾지 못한다면 얼마나 낭비인가! 더욱 안타까운 것은 성적순으로 인기학과에 줄을 세우면, 실제 그 분야에 재능과 적성을 지닌 우수한 인재가 사장된다는 점이다. 필요한 사람이 필요한 교육을 받

지 못한다는 점이다. 성적 경쟁에서 뒤진 다수의 학생들은 저마다의 장점과 특성, 재능을 가지고 있다. 일률적 성적 경쟁에 내몰려 자기 재능을 발휘하지 못하고 있을 뿐이다. 이들의 훌륭한 재능과 능력이 배제되고 사장된다는 것은 개인적 불행일 뿐만 아니라 국가적으로 엄청난 손실이다.

사교육 과외 중심의 선행교육으로 교육 불균형이 심화되었다. 남보다 앞서 가려는 경쟁교육으로 공교육은 뒷전이 되었고 사교육 과외 중심의 선행교육이 되었다. 어릴 때부터 선행교육을 해서 경쟁에서 이겼는데 사회에 나와 경쟁력이 없다면 누구의 책임인가? 사회 전체가 책임을 통감해야 한다. 4차 산업시대의 경쟁력은 의사소통과 공감 능력, 비판적 사고력과 창의력이다. 그런데 이기적 경쟁으로 협업 능력, 사고력과 판단력, 창의력을 가로막고 있다.

○ 결과적으로 대학이 Discount 되었다. 대학의 경쟁력이 떨어지고 있다.

우리나라는 대학 진학율이 70%로 OECD 국가 가운데 단연 1위이다. OECD 평균인 41%보다 압도적으로 높다. 미국과 유럽 선진국의 대학 진학 비율은 50% 미만이다. 미국이 47.8 %, 프랑스 43.3%, 핀란드 41.3%, 독일 31.3%이다. 미국과 유럽의 교육은 대학을 꼭 목표로 하지 않는다. 대학은 전문적 연구할 사람들이 간다. 대부분의 고등학생은 적성과 재능에 맞는 분야를 택해 취업을 한다. 우리는 대학이 스펙 코스가 되었다. 학벌을 쫓는 줄세우기 경쟁교육으로 꽈배기 문제풀이 교육을 한 결과 대학이 Discount 되었다. 유치원부터 선행교육에 매달리고, 치열한 경쟁을 해서 대학에 들어가면 교육에 성공한 것처럼 해방감을 느낀다. 대학이 진짜 공부하는 곳인데 대학에 들어가느라 에너지를 탕진해 버린다.

지금은 4차 산업시대이다. 디지털 온라인 교육으로 대학의 국제 경계가 허물어지고 있다. 대학교육의 환경이 혁명적으로 바뀌는데 우리는 초중고 교육과 맞물려 대학입시와 대학교육이 시대에 뒤처지고 있다. 공부투입 시간에 비례해 실력이 증가한다면 우리나라 대학은 세계 최고여야 한다. 비슷하다고 해도 비용과 노력에 비하면 터무니없는 대가이다. 그런데 대학의 국제경쟁력은 떨어지고 있다.

대학의 연구 역량을 나타내는 '논문 피인용 건수'에서 크게 뒤진다. 초중고 교육이 사고력을 키우는 교육이 아니라 객관식 줄 세우기 위주의 경쟁교육을 했기 때문이다. 대학이 지적 탐구가 아닌 스펙 코스로 전락했기 때문이다. 이제 대학 간판으로 먹고사는 시대는 지났다. 기업은 역량을 보고 뽑지, 대학을 보고 뽑지 않는다. 대학부터 변신해야 한다. 분야별 적합한 인재를 뽑아 잠재력과 경쟁력을 키워야 한다.

2. 공교육이 본질적 사명을 망각하고 있다.

○ 교육 불균형, 사교육 과외 중심이 된 것은 공교육의 책임이다.

사교육 과외를 없애자면 공교육을 개혁해야 한다. 교육이 사회의 양극화를 해소하는 수단이 되어야 하는데 거꾸로 양극화의 주범이 되었다. 공교육이 제자리를 찾지 못하는 한 사교육 과외를 막을 수 없다. 공교육은 모두가 기초실력을 갖추도록 가르칠 의무가 있다. 그런데 공교육이 명문대 입시를 위한 우수 학생 중심의 교육을 한다. 내신이 취지와는 달리 성적 중심으로 등급을 매기기 때문이다. 내신 상위 등급을 받아야 좋은 대학을 갈 수 있다. 좋은 대학 입학이 초점이기에 학교에서 내신 상위 등급 학생에게 최대한 신경을 쓴다. 나머지 학생들은 상위권 학생들의 등급을 받치는 들러리가 된다. 있을 수 없는 일이다. 선생님은 학업 성적으로 학생을 차등할 수 없다. 모두가 필요한 지식을 쌓도록, 자기 역량을 개발하며 자신감과 성취감을 가지도록 교육할 의무가 있다. 물론 입시경쟁에서 이기려는 학부모의 욕심이 선행교육과 사교육을 불러왔지만, 그렇다고 공교육의 책임이 가려질 수 없다. 학교와 교사가 사교육을 막지 못하고, 사교육 과외에 편승해 온 것이다.

학교와 교사, 교육당국이 사명감과 책임감을 가지고 공교육을 개혁해야 한다. 부모의 경제력 때문에 자녀 교육, 취업의 격차가 벌어지도록 방치하는 공교육은 있을 수 없다. 공교육은 의무교육, 책임교육이다. 선진국은 경쟁에 매몰된 줄 세우기 교육이 아니라 모두의 실력을 향상시키는 교육을 한다. 핀란드는 무엇이든 자기 책임으로 하고 싶은 것을 하도록 유도하지만, 학업성취도에서 OECD 중 최고 수준이다. 사교육 없이 공교육만으로 이러한 교육 성취도를 거둔다. 모두가 기초 실력을 지니도록 공교육이 책임을 지기 때문이다. 미국은 2002년 부시 대통령 때 '낙오 학생 방지법(No Child Left Behind Act)'을 도입했다. 성적이 떨어지는 학생, 낙오되는 학생이 없도록 책임을 지우는 법이다. 모든 학생이 평가시험을 치르고 기준 미달 학생이 많은 학교는 정부 지원 예산을 삭감하도록 했다. 이 법은 2015년 오바마 대통령 때 '모든 학생 성공법(Every Student Success Act)'으로 전환되었다. 부진한 학교를 처벌하는 대신, 지원을 강화, 개선 노력에 더욱 집중하도록 한 것이다.

필자 두 아들의 사례

필자 두 아들이 어릴 적 미국에서 유치원(PreSchool)과 초등학교 1-2학년을 다녔다. 영어도 서툴고 어리숙한 편이라 외톨이가 될 수도 있었지만, 선생님은 매 학기 특별상을 주어 아이들을 북돋아 주었고, 이에 아이들이 긍지와 자신감을 가지고 잘 적응할 수 있었다. 처음 아이들이 수업을 따라갈 수 없었을 때 선생님이 방과 후에 특별교육을 해 주었다. 별도로 요청한 것도, 돈을 낸 것도 아니었다. 그리하여 단기간에 쉽게 적응하며 따라갈 수 있었다. 절대로 숙제를 내어주지 않았다. 교재와 과제물은 학교에 두고 다니도록 했다. 6개월마다 학부모를 초청하는 행사(Parent Teacher Association Meeting)를 하여 그동안 배우고 실습한 내용, 특이 사항이나 필요한 부분을 설명해 주었다. 주로 학습 과정, 학업 성취 과정을 보여주며 칭찬하는 내용이었다.

학업성취도, 태도와 품행, 특기와 운동, 미술과 창작 등 표창 대상이 다양하며 성적만을 부각시키지 않는다. 경쟁 교육이 아닌, 각자에게 맞는 절대적 교육, 각자의 실력을 향상시키는 교육이다. 모두를 칭찬하고 격려하며 사기를 북돋아 준다. 이러한 좋은 추억이 아이들이 커서 자유롭게 진로를 결정하는 데에 도움이 되었다고 생각된다. 필자는 그때부터 우리나라 교육이 잘못되었음을 절실히 깨닫고 교육이 바뀌어야 한다고 생각했지만, 아들 때를 지나 손자 때에 이르러서도 교육은 그대로이다. 이에, 책을 쓰려고 하니 교육의 개선책을 고민하지 않을 수 없었다. 손자들을 걱정하면서, 믿음의 다음 세대가 끊어지는 현실을 보면서 교육의 해결책을 찾아보게 되었다.

○ 어떻게 해야 사교육 과외를 막을 수 있는가? 어떻게 공교육의 본질을 회복할 수 있는가?

지금 우리 교육의 최대 과제는 사교육 과외를 없애고 공교육의 본질을 회복하는 일이다. 나라의 미래가 달려있는 최대의 과제이다. 사교육 과외 때문에 출산율이 급격히 줄고 있다. 젊은이들이 결혼을 늦추고, 자녀를 낳지 않고 있다. 하나님 축복과 은혜로 선진국에 진입한 대한민국이 이대로 무너질 수는 없다. 대한민국은 하나님 사명이 있는 나라이다. 사명을 감당하도록 축복하셨다. 사명을 감당하기 위해서는 먼저 공교육이 본질을 회복해야 한다. 필자는 이러한 관점에서 공교육을 어떻게 회복할 것인가? 심각하게 고민해 보았다. **근본적으로 다음 장의 자립 공생사회가 되어야 한다. 하지만 자립공생사회를 단기간에 이룰 수 없다. 자립공생사회가 되기 전이라도 교육은 정상화해야만 한다.**

어떻게 공교육을 정상화할 것인가? 다음 세대가 하나님 사명을 감당해야 한다는 절박한 심정에서 고민한 내용을 적어본다. 교육은 바른 인성, 책임 있는 사회인으로의 윤리와 규범을 가르쳐야 한다. 사교육은 바른 인성과 윤리를 가르치지 않는다. 오히려 이에 역행한다. 학부모들은 교사들의 권위를 왜 존중해야 하는지? 교사들은 왜 공교육의 책임을 다해야 하는지? 깊은 성찰이 있어야 한다. 그러한 성찰에서 학부모와 학생, 학교와 교사, 교육 당국이 공감대를 이루어 사교육을 없앨 근본적 방안을 강구해야 한다. 해결책은 공교육을 개혁, 공교육의 질을 높이는 길이다. 교육 당국은 좋은 교수법, 좋은 교재, 모범 동영상을 제작, 교사 교육 및 역량을 강화해야 한다. 국가적으로 전문가가 참여. 최고의 교육 프로그램, 사교육이 따라올 수 없을 정도의 좋은 시청각교재를 만들어 교육해야 한다. 학교 공부에 충실할수록 입시에 유리하도록 교육 방법과 평가 방법을 바꾸어야 한다.

고등학교 시험을 전국 일제고사로 자주 치르고 (가급적 매 분기, 전 과목에 대해 실시) 전 과목의 학업성취도를 기록 관리함으로써 대학 입시가 고등학교 학업성취도와 내신 중심이 되도록 해야 한다. 고등학교 전학년, 모든 과목의 성적과 성취평가도를 입시에 기준할수록 대학은 필요한 학생을 선발할 수 있게 된다. 별도의 수능도 필요 없게 된다. 수능을 치르더라도 절대평가로 일정 수준 이상이면 된다. 수업을 질문과 토론 중심으로, 평가를 발표와 논술 중심으로 바꾸면 교사가 학생을 정확히 평가할 수 있다. 토론과 발표는 개인 중심일 필요가 없다. 팀별로 할 때 더욱 효과적이고 협동심도 기를 수 있다. 공교육을 살리는 길은 교사의 열의와 책임감, 공정한 평가와 내신 기록이다. 교사가 평가와 내신을 정확하게 기록 관리할 때 교사의 권위가 세워지고, 대학이 이를 믿고 입시생 선발을 할 수 있게 된다. 내신에는 품행과 자세, 노력과 성취도가 포함된다. 학폭이나 왕따, 교사에 대한 반항이나 폭언을 엄격히 기록 관리한다. 한편으론 단체운동 시간을 늘려야 한다. 단체운동을 통해 건전한 정신과 체력, 협동심을 기른다. 특이사항을 내신에도 반영할 수 있다. 그럴 때 공교육 활동에 충실하는 것이 대학입시에 유리하게 된다.

○ 공교육이 빼기 교육을 해서는 안 된다. 시대에 필요한 지식을 골고루 교육해야 한다.

사교육 과외의 부담을 줄이고, 교육 양극화를 완화한다는 명분으로 공교육이 빼기 교육을 한다. 수능 과목을 축소하고 어려운 부문을 제외하기도 한다. 과목을 축소하고 어려운 부문을 뺀다고 사교육 과외가 줄어들지 않는다. 교육부가 2023년 12월 발표한 '2028년도 (고교학점제 학생의 첫 수능) 대입 개편안'은 이러한 점에서 아쉬움이 있다. 심화 수학 (미적분 II, 기하) 및 과학 탐구의 심화 선택 부분이 빠졌다. 수능 과목은 줄어들었고 내용은 쉬워졌다. 과도한 사교육을 줄인다는 명분이지만, 사교육을 더욱 부추기고 교육의 질만 떨어뜨린다. 수능에서 제외된 부분의 공부는 소홀히 하게 된다. 4차 산업시대에는 모든 과목의 기초지식이 필요하다. 공교육은 시대에 필요한 기초지식을 골고루 쌓도록 교육해야 한다. 학점제를 시행한다면 수능 과목의 조정이 아니라, 수능이 필요없도록 해야 한다. 이는 조금 뒤에서 다시 본다. 내신등급을 9등급에서 5등급으로 줄인 것은 경쟁을 완화한 측면에서 개선이지만 근복적으로 성적 중심의 내신이 되어선 안 된다. 이 또한 조금 뒤에서 다시 보도록 한다.

근래 '킬러 문항'이 문제가 되었지만, 상대평가를 하는 객관식 수능에서 줄을 세우자면 꼼수의 억지 문제를 내지 않을 수 없다. 일반적 문제로는 변별이 안 되니 '틀리도록 유도하는 문제'를 출제한다. 이러한 문제풀이식 공부는 사교육 과외를 조장하며 뇌만 과부하시킬 뿐, 교육적이지도 않다. 일타 강사를 찾아 처벌한다고 '킬러 문항'이 사라지지 않는다. 지금은 '킬러 문항'과 씨름할 때가 아니라, 공교육을 획기적으로 개선, 정상화할 때이다. 망국적 사교육의 주범은 부실한 공교육이다. 근본적으로 평가의 공정성에 초점을 둔 객관식 수능시험은 잘못되었다. 시대에 맞지 않다. 학생들이 자기 생각을 표현할 수 있도록 주관식, 서술형 평가로 바꾸어가야 한다. 채점의 어려움, 공정성 때문에 언제까지나 객관식에 머물러 있을 수 없다. 고교 교육이 질문과 토론 중심의 수업이 되고 전 과목의 학업성취도를 기록 유지, 그것이 대학입시의 기준이 되도록 개선해 가야 한다.

2023년도 서울대 신입생 평가에서 41.8%가 수학의 기초실력이 부족하다는 결과가 나왔다고 한다. 2022년의 30.3%보다 크게 증가했다. 고등학교 성적이 우수한 인재들이라는 서울대 신입생마저 수학 기초실력이 크게 떨어진다는 점은 충격적이다. 서울대 신입생 평가에서 글쓰기 능력도 함께 평가했는데 32%가 최하등급을 받았다고 한다. 글쓰기 능력 저하는 사고력의 퇴화, 소통능력의 부족을 의미한다. 앞으로의 사회는 소통과 협업 능력이 중요한데 거꾸로 가고 있다. 한편, 교육부 통계에 의하면 2012-2021년의 10년간 기초학력 미달 고등학생 비율이 수학 4.3%에서 14.3%로, 영어 2.6%에서 9.8%로, 국어 2.1%에서 7.1%로 모두 증가했다. 안타까운 것은 요즘 학생들의 공부시간과 양이 그 어느 때보다 많다는 점이다, 사교육비는 매년 역대 최고액을 경신한다. 그 많은 비용으로 도대체 무엇을 배웠는가?

그 많은 학원과 학교에서 도대체 무엇을 가르쳤는가!

○ 고교학점제와 성취평가제는 공교육을 정상화할 수 있는 좋은 기회가 된다.
 2025년 이후 고교학점제 실시 방향을 정했다면 별도의 수능이 필요 없도록 공교육을 획기적으로 개선해야 한다. 학점제를 하면서 현재와 같은 수능을 치른다면 혼란과 부담만 가중될 뿐 사교육 과외는 줄어들지 않는다. 학점제의 효과도 기대하기 어렵다. 학점제와 성취평가제는 다양성 교육을 지향하고 사교육 과외를 제거하며 공교육을 정상화할 수 있는 좋은 방안이다. 학점제는 적성에 맞는 과목을 골라 들을 수 있는 제도이고, 성취평가제는 일정 기준을 넘으면 A를 받을 수 있는 절대평가 제도이다. 재능과 적성에 따라 선택과목이 다양해지고, 교사에게 힘이 실리며 공교육 중심 교육이 된다. 대학이 고교 성적을 바탕으로, 다양한 재능의 입시생을 선발할 수 있게 된다.
 지금은 어떻게 고교학점제를 효과적으로 정착시키느냐? 그에 따라 수능을 어떻게 개선하느냐? 대학 입시를 어떻게 바꾸느냐?가 중요한 과제이다. 학점제 시행으로 사교육 과외가 필요없도록 하는 방안, 수능 부담을 줄이고 대학입시를 개선하는 방안을 적극적으로 강구해야 한다. 학점제는 과목이 적고 상대평가하는 수능과는 근본적으로 다르다. 교사가 사명감을 가지고 실력을 키워서 전 과목을 잘 가르칠 수 있도록 폭넓고 다양한 교육 프로그램을 개발하고, 모든 교사가 숙지하도록 교사교육을 강화하는 등 국가적인 노력을 기울여야 한다. 사교육을 줄이고 공교육을 정상화하도록, 대학이 필요한 학생을 효과적으로 뽑을 수 있도록 교사와 교육당국 및 대학이 사명감을 가지고 합력해서 그 길을 찾아야 한다. 공교육의 질을 높여 학점제를 제대로 정착시킨다면, 별도의 수능시험은 필요없게 된다. 학교 공부에 충실할수록 입시에 유리하게 된다.

○ 기초학력 미달을 방지하고 고교 평준화를 위해 주기적 일제고사를 실시해야 한다.

학력 수준이 떨어진 원인, 기초학력 미달 비율이 증가한 원인은 진보 교육감을 필두로 학력평가 경시 풍조가 공교육에 자리 잡은 영향이 크다. 2022년 새 정부 들어 기초학력 평가를 위한 중고등학생 일제고사 정책을 발표하자 전교조를 비롯한 대부분의 교육감들이 반대하여 무산되었다. 반대 이유는 일제고사가 학교 간 경쟁을 부추기고 학교 간 우열을 드러낸다는 것이었다. 본말이 전도되었다. 일제고사, 학력 평가는 학교간 우열을 방지하기 위해, 기초학력 미달이 없도록 하기 위해 필요하다. 앞에서 언급했지만, 국가적 일제고사는 자주 치를수록, 전 과목에 대해 치를수록 좋다. 평가를 하지 않고 개선하지 않는다면 우열을 방치하는 것밖에 되지 않는다. 평가 결과 미달하는 학교는 제재를 받아야 한다. 교육당국은 우수학교, 열심히 가르치는 교사에겐 인센티브를, 반대의 경우엔 불이익을 주어야 한다. 한편으론 개선 과제와 목표를 부여하고 특별지원을 해야 한다. 뒤지는 학교는 자극을 받아 더욱 잘 가르쳐야 한다. 학교와 학생은 전체 학교와 학생의 성취율을 비교해 자신의 위치를 확인할 수 있어야 한다. 그래야 학교와 교사, 학생의 분발을 촉구하는 동기 부여가 된다. 그럴 때 모든 학교가 평준화된다.

공교육의 본질을 회복, 전체 공교육을 개선해야 한다. 공교육이 전 과목을 제대로 가르치고 평가할 때, 대학은 고등학교 전 학년 모든 과목 성적과 성취도를 기준, 필요한 입시생을 선발할 수 있게 된다. 그럴 때 사교육 과외가 줄어들고 공교육 중심 교육이 된다.

국제바칼로레아 (IB) 교육

IB 교육은 1968년 스위스에서 개발한 국제 공인 대입 시험 준비를 위한 교육 프로그램이다. 국제 주재원 자녀들이 본국의 대입 시험을 준비할 수 있도록, 세계 어느 나라, 어느 대학에서도 인정받을 수 있도록 교육하자는 취지에서 만들어졌다. 전인교육, 융합교육으로 학생들의 재능과 적성에 맞게 꿈을 실현하도록 교육한다. 논술과 서술, 토론과 발표, 프로젝트 중심의 적성평가임에도 공정성과 객관성을 인정받아 현재 160여 나라에서 채택하고 있다. 교육 내용과 평가 방법의 개선은 사회 경제적 양극화 해소에 크게 도움이 된다. 미국에서 저소득층 공립학교에 IB 교육을 도입했더니 고소득층 공립학교와 실력의 차이가 거의 없어졌다. IB 교육이 경제력 차이에 따른 교육 격차를 해소하는 좋은 방안임이 증명되었다.

우리도 전 과목의 논술 평가, 프로젝트 중심의 IB 교육 채택이 필요하다. 지금과 같은 객관식 시험으로는 국제 경쟁력을 키울 수 없다. 수능 과목을 축소하고, 채점의 편의성과 공정성을 위한 객관식 평가로는 더더욱 경쟁력이 떨어진다. 수능이나 학교내신 성적이나 객관식 시험일 필요가 없다. 학생 주도의 프로젝트 학습과 토론식 수업 및 평가로 사고력과 문제해결 능력을 키워야 한다. 학생들이 자신의 재능과 능력을 최대한 개발하는 다양성 교육이 되어야 한다. 그럴 때 고등학교 성적과 내신을 바탕으로 대학이 필요한 학생을 선발할 수 있게 된다. IB 교육은 제4부 자립공생사회 교육과 방향이 비슷하다. 자립공생사회가 될 때 IB 교육을 제대로 실현할 수 있다.

3. 교육정책과 입시정책이 거꾸로 되었다. 입시정책이 교육정책의 전부가 되었다.

교육에 바탕 정신, 교육의 혼이 있어야 한다. 교육의 혼에서 바른 교육정책이 나온다. 바른 정책에서 올바른 입시제도, 입시요강이 나온다. 그런데 우리는 거꾸로 입시요강, 입시제도가 교육정책의 전부가 되었다. 그 결과 교육정책이 방향을 잃고 헤매고 있다. 이제는 방향을 바로 세울 때이다. 지금껏 입시제도 위주의 변화와 개혁은 학생 중심이 아니라 공급자 중심의 편의주의 개혁이었다. 오늘날 교육환경은 과거와는 질적으로 다르다. 4차 산업시대에 맞는 교육과 평가방법의 개선, 대학입시와 대학교육의 개혁이 있어야 한다. 미래의 경쟁력을 키우지 못하는 공급자 중심 교육은 그 자체가 개혁 대상이다.

4차 산업시대의 도래와 함께 세계 각국이 교육개혁을 시도하는데, 우리는 입시제도의 혼란에 메여 근본 방향이 없이 입시요강만 바꾸고 있다. 대선 주자들이 정권이 바뀔 때마다 입시제도에 칼을 들이대지만, 입시제도를 바꿀수록 혼란만 초래했다. 공교육이 주도권을 찾는 일은 없었고, 사교육을 더욱 부추기며 학생들과 학부모에게 혼란과 부담만 가중시켜 왔다. 우리나라 사교육비는 세계 압도적 1위이다. 세계 사교육 시장의 1/4을 차지하는 것으로 추정된다(사교육 연구협의회 자료). 이는 배움의 질을 높이기 위함이 아니라 입시경쟁에서 이기기 위함이다. 시대가 바뀌었는데도 대학입시에 목을 매고 있다. 입시 부정에 물불을 가리지 않는다. 인맥을 이용해 학술논문에 저자로 등재시키고 인턴 증명서를 허위로 발급한다. 여론이 악화되자 수시 비중을 줄이고 정시 비중을 늘리고 있다. 방향을 정했으면 꾸준히 개선해 나가야지 교육을 어찌 손바닥 뒤집듯 바꾸는가!

○ 수시와 내신은 미국을 비롯한 선진국의 입시 선발 제도로 바람직한 방향이다.

1993년 정시의 부작용을 개선하고자 수시 전형이 시행되었고, 이와 함께 수능과 내신이 도입되었다. 수시와 내신은 입학시험 중심의 선발에서, 대학 공부에 필요한 적성(Aptitude), 학교 성적과 성취도, 재능과 잠재력 등을 고려한 선발로 진일보한 방향이었다. 미국의 대학 입시는 적성 테스트인 SAT(Scholastic Aptitude Test) 성적이 중요하다. SAT가 미국판 수능이다. SAT는 학교에서 배운 내용만이 아니라, 대학에서의 수학 능력과 사고력을 측정하는 시험이다. 다양한 독서와 신문 읽기 등을 통한 창의적 사고와 지능을 테스트한다. SAT는 절대평가이다. (미국은 대학원 입학에도 언어와 수리 추론, 비판적 사고와 분석 능력을 측정하는 GRE/Graduate Record Examinatons 성적이 필수이다. 각 대학원에서 요구하는 GRE 점수는 학교 및 학과마다 다르다. 필자도 학부 졸업무렵 유학을 염두에 두고 GRE 시험을 치른 적이 있다.) 우리의 수능도 SAT를 도입한 셈이지만, 취지와는 다르게 상대평가의 줄 세우기로 더욱 극심한 사교육을 초래하고 말았다.

내신 평가는 더 큰 문제를 불러왔다. 내신의 공정성을 기하려고 학생부 종합평가제를 도입, 내신 항목을 세분화하였지만 의도와는 반대로 더욱 심한 불공정을 가져왔다. 적성 평가를 위해 세분화한 것이 오히려 적성 평가를 흐리게 하였다. 교외 활동을 반영하자 스펙 쌓기 경쟁을 불러왔고, 독서 평가를 추가하자 학원들이 독후감을 대신 써 주는 상술이 난무했다. 사교육에 기름을 부었고, 부모가 스펙을 관리해 줄 수 있는 극소수 학생에게 유리한 금수저 전형이 되었다. 결국 내신도 성적 중심의 상대평가 줄 세우기가 되었다. 내신 성적의 상대평가는 짝꿍, 친구들과의 피 말리는 경쟁이 되었다. 내신은 본질상 절대평가로 재능과 적성, 성취도와 태도, 열의와 성실성 등을 반영한다. 대학입시를 개선하고자 도입된 수능과 내신이 상대평가로 더욱 극심한 경쟁과 사교육을 불러왔다.

입시제도는 기본에 충실하면 된다. 수능은 미국과 같은 적성 평가로, 대학 교육을 받는 데 필요한 자질을 갖추었는지 사고력 중심으로 절대평가해야 한다. 그런데 상대평가를 하고, 쉽게 한 줄로 세우기 위해 객관식으로 출제하고, 그 점수를 대학입시의 절대기준으로 삼으니 꽈배기 문제가 나오게 되고 사교육 과외를 받지 않으면 정답을 맞출 수 없게 되었다. 앞에서 언급했지만, 대학입시는 고등학교 성적과 성취평가도를 기준, 선발하면 된다. 수능은 참고 자료로 활용하고 학교 성적과 내신, 면접 등을 종합하여 대학이 자율적으로 선발해야 한다. 학교 성적은 학업성취도와 성실성을 반영한다. 내신은 재능과 특성, 열의와 자세, 잠재력과 가능성을 반영한다. 학교 간 학력 차이는 공교육의 본질을 회복함으로써 극복해야 한다. 대학입시를 100% 수능에 의존하는 정시는 바람직하지 않다. 고교 성적과 학업성취도, 성실성 등을 반영하지 못해 공교육을 무력화시킨다. 내신을 성적 중심으로 상대평가하면 수능과 중복되며, 내신의 의미가 없어진다.

정시에서 수시로 바꾼 것은 학교 성적과 내신을 반영한 선발이 바람직하기 때문이었다. 그런데 제도만 수시와 내신으로 바꾸었지, 수능시험 중심의 수시, 성적 중심의 내신이 되었다. 정시와 똑같이 되었다. 오히려 수능과 내신 양쪽의 줄 세우기를 충족하기 위해 사교육 과외가 걷잡을 수 없게 되었다. 앞에서 언급했듯이 토론식 질문 중심, 프로젝트 과제 중심의 수업을 하고, 평가도 주관식 논술형으로 바꾸어야 한다. 수업 방식과 평가 방법을 바꾸지 않은 채 내신의 공정성 문제 때문에 수시에서 정시로 회귀하는 것은 어이없는 일이다. 한 줄로 세우는 객관식 평가의 퇴행적 수능은 폐지되어야 한다. 인공지능과 챗GPT가 어떠한 문제도 척척 대답하는 시대에 암기식 지식을 테스트하는 수능은 그 효능을 다했다. 아직도 정시 비율을 늘리느냐 줄이느냐, 수능을 상대평가 하느냐 절대평가 하느냐, 내신 항목을 줄이느냐 늘리느냐로 논의가 그치지 않고 있다. 교육정책의 방향이 없으니 흔들린다. 수시와 내신이 취지를 살리지 못하고 변질된 데에는 대학의 책임도 크다. 학생의 성공을 위해, 교육의 질을 높이기 위해, 대학이 주도적으로 수시선발 기준을 만들어 개선해야 한다. 수동적으로 방관하는 자세는 필요한 학생을 선발하는 권한과 책임을 스스로 포기하는 것이 된다. 내신과 수시는 대학이 학생을 선발하는 권한을 적극적으로 행사할 수 있는 제도이다. 때마침 고교학점제 시행은 대학이 학업성취도와 내신을 반영한 입시생 선발로 공교육의 정상화를 이룰 수 있는 좋은 기회가 된다.

4. 인성교육에 역행하는 교육이 되었다.

○ 정직이 실종되었다. 배려와 협동심이 사라졌다.

교육의 본질은 바른 인격체의 양육이다. 성적이 우수하다고 인격이 다듬어지지 않는다. 물질의 우상을 쫓은 결과 배운 사람이 오히려 편법과 불법이 심하다. 교육의 본질을 망각한 채 어릴 때부터 남을 이기도록 가르치고 배우기 때문이다. 필자의 며느리가 유치원 Musical English 순회교사를 할 때 겪은 이야기이다. 학습 목적으로 성탄절 뮤지컬 공연 행사를 준비했는데 원장이 불러 주인공을 바꾸도록 주문했다고 한다. 학부모의 부탁인데 꼭 들어주어야 한다는 것이었다. 며느리는 이유를 설명하고 그대로 공연을 했지만, 유치원 행사에까지 부모 압력이 미친다는 사실에 놀라울 따름이다. 배역을 갑자기 바꾼다면 아이들에게 무엇이라고 설명하겠는가? 바뀐 아이에게 얼마나 상처가 되겠는가? 자기 자식만을 생각하는 부모에게서 자녀는 무엇을 배우겠는가? 남을 배려하겠는가? 남을 밟고 일어서는 것을 성공으로 여기지 않겠는가!

교육부터 제자리를 찾아야 한다. 교육이 사회를 정화해야 한다. 좋은 학교는 명문대 합격이 아니라 좋은 성품을 길러내는 학교여야 한다. 바른 품성은 어릴 때 가정에서부터 길러져야 한다. 부모는 정직한 사람, 약속을 지키는 사람이라는 인식을 심어주는 것이 학벌보다 백배 소중한 가치이다. 자녀에게 '남을 이겨라'가 아니라 '남을 도우며 협동하는 사람, 정직한 사람이 돼라' 해야 한다. 유치원부터 협동과 배려, 책임감과 정직을 가르쳐야 한다. '거짓말하지 말아라, 네 것이 아니면 가져가지 말아라, 무엇이든 나누어 가져라, 사용한 물건은 제자리에 놓아라, 어지럽힌 것은 스스로 치워라, 다른 사람을 아프게 했다면 미안하다고 말해라'부터 가르쳐야 한다. 아이들은 어른들 모습을 보고 배운다. 부모와 교사가 본을 보여야 한다. 가정과 학교에서 정직과 협동을 배우지 않으면 아이들이 어디서 배우겠는가!

○ 스승의 개념, 사표가 사라졌다.

물질의 우상을 쫓은 결과 교사의 권위가 땅에 떨어졌다. 스승이 없는 시대가 암흑시대이다. 오늘날 암흑시대가 되었다. 학부모 입김이 교권을 침해한다. 학부모가 교사에 압력을 넣는다. 부모 영향을 받은 아이들이 교사를 존중하지 않는다. 교사의 훈계를 정서적 학대로 고발한다. 아동학대방지법은 가정에서 학대받는 아이들을 보호하기 위해 만든 법이지만, 교사들에게 적용, 교사가 생활지도를 할 수 없게 되었다. 2023년 7월 18일 서초동 서이초등학교 1학년 새내기 담임, 여교사가 23세의 젊은 나이로 극단적 선택을 했다. 학부모로부터 심각한 갑질이 있었기 때문이었다. 여기에 더하여 진보 교육감이 밀어붙인 학생인권조례가 학교의 질서를 무너뜨렸다. 2023년 7월 25-26일 교총이 교사 3만여 명을 대상으로 조사한 결과 응답자의 84.1%는 학생인권조례가 교권 추락에 영향을 미쳤다고 응답했다. 교사가 학생의 눈치를 보는 상황이 되었다. 교사의 권위, 교권을 넘어서는 학생의 인권이 있을 수 없다. 학생 인권을 보호하기 위해서는 먼저 교권이 확립되어야 한다.

미국은 학생의 인권을 존중하는 만큼, 책임과 의무를 강조한다. 교칙을 어기면 엄격히 처벌한다. 엄격한 벌점제로 학생의 행동을 기록하며 문제학생에 대해선 전담팀을 구성해 지도한다. 교사는 학생들의 재능과 적성을 파악, 자기계발의 동기를 부여하고 자긍심과 성취감을 심어주며 그 길을 인도하는 스승이 되어야 한다. 교사가 본분을 다할 때 교사의 권위, 교권이 세워진다. 교사가 인품의 본이 될 때 제자는 스승을 높이게 된다. 스승이 높아질 때 제자도 빛나게 된다. 알렉산더는 아리스토텔레스가 스승임을 자랑했다. 엘리사는 엘리야의 제자임을 자랑했다.

4장 자본주의 문제점, 교육의 문제점을 어떻게 해결할 것인가?

1. 종교개혁이 자본주의 태동의 계기가 되었지만, 자본주의가 성경적인 것은 아니었다.

자본주의 문제점을 해결하기 위해서는 자본주의가 어떻게 태동되었고, 어떻게 지탱되어 왔는가를 살펴볼 필요가 있다. 태동의 문제점이 무엇이었고 더 이상 지탱할 수 없는 이유가 무엇인지를 알아야 해결책을 찾을 수 있기 때문이다. 자본주의 태동의 배경은 근대 자유민주주의 태동과 그 궤를 같이한다. 근대 자유민주주의 태동의 배경과 계기는 종교개혁과 르네상스이다. 중세 종교의 타락이 종교개혁과 르네상스를 불러왔다. 종교가 사회를 지배하던 중세 시대에 종교 개혁은 사회 제도의 개혁, 정치제도와 경제제도의 개혁을 가져오지 않을 수 없었다. 르네상스도 중세 종교의 타락이 원인이었고, 종교의 억압에서 벗어나 인간 중심의 문화, 그리스 철학과 문화의 복원 운동을 불러왔다. 종교개혁에서 비롯된 자유와 평등, 박애의 물결은 영국의 명예혁명, 미국의 독립혁명, 불란서 대혁명 등 정치혁명과 시민혁명으로 나타나게 되었다. 한편, 르네상스에 바탕한 인본주의, 나아가 계몽주의가 근대사회로의 개혁을 함께 이끌었다. 그리하여 정치제도적으로 자유민주주의, 경제제도로는 경제적 자유민주주의 개념인 자본주의를 가져오게 되었다.

그런데 무엇이 문제인가? 인간의 자유와 존엄성을 찾는 자유민주주의는 당연한 개념, 필연적 귀결이다. 종교개혁과 르네상스가 같은 방향으로 같은 목적을 이루었다. 하지만 자본주의에는 함정이 있다. 왜 그런가? 종교개혁은 신본주의 개혁이었지만, 자본주의는 신본주의에 대항하는 인본주의, 나아가 계몽주의에 바탕에서 정립되었기 때문이다. 자본주의는 중세 신의 소유권 개념에 대응하는 인간 소유권 개념에서 비롯된 질서로, 개인의 이익과 소유권, 이윤 추구와 자본의 증대, 효율성과 생산성, 경제성을 추구하는 물질적 바탕에서 정립되었다. 이는 뒤에서 좀 더 고찰하기로 한다.

○ 마르틴 루터(1483-1546)의 종교개혁

종교개혁은 하나님의 때가 무르익어 일어났다. 로마제국 시대, 기독교가 공인된 이후 오히려 교회의 능력, 영성이 사라졌다. 교회가 권위의 상징이 되어 세상에 군림하게 되었다. 세상 정치와 권력, 부와 명예의 중심이 되었다. 중세 말, 로마 가톨릭은 교황청 건물을 짓기 위해 돈을 받고 면죄부를 팔기까지 신앙이 타락하고 변질되었다. 이에 독일 가톨릭교회 수도사였던 마르틴 루터는 1517년 10월 31일 교황청의 면죄부 판매를 비판하는 '95개 조항의 반박문을 자신이 속한 비텐베르크(Wittenberg)교회 정문에 게시하고, 잘못된 점들의 개선을 촉구함으로써 종교개혁이 시작되었다. 루터는 '오직 성경으로 돌아가자' 외쳤지만, 로마 교황청은 이를 무시하고 항의파라고 루터를 파문함으로써 프로테스탄트(Protestant), 개신교가 탄생하게 되었다. 루터는 교회의 개혁이 목적이었지만, 파문됨으로써 어쩔 수 없이 개신교가 분리 탄생하게 되었다.

루터의 반박문 게시는 출교되고 파문당할 것을 각오한 결의였다. 당시 권위주의 신앙에서 파문당하는 것은 목숨을 잃는 것과 같았기에, 루터의 종교개혁은 목숨을 무릅쓴 항의, 오직 하나님 앞에 바로 서는 코람데오의 자세였다. 루터에겐 오직 하나님 소명만이 있었다. 루터는 교황청에 의해 파문당하고 옥에 갇혔지만, 옥에 갇힌 10개월간의 기간이 성경을 독일어로 번역하는, 소명을 이루는 귀한 시간이 되었다. 당시 성경은 히브리어와 라틴어로만 쓰여져 있었고, 성직자가 아닌 일반인은 성경을 접할 수도, 이해할 수도 없었다. 일반인은 성직자를 통해 말씀을 들을 수밖에 없었고, 성직자의 명령을 말씀으로 믿고 따르지 않을 수 없었다. 이는 중세 가톨릭이 권위주의 신앙으로 군림하는 바탕이기도 했다.

루터는 '오직 믿음으로, 오직 은혜로, 오직 성경으로'를 외쳤다. '구원으로 인도하는 길은 형식적인 종교의식이 아니라, 본질인 성경을 깨닫고 이해하는 길이다. 인간은 죄인이지만, 예수님 십자가 대속을 통해 하나님 앞에 의롭게 여겨진다'고 외쳤다. 루터에겐 믿음의 본질인 말씀으로 돌아가는 것이 중요했고, 모두가 성경을 읽고 알아야 한다는 확고한 믿음, 소명 의식에서 성경을 번역했던 것이다. 루터가

1529년 작곡한 '찬송가 585장 내 주는 강한 성이요'는 유럽에 흑사병이 창궐했던 시기에 하나님에 대한 믿음을 강조한 것이지만, 종교개혁에 임하는 그의 각오와 자세를 대변한 것이기도 하다. 루터의 성경 번역은 하나님의 때에 맞춘 하나님의 역사하심이었다. 1455년 요하네스 구텐베르크의 활판 인쇄술 발명으로 루터가 번역한 성경은 대량으로 인쇄되어 빠르게 일반인에게 보급되었다. 성경을 읽게 된 일반인들은 면죄부 판매를 비롯한 교황청의 지시가 잘못된 것임을 깨닫게 되었다. 루터가 부르짖은 대로 구원은 면죄부에 의해서가 아니라 오직 믿음으로, 오직 은혜로 얻는 것임을 일반인들이 깨닫게 되었다.

루터의 종교개혁으로 성직자를 통하지 않고도 누구나 성경 말씀을 통해 하나님을 만나고 하나님께로 나아갈 수 있는 만인 제사장 시대, 만인의 직업 소명 시대가 열리게 되었다. 한 구두 수선공이 루터에게 '어떻게 하면 당신과 같은 개혁을 할 수 있습니까?' 물었을 때 '당신이 하는 구두 수선에 최선을 다하면, 눈에 보이지 않는 밑창 바느질을 꼼꼼하게 하시게 됩니다'고 했다. 이러한 정신과 자세가 만인사제설, 직업소명설의 바탕이 되었다. 이는 세계사적 대변혁을 가져왔다. 종교개혁은 곧 사회개혁이었고, 정치적, 사회적, 문화적 변혁을 가져왔다. 중세 가톨릭의 종교적, 사회적 억압은 일반 시민들을 무지하게 만드는 우민 정책과 다름이 없었다. 종교개혁은 이러한 억압과 암흑에서 벗어나 '구원은 개인적 하나님 관계의 회복'이라는 개인적 구원관을 가져오게 되었다. 이는 시민들을 일깨우는 불꽃이 되어 중세 천년의 암흑기를 마감하고 근대시대를 여는 계기가 되었다. 종교개혁에서 비롯된 평등과 자유, 박애의 물결은 정치와 사회, 경제 전반으로 확산되었다.

○ 르네상스와 인본주의, 나아가 계몽사상의 출현

르네상스는 14세기부터 16세기 사이 일어난 문예부흥으로 고대 희랍의 철학과 사상, 문화와 예술을 본받아 중세의 신 중심 사고에서 인간 중심의 사고로 돌아가자는 운동이었다. 르네상스가 일어나게 된 원인도 종교개혁과 마찬가지로 중세 가톨릭의 억압과 부패 때문이었다. 중세 가톨릭의 권위주의에 대항하여 일어난

점에서는 르네상스와 종교개혁이 비슷하지만, 그 뿌리와 성격은 완전히 달랐다. 종교개혁은 성경으로 돌아가자는 신본주의 개혁이었지만, 르네상스는 인간 중심의 문화로 돌아가자는 인본주의 운동으로 헬레니즘 고전문화의 재생이었고, 중세의 타락한 신본주의에 대항하는 인본주의의 표출이었다.

왜 신본주의에 대항하는 인본주의가 표출되었는가? 먼저는 십자군 전쟁이었다. 11세기 말 동로마 비잔틴제국은 새롭게 비상하는 이슬람 세력 '셀주크튀르크'의 위협을 받았고, 튀르크가 성지인 예루살렘을 점령하자 로마 교황에 성지 회복을 요청, 교황은 십자군 전쟁을 시작했다. 기사, 농민, 상인 등이 참여한 전쟁은 귀족과 영주들의 권력 강화 수단으로 이용되었고 점차 실리도 명분도 사라져 종교가 대중의 신뢰를 잃게 되었다. 한편으론 14세기 흑사병, 페스트의 창궐로 유럽 인구의 1/3 이상이 죽었고 사제들도 죽어갔다. 사제도 절대적 지위가 아닌 나약한 인간임을 일반인이 깨닫게 되었다. 더욱 로마 교황청은 부족해진 사제직 자리를 돈을 받고 판매까지 했고, 급기야는 교황청 건축을 위해 면죄부를 판매함으로써 그에 대한 반발이 인간 중심의 인본주의로 표출되었다. 모든 현상을 종교적 눈으로 보던 시각에서 인간의 눈으로 보게 되었고, 신에 대한 복종에서 인간에 대한 성찰과 탐구로 바뀌게 되었다. 인간의 본성, 인간의 존엄성과 인간성을 회복하는 것은 바람직한 일이다. 문제는 르네상스를 계기로 신본주의와 인본주의가 대립된 개념으로 정립되었다는 점이다. 르네상스 인본주의의 뿌리는 인간의 이성을 중심한 헬레니즘 철학과 사상이었기에 종교개혁의 신본주의와 하나가 될 수 없었던 것이다.

2. 자본주의는 르네상스에서 비롯된 인본주의, 나아가 계몽주의에 바탕하였다.

○ 이성주의 철학의 바탕인 플라톤의 이데아론

일찍이 희랍에서는 인간 내면의 탐구 문화, 자유로운 사고와 철학, 민주적인 사상과 제도가 있었다. 희랍 문화는 하나님과 관련이 없는 인간 중심의 문화였다. 인간의 이성을 앞세우며 하나님을 받아들이지 않았다. 사도 바울이 아테네에 가서 복음을 전했지만, 그들은 이성을 내세우며 거부했다. 르네상스는 고대 희랍의 문화와 예술을 계승, 복원하는 운동이었기에 하나님 중심의 신본주의가 아닌 희랍의 인본주의, 이성주의 사고를 계승했다. 이성주의 사고의 대표적 인물이 플라톤이다. 플라톤의 '이데아론'은 헬레니즘의 이성주의 사상과 철학의 바탕이 되었다. 이데아는 모든 사물의 근원이자 본질이다. 모든 사물과 현상은 변하고 사라지지만 이데아는 변하거나 사라지지 않는다. 이데아는 인간이 원래 있었던 근원이며 인간의 이성으로만 이데아를 알 수 있다. 결국 플라톤의 이데아는 만물의 근원이신 창조주 하나님이 된다. 플라톤은 초월적 신의 존재를 인정했지만, 하나님을 만나지 못한 채 이데아를 이성으로만 찾으려 했다. 인간의 이성으로 하나님을 찾은 결과, 인간의 이성을 하나님보다 앞세우는 인본주의가 되었다.

인간의 이성으로 창조주 하나님과 하나님 질서를 알 수 없다. 인간의 이성을 앞세울 때 하나님 뜻과 반대가 되고 하나님을 거역하게 된다. 인간의 이성은 하나님 부여하신 능력이다. 인간의 영혼은 하나님과 교통하도록 창조되었다. 하나님 말씀을 따를 때 이성의 최고 경지가 된다. 인간의 이성으로 하나님을 거역한다면 그보다 어리석은 일이 없다. 안타깝게도 고전 문예 부흥인 르네상스에 의해 그런 일이 재현되고 말았다. 플라톤 자신도 이성의 한계 속에서 방황했었다. 그런데 르네상스에 의해 플라톤의 이성주의가 부활하여 신본주의에 대항하는 인본주의로, 나아가 하나님을 거역하는 계몽주의로 전개되고 말았다.

○ 중세 스콜라 철학

고대 그리스 철학자들이 탐구한 이성 중심 사상은 기독교가 유럽에 뿌리내리면서 인간의 구원이 중심이 되었고, 이성과 신앙은 하나님 안에서 하나로 연결되었다. 기독교의 바탕에서 탐구한 이성과 철학이 스콜라 철학이었다. 스콜라 철학은 사물을 이해하는 데 필요한 도구로서 이성을 부활시켰지만, 이성은 어디까지나 기독교 진리와 영적 계시에 종속되는 것으로 보았다. 스콜라 철학은 8세기부터 시작되어 14세기까지 계속되었고, 대표적 사상가는 「신학대전」을 쓴 토마스 아퀴나스(1225-1274)였다. 귀족 가문으로 태어난 아퀴나스는 천재적 머리로 14세에 나폴리 대학에 입학했고, 개방적 연구로 희랍 철학자들의 사상까지 섭렵, 아리스토텔레스 철학을 기독교 세계에 접목했다. 아퀴나스는 '이성은 하나님이 준 선물로 하나님을 아는 참 진리로 다가가는 통로이다. 이성적 지혜는 절대자의 계시를 통해 다듬어지고 완성된다. 행복은 신앙과 영성을 이성적으로 통찰하며 순종하고 따를 때 얻게 된다. 이성만으로는 궁극적 행복이라는 목적지에 닿을 수 없다. 신앙과 영성, 믿음과 소망이라는 더 높은 차원의 덕을 갖추어야 한다. 신앙과 영성을 통한 거룩한 삶은 내세에서 절대자를 만나 궁극적 행복을 얻는다. 이를 소망할 때 현세의 죄의 문제에서 벗어날 수 있다. 절대자의 은총 아래 죄의 유혹을 이기며 현세에서도 축복을 받게 된다'고 설파했다.

　아퀴나스의 스콜라 철학은 성경에 바탕한 사회 질서의 방향을 제시하기도 했다. 부를 축적하는 행위의 정당성을 신학적으로 설명했다. 이익 추구와 재산 형성의 질서, 이자와 금융자산 추구의 질서, 노동의 의미와 가치, 부의 사용과 부자의 자세 등에 대한 성경적 의미와 근거, 바른 자세를 제시했다. 그에 따르면 부에 대한 모든 욕망이 죄가 아니라 부적절한 욕망이 죄가 된다. 스콜라 철학은 '돈을 벌지 말라'고 하지 않는다. 상인, 금융업자, 기업인 활동의 필요한 근거를 제시한다. 재물을 보는 시각, 부자와 빈자를 보는 시각을 바르게 정립한다. 성스러운 빈곤은 일하지 않고 노는 빈곤이 아니다. 이러한 '사악한 빈곤과 빈민'에게 자선을 베풀면 받는 사람뿐 아니라 베푸는 사람도 죄인이 된다. '몸이 성치 않아 일하기 힘든 정직한 빈민'만 도움을 받을 자격이 있다. 부자들은 '정직한 빈곤과 빈민'에게 도움을 줌으로써 죄를 면할 수 있다. 빈민은 도움을 받고, 부자는 자선을 통해 죄를 탕감하는 일종의 계약 행위인 사회질서를 제시했다.

　아퀴나스의 신학적 해석은 이윤과 이자 등 현실적인 경제적 활동의 제약을 없앤 것으로, 어디까지나 정당한 이윤 추구를 강조한 것이었다. 상인들이 물품을 정당한 가격보다 비싸게 파는 것은 '이웃을 속여 해를 끼치는 죄'에 해당된다. 한편으론 상인들의 이윤이 타당한 논리도 제시한다. 가족의 생계를 위해 작은 이윤을 추구하는 것은 정당하다. 나라에 필요한 물품을 부족하지 않게 공급, 공공의 이익을 창출하면서 이윤을 추구하는 행위는 정당하다. 아퀴나스는 이윤을 추구하는 상업행위를 원론적으로 금하지만, 효용성이 있고 공공의 선에 이바지할 때는 가능하다고 결론을 낸다. 상업보다 훨씬 정당화하기 어려운 이윤 추구는 고리대금업이다. 돈이 돈을 낳지 않는데 이자를 받는 근거는 무엇인가? 이자에 대한 신학적 정립이 필요했다. 아퀴나스는 대금업이 원론적으로 정당하지 않지만, 실제 유용하기 때문에 필요하다는 입장에서 이자에 대한 몇 가지 근거를 정립한다. 우선, 빌려준 돈으로 더 유리한 투자를 했을 때 벌어들일 수 있었던 합법적인 이득을 포기했다는 점, 곧 기회비용의 개념을 제시한다. 한편으론, 빌려준 돈은 과거에 힘들게 번 결과물이므로 이자는 과거 노동에 대한 보수라는 점을 고려한다. 이렇게 해서 이자 수취도 신학적 승인을 받았고, 금융업도 구원의 길을 열었다. 아퀴나스의 신학적 해석을 따른다면 부익부 빈익빈 사회가 될 수 없다. 누구나 정당한 노력의 대가로 생활하는 사회가 된다. **제4부 자립공생사회는 스콜라 철학의 방향과 바탕 정신을 지향한다.**

○ 자본주의는 계몽주의에 바탕한 경제적 자유 개념에서 정립되었다.

스콜라 철학에 바탕하여 경제질서가 정립되었다면 하나님 질서, 신본주의에 가까운 질서가 되어 자본주의 문제점, 교육의 문제점이 근원적으로 사라졌을 것이지만, 안타깝게도 그러하지 못했다. 종교개혁이 그러한 기회가 될 수 있었지만, 르네상스에서 비롯된 인본주의가 신본주의에 대항하는 개념으로 전개됨으로써, 하나님 소유권 개념에 대응한 개인 소유권 개념이 정립되어 스콜라 철학은 힘을 잃게 되었다. 르네상스는 종교개혁과 함께 자유민주주의 결실을 맺었지만, 경제제도는 하나님 중심의 신본주의가 아닌, 신본주의에 대항하는 인본주의에 바탕한 질서가 되었다. 원래 신본주의와 인본주의는 대립이 아닌 하나였다. 동일한 관계를 하나님 관점에서 보느냐 인간의 관점에서 보느냐?의 차이일 뿐이었다. 하나님 창조 질서는 신본주의이자 인본주의였다. 그런데 왜 신본주의와 인본주의가 대립하는 개념이 되었는가? 근본적으로는 아담의 원죄로 인간이 하나님 관계를 벗어난 데에 있다. 시대적 상황으로는 앞에서 본대로 중세 가톨릭의 타락 때문이었다. 종교의 억압과 탄압에서 벗어나 인간 중심의 문화를 찾고자 고대 희랍 문화의 복원 운동, 르네상스가 일어났다. 르네상스의 뿌리인 헬레니즘 문화는 하나님을 만나지 못한 상태에서 발전시킨 인본주의 문화였기에, 르네상스로 부활한 인본주의는 신본주의에 대항하는 인본주의가 되었고, 하나님 소유권 개념에 대응하는 개인 소유권 개념의 자본주의를 탄생시켰던 것이다.

 인간은 하나님 형상을 지닌 하나님 자녀로, 하나님께 대항하는 휴머니즘, 자유와 인권은 있을 수 없다. 신본주의를 벗어날수록 인본주의도 벗어나게 된다. 경제 질서도 하나님 질서를 따를 때 가장 조화로운 질서, 아름다운 사회가 된다. 하지만 르네상스로 재현된 인본주의는 하나님보다 인간의 이성을 앞세우는 계몽주의로 전개되었다. 인간의 의식을 깨우치는 것이 계몽이다. 계몽의 끝은 하나님이 될 수밖에 없다. 인간은 하나님 형상을 지닌 자녀로 하나님께로부터 사고 능력을 부여받았기 때문이다. 그런데 계몽주의는 하나님과 분리되어 심리학과 윤리학을 탄생시켰고, 종교의 구속과 통제에서 벗어난 정치적 자유와 경제적 자유로 나타나게 되었다. 영국 존 로크(1632-1704), 프랑스의 장 자크 루소(1712-1778)의 사회계약론은 인본주의에 바탕한 시민들의 계약에 의한 질서였다. 프랑스의 볼테르(1694-1778), 미국의 토마스 제퍼슨(1743-1826)도 계몽주의에 바탕하여 민주주의 질서를 그렸다. 18세기 유럽은 계몽주의 전성기였다. 자본주의 이론적 토대가 된 아담 스미스의 국부론은 계몽주의에 바탕한 질서, 경제적 자유 개념에서 정립되었다. 아담 스미스는 영국의 산업혁명에 따른 새로운 경제질서를 구상하며 유럽을 여행하던 중 볼테르를 만나 계몽사상에 심취되어 국부론에서 기득권자의 이익을 대변하는 중상주의를 강력히 비판하며 개인의 자유로운 경제활동과 자유무역의 시장경제 질서를 그렸고, 이는 자본주의 이론적 토대가 되었다.

3. 자본주의가 영국에서 태동된 배경, 자본주의 태동까지의 시대적 흐름과 변화

○ 1492년 콜럼버스의 신대륙 발견과 중상주의 출현

콜럼버스의 신대륙 발견은 중세와 근대를 가르는 분기점이 되었다. 신대륙 발견으로 원거리 무역이 활발해졌고, 상업과 무역 중심의 중상주의가 출현하게 되었다. 이에 앞서 중세 유럽에서는 1347-1349년 3년간 흑사병, 페스트가 창궐하여 유럽 인구의 1/3 이상이 희생되었고, 인구 급감으로 소작농이 붕괴, 농민들이 도시로 흘러들어 경제활동의 중심이 농업에서 상업으로 바뀌고 있었다. 이런 상황에서 신대륙 발견으로 중상주의가 본격적으로 출현하게 되었다. 한편, 유대인들은 율법에 따라 정결 의식으로 몸을 청결케 하고, 식사 전에는 손을 씻었기에 흑사병에 잘 걸리지 않았다. 이에 스페인에서는 유대인을 시기하며 배척했다. 근저에는 예수님을 십자가에 못 박았다는 반감과 멸시가 있었다. 1492년 스페인에는 3건의 역사적인 사건이 동시에 일어났다. 기독교 왕국을 선포하여, 711년부터 거의 800년간 이베리아반도를 지배했던 이슬람을 몰아내었고, 유대교를 탄압하여 기독교인이 아닌 유대인을 추방하였으며, 콜럼버스가 신대륙을 발견한 사건이 그것이었다. 이슬람 세력은 그라나다의 아름다운 알함브라 궁전을 뒤로 하고 북아프리카로 물러나게 되었고, 추방된 유대인들은 유대교 탄압이 적은 네덜란드로 이주하게 되었다.

유대인의 네덜란드 이주는 네덜란드에서 자본주의의 씨앗이 싹트는 계기가 되었다. 네덜란드는 유대인을 받아들여 무역이 급속히 발전했고 국부가 크게 증가했다. 유대인들은 네덜란드에서 소금 상권을 장악하였고, 소금으로 '절임 청어'를 만들어 수출하는 등 원거리 해상 무역을 주도하며 부를 축적했다. 1602년에 네덜란드에 유대인 주도로 근대적 의미의 첫 주식회사인 동인도회사가 설립되었다. 이름이 표방하는 대로 동쪽 인도와의 교역이 주목적이자 활동이었다. 네덜란드는 무역과 고기잡이를 위한 배들이 필요하여 조선업이 발달하였고, 조선업계와 해운업계를 주도하게 되어 세계 물류의 이동과 무역의 중심이 되었다. 이에 유통되는 화폐의 종류가 많아져 1609년 화폐 통일을 목적으로 암스테르담 은행이 설립되었다. 유대인 중심의 상인들이 만든 은행이었지만, 정부가 지급보증을 함으로써 국가적 화폐 통일을 이루었던 암스테르담 은행은 근대 중앙은행의 모태가 되었다. 암스테르담 은행은 유동성이 풍부해지자 저리의 신용 대출을 실시했고, 무역과 투자가 더욱 활발하게 이루어졌다. 1611년에는 동인도회사 주식을 거래할 수 있는 주식거래소가 암스테르담에 설립되었다. 17세기 네덜란드는 세계무역의 1/3을 차지했고, 경제력은 영국 스페인 프랑스 독일을 압도했으며, 네덜란드 길더화는 세계 최초의 기축통화가 되었다.

○ 대항해 시대의 최종 승자는 영국이었다.

대항해 시대의 선두 주자는 포르투갈이었다. 콜럼버스와 마젤란은 모두 스페인 사람이었지만 당시 해상 강국 포르투갈에서 활동했다. 후발주자 스페인은 당시엔 불확실하던 '지구가 둥글다'는 믿음에 희망을 걸고 서쪽을 향한 모험 항해를 했다. 목표는 인도였다. 카리브해 섬들이 인도가 아니라는 사실을 알고도 '서인도'로 부른 것은 '서쪽에서 찾은 부의 원천'임을 강조한 것이었다. 포르투갈과 스페인 두 나라는 1494년 조약을 맺고 유럽 밖의 세계를 나눠 갖기로 했다. 아프리카와 아시아는 포르투갈, 아메리카는 스페인 몫으로 했다. 나중에 보니 아메리카 경로에 남아메리카가 걸쳐지자, 포르투갈은 브라질을 갖게 되었고, 스페인은 반대편 경로에 있는 필리핀을 갖게 되었다. 전체적으로 아메리카는 유럽에 대항할 문명이 없어 쉽게 스페인의 식민지가 되었지만, 아시아는 여러 문명 세력이 얽혀 포르투갈의 지배가 쉽지 않았다. 네덜란드와 영국 등 다른 유럽 국가들이 포르투갈에 뒤이어 아시아에 진출했지만 17세기 중엽까지 해상 세력에 머물렀을 뿐이었다. 17세기 후반 네덜란드 유대인들이 영국으로 이주하여 설립한 영국의 동인도회사가 인도에서 본격적인 식민지 경영을 시작함으로써 아시아에 대한 유럽의 식민 지배가 시작되었다.

16세기 무적함대를 자랑하던 스페인은 1588년 영국과의 칼레해전에서 패배하여 영국이 해상권을 장악하였고, 그간 스페인의 기세에 눌려 살았던 영국이 중상주의 날개를 펴게 되었다. 그 기반을 닦은 사람은 영국 국왕 헨리 8세(1491-1547)였다. 그는 신대륙 개척과 해상무역 경쟁의 승리를 위해 국방 기술 패권을 도모, 기술 확보에 나섰다. 함포로 쓸 대포의 성능을 높이기 위해 당시 영세했던 영국 제철업계에 공모전을 펼쳐 우승자에게 배타적 독점권과 군납권을 부여했다. 신형 대포개발 임무를 부여하며 기술 유출을 방지하기 위해 기술자들을 관리했다. 그 결과 군사력 우위를 확보할 수 있었고, 스페인과의 칼레해전에서 승리할 수 있었다. 한편, 헨리 8세는 이혼과 재혼을 반복했고, 이에 걸림돌이 되었던 로마 가톨릭과 결별, 영국 국교회인 성공회를 만들고 직접 그 수장을 맡았다. 이에 반대했던 토마스 모어(1478-1535)는 반역죄로 처형당하기도 했다.

칼레해전의 승리는 1558년 즉위한 엘리자베스 1세(1533-1603) 여왕의 몫이었다. 엘리자베스 여왕은 훌륭한 정치 수완을 발휘, 대영제국의 토대를 마련했다. 해군의 힘으로 지구 구석구석을 복속시키며 국부를 축적했고, 종교적으로도 가톨릭과 성공회, 개신교 어느 한쪽에 치우치지 않으면서 왕실과 의회의 병존을 가져왔다. 하지만 독신이었던 그녀가 죽은 뒤 즉위한 제임스 1세와 그의 아들 찰스 1세는 왕권신수설을 믿는 영국 국교, 성공회만 따를 것을 강요했다. 종교적 탄압을 피해 청교도들은 메이플라워호를 타고 1620년 미국에 이주하기도 했다. 국왕의 전제군주 정치는 의회와 대립하게 되었고, 결국 1645년 크롬웰이 이끄는 의회 세력이 승리하게 되었다. 크롬웰은 해상권을 앞세워 1651년 항해조례를 발표했다. 다른 나라들이 영국 및 영국 식민지와 무역하려면 영국 배를 사용해야 한다는 내용이었다. 타깃은 네덜란드였고, 이에 위기를 맞은 네덜란드의 유대인 무역상들이 영국으로 이주하게 되었다. 영국으로 이주한 유대인들은 영국 동인도회사를 설립, 네덜란드의 금융 기법을 영국에 접목시켰다. 유대인들은 암스테르담에서 실행했던 방식을 토대로 영란은행(영국중앙은행)을 탄생시켰고, 영란은행은 이자만 지급하는 장기 국채를 발행함으로써 영국은 재정이 튼튼해 졌고, 영란은행을 통한 저금리의 신용 공급은 거대한 자본이 필요했던 산업혁명의 원동력이 되었다. 영란은행은 훗날 1913년, 미국 연방준비위원회 설립의 모델이 되었다.

○ 영국의 산업혁명과 자본주의 태동

 영국에서 자본주의가 태동된 것은 여러 요인이 복합적으로 일어난 결과였다. 1689년 4월 명예혁명으로 계몽주의에 바탕한 의회제도와 자유민주주의 정치 변혁이 일어났다. 1689년 12월 '권리장전'으로 의회의 동의 없는 법률 제정이나 세금 징수를 금지함으로써 의회가 재정을 장악하는 재정혁명을 이루었고, 시민의 기본권 보호, 재산권과 소유권 보호를 명시함으로써 사유재산권 동기에 바탕한 생산성 향상과 이윤추구의 자본주의로 나아가게 되었다. 이미 언급한 대로 영란은행을 통한 대규모의 저금리 금융 지원은 영국의 제조업을 발전시키는 동력이 되었다.

 때를 맞춰 영국에서는 과학계의 혁명이 일어났다. 1666년 아이작 뉴턴(1643-1727)의 만유인력 발견이 그것이다. 뉴턴의 만유인력과 중력의 법칙, 관성의 법칙, 작용과 반작용의 법칙은 새로운 과학시대의 지평을 열었다. 만물을 바라보는 시각, 세상을 바라보는 관점이 달라지게 되었다. 뉴턴 이전의 자연철학이었던 탐구가 뉴턴에 의해 과학이라는 이름을 얻게 되었고, 뉴턴의 과학적 탐구는 철학과 예술, 정치와 경제 전반에 영향을 미쳤다. 뉴턴 이후 영국의 과학 기술이 급속하게 발전하여 1769년에는 제임스 와트(1736–1819)에 의해 증기기관이 발명되었다. 와트는 증기기관 특허를 내었고, 증기기관은 산업혁명의 도화선이 되었다. 공장을 통한 대량생산 및 운송에 혁신적인 변화를 가져왔다. 영국의 산업혁명은 국가 경제의 기반을 상업에서 산업으로 전환시켰고, 영국은 공장과 해군의 힘으로 식민지 무역을 장악, 해가 지지 않는 나라가 되었다.

 자본주의, 시장경제는 산업혁명과 함께 태동되었고, 그 뿌리는 계몽주의에 바탕한 경제적 자유주의였다. 아담 스미스는 '억압으로부터의 자유와 평등'이라는 계몽주의 사상에 심취되어 「국부론」을 집필했다. 그는 「국부론」에서 모든 소유는 신에게서 나온다는 신의 소유 개념에 대응하여, 소유권이 인간에 있다는 근거를 제시했다. 시민사회의 자유로운 경제활동으로 부가 축적됨에 따라 재산권과 소유권 개념의 정립이 필요했고, 이에 개인의 재산권과 부의 축적을 정당화하는 이론적 근거로 자본주의가 정립되었다. 산업혁명과 자본주의는 서로 맞물려 한편에선 급속한 산업사회를 이루게 되었고, 다른 편에선 이를 뒷받침하는 물질 중심의 자본주의가 뿌리내리게 되었던 것이다

4. 자본주의를 지탱하고 성장으로 이끈 동력은 기독교 정신이었다.

○ 요한 웨슬리(1703-1791)의 영적 부흥 운동

  감리교 창시자 요한 웨슬리에 의한 영국 기독교의 부흥과 경건 운동은 자본주의를 성장 발전시키는 동력이 되었다. 16세기 영국은 로마 가톨릭과 결별하고, 성공회를 발족하게 되었지만, 성공회는 또 다른 권위주의였다. 요한 웨슬리의 부친 새뮤얼 웨슬리는 성공회 교구 목사였다. 옥스포드 대학을 졸업한 요한 웨슬리는 1728년 사제 목사가 되어 부친 교구의 사제로 사역한 뒤 1729년 옥스포드로 돌아와 동생 찰스 웨슬리가 시작한 신성회(Holy Club)을 지도했다. 신성회는 규칙적 예배와 성경공부, 기도모임을 가졌고, 이들의 규칙적인 신앙생활과 철저한 경건 생활은 감리교(Methodist Church)의 모태가 되었고, 신성회 모임은 감리교 구역모임인 속회의 근원이 되었다. 요한 웨슬리는 성공회 목사로 안수받았지만, 그의 철저한 복음주의 신앙은 성공회의 권위주의 신앙과 부딪치지 않을 수 없었고, 이에 그는 성공회 교단을 넘어 '세계는 나의 교구다'는 선교적 사명과 각오를 다지게 되었다.

  웨슬리는 당시 식민국이던 미국 조지아로 선교를 떠났지만, 2년여 동안 기대했던 만큼의 성과를 이루지 못하고 돌아와 낙심과 좌절 속에 1738년 5월 24일 밤, 내키지 않는 걸음으로 올더스케이트 거리의 독일계 모라비안 교회의 기도회에 참석했을 때 하나님이 그의 마음을 뜨겁게 움직이셨다. 웨슬리는 미국 선교 여행을 다녀오면서 항해 길에 풍랑을 만나 두려움에 떨었지만, 전혀 두려움 없이 찬송하는 모라비안 교도들의 모습에 감동을 받았고, 그들의 신앙과 경건생활을 본받고자

독일을 방문하기도 했다. 모라비안 교도의 기도회는 평신도 중심이었고, 한 젊은 이가 나와서 루터의 로마서 주석의 서문을 읽었을 때 웨슬리는 마음이 뜨거워지는 성령의 감동을 체험했다. 마음속 깊은 곳에서 예수님 보혈의 피가 뜨겁게 솟아올라 예수님 사랑과 복음의 증인이 되기로 결단했다. 이날이 감리교의 생일인 '올더스케이트 회심'의 날이다. 웨슬리의 영적 부흥 운동과 경건 운동은 영국 기독교의 부흥은 물론, 영국 사회의 정신 혁명을 가져왔다. 웨슬리는 신앙의 본질인 영혼 구원과 이웃 사랑을 실천했다. 노동 현장을 찾아가 복음을 전하며 탄광촌을 다니며 설교하고 대규모 옥외 집회를 열기도 했다. 부랑자와 알콜 중독자의 계몽, 어린이 노동의 방지, 근로시간의 단축 등 자본주의 폐해의 제거와 사회 운동도 이끌었다. '세계는 나의 교구다' 표방한 대로 지구를 세 바퀴나 돌 정도로 세계 곳곳에서 전도 집회를 가졌고, 미국에도 감리교가 크게 뿌리내리게 되었다.

  웨슬리는 개인적 구원과 사회적 구원을 동등한 가치에 두고 함께 추구했다. 기독교 신앙이 교회 안의 교리에 머무르지 않고 사회 속에서 실천하도록, 사회적 구원을 이루도록 앞장서 이끌며 그리스도인의 적극적 사회 참여, 사랑과 나눔의 실천을 강조했다. 신앙에 기준하여 선을 행하도록, 사회에 유익한 일을 하며 하나님 주신 은혜와 축복을 나누도록 가르쳤다. 특별히 경제 활동에 있어서 그리스도인의 3가지 실천 사항을 강조했다. 가능한 한 많이 벌고, 가능한 한 절약하고, 가능한 한 많이 나누라는 것이었다. 열심히 노력해서 많이 벌 돼, 자신을 위해 쓰지 말고 가난한 이웃에 베풀라는 것이었디. '지갑이 회개해야 진짜 회개다. 정당하게 벌고 정당한 곳에 써야 한다. 정직하고 부지런하게, 성실하게 일해서 벌어야 한다. 자신만을 위해 쓰지 말고 다른 사람에게 베풀어야 한다. 사랑해야 할 대상은 돈이 아니라 하나님이시다. 하나님을 의지하며 하나님 심판을 두려워하는 삶을 살라' 강조했다. 이러한 웨슬리의 정신과 실천 신앙은 자발적 섬김과 봉사의 기부 문화로 정착되었고, 기업윤리와 직업윤리, 천직사상과 소명의식으로 뿌리내려 영국 산업사회의 부흥과 자본주의 발전을 가져왔던 것이다. 정신세계를 무시한 마르크스는 이를 예견할 수 없었다.

○ 막스 베버(1864-1920)의 '프로테스탄티즘 윤리와 자본주의 정신(1905)'

독일의 사회학자 막스 베버는 자본주의 정신을, 종교개혁 이후 형성된 서구 유럽의 합리주의적 경제 주체와 그들의 윤리적 합리성에서 찾았다. 자본주의 정신과 직업윤리의 바탕은 프로테스탄티즘 윤리, 기독교 정신임을 밝혔다. 마르크스와는 반대로 상부구조가 하부구조를 움직인다고 보며 마르크스 이론을 비판했다. '천직 사상은 소명으로서의 직업, 맡은 일에 열성과 책임감을 가지고 정직하게 최선을 다하는 자세, 근면 성실 검소한 자세이다. 노동의 신성함과 직업에 귀천이 없음을 의미한다. 어떤 일을 하느냐가 중요한 게 아니라, 주어진 일을 어떻게 감당하느냐가 중요하다. 천직사상, 소명의식이 자본주의 가치이자 발전의 원동력이다. 돈에 대한 욕심은 인류 공통이지만 경건한 태도로 돈벌이에 임하는 것은 근대 서구 사회에서만 발현된 현상이며, 소명 의식과 직업윤리를 도입한 개신교 문화권에서만 벌어진 일이다. 이들에게 일에 임하는 자세는 윤리의 최고 선에 다가가는 방법이다'고 말했다. 베버는 이러한 기독교 정신을 '자본주의 정신과 직업윤리'라고 불렀다.

베버는 기독교 정신을 바탕으로 서양 사회에 자본주의가 뿌리내리고 발전해 왔으며, 기독교 정신이 바탕된 서구 자본주의를 인류 역사상 가장 발전된 경제제도로 보았다. '프로테스탄티즘은 이윤 추구와 부의 축적을 죄악시하던 중세 가톨릭에 맞선 사고의 대전환이었다. 자유시장과 교환이 자본주의의 본질적 요소이며 높은 생산성과 능률성을 이루는 바탕이 되었다'고 말한다. '자본주의 형성과 발전 과정은 생산 수단과 생산 관계의 변화에 있는 것이 아니라, 경제적, 사회적, 문화적 영역에서 새로운 정신으로 무장한 기업가의 출현, 위험을 감수한 투자 정신에 있다. 주식회사와 같은 현대 사회의 특징이 자본주의 발전과 함께 갖추어졌고, 이는 자본주의를 발전시키는 동력이 되었다'며 마르크스 사회주의를 비판했다.

5. 기독교 정신이 더 이상 자본주의를 지탱할 수 없게 되었다.

서구 자본주의 국가들의 부흥과 경제 발전을 이끌어 온 바탕은 기독교 정신이었다. 정직과 성실, 직업 윤리와 책임감, 배려와 나눔의 기독교 정신이 왕성할 때 경제가 부흥됐다. 기독교 정신과 문화가 선진국의 잣대가 되었다. 미국에 이주한 청교도들은 하나님 주신 땅을 풍요롭게 가꾸는 것이 하나님의 선하심과 공의를 드러내는 길이라고 믿었다. 물질적 풍요는 하나님 주신 축복이며 빈곤과 결핍은 부끄러운 일이라고 생각하며 열심히 일했다. 정직하게, 정당한 방법으로 부를 축적하며 감사와 나눔을 실천했다. 안타깝게도 지금은, 그동안 자본주의를 지탱하며 자발적 나눔으로 불균형을 완화해 왔던 기독교 정신이 쇠퇴하고 말았다. 기독교 정신을 선도해 오던 미국도 1961년 케네디 대통령 때 주기도문을 교과서에서 삭제, 성경공부와 기도를 금지한 후 물질주의가 교육에 스며들었고, 청교도 정신도 퇴색하고 말았다. 그동안 자본주의를 성장으로 이끈 기독교 정신은 시대적 사명을 다하게 되었다. 더 이상 자본주의를 지탱할 수 없게 되었다.

앞에서 본 바, 자본주의는 기독교 정신에 바탕한 하나님 질서가 아닌 물질 중심의 질서로 정립되었다. 종교개혁의 뜻이 경제 질서에 제대로 구현되지 못했다. 자유 민주주의와 자본주의 시장경제는 같은 것 같지만 다르다. 민주주의는 1인 1표의 평등주의에 바탕하지만 자본주의는 물질 중심인 1원 1표의 원칙이다. 더욱 시장경제는 경쟁에 승리한 측이 전부를 가져간다. 자본주의로는 궁극적으로 하나님 보시기에 아름다운 사회, 하나님 공의를 실현하는 사회를 이룰 수 없다. 오늘날 자본주의 사회는 성경적 사회와는 너무도 멀어졌다. 자본주의 모순이 너무도 심화되어 기독교 정신만으로 지탱할 수 없게 되었다. 앞으로 4차 산업시대가 되면 자본주의는 더욱 위기를 맞게 된다. 실업의 증가, 빈부의 격차가 더욱 심화된다. 혼돈 상태에 빠진 자본주의를 어떻게 구할 것인가?

6. 궁극적 해결책은 하나님 창조질서를 구현하는 길, 성경적 사회로 나아가는 길이다.

자본주의를 수정한다고 구조적 모순이 해결될 수 없다. 그동안 자본주의, 시장경제는 여러 번 수정이 되었지만, 궁극적 해결책이 되지 못했고 구조적 모순은 심화되었다. 그동안 자본주의를 지탱해 온 기독교 정신은 성경 진리의 극히 일부분에 불과하다. 성경은 더불어 사는 공동체 질서를 가르치고 있다. 성경에 바탕한 사회를 이룰 때 충분조건을 이루게 된다. 성경적 사회를 이루자면 개인적 구원뿐만 아니라 사회적 구원을 함께 이루어야 한다. 사회적 구원이 없이는 개인의 구원도 이룰 수 없다. 자본주의가 이를 증거하고 있다.

종교개혁은 중세의 종교 타락, 물질적 타락 때문에 일어났다. 지금은 종교개혁 때보다 훨씬 더 타락한 세상, 물질주의 가치관이 지배하는 세상이 되었다. 선이 악을 이기는 것이 아니라 악에 물든 세상이 되었다. 세상 문화가 교회로 스며들었다. 교회의 본질, 영성을 회복하고 이웃 사랑을 실천해야 한다. 그러자면 종교개혁 때보다 더 철저한 변화와 개혁, 더욱 겸손한 사랑과 희생, 더욱 뼈저린 회개와 돌이킴의 제2 종교개혁이 있어야 한다. 종교가 사회와 분리되어 존재할 수 없다. 기독교가 타락된 세상의 모습과 질서에서 자유로울 수 없다. 신앙은 교회 안에서만이 아니라 사회 속에서 실천해야 한다. 지금은 사회적 구원을 이루어야 할 때이다. 하나님 보시기에 아름다운 사회를 이루는 길이 인류가 궁극적으로 나아가야 할 방향이자 인류가 사는 길이다.

제4부 자립공생사회

자립공생사회는 하나님 관계를 회복하는 사회이다. 하나님 관계의 회복은 친밀한 사랑의 관계 회복이다. 하나님을 사랑하면 사람을 사랑하게 된다. 하나님을 사랑하고 하나님 마음으로 사람을 사랑하는 사회가 자립공생사회이다. 하나님의 인간 사랑은 태초부터 변함이 없으시다. 하나님 관계의 회복은 인간이 하나님을 사랑하고 친밀히 교제하며 하나님 사랑을 받는 자녀가 되는 일이다. 하나님을 사랑하면 하나님 성품을 닮아가게 된다. 하나님 형상으로 지음받은 자녀임을 깨달을 때 서로 존중하며 배려하게 된다. 섬김과 나눔, 사랑과 긍휼의 하나님 공동체, 자립공생사회를 이루게 된다.

개인과 하나님 관계의 회복, 하나님 사랑이 영적 자립이다. 사회적 하나님 관계의 회복, 사람 사이 사랑의 관계 회복이 공생이 된다. 공생은 공동체의 이익을 앞세우는 마음, 이기적 성공이 아닌 이타적 성공이 된다. '다른 사람에게 얼마나 유익을 끼쳤는가?'가 성공의 기준이 된다. 자립과 공생은 서로 맞물려, 필요 충분 조건이 되어 자립공생사회를 이룬다.

1장 개인의 자립

1. 자립의 의미와 내용

○ 영적 자립

(요한복음 8:32) 진리를 알지니 진리가 너희를 자유롭게 하리라
(고린도후서 3:17) 주는 영이시니 주의 영이 계신 곳에는 자유가 있느니라

영적 자립은 하나님 주신 영적 생명의 회복, 하나님 자녀 관계의 회복이다. 인간에게는 하나님 영이 부여되었다. 인간의 생명은 영에 있다. 인간의 타락으로 하나님과 영적 교통 관계가 끊어진 영적 사망이 되었다. 하나님과 친밀히 교통하는 영적 생명을 회복하는 것이 영적 자립이다. 영적 자립은 창조 본연의 하나님 자녀로의 인간 정체성의 회복이다. 하나님이 인간을 창조하신 목적이자 인간의 존재 이유이다. 영적 자립은 하나님께도 가장 중요한 일이다. 잃어버린 영혼을 찾아 자녀 관계를 회복시켜야 창조 목적을 이루시기 때문이다. 인간에게는 하나님을 떠난 아담의 원죄가 있다. 하나님 앞에 의로운 사람, 죄가 없는 사람은 아무도 없다. 인간의 구원, 하나님 관계의 회복은 하나님 공의에 의할 수밖에 없다. 하나님 공의에 의한 구원이 예수님의 십자가 대속이다. 예수님이 인간의 죄를 대신하여 십자가에 죽으심으로 하나님의 영, 성령을 받게 되었다. 성령으로 하나님과 친밀히 교통하는 자녀 관계를 회복, 하나님 주시는 참 기쁨과 평안, 샬롬을 누리는 것이 영적 자립이다.

하나님 주권 아래 있는 것, 성령의 지배를 받는 것은 영적 구속이 아닌 영적 자유함이다. 자유는 하나님의 본성이다. 하나님 자녀의 축복은 자유함이다. 하나님은 자녀인 인간을 로봇으로 창조하지 않으셨다. 하나님과 교통하며 하나님 뜻에 따라 만물을 잘 다스림으로써 하나님의 기쁨이 되도록, 인간에게 자유의지를 주셨다. 진정한 평안은 하나님 안에서 누리는 자유함이다. 성 어거스틴은 **"내가 하나님을 만나기 전까지 그 어디서도 참 평안을 얻을 수 없었다"** 고백했다. 하나님과 관계없이 살면 자유로운 것 같지만 죄의 노예, 사탄의 노예가 된다. 죄책감과 두려움 속에 자유함을 잃게 된다. 물고기가 물을 벗어나면 자유한 것 같지만 죽음이다. 사탄은 '네 삶의 주인은 너다' 유혹한다. 매력적인 유혹이지만 내가 주인일 때 불안과 두려움에 싸일 뿐이다. 두려움에서 벗어나고자 무엇인가를 의지하며 쫓는다. 현대인은 물질의 우상을 쫓지만, 물질의 탐욕으로는 끝없는 분쟁과 다툼으로 죄악과 죄책감을 벗어날 수 없다. 하나님을 떠나 하나님 관계없이 사는 것이 죄의 본질이다. 죄는 자유함의 구속이다. 죄를 짓고 마음의 평안을 누리는 방법은 없다. 하나님 영이 부여된 인간은 하나님 안에서 참 평안과 기쁨, 샬롬을 누리도록 창조되었다. 마치 아기가 엄마 품에서 울음을 그치고 평안을 얻는 것과 같다.

천지 만물은 하나님 창조 질서대로 움직인다. 인간만이 하나님 축복으로 주신 자유의지로 하나님을 거역하고 있다. 예수님은 우리를 자유케 하시기 위해 오셨다. 예수님은 길이요, 진리요, 생명이 되신다. 진리가 우리를 자유케 한다. 예수님 주시는 자유함은 진리 안에서의 자유함, 죄와 사망의 구속에서 자유함이다. 영적 자립은 인간의 특권이자 책임이다.

○ 소명의 자립

(에배소서 2:10) 우리는 그가 만드신 바라 그리스도 예수 안에서 선한 일을 위하여 지으심을 받은 자니 이 일은 하나님이 전에 예비하사 우리로 그 가운데서 행하게 하려 하심이니라
(데살로니가후서 3:10)… 너희에게 명하기를 누구든지 일하기 싫어하거든 먹지도 말게 하라 하였더니

소명은 인간을 창조하신 하나님의 부르심, 하나님의 명령이다. 소명의 자립은 내가 어떤 존재이며 어떻게 살아야 하는가?에 대한 답이 된다. 사람을 보고 '왜 사느냐?' 묻는 것은 올바른 질문이 아니다. 자신의 의지와 무관하게 생명이 주어졌고, 주어진 생명을 살아야 하기 때문이다. '어떻게 살아야 하는가?'가 바른 질문이다. 내가 누구인지를 깨닫는다면 어떻게 살아야 하는가?에 대한 답이 나온다. 내가 누구인가?는 피조물인 인간이 깨달을 수 없다. 창조주 하나님이 가르쳐 주셔야 한다. 성경은 '인간은 하나님 형상대로 지음을 받은 하나님의 자녀로 우주 만물을 다스리는 권세를 부여받았다.' 말씀한다. 1차적 소명은 하나님 자녀로 사는 기본적 소명이다. Doing이 아닌 Being이다. 하나님 자녀의 위치를 지키는 것, 하나님 주신 축복과 권세를 누리는 일이다.

　2차적 소명은 나는 무엇을 하는 사람인가?에 대한 답이 된다. 하나님 뜻을 이루는 소명, 해야 할 일을 찾아서 하는 직업적 소명이다. 인간은 선한 일을 하도록 지음을 받았다. 선한 일을 통해 하나님 뜻을 이루며 하나님 공동체에 쓰임받는 것이 2차적 소명, 일의 자립이다. 하나님 자녀로서 하나님 뜻에 따라 만물을 잘 다스리며, 하나님 보시기에 조화롭고 아름다운 사회를 이루는 행위가 선한 일이다. 2차적 소명을 통해 하나님 창조 사역에 동참한다. 1차적 소명이 내적인 성품의 열매라면, 2차적 소명은 외적인 행위의 열매가 된다. '왜 이 일을 해야 하는가? 어떻게 이 일을 잘 감당할 것인가?' 일에 대한 동기와 임하는 자세가 된다. 각자의 재능과 능력은 절대적인 것이다. 남과 비교하여 우열을 가릴 성질이 아니다. 하나님 주신 각자의 재능과 능력을 최대한 발휘하는 것이 2차적 소명이다.

　선한 일을 할 때 하나님의 기쁨이 된다. 직업적 소명은 세상 속에서 하나님을 증거하며 하나님 영광을 드러내는 통로이다. 사람은 누구나 공동체를 위해 할 수 있는 일이 있다. 해야 할 일을 찾아 감당하는 것이 일의 자립이다. 소명이 없는 인생, '내가 누구인지? 무엇을 하는 사람인지?' 모른 채 아무렇게나 산다면 하나님 주신 고귀한 생명을 낭비하는 탕자와 같은 삶이 된다. 직업적 소명을 깨달은 사람은 다른 사람의 일에 고마움을 느끼며 다른 사람의 직업을 존중한다. 각자 직업적 소명을 찾아 자기 일을 잘 감당할 때 하나님 보시기에 아름다운 사회를 이루게 된다. 2

차적 소명을 어떻게 찾아서 이룰 것인가?에 대해서는 **제6부 다음 세대의 양육에서** 좀 더 살펴보기로 한다.

○ 의식(생각)의 자립

(잠언 4:23) 모든 지킬 만한 것 중에 더욱 네 마음을 지키라 생명의 근원이 이에서 남이니라
(에베소서 4:26-27) 분을 내어도 죄를 짓지 말며 해가 지도록 분을 품지 말고/ 마귀에게 틈을 주지 말라

마음과 생각을 지키는 것, 하나님 중심으로 생각하고 의식하는 것이 의식의 자립이다. 영적 자립, 소명의 자립을 이룰 때 의식의 자립을 이루게 된다. 의식과 생각이 곧 그 사람이다. 그 사람을 움직이는 힘이요 에너지이다. 파스칼은 "**인간은 생각하는 갈대다. 인간은 생각하고 사고하기 때문에 위대하다. 하지만 생각이 흔들리는 연약한 존재이기에 하나님이 필요하다**"고 했다. 의식과 생각은 하나님이 인간에게만 부여하신 특권으로 인간의 존엄한 가치이다. 인간은 하나님 자녀로, 하나님 마음을 지니도록 창조되었다. 하나님 마음과 생각보다 옳고 바른 생각은 있을 수 없다. 하나님 중심으로 생각하고 의식할 때 인간은 가장 위대하고 고귀한 존재가 된다. 세상의 많은 종교는 마음을 비우라고 한다. 비우는 것보다 중요한 것은 하나님 마음으로 채우는 일이다. 하나님 마음으로 채워지지 않으면 결핍의 두려움을 벗어날 수 없다. 하나님 마음으로 채워질 때 불안과 염려가 없는 평안, 샬롬의 상태가 된다. 부정적 생각이 긍정적으로, 불평이 감사로, 미움이 사랑으로, 판단과 정죄가 용서와 은혜로 바뀌게 된다.

의식의 자립은 성령이 마음을 다스리는 것, 성령의 음성에 따르는 것이 된다. 영적 싸움은 생각의 싸움이다. 마귀는 하나님 주신 마음과 생각을 빼앗는 죄의 영이다. 탐욕과 미움, 분열과 분노, 거짓과 미혹으로 영적 사망을 초래한다. 마음과 생각을 지키는 길은 성령의 인도로 하나님 마음을 회복하는 길이다. 삶의 풍요와 행복은 마음과 생각에서 온다. 생각을 바꾸면 행동이 달라지고 성품이 달라지고 인생이 달라진다. 하나님 마음으로 채울 때 참 기쁨과 평안, 샬롬을 누리게 된다. 진정 두렵고 불행한 일은 하나님 마음을 잃고 하나님 주시는 기쁨과 평강을 누리지 못하는 삶이다.

○ 행위의 자립

(요한계시록 19:8) 그에게 빛나고 깨끗한 세마포 옷을 입도록 허락하셨으니 이 세마포 옷은 성도들의 옳은 행실이로다 하더라

행위의 자립은 의식의 자립에 따라 올바른 행위를 하는 것이 된다. 의식의 자립이 있을 때 행위의 자립, 올바른 행실이 따르게 된다. 올바른 행실이 따를 때 인간관계가 좋아진다. 행위의 자립이 더불어 사는 공생사회의 바탕이 된다. 행위의 자립은 하나님 사랑과 긍휼의 마음에 바탕한다. 다른 사람을 원망하며 분노하지 않는다. 이간질하거나 참소하지 않는다. 책임의식, 주인의식을 가진다. 남에게 책임을 전가하지 않고 솔선해서 한다. 행위의 자립을 이룰 때 하나님 보시기에 아름다운 사회를 이루게 된다.

행위의 자립은 소명의 자립을 이루는 통로이다. 소명을 이루기 위해 최선의 노력을 한다. 세상 유혹에 넘어가지 않고 자제와 절제, 통제력을 지닌다. 소명이 있을 때 해야 할 일을 스스로 찾아서 하게 된다. 힘든 일도 기쁨으로 감당하게 된다.

○ 언어 (말과 혀)의 자립

(마태복음 15:17-18) 입으로 들어가는 모든 것은 배로 들어가서 뒤로 내버려지는 줄 알지 못하느냐/ 입에서 나오는 것들은 마음에서 나오나니 이것이야말로

사람을 더럽게 하느니라

(민수기 14:27-28) … 이스라엘 자손이 나를 향하여 원망하는 바 그 원망하는 말을 내가 들었노라/ … 너희 말이 내 귀에 들린 대로 내가 너희에게 행하리니

언어의 자립은 행위의 자립에 포함되지만 중요하기에 구분해 본다. 하나님은 말씀이시다. 하나님 능력은 말씀의 능력이다. 하나님 형상대로 지음받은 인간은 말의 위력이 있다. 하나님은 만물을 다스리도록 말의 위력을 주셨다. 언어의 능력, 말의 위력은 다스리는 힘, 창조의 능력이다. 인간만이 언어를 사용한다. 하나님 주신 자유의지의 축복은 말을 통한 다스림의 축복과 능력이다. 말은 생명력이 있어 생명을 살리기도, 죽이기도 한다. 성령을 받은 사람은 말이 달라진다. 믿음의 말, 생명을 살리는 말을 한다. 입으로 들어가는 음식보다 입에서 나오는 말이 더럽지 않아야 한다. 인간의 고귀한 가치는 소유에 있는 것이 아니라 인격에 있다. 말이 그 사람의 인격과 품위이다. 맞는 말, 바른말이 상처를 준다. 바른 말보다 은혜롭고 지혜로운 말, 상대를 배려하고 헤아리는 말을 해야 한다. 칼에 찔린 상처는 꿰매면 아물지만 말로 인한 상처는 꿰맬 수가 없다. 칭찬하는 입술이 가장 아름답다. 선한 말, 배려하며 세워주는 말이 상대방 마음을 감동시킨다. 긍정의 말, 소망과 축복의 말을 할 때 하나님 나라가 이루어진다.

말이 씨가 된다. 말에는 책임이 따른다. 이스라엘 백성이 가나안을 눈앞에 두고도 광야에서 40년을 방황하게 된 것은 부정적인 말을 하며 불평했기 때문이었다. 가나안을 정탐한 12명 중 여호수아와 갈렙을 제외한 10명은 가나안 정복이 불가능하다며 부정적으로 말했다. 하나님은 백성의 소리대로 응답하셨다. 하나님 약속의 말씀을 믿지 못하고 불평한 출애굽 1세대들은 가나안에 들어가지 못하고 광야에서 죽었다. 인간은 말로 하나님과 소통한다. 진실된 말, 은혜와 축복의 말, 감사의 말을 할 때 하나님이 축복하신다. 긍정적 말, 소망의 말을 하면 긍정의 에너지가 쌓여 소망이 이루어진다. 오늘날 타락한 육적 언어, 탐욕과 파괴적 언어가 난무하여 갈기갈기 찢어진 세상이 되었다. 봉합하고 치유하기 위해서는 언어의 자

립이 필요하다. 소망의 말을 하며 서로를 위해 기도할 때 하나님 나라가 이루어진다.

○ 물질의 자립

(출애굽기 16:16-20) … 너희 각 사람은 먹을 만큼만 이것을 거둘지니 곧 너희 사람 수효대로 한 사람이면 한 오멜씩 거두되… 이스라엘 자손이 그같이 하였더니… 많이 거둔 자도 남음이 없고 적게 거둔 자도 부족함이 없이 각 사람은 먹을 만큼만 거두었더라/ 모세가 그들에게 이르기를 아무든지 아침까지 그것을 남겨 두지 말라 하였으나/ 그들이 모세에게 순종하지 아니하고 더러는 아침까지 두었더니 벌레가 생기고 냄새가 난지라

(마태복음 6:19-27) 너희를 위하여 보물을 땅에 쌓아 두지 말라 거기는 좀과 동록이 해하며 도둑이 구멍을 뚫고 도둑질하느니라… 네 보물 있는 그 곳에는 네 마음도 있느니라… 한 사람이 두 주인을 섬기지 못할 것이니… 너희가 하나님과 재물을 겸하여 섬기지 못하느니라… 목숨을 위하여 무엇을 먹을까 무엇을 마실까 몸을 위하여 무엇을 입을까 염려하지 말라… 너희 중에 누가 염려함으로 그 키를 한 자라도 더할 수 있겠느냐

물질의 자립은 하나님 은혜로 사는 만나의 영성, 자족의 마음과 자세이다. 출애굽 광야 훈련은 노예 생활에서 벗어나 하나님 백성으로 사는 훈련이었다. 하나님 백성은 하나님 은혜로 사는 백성이다. 하나님은 만나를 통해 이를 보여주셨다. 광야 40년 동안 하늘에서 만나가 내렸다. 만나의 뜻은 '이것이 무엇인가'이다. 알 수 없는 양식, 하나님 주신 양식이 만나이다. 만나는 인간의 노력이 아닌 하나님 은혜로 얻었다. 광야의 삶은 하나님이 먹이시고 입히시는 삶이다. 이 땅의 삶은 광야와 같은 삶, 하나님 은혜로 사는 삶임을 보여주셨다. 만나는 매일 새벽, 잠자는 시간에 내렸다. 만나는 당일 먹을 양만 거두게 하셨다. 저장하면 썩었다. 한 오멜은 약

2.5 리터로, 밀가루로 빵을 만든다면 한 사람이 하루 먹기에 충분하다. 가족 수대로 거두도록, 아무도 남음이 없고 부족함이 없도록 하셨다. 6일째는 이틀분의 만나가 내렸다. 만나를 보관해도 썩지 않았다. 안식일을 거룩하게 지키도록, 하나님께 예배드리며 주신 은혜에 감사하도록 하셨다. 만나는 하나님 지시하신 땅, 가나안에 들어가기 위한 믿음의 훈련, 순종의 훈련이었다. 가나안은 하나님 나라를 상징한다. 만나는 하나님 나라의 질서를 상징한다. 만나의 영성은 서로 부족하지 않도록 나누는 영성, 아무도 자기 것을 자랑하지 못하게 하는 겸손의 영성이다.

물질의 자립은 하나님 은혜로 사는 삶, 하나님 주신 것으로 만족하는 자족의 삶이다. 내일을 염려하여 쌓아두지 않고 오늘의 축복을 나누는 삶이다. 자족은 하나님 창조 질서이다. 상황에서 오는 만족이 아닌 하나님 관계에서 오는 감사와 만족이다. 염려와 두려움은 물질의 결핍이 아닌 감사의 결핍에서 온다. 걱정 근심, 염려와 두려움은 하나님 부재(不在)의 감정, 하나님을 믿지 못하는 믿음의 부재에서 온다. 하나님 자녀의 삶은 부족함이 없는 삶, 자연 만물을 다스리는 삶이다. 하나님 자녀로 산다는 자체가 더없는 축복과 은혜의 풍요한 삶이다.

물질의 자립은 물질에 대한 하나님 소유권을 인정하는 삶이다. 내가 가진 모든 것, 생명, 건강, 재능, 물질은 하나님 주신 은혜이다. 하나님 관계에서는 물질의 소유권을 주장할 수 없다. 인간 사회에서는 소유권이지만, 하나님 앞에서는 사용권일 수밖에 없다. 물질의 자립을 이룬다면 물질의 소유가 자랑이 될 수 없다. 물질을 잘 사용하는 것이 목적이며, 물질의 소유는 그만큼 부담이 된다. 성경은 '어리석은 부자가 되지 말고, 영적으로 부요한 자가 되라' 말씀한다. 그 이유는 물질의 소유권을 주장할 때, 물질이 우상이 되어 영적 생명을 잃기 때문이다. 물질의 탐욕으로는 우주 만물을 잘 다스릴 수 없기 때문이다. 물질의 소유권을 주장할수록 마음의 평안과 기쁨을 잃게 된다. 하나님 주신 모든 것을 하나님 뜻에 따라 잘 사용할 때 진정한 내 것이 된다. 하나님의 기쁨이 되며, 하나님 주시는 참 기쁨을 누리게 된다.

물질의 자립은 부당한 재물을 부끄러워하는 정신, 정당한 노력의 대가로 생활하는 정신이다. 물질의 자립을 이루면 하나님 주시지 않은 것을 탐하지 않는다. 정당한 노력과 방법으로 얻지 아니한 재물은 부담이 되어 집안에 두지 않는다. 불법과 편법, 부정과 부패, 거짓과 사기, 투기와 탈세는 죄책감을 느끼며 피하게 된다. 상속에 의한 부도 부끄럽게 생각한다. 자신의 정당한 노력에 의한 부가 아니기 때문이다. 자립공생사회는 누구나 공동체에 도움 되는 일을 하며, 일을 한 대가로 생활한다. 불로소득은 기본적으로 죄악이다. 다른 사람의 정당한 노력, 정직한 사람의 성실한 노력을 도둑질하는 것이기 때문이다. 부동산 투기로 집값을 부추기는 것은 성실한 사람들의 근로 의욕을 꺾고, 선량한 다수에게 상실감과 허탈감을 안겨주는 사회악이다. 자립공생사회는 하나님 주신 축복을 다 같이 누린다. 하나님 크신 은혜를 내 작은 가슴에 다 담을 수 없다. 하나님에 대한 믿음이 있을 때 물질의 자립을 이룰 수 있다.

성경은 하나님이 우주 만물을 창조하신 목적을 세 가지로 말씀한다. 우주 만물을 인간을 위해 지으셨고, 인간에게 다스리는 권세와 축복을 주셨으며, 인간이 하나님 뜻에 따라 우주 만물을 다스리는 모습을 보시고 기뻐하시기 위함이셨다. 인간은 하나님과 기쁨을 나누는 자녀로 창조되었다. 하나님의 기쁨이 되지 못하고, 하나님 주시는 기쁨을 누리지 못한다면 창조 질서에 어긋난다. 물질의 자립은 하나님 주신 모든 것을 하나님의 기쁨이 되도록 사용하는 청지기 정신이다. 청지기는 맡기신 물질을 잘 관리하며 근면 성실하고 검소한 자세로 자족한다. 그동안 청지기 정신이 자본주의를 지탱하는 힘이 되었지만 오늘날 청지기 정신이 사라지고 탐욕적 이기적 사회가 되었다. 종교가 이에 편승, 물질적 축복을 강조하는 기복주의 신앙이 되었다. 자족과 절제의 신앙으로, 자기 책임을 다하는 자립공생의 질서로 돌아가야 한다. 누구나 남을 섬길 수 있다. 받은 재능이 많고 적음이 중요한 것이 아니라, 받은 재능으로 할 수 있는 일을 감당하는 것이 중요하다. 마태복음 25장의 달란트 비유에서 다섯 달란트 받은 자와 두 달란트 받은 자가 다섯 달란트와 두 달란트를 남겼을 때 주인의 칭찬은 한 글자도 틀리지 않고 똑같다. 한 달란트를 그대로 보관한 자는 악한 종이라 책망하며 그 한 달란트를 빼앗아 열 달란트 가진 자에게 주었다. 세상은 달란트 크기를 중시하지만 하나님 나라는 달란트를 잘 활용했느냐가 중요하다. 받은 재능이 많든 적든 청지기로서 열심히 그것을 일군다면 하나님의 칭찬은 똑같다.

아이성의 교훈 (여호수아 7장)

언약백성 이스라엘이 영적 자립을 이루었을 때 하나님은 여리고성을 무너뜨리셨다. 하지만 안타깝게도 물질의 탐욕, 아간의 범죄로 여리고성을 정복한 성공은 허무한 패배로 이어졌다. 여리고성 함락 당시 아간이 하나님 명령을 어기고 전리품에서 외투 한 벌, 은 이백 세겔, 오십 세겔의 금덩이를 몰래 취했기 때문이었다. 이로 인해 하나님은 진노하셨고, 이스라엘은 쉽게 정복할 수 있었던 아이성을 정복하지 못하고 패배하고 말았다. 물질을 섬기면 괴로움으로 끝남을, 영적 생명을 잃게 됨을 가르쳐 준다.

○ 경제적 자립

(마태복음 6:9-11) 그러므로 너희는 이렇게 기도하라 하늘에 계신 우리 아버지여 이름이 거룩히 여김을 받으시오며/ 나라가 임하시오며 뜻이 하늘에서 이루어진 것 같이 땅에서도 이루어지이다/ 오늘 우리에게 일용할 양식을 주시옵고
(마태복음 6:33-34) 그런즉 너희는 먼저 그의 나라와 그의 의를 구하라 그리하면 이 모든 것을 너희에게 더하시리라/ 그러므로 내일 일을 위하여 염려하지 말라 내일 일은 내일이 염려할 것이요 한 날의 괴로움은 그 날로 족하니라

세상에서의 자립은 경제적 자립을 의미하지만, 자립공생사회의 경제적 자립은 모든 자립의 후순위가 된다. 다른 자립을 이루면 부수적으로 따라오기 때문이다. 하나님 관계가 회복되어 하나님 질서 사회를 이루면 생활의 염려가 없는 사회가 되기 때문이다. 하나님은 인간의 모든 필요를 채우신다. 인간이 부족을 느끼는 것은 탐욕 때문이다. 탐욕은 결핍의 두려움에서 온다. 결핍의 두려움을 벗어나는 길은 하나님 관계를 회복하는 길이다. 예수님이 가르쳐 주신 기도가 이를 말씀한다. 하나님께 영광을 드리며 하나님 나라를 이루는 일이 먼저이다. 하나님 나라를 이룰 때 생활의 염려가 없게 된다. 하나님이 모든 필요를 아시고 매일 매일 일용할 양식을 채워 주신다. 예수님은 **"내일 일은 내일이 염려할 것이요"** 말씀한다. 하나님이 내일도 모든 필요를 채워주신다는 말씀이다. 하나님께 맡기고 모든 염려를 내려놓으라는 말씀이다. 이는 아무 일도 하지 않고, 아무렇게 살아도 된다는 것이 아니라 그 반대의 말씀이다. 내일을 염려하지 말고 오늘에 충실하며 최선을 다하라는 말씀이다. 오늘을 즐기며 오늘의 축복을 함께 나누라는 말씀이다.

예수님은 **"먼저 하나님 나라와 그 의를 구하라"** 하셨다. 이를 삶 속에 구체적으로 새긴다면 자기책임을 다하는 자세이다. 하나님 은혜에 보답하는 자세로 일한다면 일이 즐거움이 되며 최선을 다하게 된다. 하나님 주신 재능을 계발, 능력껏 공동체에 쓰임받게 된다. 법과 원칙의 준수이다. 하나님 의는 세상의 윤리와 도덕을 넘어선다. 세상의 법과 원칙은 당연히 지키게 된다. 탈세나 편법으로 재물을 취하거나 남을 속이며 거짓말하지 않게 된다. 내 유익을 구하지 않는다. 건강과 재능, 시간과 물질, 환경과 여건 모든 것을 하나님 영광을 위해, 하나님 나라 확장을 위해 사용한다. 신약의 1/4이 돈과 재물에 관련된다. 예수님 비유의 40%가 돈과 관련된다. 돈이 죄악의 뿌리이기 때문이다. 자족의 마음이 영원한 생명을 얻는 길이다. 내 공로, 내 의를 내세우지 않는다. 내 의를 내세울 때 교만하게 된다. 내가 가진 것을 당연한 것으로 여기며 감사하지 않게 된다. 하나님과 멀어지며 영적 생명을 잃게 된다.

예수님은 **"하나님 나라와 그 의를 구하면 이 모든 것을 더하신다"** 하셨다. **"이 모든 것"** 은 무엇인가? 삶 속에서 구체적으로 새긴다면 염려와 두려움에서 해방이다. 하나님 자녀의 삶은 결핍의 염려가 아니라 자연 만물을 다스리는 삶이다. 죄와 탐욕에서 벗어남이다. 구원받은 자녀의 삶은 하나님 은혜로 사는 삶, 하나님이 입히시고 먹이시는 삶이다. 하나님 은혜 안에 있을 때 죄와 탐욕에서 벗어나 남과 비교하지 않고 자족하게 된다. 하나님 창조 사역에 동참하는 기쁨이다. 하나님과 교통하며 하나님 뜻을 따를 때 창조 능력을 발휘하며 하나님 창조 사역에 동참하는 기쁨을 누리게 된다. 영원한 생명과 기쁨의 삶이다. 구원받은 삶은 영원한 천국의 기쁨을 누리는 삶이다. 예수님은 '이 땅에 하나님 나라가 이루어지도록 기도하라' 하셨다. 이 땅에서 천국을 이루어야 한다. 이 땅에서 메면 천국에서도 메인다. 영원한 생명을 얻었다면 이 땅의 삶이 생활의 염려에서 벗어나 천국의 기쁨을 누리는 삶이 되어야 한다.

○ 어떻게 생활의 염려가 없는 하나님 질서 사회를 이룰 수 있는가?

하나님 나라는 생활의 염려가 없어야 한다. 하나님 의를 구하면 물질은 부수적으로 따라오는 사회가 되어야 한다. 인간은 사회적 동물로 사회 공동체 안에서 생활한다. '사회 공동체 안에서 어떻게 생활의 염려가 없도록 할 수 있는가?' 인간 사회의 최대 과제가 아닐 수 없다. 개인의 자립만으로는 충분하지 않다. 개인의 삶은 사회 환경과 제도에 영향을 받기 때문이다. 생활의 염려가 없도록 사회적 울타리를 만들어야 한다. 개인의 자립과 자립하면 생활의 염려가 없도록 하는 두 개의 축을 함께 구축해야 한다. 국가는 사회 정의를 실현하는 기반이다. 하나님 공의가 세워질 때 최고의 정의가 실현된다. 잘살기보다 바르게 살아야 한다. 정직하게 노력한 대가로 살아야 한다. 각자에게 주신 소명을 감당해야 한다. 누구나 하나님 주신 재능으로 능력껏 공동체에 봉사해야 한다. 사회적 공감대를 이루어 이러한 사회적 울타리를 구축할 때 탐욕적 삶은 부자연스럽고 부담스럽게 된다. 내 것만 챙기는 탐욕적 사회로 다시 돌아갈 수 없게 된다. 자립공생사회는 이러한 사회를 지향한다.

인간 사회에서 경제 행위는 필수이다. 경제 행위의 목적은 행복한 삶을 누리는 데에 있다. 하나님 질서 사회를 이룰 때 최고의 행복한 사회, 하나님 축복의 사회가 된다. 하나님 축복보다 더 큰 축복, 하나님 주시는 기쁨과 평안보다 더 큰 기쁨과 평안은 있을 수 없다. 어떻게 이러한 사회를 이룰 수 있는가? 물질 중심의 자본주의로는 이러한 사회를 이룰 수 없다. 영성에 바탕한 사회, 말씀에 바탕한 질서를 이루어야 한다. **필자가 여기서 그린, 자립공생사회는 하나의 예시요 방향일 뿐이다. 앞으로 많은 전문가와 신학자들이 참여, 제대로 그리며 공감대를 이루어가야 한다.** 우선 필자가 그린 자립공생사회의 골격을 본다. 일을 하는 동기가 보수가 아닌 하나님 나라를 이루는 소명이 된다. 일이 노동이 아닌 사역이 된다. 누구나 자립한다. 놀고먹는 사람이 없다. 누구나 하나님 주신 소명으로 공동체를 위해 할 수 있는 일을 찾아서 한다. 자립할 때 일자리는 국가와 사회가 책임을 진다. 일자리 창출과 연결 시스템을 국가적, 사회적으로 구축한다. 국가 전체적으로, 분야별 단체별로 일자리 창출과 노동력 관리 운영 시스템을 갖춘다. 수요 예측과 필요한 직업교육, 기술교육을 한다. 누구나 자기 분야의 단체나 기관, 조직에 소속되어 일한다. 자유업의 경우도 단체에 소속되어 관리와 지도를 받는다. 구속이 아닌 지원이 목적이다. 중첩적 네트워크를 구축하여 소외되거나 낙오되지 않도록, 소속감과 유대감을 가지고 서로 밀어주며 힘을 얻도록 한다. 기본적으로 자립의 대가, 소명의 대가는 동일하다. 보수 차이가 크지 않아야 한다. 자립한 사람은 안정된 생활을 누릴 자격이 있다. 하나님 나라는 하나님 주신 축복을 공동체 전체가 함께 누리는 사회이다. 누구나 정당한 노력으로 생활하는 것이 하나님 나라 질서이다. 실적에 따라 보상을 받는 자본주의 경제 논리와 다르다. 생산성과 효율성을 추구하지만, 그것만이 보수의 기준이 되지 않는다.

　국가의 역할이 강화된다. 국가 전체적으로 분배의 효율성과 생산적인 지출, 새로운 일자리와 서비스 창출, 교육을 통한 필요한 인력의 공급과 일자리 연결 시스템을 구축한다. 기업의 사회적 책임이 강조된다. 기업은 성장하되 개인적 소유와 지배가 아닌 전문경영자 그룹이 운영한다. 개인은 자립이 전제된다. 누구나 스스로 일을 찾아서 하는 자발적 완전고용, 재능과 특성에 맞는 최적의 일자리로 연결하는 국가적 완전고용 사회가 된다. 하나님 은혜와 소명이 맞물려 완전고용이 된다. 자립과 생활 보장의 두 축이 균형을 이룬다. 은혜의식, 소명의식으로 일을 하기에 균형을 이룬다. 은혜로 일을 하는 사람이 일이 어렵다고, 보수가 적다고 불평할 수 없다. 소명의식이 있을 때 기쁨으로, 적극적으로 일을 찾아서 하게 된다. 궂은일도 솔선해서 하며 다른 사람에게 책임을 전가하지 않는다. 사소한 일도 하나님 나라 확장에 쓰임 받는 거룩한 일이 된다. 맡은 일에 전문가가 되어 적극적으로 일을 개선한다. 사회 전체적으로 창조적 동태 사회를 이룬다.

하지만 그러한 사회는 단번에 이루어질 수 없다. 그러한 사회가 될 때까지 방향을 정해 사회적 공감대를 이루며 단계적으로 실현해 가야 한다. 이제 세계는 하나의 공동체가 되었다. '무엇이 참 진리이며, 인류가 궁극적으로 나아갈 방향인가?'에 대한 깊은 성찰이 필요하다. 하나님 진리 이상의 진리, 하나님 창조 질서보다 더 좋은 질서는 있을 수 없다. 방향이 확실하다면 아무리 멀고 힘들더라도 그 길을 출발해야 한다. 하나님 주신 소명이자 인류의 영원한 과제, 인류가 궁극적으로 나아가야 할 방향이기 때문이다.

대한민국은 제5부에서 보듯, 하나님 사명을 감당하도록 세워진 나라이다. 하나님은 사명을 감당하도록 대한민국을 축복하셨지만, 안타깝게도 지금 우리는 자본주의, 물질주의에 따른 불균형이 극명하게 드러나 빈부의 갈등, 세대 간 갈등이 심화되고 있다. 생활의 염려, 자녀 양육과 교육비 부담으로 합계출산율이 세계 최저를 갱신하고 있다. 공산주의와 대치한 상태에서 이념 갈등으로 혼돈의 늪으로 빠져들고 있다. 하나님 사명 이전에 나라가 살기 위해서도 안정적 성장의 길, 누구나 생활의 염려가 없는 사회를 이루어야 한다. 대한민국이 하나님 질서 사회를 이룰 때 한반도 통일도 쉽게 이룰 수 있다. 복음적 통일을 이룰 때 더욱 찬란한 민족의 미래, 하나님 사명을 감당하는 축복의 제사장 민족이 될 수 있다.

2. 자립공생사회는 자립이 바탕이다. 모두가 자립하는 사회이다.

○ 자립은 생명을 주신 하나님, 자녀의 축복을 주신 하나님께 기본적 도리이다.
자립은 내가 누구인가를 깨닫고 그 자리를 지키는 것, 하나님 자녀임을 깨닫고 자녀의 자리를 지키는 것이 된다. 자립은 하나님 자녀의 권세와 축복이자 책임과 의무이다. 하나님 나라는 하나님 주시는 기쁨이 넘치는 나라, 하나님께 기쁨을 드리는 나라이다. 하나님 나라를 이루자면 모두가 자립해야 한다. 자립은 하나님 창조 본연의 기쁨의 세계 회복이다. 하나님 은혜로 구원을 받고 하나님 자녀로 회복되었다. 구원받은 기쁨과 감격의 삶, 하나님 자녀로서 변화된 은혜의 삶, 하나님 공동체에 쓰임받는 삶이 자립이다. 자립이 없는 성장과 분배는 영속할 수 없다. 서로 주고받음으로 힘을 얻어 영속한다. 주고받자면 주고받는 중심, 실체가 있어야 한다. 그 실체가 자립이다. 자립은 공동체에 줄 수 있는 최고의 선물이다. 자립과 공생은 동전의 양면과 같다. 자립이 있어야 공생이 된다. 자립은 더불어 사는 공생사회를 이루기 위한 각자의 책임이 된다. 자유에는 책임이 따른다. 자립이 없는 공생사회, 자기 책임을 지지 않는 조화로운 사회는 있을 수 없다. 자립할 때 하나님 보시기에 아름다운 사회를 이룰 수 있다.

자립은 마음가짐, 의지와 태도의 문제이다. 누구나 공동체에 쓰임받을 수 있다. 공동체의 일원은 공동체에 도움 되는 일을 해야 한다. 할 수 있는 일을 찾아서 공동체를 섬기는 마음이 자립이다. 성령의 음성을 따를 때 누구나 자립하게 된다. 부족한 재능일지라도 최선의 노력으로 섬길 때 하나님은 기뻐하신다. 어렵고 힘든 상태에서 섬길 때 더욱 값진 섬김이 된다. 어려움과 슬픔을 당한 사람들을 찾아가 따뜻하게 위로하며 세워주는 일, 정신적인 봉사도 섬김이 된다. 아무리 형편이 어렵더라도, 몸이 불편하더라도 다른 사람을 위해 기도할 수 있다. 다른 사람을 위해 중보할 때 자신의 마음도 평안을 얻는다. 중보기도는 공동체를 세우는 일, 하나님 보시기에 아름답고 선한 일이다. 불편한 몸으로 남을 위해 기도할 때 하나님은 기뻐 받으시고 응답하신다. 기도해야 할 대상이 있다는 것은 행복한 일이다. 서로 사랑하며 중보할 때 하나님 나라를 이루게 된다.

○ 자립공생사회는 각자의 재능과 특성을 개발하는 사회, 모두가 성공하는 사회이다.

(로마서 12:6-8) 우리에게 주신 은혜대로 받은 은사가 각각 다르니 혹 예언이면 믿음의 분수대로/ 혹 섬기는 일이면 섬기는 일로, 혹 가르치는 자면 가르치는 일로/ 혹 위로하는 자면 위로하는 일로, 구제하는 자는 성실함으로, 다스리는 자는 부지런함으로, 긍휼을 베푸는 자는 즐거움으로 할 것이니라

자립공생사회의 성공은 세상적 성공과 출세와는 다르다. 남들과 비교하는 성공, 남을 이기는 성공이 아니다. 남들과 비교, 경쟁에서 이기는 성공은 소수만 성공할 뿐 다수가 패배한다. 비교는 사탄의 유혹이다. 비교하는 곳이 지옥이다. 각자에게 하나님 주신 재능과 능력은 절대적인 것이다. 자립공생사회는 누구나 성공한다. 자신에 맞는 일을 찾아 능력껏 쓰임 받기 때문이다. 최고가 아닌 최선을 지향한다. 성공은 자신과의 싸움, 자신의 능력을 향상시키는 절대적 성공이다. 경쟁해서 이겨야 하는 성공은 거룩한 성공이 될 수 없다. 이기면 교만하게 되고, 지면 좌절과 상처가 된다. 거룩은 하나님 성품으로 자기를 기준한다. 거룩을 목표할 때에는 노력하는 만큼 성공한다. 최선의 삶은 누구나 아름답다. 자기 일을 찾아 꾸준히 자기개발을 할 때 맡은 일에 전문가가 된다. 사회 전체적으로 생산성이 극대화된다.

자립공생사회는 소위 인기 직업이 없다. 인기 있는 일을 경쟁에서 승리한 사람이 담당하는 사회가 아니다. 자기에게 맞는 일, 보다 잘할 수 있는 일을 찾아서 담당한다. 재능과 은사는 공동체를 섬기도록 주셨다. 비교해서 자랑하고, 다른 사람을 실패자로 낙인찍을 권한이 아무에게도 없다. 남보다 뛰어난 재능을 가진 사람은 하나님 은혜에 감사하며 더욱 겸손해야 한다. 그만큼 의무와 책임, 사명을 감당해야 한다. 자립공생사회는 비교가 아닌 다름이 있을 뿐이다. '주신 재능과 능력을 어떻게 개발하여 쓰임받느냐' 오직 자신과의 경쟁만이 있다. 다른 사람에게 관심을 두는 유일한 이유는 그 사람에게 부족함이 없는지, 도울 일이 무엇일지 돌아보기 위함이다. 재능과 은사는 다르지만, 성령 안에서 하나이다. 더 중요하고 덜 중요한 지체가 없다. 역할이 다를 뿐, 모두 공동체에 필요한 지체이다. 서로 다르기에 서로의 기능과 역할을 존중하며 조화로운 공동체를 이룬다. 자신이 가진 재능과 시간,

물질과 건강, 환경과 여건은 하나님 주신 선물이다. 맡은 일이 하나님 주신 소명이 된다. 어렵고 힘든 상황에서 최선을 다해 결실을 맺을 때 감동적 스토리가 된다.

주신 은사대로 능력껏 봉사하며 맡은 일을 소명으로 감당할 때 하나님 영광과 기쁨이 된다. 자립한 사람은 자기 일에 자신감, 자부심과 자긍심을 가진다. 스스로 동기부여가 되어 자기 일에 최선을 다한다. 직장과 일터가 하나님 동행하시는 현장으로 일이 즐겁게 된다. 맡은 일을 통해 다른 사람에게 기쁨과 유익을 주며 보람을 느낀다. 세상을 바꾸는 힘은 정치권력이 아니라 자립의 마음가짐이다. 세상을 바꾸는데 장애물은 비교에서 오는 교만과 좌절이다. 참된 성공은 자신에게 주어진 길을 충실히 달려간 사람이다. 50의 가능성을 안고 태어난 사람이 70에 도달했다면 크게 성공한 사람이다. 100의 여건과 환경을 가진 사람이 70까지만 갔다면 실패가 된다. 자립한 사람은 100의 성공을 거두었더라도 자기를 내세우며 교만하지 않는다. 주님 앞에 섰을 때 '무익한 종이였을 뿐입니다' 겸손히 고백하게 된다.

해야 할 일을 하지 않을 때 기대를 저버리는 실망이 된다. 실망(Dis-appointment)은 약속을 어긴다는 의미이다. 하나님은 각자에게 '네가 지금 어디에 있느냐?' 물으신다. 하나님 원하시는 약속의 자리, 순종의 자리에 있느냐? 물으신다. 하나님이 물으신다고 생각할 때, 하나님께 기쁨을 드린다고 생각할 때 자기 자리를 지키게 된다. 그리스도인의 성공은 세상적 성취가 아니라 자기 몫을 다하는 삶이다. 그리스도인의 형통은 하나님 함께 하심이다. 자립이 성공이요 형통한 삶이다. 요셉은 형들에 의해 애굽에 팔려 갔지만, 그 길이 형통한 길이 되어 형제와 가족을 구원했다. 보디발 장군의 아내가 모함해서 왕의 죄수가 갇히는 감옥에 들어갔지만, 그곳에서 애굽의 정치를 배울 수 있었다. 술 맡은 관원장이 배신했지만, 하나님은 그를 통해 요셉을 바로에게 연결하셨고, 바로의 꿈을 해석함으로써 애굽의 총리가 되게 하셨다. 이같은 형통은 누구에게 일어나는가? 자립한 사람, 하나님 주신 것에 감사하며 주어진 여건과 환경에서 최선을 다하는 사람에게 일어난다.

○ 자립은 자기다운 삶, 자신만의 아름다움을 찾는 삶이다. 자립이 행복의 바탕이다

(갈라디아서 6:4-5) 각각 자기의 일을 살피라 그리하면 자랑할 것이 자기에게는 있어도 남에게는 있지 아니하리니 각각 자기의 짐을 질 것이라

누구에게나 하나님의 뜻과 계획이 있다. 모든 사람은 하나님의 계획과 섭리 속에 지음을 받았다. 생명(生命)은 하나님이 살라고 하신 명령이다. 하나님 앞에 내가 누구인지 깨달을 때 어떻게 살아야 하는지 답이 나온다. 하나님 자녀임을 깨달을 때 자존심과 자긍심을 지니게 된다. 하나님 주신 생명의 가치는 동등하다. 하나님 앞에 소중하지 않은 사람은 없다. 누구나 공동체를 위해 해야 할 일이 있다. 크고 위대한 일만이 아니라 작은 일이 어우러져야 조화로운 공동체를 이룬다. 각자에게 하나님 주시는 소명이 있다. 자립은 각자의 소명을 찾아 이루는 삶이다. 사람은 누구나 자기만의 향기가 있다. 세상에서 가장 아름다운 사람은 자신의 향기를 꽃피우는 사람, 자기다운 삶을 사는 사람이다. 아무리 화려한 옷도 자기 몸에 맞지 않으면 불편하다. 자립공생사회는 누구나 자기답게, 자아를 실현하는 사회이다.

소명은 남과 비교하지 않는 삶이다. 남과 비교할 때 만족이 없다. 탐욕과 시기, 미움과 질투, 원망과 불평에서 벗어날 수 없다. 오늘날 자본주의 사회는 더 많이 벌고 더 많이 소유하는 것이 행복이라고 가르친다. 자신의 가치를 오직 숫자로만 매긴다. 내가 누구인지? 나답게 사는 것이 무엇인지? 망각한 채 연봉이 얼마인지? 몇 평 아파트에 사는지?에 가치를 둔다. 숫자로 매겨지는 삶에는 행복이 없다. 하나님 안에서, 하나님에 대한 믿음으로 마음을 다스리는 사람이 행복한 사람이다. 현대 과학은 사람의 마음을 체내에서 분비되는 물질의 작용으로 설명한다. 우리 몸에는 4가지 마음의 치료제가 나온다고 한다. 사랑할 때 나오는 도파민, 편안한 마음일 때 나오는 세로토닌, 즐거울 때 나오는 엔돌핀, 감격하거나 감동을 받을 때 나오는 다이돌핀이 그것이다. 그 중에서도 다이돌핀이 최고이며 엔돌핀의 1,000

배 이상의 효능이 있다고 한다. 최고의 다이돌핀은 하나님 구원의 감격과 감동, 하나님 사랑과 은혜 안에 사는 기쁨이다. 사람은 감동을 먹고 사는 영적 존재이다. 하나님 사랑에 물들 때, 사랑받는 자녀임을 깨달을 때 감동과 감격이 넘치게 된다. 자립은 삶 속에서 최고의 다이돌핀을 얻는 길이다. 건강을 위해서는 보약이나 건강식품보다 자립이 중요하다. 사회적 건강 비용을 줄이기 위해서도 자립 운동을 해야 한다.

뛰어난 정치 수완으로 대영제국의 토대를 마련했던 영국의 엘리자베스 1세 여왕은 그녀의 묘비명에 '오직 한순간 동안만 나의 것이었던 모든 것들'이라는 회한의 글을 남겼다. 아시아인 최초로, 종교 분야의 노벨상이라 불리는 템플턴상을 받은 한경직 목사님은 상금 102만 달러를 받자마자 북한 선교헌금으로 희사하시면서 '1분 동안 백만장자가 되어 봤다'며 환하게 웃으셨다. 목사님은 아무 재산도 없는 청빈한 삶을 사셨지만, 늘 하나님 주시는 기쁨과 평강이 넘쳤다. 나폴레옹은 유럽을 제패한 황제였지만 '내 생애 행복한 날은 6일밖에 없었다'고 했다. 하나님 마음을 품은 헬렌 켈러는 보지도 못하고 듣지도 못하고 말하지도 못하는 불구의 몸이었지만, '내 생애에서 행복하지 않은 날은 하루도 없었다' 고백했다. 헬렌 켈러의 감격과 감동의 삶은 설리번 선생의 사랑이 있었기에 가능했다. 어느날 설리번 선생이 '사랑이 무엇이냐?'고 물었을 때 헬렌 켈러는 '선생님이 오시던 날 저를 꼭 껴안아 주신 것'이라고 대답했다. 설리번 선생은 모두가 포기한 헬렌 켈러를 어떻게 꼭 껴안을 수 있었는가? 그것은 자신이 심각한 망막 질환으로 실명 직전까지 갔던 아픔이 있었기 때문이었다. 똑같은 아픔과 고통을 겪었기에 헬렌 켈러를 사랑으로 껴안았고, 그 사랑이 헬렌 켈러를 살렸던 것이다.

헬렌 켈러의 '내가 사흘 동안 볼 수 있다면'

보지도 듣지도 말하지도 못하는 헬렌 켈러는 '자신이 사흘만이라도 볼 수 있다면 무엇을 할 것인지' 글을 1933년 1월 The Atlantic Monthly에 실었는데, 당시 대공황의 후유증에 허덕이던 미국인들에게 큰 위로와 감동을 주었다. 첫째 날, 나는 친절과 겸손과 사랑으로 내 삶을 가치 있게 해준 설리번 선생님을 찾아가 이제껏 손끝으로 만져서만 알던 그녀의 얼굴을 몇 시간이고 바라보면서 그 모습을 내 마음속에 깊이 간직해 두겠다. 그리고 밖으로 나가 바람에 나풀거리는 아름다운 나뭇잎과 들꽃들, 그리고 석양에 빛나는 노을을 보고 싶다. 둘째 날, 먼동이 트며 밤이 낮으로 바뀌는 웅장한 기적을 보고 나서, 서둘러 메트로폴리탄에 있는 박물관을 찾아가 하루 종일 인간이 성장하고 발전해 온 흔적들을 눈으로 확인해 볼 것이다. 그리고 저녁에는 보석 같은 밤하늘의 별들을 바라보면서 하루를 마무리하겠다. 마지막 셋째 날에는 사람들이 일하며 살아가는 모습을 보기 위해 아침 일찍 큰길에 나가 출근하는 사람들의 얼굴 표정을 볼 것이다. 그리고 나서 오페라하우스와 영화관에 가서 멋진 공연들을 보고 싶다. 그리고 어느덧 저녁이 되면 쇼윈도에 진열된 아름다운 물건들을 보면서 집으로 돌아와 나를 이 사흘 동안만이라도 볼 수 있게 해 주신 하나님께 감사의 기도를 드리고 다시 영원한 암흑의 세계로 돌아가겠다.'

헬렌 켈러가 그토록 보고자 소망했던 일들을 우리는 날마다 보지만 그것이 얼마나 놀라운 기적인지를 모른다. 매일 헬렌 켈러의 천국을 보면서도 지옥같이 살고 있다. 자신에게 주어진 행복을 당연한 것으로 여기는 순간 행복의 가치는 사라진다. 헬렌 켈러는 우리에게 '내일이면 귀가 안 들릴 사람처럼 새들의 지저귐을 들어보라! 냄새를 맡을 수 없는 사람처럼 꽃향기를 맡아보라! 더 이상 볼 수 없는 사람처럼 세상 만물을 바라보라!' 말하고 있다. 오늘 숨 쉬고, 보고 듣고, 느낄 수 있는 것이 얼마나 놀라운 기적이며 하나님 은혜인가를 말해주고 있다.

○ 하나님은 부르신 곳에서 복의 근원이 되라고 말씀하신다.

(욥기 37:7) 그가 모든 사람의 손에 표를 주시어 모든 사람이 그가 지으신 것을 알게 하려 하심이라
(요한복음 9:2-3) 제자들이 물어 이르되 랍비여 이 사람이 맹인으로 난 것이 누구

의 죄로 인함이니이까 자기이니이까 그의 부모니이까/ 예수께서 대답하시되 이 사람이나 그 부모의 죄로 인한 것이 아니라 그에게서 하나님이 하시는 일을 나타내고자 하심이라

모든 사람의 손에 표를 주신다는 것은 하나님이 모두를 다르게 지으셨다는 인치심이다. 모두가 하나님 지으신 고귀한 하나님의 자녀이다. 세상의 성공과 성취는 자랑할 것이 못 된다. 하나님이 흔드시면 무너지는 바벨탑이 된다. 하나님 안의 성취, 하나님 뜻을 이루는 성취가 중요하다. 자립공생사회는 모두가 하나님 뜻을 찾아 이룸으로써 하나님의 기쁨이 된다. 자립한 사람은 하나님 주신 것에 집중하며 남과 비교하지 않는다. 맡기신 자리, 소명의 자리에서 복의 근원이 된다. 아브라함이 조카 롯과 이별할 때 롯에게 먼저 좋은 땅을 선택하도록 했다. 롯은 풍요롭고 비옥한 땅, 소돔을 택하여 그 땅의 복을 누리는 데에 안주했지만, 아브라함은 열악한 산지에서 복의 근원이 되었다. 젖과 꿀이 흐르는 땅은 하나님 주시는 땅, 자립하는 땅이다. 하나님은 이스라엘을 출애굽 시키신 후 구름기둥 불기둥으로 인도하셨고, 하늘에서 만나를 내리셨다. 가나안으로 들어가기 위한 믿음과 순종의 훈련, 자립의 훈련이었다. 가나안의 시작인 길갈에서부터 만나가 끊겼다. 가나안은 자립을 전제한 땅, 자립을 이루어야 하는 땅이었다.

불구의 몸으로 태어난 것이 누구의 죄 때문입니까? 묻는 자체가 폭력적이다. 누구의 죄 때문일 때 폭력적, 자학적이 된다. 하나님 주시는 기쁨과 평안, 샬롬을 잃게 된다. 하나님은 각자를 똑같이 사랑하신다. 각자의 자리에서 하나님 자녀답게 살아가기를 원하신다. 내게 없는 것을 불평하며 낙심할 것이 아니라, 있는 것으로 영광을 드릴 때 하나님은 기뻐 축복하신다. 하나님은 능력 있는 사람을 찾는 것이 아니라 '나'를 부르시며 찾으신다. 외모나 능력을 보시지 않고 존재 자체를 보신다. 존재만으로 기뻐하시며 '너는 내 사랑하는 아들이요, 기뻐하는 자다' 말씀하신다. 아무도 내 자리를 대신할 수 없다. 누구의 죄 때문이 아닌, 그 속에 숨어 있는 하나님의 뜻, 하나님 행하실 일을 보게 하신다. 하나님 은혜는 누구에게나 동일하다. 복음의 다양성이다. 예수님은 고통의 원인을 밝히려고 오시지 않았다. 고통과 불행의 원인을 밝히려 한다면 지독한 율법주의가 된다. 예수님은 고통을 감당하시려고, 영원한 생명과 평안을 주시려고 오셨다. 구원받은 자녀의 삶은 그 자체로 존귀한 삶, 감사와 기쁨이 넘치는 삶이다. 하나님 사랑하시는 자녀임을 깨달을 때 누구나 행복한 존재가 된다.

소명에는 귀천이 없다. 각자에게 주신 재능은 절대적 가치이다. 누구나 이 세상에서 유일한 하나님의 걸작품이다. 인간의 눈에는 불공평하게 보일지라도 하나님 눈, 하나님의 저울로는 공평하다. 하나님 앞에는 내 것을 뽐내고 자랑할 수 없다. 없는 것에 실망하며 좌절할 수 없다. 이 땅의 삶이 전부라면 불공평하고 억울할 수 있다. 하나님의 공평하심은 천국에 들어가는 자격의 공평하심이다. 내가 하는 일이 작아도, 내게 주신 재능과 은사가 크지 않아도, 맡겨진 역할이 멋지지 않아도 나의 작업실을 아름답게 꾸미는 것, 내 작업실의 주인이 되어 최선을 다하는 것이 자립이다. 내가 해야 할 일은 하나님의 부르심에 응답하는 일, 내게 주신 것에 감사하며 순종하는 일이다. 각자가 있어야 할 자리가 가장 아름답고 좋은 자리이다.

서로 다름을 통해 더불어 사는 조화로운 사회를 이룬다. 모두가 똑같은 평등, 똑같은 재능과 능력은 본질적으로 있을 수 없다. 모두가 A인 공동체는 존재할 수 없다. 모두가 A여서는 안 된다. 하나님은 각기 다른 성격과 재능을 주셨다. 어울려 더불어 사는 것이 축복이다. 작은 나무가 어울려 아름다운 숲을 이룬다. 하나님 나라는 독주곡이 아닌 협주곡이다. 각자에게 맡겨진 독특한 배역을 잘 소화하면 된다. 음색과 음량이 다른 악기들이 어울려 서로 배려하며 자기 소리를 내듯, 각자에게 주신 하나님 소명을 이룰 때 소중한 존재, 하나님의 영광과 기쁨이 된다. 아무리 큰 재능과 능력이 있을지라도 하나님 영광과 기쁨이 되지 못한다면 무가치한 것이 된다. 홀로 잡음 소리를 크게 내는 것과 같다. 자립은 환경의 문제가 아니라 생각의 문제, 믿음의 문제이다. 자립공생사회는 하나님에 대한 믿음이 있기에 누구나 자립할 수 있다. 자립할 수 있도록 서로 도우미가 된다.

○ 자립은 감사의 회복이다. 하나님 뜻을 새길 때 약점이 강점 된다.

(시편 16:7-11) 나를 훈계하신 여호와를 송축할지라 밤마다 내 양심이 나를 교훈하도다
(이사야 49:15) 여인이 어찌 그 젖 먹는 자식을 잊겠으며 자기 태에서 난 아들을 긍휼히 여기지 않겠느냐 그들은 혹시 잊을지라도 나는 너를 잊지 아니할 것이라

　시편 16편은 다윗이 사울에 쫓겨 엔게디 광야의 동굴에 숨어 지낼 때 지은 시이다. 다윗이 사울의 옷자락만 가만히 벤 곳이다. '밤마다 내 양심이 교훈한다'는 '밤마다 심장의 박동 소리를 듣고 하나님께 감사했다'가 된다. 다윗은 죽음에 쫓기는 상황에서도 심장의 박동 소리를 듣고 생명이 하나님께 있음을, 하나님이 생명을 지켜주심을 깨닫고 감사했다. 심장을 뛰게 하시는 분은 하나님이시다. 다윗은 밤마다 심장 소리를 들으며 하나님 은혜에 감격하며 하나님을 송축했다. 저녁에는 울었더라도 아침에는 기쁨의 새날을 맞았다. 풍족해서 하나님을 떠나는 사람은 많지만, 부족해서 하나님을 떠나는 사람은 없다. 부족할수록 하나님을 찾고 의지한다. 하나님 음성을 따르며 겸손하게 된다. 예수님 산상수훈의 팔복은 부족한 사람이 누리는 복, 부족한 사람에게 채워주시는 하나님의 축복이다. 부족할 때 겸손히 하나님께 무릎 꿇게 된다. 겸손할 때 하나님 채우실 그릇이 된다. 약함이 하나님 뜻을 이루는 통로이자 사명이 된다.
　하나님은 자녀를 절대로 포기하지 않으신다. 나는 하나님을 잊을지라도 하나님은 나를 잊지 않으신다. 하나님이 포기하지 않으시는데 내가 포기할 권리가 없다. 하나님이 나를 사랑하시며 내 삶을 인도하신다는 믿음이 있을 때 어떤 상황에도 살아갈 힘과 용기를 얻는다. 감사는 상황과 환경의 문제가 아닌 믿음의 문제이다. 하나님 관계가 회복될 때, 자립할 때 감사할 수 있다. 감사가 행복의 바탕이다. 복음의 능력은 감사의 능력, 자신을 사랑하는 능력, 자립의 능력이다. 자신을 사랑하는 사람은 다른 사람도 사랑한다. 오늘날 불행한 원인은 물질의 결핍이 아니라 감사의 결핍이다. 하나님은 너무도 많은 것을 주셨지만 감사를 잊어버리고 산다. 많은 것을 가졌지만 결핍의 두려움 속에 산다. 지금은 탐욕의 구더기를 제거할 강력한 해독제가 필요하다. 그것은 영적 자립, 감사의 회복이다. 하나님 자녀로의 회복, 구원의 은혜를 새길 때 감사하지 않을 수 없다. 하나님은 사랑과 긍휼의 눈으로 우리를 바라보신다. 백 가지를 잘못했더라도 하나님을 향해 한 가지라도 바꾸면 기뻐하신다. 그 한 가지만이라도 체험한 사람이라면 감사하게 된다. 하나님 사랑과 은혜는 체험한 사람만이 고백하는 진실이다. 그 진실한 고백이 감사이다.

  하나님 은혜와 축복을 많이 받을수록 감사하며 나누어야 한다. 재능과 능력이 클수록 두렵고 떨리는 마음으로 하나님의 일을 감당해야 한다. 죽음이 두려운 것이 아니라 할 일을 다하지 못하는 것, 하나님 얼굴을 피해 숨을까 두려운 일이다. 하나님 뜻을 새기며 하나님 소망을 바라볼 때 언제나 기쁨과 새 힘이 넘치게 된다. 상처가 용기로, 좌절과 우울이 긍정과 소망으로 바뀌게 된다. 어떤 어려움 속에도 평안을 누린다. 단테의 신곡에 나오는 '지옥의 문'에는 '여기 들어오는 너희는 모든 희망을 버려라.' 쓰여 있다. 소망이 없는 곳, 희망을 잃은 곳이 지옥이다.

3. 하나님의 일은 자립에서부터 시작된다. 하나님은 자립한 사람을 쓰셨다. 자립시켜 쓰셨다.

○ 하나님은 성막 제조를 위해 브살렐을 지명하여 부르셨다.
(출애굽기 35:30-35) 여호와께서 유다 지파 훌의 손자요 우리의 아들인 브살렐을 지명하여 부르시고/ 하나님의 영을 그에게 충만하게 하여 지혜와 총명과 지식으로 여러가지 일을 하게 하시되…/ 또 그와 단 지파 아히사막의 아들 오홀리압을 감동시키사 가르치게 하시며/ 지혜로운 마음을 그들에게 충만하게 하사…

하나님은 자립한 사람, 자기 일에 능숙한 전문가를 통해 하나님 일을 이루어 가신다. 훌은 출애굽 후 이스라엘이 광야에서 아말렉과 싸울 때, 아론과 함께 산꼭대기에서 모세의 손을 받쳐 올렸던 사람이다. 모세의 손이 해가 지도록 내려오지 않게 붙들어 이스라엘이 승리하도록 도운 사람이다. 훌은 아들, 손자에 이르기까지 성경에 기록되는 믿음의 가문을 이루었다. 훌의 손자 브살렐은 하나님이 지명하여 부르실 정도로 뛰어난 장인, 최고의 기술자였다. 자립할 때 자신의 영역에서 뛰어난 장인, 최고의 기술자가 된다. 하나님은 브살렐에게 하나님의 영을 부으시사, 지혜와 총명과 지식으로 여러 가지 정교한 일을 고안하게 하셨다. 브살렐에게 동역자 오홀리압을 붙여 주셨고 그들을 감동시키셔서 정교한 성막을 완성하게 하셨다. 브살렐과 오홀리압은 직업적 소명을 다함으로써 하나님께 영광을 올렸다. 자립할 때 자기 분야의 능숙한 장인, 전문가가 되어 하나님 일에 귀하게 쓰임받을 수 있다.

○ 며느리의 도리를 지키며 영적 자립한 룻은 예수님의 조상이 되었다.

룻은 남편을 잃었지만, 시어머니인 나오미 곁을 떠나지 않았다. 시어머니를 차마 홀로 두고 떠날 수 없는 효심이 있었다. 룻은 위대한 일을 꿈꾸고 계획한 것이 아니었다. 룻이 한 일은 도리를 다해 시어머니를 섬긴 일이었다. 자기 도리, 자기 책임을 다하는 마음과 자세가 자립이다. 룻은 이방 모압 여인이었지만 시어머니가 섬기는 하나님을 믿는 신앙의 결단, 영적 자립을 이루었다. 하나님은 룻의 효심과 믿음을 기뻐 받으시고 축복하셨다. 룻의 효심과 신앙의 결단은 350년 사사시대의 영적 어둠을 밝히는 한 줄기 빛이 되었다. 룻에게는 자기 소임을 다하는 작은 일이었지만 하나님은 이에 놀라운 축복을 내리셨다. 룻을 보아스와 만나도록 하셨고, 다윗의 조상, 예수님의 조상이 되게 하셨다. 한 여인의 효심과 신앙의 결단이 가정의 회복과 민족의 회복을 가져왔고, 나아가 인류 구원의 역사가 이루어지게 했던 것이다.

룻과 보아스를 통해 보여주신 하나님 축복의 비밀은 영적 자립과 효심이다. 보아스의 모친 라합은 룻과 같은 이방의 모압 여인이었기에 보아스는 이삭 줍는 룻을 보며 어머니를 생각했고, 보아스가 룻을 아내로 맞이한 것 또한 믿음의 결단이

자 말씀을 따른 결과였다. 나오미의 친척인 보아스는 레위기 25장 25절, 기업 무름의 계명을 쫓아 자기 순서가 되어 정당한 값을 주고 룻을 아내로 맞이했다. 가까운 친척들이 모두 포기했던 룻을 보아스는 믿음의 결단으로 아내로 맞이했다. 하나님의 놀라운 섭리는 구원의 은혜가 되게 하셨다.

○ 영적 자립한 한나의 기도를 통해 사무엘이 태어나 사사시대를 종식시켰다.

(사무엘상 1:10-11) 한나가 마음이 괴로워서 여호와께 기도하고 통곡하며/ 서원하여 이르되 … 주의 여종에게 아들을 주시면 내가 그의 평생에 그를 여호와께 드리고 삭도를 그의 머리에 대지 아니하겠나이다
(사무엘상 1:22-24) 한나는 남편에게 이르되 아이를 젖 떼거든 내가 그를 데리고 가서 여호와 앞에 뵙게 하고 거기서 영원히 있게 하리이다/ … 아들을 양육하며 그가 젖을 떼기까지 기다리다가/ 젖을 뗀 후에 그를 데리고 올라갈새…

엘가나의 두 아내 중 한나에게는 자식이 없었고, 브닌나에게는 자식이 있었다. 영적 자립한 한나는 애통함과 원통함을 하나님께 토로하며 '아들을 주시면 하나님께 바치겠나이다.' 서원했다. 한나의 애통한 기도는 한 개인과 가정의 구원을 넘어 민족을 살리는 기도가 되었다.

한나의 고통은 생명의 기도가 되었고, 하나님 뜻을 이루는 통로가 되었다. 하나님은 한나의 기도대로 아들을 주었고, 한나는 서원대로 아들 사무엘을 하나님께 바쳤다. 그토록 귀하게 얻은 아들을 젖을 떼자마자 하나님께 바친다는 것은 철저한 영적 자립을 의미한다. 한나의 서원의 기도로 나실인으로 드려져, 여호와 성전에서 자란 사무엘은 영적 암흑시대를 종식시키는 민족의 지도자가 되었다. 미스바 금식기도를 통한 민족의 대각성운동으로 이스라엘을 영적으로 회복시켜 블레셋을 물리쳤고, 하나님 기준에 합당한 다윗을 왕으로 기름부음으로써 이스라엘 역사상 가장 위대한 통일왕국 시대를 열었다. 나아가 다윗의 후손으로 예수님이 오시게 되는, 하나님 구원 섭리의 역사에 중요한 이정표를 마련했다.

○ 하나님은 자립한 다윗을 왕으로 선택하셨다.

(사무엘상 16:7) 여호와께서 사무엘에게 이르시되 그의 용모와 키를 보지 말라 내가 이미 그를 버렸노라 내가 보는 것은 사람과 같지 아니하니 사람은 외모를 보거니와 나 여호와는 중심을 보느니라
(사무엘상 16:11-12) 사무엘이 이새에게 이르되 네 아들들이 다 여기 있느냐 이새가 이르되 아직 막내가 남았는데 그는 양을 지키나이다… / 이에 사람을 보내어 그를 데려오니 그의 빛이 붉고 눈이 빼어나고 얼굴이 아름답더라 여호와께서 이르시되 이가 그니 일어나 기름을 부으라 하시는지라

다윗은 영적으로 자립하였다. 세상의 유혹과 탐심에 마음을 뺏기지 않았다. 양을 지키는 하찮은 일에도 즐겁게 최선을 다했다. 다윗은 용모와 키, 하는 일로는 형들에 비해 보잘것 없었지만, 마음 중심이 늘 하나님을 향했다. 그의 빛이 붉음은 성령의 감동을, 눈이 빼어남은 하나님을 바라봄을, 얼굴이 아름다움은 하나님 마음을 지녔음을 보여 준다. 막내는 어린 자, 작은 자를 상징한다. 하나님은 자기 능력을 과시하는 큰 자가 아니라 겸손하게 하나님을 믿고 의지하는 작은 자를 택하셨다.

다윗 왕국의 영광은 영적 자립한 다윗의 작은 물맷돌에서 시작되었다. 다윗은 소명의 자립, 직업적 자립을 이루었다. 성실하게, 한결같은 마음으로 양을 지켰다. 비파와 수금으로 하나님을 찬양하며 기쁨으로 그 일을 감당했다. 형들의 심부름을 하면서도 형들에게 서운함이 없었다.

하나님은 맡은 일에 최선을 다하는 다윗을 왕으로 기름 부으셨다. 다윗은 사명감, 소명의식이 투철했다. 형들은 전쟁터와 목장을 구분하며 다윗을 하찮게 여겼지만, 다윗은 목장에 있든지 전쟁터에 있든지 하나님 소명의식이 동일했다. 다윗에게는 전쟁터가 목장이었고 목장이 전쟁터였다.

○ 예수님은 제자들을 자립시켜 세상에 파송하셨다.

(마태복음 10:9-13) 너희 전대에 금이나 은이나 동을 가지지 말고/ 여행을 위하여 배낭이나 두 벌 옷이나 신이나 지팡이를 가지지 말라 이는 일꾼이 자기의 먹을 것 받는 것이 마땅함이라…/ 또 그 집에 들어가면서 평안하기를 빌라/ 그 집이 이에 합당하면 너희 평안이 거기 임할 것이요 만일 합당하지 아니하면 그 평안이 너희에게 돌아올 것이니라
(요한복음 20:21-22) 예수께서 또 이르시되 너희에게 평강이 있을지어다 아버지께서 나를 보내신 것 같이 나도 너희를 보내노라/ 이 말씀을 하시고 그들을 향하사 숨을 내쉬며 이르시되 성령을 받으라

예수님은 제자들을 파송할 때 전대에 금이나 은을 가지지 말고, 여벌 옷이나 신이나 지팡이를 가지지 말라고 하셨다. 많은 짐을 가지고 떠나는 것은 세상의 온갖 염려 때문이다. 예수님은 세상의 염려를 내려놓으라고 말씀하신다.
 복음을 전파할 때, 하나님 나라의 일을 할 때 필요한 모든 것을 하나님이 채워주신다는 말씀이다.
 하나님 나라는 은혜의 세계, 거저 주고 거저 받는 나라이다. 하나님 나라 일꾼에게 두 벌 옷이 필요 없다. 한 벌이면 족하다. 물질의 염려, 물질의 노예가 되어서는 하나님 나라의 일을 할 수 없다. 내 짐을 가득 안고서는 다른 사람을 껴안을 수 없다.
 예수님은 제자들에게 평안을 주셨고, 평안을 빌도록 주문하셨다. 평안은 하나님 안에서의 쉼과 안식, 샬롬이다. 영적 자유함, 영적 자립이 된다. 예수님은 평안을 주시기 위해 이 땅에 오셨다.
 부활하신 예수님은 낙심과 죄책감에 싸인 제자들을 찾아가 샬롬을 주셨다. "**너희**

에게 평강이 있을지어다" 3번이나 반복하셨다. 샬롬을 주신 후 **"그들을 향하사 숨을 내쉬며 이르시되 성령을 받으라"** 하셨다.

복음 전파의 사명을 감당하기 위해서는 샬롬만으로는 안 된다. 성령을 받아야 한다. 하나님의 영, 성령을 받아야 영적 생명이 회복된다. 성령을 받는 것은 하나님 지배를 받는 것, 완전한 자립을 이루는 것이 된다. 예수님은 완전하게 자립한 제자들을 세상에 전도자로 파송하셨다.

2장 공생사회

1. 자립한 사람들이 이루는 사회, 창조 본래의 질서를 회복하는 사회이다.

○ 관계성이 회복된 사회, 합력해서 선을 이루는 사회이다.

(로마서 8:28) 우리가 알거니와 하나님을 사랑하는 자 곧 그의 뜻대로 부르심을 입은 자들에게는 모든 것이 합력하여 선을 이루느니라

인간은 관계적 존재로 더불어 살도록 창조되었다. 개인의 구원이 수직적인 하나님 관계의 회복이라면 공생은 수평적인 사람 관계의 회복이 된다. 자립이 공생의 바탕이다. 자립의 목적은 공생사회를 이루는 데에 있다. 개인의 구원만으로는 완전하지 않다. 자립과 공생은 서로 맞물려 필요충분조건이 된다. 개인적 구원과 사회적 구원을 함께 이루어야 창조 본래의 조화로운 사회가 된다. 창조 본래의 에덴동산에는 개인적 구원과 사회적 구원의 개념이 필요 없었다. 인간의 타락으로 창조 본래의 조화로운 관계를 잃어버렸기 때문에, 본래의 에덴동산을 회복을 위해 구분이 필요하게 되었다. 구원은 하나님 관계와 사람 관계의 회복이다. 예수님은 하나님 관계, 사람 관계의 회복을 위해 오셨다. 하나님 관계의 회복이 개인적 구원, 개인의 자립이다. 사람 관계의 회복이 사회적 구원, 공생이다. 하나님 보시기에 좋은 사회는 관계가 회복된 사회, 이해와 공감, 신뢰와 협동, 배려하고 존중하는 조화로운 사회이다. 천국은 관계가 회복된 곳, 미워하는 사람이 없는 곳이다. 관계가 어긋난 곳이 지옥이다. 남을 위해 사는 것이 자연의 법칙, 하나님 질서이다. 꽃에 꿀이 있어 벌이 찾아온다. 향기가 있어 나비가 날아온다. 강은 자신의 물을 마시지 않고, 나무는 자신의 열매를 먹지 않으며, 태양은 스스로를 비추지 않는다. 주고받는 질서, 나를 통해 상대방이 행복할 때 하나님 보시기에 아름다운 사회가 된다.

제2부 현대 위기와 대책에서의 하나님 관계의 회복은 개인적 자립에 해당된다. 하나님 나라를 이루려면 자립이 먼저이다. 예수님은 자립한 제자들에게 '이제 가라 세상으로, 가서 내 양을 먹이라' 말씀하셨다. 예수님 가라고 하신 곳은 천국 같은 세상이 아니다. 죄와 탐욕의 세상, 악이 범람하는 혼돈과 무질서한 세상이다. '내 양을 먹이라' 말씀은 죄악으로 고통받는 세상, 혼돈과 무질서의 세상을 변화시키라는 말씀이다. 자립한 사람은 사람 관계가 회복된 공생사회를 만들어야 할 책임이 있다. 자립은 하나님 주신 것에 만족하는 자족의 삶이다. 공생은 하나님 주신 은혜를 나누는 삶이다. 자립하면 이웃에 선한 영향력을 주며, 공동체에 유익을 끼치며 합력해서 선을 이루는 하나님 공동체를 이루게 된다.

하나님은 역사를 주관하시지만, 하나님 계획을 이루자면 인간의 자유의지에 의한 순종이 필요하다. 인간이 합력해서 선을 이루며 하나님 창조사역에 동참해야 한다. 그 길이 자립 공생의 길이다. 자립한 사람은 하나님을 사랑하며 하나님 사랑을 받는 하나님 자녀이다. 하나님 자녀는 하나님과 친밀히 교통하며 하나님 뜻에 순종하는 사람이다. 하나님 사랑을 받는 사람은 자기를 사랑하며 존귀하게 여긴다. 자신을 사랑하고 존귀하게 여기는 사람은 다른 사람도 사랑하고 존귀하게 여긴다. 내가 꽃을 사랑하면 꽃도 나를 사랑한다. 꽃이 잘 피도록 가꾸면 그 꽃은 내게 특별한 존재가 된다. 내가 상대방에 정성을 다하면 상대방은 내게 특별한 존재가 된다. 자립한 사람은 서로에게 특별한 존재가 된다. 서로 사랑하며 서로를 위해 기도한다. 하나님 마음을 가진 사람은 다른 사람을 배려하고 존중한다. 하기 싫은 일도 하나님 마음으로 한다.

○ 서로를 받는 사회, 화해와 용서, 이해와 배려, 사랑과 긍휼의 사회이다.

(로마서 15:1, 2, 7) 믿음이 강한 우리는 마땅히 믿음이 약한 자의 약점을 담당하고 자기를 기쁘게 하지 아니할 것이라/ 우리 각 사람이 이웃을 기쁘게 하되 선을 이루고 덕을 세우도록 할지니라/ 그리스도께서 우리를 받아 하나님께 영광을 돌

리심같이 너희도 서로 받으라

(고린도후서 9:8) 하나님이 능히 모든 은혜를 너희에게 넘치게 하시나니 이는 너희로 모든 일에 항상 모든 것이 넉넉하여 모든 착한 일을 넘치게 하려 하심이라

예수님은 죄인 된 우리를 받아 하나님께 영광을 돌리셨다. 예수님 은혜를 깨닫는다면 못 받을 사람이 없다.

받는 마음은 용서와 화해의 마음이다. 우리는 하나님 은혜, 예수님 사랑에 갚을 수 없는 빚을 졌다. 죄에서 구원을 받고 하나님 자녀로 회복된 우리가 이웃을 용서하며 화해하지 않는다면 구원받은 모습이 아니다. 받는 마음은 열린 마음, 공감하는 마음이다. 하나님 창조 세계는 공감의 세계이다. 다른 사람의 고통과 아픔을 내 고통처럼 느낀다. 공감을 하자면 내 안에 상처가 없어야 한다. 내가 상처로 마음이 닫혀 있으면, 소금물에 상처가 닿는 것처럼 남을 아프게 한다. 내가 하나님 안에서 평안을 찾을 때 다른 사람의 아픈 마음을 보듬을 수 있다. 예수님의 증인은 사랑의 증인이다. 사람은 사랑의 대상이다. 더불어 사는 힘은 사랑의 힘이다. 긍휼한 마음으로 서로 사랑하며 섬길 때 더불어 사는 아름다운 사회가 된다. 겸손과 온유의 마음이다. 참고 인내하는 마음, 부드럽고 따뜻한 마음이다. 변함이 없는 한결같은 마음, 끝까지 사랑하는 마음이다. 받는 마음일 때 서로에게 위로와 힘이 된다. 감사와 자족의 마음이다. 감사하며 자족할 때 다른 사람을 시기, 질투, 미워하지 않는다. 하나님 마음으로 서로 받으며 은혜를 나누게 된다. 배려와 존중의 마음이다. 강한 사람, 가진 사람은 약한 사람을 보살피며 나누어야 한다. 약한 사람은 감사하며 더욱 열심히 노력해야 한다. 받기만 해서는 영속할 수 없다. 배려와 이해, 감사와 존중할 때 하나님 공동체를 이루게 된다. 상대방이 변하기를 바라기 전에 자신이 변화한다. 행복과 불행의 열쇠는 자신에게 있다. 방 안의 공기가 탁하면 창문을 열어 환기해야 한다. 창문을 열지 않으면 공기는 더욱 탁해진다. 내가 변해야 세상이 변한다.

○ 공생은 공동체를 우선하는 마음이다. 공동체 안의 한 사람의 죄는 모두의 책임이다.

(마태복음 5:40-42) 또 너를 고발하여 속옷을 가지고자 하는 자에게 겉옷까지도 가지게 하며/ 또 누구든지 너로 억지로 오 리를 가게 하거든 그 사람과 십 리를 동행하고/ 네게 구하는 자에게 주며 네게 꾸고자 하는 자에게 거절하지 말라
(누가복음 15:4-7) 너희 중에 어떤 사람이 양 백 마리가 있는데 그 중의 하나를 잃으면 아흔아홉 마리를 들에 두고 그 잃은 것을 찾아내기까지 찾아다니지 아니하겠느냐/ 또 찾아낸즉 즐거워 어깨에 메고/ 집에 와서 그 벗과 이웃을 불러 모으고 말하되 나와 함께 즐기자 나의 잃은 양을 찾아내었노라 하리라/ 죄인 한 사람이 회개하면 회개할 것 없는 의인 아흔 아홉으로 말미암아 기뻐하는 것보다 더 하리라

예수님은 천국 시민의 자격, 천국의 생활 태도와 자세를 말씀하셨다. 마태복음 5장 40절~42절을 황금률이라고도 한다. 천국은 이웃의 필요를 넉넉히 채워주는 곳, 바라는 것보다 더 많이 채워주는 곳이다. 하나님 나라는 하나님을 사랑하며 이웃을 내 몸같이 사랑하는 나라이다. 예수님은 인간의 죄를 대속하시기 위해 십자가를 지시고 죽기까지 인간을 사랑하셨다. 우리 모두는 그 사랑을 받은 사람들이다. 하나님 마음을 안다면, 예수님을 사랑한다면 형제와 이웃을 사랑하지 않을 수 없다.

예수님은 한 영혼 구원에 온 정성을 기울이셨다. 99 마리 양을 버려두고 한 마리 잃은 양을 찾아 나서는 목자의 마음이 예수님 마음, 하나님 아버지의 마음이다. 잃어버린 한 마리 양을 찾았을 때 기뻐 잔치를 베푸신다. 한 사람이 구원될 때 가족이 구원되고, 가족이 구원될 때 이웃과 공동체가 구원된다. 한 사람의 구원이 전체 구원의 시작이자 끝이다. 한 사람의 영혼이 모두의 영혼과 동일하게 귀하다.

하나님을 사랑하고 자신을 사랑하는 것이 자립이다. 이웃 사랑이 공생이다. 자립과 공생은 예수님의 지상 명령이다. 하나님 사랑, 자기 사랑, 이웃 사랑은 분리된 별개가 아닌 같은 개념이다. 하나님 사랑 안에 다 포함된다. 공생은 그리스도 안에 한 몸을 이루는 삶이다. 예수님 사랑, 하나님 사랑은 우주적이다. 혼자 누릴 수가 없다. 나 혼자로는 그 크신 은혜를 감당할 수 없다. 구원의 은혜를 깨닫는다면 다른 사람을 미워하며 시기 질투할 수 없다. 서로를 품으며 화해하고 협력하게 된다. 공생사회는 가난하고 소외된 사람이 없다. 가난하고 소외된 사람 아픔이 전체의 아픔이 되는 사회이다.

디오게네스의 등불과 가래침

고대 그리스 철학자 디오게네스는 기이한 행동으로 유명하다. 대낮에 등불을 켜서 들고 다녔다. 어둠의 세상에 빛과 진리를 찾기 위해, 세상의 빛 된 사람을 만나기 위해서였다. 더욱 특이한 행동은, 어떤 부자가 가르침을 얻고자 디오게네스를 자기 집으로 초대했을 때였다. 집은 웅장했고, 정원은 아름다운 화초로 가득했으며, 집 안은 온갖 보석으로 꾸며져 있었다. 부자가 자기 집을 소개하느라 정신이 없을 때, 디오게네스는 부자의 얼굴에 침을 뱉었다. 놀라는 부자에게 '당신의 집은 너무 아름다워서 아무리 둘러보아도 가래침을 뱉을 곳이 없군요. 교만과 위선으로 가득 찬 당신의 얼굴이 쓰레기통으로 보여, 어쩔 수 없이 당신의 얼굴에 침을 뱉었소'했다.

자립공생사회는 스스로 등불이 되어 주변을 밝히는 사회, 선으로 악을 이기는 사회이다. 세상이 어둡다는 것은 빛이 없다는 증거이다. 어둠을 밝히는 길은 어둠의 원인을 분석하고 잘잘못을 따지는 것이 아니라 스스로 빛이 되는 길이다. 빛은 착한 행실, 몸의 희생과 헌신이다. 자신을 태워 주변을 밝히는 등불이 자립 공생의 삶이다. 자립공생사회는 서로가 등불이 되어 어둠을 밝힌다.

○ 공생은 나그네의 마음, 순례자의 영성이다.

(창세기 18:2-4) 눈을 들어 본즉 사람 셋이 맞은편에 서 있는지라 그가 그들을 보자 곧 장막 문에서 달려나가 영접하며 몸을 땅에 굽혀/ 이르되 내 주여 내가 주께 은혜를 입었사오면 원하건데 종을 떠나 지나가지 마시옵고/ 물을 조금 가져오게 하사 당신들의 발을 씻으시고 나무 아래에서 쉬소서
(베드로전서 2:11) 사랑하는 자들아 거류민과 나그네 같은 너희를 권하노니 영혼을 거슬러 싸우는 육체의 정욕을 제어하라

아브라함은 나그네를 환대함으로써 믿음의 조상이 되었다. 하나님은 나그네의 모습으로 아브라함에게 나타나셨고, 아브라함은 하나님이심을 모른 채 나그네를 극진히 대접했다. 나그네를 환대하는 것은 하나님을 섬기는 것, 하나님께 드리는 예배와 같다. 아브라함은 하나님의 인도하심을 따른 최초의 순례자였다. 아브라함은 갈 바를 알지 못하고 말씀에 순종하며 나아갔다. 기독교는 순례의 종교이다. 한 곳에 정착, 안주하지 않고 새로운 도전과 시험을 통해 하나님을 만나고 더욱 하나님께로 나아간다. 이 땅은 잠시 머무는 곳이다. 순례의 끝은 하나님 품이다. 아브라함이 믿음의 조상이 된 것은 끝까지 순종하며 믿음의 순례길을 걸었기 때문이다. 한 번도 가보지 않았던 낯선 길을 가면서 하나님께 예배드리며 순종했기 때문이다.

순례자의 마음, 순례자의 영성이 세상의 유혹을 이기는 길이다. 믿음의 순례길을 걷지 않고서는 물질의 탐욕, 생활의 염려, 미래의 불안에서 벗어날 수 없다. 순례길은 다른 사람과 경쟁하지 않는다. 아브라함은 하나님을 바라보며 걸어가 가나안에 들어갔다. 생명은 하나님이 주셨고 하나님 품으로 돌아가야 한다. 순례길은 영원한 평안을 얻는 길, 하나님 품에 안기는 길이다. 이 땅에 안주하는 삶이 아니라, 하나님 주신 것에 감사하며 하나님 인도하심을 따르는 삶이다. 예수님 제자 야고보가 스페인에서 전도하며 걸어간 길 '산티아고(Saint Jacobo) 순례길'에서는 만

나는 사람마다 '브엔 까미노(Buen Camino, 좋은 순례길)'하며 인사한다. 순례길은 사람을 사랑하고 자연을 사랑하는 길이다. 순례자에게는 매일 매일이 하나님의 선물이다. 순간순간이 하나님 은혜요 감격이다. 가장 아름다운 별, 지구에 살면서 만물을 다스리도록 권세를 주셨으니 얼마나 감격스런 축복인가!

순례자의 영성은 예배와 기도로 걷는 영성이다. 기독교는 가만히 앉아 명상하는 종교가 아니라, 함께 걸으며 만나는 사람마다 예수님 사랑과 복음을 전하는 종교이다. 하나님을 향해 나아가며 세상 사람들에게 하나님 소망과 기쁨을 전하는 종교이다. 성 어거스틴은 '이웃의 눈에서 천국을 보지 못한다면 천국은 어디에도 없다'고 했다. 샤르트르는 '타인은 나에게 지옥이다'고 했다. 천국이냐 지옥이냐는 다른 사람을 바라보는 눈빛의 차이이다. 나눔과 사귐의 영성이다. 동행자의 행복이 나의 행복, 이웃의 아픔이 나의 아픔이 된다. 시간이 지날수록 관계가 깊어진다. 순례길을 걷는 사람들의 뒷모습은 아름답다. 천국의 모습, 천국의 발자취를 남기기 때문이다. 자족의 영성이다. 탐심이 사라지고 하나님 주신 은혜로 만족한다. 불평과 불만이 사라지고 감사가 넘친다. 순간순간이 하나님 은혜요 도우심이다. 이 땅에 먹을 음식이 있고 입을 옷이 있고 신을 신발이 있으면 족하다. 순례자는 짐이 가볍다. 짐을 버릴수록 자유함과 평안을 얻는다. 존 번연이 쓴 「천로역정」의 크리스천은 천국에 가까울수록 짐이 가벼움을 느낀다. 무거운 짐이 가벼워져 찬송을 부르며 기쁨으로 산을 날아오른다.

순례자는 목적지, 가야 할 곳이 있다. 하나님 품 안의 영원한 집이다. 이 땅에 철옹성 같은 집을 짓지 않는다. 광야와 같은 인생길일지라도 하나님 소망이 있기에 염려와 두려움이 없다. 죽음까지도 본향에 돌아가는 설렘이 된다. 순례길은 방향이 확실하다. 순례의 표지판은 말씀이요 성령의 인도하심이다. 인생의 광야 길에 중요한 것은 방향이다. 목적지가 없는 사람, 방향이 없는 사람은 방랑자일 뿐이다. '저기 방향 없이 걷는 사람들은 누구인가? 곧 황야가 삼켜버린다!' 소리치고 싶다. 땅을 보고 걸을 때 방향이 없다. 빨리 걷더라도 그 끝은 사망의 낭떠러지일 뿐이다. 예수님을 바라볼 때 하나님께로 나아가는 영원한 생명의 삶이 된다. 예수님을 놓치는 순간 길을 잃고 방황한다. 순례길은 처음부터 있던 길이 아니다. 예수님을 바라보며 믿음으로 걸어가면 순례길이 된다. 여러 사람이 걸어가면 시온의 대로가 된다. 필자가 그 길을 만들지는 못할지라도 방향은 가르키고 싶다. 그 길을 걷는 사람들에게 박수를 크게 치고 싶다.

○ 예수님의 증인된 사회, 예수님 멍에를 함께 지는 사회이다.

(마태복음 11:28-30) 수고하고 무거운 짐 진 자들아 다 내게로 오라 내가 너희를 쉬게 하리라/ 나는 마음이 온유하고 겸손하니 나의 멍에를 메고 내게 배우라 그리하면 너희 마음이 쉼을 얻으리라/ 이는 내 멍에는 쉽고 내 짐은 가벼움이라

그리스도인은 예수님의 증인으로 부름받은 사람들이다. 세상 사람들은 그리스도인을 통해 예수님을 본다. 그리스도인이란 말은 '위로의 사람' 바나바가 '예루살렘에서 배척을 당해 고향 다소에 칩거한' 바울을 찾아가 위로하고 안디옥 교회에 와서 예수님 사랑을 실천함으로써 '그리스도인은 역시 다르다'는 존경의 표현으로 세상 사람들에게 불리워졌다. 오늘날 그리스도인의 숙제는 다시 세상 사람들에게 그리스도인으로 불리워지는 것이다. 일터에서 정직하고 성실해야 한다. 있는 자리에서 예수님 사랑과 겸손을 실천해야 한다.

예수님은 "**수고하고 무거운 짐 진 자들아 다 내게로 오라**" 하셨다. 수고하고 무거운 짐 진 자들은 누구인가? 세상 짐을 지고 사는 모든 사람들이다. 아담의 범죄 후 인간은 땀 흘려 땅을 경작해서 살아간다. 무엇을 입을까, 먹을까 염려한다. 부유하든 가난하든 차이가 없다. 모두가 불안과 염려로 참된 기쁨과 평안을 누리지 못한다. 예수님께 나아가면 쉼을 얻는다. 예수님이 모든 짐을 함께 지신다. 예수님이 지신 멍에에 메이면 된다. 무거운 짐을 맡길 수 있다는 것은 기적이고 은혜이다. 예수님의 멍에는 구속이 아닌 자유함이다. 죄의 멍에, 종의 멍에로는 자유함이 없다. 주인이 시키는 대로 지는 무거운 짐이 된다. 예수님은 우리의 모든 죗값을 감당하셨다. 인간의 모든 짐은 하나님을 거역한 죄의 짐이다. 예수님 멍에에 메이면 죄의 구속에서 자유함을 얻는다. 예수님 멍에에 메이면 영적 생명을 회복, 하나님 자녀로 회복된다. 우리가 예수님 멍에를 지는 것이 아니라, 예수님이 멍에에 메이도록 우리를 붙드신다. 생명을 회복하는 길은 예수님 멍에에 메이는 길뿐이다. 온유와 겸손, 순종의 멍에이다. 예수님 멍에에 메이면 다른 사람과 비교, 경쟁하지 않고 겸손하게 서로 섬기는 하나님 공동체를 이루게 된다. 사랑과 희생의 멍에이다. 자신의 죄를 돌아보며 다른 사람의 죄를 용서한다. 긍휼한 마음으로 서로를 품으며 하나가 된다.

○ 함께 즐거워하고 함께 우는 사회이다.

(로마서 12:15-16) 즐거워하는 자들과 함께 즐거워하고 우는 자들과 함께 울라/ 서로 마음을 같이하며 높은 데 마음을 두지 말고 도리어 낮은 데 처하며 스스로 지혜 있는 체 하지 말라

함께 즐거워하며 함께 우는 마음, 기쁨과 슬픔을 함께 나누며 공감하는 마음이 예수님 마음이다. 금식 기도하는 마음은 금식하는 기도만이 아니라 어려운 이웃을 돕는 것, 이웃의 아픔과 고통에 함께하며 상처를 치유하는 마음이다. 천국은 혼자 들어가는 곳이 아니라 함께 들어가는 곳, 하나님 은혜와 축복을 함께 나누는 곳이다. 웃음과 눈물은 영혼을 지닌 인간만이 가진 축복이다. AI가 아무리 지능이 뛰어나도 웃고 눈물을 흘릴 수는 없다. 웃음과 눈물에는 치유의 힘이 있다. 울고 있는 사람과 함께 우는 것보다 웃는 사람과 함께 웃는 것이 더욱 어렵다. 자신의 처지와 비교, 열등감을 불러오고 자존감을 자극하기 때문이다. 오늘날 SNS로 수많은 사람들과 연결되지만 비교함으로써 오히려 우울한 사람이 많아졌다. 하나님 안에서의 정신적, 인격적, 영적 치유와 회복이 없이는 우울과 상처에서 벗어날 수 없다.

예수님 안에서 상처가 치유된 사람은 다른 사람을 따뜻하게 품는다. 다른 사람의 상처를 치유하는 치유자가 된다. 예수님은 제자들의 배반과 상처를 용서와 사랑으로 승화시키셨다. 예수님 용서와 사랑으로 상처가 치유된 제자들은 땅끝까지 예수님의 증인이 되었다. 은혜는 낮은 데로 흐른다. 받은 은혜를 꼭 은혜 주신 분에게 갚지 않아도 된다. 하나님 은혜는 되갚는 'Pay it back'이 아니라 다른 사람에게 흘려보내는 'Pay it forward, Pass it on'이다. 은혜를 주신 손길도, 갚는 손길도 하나님이시다. 보이지 않는 은혜와 도움의 손길, 하나님 은혜와 축복이 순환되어 흐르며 증폭되는 사회가 자립공생사회이다.

○ 서로를 예수님으로 인식하는 사회이다.

(마태복음 25:35-45) 내가 주릴 때에 너희가 먹을 것을 주었고 목마를 때에 마시게 하였고 나그네 되었을 때에 영접하였고/ 헐벗었을 때에 옷을 입혔고 병들었을 때에 돌보았고 옥에 갇혔을 때 와서 보았느니라.. 주여 우리가 어느 때에 주께서 주리신 것을 보고 음식을 대접하였으며 목마르신 것을 보고 마시게 하였나이까… 내가 진실로 너희에게 이르노니 너희가 여기 내 형제 중에 지극히 작은 자 하나에게 한 것이 곧 내게 한 것이니라… 지극히 작은 자 하나에게 하지 아니한 것이 곧 내게 하지 아니한 것이니라

내가 외면한 이웃, 고통받는 이웃이 변장한 주님의 모습이다. 내 모습이 주님 앞에 헐벗고 굶주린 모습임을 깨닫는 것이 영적 자립이다. 헐벗고 굶주린 이웃이 변장한 주님의 모습임을 깨닫는다면 무관심하게 지나칠 수 없다. 내 모습이 주님 앞에 가련한 영혼임을 깨닫는다면 내 것을 자랑하며 교만할 수 없다. 서로를 따뜻하게 품으며 섬기게 된다. 이웃의 아픔이 내 아픔이 된다. 서로 변장한 주님이 아닌지 돌아보는 겸손한 자세가 된다. 주님을 보지 못하고 주님 음성을 듣지 못하는 시각장애인, 청각장애인이 아닌지 자신을 돌아보게 된다. 주님을 외면하지 않았는지? 주님이 부르셨는데 지나치지 않았는지? 돌아보며 기도하게 된다. 자립공생사회는 변장한 주님을 찾아 나서는 사회, 변장한 주님을 만나는 기쁨이 충만한 사회이다. 예수님 마음을 품고 작은 예수가 되는 사회이다.

2. 더불어 사는 사회적 안전장치가 마련된 사회이다.

앞에서 자립한 사람들이 이루는 공생사회를 보았지만, 이를 뒷받침하자면 사회적 울타리, 안전장치가 필요하다. 자립과 사회적 울타리는 동전의 양면과 같다. 누구나 공동체에 도움 되는 일을 하겠다는 자립의 축과, 자립하면 생활의 염려가 없도록 하는 공생의 축이 맞물려야 자립공생사회를 견고하게 이룬다. 이는 결국 자립한 사람에 대한 일자리 보장과 생활 보장이 된다. 자립공생사회는 100% 일자리 연결과 생활 보장을 동시에 실현한다. 자립한 사람의 일자리 연결은 국가와 사회의 1차적 책임이다. 재능껏, 능력껏 공동체에 기여하겠다는 사람은 그에 맞는 일자리를 연결해야만 한다. 자립한 사람, 능력껏 공동체에 기여한 사람에 대해서는 국가와 사회가 생활 보장을 해야 한다. 국가와 사회의 2차적 책임이다. 두 책임을 함께 이루어야 비효율과 낭비를 제거하며, 성장과 복지의 균형을 맞출 수 있다. 누구나 자기 재능을 개발, 발휘하도록 동기 부여가 되며, 각자의 꿈을 실현하는 동태적 사회가 된다.

필요한 곳에서 필요한 일을 감당하겠다는 자립정신이 있기에 일자리 연결은 가능하다. 생활보장을 어떻게 이룰 것인가?가 중요한 과제가 된다. 보수의 차이가 크지 않아야 된다. 일의 목적이 보수가 되어서는 안 된다. 보수는 생산성과 효율성 증대에 따른 보상에 앞서 자립에 대한 보상이어야 한다. 능력과 성과에 따른 보상 논리로는 실업과 불균형을 해결할 수 없다. 경제 논리만으로는 실업과 불균형이 가속화될 뿐이다. 자립공생사회는 일이 하나님 주신 소명으로, 자아를 실현하며 공동체를 섬기는 통로이다. 이윤 추구를 위한 노동이 아니라, 공동체에 유익을 창출하는 노동이 된다. 그럴 때 완전고용과 생활 보장을 함께 이룰 수 있다. 국민 모두가 자립하는 것보다 더 좋은 복지는 없다. 생산성과 성과에 따라 보상하는 정의 만큼이나 자기 역량에 따라 공동체를 섬길 때 생활을 보장하는 정의가 필요하다. 영성에 바탕한 사회가 될 때 이 모든 일이 가능하다.

○ 일자리 수요와 공급의 국가적 알고리즘 Matching으로 100% 일자리를 연결한다.

자립한 사람은 공동체를 섬기고자 하는 자세와 의지, 준비가 되어 있다. 자기 계발을 한 사람, 자기 역량껏 봉사하겠다는 사람을 적재적소에 쓰임 받게 하는 것은 국가와 사회의 몫이다. 국가 전체적으로 가장 생산성과 효율성을 높이도록, 가장 적합하고 생산적인 일자리로 100% 연결해야만 한다. 여기서 생산적인 일이란 물질적 상품 가치만이 아니라, 보이지 않는 정신적 가치, 선한 영향을 주는 무형의 가치를 포함한다. 자립은 일자리가 연결될 때 완전하게 이루어진다. 국가와 사회, 기관과 단체, 기업은 자립한 사람들을 가장 효율적이고 생산적인 일자리로 연결되도록 합력해서 모든 방안을 찾아야 한다.

어떻게 효과적으로 일자리를 연결할 것인가? 알고리즘 매칭 이론, 일자리에 대한 수요와 공급의 국가적 매칭시스템을 통해 연결한다. 일의 수요자는 일자리별로 자격 요건과 필요한 기준, 일의 특성과 적합한 재능 등을 입력하고, 공급자는 원하는 분야와 일터, 재능과 적성, 전문성과 경험, 희망 지역과 장소 등을 우선순위를 정하여 신청하면 컴퓨터 알고리즘 프로그램을 돌려 가장 적합한 순서대로, 가장 근접한 부분과 분야, 직장과 일터로 연결한다. 국가 전체적으로, 기관별 단체별 공동체별로 세분화하여 운용한다. 1순위 매칭이 안 될 경우 차순위. 차차 순위로 자동 매칭되어 마지막까지 100% 연결되도록 매칭 프로그램을 마련한다. 마지막은 직업훈련장, 새로운 직업 창출장이 될 수 있다. 비록 자기가 선호하는 일자리가 아니더라도 이를 기꺼이 받아들이는 자세가 자립이다. 힘든 일, 귀찮은 일, 어려운 일을 기꺼이 감당하는 정신이 공생정신이다. 자립공생 정신이 있기 때문에 100% 매칭이 가능하다. 마지막 후순위 매칭이 되더라도 모두가 수용한다. 기업의 경우는 개별적인 인력 채용이 우선이지만, 매칭 시스템을 활용하도록 권장한다.

기관과 단체도 특정 분야의 개별적인 채용이 가능하지만, 기본적으로는 매칭시스템에 의해 채용한다.

　알고리즘 매칭은 일의 수요와 공급을 재능과 적성에 적합하도록, 누구나 자기 실력에 맞게, 모두를 만족시키는 최선의 연결 시스템이다. 취업에 대한 불만과 불안감이 사라지게 된다. 누구나 자기 역량을 개발하고 경험과 실력을 쌓는다면 정기적 매칭을 통해 필요한 곳, 원하는 곳으로 이동할 수 있다. 행운에 의한 취업, 요행을 바라는 풍토가 없어지게 된다. 4차 산업시대는 기술개발의 급속화로 전통적 개념의 일자리는 갈수록 줄어들게 된다. 국가적 효율적 매칭 시스템을 개발 운용해야 인력의 낭비가 없게 된다. 자기 재능과 역량을 최대한 개발하는 자립과 개발된 역량을 적재적소에 배치하며 생활의 염려가 없도록 하는 공생을 함께 이룰 때 개인도 국가도 행복하게 된다.

　이윤추구의 자본주의 사회에서는 우수한 인력은 소득이 높은 곳, 돈을 많이 버는 직업에 몰리게 된다. 생산성에 따라 많이 기여한 사람이 좋은 대우를 받는 인센티브도 필요하지만, 자본주의는 인센티브를 넘어 자유방임의 무한경쟁 사회이다. 그 결과 출산율이 급격히 줄고 수도권 집중 현상과 부동산 투기, 불균형이 심화되고 있다. 어떻게 이 문제를 해결할 것인가? 앞으로는 더욱 평생직장 개념이 아닌, 자영업자와 프리랜서 개념의 사회가 된다. 기업은 노동법상 고용주로의 책임보다 아웃소싱이나 자동화를 통한 인건비 절약을 선택한다. 근로자들도 원하는 일을 자유롭게 처리하는 길을 선호한다. 앞으로 점점 혼자 일을 하는 자영업자, 자영업자를 돕는 가족을 포함한 비임금 근로자가 대세인 사회가 된다. 고용주 없는 고용 시대, 비임금 근로자에 대한 국가적 대책을 세워야 한다. 모든 자영업자, 비임금 근로자는 조합 성격의 조직체 안에서 보호받는 근로환경을 만들어야 한다. 효율적 운용과 소통, 협동과 유대감, 직업훈련과 기술훈련을 받을 수 있도록 국가적으로, 사회와 단체별로 관리 운용해야 한다. 자립공생사회는 그렇게 운용하는 사회이다.

○ 일의 수요 측면 (일자리 창출과 유휴 인력) 관리

자립공생사회는 필요한 일자리를 창출, 누구나 일을 하도록 한다. 국가적으로 장단기 일자리 수요 예측과 창출 및 관리 운용 시스템을 구축한다. 업종별 분야별, 기업별 단체별, 지역별 공동체별로 중첩적으로 운용한다. 자영업자, 프리랜서, 플랫폼 노동 종사자 등 사용자와 근로자 관계 설정이 어려운 업종도 관련 단체와 협의체에 소속되어 전체적인 수요 관리 아래 운용된다. 경쟁이 아닌 동질감과 소속감, 연대감을 가지며 업종별 직능별 훈련과 교육을 통해 경쟁력을 제고하기 위함이다. 예컨데 음식점도 적합한 장소에서 조화를 이루도록, 수익이 보장되는 환경에서 운영하도록 자율적으로 조정한다. 그 이전에 음식점을 하려는 사람들은 위생 관념이 있고, 요리에 재능과 취미를 가진 사람들로 실습과 훈련을 받은 사람들, 질 좋은 음식을 제공함으로써 보람과 자부심을 느끼는 직업의식, 자립의 자세가 되어 있는 사람들이다. 모든 업종이 이같은 자세와 준비의 바탕에서 일하게 되며, 일의 목적이 보수가 아닌 보람과 섬김의 기쁨이 된다. 이같은 자립정신이 있기에 일자리 연결이 가능하고 보수의 차이가 크지 않은 공생사회를 이룰 수 있다.

봉사와 섬김이 아닌 이윤 동기만으로는 효율적인 인력 배분, 유휴인력의 활용이 어렵다. 자립공생사회는 공생 정신의 바탕 위에 사회적 가치 창출, 서비스 확대를 적극적으로 강구한다. 정부와 기업, 업종별 직능별 단체가 긴밀히 소통 협력, 인력 초과 및 부족 징후를 조기에 파악하여 맞춤형 전략을 추진한다. 교육과 일자리의 미스 매칭 해소, 양질의 일자리 확충, 일자리 이동 사다리의 확대 등 노력을 정부와 기업, 사회가 함께 추진한다. 좋은 일자리를 만드는 일이 국가와 정부, 사회와 단체의 가장 중요한 임무가 된다. 중앙 정부는 물론 지방 정부와 기관, 업종별 단체별로 유휴 인력 활용 방안을 강구, 새로운 일자리 창출과 그에 맞는 직업 훈련을 실시한다. 국가적으로 인력 공급이 초과하는 경우, 농어촌 지역으로의 일정기간 봉사제 실시도 바람직하다. 도시에서 자란 젊은이들이 농어촌 실정과 자연을 이해하는 좋은 기회도 된다. 자립공생사회는 농어촌도 살기 좋은 환경으로 균형 발전을 이룬다.

○ 일의 공급 측면 (인력 개발과 직업 훈련) 관리

　일의 공급 측면의 바탕은 자립이다. 자립공생사회는 누구나 자기 재능과 적성에 맞는 분야를 찾아 주도적으로 학습하고 자기계발을 한다. 그러한 자기계발이 사회의 필요를 충족하도록 현장에 맞는 프로그램을 개발, 교육하는 시스템을 갖춘다. 고등학교부터 재능과 적성을 찾아 개발하도록, 재능과 적성 개발이 사회의 수요에 적합하도록 맞춤형 교육을 한다. 국가적으로, 공동체별 기관별 단체별로 끊임없이 자기계발을 할 수 있는 교육의 기회를 부여한다. 새로운 분야에 필요한 인력을 양성할 수 있는 단기 집중 교육 프로그램을 관련 기관과 단체, 기업과 대학이 협력해 운용한다. 급변하는 수요에 맞추어 필요한 직업 훈련과 재교육을 실시, 필요한 분야로 유연하게 이동할 수 있는 시스템을 갖춘다.

　고등학교 졸업 후 바로 취업을 해도 불리하지 않다. 적성에 맞지 않거나 더욱 관심 분야가 있는 경우, 더욱 깊은 연구가 필요한 경우 취업 후에도 얼마든지 대학에 진학할 수 있다. 이는 조금 뒤에서 다시 검토한다. 국가적으로, 직종별 단체별로 직업훈련 과정을 체계적으로 운용한다. 신기술 습득이 필요한 경우, 배움의 열의와 의지가 있다면 얼마든지 자기계발의 기회가 부여된다. 자립공생사회는 배움에 나이가 없다. 졸업이 없다. 평생교육, 평생학습이 된다. 경험과 실력을 쌓아, 때론 필요한 기술 자격증을 취득, 보다 적합한 일자리로 이동할 수 있다.

○ 자립한 사람은 생활의 염려가 없도록 한다. 보수는 기본적으로 자립에 대한 대가이다.

　자립공생사회의 보수는 다음에 설명하는 일의 영성과 관련된다. 보수를 목적으로 일하지 않는다. 보수는 노동 생산성 증대에 대한 대가가 아닌 자립한 사람의 생계를 보장하기 위한 수단이다. 경제학적으로 표현하자면 현재의 사회적 기여 가치를 재생산하기 위해 필요한 비용 개념이 된다. 앞에서 설명했지만, 자립공생사회는 두 개의 책임이 맞물린다. 개인의 자립 책임과 자립하면 생활의 염려가 없도록 하는 사회적 공생의 책임이다. 자기 책임을 다하지 않고 평등을 주장할 수 없다. 무임승차로 잘 살 수는 없다. 기본적으로 자립에 대한 보상은 동일하다. 모든 구성원이 자기계발을 하며 자기 할 일을 찾아 능력껏 기여할 때 공동체적 관점에서 기여도에 차이가 있다고 구분하기 어렵다. 보수는 공동체의 일원으로 책임과 의무를 다할 때 공동체 혜택을 함께 누리는 개념이 된다. 모든 일과 직업은 평등하고 신성하다. 단순노동과 기술 노동, 일반직과 전문직의 보수 차이가 있지만 그 차이가 크지 않다. 전문 분야의 연구 노력, 재능 개발에 투자한 특별한 비용과 시간에 대한 보상이 있지만, 어디까지나 동기를 부여하기 위함이다. 자립공생사회는 능력의 차이, 기여한 차이보다 생활 보장을 우선한다. 최고 보수의 Cap과 최저 보수의 Bottom을 마련한다. 최저 보수는 생활 보장이 된다. 최고 보수의 캡을 어떻게, 얼마로 할 것인가?는 공동체의 합의에 의한다. 중요한 것은 방향이다. 방향에 대한 공감대를 이룬다면 단계적 점진적으로 합의를 이룰 수 있다.

  자립공생사회는 더불어 사는 질서, 하나님 보시기에 아름다운 사회이다. 누구나 하나님 나라를 이루기 위해 능력껏 봉사한다. 보수로 일을 할 때에는 일꾼이 되지만 은혜로 일을 할 때에는 사역이 된다. 보수로 일할 때에는 어렵고 힘든 일을 피하지만, 은혜로 일할 때에는 힘든 일도 기꺼이 감당한다. 어렵고 힘든 일은 더욱 보람있는 값진 일이 된다. 성전을 짓고 있는 벽돌공의 예를 든다면 보수를 위해 일하는 벽돌공은 단순히 벽돌을 쌓는 피곤한 노동이 된다. 임금이 적다고, 일이 힘들다고 불평하게 된다. 은혜로 일하는 벽돌공은 하나님께 예배드리는 성전을 건축하는 거룩한 사역이 된다. 기쁜 마음으로 정성을 다해 벽돌을 쌓게 된다.

능력주의 사고는 완전한가? 능력주의 사회는 정의롭고 공정한가?

  마이클 센델 하버드대 교수는 '정의란 무엇인가?'에서 '능력주의가 정의롭고 공정한 것은 아니다. 시장경제에서 능력주의는 효율성이 있지만 공동체의 연대, 공동의 선을 파괴하는 함정이 있다. 능력주의는 승자와 패자를 나눈다. 승자에겐 잘나서 성공했다는 오만을, 패자에겐 내 탓이라는 좌절감을 안겨준다. 자신의 능력이 가지는 사회적 부채 의식을 느끼지 못할 때 능력주의는 위험한 폭거가 된다'며 능력주의 한계를 설파한다.

　하나님 나라는 이기적 능력주의, 자기 공로를 내세우는 공로주의가 아닌 은혜주의이다. 노동의 절대가치를 인정하고 각자의 일을 통한 사회적 기여를 존중한다. 자신의 능력이 하나님 주신 은혜임을 자각하고 사회적 연대의식, 책임의식을 지닌다. 참된 정의는 모두의 인격과 자존감을 세워주며, 모두가 인간답게, 행복하게 살도록 하는 책임감과 의무감이다. 공로주의가 될 때 다수가 패배자가 된다. 나만의 행복은 존재할 수 없다. 다른 사람을 행복하게 하면 행복의 향기가 자신에게 돌아온다.

○ 자본주의 체제의 기본 소득, 공산주의 일률적 평등 분배와는 본질적으로 다르다.

　사람은 자신이 주도하는 삶, 자발적 동기로 사회에 기여하는 일을 할 때 자존감과 자긍심을 지니게 된다. 하나님 나라를 이룬다고 생각할 때 기쁨으로 공동체에 도움되는 일을 찾아서 한다. 국민이라면 세금을 내야 한다. 자기 몫에 대한 부담감, 책임감을 가져야 한다. 세금은 자기 몫의 의무와 책임을 부담하는 자세이다. 능력껏 자기 몫을 감당하겠다는 자세가 자립이다. 능력껏 일을 해도 최저 생활 수준에 못미칠 때 부족한 금액을 지원한다는 정신이 공생 정신이다. 일에 대한 동기와 목적이 달라져야 한다. 자본주의 기본소득은 이러한 자세와 바탕 정신이 없어 자발적 노력 의지를 오히려 떨어뜨린다. 기본 소득으로는 복지 비용만 늘어날 뿐, 불균형을 해소할 수 없다. 공짜로 잘사는 사람, 놀고 먹으려는 사람이 없어야 한다. 노력하지 않고 받기만 해서는 불균형이 심화될 뿐이다.

　공산주의 일률적 평등일 때 하향 평준화가 된다. 자기가 원하는 일이 아니라 시키는 일만 하게 된다. 일의 능률과 효율성, 일에 대한 동기와 의욕이 사라진다. 절대 평등은 존재하지 않는다. 우월한 재능과 능력을 가진 사람들이 지혜와 미덕으로 그렇지 못한 사람들에게 양보할 때, 영성에 바탕한 공생 정신으로 희생하며 섬길 때, 배려하며 나눌 때 평등사회를 이룰 수 있다. 영성을 무시하는 공산주의는 본질적으로 평등사회를 이룰 수 없다. 사회주의를 하려면 자기 책임을 감당하려는 성숙한 시민의식, 자립이 먼저이다. 나눔과 배려의 공생정신이 있어야 한다. 자립공생사회는 모두가 공동체를 위한 목표와 가치를 세우고 그 일을 준비해 담당하며 공동체 전체의 과실을 함께 나누는 사회이다.

3. 영성에 바탕한 사회이다.

1) 일과 직업, 일터와 직장의 영성

○ 일은 하나님 주시는 축복, 창조 사역에 통참하는 신성한 행위이다.

> **(창세기 1:28) 하나님이 그들에게 복을 주시며 이르시되 생육하고 번성하여 땅에 충만하라, 땅을 정복하라, 바다의 물고기와 하늘의 새와 땅에 움직이는 모든 생물을 다스리라 하시니라**
> **(창세기 2:15) 여호와 하나님이 그 사람을 이끌어 에덴동산에 두어 그것을 경작하며 지키게 하고**
> **(창세기 3:17) 아담에게 이르시되 네가 네 아내의 말을 듣고 내가 네게 먹지 말라 한 나무의 열매를 먹었은즉 땅은 너로 말미암아 저주를 받고 너는 네 평생에 수고하여야 그 소산을 먹으리라**

하나님은 천지 만물을 창조하신 후 마지막에 아담을 창조하셨다. 아담의 갈비뼈를 취해 여자를 만드신 후 **"땅을 정복하고 모든 생물을 다스리라"** 축복하셨다. 아담을 에덴동산에 두어 동산을 경작하며 지키게 하셨다. 하나님은 인간에게 가장 먼저 일을 주셨다. 일은 태초에 인간에 부여하신 사명으로, 일의 본질은 하나님 창조 사역을 이루는 행위이다. 하나님 뜻에 맞게 피조 세계를 다스리는 행위, 창조의 기쁨과 다스림의 축복을 누리는 행위이다. 인간은 일을 통해 자연 만물을 잘 다스림으로써 하나님께 기쁨과 영광을 드리며, 하나님 주시는 기쁨과 축복을 누리도록 창조되었다.

인간이 하나님께 불순종함으로써 땀을 흘려야 먹을 것을 얻을 수 있게 되었다. 차이점은 땀을 흘려야 먹을 수 있음을 강조하신 점이다. 인간의 노동은 생계를 유지하는 데 필수적인 수단임을 말씀한다. 일의 본질, 땅을 정복하고 자연과 생물을 다스리는 사명이 달라진 것은 아니다. 일은 하나님의 저주를 받아 억지로 하게 된 것이 아니라, 태초부터 하나님 뜻을 이루는 신성한 행위였고, 일터는 하나님 함께 하시는 축복의 현장이었다. 인간은 일을 하도록, 일을 통해 하나님 축복을 누리도록 창조되었다.

일의 성경적 의미를 회복, 일의 소중함과 숭고한 가치, 보람과 기쁨을 찾아야 한다. 일을 온전하게 감당함으로써 자연과의 조화를 이루며, 조화로운 인간 사회, 하나님 보시기에 아름다운 공동체를 이루어야 한다.

○ 보수가 아닌 은혜로, 소명으로 일을 한다.

(요한복음 5:17) 예수께서 그들에게 이르시되 내 아버지께서 이제까지 일하시니 나도 일한다 하시매
(로마서 4:4-5) 일하는 자에게는 그 삯이 은혜로 여겨지지 아니하고 보수로 여겨지거니와/ 일을 아니할지라도 경건하지 아니한 자를 의롭다 하시는 이를 믿는 자에게는 그의 믿음을 의로 여기시나니

예수님도 일을 하셨다. 창조 질서의 회복, 영혼 구원이 하나님의 일, 예수님 일이 된다. 로마서 본문은 일의 본질이 보수인가 은혜인가에 대한 설명이 된다. 로마서 4장 4절의 일하는 자는 삯을 바라고 일하는 자이다. 당연한 것 같지만 나를 앞세우게 된다. 내 힘과 능력이 자랑이 된다. 교만하여 남을 정죄하게 된다. 남을 이기려는 부담감과 강박관념으로 평안을 누리지 못한다. 로마서 4장 5절은 일의 본질이 은혜임을 말씀한다. 자기 의와 행위로 구원받은 사람은 없다. 인간은 하나님 앞에 똑같은 죄인이다. 하나님 은혜로, 하나님이 죄를 덮어주셔서 구원을 받았다. 예수님이 인간의 죄를 대신하여 피 흘려 죽으심으로 의롭다 함을 얻었다. 경건하지 않더라도, 자랑할 만한 행위가 없더라도 복음을 믿을 때 의롭게 된다. 자격 없는 죄인이 구원을 받았다. 그 은혜를 깨달은 사람, 구원받은 자녀는 감격해서 기쁨으로 일하게 된다. 누가복음 15장의 탕자는 분깃을 미리 받아 모두 탕진하고 아버지의 종이라도 되고자 집으로 돌아왔지만, 아버지는 종이 아닌 자녀의 권세와 축복을 회복시켰다. 탕자는 분깃을 다시 요구했겠는가? 아버지 사랑과 은혜에 감격해서, 빚을 갚는 심정으로 아버지께 순종했을 것임에 틀림없다. 돌아온 탕자의 마음으로, 하나님 은혜에 감격해서 할 수 있는 일을 찾아 감당하는 것이 일의 자립, 일의 영성이다.

하나님 창조 질서의 회복은 일의 본질 회복이다. 인간은 하나님 뜻에 따라 우주 만물을 다스리도록 권세와 축복을 받았다. 일을 통해 하나님 주시는 기쁨, 다스림의 축복을 누려야 한다. 자립공생사회는 일의 동기와 목적이 달라진다. 보수가 아닌 은혜로, 하나님 뜻을 이루는 소명으로, 하나님의 기쁨이 되기 위해 일한다. 내가 가진 모든 것, 건강과 재능, 시간과 물질, 환경과 여건을 하나님이 주셨다. 내 공로를 내세울 수 없다. 소명으로, 은혜로 일을 할 때 적극적으로 일을 찾아서 한다. 그리스도인의 직업의식은 하나님 부르심을 받은 천직의식이다. 일의 의미와 보람을 찾아 자아를 실현하며 자기 일에 전문가가 된다. 일을 통해 세상 속에서 빛과 소금의 역할을 감당한다. 정직하고 성실하게 일을 수행함으로써 하나님의 기쁨이 된다. 일터가 하나님 함께 하시는 축복의 현장, 능력의 현장이 된다.

○ 평생직장 개념에서 평생직업 개념이 된다.

자립공생사회 직업은 하나님 주신 재능과 적성, 소명과 관련된다. 일터와 직장은 바뀔 수 있지만 직업은 전문성의 개념으로 쉽게 바뀌지 않는다. 끊임없이 자기계발을 하는 평생학습이 된다. 누구나 자기 분야에 전문성, 탁월성을 지니게 된다.

정년 개념이 없다. 직장에는 정년이 있지만, 일에는 정년이 없다. 직장의 정년을 마치고도 경험과 지식을 살려 사회의 필요한 곳에 쓰임 받는다. 하고 싶은 일, 기여할 수 있는 일이 있는 한 일을 계속할 수 있다. 자발적 고용 연장이 되며 국가 전체적으로 생산성을 높이게 된다.

　공무원이라고, 한번 시험의 파고를 넘었다고 평생직장이 되지 않는다. 모두가 공동체를 위한 일, 공익적으로 일을 수행한다는 면에서 모두가 공무원인 셈이다. 직업 문화가 바뀐다. 수직적 조직이 수평적, 직능별 조직이 된다. 서로 협력자, 조력자, 도우미가 된다. 서로 존중하며 자신이 하는 일의 가치와 경쟁력을 높인다. 4차 산업시대에 맞추어 노동 시간과 장소, 일하는 방식을 유연하게 대처할 수 있다. 시간과 공간의 제약을 넘어 일할 수 있다. 끊임없이 배우며 일을 하는 사회, 일을 할 수 있다는 자체가 기쁨이고 행복이 된다.

2) 기업과 기업인, 근로자와 노사관계의 영성

○ 기업과 기업인의 영성

　기업은 종업원의 안전과 행복, 사회적 이익을 함께 추구한다. 주주 이익만이 아니라, 종업원 복지와 능력 계발, 공정한 거래와 정당한 이윤 추구, 협력 업체와의 공존, 준법 의식과 사회적 책임이 강조된다. 수평적 소통, 종업원에 대한 배려와 존중으로 기업 문화가 바뀐다. 기업이 혁신의 주체가 된다. 막대한 기술개발 투자, 기술기업의 인수, 수직 계열화 등을 위해서는 대기업과 자본 축적도 필요하다. 다만 공생사회의 자본축적은 개인의 이익이 아니라 사회적 이익에 초점을 둔다. 대기업의 주인은 오너 개인이 아닌 사회적 기업이 된다. 그만큼 사회적 책임의식을 지니고 공정하고 정직한 경영에 앞장서야 한다.

　존경받는 기업인, 종업원과 사회의 신뢰와 사랑을 받는 기업인이 된다. 경영자는 직원들의 의견을 경청하며 의욕과 사기를 북돋운다. 자발적 능동적으로 일할 수 있는 환경과 동기를 부여한다. 종업원들이 신뢰와 존중하며 팀워크를 이루는 조직 문화를 만든다. 하나님 공동체의 기업은 근본적으로 하나님 소유 개념이다. 기업인은 하나님 소유를 관리하는 청지기가 된다. 기업인 스스로 공정한 시장 질서를 지키며 사회정의를 실천하는 데 앞장선다. 공생사회는 경영자 자격을 갖추어야 성공한다. 부정직과 부도덕, 투기와 요행, 부패와 정경유착으로는 성공할 수 없다. 업적보다 지위, 능력보다 명성이 클 수가 없다. 경영자와 임원은 수평적으로, 내부에서 추대된다. 종업원들의 평판과 추천이 바탕이 된다.

○ 근로자와 노사관계의 영성

　근로자가 주인의식을 지닌다. 열심히 일하는 사람이 회사의 주인이다. 주인은 남이 시켜서 일하지 않는다. 자기 일에 책임을 지며 일을 찾아서 한다. 자립공생사회의 직업인은 종업원 개념이 아닌 주인 개념이다. 주인의 입장에서 주도적으로 일하며 고객에 최고의 서비스를 제공한다. 경영자와 종업원이 대등한 입장에서 의견을 나눈다. 온라인 보고와 결재가 일반화된다. 중간관리자와 관계되는 다른 팀에게도 동시에 보고되며 협의된다. 의사 결정이 빨라지고 효율성이 증대된다. 업무 수행 과정이 투명하며 공감과 추진력을 얻게 된다.

　노사의 개념, 노사 관계가 고용 개념이 아닌 주인의식으로 팀웍이 강조된다. 노사가 하나가 되어 서로 무엇을 어떻게 도울까?가 된다. 개인적 성과보다 전체의 성과, 일시적 성과보다 장기적 성과가 중시된다. 노사가 자발적인 협력으로 개혁의 주체가 된다. 대기업과 중소기업이 협력, 공존한다. 정규직과 비정규직의 차이가 없어진다. 일시적으로 필요한 비정규직, 계약직이 있다면 급여가 더욱 우대된다. 기득권을 지키는 노조가 아니라, 일자리를 늘리는 노조가 된다. 노조의 초점은 잘못된 관행을 개선하여 생산성을 향상, 더 좋은 제품과 서비스를 창출하는 데에 있다. 불법파업, 황제노조가 있을 수 없다. 최선을 다해 공동체에 기여하는 것이 보람이고 즐거움이 된다.

3) 재물과 토지, 상속의 영성

○ 재물의 영성

(누가복음 19:30-31) 이르시되 너희는 맞은편 마을로 가라 그리로 들어가면 아직 아무도 타 보지 않은 나귀 새끼가 매여 있는 것을 보리니 풀어 끌고 오라/ 만일 누가 너희에게 어찌하여 푸느냐 묻거든 말하기를 주가 쓰시겠다 하라
(야고보서 5:3) 너희 금과 은은 녹이 슬었으니 이 녹이 너희에게 증거가 되며 불 같이 너희 살을 먹으리라 너희가 말세에 재물을 쌓았도다

예수님은 십자가를 지시기 위해 예루살렘에 입성하실 때 나귀 새끼를 타셨다. 누가복음 본문 말씀은 예수님이 타실 나귀 새끼를 끌고 오라는 말씀이다. **"주가 쓰시겠다 하라"**는 나귀의 주인이 예수님이시고, 나귀 소유자는 예수님이 쓰실 때를 준비하는 관리인임을 말씀한다. 물질의 주인이 하나님이시다. 인간의 물질 소유는 하나님께서 맡기신 사용권 개념이다. 소유는 절대적인 것이 아니라 나누도록 주신 것이다. 금과 은이 녹이 슨 것은 가난한 사람을 돌보지 않은 것이 된다. **"불같이 너희 살을 먹으리라"**는 심판을 받는 것이 된다. 재물을 바르게 사용할 때 축복이 된다. 잘못 사용할 때 하나님의 심판이 따른다.

지혜와 능력, 재능과 재물, 모든 것은 하나님이 주셨다. 이 땅의 삶은 청지기 삶이다. 청지기의 자세는 정직과 성실이다. 검은 돈, 속인 돈을 집안에 두는 것은 우상을 숭배하는 것과 같다. 불로소득은 정직한 사람의 노력을 도둑질하는 죄악이다. 부동산 투기, 금융 투기는 다수의 근로 의욕을 꺾는 사회악이다. 지금 우리나라는 투기공화국이 되었다. 젊은이들이 한탕주의에 매몰되어 일확천금을 노린다. 젊은이들의 손이 도박하는 손이 아니라 봉사하며 섬기는 아름다운 손이 되도록, 열심히 일하는 풍토를 만들어야 한다. 자립공생사회는 노력을 하지 않고 과실을 따 먹겠다는 공짜 심리가 없다. 죄악의 열매를 축복인 양 탐닉하는 사회가 아니다. 누구

나 일을 한다. 일해서 얻은 것 이상을 탐하지 않는다. 누구나 생활의 염려가 없기에 일확천금을 노리는 투기가 불필요하다. 불로소득은 부끄러움이 된다.

○ 공생의 토지관

(레위기 25:23-25) 토지를 영구히 팔지 말 것은 토지는 다 내 것임이니라 너희는 거류민이요 동거하는 자로서 나와 함께 있느니라/ 너희 기업의 온 땅에서 그 토지 무르기를 허락할지니/ 만일 네 형제가 가난하여 그의 기업 중에서 얼마를 팔았으면 그에게 가까운 기업 무를 자가 와서 그의 형제가 판 것을 무를 것이요

토지는 기본적으로 하나님 소유이다. 인간의 소유는 사용권 개념이다. 구약 율법인 레위기는 토지는 삶의 터전인 기업으로 영구히 팔지 못하도록 한다. 본래의 기업인 자기 땅을 팔았을 경우, 가까운 친척 순으로 판 값을 되돌려주고 땅을 무를 수 있도록 한다. 자립공생사회의 토지는 기본적으로 공개념이다. 개인의 절대적인 소유가 인정되지 않는다. 토지는 모두가 함께 누려야 할 생활 공간으로 개인적 투기 대상이 되어서는 안 된다.

국가는 토지의 공익적 사용을 위해 개인의 소유권 제한과 의무를 부과할 수 있어야 한다. 싱가포르는 자유무역을 하고 외국인 투자를 적극적으로 유치하지만, 토지의 대부분은 국가 소유로 개인의 사용은 장기 임대 (99년) 개념이다. 주택의 대부분도 국가에서 발주하여 개발, 공급한다. 국가 총생산(GDP)의 20% 이상을 국영기업(Temasek)이 창출한다. 정부는 개별 기업이 할 수 없는 공익적 사업을 적극적으로 수행해야 기업을 운영하기 좋은 나라가 된다.

○ 상속의 영성

(레위기 25:10) 너희는 오십 년째 해를 거룩하게 하여 그 땅에 있는 모든 주민을

위하여 자유를 공포하라 이 해는 너희에게 희년이니 너희는 각각 자기의 소유지로 돌아가며 각각 자기의 가족에게로 돌아갈지며

희년은 일곱 번의 안식년을 지난 다음 해인 오십 년째 해로서 잃었던 신분을 회복하고 땅을 되찾는 해이다. 땅을 팔고 노예가 되었더라도 오십 년째가 되는 희년에는 저렴한 가격으로 땅을 되돌려 받도록 하였다. 누구나 일생에 한 번은 하나님 은혜의 해, 희년을 경험하게 된다. 오늘날 희년 정신을 새긴다면 부는 당대에 누리는 것으로 족하다. 부와 가난은 당대로 끝내고 다음 세대는 새롭게 출발하는 것이 바람직하다.

하지만 현실적으로 상속을 제한하기는 어렵다. 상속의 제한은 충분한 공감대를 거쳐 단계적으로 이루어질 수밖에 없다. 어느 한 나라만으로 해결될 수도 없다. 세계적인 공감대, 국제적 규범이 정립되어야 한다. 국가별로 상속세의 차이가 크다면 제약이 없는 국가로 기업이 옮겨가게 된다. 산업혁명과 더불어 자본주의가 태동된 이후 세계적으로 불균형이 고착되었다. 궁극적 방향에 대한 세계적 공감대를 형성, 불균형을 개선해 가야 한다. 기업은 오너 개인의 소유가 아닌 사회적 기업이라는 인식 아래 능력 있는 기업가가 맡아 발전시키는 것이 바람직하다. 자립공생사회는 각자가 재능과 적성을 개발, 능력껏 공동체에 기여하며 그 결실로 생활하는 사회로 그러한 바탕이 된다.

4. 공동체 이익과 가치를 우선한다. 국민 총행복을 추구한다.

○ 공권력의 권위가 회복된다.

우리나라는 공권력의 권위가 떨어져 있다. 공권력을 무시하는 불법시위와 데모가 빈번히 일어난다. 경찰이 데모대에 맞아 병원으로 실려간다. 경찰의 공무집행을 방해한다. 경찰관이 취객에 멱살을 잡힌다. 국가는 법을 집행하는 권력기관으로 치안을 유지하며 국민을 안전하게 보호하기 위해 범법자, 범죄자를 처벌하는

권한을 가진다. 국민은 국가 권력에 순응하며 따라야 한다. 우리나라가 선진국에 진입한 만큼 이제는 선진국 문화를 정착해야 한다. 공권력을 존중하는 것이 질서의 바탕이다. 개인의 인권은 존중되어야 하지만, 공동체 이익을 훼손하면서 개인의 인권을 주장할 수 없다. 법과 질서를 지킴으로써 개인의 이익이 보호되고 증대된다. 공생사회는 공동체의 이익을 위해 개인의 불이익을 감수한다. 법과 질서를 넘어 하나님 공의를 추구한다. 공생사회는 모두가 공익적 위치이다. 모두가 사회적 가치를 우선하며 자발적인 헌신과 희생으로 공동체를 섬긴다.

○ 기업의 사회적 책임이 강조된다. 사회적 투자로 사회 전체의 파이를 증대시킨다.

 기업의 존재 가치와 목적이 달라진다. 이윤 창출을 넘어 사회적 가치를 창출한다. 기업의 사회적 책임(CSR/ Corporate Social Responsibility), 사회가 공유하는 이익의 창출(CRV/ Creating Shared Value)이 기업의 생존과 성장의 바탕이 된다. 자립공생사회 기업은 사회 공동의 이익과 가치를 적극적으로 추구함으로써 사회적 문제 해결을 주도한다. 기후 변화의 재앙에서 기업이 자유로울 수 없다. 공생사회 기업은 지구 환경개선과 사회적 책임, 종업원의 안전과 고객의 보호, 지배 구조 개선 등 비재무적 요소를 어우르는 ESG(Environment, Sociality, Governance) 경영을 실천한다. 2050년까지 기업이 사용하는 에너지를 친환경 재생에너지로 바꾸자는 RE100(Renewable Energy 100%) 운동에 적극 참여한다. 기업의 ESG 경영, RE100 운동은 필연적으로 비용의 증가가 따르기에 기업의 자발적 추진이 어렵다. 공생사회가 될 때 기업이 적극적으로 추진, 선도할 수 있다.

 지금 세계 경제는 퍼팩트 스톰(Perfect storm), 장기 침체국면에 접어들고 있다고 학자들은 말한다. 이러한 국면에 대응하자면 시대와 산업이 필요로 하는 인재를 양성하는 교육혁신, 누구나 자신에 맞는 일을 하도록 하는 고용혁신, 각 분야 활발한 연구개발(R&D)의 기술혁신이 일어나야 한다. 이러한 환경을 정부가 주도적으로 이끌며 사회 전체의 파이가 증대되도록 사회적 투자, 사회적 자본(Social

Capital)을 증대시켜야 한다. 자립공생사회는 자립을 통해 생산성을 향상시키고, 고용을 통해 재정 부담을 줄이며, 사회적 투자를 통해 안정적 성장을 이룬다. 세금을 많이 걷는 것이 나쁜 것이 아니라 잘못 쓰는 것이 나쁜 것이다. 정부가 세금을 걷는 만큼 사회 간접자본, 투자와 서비스를 확대해야 한다. 지금 한국의 출산율은 세계 최저이고 고령화 속도는 세계 최고이다. 안정적 고용이 확보되고 생활의 염려가 없다면 출산율이 올라가게 된다. 앞으로 4차 산업시대, 인공지능과 로봇이 사람이 하는 일을 상당 부문 대체하게 된다. 많은 사람들이 자신의 노력이나 의지와 무관하게 일자리를 잃게 된다. 자립공생사회는 이를 극복하고 안정적 성장을 이룰 수 있는 환경이 마련된다.

○ 생명화 경제, 생명을 중시하는 경제성장과 기술 개발을 추구한다.

  기업은 생명 중시 기업으로 다시 태어난다. 산업혁명 이후 인류는 수 세기 동안 산업화 시대를 거치면서 경제 성장과 물질적 발전은 이루었지만, 자연 질서의 파괴와 환경오염으로 온 지구가 중병을 앓고 있다. 오염의 근원은 인간이 발전시킨 산업기술 문명이다. 자동차 배기가스, 공장에서 내뿜는 공해와 폐수로 나무들이 죽어가고, 공기와 강물이 오염되고 있다. 플라스틱과 화학 폐기물로 생태계가 파괴되고 지구가 죽어가고 있다. 공생사회는 생명을 살리는 생명 경제를 추구한다. 기업의 이윤보다 생명의 안전과 건강을 우선한다. 기업의 상품과 서비스가 안전의 바탕 위에 이루어지며 지구 환경을 훼손하지 않는다.

  19세기 영국 경제학자 토머스 맬더스는 '인구는 기하급수적으로 증가하고, 식량은 산술급수적으로 증가한다'고 했다. 결과적으로 그의 전망은 빗나갔다. 공기 중 질소를 암모니아로 바꾸는 화학비료를 개발했고, 살충제까지 개발해 해충을 방지하면서 식량 생산은 급증했다. 여기에 공장식 축산업과 곡물 사료로 육류와 계란, 유제품 생산비용을 획기적으로 낮췄다. 그 결과 먹을 것은 풍족해졌지만, 화학 비료의 남용으로 비옥했던 토양은 고갈되었다. 오늘날 맬더스의 경고를 다른 각도에서 새겨야 한다. 기술 개발이 인류의 안락을 해치지 않도록, 불평등을 가속화하지 않도록 새로운 바탕 질서를 세워야 한다. 물질 중심의 성장에서 돌이켜 생명 회복 시대로 전환해야 한다. 파괴된 자연과 생태계를 회복, 하나님 창조 질서의 생명화 경제로 나아가야 한다.

 자립공생사회는 안전의 바탕 위에 이윤을 추구한다. 기업의 운영은 안전한 작업 환경과 환경 유지 조건을 충족해야 한다. 안전이 보장되지 않는다면 근로자를 뽑을 수 없다. 생명은 타협의 대상이 될 수 없다. 산업재해로, 열악한 작업 환경으로 근로자가 죽어간다면 성장을 자랑할 수 없다. 이윤추구가 목적인 경쟁 환경에서 산업 안전은 법규나 처벌만으로 지켜지지 않는다. 중소기업, 영세 업체들이 모든 안전 설비를 갖추기 어렵다면 정부가 지원해서라도 안전한 작업 환경을 갖춘다. 공단의 기본 인프라를 국가가 지원하는 형태가 된다. 미래는 생명 경제, 생명의 회복과 창조에 앞서가는 나라가 선진국의 잣대가 된다. 오늘날 AI기술이 급격히 발전되고 있다. AI가 인간의 감정과 생각까지 지배하며 인간을 통제한다면 인간의 정체성이 위협받게 된다. AI를 비롯한 기술문명의 발달이 인간의 행복한 도구가 되도록 슬기로운 지혜가 필요하다. 지혜의 바탕이 영성이다. AI가 인간의 행위는 학습하지만 사랑과 긍휼의 영성을 흉내낼 수는 없다. 자립공생사회는 영성의 바탕에서 참된 인간의 행복을 가져오는 생명화 기술 개발에 앞장서며 생명의 회복과 창조에 최우선을 두게 된다.

○ 국민 총행복을 추구한다. 아담 스미스 국부론의 국부 개념이 달라진다.

 자립공생사회는 국민 총행복, 국민 모두의 삶의 만족도와 삶의 질을 향상시킨다. 국부(Wealth of Nations)의 개념이 국민 총행복(Gross National Happiness)으로 바뀌게 된다. 아담 스미스의 「국부론」도 소수의 독점이 아닌 모두를 위한 국부의 증대가 목표였다. 소비는 모든 생산의 목적이며, 국민 전체가 소비하는 상품과 서비스가 국부라고 규정했다. 국부 증대의 방법으로 '보이지 않는 손'에 의한 가격 결정과 분업에 의한 생산성 증대를 강조했다. 이를 오늘날 사회에 적용한다면 국민 총행복론이 된다. 국가의 목표가 '생산성 향상을 통한 국부 증대'에서 '삶의 질 향샷'으로 확대된다. 새로운 국부는 국민 건강과 평균수명, 공동체 의식과 나눔의 정신, 정직과 준법정신, 여가 선용과 자기 계발, 깨끗한 공기와 자연 친화적 환경 등을 포함하게 된다.

미래사회는 정신적 웰빙(Mental Wellbeing)이 중요하다. 정신적으로 건강하게 사는 사회가 되자면 정신적 자본(Mental Capital)을 축적해야 한다. 경제성장을 이룬다고 국민의 행복이 비례해서 증가하지 않는다. 우리나라는 1973년에 1인당 국민소득 365달러를 돌파했다. 1977년에 1,000달러, 1994년에 1만 달러, 2006년에 2만 달러, 2017년에 3만 달러를 넘어 세계 10위권 국가로 발돋움했지만, 행복지수는 비례해서 높아지지 않았다. 오히려 떨어졌다. 2023년 2월 통계청이 OECD 통계를 인용해 발표한 '국민 삶의 질 2022' 보고서에 의하면 대한민국 국민 삶의 만족도는 10점 만점 중 5.9점으로 OECD 38개국 중 36위다. 한국보다 낮은 나라는 내전으로 사회 갈등이 심한 콜롬비아와 지진 피해를 당한 튀르키예뿐이다. 우리는 치열한 경쟁 환경과 불균형으로 공동체 관계가 무너졌다. 노인 빈곤율이 37.6%로 OECD 평균 13.5%보다 3배가량 높다. 자살률이 OECD 1위이다. 어떻게 해결할 것인가? 경쟁이 아닌 협력 사회, 물질보다 정신이 우선하는 사회를 이루어야 한다. 생활의 염려가 없어야 소외감, 고립에서 벗어나 연대감과 소속감, 일체감을 가질 수 있다. 자립공생사회는 그 답이 된다.

5. 하나님 주신 창조 능력을 마음껏 발휘한다. 국제협력과 공조로 자연을 잘 다스린다.

○ 동태적 성장 사회를 이룬다.

오스트리아 태생 미국 경제학자 조셉 슘페터(1883-1950)는 역동적인 변화를 주도하는 기업가와 기업가 정신에 의한 '창조적 파괴, 동태적 혁신 성장'을 자본주의 발전의 핵심 동력으로 보았다. 동태적 혁신 성장을 이루자면 창의적 젊은 인재들이 필요하다. 청년들이 꿈을 마음껏 펼칠 수 있는 환경이 되어야 한다. 청년들 꿈이 죽으면 미래가 없다. 자립공생사회는 젊은이들이 마음껏 꿈을 펼칠 수 있는 환경이 된다. 생활의 염려가 없을 때 자기 재능을 마음껏 개발, 발휘할 수 있다. 청년들에게 필요한 것은 기본소득과 같은 일시적 지원이 아닌 혁신에 대한 보상, 실패에 대한 사회적 안전망이다. 토마스 에디슨은 "**천재는 1% 영감과 99% 노력이다. 실패는 성공의 어머니다. 나는 실패한 것이 아니라 잘되지 않는 방법 한 가지를 발견한 것이다**" 했다. 그는 빛을 내는 필라멘트를 만들기까지 2천 번이 넘는 실패를 했지만, 그것은 실패가 아닌 과정이었다. 에이브러햄 링컨에게 기자들이 '당신은 어떻게 존경받는 사람이 되었습니까?' 물었을 때 '제가 다른 사람보다 더 많은 실패를 경험했기 때문입니다' 했다.

4차 산업시대는 첨단기술 개발국이 세계를 선도하게 된다. 기술 개발이 점점 빨라져 한번 뒤쳐지면 따라잡기 어렵다. 새로운 기술이 개발되면 이전의 기술은 무의미해진다. 기존의 일자리가 없어지게 된다. 시대의 흐름을 빨리 읽고 앞서가지 않으면 개인과 사회가 불행하게 된다. 자립공생사회는 선제적으로 대응할 수 있는 환경과 바탕이 된다. 위기가 기회가 된다. 청년들이 줄어드는 일자리 걱정이 아니라, 새로운 도전으로 일자리를 창출하게 된다. 앞으로 점점 기술 주권시대가 된다. 한 국가가 사회 경제적으로 필요한 기술을 스스로 개발하거나 어느 일방에 귀속되지 않고 외부로부터 조달할 수 있는 권리와 능력이 기술 주권이다. 우리의 반도체 기술은 좋은 기술 주권이다. 다른 분야도 국민 모두가 힘을 모아 기술 주권을 확보해야 한다. 그러자면 각자가 자기 분야 전문가가 되어야 한다. 인도 출신의 경제학자로서 빈곤과 불평등에 대한 통찰로 1998년 아시아인 최초로 노벨 경제학상을 받은 아마르티야 센(Amartya Sen) 박사는 "**인간은 더 많이 소비할 때가 아니라 자신의 고유한 능력을 최대한 발휘할 때 행복해진다. 불평등과 불균형, 가난과 차별이 나쁜 이유는 능력을 발휘할 기회 자체를 제한받기 때문이다. 가능성이 있는 역량의 스위치를 켜 볼 기회 자체가 주어지지 않기 때문에 나라의 금고를 아무리 쌓아도 그 사회는 발전할 수 없고 행복해지지도 않는다**"고 했다. 자립공생사회는 누구나 마음껏 능력을 발휘할 수 있는 환경이 된다. 개인과 국가 모두가 행복한 사회, 하나님 주신 자유의지의 축복을 마음껏 누리는 사회이다.

○ 문화, 예술을 마음껏 꽃피운다

　문화와 예술은 삶의 질적 풍요, 정서 함양에 필수적이다. 미래사회는 문화활동, 문화경제가 신성장 동력, 국민경제의 중요한 축이 된다. 하나님 창조사역, 하나님 보시기에 아름다운 사회를 이루기 위해서는 문화, 예술의 발전이 중요하다. 문화, 예술의 힘은 상상력과 창의력에서 나온다. 자유롭게 상상력과 창의력을 펼치는 환경이 될 때 문화, 예술이 활짝 꽃피게 된다. 지금 K 팝으로 대표되는 한류 열풍에 세계가 열광하고 있다. 젊은이들이 세계의 문화 차이를 극복하고 우리의 고유한 K 컬처, K 스타일 문화를 만들어가고 있다. 앞으로 세계를 선도하는 자랑스런 일꾼들, 기술자와 과학자, 기업인은 물론, 예술인, 체육인들이 많이 나와야 한다. 영광스런 대한민국의 시대적 사명이다. 자립공생사회는 그러한 사명을 이룰 수 있는 바탕이 된다.

　우리 민족은 제6부에서 보듯 하나님 사명의 민족이다. K 컬처, K 스타일이 세계적으로 확산되고 있는 바탕이 무엇인지를 새기며 자부심을 가지고 생명을 살리는 문화, 하나님 기쁨의 한류 문화를 창조해 가야 한다. 민족의 건국이념인 홍익인간 정신은 오늘날 K 팝, K 스타일의 원동력이 되었다. 우리는 창의성이 뛰어난 민족, 놀라운 문화 예술의 힘과 재능을 가진 민족이다. 세계 최초로 금속활자를 이용한 인쇄술을 개발한 민족이다. 고려 때인 1377년 금속활자로 인쇄한 '직지'는 세계 최초의 금속활자본이다. 1455년 독일 구텐베르크 금속활자본보다 78년이나 앞섰다. 세종대왕의 훈민정음은 오늘날 세계에서 가장 과학적인 언어로 평가받고 있다. 우리 민족의 우수성과 근면성은 세계 최빈국에서 단기간에 선진국에 진입함으로써 증명되었다. 대한민국은 경제력에서 세계 10대 강국, 방위산업과 군사력에서 6대 강국의 대열에 올라섰다. 문화, 예술의 힘은 그보다 더 높게 분출하여 세계를 선도할 수 있다.

○ 자연을 잘 다스린다. 기후 위기, 에너지 문제의 해법을 제시하며 그 길을 선도한다.

하나님은 자연이 회복력을 지니도록 창조하셨다. 회복력은 인간이 자연을 잘 다스릴 때 유지된다. 인간의 탐욕으로 자연의 회복력이 한계에 이르렀다. 인류는 산업혁명으로 물질적 풍요를 가져왔지만, 대규모의 자연 파괴로 인류의 생존을 위협하는 환경 위기가 초래되었다. 환경을 파괴하면서 대량생산, 대량소비의 물질적 풍요를 누렸기에 환경을 복원해야 할 책임이 인류에게 있다. 물질적 풍요를 누린 선진국에 더욱 책임이 있다. 원자재와 자원이 부족한 우리도 혜택을 많이 누렸다. 우리는 이미 하이테크 기술혁신 국가가 되었다. 앞으로 환경분야 하이테크 혁신기술, '꿈의 에너지'라 불리는 핵융합 발전기술 등을 선도해야 한다. 기후위기, 에너지 대책은 선택이 아닌 필수이다. 에너지 전환은 장기적 계획 아래 일관성 있게 추진해야 한다. 시장경제, 이윤추구의 기업만으로는 해결할 수 없다. 정부와 기업이 위험과 수익을 공유하는 화학적 결합이 필요하다. 정부가 함께 투자하며 컨트롤 타워 역할을 해야 한다. 단기적으론 수익이 없더라도 반드시 이루어야 할 인류의 과제로 장기적으로는 충분히 보상을 받게 된다. 자연은 다음 세대들이 살아갈 미래이다. 자연을 파괴하고 활용하는 만큼 다음 세대에 빚을 지는 것이 된다. 코로나 팬데믹은 세계가 함께 극복하지 않으면 해결할 수 없었다. 앞으로 더 큰 기후 위기의 재앙이 도사리고 있다. 기후 위기는 인류 생존의 문제이다. 이산화탄소는 어디서 배출되든 지구 전역에 고르게 확산된다. 세계적 그린 뉴딜정책을 함께 추구해야 한다.

과학자들은 산업화 이전 대비 지구 평균온도가 1.5도 상승하는 시점을 지구온난화 차단의 마지노선으로 보고 있다. 1.5도 이상 올라가면 그간 누적된 이산화탄소 때문에 급격하게 기온이 상승. 빙하가 급격하게 녹는 등 지구 재앙이 초래된다고 한다. 이미 그 시기가 다가왔다. 재앙을 막을 시간이 얼마 남지 않았다. 자카르타는 이미 해수면이 높아져 바다에 잠기고 있다. 방파제를 쌓는 등 애를 쓰지만 근본 해결책이 아니다. 베네치아 역시 바닷물에 잠기고 있다. 지구온난화로 빙하가 빠르게 유실되고 있다. 지구의 냉장고 역할을 하는 북극 지방의 지표면 온도가 **빠르게 상승**, 탄소 밀도가 가장 높은 영구 동토층이던 캐나다 북쪽과 알래스카의 툰드라가 녹아내려 얼음 속에 묻혀 있던 엄청난 탄소가 방출되기 시작했다. 영구 동토층이 녹으면 1조 7천억 톤의 탄소가 방출되며 이는 대기에 포함된 탄소량의 2배에 달한다고 한다. 한편에선 탄소를 흡수하는 아마존 밀림과 같은 삼림 지역이 무차별적으로 개발되고 있어 탄소 균형이 급격히 깨어지고 있다. 하나님 뜻을 새기며 창조 질서로 돌아가야 한다.

  미래를 지배하는 나라는 세계가 함께 풀어야 할 글로벌 챌린지의 해법을 제시하며 그 길을 선도하는 나라이다. 대한민국이 그러한 나라가 되어야 한다. 다음 장에서 보듯 대한민국은 하나님 나라의 파수꾼으로 세워졌다. 모든 문제는 하나님 관계의 이탈에서 비롯되었고, 하나님 관계가 회복되어야 근본 문제가 해결된다. 기후 위기, 인류의 위기에서 생명을 살릴 열쇠는 우리 민족의 홍익인간 정신이다. 홍익인간은 하나님 뜻과도 같다. 하나님 영감만이 지구와 인류를 살릴 수 있다. 자연은 인간에 필요한 모든 것을 공급하는 생명줄이다. 인류는 자연과 눈 맞춤하는 한 폭의 모자상, 젖을 물고 엄마를 쳐다보는 아기 모습이 되어야 한다. 하나님 창조 질서, 생명의 진리가 그 속에 있다.

3장 자립공생사회 교육

1. 혼이 있는 교육

○ 교육의 바탕은 혼이다.

　교육에 혼이 있어야 한다. 혼은 올바른 정신이다. 교육이 지향하는 바른 인격. 지·정·의(知·情·意)의 바탕이 혼이다. 교육을 통해 심어진 혼이 일생을 좌우한다. 어릴 때 혼을 불어넣어야 한다. 초등학교는 혼이 길러지는 곳이다. 필자의 머릿속에 남아있는 초등학교 처음 교육은 '바둑아 놀자, 나비야 나비야 이리 날아 오너라' 이다. 혼이 없는 내용이다. 예컨데 '힘내, 내 손을 잡아, 일어나 함께 가자'였다면 협동심이라는 혼이 머리에 남지 않겠는가! 토끼와 거북이 경주도, 이솝우화에 나오는 이야기지만, 초등학교 처음 교과서에 싣기에는 혼이 부족하다. 토끼가 자만하여 자다가 거북이에게 졌다. 이기는 것이 목표가 아니라 정당하게 이겨야 한다. 거북이가 토끼를 깨워 함께 승자가 되었다면 '페어플레이' 정신이 머리에 심어지지 않겠는가! 안타깝게도 지금은 어릴 때부터 선행학습으로 혼이 있는 교육과는 더욱 멀어졌다. 교육의 목표를 입시경쟁의 승리에 두고 있다.

　1807년 독일이 나폴레옹 군대에 패했을 때 독일의 철학자 피히테(1762-1814)는 '독일 국민에게 고함'에서 '독일이 패한 것은 군대가 약해서가 아니라 국가의 혼이 없었기 때문이다. 독일 국민이 이기심으로 가득 차 있다. 교육을 통해 국가의 혼을 길러야 한다'고 외쳤다. 그로부터 64년이 지나 1871년 프랑스를 점령하고 돌아온 몰트케(1800-1891) 장군은 '독일의 승리는 나와 군인들의 공로가 아니라 초등학교 선생님들의 공로다. 이 모든 영광을 그들에게 돌린다'고 말했다. 1815년 워털루 전쟁에서 나폴레옹 군대에 승리하고 돌아온 영국의 웰링턴 장군은 '워털루 전쟁의 승리는 어린 시절 이 교정에서 시작되었다'며 이튼 스쿨, 중등학교에서 길러진 교훈의 혼을 되새겼다.

○ 혼의 바탕은 영성이다.

　혼의 뿌리를 찾으면 영성이 된다. 하나님이 인간을 창조하실 때 하나님의 영을 불어 넣으셨다. 하나님 영이 혼의 바탕이다. 교육의 혼, 교육의 바탕은 영성이 된다. 하나님 관계를 바로 세우는 것이 교육의 바탕이다. 미국 교육의 혼은 기독교 정신, 청교도 정신이 되어 왔다. 유대인은 어릴 때부터 가정에서 말씀을 가르치는 쉐마교육을 실시한다. 쉐마교육에 대해서는 제6부에서 좀 더 보기로 한다. 프랑스는 철학교육을 중시한다. 철학이 사고의 바탕이자 모든 학문의 뿌리라고 보기 때문이다. 철학은 당장은 쓸모가 없어 보이지만 지혜와 통찰력의 바탕이 된다. 프랑스는 어릴 때부터 스스로 생각하며 깨우치는 능력을 기른다. 프랑스 교육의 힘이다.

　그런데, 철학의 뿌리는 무엇인가? 철학은 하나님 주신 자유의지에서 나온 사고이자 생각이다. 사고와 생각의 바탕은 하나님 주신 영이다. 철학의 근원이 영성이다. 영성에 뿌리를 둔 교육이 철학에 바탕한 교육보다 훨씬 근원적이고 올바른 것이다. 우리나라 교육의 바탕 정신은 홍익인간이다. '널리 인간 세상을 이롭게 하라'는 홍익인간 정신은 1949년 대한민국 교육법 제정 이래 우리나라 교육 이념이 되어 왔다. 홍익인간은 하나님 마음, 영성에 바탕한 교육의 혼과도 같다. 민족의 혼, 교육의 혼이 하나님 마음과 같다는 것은 우리 민족의 자랑이다. 하나님과 관계된 민족, 하나님 사명을 감당할 민족임을 증거한다. 자부심과 사명감을 가지기에 충분하다. 홍익인간의 교육 이념을 실천할 때 혼이 있는 교육, 혼이 있는 나라와 민족이 된다.

○ 영성에 바탕한 교육의 혼을 자립공생사회의 측면에서 본다면 자립정신과 공생정신이 된다.

　앞에서 본 자립공생 정신은 교육의 측면에서 본다면 교육의 혼과 같다. 자립정신은 영성에 바탕한 바른 인성과 지성, 전문성을 갖추는 것이 된다. 자립정신과 관련하여 특별히 두 가지를 든다면 먼저 정직이다. 거짓말하지 않도록 가르쳐야 한다. 우리나라 청소년 설문조사에서 80%가 정직하면 손해라고 답했다. 사회가 잘못되어 있다. 아무리 잘 배워도 정직하지 않으면 소용이 없다. 정직에서 준법정신이 나오고, 사회 정의가 실현된다. 다음은 다른 사람과 비교가 아닌 자기다움을 찾는 일이다. 자신에 대한 믿음, 자신을 사랑하며 자존감과 자긍심을 가지는 일이다. 스스로의 꿈과 계획을 찾아 이루도록, 자신의 장점과 역량을 키우도록 교육하는 일이다.

공생정신은 공동체의 일원으로서 협동과 팀워크 정신, 사랑과 희생, 배려와 나눔의 정신이다. 공생정신과 관련하여 특별히 두 가지를 든다면 협동심과 이타심이다. 협동심은 배려와 양보로 서로 섬기며 힘을 합치는 정신이다. 다른 사람의 짐을 함께 지며 아픔을 함께 나누는 정신이다. 이타심은 다른 사람을 위해 기꺼이 자신을 희생하는 정신, 다른 사람을 밀어주며, 다른 사람의 뒷바퀴를 자처하는 정신이다. 남을 이기기 위한 공부가 아니라 남을 유익하게 하는 공부, 이웃과 사회에 유익과 선한 영향력을 끼치는 공부가 되어야 한다. 공생사회의 본이 되는 멘토들이 길러질 때 멘토를 따라 성장한 아이들이 다음 세대의 멘토가 된다.

미국 소방대원의 화재 진압 출동 시 외치는 구호가 'You go, We go'이다. '네가 가는 곳에는 우리도 함께 간다'며 용기를 북돋우는 협동정신, 함께 싸우며 어떤 고통도 함께하겠다는 전우애 정신이다. 우리는 언제부턴가 'You go, We blame'이 되었다. 앞서 가면 뒤에서 헐뜯고 조롱한다. 밀어주는 것이 아니라 끌어 내린다. 협동은 없고 경쟁만 있다. 자립공생사회는 남을 이기기 위한 교육이 아니라, 각자의 재능을 개발하여 사회에 봉사하도록 하는 교육, 다 같이 승리하는 교육이 된다. 경쟁은 오직 자신과의 경쟁만 있다.

2. 교육과 대학에 대한 인식이 달라진다. 대학입시와 대학 공부가 달라진다.

○ 교육에 대한 인식, 교육 목표가 달라진다.

자립공생사회는 영성에 바탕한 교육의 혼, 지·덕·체의 전인적 인격체로 양육한다. 하나님 관계를 바르게 하며 하나님 주신 창조 능력을 개발하는 것이 지성이 된다. 사람 관계를 바르게 하며 사랑과 희생, 겸손과 섬김의 협동심을 지닌 책임 있는 사회인으로의 양육이 덕성이 된다. 건전한 정신에서 건강한 체력이 나온다. 건전한 정신과 육체의 균형을 이루도록 교육한다. 교육이 시대를 앞서가며 시대정신을 이끌어야 한다. 4차 산업시대에 단순히 지식을 주입시키는 교육은 필요가 없다. 강의실에서 배운 지식을 현장에 적용하는 능력, 이해와 공감, 협동 능력을 기르는 것이 중요하다. 자립공생사회는 정신적 가치를 심어주는 교육, 하나님 관계에서 자신을 성찰하며 자립정신과 공생정신을 기르는 교육이 된다. 다른 사람을 배려하며 섬기는 자질과 소양을 갖춘 교양인, 공동체 일원으로서 자기 책임을 다하는 사회인, 직업의식과 전문성을 가진 직업인으로 양육하는 교육이 된다. 일률적인 경쟁, 한 방향의 천재가 아니라, 각자의 재능을 살리는 다양한 천재를 길러내는 교육이 된다.

평생교육이 된다. 교육은 지식의 완성이 아니라 지식을 담는 그릇을 키우는 것이다. 4차 산업시대는 지식과 기술이 엄청난 속도로 발전한다. 학교에서 배운 지식으로 평생을 살아갈 수 없다. 졸업 후 6개월이 지나면 구지식이 된다. 교육과 학문에 대한 인식과 태도가 달라진다. 공부에 졸업이 없다. 평생교육, 평생학습이 된다. 우리나라 의술이 세계적으로 뛰어난 것은 우수한 인재들이 의대를 지원한 면도 있겠지만, 무엇보다 의사가 평생직업이기 때문이다. 자립공생사회는 모든 분야가 평생직업이 된다. 누구나 직업인으로서 자기 분야에 평생 연구 노력, 최고의 전문가가 된다. 평생학습의 환경이 조성되며 배움의 동기가 부여되고 배움의 길이 열린다. 배움은 삶의 중요한 가치이자 삶의 질을 높이는 수단이다. 성취감을 통해 삶의 의욕을 증대시키며 즐거움과 기쁨을 맛본다. 하나님께로 나아가는 배움의 길에는 졸업이 없다. 하나님 품에 안길 때까지 배워야 한다. 배움을 통해 영적으로 성숙하며 오염된 영혼을 정화한다. 노년의 학습은 건강에도 좋다. 배우려는 자세와 의지가 있다면 노인도 청년이 된다. 사람은 기본적 물질적 욕구가 충족되면 정신적 욕구, 배움의 욕구 충족이 중요하다. 배움 자체가 기쁨과 행복이 된다. 즐겁게 사는 길은 끝없이 공부하는 길이다. 인생은 죽을 때까지 학생이다. 배우며 깨닫고 성숙되는 삶이 인생이다.

 자립공생사회는 재능과 적성, 장점과 특성에 맞는 자기 분야를 찾아 평생 자기계발을 하는 평생 직업이 된다. 누구나 직업적 소명의식, 자기 분야의 전문가가 되어 이웃과 공동체를 섬기겠다는 직업의식을 지닌다. 직장은 바뀌지만 직업과 직종은 쉽게 바뀌지 않는다. 평생 자기계발의 기회가 부여된다. 고등학교부터 직업교육, 직능교육을 실시하며 대학 및 전문 연구 과정까지 생애 전반에 걸쳐 폭넓게 직업교육이 연결된다. 고등학교만 나와도 전문 기술인, 전문 직업인이 될 수 있다. 대학은 필수코스가 아니다. 취업을 먼저 해도 불리하지 않다. 취업 후 필요하면 대학에 갈 수 있다. 단 배움의 자세와 열의가 있어야 한다. 대학은 떨어뜨리는 곳이 아니라 재능과 열의가 있는 사람이 전문적으로 연구하는 곳이 된다. 지금 우리나라는 급속하게 저출산 고령화 사회가 되고 있다. 일하는 사람은 줄어들고 부양자는 늘어나고 있다. 자립공생사회는 그 해결책이 된다. 누구나 능력에 맞게 취업이 되며, 보수 차이가 크지 않기 때문이다. 현금성 복지로는 근본적 문제가 해결되지 않는다. 안정된 고용으로 누구나 자기 분야에서 일할 수 있는 지속 가능한 사회적 시스템을 갖추어야 한다.

 자립공생사회는 사교육 과외가 필요 없다. 필요한 사람은 원하는 대학에 갈 수 있기 때문이다. 대학 졸업장이 필요한 것이 아니라 실력이 중요하다. 전문 직업인, 전문 기술인이 우대를 받는 사회가 된다. 젊은 기능인들이 단계적으로 성장, 최고의 장인과 명장이 될 수 있도록 지원한다. 국가 전체적으로 평생 직업교육, 직능개발교육 시스템을 구축하고 그에 따른 일자리 연결 시스템을 갖춘다. 일자리와 고용의 안정, 질 좋은 일자리의 창출, 새로운 기술개발에 따른 일자리 예측과 직업교육을 국가적으로 계획, 시행한다. 누구나 자기개발로 더 나은 일자리로 이동할 수 있다. 앞으로 4차 산업시대에 일자리의 변화는 상수가 되고, 직업교육과 훈련은 필수가 된다. 자립공생사회는 국가가 자기계발, 직능개발을 하도록 체계적으로 지원하고 더 나은 직업 경로로 인도함으로써 개인적 사회적 인력 낭비를 줄이고 효용성을 극대화한다. 은퇴 후에도 경험과 지식, 노하우를 살려 필요한 곳에 쓰임

받을 수 있다. 자립공생사회는 보수가 목적이 아니라 일의 가치와 보람을 찾는 사회이다. 평생 일할 수 있는 사회, 일의 축복을 누리는 사회이다.

○ 대학에 대한 인식, 대학입시와 대학 공부가 달라진다.

　대학은 배운 사람이 아니라 배울 수 있는 사람이 간다. A를 뽑는 곳이 아니라 A를 만드는 곳이 된다. 공부를 잘한 학생들에게 명찰을 달아주는 곳이 아니라, 잠재력을 갖춘 학생들을 뽑아 최대한 능력을 키우는 곳이 된다. 대학에 입학하기 전의 실력이 중요하지 않다. 지금껏 우리나라 교육은 고비용 저효율 구조였다. 문제 하나를 더 맞추기 위한 쓸데없는 선행교육을 하며 모두가 비싼 사교육에 매달렸다. 우수한 학생들을 뽑아 평범하게 만들어 내보내는 교육이 되었다. 자립공생사회는 대학이 취업을 위한 코스, 자신을 치장하는 스펙 코스가 아니다. 공부하는 대학이 된다. 입학은 쉽고 자유롭되 졸업은 자유롭지 못하다. 공부하지 않으면 졸업하기 어렵다. 스펙을 쌓기 위한 안일한 생각으로 대학에 가서는 손해가 된다. 그만큼 대학교육시간과 학습비용은 낭비가 된다.

　자립공생사회는 잠재력이 있고 배움의 열의와 자세가 있는 사람은 원하는 대학에 갈 수 있다. 대학입시는 떨어뜨리기 위한 시험이 아니라, 대학 수업에 필요한 자질과 재능을 가졌는지, 배움의 열의와 자세가 있는지가 기준이 된다. 일정 기준의 수학 능력만 점검되면 적성과 잠재력에 따라 누구나 원하는 대학에 입학할 수 있다. 상대평가가 아니라 절대평가가 된다. 자질과 역량, 열의와 자세가 있다면 모두가 합격된다. 줄 세우기 경쟁으로 다수의 학생을 떨어뜨려 좌절시키지 않는다. 제한된 인원을 뽑아야 한다면 차라리 제비뽑기 선발을 한다. 그 이전에 제비뽑기를 하는 상황이 발생하지 않도록 한다. 일자리 수요와 공급을 미리 예측하고 조정한다. 제한된 전공과목에 국한된 공부가 아니라 비슷한 과목을 포함하는 포괄적 전공으로 확대된다. 비슷한 과목의 전공이 되더라도 공생정신이 있기에 기꺼이 수용한다. 국가 전체적으로 재능과 역량에 따라 가장 적합한 일자리와 학교로 연결된다.

3. 대학교육의 환경과 여건이 달라진다.

○ 앞으로 대학 입학 가능 학생 수가 대학 정원을 크게 밑돌게 된다.

 2020년을 기점으로 입학 가능 학생 수가 전국 대학 정원을 밑돌고 있다. 2020년 수능 대상 인원이 49만 명으로 대학 정원보다 6만 명이 적었다. 해를 거듭할수록 저출산에 따른 학생 수의 자연 감소로, 대학 정원에 비해 입시생 수가 적은 비대칭 구조가 가속화된다. 통계청에 따르면 2043년 만 19세 인구는 23만 명으로, OECD 평균 대학진학율 41%를 적용하면 신입생 수는 9만5천 명에 불과해 20년 후는 대학의 80%가 폐교될 수 있다. 이미 정원 미달 대학이 속출해 지방 대학의 통폐합이 시작되고 있다. 상당수 대학이 폐교될 위기 상황인데도 대학입시를 위한 선행교육, 사교육 과외는 더욱 극성을 부리고 있다. 수도권 대학으로, 소위 일류대학으로, 인기 학과로 모두가 줄을 서기 때문이다.

 잘못된 입시경쟁 결과, 대학 교육의 경쟁력은 오히려 떨어지고 있다. 대학교육이 시대의 변화, 산업의 변화를 따라가지 못해, 취업을 위해서는 별도로 취업 준비 공부를 해야 하는 상황이 되었다. 대학을 나온 청년 실업자는 늘고 있지만 기업은 사람을 구하지 못해 허덕이고 있다. 시대의 변화를 외면한 줄 세우기 경쟁교육, 암기식 주입식 교육을 했기 때문이다. 적성과 재능을 개발하는 교육이 아니라 성적순으로 인기 학과에 줄을 섰기 때문이다. 사고력을 높이는 탐구가 아니라 입시 위주의 꽈배기 문제풀이 공부를 했기 때문이다. 잘못된 초중고 교육이 대학까지 이어졌다. 지금 대학의 경쟁력 제고가 시급하다. 초중고 교육의 정상화를 위해서도 대학이 먼저 변화해야 한다.

○ 건물 중심의 대학 교육이 온라인 중심으로 변화하고 있다.

 경영학의 태두 피터 드러커는 1997년 포브스에 '30년 정도 지나면 물리적 대학 캠퍼스는 역사적 유물이 될 것'이라고 예측했다. 실제로 대학 캠퍼스가 없는 미네르바대학이 주목을 받고 있다. 미네르바대학은 유명 벤처기업가 벤 넬슨이 2014

년 세운 학교로 샌프란시스코에 본부를 두고 있다. 기존 교육의 틀을 깨고 수업은 온라인으로만 진행한다. 학생들은 캠퍼스 공간 없이 온라인 인터넷 화상의 동영상 강의로 수업을 하며, 4년 재학 기간 중 6개월씩 학기마다 샌프란시스코, 싱가포르, 서울, 베를린 등 7개국 도시에 기숙사 생활을 하며 다양한 문화를 체험한다. 전 세계에 흩어진 캠퍼스에서 오프라인 공동생활을 하며 인턴십을 통한 현장 실습으로, 배운 내용을 다양한 상황에서 적용하는 방법을 체험한다. 효과적 의사소통과 협업 능력, 비판적이고 체계적인 사고능력을 기른다. 매년 150명 남짓한 학생 모집에 각국에서 2만 명이 넘게 지원하고 있다. 입시생 선발은 읽기, 쓰기, 수학적 능력을 측정하는 인지능력 테스트와 자기소개서, 면접으로 다양한 잠재력을 평가, 선발한다. 하버드, 예일대학에 못지않게 입학하기가 어렵다. 2022년 세계 혁신대학평가 1위를 차지했다.

글로벌 교육 환경이 급변하고 있다. AI로 대표되는 4차 산업시대는 대학의 혁신적인 변화, 공급자 중심 교육에서 수요자 중심 교육으로의 변화를 요구한다. 이미 대학교육이 혁명적으로 바뀌고 있다. 개방형 온라인 강좌(MOOC)가 운용되고 있다. 미국 스탠퍼드대와 MIT 공대의 유명강의를 온라인으로 들을 수 있다. 단기 집중 교육과정이 등장하고 있다. 교육 소비자 입장에서는 저렴한 수업료로 교육을 받을 수 있는 환경이 되었다. 배움의 의지와 열의가 있다면 얼마든지 필요한 지식을 습득할 수 있게 되었다. 대학교육이 혁신적으로 변화하지 않으면 경쟁력을 가질 수 없게 되었다. 미래사회는 평준화가 아닌 다양화, 개별화 시대이다. 과거와 같은 지식 전수만으로는 살아남을 수 없다. 4차 산업시대를 맞아 세계 대학들이 창의적 인재 육성을 위해 과감한 혁신과 투자를 하고 있지만, 우리는 과거에 안주하고 있어 대학의 경쟁력이 급격히 떨어지고 있다. 대학이 스스로의 존재 의미와 가치를 확고하게 세우지 않으면 살아남을 수 없게 된다.

앞으로 대학 지원 비율, 대학 진학률이 더욱 낮아지게 된다. OECD 보고서에 의하면 2008년 83.8%로 정점을 찍었던 한국의 대학 진학률은 2021년 69.8%로 떨어졌다. 그러나 여전히 OECD 평균 41%보다 절대적으로 높다. 앞으로는 대학 졸업이 취업의 절대적 조건이 되지 않는다. 대학 졸업장보다 실력이 중요하다. 배움의 통로, 수단과 방법이 다양하게 되어 대학을 가지 않고도 얼마든지 실력을 쌓을 수 있다. 자립공생사회가 되어도 대학 진학률은 올라가지 않는다. 오히려 더 떨어질 수 있다. 대학에 가지 않아도 취업에 불이익이 없고, 취업 후 필요하면 언제든 대학에 갈 수 있기 때문이다. 앞으로 대학이 입시생을 유인할 뚜렷한 경쟁력, 선명한 동기와 유인책이 없다면 위기를 맞을 수밖에 없다. 지금 일부 지방에서 추진하는 국·공립대학의 통합 추진은 앞으로 1도 1국립대의 신호탄이 될 수 있다. 지방대학이 국립대학 하나만 남게 된다고 우려를 하지만, 어쩌면 당연한 귀결일지 모른다. 오히려 적극적 선제적으로 대응할 필요가 있다. 앞으로 전공과 학과의 칸막이가 없어지고, 서로 다른 다양한 분야 교수들이 참여하는 협력 교육이 필요한데 모든 대학이 이러한 방대한 교수단을 갖출 수는 없다. 여러 대학의 난립보다는 국립대학 하나로 통합하는 것이 효율성과 경쟁력을 높이는 길이 될 수 있다. 수도권도 마찬가지이다. 세계 유수 대학의 유명 강의를 온라인으로 수강할 수 있는 시대에, 모든 대학이 개별적 독자적으로 경쟁력을 유지하기에는 비효율과 낭비가 크다. 국내 대학이 서로 장점과 특성, 정보와 지식을 공유할 필요가 있다. 일부 전통적 사립대학, 특화된 대학을 제외하고는 여러 대학이 난립하여 독자적으로 교과를 운용할 필요성도, 효용성도 줄어들게 된다.

○ 교육부가 대학을 일률적으로 규제하던 시대는 지났다. 국립대학의 경쟁력 제고가 필요하다.

지금 학령 인구 감소에 따라 대학의 일률적인 정원 감축을 추진하고 있지만, 이는 근본 해결책이 아니다. 시대의 변화에 맞지 않다. 국가의 위상을 높이는 더 큰 그림을 그려야 한다. 시대의 필요에 따라 자율적으로 정원을 조정할 수 있어야 한다. 학과별 장벽도 허물어져야 한다. 전공영역, 한 분야의 4년 교육은 더 이상 유효하지 않다. 자립공생사회는 대학 발전을 가로막는 행정규제가 사라진다. 학과 제도에 얽매이지 않고 대학 조직을 자율로 결정한다. 시대 상황에 맞게 학과별 정원을 유기적으로 조정한다. 원칙적으로 필요한 만큼, 원하는 학생은 모두 합격시킨다. 떨어뜨리는 것이 목적이 아니라 필요한 인재를 양육하는 것이 목적이다. 융복합 교육이 이루어지며 전과할 수 있다. 온라인 학위과정 개설도 대학 자율로 결정한다. 이제는 디지털 온라인 교육 시대가 되었다. 최고의 지식정보가 대학도서관인 시대는 지났다. 모든 지식과 정보를 인터넷으로 손쉽게 얻는다. 기존 물리적 장소 개념의 대학 모델은 한계에 도달했다. 문제는 이러한 환경 변화에 따른 대학의 국제 경쟁력 제고이다. 세계 대학들이 혁신적으로 변화하는데 우리는 아직도 줄세우기 경쟁교육으로 경쟁력이 급격히 떨어지고 있다. 대학교육이 바뀌고 대학입시가 바뀌어야 초중고 교육도 정상화된다. 이에, 4차 산업시대 도래에 따른 우리나라 전체의 대학 국제경쟁력 제고 방안을 잠시 고민해 보기로 한다.

지금 대학의 국제간 경계가 허물어져, 학생들이 해외의 온라인 공개강좌(MOOC)를 들어도 학점으로 인정되는 열린 교육 시대가 도래하고 있다. 이에 대응하여 대학의 경쟁력을 국가적으로 집중하여 키울 필요가 있다. 세계 최우수 교수진과 연구진, 우수 교수 초빙을 통한 교수 경쟁력 강화, 연구 시설 확충 등 막대한 투자가 필요하다. 현실적으로 모든 대학이 이를 충족하기는 어렵다. 앞에서 언급했지만, 일부 전통적 사립대학, 특화된 대학을 제외하고는 독자적으로 교과를 운용할 필요성도, 효용성도 줄어들게 된다. 전체적으로 국내 대학이 장점과 특성, 정보와 지식을 공유할 필요가 있다. 국립대학이 최고의 교과 과정을 편성 운용하고, 이를 다른 대학도 공유하는 것이 바람직하다. 4차 산업시대는 대학의 경쟁력이 국가경쟁력이 된다. 시대를 앞서가려면 세계 초일류 대학이 있어야 한다. 우리는 이미 선진국 대열에 합류했다. 서울대가 혁신의 허브 역할을 하는 세계 초일류가 되면 한국 대학 전체가 초일류가 된다. 한편으론 대학별, 학과별 분야별로 특화하여 분야별로 세계를 앞서가는 교육 인프라를 구축, 세계적 경쟁력을 갖춘 연구, 첨단 기술개발의 산실로 육성할 필요가 있다. 대학의 국제적 경계가 허물어진 온라인 교육 시대, 국내 대학의 경쟁력 제고를 위해 교과과정을 서로 통용하는 협동교육이 필요하다. 자립공생사회는 협동교육을 통해 모든 대학이 국제 경쟁력을 갖출 수 있다.

4. 대학교육과 입시개혁, 취업과 고용문제를 함께 해결한다.

　지금은 대학의 위기이다. 대학교육이 바뀔 수밖에 없는 시대적 환경에 있다. 자립공생사회는 대학교육 환경 변화에 능동적으로 대처할 수 있다. 각자의 재능을 최대한 개발하는 다양성 교육, 사회 전체 생산성을 향상시키는 직능별 교육을 실시하기 때문이다. 대학은 어떻게 우수한 학생을 뽑느냐가 아니라, 잠재력과 열의가 있는 학생을 어떻게 잘 가르치느냐가 초점이 된다. 대학교육이 문·이과를 초월한 융복합 교육이 된다. 강의식이 아닌 프로젝트 중심의 토론식 수업, 워크샵 형태가 된다. 미래사회는 전공에 관계없이 융복합 능력을 갖추어야 한다. 대학에 진학하려면 문·이과 구분 없이 수학과 과학 실력의 기초를 갖추어야 한다. 고등학교는 대학에 가기 위한 공부가 아니라 대학에 가서 무엇을 어떻게 배울 것인가에 초점을 두고 그에 따른 기초를 튼튼히 다지는 준비 과정이 된다.

　교사가 충분한 실력을 갖추도록, 사명감을 가지도록 교사 교육을 강화한다. 고등학교를 문과 일반고와 이과 기술공업고로 구분할 수 있지만, 융복합 교육 및 다양한 진로 탐색과 준비를 위해 모든 고등학교에 문과 이과의 교과과정을 두는 것이 바람직하다. 학생들이 재능과 적성, 실력에 맞게 다양한 교과과정을 선택하도록 자율성을 부여, 교육의 질을 높인다.

　앞에서 언급했지만, 자립공생사회 대학은 고등학교를 졸업하면 의례적으로 가는 필수 코스가 아니다. 대학은 공부할 자세와 열의가 있는 사람이 더 깊은 연구를 위해 필요한 과정이다. 고등학교 졸업 후 재능과 적성에 따라 먼저 취업을 해도 불리하지 않다. 취업을 먼저 하는 것이 오히려 유리할 수 있다. 선취업은 자기 적성과 재능을 테스트하고 확인하는 기회가 된다. 선취업을 통해 현장체험, 적성과 재능을 확인한 후 더 깊은 연구나 전문적 탐구가 필요하다면, 언제든지 대학에 갈 수 있다. 오히려 배움의 기회, 선택의 폭이 넓어진다. 진로가 확실하게 되고 배움의 열의가 높아진다. 대학의 문은 언제든 열려 있다. 공부는 본인의 의지와 열의에 달려 있다.

　기업도 고졸 선취업을 선호하는 분위기가 조성된다. 필요한 인력을 조기 선점하여 양성하는 풍토가 된다. 고등학교 때 직업교육을 받아 업무 수행에도 지장이 없다. 기업 CEO는 교육 CEO(Chief Education Officer)도 된다. 종업원의 적성과 재능을 파악하고 기술면허 취득이나 대학 진학의 길로 인도한다. 한편으론, 자립공생사회는 열심히 공부해서 얻어야 하는 자격을 부러워하지 않는다. 그러한 자격이 보수가 조금 많더라도 적성에 맞지 않거나 능력 밖이면 넘보지 않는다. 자신에 맞는 일, 자기 재능과 역량을 발휘할 수 있는 곳이 가장 좋은 직업과 일터가 된다. 남과 비교하지 않고 자신의 일에 보람과 긍지를 느낀다. 특정한 전문 분야를 경쟁적으로 쫓지 않고 자신에 맞는 일을 찾아 자기 일에 전문가가 된다.

5. 대학교육과 입시개혁으로 초중고 교육을 정상화한다. 공교육의 질을 높인다.

○ 공교육은 기초학력을 책임지며 모두를 성공으로 이끄는 교육이 된다.

  학교(學校)는 원래 배우는 학생이 주역인 개념이다. 가르치는 교수가 주역인 교실(敎室)과는 차이가 있다. 자립공생사회는 배움의 즐거움, 학생 스스로 즐겁게 탐구하는 학교 본래의 기능을 회복한다. 교사는 학생의 지적 탐구를 지도하는 조력자, 상담자, 인도자가 된다. 단순한 지식 전달이 아니라 호기심을 심어주며 창의력과 지적 영감을 깨우치는 길잡이가 된다. 공부가 재미있도록, 스스로 탐구하도록 학생의 머리와 가슴을 깨운다. 질문을 유도하며 배움의 의지와 열의를 심어준다.

  공교육은 기초학력을 책임진다. 개인의 능력과 특성, 환경과 여건에 무관하게 누구나 기초실력을 갖추도록, 낙오되는 학생이 없도록 교육한다. 기초실력에 미달하는 학생이 있다면 별도의 특별 지도를 해서라도 낙오되지 않도록 한다. 자립공생사회는 좋은 학교, 좋은 학군이 특별히 없다. 모든 학교가 책임지고 기초실력을 갖추도록 교육하기 때문이다. 교육 당국이 주기적으로 일제고사를 실시, 미달하는 학교는 특별관리와 지원을 하기 때문이다. 각자의 재능과 역량을 개발하는 교육, 모두를 성공으로 이끄는 교육이 된다. 상대평가가 아닌 절대평가이다. 한 방향의 일률적 천재가 아닌 다양한 천재로 양육한다. 모두가 성취감을 맛보도록 자긍심과 자신감을 높인다. 4차 산업시대에는 지적 자산보다 심리적 자산, 자기 효능감(Self efficiency)과 회복 탄력성(Resilience)이 중요하다. 자기 효능감은 노력하면 자신이 원하는 것을 이룰 수 있다는 믿음이다. 회복 탄력성은 실패해도 다시 일어설 수 있는 의지와 자신감이다. 자립공생사회는 누구나 이러한 능력을 지닌다. 자기 성취를 목표하기에 노력하는 만큼 성공한다.

○ 상상력과 사고력, 창의력을 키운다. 독서와 질문을 많이 하도록 한다.

4차 산업시대는 상상력과 사고력, 이해력과 창의력이 중요하다. 역설적이지만 초등학교에서 공부를 적게 가르쳐야 한다. 대신 독서를 많이 하도록, 수준에 맞는 좋은 책을 읽도록 지도한다. 어릴 때 독서는 상상력과 사고력, 창의력의 바탕이 된다. 교사는 아이들이 어떤 수준의 책을 읽는지 관리하며 지도한다. 독서 숙제, 독후감 숙제를 주며, 폭넓은 인문학의 기초와 바탕에서 미래를 설계하도록 한다. 문명은 창의력의 산물이다. 창의력을 키워야 미래로 나아갈 수 있다. 자립공생사회는 외우는 천재는 필요 없다. 폭넓은 사고력으로 꾸준히 노력하는 천재, 피와 땀을 흘리는 천재가 필요하다.

질문을 많이 하도록 한다. 창의력의 원천은 호기심이다. 호기심에서 질문이 나온다. 호기심과 창의력은 인간만이 지닌 능력, 하나님 주신 축복이다. 정답을 가르치는 것보다 중요한 것은 질문이다. 좋은 질문에서 좋은 답이 나온다. 인류가 추구하는 가치와 방향에 대한 끊임없는 질문이 더 좋은 기술, 더 좋은 미래를 창조한다. 첨단 기술문명 시대일수록 근원적인 질문, '나는 누구인가? 지금 어디에 있는가? 어디로 향해 가는가? 끊임없이 질문하며 바른길을 찾아야 한다. 지금은 아이들이 선행학습에 쫓겨 사고할 겨를이 없다. 자립공생사회는 선행교육이 필요 없다. 부모는 학교에서 돌아온 아이에게 '오늘 무엇을 배웠니?'가 아니라, '오늘은 어떤 질문을 했니?' 물어야 한다. '몇 점 받았니?'가 아니라, '무엇을 깨달았니?' 물어야 한다. 질문을 통해 해답을 얻었을 때 더욱 칭찬하고 격려해야 한다.

어릴 때, 4-6세까지는 자유롭게 질문한다. 질문 의지가 최고조에 달한다. 끊임없이 '왜?' 묻는 아이에게 '쓸데없는 소리 말고 공부나 해' 다그치는 것은 아이의 장래를 망치는 길이다. 아이들이 학교에 입학하고 주입식 교육을 받으면서 질문 의지가 떨어진다. 주입식 교육에는 설렘이 없다. 하나의 정답 찾기만 있다. 자립공생사회는 교육 방식과 분위기가 달라진다. 하나의 정답만 집어넣는 교육이 아니라 다양한 정답을 꺼내는 교육이 된다. 초중고 교육이 질문 중심, 토의 중심의 수업이 된다. 교실이 어떤 질문이 나올지 모르는 호기심과 설렘의 광장이 된다. 질문은 아이들 눈빛이 살아나게 하고 공부의 맛을 알게 한다. 공부의 열의와 동기가 부여된다. '왜 이렇지?' 의문은 보이는 것이 전부가 아니라, 보이지 않는 원인이 있다는 의미이다. 인간은 보이지 않는 것까지 생각하며 판단하는 능력을 부여받았다. 만물을 잘 다스리며 세상을 아름답게 만들자면 '왜?'를 일상화하며 끊임없이 답을 찾아야 한다. 보이는 길이 전부가 아니라 가야 할 이유가 있는 길이 제대로 된 길이다.

○ 단체 운동을 통해 협동심과 배려심, 공감 능력을 기른다.

자립공생사회는 남을 이기는 경쟁교육이 아니라 함께 승리하는 교육, 협동심과 관계성, 공감과 소통 능력을 기르는 교육이 된다. 어릴 때 자유롭게 뛰어놀며 육체적 정서적으로 건강하게 자라도록 한다. 예술과 체육 활동을 한 가지 이상 하도록 한다. 운동은 뇌의 발달과 성장에 도움을 준다. 집중력이 향상되며 적극적 긍정적 성격으로 바뀌게 된다. 팀워크 운동은 배려와 협동, 공감과 소통, 관계성과 사회성을 키운다. 노르웨이는 팀워크 운동을 중시한다. 별도의 올림픽 포상금이 없지만, 2022년 베이징 동계올림픽에서 단연 1위를 차지했다. 노르웨이의 유소년 스포츠에 스코어보드가 없다는 이야기가 화제가 되었다. 노르웨이는 13세까지는 점수를 기록하지 않고 순위도 매기지 않는다. 점수보다는 참여에 의미를 둔다. '너는 잘 못해, 빠져, 이겨야 돼' 이런 말을 하지 않는다. 사기를 올려주며 재미를 느끼게 한다. 경쟁에서 벗어나 격려하다 보니 재미도 있고 실력도 늘고 팀워크가 좋아진다. 핀란드도 팀워크 운동, 팀워크 교육을 강조한다. 우리나라의 금메달 2개, 은메

달 5개, 동메달 2개와 비슷했다. 핀란드는 신뢰 사회, 타협 문화를 자랑한다. 정치나 노사관계에서도 서로 신뢰하며 쉽게 타협을 이룬다. 이러한 타협 문화는 어릴 때부터 팀워크 운동, 팀워크 교육을 통해 함양된 결과이다.

 덴마크, 노르웨이, 핀란드는 미취학 아동에게 문자 교육을 금지한다. 자유롭게 놀게 하며 그림책과 이야기로 상상의 날개를 펼치게 한다.

○ 바른 인성과 지성, 바른 인격체로의 양육을 통해 교사의 권위와 교권이 회복된다.

 자립공생사회는 지식보다 인격이 중요하다. 세상적 성공을 쫓는 경쟁교육이 아니라, 바른 인성과 지성, 올바른 인격체로 양육한다. 교사가 먼저 지성과 덕성, 나아가 영성을 갖춘다. 정직을 가르치고 실천하며 본이 된다. 학생 개개인을 소중히 여기며 배움의 동기를 불어넣고 용기와 희망을 심어주는 참된 스승이 된다. 교사가 스승이 될 때 교사의 권위, 교권이 세워진다. 교사가 본이 되어 바른 길로 인도할 때 학생들은 감동을 받고 선생님을 존경하게 된다. 훌륭한 스승 밑에 훌륭한 제자가 나온다. 자립공생사회는 훌륭한 스승과 제자가 되는 사회, 바른 사제 관계가 회복되는 사회이다.

명장 미켈란젤로(1475-1564)에게는 훌륭한 스승이 있었다.

 미켈란젤로가 명장이 되기까지는 '보톨도 지오바니'라는 스승이 있었다. 미켈란젤로는 14세 때 지오바니의 문하생이 되고자 찾아갔다. 그의 놀라운 재능을 알아본 스승은 미켈란젤로에게 '너는 위대한 조각가가 되기 위해서 무엇이 필요하다고 생각하느냐?' 물었다. '재능과 기술을 더 닦아야 한다고 생각합니다' 했을 때, 지오바니는 '네 기술만으론 안 된다. 너는 네 기술로 무엇을 할 것인가를 결심해야 한다'며 미켈란젤로를 데리고 나가 두 곳을 구경시켰다. 처음은 술집이었다. '스승님, 술집 입구에 아름다운 조각이 있어요' 했을 때 '이 조각은 아름답지만, 조각가는 술집을 위해 이 조각을 사용했단다' 말했다. 다음은 거대한 성당으로 가서 아름다운 조각상을 보여주었다. '너는 어느 조각상이 마음에 드느냐? 똑같은 조각이지만 하나는 하나님 영광을 위해서, 하나는 술 마시는 쾌락을 위해서 세워졌단다. 너는 네 기술과 재능을 무엇을 위해 쓰기를 원하느냐?' 스승의 물음에 미켈란젤로는 '하나님을 위하여, 하나님을 위하여, 하나님을 위하여 쓰겠습니다' 세 번이나 다짐했다. 미켈란젤로는 다짐대로 하나님 영광을 위해 조각하고 그림을 그려 조각으로는 다비드(DAVID) 상과 마리아가 죽은 예수를 끌어안고 슬퍼하는 피에타 상, 그림으로는 바티칸 시스티나 성당의 천장화 '천지창조'와 벽화, '최후의 심판' 등 불후의 명작을 남겼다. 천장화 '천지창조'는 18미터 높이의 천장에 4년 6개월 거꾸로 매달려 그렸고, 벽화 '최후의 심판'은 60세인 1535년에 착수 66세인 1541년에 완성했다. 하나님 영광을 위해 그린다는 사명감이 있었기에 가능한 일이었다.

4장 자립공생사회 정신, 가치관

1. 한 몸을 이루는 지체

(로마서 12:4-5) 우리가 한 몸에 많은 지체를 가졌으나 모든 지체가 같은 기능을 가진 것이 아니니/ 이와같이 우리 많은 사람이 그리스도 안에서 한 몸이 되어 서로 지체가 되었느니라
(사도행전 20:35) … 주 예수께서 친히 말씀하신 바 주는 것이 받는 것보다 복이 있다 하심을 기억하여야 할 지니라

자립공동사회 머리는 주님이다. 모두가 그리스도 안에서 한 몸을 이루는 지체이다. 우리 몸의 각 부분은 각각 다른 기능과 역할을 하며 전체적으로 한 몸을 이룬다. 지체는 머리의 지시에 따라 움직인다. 주어는 주님이요 지체는 동사이다. 지체는 각기 다른 은사와 재능을 가지지만, 자기를 자랑하거나 뽐내지 않는다. '내가 했다'가 아니라 '주님이 하셨다'가 된다. 지체 스스로는 할 수 없지만, 주님 안에 있을 때, 주님의 능력이 나타나 저절로 열매를 맺는다.

지체는 서로를 필요로 한다. 서로 섬기며 희생한다. 한 지체가 고통을 받을 때 모든 지체가 아픔을 같이 느낀다. 한 지체를 잃는 것은 전체를 잃는 것이 된다. 많은 장기 중 하나만 고장 나도 목숨을 잃는다. 다른 어떤 지체로도 대체할 수 없다. **"받는 고마움보다 주는 기쁨이 큽니다"** 언더우드 선교사가 한국에 병원을 짓기 위해 미국의 사업가 세브란스에게 요청했을 때 그가 선뜻 기부에 응하며 했던 말이다. 연세대 세브란스 병원 안에 그의 사진과 함께 글귀가 있다. 서로 베풀고 섬김으로써 기쁨이 충만한 사회가 자립공생사회이다.

2. 무관심은 죄이다.

(야고보서 4:17) 사람이 선을 행할 줄 알고도 행하지 아니하면 죄니라

몸의 각 지체는 연계되어 있다. 각 지체가 잘 주고 잘 받을 때 건강한 몸이 된다. 각자의 재능과 축복은 서로 주고받도록, 이웃과 사회에 흘러보내도록 주셨다. 서로 나눔이 없다면, 주고받지 않는다면 혈관이 막혀 죽게 된다. 이웃이 고통받는데 내가 행복할 수 없다. 이웃이 죄인인데 내가 의로울 수 없다. 죄는 공동체 모두의 책임이다. 사랑의 반대는 미움이 아니라 무관심이다. 이웃을 위해 할 일을 하지 않는 것, 이웃을 외면하는 무관심이 죄가 된다. 우리가 이웃을 외면하면 하나님도 우리를 외면하신다. 하나님의 무관심은 가장 무서운 형벌이다.

하나님 주신 은혜와 물질을 나누는 사람이 부자요, 움켜쥐고 있는 사람이 가난한 사람이다. 공생사회는 서로가 관심을 두고 살피며 고통과 아픔을 함께 나눈다. 관심은 영적 감수성이다. 차마 지나칠 수 없는 마음이다. '꽃이 너를 사랑할 때까지 꽃을 사랑하는 것이 아니다.' 나태주 시인의 표현처럼 정성을 다할 때 꽃도 보답하며 아름답게 피어난다. 하나님 은혜는 나눌수록 커진다. 관심과 배려는 선순환이 되어 자신에게 돌아온다. 공생사회는 사랑과 보살핌, 감사와 축복이 선순환되어 흐르는 사회이다.

3. 제로섬 게임이 아닌 파이의 증대

자립공생사회는 누구나 생활의 염려가 없다. 비교에서 오는 상대적 박탈감이 없다. 오직 초점은 공동체 전체의 파이가 증대된다. 나누는 데 초점을 둘 때 끝없는 투쟁과 다툼으로 공동체 관계가 깨어진다. 제로섬 사회에서는 내 몫이 항상 부족하다. 다른 사람의 성공이 나의 불행이 된다. 오늘날 자본주의는 극단적 이기주의로 만인의 투쟁사회가 되었다. 이에서 벗어나는 길은 영성을 회복하는 길, 하나님 마음으로 돌아가는 길이다.

자립공생사회는 하나님 관계와 사람 관계가 회복된 사회이다. 다른 사람에게 피해를 주는 행복, 불평과 불만이 되는 성공은 있을 수 없다. 다른 사람과 나누는 행복, 다른 사람을 위한 성공만 있다. 영성의 사람은 하나님 은혜의 눈으로 타인을 바라본다. 긍휼한 마음으로 바라볼 때 서로 은혜가 되는 천국이 된다. 다른 사람의 성공이 나의 성공, 다른 사람의 불행이 나의 불행이 된다. 공생사회 평등은 놀고먹는 사람이 없는 평등이다. 자본주의 능력주의와는 일하는 동기가 다르다. 영성에 바탕한 하나님 동기로, 하나님 사랑과 은혜에 보답하기 위해 공동체에 도움 되는 일을 찾아서 한다.

4. 심은 대로 거둔다. 썩어야 열매를 맺는다.

(시편 126:5-6) 눈물을 흘리며 씨를 뿌리는 자는 기쁨으로 거두리로다/ 울며 씨를 뿌리러 나가는 자는 반드시 기쁨으로 그 곡식 단을 가지고 돌아오리로다

하나님 나라는 심은 대로 거둔다. 심어야 거둔다. 울며 씨를 뿌리면 기쁨으로 단을 거둔다. 사람의 보증이 아닌 천지를 창조하신 하나님의 보증이다. 씨가 썩어야 새싹이 돋아난다. 내가 소멸된 자리에 싹이 돋아 자란다. 내 의를 드러내지 않을 때, 내가 죽을 때 하나님이 열매를 맺게 하신다. 작은 씨앗 하나가 땅에 떨어져 죽으면 많은 열매를 맺는다. 작은 친절과 섬김, 사랑과 희생이 놀라운 결실을 가져온다. 받는 사람에게 큰 힘과 용기가 된다. 심을 때 생명이 자라나 하나님 나라를 이룬다. 씨는 그냥 심을 수 없다. 개간하고 땅을 고루어야 한다. 씨가 자라자면 잡초를 제거하고 물을 주어야 한다.

자립공생사회는 정직의 씨앗, 겸손의 씨앗, 사랑과 희생의 씨앗을 심고 가꾸는 사회이다. 말씀의 씨앗, 생명의 씨앗, 용서와 화해의 씨앗을 심는다. 모두가 정직하게 자기 몫을 다한다. 긍휼한 마음으로 다른 사람을 품고 기도한다. 씨를 심으면 싹이 난다. 미움의 씨앗, 죄의 씨앗, 악의 씨앗을 심으면 미움과 죄악이 자라나 열매를 맺는다. 다윗이 성전 건축을 그토록 원했지만, 피를 많이 흘린 다윗에게 하나님은 허락하지 않으셨다(역대상 22:8). 다윗이 흘린 피는 충성된 부하 우리아를 죽이고 그의 아내 밧세바를 빼앗은 죄악에서 비롯되었다. 하나님은 '평화의 사람'이란 이름의 솔로몬에게 성전 건축을 허락하셨다.

5. 악을 선으로 이긴다. 지는 것이 이기는 길이다.

(마태복음 5:38-39) 또 눈은 눈으로, 이는 이로 갚으라 하였다는 것을 너희가 들었으나/ 나는 너희에게 이르노니 악한 자를 대적하지 말라 누구든지 네 오른 편 뺨을 치거든 왼편도 돌려 대며
(야고보서 1:19-20) 내 사랑하는 형제들아 너희가 알지니 사람마다 듣기는 속히 하고 말하기는 더디 하며 성내기도 더디 하라/ 사람이 성내는 것이 하나님의 의를 이루지 못함이라

하나님 창조하신 우주 만물은 조화롭고 아름다운 샬롬의 세계였지만, 인간의 타락으로 샬롬을 잃은 세상, 악을 악으로 갚는 타락 세상이 되었다. '악화가 양화를 구축한다는 그레셤의 법칙'은 타락 세상의 경제 논리이다. 한편으론 죄의 심각성과 전염성을 나타내는 것이기도 하다. 하나님 나라는 양화가 악화를 구축하는 세계, 선으로 악을 이기는 세계이다. 타락한 육적 세계에는 진정한 평안이 없다. 타락 세상과 반대로 하지 않으면 하나님 나라를 회복할 수 없다. 세상은 강한 사람이 이긴다. 상처를 받았을 때는 그대로 보복, 악을 악으로 갚는다. 하나님 나라는 선이 악을 이긴다. 악한 자에게 마음을 뺏기지 않도록 마음과 생각을 지킨다. 선은 하나님 마음이다. 선이 악을 이긴다는 것은 내 안에 하나님 통치가 이루어진다는 의미이다. 하나님 마음이 지배할 때 다른 사람을 미워하지 않고 긍휼한 마음으로 품게 된다. 다른 사람의 약점을 들추어내지 않고 감추어 준다. 다른 사람의 부족을 대신 감당한다.

예수님은 이 땅에 평안, 샬롬을 주시기 위해 오셨다. 강자의 모습으로 세상에 군림하지 않으셨다. 연한 순 같고 마른 땅에서 나온 뿌리 같아서 고운 모양도, 풍채도 없으셨다(이사야 53:2). 멸시를 받아 사람들에게 버림받으셨고, 털 깎이는 온순한 양같이 순순히 십자가에 달리셨다. 예수님의 약함이, 희생과 섬김이, 인내와 순종이 인류를 구원하셨다. 어둠이 빛을 이길 수 없다. 거짓이 진실을 이길 수 없다. 선이 지배할 때 악이 물러가게 된다. 지는 것이 이기는 길이다. 세상 눈에 바보로 보여야 하나님 눈에 선이 된다. 약함이 강함을 이긴다. 연약하기에 긍휼한 마음으로 서로 품게 된다. 강할수록 부딪치지만 약할 땐 하나가 된다. 이기는 것보다 중요한 것은 하나 되는 일이다. 세상은 목소리가 커야 이긴다. 큰소리 치는 것은 내면의 죄와 거짓으로 인한 두려움 때문이다. 그만큼 평안이 없기 때문이다. 큰소리 친다고 죄가 감추어지지 않는다. 거짓을 감추기 위해서 과장한다. 진실은 과장할 필요가 없다. 내면에 하나님 주시는 샬롬이 있다면 큰소리치지 않는다. 억지로 이길 때 원망과 상처만 남는 패배가 된다.

지는 사람의 영향력이 더 크다. 져줄 때 인간관계가 좋아진다. AI가 흉내낼 수 없는 것이 져주는 영성이다. AI는 이기는 길밖에 모른다. 인간이 AI보다 위대한 것은 져주는 길을 알기 때문이다. 인간은 약한 자에 대한 긍휼한 마음이 있다. 연약한 사람, 부족한 사람을 도울 줄 안다. 사랑하는 마음일 때 기꺼이 져준다. 져주는 마음은 상대를 배려하고 존중하는 마음, 사랑하는 마음이다. 말을 잘하기보다 잘 들어야 한다. 사람들은 말을 잘하는 사람보다 잘 들어주는 사람을 좋아한다. 말을 다 듣고 '네 마음을 몰라서 미안해' 공감의 한마디가 상대방 마음을 사로잡는다. 잘 듣는 사람이 최고의 웅변가이다. 경청이 최고의 말하기이다.

6. 최고의 가치는 사랑이다.

(고린도전서 13:4-13) 사랑은 오래 참고, 사랑은 온유하며, 시기하지 아니하며, 사랑은 자랑하지 아니하며, 교만하지 아니하며/ 무례히 행하지 아니하며, 자기

의 유익을 구하지 아니하며, 성내지 아니하며, 악한 것을 행하지 아니하며/ 불의를 기뻐하지 아니하며, 진리와 함께 기뻐하고/ 모든 것을 참으며, 모든 것을 믿으며, 모든 것을 바라며, 모든 것을 견디느니라 … 그런즉 믿음, 소망, 사랑, 이 세 가지는 항상 있을 것인데 그 중의 제일은 사랑이라

(요한일서 4:8) 사랑하지 아니하는 자는 하나님을 알지 못하나니 이는 하나님은 사랑이심이라

사랑의 제일 속성은 오래 참는 것이다. 사랑은 참음으로 시작하여 참음으로 끝난다고 말씀한다. 참고 인내할 때 사랑의 결실을 맺게 된다. 하나님은 인간을 사랑하시기에 죄를 끝까지 참으시고 인간을 구원하셨다. 지금도 죄의 길에서 돌이키기를 참고 기다리신다. 사랑은 무례히 행하지 않는다. 자기의 유익을 구하지 않는다. 성내지 않으며 악을 행하지 않는다. 남을 탓하고 미워하며 분을 품지 않는다. 사랑은 불의를 기뻐하지 않는다. 사랑에는 거짓이 없다. 사랑할 때 하나님을 온전히 알게 된다. 하나님 성품을 닮아가게 된다. 진리의 바탕이 사랑이다. 세상의 지식과 학문, 문화와 예술, 제도와 질서는 사랑을 바탕해야 한다. 예언도 방언도 세상 지식도 모든 은사도 유한한 것으로, 온전한 것이 올 때에는 폐하게 되지만 사랑은 영원하다. 사랑이 모든 것에 우선한다.

하나님은 사랑이시다. 사랑은 생명의 원천이다. 사랑이 있는 곳에 생명이 자라난다. 사랑의 힘이 생명을 창조한다. 세상에서 가장 큰 힘은 중력이다. 중력은 우주 만물을 지배하는 힘이다. 중력을 이기는 힘이 사랑의 힘, 생명의 힘이다. 사랑의 힘은 생명을 창조하는 하나님 은총의 힘, 그 어떤 힘보다 크고 경이로운 힘이다. 봄이 되면 연약한 새싹이 중력의 힘을 이기고 나온다. 그 안에 생명이 있기 때문이다. 아무리 악한 사람이라도 하나님 형상으로 지음받은 인간의 내면에는 사랑의 마음, 연민의 정이 있다. 인간은 하나님 사랑의 속성을 지닌 하나님 자녀로 창조되었기 때문이다. 사랑은 인간의 존재 이유, 살아야 할 이유이다. 구원은 하나님 형상의 회복, 사랑의 속성 회복이다. 하나님을 사랑할 때 하나님 관계가 온전히 회복된다. 예수님은 사랑의 본을 보이셨다. 십자가 대속은 사랑의 극치이다.

하나님 사랑, 예수님 사랑은 만들어가는 사랑이다. 예수님 주신 '서로 사랑하라' 계명은 감정에 따른 사랑이 아닌 만들어가는 사랑이다. 인간의 사랑은 감정과 환경에 따라 변하지만, 예수님 사랑은 변함이 없는 한결같은 사랑이다. 예수님 제자는 사랑의 제자이다. 광야와 같은 세상일지라도 사랑의 밭을 개간하고, 사랑의 씨앗을 심는다. 예수님 사랑의 제자만이 오늘날 타락한 세상을 구할 수 있다. 사람은 사랑의 대상이다. 서로 사랑하며 살도록 창조되었다. 혼자 힘으로 사는 것 같지만, 다른 사람들의 사랑의 힘으로 살아간다. 사랑은 힘과 소망의 원천. 서로에게 힘과 능력이 되는 기적의 마법이다. 사랑이 살아갈 이유가 된다. 사랑받고 있다고 확신할 때 어떤 고난도 이기게 된다. 혼자라고 생각할 때 살아갈 힘을 잃는다. 사랑이 없는 곳이 지옥, 서로 사랑하는 곳이 천국이다.

○ 인생의 이력서는 본인이 쓸 수 없다. 다른 사람들 가슴에 사랑으로 심어진다.

세상의 이력서는 본인이 쓴다. 학벌과 경력, 업적과 성공을 내세우며 더 높은 성공을 위해 쓴다. 진정한 이력서는 다른 사람들의 가슴속에 새겨진 사랑의 흔적이다. 세상적으로는 추도사가 될 수 있다. 하지만 하나님 앞에는 추도문이 필요 없다. 인생의 마지막 하나님 앞에 설 때, 이 땅의 삶을 증명할 유일한 증거는 세상에 남긴 사랑의 흔적이다. 사랑으로 품은 생명의 씨앗들이 그 사람의 삶을 증거한다. 사랑은 생명력이 있어 심으면 자라나 심은 사람을 증거한다. 자신만을 위해 살았다면 사랑의 흔적, 생명의 씨앗이 남지 않는다. 원망과 부끄러움만 남게 된다. 그러한 모습으로 하나님 앞에 설 수는 없다. 사람이 죽을 때에는 바르게 살지 못한 것, 정직하지 못한 것, 사랑하지 못한 것을 후회하게 된다. 본능적으로 하나님 앞에 서야 함을 알기 때문이다.

한 사람이라도 사랑하며, 한 영혼이라도 구원해야 한다. 가까운 사람부터, 가족부터 사랑하며 상처를 주지 않아야 한다. 상처를 주었다면 용서를 구하며 갚아야 한다. 상처가 회복되고 사랑이 심어질 때 가정이 천국이 된다. 가정의 천국이 이웃과 사회로 퍼져나가 하나님 나라를 이룬다. 사랑의 삶은 이 땅에 하나님 나라를 이루는 삶이다. 이 땅에 사랑의 흔적, 하나님 함께 하신 스토리가 있다면 하나님 만남이 설레게 된다. 주님 얼굴을 뵙는다고 생각할 때 이 땅의 수고와 헌신은 기쁨과 소망이 된다. 이 땅의 삶에는 두 갈래 길이 있다. 사랑의 길이냐, 미움의 길이냐? 생명의 길이냐, 사망의 길이냐? 기쁨으로 하나님 품에 안기는 길이냐, 두려움으로 하나님을 피하는 길이냐?이다.

7. 최고의 질서는 정직, 최고의 도리는 효도, 최고의 영성은 겸손, 최고의 신학은 감사이다.

○ 최고의 질서는 정직이다.

(출애굽기 20:23-25) 너희는 나를 비겨서 은으로나 금으로나 너희를 위하여 신상을 만들지 말고/ 내게 토단을 쌓고 그 위에 네 양과 소로 네 번제와 화목제를 드리라 내 이름을 기념하게 하는 모든 곳에서 네게 임하여 복을 주리라/ 내가 내게 돌로 제단을 쌓거든 다듬은 돌로 쌓지 말라 네가 정으로 그것을 쪼면 부정하게 함이니라
(시편 52:10) 하나님이여 내 속에 정한 마음을 창조하시고 내 안에 정직한 영을 새롭게 하소서

하나님은 은이나 금으로 신상을 만들지 말고 흙을 이겨서 토단으로 제단을 쌓으라고 말씀하셨다. 돌로 제단을 쌓거든 정으로 다듬지 말라고 명령하셨다. 이스라엘이 애굽의 노예 생활을 할 때 대부분이 건축 노예였다. 정으로 다듬은 돌로 피라미드와 스핑크스를 만들었다. 하나님은 잘못된 타락 문화에 길들여진 이스라엘에게 겸손과 정직을 가르치셨다. 흙은 겸손을 상징한다. 쉽게 부서진다. 하나님께 겸손한 마음을 드리라는 말씀이다. 정으로 다듬지 않은 돌은 투박하고 볼품이 없다. 하나님께 진실된 마음, 있는 그대로를 드리라는 말씀, 거짓이 없어야 한다는 말씀이다.

다윗은 날로 정직한 마음을 구해 하나님 마음에 합한 자가 되었다. 성경의 열왕기, 역대기에서의 이스라엘 왕에 대한 하나님 평가는 '하나님 앞에 정직했는가'였다. 정직했을 때 하나님은 기뻐 축복하셨다. 정직은 하나님 앞에 서는 마음의 자세이다. 하나님 앞에 숨김이 없을 때 사람 사이에 정직하게 된다. 정직한 사람이 신뢰와 존경을 받는다. 정직이 하나님 영광을 드러내는 길이다. 하나님은 정직한 영을 기뻐 받으신다. 거짓은 다른 사람의 정직한 노력을 도적질하는 것, 하나님 영광을 가리는 일이다.

○ 최고의 도리는 효도이다.

하나님이 직접 돌판에 새겨서 주신 십계명의 첫 번째가 하나님 공경이다. 땅에서는 부모 공경이다(출애굽기 20:12). 하나님을 공경하는 것은 부모 공경, 부모님께 효도와 같기 때문이다. 하나님 약속이 있는 첫 계명이 부모 공경이다. 부모를 공경할 때 하나님은 축복을 약속하셨다. 구원은 하나님의 일방적 은혜지만, 축복에는 조건을 주셨다. 효도해야 축복하신다. 효도만은 인간의 행위를 보시고 갚아주신다. 효도는 하나님이 인간에게 꼭 바라시는 행위, 인간을 축복하시기 위한 하나님의 조건이다. 인격이 부족해도, 상처를 주는 부모도 자녀를 사랑하는 마음은 똑같다. 부모 사랑과 희생에 자녀는 점수를 매길 수 없다. 자녀에게 그럴만한 자격이 없다. 생명을 부모로부터 받았기 때문이다. 부모를 무시하는 것은 하나님을 무시하는 것과 같기 때문이다. 하나님께 서원해서 작정 헌물을 드렸다고 부모님께 드리지 않는다면 하나님은 그 헌물을 받지 않으신다(마가복음 7:11-13). 부모의 말을 자녀가 가볍게 들어서는 안 된다. 부모는 자녀를 위해 기도하기 때문이다.

○ 최고의 영성은 겸손이다.

(마태복음 20:27) 너희 중에 누구든지 으뜸이 되고자 하는 자는 너희의 종이 되어야 하리라
(요한복음 13:14) 내가 주와 또는 선생이 되어 너희 발을 씻었으니 너희도 서로 발을 씻어 주는 것이 옳으니라

예수님은 제자들에게 으뜸이 되는 자에 대한 의미와 자세를 가르치셨다. 세상과는 다른 기준, 종과 같이 낮은 자세로 섬기는 자가 으뜸이라고 하셨다. 예수님은 잡히시기 전날 밤, 최후의 만찬을 하시면서 무릎을 꿇고 제자들 발을 씻으셨다. 겉옷을 벗고, 수건을 허리에 두르고, 대야에 물을 떠서 발을 씻기고, 수건으로 닦는 것은 종이 하는 모습이다. 예수님은 가장 낮은 자세, 종의 모습으로 섬기셨다. 발은 인체의 가장 낮은 데에서 일생 동안 몸을 받치고 있다. 자신의 모습을 드러내지 않는다. 언제나 냄새나는 신발 속에 얼굴을 감추고 궂은일을 한다. 혼자 더러운 것을 밟으며 다른 지체들에게 '너희들은 더러움을 묻히지 말고 높은 곳에서 깨끗하게 되라' 말한다.

영성의 사람은 겸손한 사람이다. 신비한 기적, 신유의 능력이 영성이 아니라 겸손이 영성이다. 하나님 축복은 낮은 데로 임한다. 겸손해야 하나님 축복을 담는 그릇이 된다. 겸손해야 하나님께 무릎 꿇고 기도한다. 하나님은 때론 고난을 통해 겸손의 그릇을 만들어 은혜를 부어 주신다. 겸손할 때 하나님 말씀, 하나님 음성이 들리며 하나님 성품을 닮아가게 된다.

○ 최고의 신학은 감사이다.

감사는 고난을 축복으로 바꾸시는 하나님의 능력, 은혜의 통로이다. 감사는 상황의 만족에서가 아닌 하나님과의 바른 관계에서 온다. 내 안에 하나님이 계실 때 상황을 넘어 감사할 수 있다. 부족이 채워져서 감사하는 것이 아니라 감사할 때 하나님은 부족을 채우신다. 감사하는 삶보다 복된 삶은 없다. 감사는 하나님 주시는 것으로 만족하는 자족의 삶이다. 감사가 마귀를 대적하는 길, 탐욕을 이기는 길이다. 하나님 자녀의 삶은 부족함이 없는 삶, 근심과 염려가 없는 삶이다. 감사할 때 하루하루가 기쁨의 삶, 하나님 안에서의 참 평안, 샬롬을 누리는 삶이 된다.

5장 자립공생사회의 성경적 배경

이 책에서 인용한 모든 말씀들이 성경적 배경이지만, 종합해서 다시 자립공생사회의 바탕이 되는 말씀들을 간추려 본다.

1. 십계명 (출애굽기 20장)

십계명은 출애굽 후 광야생활 때 시내산에서 하나님이 돌판에 새겨 모세에게 주신 10가지 계명이다. 성경은 하나님 말씀이지만 전부 하나님이 직접 쓰신 것은 아니다. 인간에게 계시하셔서 기록하게 하셨다. 십계명은 하나님이 인간의 손을 빌리지 않고 직접 돌판에 쓰셔서 모세에게 주셨다. 그만큼 하나님 관계와 사람 관계에 중요한 계명이다.

○ 1-4 계명은 하나님과의 바른 관계, 영적 자립의 바탕이다.

1계명 **"나 외에는 다른 신들을 네게 두지 말라"** => 하나님은 여러 신 중 하나가 아니시다. 유일신이시다. 2계명 **"우상을 만들지 말고, 하늘에 있는 것이나 땅에 있는 것이나 물 속에 있는 것의 어떤 형상도 만들지 말며, 그것들에게 절하지 말며, 그것들을 섬기지 말라"** => 경배와 섬김의 대상은 하나님뿐이다. 하나님은 영이시요 말씀이시다. 하나님을 보이는 모습으로 형상화하면 우상이 된다. 3계명 **"네 하나님 여호와의 이름을 망령되이 부르지 말라"** => 하나님 자녀의 성품이 하나님을 닮지 못한다면 하나님 이름을 망령되이 부르는 것이 된다. 4계명 **"안식일을 기억하며 거룩하게 지키라"** => 안식은 하나님 안에서의 쉼과 평안이다. 안식일 날짜가 중요한 것이 아니라 정신이 중요하다. 주일 예배를 통해 하나님 관계를 회복하고, 영적 새 힘을 얻어 새로운 한 주를 맞아야 한다.

○ 5-10 계명은 사람과의 바른 관계, 공생 정신의 바탕이다.

5계명 **"네 부모를 공경하라 그리하면 네 하나님 여호와가 네게 준 땅에서 네 생명이 길리라"** => 육신의 부모를 공경할 때 영적 아버지인 하나님을 공경하게 된다.

부모를 공경하지 않는 사람은 하나님 자녀가 될 자격, 하나님 축복을 받을 자격이 없다. 6계명 **"살인하지 말라"** =〉 모든 사람은 하나님 형상으로 지음받은 고귀한 존재이다. 살인은 하나님 창조 질서를 거역하는 죄가 된다. 예수님은 살인의 영적 의미를 '형제에 대한 분노'라고 말씀한다(마태복음 5:21-24). 7계명 **"간음하지 말라"** =〉 부부는 서로 부족을 채워 온전한 하나를 이루는 관계이다. 좋은 부부관계를 이루는 것이 하나님 축복을 받는 길이다. 8계명 **"도둑질하지 말라"** =〉 도둑질의 영적 배후는 사탄이다. 사탄은 남의 것을 탐하는 탐심이다. 7계명의 간음은 남의 아내를 도둑질하는 것이 된다. 9계명의 거짓 증거는 남의 진실을 도둑질하는 것이 된다. 10계명의 이웃을 탐하는 것은 남의 노력을 도적질하는 것이 된다. 9계명 **"네 이웃에 대해 거짓 증거하지 말라"** =〉 거짓 증거하는 것은 마귀가 심어주는 탐심 때문이다. 마귀는 시기와 험담. 참소하는 분열의 영이다. 10계명 **"네 이웃의 집을 탐내지 말라 네 이웃의 아내나 그의 남종이나 그의 여종이나 그의 소나 그의 나귀나 무릇 네 이웃의 소유를 탐내지 말라"** =〉 남의 것을 탐하는 것은 내게 주신 은혜를 망각하는 것이 된다. 하나님은 모두를 다르게 창조하셨다.

2. 레위기 정신

레위기는 출애굽 광야생활 때 이스라엘 백성에게 주신 하나님께 제사법, 몸과 음식의 정결규례, 절기와 제사장 규례, 공동체 생활규례 등이다. 레위기는 하나님의 인간 사랑의 마음을 보여주신다. 레위기 정신은 하나님 사랑과 이웃 사랑의 정신이다. 십계명과 마찬가지로 아무리 시대가 바뀌어도 레위기 정신은 변할 수 없다. 인간 사회 질서의 영원한 바탕이 된다.

○ 제사법 (레위기 1장-10장)

제사법은 하나님과의 바른 관계를 위한 법이다. 하나님은 인간과 바른 관계를 통해 인간을 축복하신다. 제사법은 인간의 죄를 대신 지신 예수님의 십자가 대속을 상징한다.

제사에는 번제, 소제, 화목제, 속죄제, 속건제가 있다. 오늘날 속건제 정신이 필요하다. 죄로 인해 다른 사람에게 피해를 준 경우 하나님 앞에 철저한 회개와 함께 상대방을 찾아가 용서를 구하고 보상을 해야 한다.

○ 정결 규례 및 제사장 규례 (레위기 11장-24장)
　하나님 백성으로서 몸과 마음을 정결토록 하는 규례로 하나님의 인간 사랑과 보호의 마음이 담겨져 있다. 정한 짐승과 부정한 짐승, 유출병과 피부병, 전염병과 곰팡이 방지 등 세세한 부분까지 가르치신다. 부정한 음식과 상한 음식을 금하며, 정결을 주지시켜 전염병을 예방토록 하신다. 피와 기름을 먹지 못하게 한다. 피와 기름은 생명의 근원이신 하나님을 상징한다. 한편으론 동물의 기름은 무겁고 기름져 혈관을 막기에, 이를 방지하시려는 하나님의 사랑이 숨어져 있다. 레위기는 하나님을 섬기는 성회와 절기, 제사장의 규례를 말씀한다. 하나님을 섬기는 목적은 하나님 축복을 받기 위함이다. 제물만 온전한 것이 아니라 마음이 온전해야 한다. 거룩한 장소, 예배에 임할 때에는 몸과 마음이 깨끗해야 한다.

○ 안식년과 희년 (레위기 25장)
　안식년 =〉 하나님은 6일간 천지 만물을 창조하시고 7일째는 쉬셨다. 하나님 창조 질서에 따라 만물을 다스리도록 인간에게 안식년 규례를 주셨다. 안식년의 의미를 새기며 하나님 창조사역을 이루어야 한다. 안식년 규례는 이 땅과 인간을 향한 하나님 사랑이 담겨져 있다. 하나님은 땅도 은혜를 주서서 7년째는 쉬게 하셨다. 6년 동안 경작하고 7년째는 파종하지 못하게 하셨다. 자연적으로 자란 안식년의 소출은 종들과 품꾼, 가축과 들짐승들의 몫으로 하셨다. 대신 6년째는 2년분의 소출이 있게 하셨다. 오늘날 땅의 안식이 아니라 2모작, 3모작을 한다. 화학비료를 마구 뿌려 땅이 죽어가고 있다. COVID19는 다스림의 책임을 회피한 인간에 대한 자연의 신음소리이자 하나님의 경고이다.
　희년은 안식년이 일곱 번 지난 50년째 해로서 세상의 신분과 규제에서 해방되는 은혜의 해이다. 가나안 정복 때 이스라엘은 땅을 골고루 나누어 가졌지만, 한 세대가 지나자 일부는 땅을 빼앗겨 노예가 되었고, 일부는 주인 행세를 하게 되었다. 하나님 백성으로서의 나눔과 평등의 조화가 깨어졌다. 레위기는 이에 대비, 50년째 해를 희년으로 선포, 땅을 되찾고 사람도 노예에서 해방되도록 하셨다. 오늘날 희년 정신을 새겨 조화로운 하나님 공동체를 이루어야 한다.

3. 신명기 주제는 하나님의 긍휼하신 마음이다.

(신명기 15:11-15) 땅에는 언제든지 가난한 자가 그치지 아니하겠으므로 내가 네게 명령하여 이르노니 너는 반드시 네 땅 안에 네 형제 중 곤란한 자와 궁핍한 자에게 네 손을 펼지니라… 만일 여섯 해 동안 너를 섬겼거든 일곱째 해에 너는 그를 놓아 자유롭게 할 것이요… 빈 손으로 가게 하지 말고… 그에게 후히 줄지니 곧 네 하나님 여호와께서 네게 복을 주신 대로 그에게 줄지니라. 너는 애굽 땅에서 종 되었던 것과 네 하나님 여호와께서 너를 속량하셨음을 기억하라

신명기는 모세가 광야에서 태어난 출애굽 2세들에게 하나님 은혜를 기억하고 말씀과 규례를 지키도록 반복해서 당부하는 내용이다. 출애굽 2세들이 하나님 축복을 받도록, 가나안에 들어가 아름다운 하나님 공동체를 이루도록 하기 위함이었다. 신명기는 하나님의 긍휼에 바탕한 공동체 정신을 강조한다. 하나님이 애굽 노예에서 자유케 하셨음을 상기시키며 약자에 대한 배려와 보호를 강조한다.

매 칠 년 끝에는 빚을 면제해 주라고 말씀한다. 가난한 형제에게 넉넉히 꾸어 주지 않으면 죄가 된다고 말씀한다. 넉넉히 줄 때 하나님이 축복을 더 하신다고 말씀한다(신명기 15:1-17). 죄인들이 피할 수 있는 도피성을 마련하여 죄인들도 보호하라고 말씀한다. 이방인도 도피성으로 피신할 수 있도록 한다(신명기 19:1-13). 도망친 종을 압제하지 말고 함께 살라고 말씀한다(신명기 23:15-16). 곤궁한 품꾼을 학대하지 말고, 품삯은 당일에 주라고 말씀한다. 객이나 고아의 송사를 억울하게 하지 말며, 과부의 옷을 저당 잡지 말라고 말씀한다. 곡식을 벨 때에는 나그네와 고아, 과부를 위해 이삭을 남기라고 말씀한다. 신명기의 긍휼한 마음은 공생사회의 바탕이 된다.

4. 세례 요한의 '회개에 합당한 열매' 촉구

(누가복음 3:11-14) 옷 두 벌 있는 자는 옷 없는 자에게 나눠 줄 것이요 먹을 것이 있는 자도 그렇게 할 것이니라 하고/ 세리들도 세례를 받고자 하여 와서 이르되 선생이여 우리는 무엇을 하리이까 하매/ 이르되 부과된 것 외에는 거두지 말라 하고/ 군인들도 물어 이르되 우리는 무엇을 하리이까 하매 이르되 사람에게서 강탈하지 말며 거짓으로 고발하지 말고 받는 급료를 족한 줄로 알라 하니라

세례 요한은 예수님의 공생애를 준비하며 회개의 세례를 전파하고, 회개에 합당한 열매를 맺으라고 촉구했다. 세례 요한이 촉구한 회개에 합당한 열매는 자립공생사회의 바탕 질서가 된다. 세례 요한은 삶 속에서 회개에 합당한 실천적 행위를 촉구했다. 맡은 일에 청지기 사명을 감당하며 자족하라는 말씀이다.

5. 예수님의 비유와 가르침
예수님은 삶 자체가 공생이었고, 모든 말씀과 가르침이 자립공생사회의 바탕이 되지만 여기선 그 일부만 본다.

○ 산상수훈의 8복 (마태복음 5:3-10)
산상수훈은 하나님 나라 윤리이다. 예수님은 당시 세상을 지배하던 '로마의 힘의 지배'와는 정반대의 윤리를 선포하셨다. 하나님 나라의 기준은 세상의 기준과는 반대임을 보여주셨다. 예수님은 병든 자, 귀신 들린 자들을 고치신 후, 산에 오르사 산상수훈을 선포하셨다. 먼저 하나님 나라의 해방을 보여주신 후, 하나님 나라의 윤리를 말씀하셨다. 여기서는 산상수훈 중, 8복에 대해서만 간략히 본다. 8복은 세상의 복과는 다른 하나님 주시는 복이다. 하나님 마음으로 채우는 복, 하나님 형상을 닮아가는 복이다.

"**심령이 가난한 자는 복이 있나니 천국이 그들의 것임이요.**" 심령이 가난한 자는 하나님 없이 살 수 없는 사람, 하나님을 찾고 의지하는 사람이다. 심령이 가난한 자가 하나님을 만나며 영적 부유함을 누린다. "**애통하는 자는 복이 있나니 그들이 위로를 받을 것임이요.**" 하나님은 회개의 눈물, 애통의 눈물을 받으시고 위로하신다. 우리에게 필요한 것은 옳고 그름의 판단이 아니라 애통함의 눈물, 회개의 눈물이다. 내 죄를 회개하며 눈물을 흘릴 때, 다른 사람의 아픔을 공감하며 돌아보게 된다. "**온유한 자는 복이 있나니 그들이 땅을 기업으로 받을 것임이요.**" 온유는 부드러운 마음, 하나님의 성품이다. 땅은 하나님 축복의 터전인 기업이다. 세상은 힘으로 땅을 차지하지만, 하나님 나라는 온유한 사람이 땅을 차지한다. 부드러운 곳에 생명이 자라난다. "**의에 주리고 목마른 자는 복이 있나니 그들이 배부를 것임이요.**" 의에 주리고 목마른 자에게 하나님 축복과 은혜, 하나님의 능력이 임해 사명을 감당하게 하신다. 기본적으로 의에 주리고 목마른 자는 정직한 사람이다. 정직하고 바르게 일할 때 하나님이 축복하신다. 하나님 주시는 참된 기쁨과 평안, 샬롬을 누린다. "**긍휼히 여기는 자는 복이 있나니 그들이 긍휼히 여김을 받을 것임이요.**" 긍휼은 같은 처지에서 아파하는 마음, 불쌍히 여기며 도와주는 마음이다. 긍휼한 마음으로 위로하고 도울 때 하나님은 긍휼히 보시고 축복하신다. "**마음이 청결한 자는 복이 있나니 그들이 하나님을 볼 것임이요.**" 마음이 청결하고 깨끗해야 하나님을 볼 수 있다. 탐욕과 죄악된 마음으로는 하나님을 볼 수 없다. 마음이 청결한 자는 하나님 마음으로 채우는 사람, 성령의 지배를 받는 사람이다. "**화평하게 하는 자는 복이 있나니 그들이 하나님의 아들이라 일컬음을 받을 것임이요.**" 인간은 하나님과 화평 및 인간 사이 화평하도록 창조되었지만, 죄로써 하나님과 화평, 인간 사이의 화평이 깨어졌다. 예수님은 화평을 회복시키시기 위해 오셨다. 복음을 영접할 때 하나님과 화평하며, 인간 사이 화평을 이루게 된다. "**의를 위하여 박**

해를 받은 자는 복이 있나니 천국이 그들의 것임이라." 하나님 의, 하나님 공의를 쫓을 때 세상과 부딪치게 된다. 하나님 나라를 위해 일할 때 세상의 박해를 받게 된다. 하나님은 모든 것을 아시고 갚아주신다. 악을 선으로 이길 때 이 땅에 하나님 나라, 천국을 이루게 된다.

○ 포도원 품꾼들의 품삯 (마태복음 20:1-16)

천국은 품꾼을 불러 포도원에 들여보내는 주인과 같다. 주인은 하루 한 데나리온을 약속하고 아침부터 저녁까지 다섯 번에 걸쳐 품꾼을 불러 포도원에 들여보낸다. 날이 저물매 주인은 나중 온 자부터 먼저 온 자까지 한 데나리온씩 똑같게 품삯을 준다. 먼저 온 자들이 불평할 때 주인은 **"하루 품삯으로 한 데나리온을 약속하지 않았느냐? 나중 온 사람에게도 같이 주는 것이 내 뜻이니라. 나중 된 자가 먼저 되고 먼저 된 자로서 나중 되리라"**고 말한다. 포도원 주인은 은혜로 일을 시켰다. 품꾼들을 은혜로 다섯 번이나 불렀다. 유대인이 일하는 시간은 오전 6시부터 오후 6시까지였다. 오전 6시에 들어와 일한 사람은 12시간을 일했고, 오후 5시부터 일한 사람은 1시간만 일했다. 포도원 주인은 품꾼들에게 일한 만큼의 보상이 아닌, 똑같이 한 데나리온의 품삯을 주었다. 구원의 성격과 은혜를 보여준다. 구원은 내가 자격이 있어 주어지는 보상이 아닌 하나님의 일방적 은혜이다. 구원의 은혜는 누구에게나 공평하다. 품꾼은 똑같이 주인의 은혜를 입었다. 주인이 부르지 않았다면 하루를 공칠 수밖에 없었다. 인간은 하나님 앞에 똑같은 죄인이다. 복음을 받아들이느냐 아니냐만 있다. 먼저 받아들였다면 그만큼 성품이 변해야 한다. 천국은 혼자 가는 곳이 아니라 함께 축복을 누리는 곳이다. 내 의를 내세우는 공로의식으로는 천국에 들어갈 수 없다.

포도원 주인이 다섯 번이나 일꾼을 부른 이유는 일손이 부족해서가 아니라, 아무도 품꾼으로 쓰는 이가 없는 사람들을 위해, 그들이 부양해야 할 가족들을 위해 부른 것이다. 한 데나리온은 하루치 생활비에 해당한다. 포도원 주인이 준 품삯은 일꾼이 가족과 함께 품위를 유지할 수 있는 생활비였다. 조금 밖에 일하지 않은 일꾼은 아무도 쓰지 않는 장애인일 수도 있고, 나이가 많은 일꾼일 수도 있다. 하나님 나라는 자본주의 질서, 능력에 따른 분배를 뛰어넘는 은혜의 원리이다. 하나님 주신 각자의 재능은 절대적이다. 다른 사람과 비교, 차별할 성질이 아니다. 각자에게 주신 재능을 개발하여 발휘하는 것이 성공이다. 자립공생사회는 누구나 성공하는 사회, 누구에게나 성공의 책임이 있는 사회이다.

○ 열매 없는 무화과나무 (마태복음 21:18-22)

예수님이 길을 가시다가 무화과나무의 열매를 드시고자 다가갔으나 열매가 없자 나무를 저주하셨다. 무화과나무의 사명은 열매를 잘 맺어 길 가는 사람들에게 시장기를 면하게 하는 것이다. 열매를 맺을 철이 되었는데도 열매를 맺지 않았기에 저주를 받았다. 겉으로는 화려함을 자랑하며 잎이 무성했지만, 본질적 사명을 다하지 못한 나무였다. 그리스도인은 말씀을 실천하며 하나님 성품을 닮아야 한다. 하나님 주신 재능을 계발, 사회에 기여함으로써 공동체에 선한 영향력을 끼쳐야 한다.

○ 초대교회의 모습 (사도행전 4:32-37)

성령 강림이 초대교회의 시작이었다. 초대교회는 성령이 충만했다. 성령의 인도대로 움직였다. 성령을 받는 것은 영적 자립이 된다. 초대교회는 재능과 능력에 따라 각기 잘할 수 있는 분야를 맡아 담당했다. 사도들은 기도와 말씀 사역에 전념하였고, 구제와 행정은 집사들이 전담했다. 사명의 자립, 일의 자립을 이루었다. 초대교회는 공생사회의 본이 된다. 자기 재물을 자진해서 교회에 바쳤고 서로 통용하며 하나님 뜻대로 사용했다. 예수님 안에서 용서와 화해로 하나가 되었다. 사랑과 긍휼, 희생과 양보, 배려와 섬김의 하나님 공동체를 이루었다.

제5부 우리나라에 부어주신 하나님의 축복과 주시는 사명

　우리 민족은 하나님과 특별히 관계된 민족이다. 시작부터 하나님 마음과 같은 '홍익인간' 이념을 품어 왔다. 하나님은 우리 민족의 고난과 아픔에 함께하셨고, 고난을 이기도록 도우셨다. 우리의 근대사, 대한민국의 수립과 번영의 바탕에는 하나님 은혜, 선교사들의 은혜와 도움의 손길이 있었다. 한국교회는 핍박과 고난, 순교의 역사이다. 일제의 핍박은 더욱 하나님을 의지하며 기도하게 했다. 선교 1세대, 믿음의 선진들은 핍박과 고난 속에서 신앙의 순수성을 지켰다. 그 믿음의 바탕 위에 하나님은 우리에게 영적, 물질적 축복을 주셨다.
　대한민국은 기도로 문을 열었다. 하나님은 6·25 공산주의 침략으로부터 나라를 지키셨고, 한미상호방위조약이 체결되기까지 도우셨다. 그 바탕 위에 고속 성장으로 선진국 대열에 진입하게 하셨다. 하나님은 마지막 때 사명을 감당하도록 우리에게 영적, 물질적 축복을 주셨다. 안타깝게도 오늘날 물질적 풍요 속에 영적으로 무디어졌다. 영적 순수성을 잃었고 하나님 은혜와 주시는 사명을 잊었다. 한반도는 이 시대 영적 대결의 상징이다. 대한민국은 하나님 나라의 전초기지, 영적 파수꾼으로 세워졌다. 지금 우리의 최대 위기는 영적 위기이다. 영적으로 깨어나 하나님 사명을 감당하지 못하면 하나님 심판을 피할 수 없게 된다. 사명을 감당할 때 더욱 축복의 미래, 영적 제사장 사명을 감당하는 민족이 된다.

1장 하나님 예비하신 우리 민족

1. 하나님을 경외하며 하나님 마음을 품어온 민족

○ 홍익인간

 '널리 인간 세상을 이롭게 한다'는 홍익인간은 「삼국유사」에 실린 단군왕검의 건국이념, 우리 민족의 건국이념이다. 역사적으로 대부분의 나라는 힘과 무력으로 통일하여 세웠지만, 우리 민족은 올바른 정신을 앞세웠다. 온 인류에 유익이 되도록, 널리 인간 세계를 이롭게 하도록 세워졌다. 홍익인간은 조화와 협력, 더불어 사는 공생의 정신으로 하나님 뜻, 하나님 마음과도 같다. 널리 덕을 펼쳐 인간 세계와 우주 만물을 이롭게 하는 것은 하나님의 뜻이다. 하나님이 인간을 창조하신 목적이자 태초에 인간에게 주신 사명이다. 우리 민족은 하나님 뜻, 창조 질서를 세상 속에 구현하도록 세워졌다. 홍익인간 정신은 고조선이 주변 유목 민족을 어우르며 2,000여 년간 강대국을 이룬 힘의 원천이었다. 그 뒤에도 북부여와 고구려, 백제, 신라를 거쳐 오늘에 이르기까지 우리 민족을 이끌어 온 바탕 정신이었다. 우리 민족은 세계를 선도할 정신적 가치, 인류 전체가 지향해야 할 정의로운 이념을 지녔다. 세계의 모든 사상을 합쳐도 홍익인간 만큼 마음에 닿는 사상은 없다. 인류가 전쟁 없이 더불어 사는 길은 홍익인간 정신이다. 홍익인간은 오늘날 남북으로 분단된 민족의 위기, 물질주의 탐욕과 분쟁으로 인한 인류의 위기, 에너지와 기후 위기로 인한 지구의 위기를 해결할 수 있는 바탕 정신, 인류가 나아가야 할 궁극적 방향이다. 그 길을 인도해야 할 사명이 대한민국에 있다.

 세계에서 민족의 뿌리를 찾아 기원력을 쓰는 민족은 우리 민족과 유대민족이다. 2024년이 단기(檀紀) 4357년이다. 유대력으로는 5784년이다. 단기 원년은 BC 2333년이고 유대력 원년은 BC 3760년이다. 1,427년의 차이가 있다. 조금 뒤의 「환단고기」(桓檀古記)와 「한자의 비밀」을 통해 유추해 보면 그 차이가 이해가 된다. 1948년 정부 수립 이후 단기를 연호로 사용하다가 1961년부터 서기만 사용하고 있다. 개천절은 우리 민족의 생일로 광복절보다 의미가 크고 중요하다. 우리 민족은 온 인류를 이롭게 한다는 자랑스런 혼을 지녔다. 아무리 경제력과 군사력이 강하더라도 혼이 없는 민족은 세계를 선도할 수 없다. 지금 남과 북이 갈라져 있지만 민족혼은 변할 수 없다. 남과 북이 공유하는 뚜렷한 두 가지는 민족의 혼인 홍익인간과 민족의 글자인 한글이다. 홍익인간 정신과 한글이 오늘날 한류 세계화의 바탕이 되고 있다. 앞으로 더욱 이를 바탕으로 대한민국이 4차 산업시대를 선도해야 한다. 대한민국의 위대한 사명이다. 인간을 널리 유익하게 하지 못하는 힘은 흉기일 뿐이다. 국민을 억압하는 공산주의, 핵무기로 위협하는 독재자는 널리 인간을 해롭게 하는 적이다. 지금은 민족의 위기이자 기회이다. 하나님 뜻을 새기며 복음적 통일을 이루어 하나님 사명을 감당해야 할 때이다.

환단고기와 고조선의 통치이념인 천부경(天符經), 천부경에 쓰여진 녹도문자(鹿圖文字)

1979년에 세상에 알려진 우리의 고대사 기록, 환인(桓因), 환웅(桓熊), 단군(檀君)의 옛 기록인 「환단고기」에 홍익인간 정신이 나온다. 환웅은 홍익인간 정신을 펼치기 위해 배달국을 세웠으며, 이를 이어받아 단군은 홍익인간의 통치이념으로 고조선을 건국했다. 단군 시대에 기록된 「천부경」은 홍익인간에 바탕한 고조선의 통치이념으로 우리 민족 최고(最古)의 경전이다. 사슴 발자국 모양의 녹도문자 81자로 쓰여진 「천부경」은 우주의 원리, 하늘과 땅과 사람의 이치, 조화와 협력의 질서를 밝히고 있다. 하늘과 땅과 사람이 하나이며 하나 안에 기쁨이 있다. 만물은 하나에서 시작되어 하나 안에 움직이고 하나로 돌아가며, 그 하나는 끝이 없다. 하나에서 첫 번째 나온 것이 하늘이고 두 번째가 땅, 세 번째가 사람이며, 사람 안에 하늘과 땅이 있어 일체를 이룬다. 하늘, 땅, 사람이 합쳐져서 온갖 형태로 발전하여 만물의 완성에 이른다. 만물이 조화의 질서 속에 온갖 모양을 지어내지만, 근본은 변함이 없다. 하나의 마음은 태양처럼 세상을 밝고 환하게 비추며 모두가 조화롭게 하나 되는 양심의 세상, 모두가 함께 행복한 홍익인간 세계를 이룬다(출처:환단고기 태백일사).

「천부경」의 '하나'는 하나님, 하나의 마음은 하나님 마음, 조화의 질서는 하나님 창조 질서를 상징한다. 우리 민족은 하늘(하나님)의 뜻을 따라 세상과 우주 만물을 다스리도록, 세상의 빛이 되어 온 인류에 덕을 끼치도록, 하나님 보시기에 조화로운 세상을 이루도록 세워졌다. 놀라운 사실은 홍익인간 정신이 표기문자가 없던 환웅의 배달국 시대부터 내려오다가 단군조선 시대에 녹도문자의「천부경」으로 기록되었다는 점이다. 문자는 유물보다 더 분명한 기록이자 증거이다. 녹도문자는 인류의 가장 오래된 문자의 하나로, 하늘과 사람과 땅의 모습을 그리고 있다. 하나님 관계, 하나님께 제사 드리는 모습을 상징한다. 녹도문자는 중국 상나라 후기의 수도 은허(殷墟:후기 상나라를 수도 이름을 따서 은나라로 부르기도 함)에서 1899년 발견된 한자, 갑골문자(甲骨文字:거북이 등과 배인 甲, 소나 말의 어깨뼈인 骨에 새겨진 글자) 보다 700여 년 앞선 문자이다. BC 2333년 건국된 고조선은 BC 1600경 시작된 상나라보다 700여 년 앞섰고. 녹도문자가 갑골문자의 뿌리임이 밝혀졌다. 갑골문자는 녹도문자와 비슷하고, 상당수 글자가 성경 창세기를 상징한다. 상나라를 세운 상족(商族)은 고조선에 인접한 민족이었고, 중국 고대 문명은 고조선의 영향을 받은 것이 확인된다.

 1906년 일본의 고고학자들이 만주의 일본 식민지화 작업의 일환으로 만주 일대의 유물을 발굴하던 중 신석기 유적과 적석묘(積石墓)를 발견했다. 20세기 초부터 일본은 교토대학을 중심으로 만주학이라는 관학(官學)이 발족되어 만주 일대의 광범한 지역에서 유물들을 잇달아 발굴, 만주 침략을 위한 정보 탐지에 악용했다. 일본에 뒤이어 1920년대 이후 만주 일대의 고대문화 연구를 시작한 중국은 1950년대에 신석기 유물뿐만 아니라 청동기 유물도 다수 발굴했고, 중국문화의 뿌리가 내몽골 동쪽, 요녕성(랴오닝성) 지역에서 BC 4700-3000 사이, 1700여 년 지속된 홍산문화(紅山文化)임을 밝혔다. 붉은 산(紅山)을 중심한 지역이므로 홍산문화라 이름하였고, 홍산문화는 황하족의 중원문화보다 앞선 문화이며 홍산문화가 황하로 전해졌음이 확인되었다. 인류 최초의 농경문화로 알려진 메소포타미아보다도 질서 정연한 촌락이 홍산문화에서 발견되었다. 출토된 빗살무늬토기나 적석총(積

石塚) 같은 유물은 중원문화에서는 발견되지 않았고, 1979년에 발굴된 대형 석조 제단 유적과 흙으로 빚은 여인 얼굴상 등은 홍산문화가 이른바 세계 4대 문명보다도 앞선 문명임이 확인되었다.

「환단고기」는 이와 관련된 모든 의문을 풀어준다. 홍산문화는 노아의 홍수 이전인 환인, 환웅시대의 환국(桓國)문화였고, 단군(檀君)이 이를 이어받아 고조선 문화를 이루었음을 뒷받침한다. 앞서 제2부에서, '하나님께 순종하는 아벨의 혈통을 이어받은 에노스'는 환인(桓因)이었을 가능성이 시대적으로 유추된다. 환인은 에노스와 비슷한 시기이며, 에노스가 여호와 이름을 부른 것처럼 하늘(하나님께) 에 제사를 드렸다(출처:태백일사의 三一神誥). 창세기에 하나님은 타락한 세상을 노아의 홍수로 심판하셨고, 심판 이후 인간이 또다시 하나님을 거역하고 바벨탑을 쌓자 하나님은 언어를 다르게 하여 흩으셨다. 노아의 장자, 셈의 4대손 욕단의 가족은 동족들과 함께 메소포타미아로 가지 않고 동쪽의 산지로 이동했다. "**그들이 거주하는 곳은 메사에서부터 스발(Shephar)로 가는 길의 동쪽 산이었더라 (창세기 10:30)**" 욕단은 왜 파미르고원을 넘어 동쪽으로 이동했는가? 환국시대의 문화를 동경했기 때문으로 풀이된다. 단군이 욕단이거나 욕단의 아들일 가능성이 크다. 단군의 고조선 연대가 단기 4357년으로 이 시기와 비슷하다. 필자는 무엇보다 문자가 증거라고 생각한다. 조금 뒤 한자의 비밀에서 보겠지만 많은 한자가 창세기와 노아의 홍수 이야기를 그리고 있다. 한자의 뿌리는 BC 2330년경에 만들어진 고조선의 녹도문자이다. 녹도문자는 메소포타미아 문명의 뿌리인 수메르(셈의 후손으로 추정) 문명의 수메르 문자와 모양이 비슷하다. 수메르어의 문법 구조가 우리말과 같다는 점 (註 I), 노아의 셋째 아들 함의 후손인 이집트 문명에서도 녹도문자와 비슷한 하나님을 상징하는 문자가 나온다는 점은 우연이 아닌 조상이 같음을 증거한다. 시기가 비슷한 것도 이를 뒷받침한다. 믿음의 조상 아브라함은 욕단의 형인 벨렉의 5대손(창세기 11:10-26)으로 단군보다는 늦지만, 우리의 고조선 연대에 해당한다. 성경과 환단고기의 연관성은 앞으로 많은 연구와 고증이 필요하다(註 II). 분명한 것은 인류 4대 문명의 발상지 중 하나인 황하문명은 황하 이북의 홍산문화를 고조선으로부터 중국이 전수받았다는 점이다. 녹도문자와 발굴된 유물들이 이를 증거한다.

(註 I:수메르 문자의 문법 구조는 우리말과 같은 주어+목적어+동사이다. '밭을 밭, 길을 길'이라 하고, 아버지를 집에서는 '아바'로, 남에게 말할 때는 '아비'라 하며, 높은 분을 높여 부를 때는 '님'자를 붙이는 것까지 동일하다. 수메르어는 처음 1을 '아스'라고 하는데 이는 고(古)한국어와 일치한다. 처음 빨래를 '아시 빨래'라 하고 아침은 '아사'라고 하는 것도 동일하다. BC 2400년경 묘사된 수메르인들의 씨름을 보면 우리의 씨름과 똑같을 정도로 샅바 잡는 모습, 기술 등이 비슷하다. 그 밖에도 수메르와 한국은 묘장 제도, 순장 제도, 60진법, 최고 지도자의 상징을 봉황으로 삼고 있는 점 등이 일치하며 앞으로도 그 유사성이 연구의 대상으로 남겨져 있다. 출처: 네이버 지식백과, 문명의 출발지 이라크에서 보물찾기 2003, 김윤수, 김경호)

(註 II:예장 합동, 류석근 목사의 「알아랑 민족」 및 예장 고신, 신성욱 목사의 「성경과 환단고기 만남」에 나오는 우리말의 근원에 필자는 공감하며, 이를 구체적으로 정리해 본다. 에덴에서 시작된 인류 최초의 언어는 하나였다. 인류 최초로 하나님 이름을 부르며 경배한, 아담의 손자 에노스는 환인일 가능성이 크고 환국시대는 에덴동산의 언어를 사용했을 개연성이 있다. 하나님을 경외한 에노스는 해 뜨는 동쪽으로 이동했고, 환국시대는 하늘(하나님께)에 제사를 드렸음이 「환단고기」에 의해 뒷받침된다. 노아의 홍수 이후 바벨탑 시건으로 하나님은 언어를 다르게 하여 흩으셨다. 노아의 5대손 욕단은 환국시대를 동경하며 파미르고원을 넘어 동쪽으로 이동, 한반도까지 와서 고조선을 건국했음이 또한 「환단고기」에 의해 뒷받침된다. 환국시대를 이어받은 고조선 언어는 에덴동산 언어를 사용했음이 유추된다. 단군시대에 녹도문자를 만들었지만 말은 그대로였고, 세종대왕이 한글을 창제하여 우리말을 문자화했기에, 에덴에서 사용된 최초의 언어, 하나님 주신 가장 완벽한 언어는 한글이 된다. 욕단이 스발(Shephar)을 향해 동쪽으로 갔는데 스발은 새벌(새로운 벌판), 서블, 서라벌, 서울로 변천되었다. 「환단고기」에 나오는 인류 최초의 남자와 여자의 이름은 '나반과 아만'이다. 나반은 '나의 반쪽', 아만은

'암 그렇지'의 줄임말로 아담과 이브의 또 다른 이름이다. 한글은 모든 소리를 흉내내기에 가장 우수한 말이다. 어떤 소리든 정확하게 구사할 수 있다. '검다'가 영어로는 'black'이지만, 우리말은 '까맣다, 시커멓다, 거무스레하다, 까무잡잡하다, 새까맣다' 등 풍부한 표현과 말소리를 가지고 있다. 음은 초성(初聲)에서 시작하여 종성(終聲)으로 끝난다. 우리말은 초성이 19자, 중성이 21자, 종성이 28자로 종성이 가장 발달한 언어이다. 일본어, 중국어는 종성이 거의 없다. 서양의 언어도 종성은 몇 개 되지 않는다. 종성이 많아야 격조 높은 표현이 가능하다. 영어로는 아이나, 어른이나, 왕이나 'tell me'지만, 우리말은 '말해라, 말씀하세요, 말씀하시옵소서' 한다. 하나님이 에덴에서 아담에게 주신 언어는 바벨탑 언어 혼란 이후에 생긴 수많은 언어보다 월등히 우수한 언어였을 것임에 틀림없다. 우리말은 에덴동산의 말이 이어져 왔다. 왜 글을 '말언'이라 하지 않고 '말씀언'이라 하는가? 글은 ㅡ, ㅡ, ㅁ를 합친 글자로 삼위일체 하나님 말씀을 뜻한다. 우리 민족은 하나님 말씀을 높였다. 태초부터 삼위일체 하나님을 알았고, 말씀이 곧 하나님임을 알았던 것이다.

○ 배달민족

환웅이 세운 배달국의 '배달은 밝은 땅'이란 뜻이다. 우리 민족의 시조인 단군의 '단(밝달나무 檀)은 땅의 광명'을 뜻한다. 우리의 고대사 기록인 삼성기(三聖紀:환국-배달-고조선의 환인-환웅-단군, 세 시조의 기록)의 환인, 환웅의 '환(밝을 桓)은 하늘의 광명'을 뜻한다. 배달 민족은 밝은 하늘과 밝은 땅, 광명의 민족이다. 세상의 빛이 되는 민족, 진리와 질서의 중심이 되는 민족이다. 세상을 밝고 따뜻하게 비추어 만물을 소생케 하는 생명의 빛이 되도록 세워진 민족이다.

○ 한얼 사상

얼은 '혼'과 같은 뜻이다. '한얼은 큰 혼'이란 뜻으로 우주 만물을 창조하고 움직이는 하나님 진리와 질서를 상징한다. 한얼 사상은 하나님 마음, 하나님 뜻을 이루려는 마음이다. 하나님을 향한 마음, 하나님 마음을 품고 하나님 성품을 닮으려는 마음이다. 창조주 하나님은 한 분이시다. 우주 만물이 하나님 안에 하나이다. 온 인류는 하나님 안에서 형제자매이다. 한얼 사상은 이 땅에 하나님 나라, 하나님 공동체를 이루려는 마음이다. 우리 민족은 하나님 나라의 원대한 이상을 품은 민족이다. 조화와 협력, 평화 공존의 더불어 사는 세상을 갈망하는 민족이다.

◯ 백의민족

우리 민족은 흰옷을 입어 왔다. 흰색은 깨끗함과 순수함, 고결함과 거룩함의 표상으로 경건하고 순결함과 평화의 상징이다. '희다'는 해를 상징한다. 해가 밝고 희게 비춘다고 말한다. 우리 민족은 온 세상을 밝고 희게 비추도록 세워진 민족이다. 옷은 신분을 상징한다. 성경은 예수님 보혈로 죄가 씻어져 깨끗한 흰옷을 입었다고 말씀한다. 흰옷은 그리스도, 예수님의 옷, 착한 행실을 상징한다(요한계시록 7:13-14/19:8). 우리 민족은 수많은 침략과 수난을 당했지만 하나님을 의지하며 참고 견디어 왔다. 이제 우리 민족은 일어나 빛을 발할 때, 밝고 희게 세계에 복음의 빛을 비추며 하나님 나라 확장의 사명을 감당할 때이다.

◯ 정 문화

정은 우리 민족의 고유한 정서로 한글만의 고유한 단어이다. 이웃의 아픔과 함께 하는 긍휼한 마음, 서로 배려하며 보살피는 은근한 마음이다. 따뜻하게 품으며 하나 되는 동질감과 연대감이다. 정은 하나님 마음과도 같다. 아쉽게도 지금은 자본주의 물질 중심의 문화가 뿌리내리면서 정 문화가 사라지고 있다. 물질적 성공을 쫓는 경쟁적 환경에서 정 문화가 변질되고 있다. 편법 불법도 적당하게 봐 준다. 이제는 바른 '정 문화'를 회복할 때이다.

◯ 한자의 비밀

한자는 형상을 보고 만든 상형문자인 동시에 뜻을 새기는 표의문자, 뜻글자로 고조선의 녹도문자가 그 시작이었다. 한자에는 특이하게도 창세기의 내용과 뜻을 새기는 글자들, 천지를 창조하신 하나님, 에덴동산과 노아의 홍수 이야기, 하나님께 드리는 제사를 뜻하는 한자들이 나온다. 그 일부를 본다. 神(귀신 신)은 示(보일 시) + 申(펼 신)이다. 만물을 창조하고 펼쳐 보이신 하나님을 뜻한다. 원래 유일하신 하나님을 뜻했으나 후에 변질되어 귀신 신, 여러 신의 의미가 되었다. 天(하늘 천)은 하늘나라, 하나님 나라를 뜻한다. 天宰(천재)는 하나님을 의미한다. 福(복)은 示 + 一 + 口 + 田으로 하나님이 한 사람을 에덴동산에 두어 다스리도록 축복하셨음을 뜻한다. 好(좋을 호)는 하나님이 남자와 여자를 창조하시고 보시기에 좋았음을 뜻한다. 名(이름 명)은 하나님이 각종 동물을 지으시고 마지막에 (夕 저녁) 아담에게 이끌어 보이시니 아담이 입(口)으로 일컫는 말이 동물의 이름이 되었음을 뜻한다. 禁(금할 금)은 木 + 木 + 示로 하나님이 에덴동산에 생명나무와 선악을 알게 하는 나무를 두셨는데 선악을 알게 하는 나무 열매는 금하셨음을 뜻한다. 裸(벗을 라)는 衣(옷) + 果(과일)로 아담과 하와가 선악과를 따먹은 후 몸을 가렸음을 뜻한다. 婪(탐할 람)은 두 그루의 나무 아래에 있는 여자로, 하와가 생명나무와 선악나무 두 그루를 쳐다보며 탐내고 있음을 뜻한다. 視(볼 시)는 示 + 目 + 人으로 하나님이 인간을 보고 계심을 뜻한다. 船(배 선)은 노아의 방주에 노아 가족 여덟 식구가 타고 있었음을 뜻한다. 洪(홍수 홍)은 물(水) 위에 함께 있는(共) 노아 가족 여덟 식구를 뜻한다. 沿(떠다닐 연)은 물 위에 노아 여덟 식구가 떠다님을 뜻한다. 義(옳을 의)는 양(羊) 밑에 있는 나(我)로, 양을 제물로 드림으로 내가 의롭게 됨을 뜻한다. 犧(희생 희)도 비슷하다. 소(牛)나 양을 잡아 제사를 드림으로 내 죄을 씻음을 뜻한다.

특별히 우리 민족에는 하나님을 뜻하는 천재(天宰) 개념이 내려오고 있다. 단군은 태백산(백두산이란 설이 유력함)과 강화도 마니산에 천제단(天祭壇)을 쌓고 하늘에(하나님께) 제사를 드렸다. 천제(天祭) 전통은 환국시대부터 시작되어 단군조선을 거쳐 북부여의 영고, 예맥의 무천, 고구려의 동맹, 백제의 교천 등 제천(祭天)행사로 이어졌다. 통일신라 시대 이후 사대외교의 영향으로 천제를 드릴 수 없었다. 사실 중국의 제사(祭祀) 문화도 고조선의 하나님께 제사 천제(天祭)에서 유래되었다. 하나님은 우리 민족 최초의 경배 대상이었다. 나라와 민족의 이름, 조선(고조선)의 한자 뜻이 이를 뒷받침한다. 朝(아침 조)는 十(십자가)과 日(낮)과 月(밤)이 합쳐져 있다. '태양이 떠오르는 광명의 나라, 하루 종일 십자가를 바라보며 밤낮으로 하나님을 섬기는 나라'란 의미가 있다. 鮮(깨끗할 선)은 魚(물고기)와 羊(제물)이 합쳐져 있다. 물고기의 헬라어 익투스(ΙΧθΥΣ)는 초대교회의 상징이다. 초대교회의 바탕인 **"주는 그리스도시요 하나님의 아들, 구원자이십니다"** 베드로의 신앙고백 단어의 첫 글자를 모으면 익투스, 물고기가 된다. 양은 인류의 제물이 되신 예수님을 상징한다. 합하여 朝鮮은 밝은 빛을 비추는 아침의 나라, 깨끗한 제물의 나라, 예수님 대속의 구원을 상징한다. 하나님 뜻을 쫓아 세운 나라, 하나님 사명을 감당해야 할 나라임을 보여준다.

중국의 역사 왜곡과 동북공정

중국은 자기들이 세계의 중심이라는 중화사상을 내세우며 그 밖의 민족은 오랑캐로 간주한다. 오랑캐라는 말은 중국에 접한 주변 민족을 얕잡아보는 말이다. 북동쪽은 동이(東夷)로, 남쪽은 남쪽 오랑캐인 남만(南蠻)으로 부른다. 북서쪽은 흉노족(匈奴族), 노예로 비하한다. 하지만 동쪽 오랑캐 동이문명(東夷文明)이 중국의 황하문명을 앞섰고, 황하문명의 뿌리임이 밝혀졌다. 우리의 조상이 고대 동아시아 최고의 문화 민족이었다. 하지만 중국은 어이없게도 한국 고대사를 중국 역사의 일부로 둔갑시키고 있다. 고조선과 고구려, 발해의 한국 역사를 중국의 역사로 귀속시키는 역사 왜곡, 동북공정(東北工程)을 일으키고 있다. 고조선의 중심지는 만주 일대였다. 고구려와 발해까지 만주가 중심이었다. 중국은 고조선 문화는 애써 외면한 채, 2004년부터 고구려, 발해를 중국사의 일부로 편입하고 있다. 2022년 9월 중국국가박물관이 한·중 공동으로 개최한 청동기 특별전에서 고구려를 뺀 한국사 연대표를 버젓이 전시했다. 고조선은 청동기 시대인 기원전 15세기부터 시작한다고 연표를 만들고, 기원전 12세기 상나라와 주나라의 교체기에 상나라 유민인 기자가 고조선을 인수받았다고 주장한다. 중국에서 건너온 기자조선을 부각시키며 한국사를 실질적으로 중국이 열었다는 것이다. 철기시대는 고조선 후기부터 신라, 백제, 가야, 통일신라, 고려, 조선 순으로 구분하고 고구려와 발해는 아예 빼버렸다. 고구려 발해를 중국사로 편입해 버렸고, 고구려 백제 신라의 삼국시대를 가린 채 한사군을 강조했다. 삼국시대는 한사군의 영향을 받았으며 한반도 전체가 중국의 영향권 아래 있었다는 주장이다. 아무리 공작을 한들, 스스로 다른 민족이라고 불렀던 오랑캐란 이름이, 분리의 벽을 쌓았던 만리장성이 그들의 주장이 자가당착임을 증거한다. 문제는 중국의 동북공정이 만리장성을 고구려, 발해 땅까지 확장하고 있다는 점이다. 이러한 때에 「환단고기」가 세상에 알려지고 확인된 것은 하나님 은혜가 아닐 수 없다.

안타깝게도 통일신라 시대부터 사대주의가 싹터왔다. 특히 이조 500년은 유교를 국교로 삼아 중국이 역사의 중심이고 조선은 중국에 종속된 역사로 보는 중화사상에 젖어왔다. 고려 때인 1145년 편찬한 「삼국사기」와 1281년 편찬된 「삼국유사」도 중화 사대주의 잣대로 쓰여졌다. 「삼국사기」를 쓴 김부식은 신라 귀족으로 신라 중심의 삼국 역사를 기술하여 상고사와 고구려 백제의 역사가 가리워졌고, 「삼국유사」를 쓴 승려 일연은 고조선의 상고사를 언급하고 있으나 불교사관의 안경을 끼고 기술함으로써 단군왕검의 배달민족 초기의 위대한 역사를 단순한 신화로 둔갑시키고 말았다. 우리는 단군조선의 실체와 근원을 모른 채, 자랑스런 민족혼을 잃어버리고 중화사상에 젖어 중국을 숭상해 왔다. 지금은 잃었던 역사와 민족혼을 되찾고, 단군조선의 홍익인간과 한얼사상을 세계에 활짝 펼칠 때이다.

일본의 광개토대왕 비문 변조와 왜 5왕의 그릇된 주장

광개토대왕비가 1,400여 년이 지난 1880년대 초 만주 지린성(吉林省) 지안(集安)에서 발견되었다. 안타깝게도 발견 당시 일본 제국주의 참모본부가 개입, 일본의 역사적 우위를 증거하고 대륙침략을 정당화하는 도구로 이용되어, 비문이 변조되고 훼손되는 비운을 겪었다. 일본은 수년간 비문을 연구, 변조한 후 1888년 공식적인 비문 해설의 석문(釋文)을 발표했는데, 광개토대왕 즉위 원년인 AD 391년 기록에 느닷없이 일본이 가야와 신라, 백제를 지배했다는 내용이 나온다. 일제 참모본부가 대왕을 지칭하는 한 글자를 왜(倭)로 변조하고 중간의 세 글자를 완전히 훼손하여 읽을 수 없도록 했기 때문이다. 안타까운 것은 당사국인 조선은 망국의 혼란 속에 비문에 대한 관심이나 연구가 전혀 없었다는 점이다. 1910년 단재 신채호 선생이 황성신문 논설에서 훈적(勳績)의 주어가 광개토대왕으로 보아야 한다고 주장했지만, 뒷받침하는 연구가 따르지 못했다. 더욱 안타까운 것은 식민사관에 뿌리를 둔 주류사학계가 아직도 일본의 해석을 그대로 따르고 있다는 점이다. 1980년대 이후, 광개토대왕 원년의 기록 32자 중 왜(倭) 자가 후(後)에서 변조되었고, 래(來)자가 미(未)자로부터 변조되었다는 연구 등이 나왔지만 주류사학계는 함구, 무시하고 있다.

이에, 역사에 관심이 많은 기업인 김주인 선생이 (필자의 손위 처남) 보다못해 팔순을 넘긴 나이에 뒤늦게 연구, 2021년에 '광개토대왕 비문에 관한 연구' 논문과 2023년에 '5세기 왜 5왕의 성격과 실체에 대한 연구' 논문을 발표했는데 그 의미가 매우 크다. 논문들은 학술적 가치를 인정받아 김주인 선생은 2024년 6월 박사학위를 받았다. 그는 매크로적인 시각에서 한국, 중국, 일본의 역사와 동시대 상황을 대비하고, 사실적 증빙에 바탕하여 「일본사기」가 대륙 침략을 목적으로 의도적으로 관제 편집되었고, 일본의 비문 해석이 조작되었음을 밝혔다. '가야 신라 백제가 일본의 속국이었음을 나타내기 위해 일본 역사를 2-3백 년 앞당기고, 한국 역사를 2-3백 년 늦춰 기록하고 있음'을 한국과 중국의 역사 기록과 고증, 유적과 유물을 대비하여 밝혔다. 5세기 말까지 부족국가였던 왜가 2세기나 앞서 한반도를 지배할 수 없었음을 중국 역사서와 대비해 밝히며, 왜 5왕의 정체는 6세기 백제의 속국이었던 5왕임을 밝혔다. 6세기 왜 5왕이 중국에 조공을 바친 것으로 중국 역사서에 기록되어 있는데, 조공 대상국은 중국이 아닌 백제임을 밝혔다. 6세기 일본이 백제에 조공을 바치는 속국이었는데, 그보다 200여 년 전에 일본이 가야 신라 백제를 지배했다는 것은 이치에 맞지 않음을, 일본 신공황후의 백제 마한 정벌과 임나일본부 설치설은 가공된 역사이고, 일본 왕실의 뿌리가 신공황후가 아닌 백제

왕가이며, 「일본사기」에 나오는 가야는 한국의 가야국이 아닌 일본 부족국가의 하나인 가야임을 밝혔다. 사실 일본은 15세기까지 한반도로부터 문화를 전수받았고, 16세기 포르투갈 무역선으로부터 총기를 전수받은 후 처음으로 군사력이 한반도를 추월하여 1592년 임진왜란을 일으켰던 것이다. 역사를 전공하지 않은 만학도가 우리 역사를 바로 찾으려고 연구하여 밝히는 현실이 안타깝다. 일본은 한국을 지배하기 위해 비문을 변조하며 가공의 역사를 만들었고, 종군 위안부와 강제 연행 등 역사적 사실도 부정하며 교과서에 금지하는데, 우리는 어찌 관제 된 일본사기를 아직도 따르고 있는가!

김주인 선생은 「환단고기」를 우리의 자랑스런 고대사로 높이 평가한다. 「환단고기」를 읽고 동기가 부여되어 연구, 광개토대왕 비문 변조와 왜 5왕의 역사 왜곡 사실을 밝혔다.

일본과 중국은 한국 역사를 빼앗으려고 억지를 부리는데 우리는 어찌 자랑스런 역사도 찾지 못하고 무시하는가? 안타깝게도 조선은 중국의 속국이기를 자처했고, 지금 우리도 일제의 식민사관에서 벗어나지 못하고 있다. 양식 있는 일본 사학자들도 「일본사기」가 잘못되었음을 인정하는 마당에, 우리는 아직도 이병도, 신석호로 이어진 식민사관에 젖어있다. 우리의 고대사 기록인 「조선왕조실록」에 실린 것처럼 세조의 엄중한 수압령(收押令)으로 중국에 대항한 서적들이 압수 폐기되었고, 한편으론 일제 강점기에 우리의 자랑스런 역사 기록이 강제로 수거 폐기된 사실을 감안할 때, 어려움을 딛고 살아남은 소중한 고대사의 기록인 「환단고기」를 간단히 위서로 단정함은 크게 잘못되었다. 「환단고기」는 4권의 원저자가 있고, 합본 편집한 경위와 편저자가 분명한데도 몇 가지 모순과 설화적 내용이 포함된다는 이유로 방대한 기록 전체를 위서로 매도하는 것은 옳지 못하다. 「환단고기」는 신라의 입장에서 쓰여져 고구려 백제의 자랑스런 기록이 빠진 「삼국사기」나, 승려로서 중국에 기울어져 쓰여진 「삼국유사」보다 훨씬 가치 있고 진실된 기록이다. 고조선은 우리 민족의 위대한 역사이다. 중국과 일본을 넘어 세계를 압도하는 우리의 귀중한 상고사 기록인 「환단고기」를 깊이 연구, 민족의 시원(始原)과 사명을 깨닫고 사명을 감당함으로써 위대한 미래를 활짝 열어야 할 때이다.

2. 고난을 통해 하나님을 사모해 온 민족, 하나님과 특별히 관계된 대한민국

○ 우리 민족은 고난과 아픔을 통해 하나님 마음을 느끼며 품어 왔다.

　우리 민족은 반도국으로, 대륙 세력과 해양 세력의 길목이 되어 끊임없는 외세의 침략을 받았다. 고난과 수난의 역사를 통해 하나님의 아픈 마음을 체험했다. 고난은 심령을 가난하게 했고, 하나님을 찾고 의지하게 했다. 고난과 아픔이 있는 곳은 하나님 마음이 머무는 곳이다. 몸의 중심은 아픈 곳이다. 우리 민족은 하나님 아픈 마음의 중심이 되어 왔다. 아픔의 극치가 일본에 의한 민족의 수난이다. 하나님은 민족의 아픔을 보시며 함께 하셨고 아픔을 이기도록 도우셨다. 앞이 보이지 않던 시기에 선교사들을 보내셔서 민족을 일깨웠고, 소망을 보게 하셨고, 소망을 이루게 하셨다. 해방이 되었지만 소련 공산주의 계략으로 민족이 분단되는 아픔이 있었고, 공산주의 침략으로 동족상잔의 비극을 겪었다. 이 모든 민족의 수난에 하나님이 함께하셨고, 대한민국을 지키셨다. 고난을 통해 더욱 기도하게 하셨고, 기도의 열매로 대한민국의 찬란한 역사가 열리게 하셨다. 대한민국은 하나님 은혜를 새기며 하나님 뜻을 이루어야 할 사명이 있다. 하나님은 사명을 감당하도록 대한민국에 영적, 물질적 축복을 주셨다. 한반도는 영적 대결의 중심에 있다. 대한민국은 영적 승리를 이끌어야 할 사명의 대국이다. 대국은 땅이 넓어서가 아니라 영적 사명이 큰 나라이다. 하지만 오늘날 하나님 은혜를 잊어버리고 하나님과 멀어지고 있다. 지금은 하나님 앞에 바로 설 때, 사명을 깨닫고 이룰 때이다. 이 책을 쓴 목적 또한 여기에 있다.

○ 민족의 아픔 속에 하나님을 사모하며 의지한 심정의 표현인 아리랑에 대해

　예장 합동 교단의 류석근 목사는 '우리 민족은 하나님의 선민, 알이랑 민족이며 아리랑은 민족 최초의 찬송가'라고 말한다. **"아리랑은 알+이랑이다. 알은 하나님**

을 뜻하는 '엘'에서 나왔다. 이랑은 함께이다. 합하여 '알이랑(아리랑)'은 '하나님 함께 하신다' 뜻이 된다." 아리랑은 작자 미상으로 그 유래를 알 수 없지만, 한자로는 亞里朗, 我理朗으로 쓰기도 한다. 亞里朗의 '亞里는 하늘나라 마을, 朗은 낭군님으로 하늘나라처럼 곱고 亞里따운 님'이 된다. 我理朗은 '참 나, 참 진리를 깨닫는 즐거움'이 된다. 합하여 우리 민족은 하나님 나라, 하나님 진리를 사모해 온 민족으로 아리랑은 민족의 찬송가인 셈이다. 선민은 하나님 뜻을 찾아 이뤄야 할 사명이 있다. 단군의 통치이념인 천부경과 홍익인간은 하나님 뜻을 이루려는 정신이다. 유대인은 선민임을 자랑했지만, 예수님을 배척했고, 지금도 혈통 중심의 유대교를 믿고 있다. 이제 대한민국이 민족 혼을 되찾고 하나님 뜻을 찾아 이루어야 할 때이다.

○ 민족의 고난과 수난의 역사를 대변하는 무궁화

무궁화는 민족의 애환이 서려 있는 꽃이다. 수난과 질곡의 역사 속에서 피고 지기를 반복한 민족의 끈기와 강인한 생명력을 대변한다. 무궁화의 학명(學名)은 'Hibiscus sirianus'로 Hibiscus는 히브리어 신의 이름이고 Sirianus는 지역 이름이다. 영어로는 'Rose of sharon, 샤론의 장미'라고 부른다. 샤론은 '샬롬, 평안'에서 나왔다. 한편으론 이스라엘의 척박한 땅을 상징한다. 성경은 예수님을 '샤론의 꽃'으로 찬송한다. 무궁화가 민족의 마음속에 국화로 여겨진 역사는 오래된다. 약 1,200년 전 신라 때 최치원이 당나라에 보내는 문서, 사불허북국거상표(謝不許北國居上表)에 근화향(槿化鄕:무궁화의 나라)이라고 자칭한 기록이 있다. 조선시대에는 과거에 급제하면 무궁화를 어사화라고 머리에 꽂아주었다. 국가 원수에게 수여하는 훈장이 무궁화 대훈장이다. 대통령 휘장, 국회의원 배지, 법원의 문장, 경찰관과 장교 계급장에 무궁화 꽃문양을 쓴다. 일제 때는 민족의 꽃이라는 이유로 무궁화가 뿌리째 뽑혀 불태워지기도 했다. 우리는 강인한 생명력의 무궁화처럼 민족의 수난과 고난을 딛고 영광의 꽃을 피워내고 있다. 지금은 하나님 사명을 감당하며 세계 속에서 무궁화꽃을 활짝 피울 때이다.

○ 기도로 문을 연 제헌 국회

　1948년 7월 12일 제헌 국회에서 헌법이 제정되었고, 7월 17일 헌법이 공포되었다. 이에 앞서 1948년 5월 31일 헌법 제정을 위한 첫 제헌 국회가 열렸다. 제헌 국회의원 198명 중 기독교인이 50여 명이었고, 국회의원 모두가 일어서서 함께 기도했다. 이승만 임시 의장은 '대한민국의 독립 민주국회 제1차 회의를 열게 된 것을 하나님께 감사드립니다' 먼저 하나님께 감사드렸고, 이어서 장로 이윤영 의원에게 기도를 주문했다. 제헌국회 속기록 첫 장이 이윤영 의원의 기도이다. 미국은 성경에 손을 얹고 대통령 선서를 하지만, 대한민국은 먼저 하나님께 기도드림으로 첫 시작을 하나님과 함께했다. 하나님이 세우신 나라, 하나님 사명이 있는 나라임을 상징한다.

○ 애국가

　애국가의 작사자는 확실하지 않다. 대한제국(1897-1910) 당시인 1907년 윤치호가 역술한 「찬미가」라는 찬송가집에 애국가 가사가 수록되어 있다. 스코틀랜드 민요이자 찬송가 '천부여 의지 없어서' 곡조이기도 한 '올드 랭 사인(Auld Lang Syne)' 선율에 가사를 붙여 불렀다. 조선 말기, 독립운동을 주도한 애국자들이 대부분 선교사 영향을 받은 기독교인들이었기에, 교회 예배 때 부른 찬미가에 애국가가 수록되어 있는 것은 우연한 일이 아니다. 애국가는 나라에서 지정하여 부르도록 한 것도 아닌데 기독교인 중심으로 부르면서 민족의 국가로 발전되었다. 1919년 3·1 운동 때에는 '올드 랭 사인'의 선율에 맞춘 애국가를 부르며 태극기를 흔들었다. 애국가는 1919년 12월 상해 임시정부에서 국가로 지정되었다. 애국가에는 민족의 독립과 무궁한 발전에 대한 간절한 기도의 염원이 담겨 있다. 애국가 1절 **"하나님이 보우하사 우리나라 만세"**는 하나님의 도우심, 하나님 은혜를 간절히 바라는 기도이다. 현재의 애국가 곡조는 1930년 안익태 선생(1906-1965)이 작곡했다. 그는 '애국가는 내가 작곡한 것이 아니라 하나님의 선물입니다. 나는 하나님의 영감을 대행한 그분의 도구였을 뿐입니다' 고백했다.

○ 태극기

　태극기는 조선 말기인 1882년부터 사용되었다. 1882년 5월 22일 조미수호통상조약 체결 때 태극기를 사용했다. 당시 미국 측 대표, 해군 제독 슈펠트는 자신이 본 태극기 도안을 그려서 미국 정부에 보냈고, 이 도안이 미국 의회도서관에 보관되었는데, 이는 현존하는 가장 오래된 태극기 도안이 되었다. 1883년 3월 6일 고종은 태극기를 조선의 정식 국기로 선포했다. 현존하는 가장 오래된 태극기는 1891년 1월, 조선 정부의 외교 담당 고문이었던 오언 니커슨 데니(1838-1900)가 4년 동안의 임기를 마치고 미국으로 돌아갈 때 고종이 선물한 태극기이다. 1900년 4월 파리 만국박람회에 태극기가 게양되었고, 3·1 독립운동 때에는 온 국민이 태극기를 흔들었다. 1919년 4월 11일 상해 임시정부에 의해 태극기가 국기로 계승되었고 독립운동의 상징이 되었다.

　태극기는 하나님 창조하신 우주 만물의 생성과 변화를 상징한다. 그 뿌리는 단군조선의 통치이념인 천부경이다. 천부경은 하나님 안에서 하나 되는 조화와 협력의 질서를 밝힌다. 음양오행의 질서, 4괘 8괘의 뿌리가 천부경이다. 고조선 문화가 중국으로 넘어가 동양 역학(易學)인 주역(周易)으로 발전, 자연 계시에 나타난 하나님 질서를 찾았던 것이다. 태극은 태초의 무극인 상태로, 우주의 근원인 창조주 하나님을 상징한다. 태극은 음과 양이 맞물려 돌아간다. 음과 양의 조화로 만물이 생성되고 번성함을 나타낸다. 네 모서리의 4괘(건곤감리)는 음과 양이 변화하고 발전하는 조합으로 동서남북, 춘하추동의 자연 변화를 상징한다. 건과 곤은 하늘과 땅, 감과 리는 물과 불로 만물의 구성 요소, 생명 창조의 가장 중요한 요소들이다. 하나님 창조하신 우주 만물의 질서를 국기로 사용하는 나라는 우리나라가 유일하다. 그만큼 창조주를 경외하고 사모하는 마음의 표현으로 볼 수 있다. 북한은 공산주의 상징인 인공기를 사용한다. 민족의 정체성이 태극기에 있다.

2장 민족의 독립과 근대화에 등불이 되었던 기독교

1. 풍전등화였던 구한말 조선의 상황

○ 시대에 역행한 조선의 쇄국

　우리 민족은 원래 쇄국이 아니었다. 삼국 시대에는 중국을 넘어 인도에까지 교류했다. 고려 시대에도 서역까지 활발한 해상무역을 벌였다. Corea는 고려 시대에 서방에 알려진 이름이다. 조선 시대에 와서 쇄국으로 외부 문화를 받아들일 통로가 없었다. 절호의 기회가 있었다. 1653년, 효종 4년 8월 16일 일본 나가사키로 가던 네델란드 무역선이 태풍으로 좌초, 표류하다가 제주도에 닿았다. 승무원 64명 중 36명이 살아남았고, 그중 한 명이 헨드릭 하멜이었다. 이들은 총을 가지고 있었고 우호적으로 조선에 총을 선물했지만, 조선은 선물을 외면하고 표류한 이들의 죄를 추궁하기에 바빴다. 이들은 14년 노비 생활을 하다가 일부는 죽었고 1차로 8명이 탈출하여 일본을 거쳐 귀국했다. 네델란드가 일본 막부에 호소하여 2차로 8명이 귀국했고, 일부는 한국인과 결혼, 한국에서 살았다. 이들로부터 서양 문물을 받아들였다면 일본에 나라를 뺏기는 일은 없었을 일이었지만, 조선은 14년간 억류만 하다가 일본으로 돌려보냈다. 나가사키는 일본이 네델란드와 만나는 접합점이었고, 당시 네델란드 암스텔담은 세계 무역의 중심이었다. 하멜 일행은 동인도회사 직원이었고 네델란드로 돌아가 회사로부터 밀린 임금을 받아내기 위한 증거물로 1668년 제출한 '조선에 억류당했던 보고서'가 하멜 표류기이다. 그러기에 조선에 대한 부정적 이미지를 담을 수밖에 없었다. 일본은 비록 수동적이었지만 포르투갈과 네델란드 상선을 통해 서양 문물과 총기문화를 받아들여 조선을 침범할 수 있었다. 수천 년 동안 한국은 일본보다 선진국이었지만, 일본이 서양 문물을 먼저 접함으로써 한국을 앞서기 시작했다. 명나라 성리학에만 매달린 조선은 명·청 교체기의 오판(誤判)으로 병자호란을 자초하기도 했다. 인조는 삼전도에서 누르하치에게 삼배구고두례(三拜九叩頭禮:세 번 절을 하며 절을 할 때마다 머리를 세 번씩 땅에 닿도록 조아림)의 치욕을 겪었다.

　조선의 유일한 외부 통로는 중국이었지만, 1644년 명나라가 멸망한 뒤 만주족이 세운 청나라가 새로운 왕조로 들어서자, 조선 사대부들은 '오랑캐의 나라'라고 멸시하며 청나라의 문물조차 받아들이지 않았다. 명나라가 망했는데도 명나라 임금을 사당에 모시며 자칭 '조선중화론(朝鮮中華論), 조선이 명의 후계자'라는 명분을 펼치며 성리학 사대주의 순혈경쟁을 했다. 정조 4년 때인 1780년, 청나라 황제 건륭제의 70세 생일 축하 사절의 일원으로 중국에 갔던 박지원(1737-1805)은 벽돌로 만든 청나라의 민가(民家), 도시마다 활발한 시장, 도로와 교량의 정비로 수레 및 선박 교통이 원활한 것을 보고 깜짝 놀라, 조선도 청나라를 본받아 실용적 개혁이 필요하다는 생각에서 청나라 견문록인 「열하일기」를 썼지만, 조정은 관심조차 두지 않았다. 박지원은 문명 수준을 높이고자 농업 기술과 생산을 다룬 과농소초, 상업을 진흥하자는 메세지의 「허생전」, 신분제를 없애자는 「양반전」 등을 쓰며 계몽했지만, 성리학 중심의 지도층 사회가 이를 철저하게 외면했다.

　더욱 국제 사회가 급변하던 구한말, 조선은 낡은 사조에 갇힌 쇄국으로 시대의 흐름을 외면했다. 고종 3년 때인 1866년 초 대원군은 프랑스 신부들과 천주교 신자들을 처형했고, 이에 대한 항의로 7척의 프랑스 함대가 강화도를 공격해 강화성을 점령했다. 프랑스 군대는 정족산성을 공격하여 「외규장각」을 불태우고 「외규장각 의궤」(조선 왕실에서 주요 행사가 있을 때마다 행사를 기록한 책) 297권을 약탈했지만, 양헌수 장군이 이끄는 조선군의 끈질긴 저항과 공격에 결국은 패하고 돌아갔다. 병인양요이다. 고종 8년 때인 1871년에는, 1866년 미국 상선 제너널셔먼호를 평양 앞바다에서 불태운 데에 대한(3장 2의 '토마스 선교사 순교' 참조) 항의로 미국 로저스 제독이 군함 5척을 이끌고 강화도를 침범하여 회담을 요구했다. 대원군은 회담을 거절하고 끈질기게 싸워 결국 미국은 물러가고 말았다. 신미양요이다. 서양의 개항 요구를 끝까지 거절, 끈질기게 대항하여 그들이 철수한 부끄러운 쇄국을 승리인 양, 대원군은 전국 팔도에 척화비를 세웠다.

　개항은 거스를 수 없는 시대적 흐름임을 깨닫고 개항에 응했더라면 일본에 나라를 뺏기는 일은 없었을 일이었다. 나라가 부흥할 수 있는 기회를 다 놓치고, 뒤늦게 일본의 침략전략에 떠밀려 1876년 일본과 강화도 조약을 맺음으로 최초로 개항을 하게 되었다. 상대적으로 일본은 1853년 미국의 페리 제독이 군함을 이끌고 왔을 때 다소 저항을 했지만, 개국의 필요성을 깨닫고 개항을 했다. 일본은 서양 문물을 속히 배워야 한다는 자각 운동이 일어났고, 개혁 세력은 막부를 타도하고 1868년 9월 천황을 추대했다. 270여년간 일본을 지배하던 막부의 지방분권 시대가 막을 내리고 중앙집권의 파시즘 천황시대, 이른바 유신시대가 시작되었다. 미국에 의한 일본의 강제 개항은 한국이 일본의 지배를 받는 결정적 계기가 되었다. 일본은 미국의 선진 문명을 받아들이며 친미 외교를 강화, 일본의 조선 침략을 미국이 묵인하는 관계로 발전했던 것이다.

　강화도 조약을 맺을 때부터 일본은 조선을 식민화하려 했지만, 조선은 눈치채지 못했다. 조선의 쇄국과 무능이 일본에게 내정 간섭의 빌미를 제공, 식민화의 길을 열어 주었다. 1894년 동학농민혁명 때 일본의 대규모 파병을 초래했고, 청일전쟁에서 승리한 일본은 1895년 명성황후 시해 사건을 일으켰고, 나아가 1905년 을사늑약과 1910년 강제 합병으로 이어졌다. 청에는 책임이 없는가? 그렇다고 청에 책임을 물을 것인가! 구한말 조선이 얼마나 무능하고 무지했는지, 왜 일본에 나라를 뺏길 수밖에 없었는가를 좀 더 살펴본다. 나아가 자유민주 대한민국의 수립과 6·25 전쟁, 한미상호방위조약 체결에 이르기까지 돌아본다. 오늘날 대한민국 번영을 이루게 된 바탕을 깨닫고, 그 뿌리를 견고하게 지키기 위함이다. 하나님 은혜, 선교사들의 희생과 은혜를 깨닫고 하나님 사명을 감당하기 위함이다.

○ 1882년 5월 22일 미국과 조미수호통상조약 체결은 청나라가 주도했다.
　조미수호통상조약은 청나라가 조선에 설득했고, 미국과의 협상도 청나라가 주도했다. 청나라가 이를 주선한 이유는 미국과의 협력을 통해 일본과 러시아를 견제하기 위함이었다. 청나라는 1871년 일본과 청일수호조약을 맺었다. 조약 1조는 속국 영토에 대한 상호불가침이었다. 청나라가 조선을 염두에 두고 요구한 조항이었다. 조선은 사실상 중국의 속국이었고, 일본도 이를 인정했다. 일본은 내심 다른 뜻이 있었다. 근대화에 박차를 가해 중국을 충분히 이길 수 있다고 생각했던 것이다. 1872년 일본은, '청나라의 통제가 느슨한 청나라 조공국, 류큐(현 오키나와)를 일본 땅으로 삼겠다'고 일방적으로 선언했다. 실제 1879년 류큐 왕국을 멸망시키고 기고시마현으로 편입시켰다. 청나라로서는 속국이 조선 밖에 남지 않았다. 조선이 이미 1876년 일본과 조약을 맺은 상황에서 청나라는 초조했다. 이에 일본을 견제하고, 한편으론 남진을 도모하는 러시아를 견제하기 위해 미국과의 연합이 필요했고, 미국과의 협력 통로로 조미통상조약 체결에 나섰던 것이다. 청나라 통상대신 이홍장은 조선에 미국과의 통상조약을 권유하며 자신들이 미국과 협상, 문구를 다듬었다. 협상 장소도 천진이었다. 1882년 제물포항에서 조미수호통상조약 체결 시 청나라 관리 마건충과 제독 정여창이 입회했다. 조선 전권대신은 신헌이었고 부관은 김굉집(본명 김홍집)이었다. 미국 대표는 해군 대장 슈펠트였다. 조선 대표는 조약 체결 전, 청나라 황제를 알현하는 삼배구고두례를 올렸다. 조약 체결 후 마건충은 '조선은 중국의 속국이다'라는 문서를 미국 대표 슈벨트에게 전달했다.

조선이 미국과 조약을 맺고 두 달 뒤인 1882년 7월 23일 임오군란이 일어났고, 조선의 요청으로 이홍장은 군사를 파병, 군란을 진압했다. 중국에겐 조미통상조약에 명시하지 못한 속국 조항을 명시할 기회가 되었다. 결국 청나라 압력으로 1882년 11월 27일 조선은 굴욕적인 '조청상민수륙무역장정(朝淸商民水陸貿易章程)'을 맺었다. 대등한 조약이 아닌 속방과 맺은 장정이었다. '중국 관리가 조선 항구에 주재한다. 중국 상인의 범죄는 중국이 심의하고, 조선인 범죄는 중국 관리와 협의, 처리한다. 중국 내 조선인 범죄는 중국이 심의한다'는 내용이었다. 조선이 중국의 속국으로 문서화되었다. 청나라는 갑이 되어 이유 없이 1882년 말 대원군을 중국으로 강제로 압송, 청나라 실권자 이홍장이 심문하고 3년간 구금했다가 1885년에 풀어주었다. 미국과 조약이 체결된 후 영국, 프랑스, 독일 등 서구와 잇따라 조약이 체결되었지만, 주체성이 없이 수동적으로 맺어졌다. 이러한 자주성의 결여는 1894년 조선 땅에서 청일전쟁이 일어나는 결정적 요인이 되었다.

○ 1894년 청일전쟁에서 승리한 일본은 조선 지배의 주도권을 가지게 되었다.
　청일전쟁의 발단은 조선왕조의 실정에서 비롯된 동학농민혁명이었다. 동학혁명을 진압해 달라고 조선이 요청해서 부른 청나라 군사가 일본군과 조선에서 맞붙은 전쟁이 청일전쟁이었다. 청나라는 1882년 7월 임오군란과 1884년 12월 갑신정변 때에도 내란을 평정해 주었다. 이러한 청나라의 군사 개입에 일본이 이의를 제기, 1885년 4월 천진에서 청나라 이홍장과 일본 전권대사 이토 히로부미 사이에 양국 간 조약이 맺어졌다. 갑신정변을 청군이 진압하는 과정에서 일본인들이 입은 피해 보상과 재발 방지를 일본이 요청, '향후 청과 일본 중 한 나라가 조선에 출병하면 다른 나라에 통보한다'는 내용이었다. 청나라 관리 원세개는 임오군란을 진압하기 위해 조선에 들어와 군란을 진압한 후에도 군사들과 함께 조선에 남았다. 더욱 1884년 갑신정변을 진압한 후에는 원대인이라 불리우며 청일전쟁 때까지 조선을 좌지우지한 실질적 총독이었다. 조선은 임오군란의 원인이었던 신분 차별과 경제적 궁핍은 외면한 채 청나라만 의존하다가 1894년 5월 동학농민혁명이 일어났고, 조선은 또다시 청나라에 파병을 요청했다. 요청을 받은 이홍장은 북양함대, 제원호와 양원호를 조선으로 출항시키고 청군을 인천과 아산으로 진입시키며, 이를 일본에 통보했다. 일본은 청나라의 파병을 기다리고 있었다. 일본은 곧바로 군함을 출동시켰고, 선발대는 수도 한성으로 진입했다. 1894년 6월 제물포에 상륙한 일본군은 청군을 공격하기 앞서 7월 23일 경복궁을 점령하고 고종을 칼로 위협했다. 청일전쟁은 일본의 일방적 승리였다. 청나라는 1842년 아편전쟁에서 참패한 후 1885년 해군부를 설치하고 독일에서 두 철갑함을 수입하여 북양함대를 구축했지만, 일본은 1853년 미국 페리 함대가 동경만에 나타났을 때 충격을 받아 자발적 근대화로 군사력을 키웠다. 1894년 7월 아산만 해상 전투에서 청나라는 일본의 상대가 되지 못했다. 일본 함대는 곧바로 포격을 했고 청나라 제원호는 백기를 걸고 도주했다. 양원호는 집중 포화를 맞고 침몰했다. 교전 중 청나라 해군 병력을 수송하던 영국 상선 고승호가 나타났다. 일본군은 항복을 요구했으나 청군은 항복을 거절했고, 일본군은 영국인이 하선한 후 고승호를 침몰시켰다. 당일 해상 전투에서 청나라 병력의 80%가 전사했지만, 일본군 피해는 전무했다. 중국의 치욕적 패배였다.

  1895년 4월 일본군은 평양성을 지키던 조선과 청나라의 연합군을 격파하고 을밀대에서 청나라 군대의 항복을 받음으로써 전쟁은 끝이 났다. 청일전쟁의 승리로 조선에 대한 주도권을 확보한 일본은 본격적인 식민화 작업에 착수했다. 우리는 역사적으로 중국과 일본에 많은 피해를 당했지만, 그 기간과 굴욕의 정도를 따진다면 중국에 당한 굴욕이 훨씬 크다. 굴욕의 세월이 500년을 넘는다. 안타깝게도 이는 우리가 중국의 속국이기를 자초한 결과이다. 청일전쟁에서 패한 중국이 1895년 4월 17일 일본과 맺은 시모노세키 조약에서 '청국은 조선이 완전한 자주독립국임을 인정한다' 명기함으로써 조선은 중국의 500년 지배에서 벗어났다. 이를 기념하기 위해 서재필 박사가 주축이 되어 1897년 영은문을 헐고 그 자리에 세운 것이 독립문이다. 독립문은 항일 독립의 의지로 지은 문이 아니었다. 청일전쟁 이후 대한제국으로 독립하지만, 청나라 속국에서 일본의 지배로 바뀔 뿐이었다. 용산은 임오군란을 진압하러 온 청나라 부대가 1882년부터 주둔했다가 1885년 4월 일본과의 천진조약으로 철수한 후 일본군 조선사령부가 1910년-1945년 주둔했다.

○ 1904년 러일전쟁에서 승리한 일본은 사실상 조선을 지배하게 되었다.
  1895년 10월에는 민비가 일본군의 칼에 시해되는 을미사변이 일어났고, 위협을 느낀 고종은 1896년 2월 러시아 공사관으로 피신하는 아관파천을 했다. 시대 상황을 읽지 못했던 고종은 당시 패권국으로 부상하던 미국이 아닌 러시아와 손을 잡는 외교적 실수로 고립을 자초했다. 조선이 미국, 영국에 가깝게 교류했더라면 일본의 식민지로 전락하는 일은 없었을 일이었다. 러시아는 일본과 마찬가지로 조선 침략을 꾀하고 있었다. 아관파천 이후 영향력이 커진 러시아는 부산항 입구의 절영도(현재의 영도)를 조차해서 러시아 함대의 석탄 공급 항을 만들려고 조선을 압박했다. 고종은 이에 굴복, 절영도를 러시아에 조차해주는 밀약을 했지만, 1898년 독립협회 주최의 만민공동회에서 강력한 규탄이 있었고, 한편으론 러시아의 남진을 경계한 영국의 봉쇄 작전으로 무산되었다.

  일본은 외교에 능숙해 미국, 영국과 친밀히 교류했다. 일본은 1902년 영국과 영일동맹을 맺었고, 이는 러일전쟁에서 승리하는 발판이 되었지만, 조선은 거꾸로 일본의 식민지로 전락하는 결정적 계기가 되었다. 1904년 2월 러일전쟁이 발발하자 대한제국은 일본의 압력에 의해 '한일의정서'를 맺었다. 대한제국 전역을 일본의 군사 용지로 내어준다는 협약이었다. 한반도는 러일전쟁의 일본 기지가 되었고, 1905년 러일전쟁에서 승리한 일본은 한반도를 실질적으로 점령했다. 결국 1905년 11월 17일 을사늑약으로 대한제국은 외교권을 박탈당하며 일본의 보호국으로 전락하고 말았다.

2. 선교사들은 조선의 독립과 근대화의 구심점이 되었다.

○ 주변국의 조선 찬탈 움직임 속에 선교사들은 진심으로 우리 민족을 일깨우며 도왔다.

  미국과 조미수호통상조약이 체결된 후 1984년 일본 주재 미국 북감리교 대표였던 맥클레이(Maclay)가 고종으로부터 의료와 교육사업의 허락을 받은 후 미국 선교사들이 입국하게 되었다. 풍전등화와 같은 조선의 상황에서 선교사들은 진심으로 조선을 도왔고, 고종과 민족을 일깨우는 빛이 되었다. 희망이 없던 조선에 하나님 축복과 소망을 전하며 민족의 자각과 자긍심을 불러일으켰다. 근대 의식을 고취시키며 교육을 통해 민족의 힘을 길렀고, 민족의 독립운동을 앞장서 도왔다. 치외법권의 지위로 조정을 무상 출입할 수 있었던 선교사들은 민비 시해 후 안위까지 위협받던 고종을 가까이서 지켰다. 선교사들의 진심 어린 노력과 도움으로 고종은 근대 학식과 근대 의식을 갖추게 되었다. 영문 잡지「The Korean Repository」(한국 소개 자료) 1896년 11월호에는 10여 년간 고종을 가까이서 지켜 본 헐버트 선교사와 아펜젤러 선교사의 인터뷰 기사가 실렸는데 '고종은 대원군과 달리 기독교에 대한 편견이 없으며, 선교사들을 서양 문물을 가르쳐주는 선생님으로 생각한다. 고종은 서재에 다양한 책을 두고 독서를 많이 하는 조선 최고의 지식인'이라고 소개했다.

○ 조선의 근대화는 선교사들을 통한 의료와 교육에서 시작되었다.

　1885년 5월부터 입국하게 된 미국 선교사들은 비록 의료와 교육 선교에 국한되었지만, 이는 근대 문명과 서양 문화를 접하는 통로가 되어 고종과 조선에 근대화의 눈을 뜨게 했다. 선교사들은 교육사업을 통해 기독교 인재, 미래의 지도자들을 양성했다. 서양식 근대 학교는 선교사들에 의해 최초로 세워졌다. 1882년 미국과 통상조약을 맺은 후 1883년 외교사절단으로 미국을 돌아 본 민영익, 홍영식, 유길준은 영어 교육기관 설치를 고종에 건의, 1886년 '육영 공원'을 세웠지만, 통역관의 필요에서 세워진 것으로 근대식 교육기관은 아니었다. 아펜젤러에 의해 조선 최초의 서양식 학교인 배재학당이 설립되었고, 뒤를 이어 언더우드의 기독교 대학, 스크랜튼 대부인의 이화학당이 차례로 세워졌다. 선교사들을 통한 근대 교육은 서양 문물 도입의 통로가 되었고, 민족 독립의 씨앗이 되었다. 1900년대 초에는 복음화의 물결이 한반도 전역을 휩쓸었고, 선교사들은 전국 곳곳에 학교를 세워, 교육을 통해 민족이 깨어나게 되었다.

　의료사업을 통해 선교사들은 왕실과 조정에 가까워졌고, 왕실의 호의와 신뢰를 얻게 되었다. 조선 최초의 개신교 선교사로 1884년 9월 중국 선교본부로부터 입국한 의료선교사 알렌에 의해 1885년 2월 조선 최초의 서양식 병원인 광혜원이 설립되었다. 광혜원은 얼마 뒤 '모든 백성에게 골고루 혜택을 준다'는 의미의 제중원으로 명칭이 바뀌었다. 1885년 5월 입국한 의료선교사 스크랜튼에 의해 서민들을 위한 진료소가 정동에 세워졌고, 그의 모친 스크랜튼 대부인에 의해 여성 중심의 동대문 병원이 세워졌다. 1902년에는 언더우드 선교사가 미국인 세브란스의 후원을 받아, 서울역 건너편 복숭아 골에 세브란스 병원을 세웠고, 제중원은 세브란스 병원에 흡수, 계승되었다.

○ 선교사들의 도움으로 고종은 근대화의 싹을 틔웠지만, 일제는 그 싹을 잘라 버렸다.

조선의 근대화는 일제에 나라가 뺏기기 전에 시작되었다. 선교사들의 진심 어린 노력과 도움으로 근대 학식을 갖추게 된 고종은 자력으로 근대국가의 모습을 갖추려 했다. 1894년 7월 갑오개혁으로 양반 상놈 노비의 신분제를 철폐했다. 1895년 2월 차별 없는 인재 등용과 지·덕·체를 표방하는 교육 조서를 발표하며 근대식 학교 설치령을 내렸다. 신분과 남녀의 차별이 없는 평등한 교육을 표방한 것이었고, 자유·평등·박애의 기독교 정신에 바탕한 것이었다. 1893년 무렵부터 전기, 전화, 철도, 전차 등의 도입을 준비하고 단계적으로 실행했다. 1895년 전화 업무에 관한 칙령이 공포되었고 전화가 설치되었다. 일본은 조선의 자주 개혁을 막고자 1895년 10월 민비 시해 사건을 일으켰고, 고종은 러시아 공사관에 들어가 1897년 2월 20일까지 1년 여를 머물렀다. 러시아 공사관을 나온 후 개혁정치를 복원, 1897년 3월에는 경인선 철도가 기공되었다. 1897년 10월 12일 대한제국을 선포했다. 아쉬운 점은 대한제국은 대외적 선포였지 국민주권이 아니었고, 고종은 스스로 황제를 선언했다. 하지만 근대화의 물결은 거스를 수 없었고, 1898년 황실 자금으로 설립한 한성전기회사가 미국과 기술제휴, 서울에 전기 시설을 설치, 전차가 달릴 수 있었다. 1899년에는 경인선 철도가 개통되었다(미국 실업가 제임스 모스가 철도부설권을 자금난 때문에 완공 전에 일본에 양도). 1898년 6월에는 이기(李沂) 선생의 제안으로 양전 (토지측량) 사업을 위한 양지아문을 설립했다. 2년 뒤에는 토지 문서인 지권을 발급했다. 1906년 일제 통감부가 들어서기까지 전국 농지를 측량 정비하는 작업이 진행되었다. 1907년 2월 일제의 조선 찬탈 속에 '국채보상운동'이 일어났다. 일본의 계략으로 나라가 부당하게 진 빚이지만 갚아야 하는 것은 국민의 의무라고 외쳤다. 의무를 앞세운 국민의 탄생은 세계사에서 유례를 찾아보기 어렵다.

대한제국은 근대화의 기초를 닦고 있었지만, 일제의 식민 통치로 그 싹이 잘려졌다. 1905년 이후 일본의 국권 찬탈이 없었다면 농지 측량과 개혁으로 경제적 안정과 생산 증대를 가져올 수 있었다. 일제하에서 생산력이 늘었다고 일본은 주장하지만, 자주적 근대화를 이루었다면 훨씬 더 늘었을 일이었다. 조선은 서양 문물, 민주주의와 자유경제를 배우며 접목하는 단계였는데, 일본의 침략으로 수포로 돌아갔다. 우리 스스로 살아갈 권리를 빼앗겼고, 경제 사회를 발전시킬 길이 막혔다. 일본은 민족성을 말살하고자 창씨 개명까지 단행했다. 우리 민족의 항일투쟁은 세계사적 유례가 없는 천황제 파시즘에 대한 처절한 저항이었다. 민족의 독립과 자주 발전의 염원, 자유와 민주의 숭고한 대행진을 식민지 근대화로 정당화하려는 것은 참으로 가소로운 행태이다.

3. 한글의 우수성을 세계에 알리고 민족의 자긍심을 불러일으킨 호머 헐버트 선교사(1863-1949) 선교역사

○ 한글의 우수성은 선교사들에 의해 밝혀지고 확인되었다.

'백성을 가르치는 바른 소리'라는 뜻의 세종대왕의 훈민정음은 한자를 모르는 백성들이 보다 쉽게 문자를 익히도록 긍휼한 마음에서 만들어졌지만, 제정 당시부터 최만리 등 집현전 중진들이 집단으로 상소하며 반대했다. '쉬운 언문(한글)만 공부해 출세한다면 무엇 때문에 어려운 성리학을 공부하겠는가?'라는 이유였다. 세종대왕은 성리학자들의 반대를 예상했기에 최항, 박팽년, 신숙주, 성삼문 등 신진 학자들을 시켜 비밀리에 훈민정음을 창제해 세종 28년, 1446년 10월 9일 반포했다. 한글은 세종대왕이 백성을 긍휼히 여기는 마음에서 언어적 천재성을 발휘, 빚어낸 사랑의 발명품이자 위대한 문자 혁명이었다. 한글은 글자 하나하나가 하나의 소리를 내는 음소문자로, 인터넷 자판 시대에 가장 과학적이고 편리한 문자임이 밝혀졌다. 2012년 10월 1일-4일 세계문자학회가 태국 방콕에서 개최한 세계문자올림픽에서 한글이 금메달을 차지했다. 한글은 자음 14개, 모음 10개만으로 모든 언어를 소리 낼 수 있다. 한글은 하나의 글자가 하나의 소리만 갖는다. 인터넷 자판에서 모든 문자를 입력할 수 있는 한글은 하나님의 축복이다.

이같은 한글의 우수성이 선교사들에 의해 확인되고 빛을 보게 되었다. 선교사들이 처음 와서 한 일은 한글을 배우며 성경을 한글로 번역하는 일이었다. 한글의 철자법을 알게 된 선교사들은 귀한 보석을 발견한 것처럼 놀라움을 금치 못했다. 조선이 우수한 언어와 문자를 가진 문화 민족임을 깨달은 선교사들은 민족의 자긍심을 고취시키며 한글 보급에 앞장섰고, 한글의 우수성을 세계에 알렸다. 이러한 노력은 조선을 깊이 이해하며 사랑하는 마음이 없이는 불가능한 일이었다. 특별히 여기서, 한국인보다 한국을 더 사랑한 선교사, 한글 연구의 기틀을 닦고 한글의 우수성을 세계에 홍보한 선교사, 일제의 침략을 막기 위해 궂은일도 앞장서 담당했던 호머 헐버트 선교사(Homer Hulbert) 선교역사에 대해서 살펴보기로 한다. 여기의 내용은 호머 헐버트 선교사 기념 사업회 자료 등을 참고했다.

○ 헐버트 선교사는 1886년 7월 5일 육영공원의 교사로 23세에 조선에 첫발을 디뎠다.

미국과 수호통상조약을 체결한 조선은 통역관 양성을 위해 1886년에 관립학교인 육영공원을 세웠고, 미국 공사에게 교사 추천을 의뢰하여 헐버트 선교사 등 신학교 출신 교사 3명이 부임했다. 헐버트 선교사는 한글을 체계적으로 연구했고, 한국 역사와 국학에까지 범위를 넓혀 연구, 우리 문화의 우수성을 깨닫게 되었다. 조선의 역사와 문화까지 연구한 헐버트 선교사는 서양인의 조선 견문기에 상당한 문제점이 있음을 발견, 조선에 대한 올바른 인식이 심어지도록 노력했다. 그러한 노력의 일환으로 「New York Tribune」지에 'The Korean Language'란 제목으로 '한국에는 모든 소리를 자신의 글자로 표기할 수 있는 완벽한 알파벳'이 있음을 소개하는 등 한글의 과학적 우수성을 심도있게 설파했다. 헐버트 선교사는 한글을 깊게 연구, 한글문화 정착에 앞장서며 한글이 세계 어떤 문자와 언어에도 뒤지지 않는 과학적 언어임을 세계에 홍보했다.

헐버트 선교사는 조선에 조선어책은 없고 한문책만 있는 데에, 지도층이 한문을 우대하고 한글을 무시하는 데에, 조선인들이 한글 사용을 창피하게 여기는 데에 놀랐다. 이러한 조선에 한글 보급과 자강운동을 펼쳤다. 조선에 들어온 지 3년 만인 1889년에 육영공원에서 학생들을 가르치는 교재로, 양반과 평민 모두가 알아야 할 지식이란 뜻의 「사민필지」(士民必知/ Knowledge Necessary for All)를 편찬했다. 지구의 탄생과 기후, 5대양 6대주, 각 주에 속한 국가들 위치와 면적, 풍속, 군사, 종교, 정치 등을 순 한글로 적은 이 책은 조선 최초의 한글 교과서이자 세계지리 교과서가 되어 세계를 잘 모르던 조선인의 시야를 넓혀주었다. 하지만 헐버트 선교사는 육영공원의 재정난으로 1891년 미국으로 돌아가게 되었고, 육영공원은 1894년 배재학당에 흡수되었다.

헐버트 선교사는 1893년 감리교 문서선교사로 다시 조선에 오게 되었다. 1887년 감리교 선교사로 파송된 프랭클린 올링거(Franklin Ohlinger 1845-1919)는 문서선교를 위해 1889년 우리나라 최초의 서양식 출판소인 삼문출판사를 설립했다. 한글, 영어, 한문의 3개 언어로 출판한다는 의미를 지닌 삼문출판사는 1892년 우리나라 최초의 영문 잡지 「The Korean Repository」를 창간했지만, 올링거 선교사는 안타깝게도 두 자녀를 잃는 슬픔을 겪고 1893년 조선을 떠나게 되었다. 이에 감리교 선교본부는 한국어에 능통한 헐버트 선교사를 문서전문 선교사로 파송하였고, 헐버트 선교사는 1893년 2년만에 서울로 돌아와 삼문출판사 책임자가 되어 문서보급에 주력, 아리랑을 서양 악보로 만들었고, 천로역정을 한글과 한문을 섞어 번역했는데 이는 최초의 영어 번역서였다.

한글학자가 된 헐버트 선교사는 「The Korean Repository」를 통해 한글에 담긴 세종대왕의 애민(愛民) 정신을 소개하고 한글의 우수성을 세계에 알리는 한편, 해외 신문들의 조선 주재원 역할을 하며 조선의 정치, 문화, 관습에 관한 기사를 기고하는 등 조선의 대변인 역할을 자원해서 담당했다. 일제의 역사 왜곡에 맞서 조선을 바르게 알리고자 1901년에는 영문 월간 잡지「The Korea Review」(한국 소식)를 창간하여 한민족의 기원, 한국의 역사, 한국어의 어원, 이두문자, 훈민정음 등 한국

문화의 우수성을 소개하며, 한글의 간편성과 우수성을 극찬하는 글들을 실었다. 이는 일본의 침략에 맞서 조선을 돕도록 서방에 호소하기 위함이었다. 그는 스스로 기고한 「한국 평론」을 통해 조선을 둘러싼 국제정세를 전하며 일본의 침략주의와 그 부당성을 비판했다.

○ 헐버트 선교사는 주시경 선생이 한글학자가 되는 계기와 동기를 부여했다.
 헐버트 선교사의 한국 사랑과 한글 사랑은 그 누구보다도 컸다. 앞장서 한글을 연구, 띄어쓰기와 마침표, 쉼표를 도입하는 등 한글 출판 시대의 지평을 열었다. 한문에는 띄어쓰기와 쉼표가 없다. 한글도 처음에는 띄어쓰기와 쉼표, 마침표가 없었다. 이런 불편을 해소, 영어식으로 띄어 쓰도록 개선한 사람이 헐버트 선교사였다. 그는 기고와 저서를 통해 '중국인들이 어려운 한자를 버리고 한글을 사용하는 것이 좋을 것이다.' 말할 정도였다. 1896년 4월 서재필의 독립신문 창간을 도우며 독립신문의 영문판을 편집하기도 했다. 우리나라 최초의 민간 신문인 독립신문은 최초의 띄어쓰기를 한 한글 신문이었다.
 당시 배재학당에 입학하여 삼문출판사 용원으로 헐버트 선교사를 돕던 주시경(1876-1914)은 자연히 독립신문 교정 업무를 겸하게 되었다. 헐버트 선교사의 한글에 대한 끝없는 탐구는 사제지간으로 만난 주시경이 한글을 연구하게 되는 결정적인 동기와 계기가 되었다. 1894년 갑오개혁으로 모든 문서는 국문으로 작성한다는 정책이 채택되었지만, 구체적 방향과 맞춤법은 정한 바가 없었다. 주시경은 헐버트 선교사를 도와 각종 출판물을 내면서 우리말 사전의 필요성, 한글 표기법과 맞춤법, 문법 체계 정비의 필요성을 느꼈고, 이에 자연스럽게 한글 연구를 이끌어가게 되었다. 1905년 을사늑약으로 나라가 사라졌고, 헐버트 선교사도 1907년 6월 일본에 의해 미국으로 강제 추방되었지만, 한글 연구 작업은 주시경 선생을 통해 계속되어 1907년 7월 8일 국문연구소가 설립되었고, 1913년에는 최초의 한글 사전이 편찬되었다.

○ 헐버트 선교사는 고종의 외교고문 역도 기꺼이 담당했다.

고종의 영어 교사였던 헐버트 선교사는 고종의 외교고문 역을 자진해서 수행했다. 국제 정세를 모르는 고종과 조정의 무지를 안타까워하며 국제 정세를 깨우치려 했다. 조선이 일본에 찬탈당하는 슬픔을 보고만 있을 수 없었던 헐버트 선교사는 조선의 외교적 노력을 도모했다. 1907년 6월 네덜란드 헤이그 만국평화회의에, 을사늑약의 부당성을 국제사회에 호소하도록 추진하며 고종을 도왔다. 이에 고종은 이준, 이상설, 이위종을 특사로 파견하는 계획을 세웠고, 이들이 회의에 참석하여 호소할 수 있도록 1907년 5월 헐버트 선교사를 밀사로 파견하였으나, 이를 알게 된 일본의 방해로 그 뜻을 이루지 못하게 되었다. 그것이 빌미가 되어 헐버트 선교사는 조선으로 돌아오지 못하게 되었고, 1907년 7월 19일 고종 황제는 폐위되었다. 국제 정세에 어두웠고, 외교력이 전무했던 조선의 무지가 불러온 허무한 결말이었다.

헐버트 선교사는 미국에 강제 귀국한 후에도 한국에 대한 여러 편의 글을 발표했다. 특히 1909년 출판한 「대한제국 멸망사」(Passing of Korea)에서 '나는 1,800만 한국인의 권리와 자유를 위해 싸웠다. 한국인에 대한 사랑은 내 인생의 가장 소중한 가치였다. 중국처럼 장사에 능하지도 못하고, 일본처럼 전쟁을 잘하지도 못하지만, 구약시대에 이미 개국하여 문화적 유산이 그 어느나라 못지 않은 동방의 아일랜드가 어찌하여 역사에서 사라지는가!' 안타까워하며 그 이유를 조선 사회의 내재적 모순과 지배계급의 부패에서 찾는 한편, 조선과 국교를 맺었던 미국의 신의를 저버린 외교적 비속함을 통열히 비판했다. '숱한 애국지사들이 나라를 지키지 못한 것에 스스로 목숨을 끊기까지 하며 망국의 비분강개가 온 나라를 뒤덮은 시간에, 미국 공사는 일본 공사관에서 축하의 샴페인을 나누고 있었다'며 분개했다.

헐버트 선교사는 대한민국 정부 수립 후 1949년 8월 초 이승만 대통령의 광복절 국빈 초청으로 한국에 왔으나 87세의 노령에 따른 여독으로 폐렴에 걸려 일주일을 넘기지 못하고 소천하였고, 50여 년 전 한 살 때 죽어 양화진에 묻힌 아들 곁에 묻혔다. 미국의 친지, 지인들이 노령을 염려하여 출국을 만류하였지만 '나는 웨스트민스터 사원보다도 한국에 묻히기를 원하노라'며 의지를 굽히지 않았고, 결국 이 말은 그의 유언이 되었다. 헐버트 선교사는 한국을 고국처럼 사랑한 선교사이자 한국의 독립운동가였다. 대한민국 정부는 1949년 8월 11일, 역사상 최초로 외국인 사회장을 거행한 후 양화진 외국인 묘지에 안장했다. 1950년 3월 1일 외국인으로는 최초로 건국훈장 태극장을 추서했고, 2014년 한글날에는 대한민국 금관문화훈장을 추서했다. 1999년에 세워진 기념비에는 '한국인보다 한국을 더 사랑했고, 자신의 조국보다 한국을 위해 더 헌신했던 빅토리아풍의 신사 호머 헐버트 선교사 박사 이곳에 잠들다' 글귀가 새겨져 있다.

4. 기독교는 민족의 인재 양성과 독립운동에 앞장섰다.

○ 3·1 독립운동에 앞장선 기독교

선교사들은 1905년 을사늑약, 1910년 한일합방이라는 참담한 사건들을 겪으면서 더욱 교육을 통한 인재 양성에 초점을 두었고, 이에 근대교육을 받은 기독교 인재들이 독립운동을 앞장서 이끌었다. 1919년 3·1 독립운동은 기독교가 중심이었다. 당시 기독교인은 3% 미만이었지만 적극적으로 독립운동에 참여, 중심 세력이 되었다. 독립 선언문 발기인 33인 중 16명이 기독교인이었고 유관순도 기독교 학교인 이화학당의 고등학생이었다. 3·1 독립운동의 발단은 고종의 급서였다. 고종은 일본의 압력으로 아들 영친왕 이은을 일본 왕족에 장가보내기로 결정했다. 1월 25일로 예정된 결혼식은 고종의 급서로 연기된 상태였고, 급서한 고종의 장례를 일본식으로 치른다는 일제의 발표는 조선 민중의 자존심을 무참하게 짓밟았다. 전날까지 통곡소리로 가득하던 광경이 일제에 대한 분노로 돌변해 갔다. 이에 일제의 압제에 대한 저항심의 표출이 3·1 독립운동이었다.

고종 서거는 군주와 국가를 분리하는 상징적 사건, 국가의 주체가 군주에서 국민으로 바뀌는 이정표였다. 군주를 잃은 고아 의식이 국민이라는 주체의식, 주권의식으로 바뀌었다. 3·1 독립운동은 군주의 나라에서 국민의 나라로, 식민지 백성에서 당당한 국민으로의 탄생을 가져온 역사적 사건이었다. 그간 기독교 교육을 통해 심어진 자유, 평등, 박애의 정신을 통해 형성된 시민의식이 고종 서거와 3·1 운동을 거치며 국민 의식으로 전환되었다. 양반과 상민, 종교와 이념의 구분이 없이 온 국민이 하나가 되었다. 나라를 뺏긴 책임이 나에게, 모두에게 있다는 민족적 고해성사였다.

○ 3·1 독립운동은 민족적 의미를 넘어 세계사적 의미가 있는 사건이었다.

 3·1 독립운동은 전 세계를 향한 자유와 평등, 평화와 공존의 메세지였다. 독립선언서는 인류의 보편적 가치를 추구하며 양심과 도덕, 포용과 관용의 정신을 표방했다. 피해의식을 넘어 인도주의와 정의의 실현, 일본을 책하지 않고 함께 공명정대한 미래를 열어갈 것을 촉구한 것이었다. 폐쇄적 민족주의에서 벗어나 공생과 협력의 세계 질서로, 한국의 평화와 행복을 넘어 동양의 평화와 행복, 나아가 세계와 인류의 평화와 행복을 지향하며 그 방향을 제시한 것이었다. 1919년 1월 우드로 윌슨 미국 대통령의 민족자결주의 선포를 발전적으로 승화시킨 것이었다. 당시 인구의 1/10인 200만을 넘는 사람들이 남녀 귀천이 없이, 억압과 총칼에 맞서 두 달이 넘도록 비폭력 저항 운동, 평화 시위를 벌인 것은 세계사적으로도 유례가 없는 일이었다. 1930년 간디의 무저항, 불복종 운동보다도 규모가 크고 내용이 깊고 넓은 메세지로 동남아는 물론 전 세계에 큰 영향을 주었다.

○ 3·1 독립운동의 정신과 에너지가 상해 임시정부를 출범시켰다.

 3·1 독립운동은 민족의 역사를 바꾸어 놓았다. 40여 일 만인 4월 11일 대한민국 임시정부가 수립되었다. 임시정부는 3·1 독립선언서에 바탕한 정부였다. 국호가 대한민국이 되었다. 1919년 4월 11일 임시정부가 제정 공포한 대한민국 임시헌장 제1조는 '대한민국은 민주공화제로 한다'고 선포하고 있다. 반만년 역사에서 가장 큰 사건, 왕조의 백성에서 국민으로, 공화국 시민으로 태어나는 민족사의 대전환이었다. 한 달 뒤인 1919년 5월에는 미국 대한민국민회 대표 안창호가 상해를 방

문하여 연합하였고, 1919년 9월 11일에는 조선과 연해주에 각각 활동하던 임시정부가 하나로 통합되었다.

1919년 임시정부를 건국으로 볼 것인가, 1948년 대한민국 정부 수립을 건국으로 볼 것인가에 대한 다툼과 갈등은 불필요하다. 대한민국 국호와 민주공화제를 표방한 1919년 임시정부는 '대한민국의 정신적 건국'이었고, 1948년 대한민국 정부 수립은 '실체적 건국'으로 공존해야 한다. 3·1 독립운동 후 일제의 기독교 탄압이 강화되었다. 초조해진 일본은 교회를 탄압했다. 수많은 기독교인이 독립운동과 신사참배 거부로 순교했다. 민족의 독립은 믿음의 선진들이 일제의 압박과 핍박을 이기고 끝까지 믿음을 지킨 결과였다. 대한민국의 번영은 선교 1세대 선진들의 신앙과 기도의 열매였다. 하나님이 그 순수한 믿음과 간절한 기도에 응답하셨다.

5. 대표적인 기독교 인재 이승만 (1875-1965)

서재필, 이승만, 안창호, 윤치호, 조만식, 김규식, 이상재, 이승훈, 신흥우, 주시경, 안익태…기독교가 양육한 수많은 인재들이 민족의 독립과 근대화에 기여했지만 여기선 대표적으로 이승만에 대해서 보기로 한다. 이승만이 위대해서가 아니라 이승만을 통해 역사하신 하나님의 손길을 보고자 함이다. 하나님은 민족의 독립과 대한민국의 수립, 공산주의 6·25남침에서 대한민국을 지키고 한미상호방위조약 체결에 이르기까지 이승만을 들어 쓰셨다. 사람은 쓰임받을 때와 물러날 때가 있다. 이승만은 물러날 때를 놓쳤던 것이다. 이 책의 이승만에 관한 내용은 언론인 손세일의「이승만과 김구」, 김학은 교수의「이승만과 마사리크」, 김인서 목사의「망명 노인 이승만 박사를 변호함」, 이호 목사의「건국대통령 이승만 강의」, 출판인 이기웅의「우남실록」, 작가 복거일의「이승만 오디세이」등에 바탕하였다. 좌파는 대한민국을 잘못된 이념을 추종하는 나라로 전락시키며 이승만이 건국의 첫 단추를 잘못 끼웠다고 왜곡 매도한다. 1979년 출간된「해방전후사의 인식」및 2013년 제작된 다큐「백년전쟁」이 이승만을 악마화시켜 버렸다. 일본의 뒤를 이어 미국의 식민지가 되게 했다는 식으로 왜곡, 한반도의 공산화를 막은 이승만을 민족의 역적으로 몰아버렸다. 이에 편승한 좌파 전교조가 교육을 잘못 시켜 학생들이 이승만을 독재자로만 알고 있다. 6·25가 민족 해방 전쟁인 줄로 알고, 공산주의 기습 남침인 줄도 모른다. 필자가 여기서 이승만을 자세히 보고자 하는 이유는 이를 바로잡고, 건국의 공적과 사실 관계를 밝혀 대한민국의 정체성을 확고히 하기 위함이다. 나아가 하나님 은혜를 새기며 주시는 사명을 감당하기 위함이다.

○ 이승만은 배재학당에 들어가 기독교를 접하고 민주공화정으로의 개혁에 앞장섰다.

 1894년 갑오개혁으로 과거제가 폐지되자 1895년 19세 이승만은 영어를 배우려 배재학당에 입학했고, 선교사들로부터 나라 밖의 신세계를 접하며 미국을 알게 되었다. 자유민주의 정치 원리를 알게 된 이승만은 정치적 개혁을 꿈꾸게 되었다. 어지러운 구한말 모두가 중국과 일본, 러시아를 바라볼 때 청년 이승만은 태평양 너머의 미국을 바라보았다. 국민주권, 자유와 인권의 민주주의 꿈은 청년 이승만의 정치 활동에 불을 지폈다. 이승만에게 민주화 운동의 스승은 서재필이었다. 서재필은 1884년 갑신정변에 참여했던 혁명가로, 청나라의 개입으로 정변이 실패하자 일본을 거쳐 미국으로 망명, 1890년 미국 시민권을 획득했고 1893년 조지워싱턴 의대를 졸업, 미국 의사가 되었다. 갑오개혁으로 갑신정변 주동자에 대한 역적 누명이 벗겨져 관직에 진출한 박영효가 미국에 들러 서재필의 재귀국을 종용, 서재필은 1895년 12월 '필립 제이슨'이란 미국인 이름으로 귀국했다. 1896년 4월 조정의 예산 지원을 받아 독립신문을 창간했고, 배제학당에서 목요강좌를 진행하며 계몽활동을 병행했다. 이때 서재필의 계몽활동에 심취되어 앞장섰던 사람이 이승만이었다. 한글로 된 독립신문은 남녀와 신분 차별의 조선을 혁명적으로 바꾸는 통로가 되었고, 나아가 서재필은 정치적 개혁을 위해 1896년 7월 독립협회를 세웠다. 서재필에 감화를 받은 이승만은 학생 계몽단체인 '협성회'를 조직, 협성회보 주필로 활동했다. 청년 개혁가가 된 이승민은 독립협회에 이상재 윤치호와 함께 참여했고, 독립협회가 개최한 만민공동회를 주도적으로 이끌었다.

초기 만민공동회 활동은 결실이 있었다. 앞에서 잠깐 언급했지만, 아관파천 이후 영향력이 커진 러시아는 부산항 입구의 절영도를 조차하려고 조선을 압박했고, 이에 독립협회는 1898년 3월 종로에서 만민공동회를 개최, 1만여 명이 모인 집회에서 러시아의 절영도조차 계획을 거세게 비판했다. 한편으론 러시아의 남진을 경계한 영국의 봉쇄작전이 있었다. 러시아는 결국 군사 교관과 재정 고문을 철수시키고 절영도 급탄항계획을 취소했다. 고무된 독립협회와 만민공동회는 입헌 정치를 요구했고 거부당하자 10월 1일부터 친러파 정권 퇴진을 요구하며 궁궐 앞에서 철야 시위를 했다. 고종은 요구를 받아들여 민영환 중심의 개혁파 정권이 출범했다. 이어 10월 하순에는 종로에서 대규모 만민공동회가 열려 '중추원을 실질적 의회로 만드는 입헌군주정'을 제기했다. 위기를 느낀 수구파는 고종 폐위를 음모한다며 고발했고, 고종은 '어리석은 백성들을 부추기는 집단으로, 패역함이 이보다 더할 수 없으니 모두 잡아들이라' 명령했다. 이에 독립협회는 1898년 12월 25일 해산되어 서재필은 미국으로 돌아갔고, 이승만은 반역죄로 1899년 1월 체포되어 조선왕조의 한성감옥에 투옥되어 사형 선고를 받게 되었다. 오늘날로 치면 민주화 운동의 선구자로 썩은 조정을 개혁하려다가 죽음을 맞이한 것이었다.

독립협회를 해산한 고종은 과거로 회귀했다. 1899년 4월 유교를 숭상하도록, 초야에 숨은 선비들을 모셔와 성리학을 공부시키도록 성균관을 개혁했다. 1897년 대한제국을 선포했던 고종은 1899년 8월 17일 9개 조의 대한제국 헌법을 공포했지만, 황제의 권리와 황민의 의무만 규정했고 황제의 의무와 황민의 권리 규정은 없었다. 1905년 11월 을사늑약이 체결되고도 1906년 봄, '본 왕조는 도리를 존중하고 교육을 급선무로 여겨 성균관을 세웠다. 그 도리를 부흥시키는 방도를 강구하라'는 조령을 내렸다. 나라가 망했는데도 황제에 충성하는 황민을 만들려고 했던 것이다.

목에 칼을 두른 목판을 메고(조선왕조의 사형수 형벌) 죽기만을 기다리는 캄캄한 어둠 속에서, 이승만은 배재학당 예배당에서 들었던 설교 말씀이 떠올랐다. 그는 칼 위에 머리를 숙이고 '오 하나님, 내 영혼과 나라를 구원해 주소서' 기도했다.

목에는 칼을 둘렀지만, 말씀은 그를 더욱 연단시켰다. 말씀이 소망이 되었고 고통을 이기는 힘이 되었다. 이승만은 선교사들이 넣어준 책으로 옥중에서도 공부를 했고 1904년 2월 러일전쟁이 일어나자 나라의 운명에 가슴을 치며 1904년 6월 옥중에서 「독립정신」을 썼다. 민족의 자주독립, 자유와 민권의 입헌정치의 꿈, 대한민국의 건국 이념이 「독립정신」에 담겨 있다. '나라가 망하게 된 원인은 노예근성과 시민정신의 결여에 있다. 자유와 도덕적 의무를 지닌 국민이 되어야 한다. 개방과 통상외교로 새로운 문물을 배워야 한다. 기독교가 한국 민족을 정신적, 도덕적으로 거듭나게 할 수 있다는 확신을 가졌다' 고백한다. 확고한 믿음을 가진 이승만을 하나님이 살리셨다. 감옥 밖에서는 아펜젤러, 언더우드, 헐버트 선교사를 비롯한 선교사들의 구명 운동이 있었고, 민비 시해 후 생명의 안위를 지켰던 이들의 요청을 고종은 외면할 수 없었다. 이에 이승만은 사형 6개월 만에 무기징역으로, 다시 10년형으로 감형되었고, 러일전쟁이 일어나 나라의 운명이 경각에 이르자 1904년 8월, 5년 7개월 만에 석방되었다. 감옥 안에서는 한 기독교인 간수, 교도관을 통한 하나님의 손길이 있었다. 교도관은 수감된 이승만을 가까이 지켜보며 그의 인품과 믿음에 감동을 받아 기독교를 영접했고, 석방될 때까지 진심으로 그를 보살폈다. 이승만은 옥중에서 선교사들이 넣어준 많은 책들을 읽으며 국제정세와 세계 지도자들에 대해 공부, 「독립정신」을 쓰는 등 건국의 청사진을 그렸고, 감옥에서 쓴 논설이 제국신문에 실리기도 했다. 그 간수 교도관이 필자의 외 종조부 되시는 박인서 장로님이시다. 장로님은 노년에 대구 서문교회를 섬기셨다. 대통령이 된 이승만은 장로님의 외아들 박찬일을 수소문하여 찾았다. 박찬일이 독실한 기독교인으로 미국 유학까지 했음을 확인한 대통령은 그를 수석비서관(지금의 비서실장)으로 임용했다. 장로님이 뿌리신 믿음의 씨앗이 어머님을 통해 4남매의 막내인 필자에까지 이어졌음에 감사드리지 않을 수 없다.

○ 이승만은 조선 독립의 꿈을 안고 미국으로 건너갔지만 뜻을 이룰 수 없었다. 선교사들로부터 기독교 신앙과 미국을 배운 이승만은 독립을 위해서는 미국을

움직여야 한다고 생각, 1904년 11월 제물포에서 기선을 타고 미국으로 건너갔다. 그의 미국 길을 하나님이 도우셨다. 아펜젤러 선교사는 이미 소천한 뒤였지만, 언더우드 선교사가 기독교 인사들에게 편지를 써 주었고, 조정에서도 민영환과 한규설 두 대신이 추천, 대한제국을 도우라는 고종 황제의 특명으로 미국 길에 오를 수 있었다. 하와이를 거쳐 미국에 도착한 이승만은 기독교인들의 도움으로 시어도어 루즈벨트 대통령을 만나 1882년 체결한 조미수호통상조약의 '거중 조절 조항(조약을 맺은 상대방이 제3국과 문제가 생겼을 경우 원만하게 해결하도록 돕는다는 내용)'을 들어 일본의 조선 침략을 막아줄 것을 미국에 강력히 요청했지만 이미 때는 늦었고, 일본의 친미 외교로 일본에 기울어진 루스벨트의 생각을 돌이킬 수 없었다. 미국은 필리핀을 챙기는 것이 더욱 중요했고, 그 대가로 일본의 조선 지배를 묵인하고 있었다. 1905년 7월 미국 육군장관 윌리엄 태프트와 일본 총리 가쓰라 다로 사이에 '필리핀은 미국이, 조선은 일본이 지배한다'는 밀약이 도쿄에서 맺어져 미국은 조미수호통상조약을 파기하고 한국 공사관을 철수, 조선을 떠났고, 1905년 11월 17일 을사늑약이 체결됨으로써 외교권은 일본으로 넘어갔다. 이승만이 루즈벨트를 만났을 때, 루즈벨트는 이미 이 모든 일을 계획, 추진하고 있었다.

미국은 러일전쟁에도 일본을 도우며 일본의 조선 침략을 묵인했다. 1905년 9월 5일 러일전쟁 종전협정인 포츠머스 조약에서 시어도어 루즈벨트의 중재로 '일본의 한국에 대한 우월한 지위, 중국의 뤼순 다렌에 대한 조차권, 소련 사할린의 일본 양도'가 이루어졌다. 시어도어 루즈벨트는 평화회담을 중재했다는 공로로 노벨평화상을 받았지만, 그것은 한반도를 일본에 넘겨주는 평화였다. 당시 상황을 누구보다 원통해하며 분개한 사람은 이승만이었다. 이승만은 일본이 외교적 선수를 쳐서 미국을 움직인 데에 통분하며, 조선의 무능과 외교적 부재를 한탄했다. 미국에 속은 것이 분했지만, 무기력한 조선을 미국이 애써 지켜주지 않는다는 냉혹한 현실을 절감했다. 이에, 공부를 해서 실력을 키우기로 결심, 1905년 30세에 조지 워싱턴대학에 입학했고, 하버드대학원 국제정치학 석사를 거쳐, 1910년 프린스턴대학에서 철학박사학위를 받았다. 12년 걸리는 과정을 5년에 마치고 박사학위를 받은 것은 기적이었다. 하버드 동기생 중에는 훗날 한국을 도운 절친한 친구, 존 포스트 덜래스 미 국무장관도 있었다. 하나님 예비하심이 아닐 수 없다. 영문학, 철학, 국제정치학을 고루 습득한 최고 지식인이 된 이승만은 한국에 돌아와 언더우드를 도우며 YMCA 총무(1910-1912)를 하였고, 1913년 2월, 다시 미국으로 돌아가 워싱턴과 하와이를 오가며 독립운동을 했다. 하와이는 이승만의 제2 고향이었다. 하와이 교민은 1902년 최초로 미국에 이민 온 사람들로, 대부분이 아펜젤러 선교사가 1885년 4월 제물포에 내려 한 달간 머물면서 세운 내리 감리교회 교인들이었다. 이승만이 1904년 11월 처음 미국 길에 올랐을 때 감격의 만남을 가졌던 사람들이었다. 이승만은 하와이에 광화문을 본뜬 교회를 지어 국권 회복의 염원을 담으며, 해방 후 대한민국의 청사진을 그렸다. 교육을 통해 남녀 차별이 없는 나라를 세우겠다는 꿈으로 남녀 공학인 한인기독학원을 세웠고, 남녀 차별로 길거리에 버려진 교민 여자아이들을 거두어 교육을 시켰다. 직접 국어, 영어, 지리, 역사를 가르치기도 했다.

○ 이승만은 3·1 독립운동의 숨은 공로자였고, 상해 임시정부의 대통령이 되었다.

1차 세계대전이 끝난 직후인 1919년 1월부터 6개월간 전후 뒤처리를 위한 강화회의가 파리에서 열렸고 회의 초기인 1월, 의장을 맡은 미국 우드로 윌슨 대통령이 '민족의 일은 다른 민족의 간섭을 받지 않고 스스로 결정해야 한다'는 민족 자결주의를 선언했을 때 워싱턴에서 활동하던 이승만은 즉각 독립 만세운동을 생각했다. 이승만은 미국 선교사를 통해 '우리 민족의 독립 의지를 세계에 과시하는 운동을 일으키라'는 밀서를 한국 및 중국에 흩어져 있던 김성수, 송진우, 임영신 등 동지들에게 보냈다. 밀서를 받은 동지들이 은밀히 전파하여 3·1 독립운동을 추진했고, 기독교 세력이 앞장서서 움직임으로써 거족적인 3·1 독립운동이 일어날 수 있었다.

이승만은 1919년 4월 11일 상해 대한민국 임시정부 출범 시 초대 대통령에 추대되었다. 상해 임시정부는 3·1 독립선언서의 뜻을 구현한 정부였고, 어디까지나 자유민주공화국을 표방한 정부였다. 이승만은 1919년 6월 18일 임시정부 대통령 이름으로 일본 앞으로 공문을 발송, 강제로 체결된 을사늑약은 무효임을 주장하고 조선 점령에서 물러날 것을 촉구하는 한편, 미국에서 '한국 친우회(The League of Friends of Korea)'를 조직, 한국 독립에 대한 지지 운동을 펼쳤다. 1919년 임시정부 대통령에 추대되었지만 일제의 현상수배자가 되어 부임하지 못하다가 임시정부 수립 후 처음 맞이하는 1920년 3·1절 기념식에 참석했을 때 지도자간에 독립투쟁 방향에 대한 의견 대립이 있었다. 소련 볼세비키 세력은 박헌영과 이동휘 등 상해 임시정부 요원들에게 공산혁명을 전수했고, 이승만은 이를 받아들일 수 없었다. 국무총리 이동휘는 소련의 금전적 지원 200만 루블과 함께 지령을 받고 정부 체제를 소련식으로 바꾸자고 종용, 자유민주주의를 주창하는 이승만과 마찰이 계속되었다. 미국 시민권을 얻지 않아 공식 여권도 없었고(국무성은 미국 시민권을 권유했지만, 미국 시민은 미국과 친선관계에 있는 일본에 적대행위를 할 수 없다며 거절했다고 프린체스카 여사가 증언), 더욱 30만 불의 현상금이 걸린 일본의 수배 대상이었던 이승만은 미국에서 일하다 죽은 중국인 노동자들의 유해를 중국으로 보내주는 장의사한테 부탁, 유해를 운반하는 화물선 밑칸에 숨어서 상해 임시정부 회의에 참석한 상황이었다. 이는 이승만 대통령이 하와이서 쓸쓸히 임종했을 때 미국인 장의사, 보스윅이 찾아와 '내가 자네를 알아, 얼마나 조국을 사랑했는지, 애국심 때문에 얼마나 고난의 가시밭길을 걸었는지… 울부짖으며 밝힌 내용이다. 하지만 공산 세력은 이승만이 비자금을 가져온다는 헛소문을 퍼트리는 등 이승만을 끊임없이 공격했다. 결국 이승만은 1921년 상해 임시정부를 떠나 미국에서 언론 출판을 통해 일제의 부당한 국권 찬탈을 세계에 알리는 외교적 활동에 전념하게 되었다.

공산주의자들의 요구를 거절한 이승만은 1923년 하와이에서 태평양잡지 3월호에 '공산당의 당부당(當不當)'이라는 반공 논문을 발표했다. 당시 세계가 열광하던 공산주의가 인간의 자유와 인권을 말살하는 최악의 독재체제임을 폭로했다. 공산주의 좋은 점(當)은 외견상 노동자 평등이지만, 나쁜 점(不當)은 독재와 억압이며 종교를 배척하고, 능력에 관계없이 재산을 똑같이 나눔으로써 생산성 증대의 동기가 소멸된다는 점이었다. 겪어보지도 않은 공산주의를 꿰뚫어 본 것은 하나님 주신 영감이었다. 미국도 소련과 친선을 추구하며 이승만의 호소를 귀담아듣지 않았지만, 그럴수록 이승만은 한국 독립에 대한 도덕적 심리적 부담감을 미국에 심어주었다. 하지만 공산주의는 계속 뻗어갔다. 1925년 레닌이 죽고 스탈린이 등장했고, 임시정부의 공산당 세력은 더욱 뿌리를 내려 이승만을 탄핵했다. 임시정부는 대통령제에서 총리 중심의 내각제가 되었고, 이승만은 임시정부를 완전히 떠나 하와이와 워싱턴을 오가며 독립을 위한 외교전을 펼쳤다.

○ 이승만은 한국 독립에 대한 미국의 우호적 여론을 조성하며 일본의 미국 공격을 예측하기도 했다.

3·1 독립운동 이후 일본의 주된 탄압 대상은 기독교였다. 이승만은 한국이 미국의 선교 성공국이 되기 위해서는 일본으로부터 독립이 우선이라며 미국의 도움을 호소했다. 당시 미국은 기독교가 최고로 부흥하던 시기로 세계에 2만여 명의 선교사를 파송하고 있었다. 어렵게 소수의 선교사를 파송한 조선이 일제의 침략과 억압 속에서도 놀라운 기독교 성장을 이룬 것은 미국 선교의 자랑이요 자부심이었다. 미국 선교사들이 키운 인물로, 조선 선교의 자랑이 된 이승만은 교회를 통해 유력 정치인들과 쉽게 교류할 수 있었다. 이승만의 호소에 많은 기독교 단체와 성도들이 '한국 친우회'에 가입했고. 친우회는 한국의 독립은 물론, 6·25 전쟁에서 나라를 지키고 한미상호방위조약 체결에 이르기까지 한국을 도운 든든한 우군이었다. 이 모든 것은 하나님 예비하심이 아닐 수 없다. 이승만의 외교는 상해 임시정부 요인들에게 큰 도움이었다. 미국 주재 중국 외교관들과 긴밀히 접촉, 그들의 지지를 얻어낸 것은 김구 주석의 입지를 강화했고 임시정부를 장악하려던 공산주의자들의 시도를 무산시켰다. 이러한 바탕에서 1943년 11월 2차 세계대전 막바지, 전승국 지도자들의 카이로 회담에서 한국 독립의 약속이 쉽게 나왔던 것이다.

이승만은 1941년 4월 미국에서 「Japan Inside Out」(일본의 가면을 벗긴다)을 출판했다. 이 책에서 '일본이 반드시 미국을 공격할 것'이라고 예측하며 '미국이 1882년 조선과 맺은 조미수호통상조약을 일방적으로 파기하고 1905년 일본이 한국을 보호국으로 만들도록 방조했다'며 미국의 역사적 책임을 강조했다. '대지(Good Earth)'의 작가로 1938년 노벨상을 받은 펄벅 여사는 1941년 9월 서평에서 '이 책은 일본의 진실을 깨우쳐 준 무서운 책이다. 나는 이 박사가 대부분의 미국인들이 모르는 사실, 미국이 수치스럽게도 조미수호통상조약을 파기함으로써 일본의 한국 침탈을 허용했다고 말해준 것을 고맙게 생각한다' 했다. 실제 1941년 12월 7일 일본의 진주만 공습으로 미 해군 5,000여 명이 희생당했다. 이에, 미일 관계를 이간시킨다고 이승만을 비난하던 일부 미국인들도 이승만을 호의적으로 평가하게 되었다. 이승만 대통령은 1954년 이 책의 한국판 서문에서 '일본인은 옛 버릇대로 밖으로는 웃고, 내심으로는 악의를 품는 교활한 외교로 세계를 속이며, 조금도 사죄하는 태도를 보이지 않는다. 우리는 미국이 어찌하든 간에, 우리 백성이 다 죽어 없어질지언정 노예만은 되지 않겠다는 각오로 합심하여 국토를 지키면, 하늘이 우리를 도울 것이다' 적고 있다.

6. 자유민주공화국 대한민국 수립

○ 1943년 11월 27일 카이로 선언에서 한국 독립이 결정된 데에는 이승만의 영향이 컸다.

카이로 선언은 한일 합병 이후 열강 세력이 한국의 독립을 약속한 최초의 선언이었다. 미국 프랭크린 루즈벨트 대통령, 영국 위스턴 처칠 수상, 중국 장제스 총통이 참석한 카이로 선언문에 한국의 독립 조항이 들어있다. 전 세계 수많은 식민지 국가 중에 한국을 콕 집어서 독립시킬 것을 결정한 것은 누구의 영향인가? 김구 주석이 장제스 총통을 설득했고, 장제스 총통이 제안해서 들어간 것으로 알려져 있다. 일부분만 본 것이다. 가장 큰 공로자는 이승만이었다. 이승만은 루즈벨트 대통령에게 세 차례나 편지를 써서 한국 독립을 청원했고, 미국 기독교 지도자들과 정치인들이 한국의 독립을 돕도록 루즈벨트 대통령을 움직였다. 미국으로서는 선교의 최대 성공국인 조선의 해방은 당연한 일이었다. 이에 상원의 원목을 맡은 해리스 목사를 통해 루즈벨트 대통령 특보인 해리 홉킨스를 움직여 카이로 선언문을 작성하도록 했던 것이다. 루즈벨트 대통령은 조선의 상황을 잘 알고 있었고, 카이로 회담 이전에 한국의 독립을 결정하고 있었다. 이승만과 김구는 서로 소통하며 이러한 상황을 알고 있었다.

○ 1945년 2월 아쉬운 얄타 회담의 남북 분할통치 합의

2차 대전 막바지인 1945년 2월 전승국의 지도자 미국 루즈벨트, 영국의 처칠, 소련의 스탈린은 비밀리에 흑해 연안 얄타에서 만나 대전 이후를 논의했다. 국제연합의 설립, 유럽의 국경선 문제, 전쟁 배상금, 소련의 대일전 참전과 보상, 한국의 통치 등에 대한 중요한 합의가 있었다. 이 회담은 스탈린의 계획과 주도로 이루어졌다. 스탈린은 한반도의 완전 독립을 막기 위해, 한반도를 미국과 소련이 분할 통치하는 계획을 마련, 제시했다. 실제 의도는 한반도의 공산화였다. 이를 제일 먼저 파악한 사람이 이승만이었다. 1941년 12월 태평양전쟁이 일어나자, 이승만은 상해 임시정부가 미국의 승인을 얻도록 미 국무부에 접촉했다. 1943년 미 국무부 아시아 국장이 '앨저 히스'로 바뀌자 그를 찾아가 임시정부를 승인하면 대한민국이 미국을 도울 수 있다고 밝혔지만, 히스는 그러면 러시아의 이익을 해친다며 반대했다. 미국 관리가 러시아의 이익을 앞세우는 것을 의아하게 생각한 이승만은 조선이 러시아의 식민지가 될 가능성을 우려하는 편지를 미 국무부에 보냈다. 히스는 조선 문제는 전쟁이 끝난 뒤 러시아와 협의를 거쳐야 한다고 답신했다. 1945년 봄 국제연합(유엔) 창립총회가 샌프란시스코에서 열릴 때 이승만은 대한민국도 참여하겠다고 신청했지만, 회의 실무책임자인 히스는 자격이 없다고 거절했다. 얄타 회담의 미국 실무자도 히스였다. 1948년 8월 미 의회는 히스의 간첩 혐의를 조사, 러시아의 첩자로 활동했음이 드러났지만, 공소 시효가 지나 기소되지 않았

고, 조사 과정의 위증죄로 5년 형이 선고되었다. 히스의 이적행위로 결국 얄타 회담은 스탈린의 뜻대로 38선을 기준으로 양분, 미국과 소련이 적당한 절차에 따라 독립시킨다고 합의하게 되었다.

루즈벨트는 국제연합(UN)을 추진하여 소련과 합의를 이끌어냈지만, 한반도 분할이라는 엄청난 대가를 지불했다. 러시아는 한반도의 공산화가 목적이었고, 루즈벨트와 처칠은 이를 양해, 한반도를 러시아의 영향권에 두도록 밀약을 한 것이었다. 이승만은 얄타 회담 전후, 루즈벨트와 스탈린이 비밀리에 만나 한국을 소련에 넘기기로 협의했다는 첩보를 입수, 폭로했다. 이승만의 한국 독립에 대한 열정을 잘 아는 통신사 기자가 첩보를 주었지만, 그 이전에 이승만이 미 국무부의 아시아 국장 히스를 의심했기 때문이었다. 확실하지 않은 첩보를 폭로한 목적은 얄타 협정에 서명한 국가 수뇌들이 이를 공식적으로 부인하도록 하기 위함이었다. 이승만의 폭로에 미국 상·하원과 기독교 지도자들이 미국 정부에 강력하게 항의했고, 미 국무부는 사실이 아니며 미국은 한국을 지키겠다는 성명을 발표했다. 영국에서도 처칠은 의회에서 이승만의 폭로가 사실이 아님을 해명했다. 이는 미국과 영국이 자유민주 대한민국의 수립을 적극 지지하고 관여하게 되는 결정적 계기가 되었다. 한반도 전체를 장악하려던 스탈린과 히스의 음모는 좌절되었다. 이승만의 뛰어난 정보력과 외교력으로 자유민주 대한민국의 탄생이 싹을 튼 것이었다.

○ 자유민주 대한민국 수립은 미국의 뒷받침과 이승만의 집념의 산물이었다.
 1945년 해방 정국에서 이승만은 자유민주정부 수립이라는 확고한 청사진이 있었다. 그의 확고한 신념과 청사진이 절체절명의 시기에 공산주의를 이기고 자유민주 대한민국을 세운 바탕이었다. 해방 정국 3년은 반탁과 찬탁 등 혼란의 연속이었다. 이승만과 김구가 미국과 상해에서 귀국하기도 전에 공산주의자 박헌영은 1945년 9월 6일 전국에 인민위원회를 조직하여 조선인민공화국을 선포하고, 9월 8일 상륙한 미군에게 '전국에 135개 지방인민위원회가 설치되었다' 통보했다. 이는 좌익 여운형이 조선총독부로부터 통치권을 인수받았기에 가능했다. 조선총독부는 당초 우익인 송진우, 김성수 측과 접촉했지만 우익은 이를 거절했다. 통치권 인수의 주체는 임시정부가 되어야 하고, 무엇보다 조선총독부로부터 통치권을 인수받으면 법통이 조선총독부가 되는데 이는 있을 수 없기 때문이었다. 하지만 좌익 세력은 오직 공산주의를 목표로 선뜻 통치권을 인수받아 선수를 쳤고, 소련 영사관의 지령과 자금 지원으로 공산주의 조직을 만들어 해방 초기, 좌익 세력이 판을 치게 되었다. 미 군정의 행정력이 미치지 않는 상황에서 지방인민위원회는 1945년 말까지 실질적인 지방정부였다. 당시 한반도는 북쪽엔 조선공산당이, 남쪽은 남로당이 장악하는 상황이 되었다.

좌파는 '미군은 점령군이었고 소련은 해방군이었다.' 주장한다. 1945년 8월 15일 광복 후 미군이 남한에 들어와서 발표한 '맥아더 포고령'은 점령이라 표현했고, 소련군이 북한에서 발표한 '치스차코프 포고령'은 해방이라 표현했기 때문이라고 한다. 어이가 없다. 공산주의 해방은 공산화를 의미한다. 2차 세계대전에서 미국의 대일전 참전 요청을 미루던 소련은, 1945년 8월 6일 히로시마에 원자탄이 투하되자 8월 8일 일본에 선전포고를 하고 즉각 만주와 북한으로 진격, 며칠 싸우지도 않고 8월 11일 '스탈린이 북한 해방의 은인이란 포고문'부터 뿌렸다. 조선은 소련 공산군 덕분에 해방과 독립을 찾았다며 서둘러 북한 전역을 공산 체제로 만들었다. 소련군은 38선 이북을 점령한 후 남북의 통행과 통신, 우편을 차단했다. 소련군의 첫 번째 조처는 조선은행권 유통을 전면 금지하고 소련 군표를 화폐로 쓰는 것이었다. 이 무리한 조처는 나중에 철회될 수밖에 없었다. 소련군 병사가 밤중에 은행 지배인 집에 쳐들어와 머리에 총을 겨누며 은행 금고 문을 열라고 협박한 일도 있었다. 조선은행 해주지점 김유택 지배인(훗날 한은총재)은 그렇게 돈이 털리자 환멸을 느껴 고향을 버리고 서울로 향했다고 고백했다. 미군이 남한에 들어온 것은 1945년 9월 8일이었다. 미군은 일본에 정식 항복 문서를 받느라 시간이 걸렸다. 미국은 법적 절차를 밟아 남한을 점령했다. 미군은 한국을 지배하려는 뜻이 전혀 없었다. 미 군정은 공산당을 포함한 모든 정당을 합법화했지만, 소 군정은 조선민주당 당수 조만식을 감금하고 공산당을 제외한 정당 활동을 금지했다. 스탈린은

1946년 2월 '북조선 인민위원회'라는 사실상의 북한 단독정부를 세워 토지 국유화를 추진했다. 미국은 남북 과도정부 수립이 끝나면 철수한다고 공언하고 있었다. 미군은 대한민국 정부가 수립된 후 약속대로 한반도를 떠났다. 남한은 미군에 점령되면서 자유를 찾았고, 북한은 소련의 해방으로 통제와 억압에 갇히게 되었다. 누가 해방군이고 누가 점령군인가!

이승만은 1945년 10월 16일 귀국했다. 미 군정 책임자는 하지 장군이었고, 그는 이승만을 경계했다. 하지 장군에게 가장 불편하고 어려웠던 분이 이승만이었다. 미국은 얄타 회담 이후 소련과 한반도 분할 통치, 미소공동위원회 설치, 한국의 신탁통치에 합의했고 이승만은 이에 절대 반대했기 때문이었다. 1945년 12월 28일 모스크바에서 열린 미. 영. 소 3국 외상 회담에서 미소공동위원회 설치와 신탁통치가 합의되었다. 신탁통치는 좌우를 가릴 것 없이 초기엔 모두 반대했지만, 박헌영이 평양에 가서 북한의 실질적 지도자 소련 군사위원 테렌티 시티코프의 지시를 받고 내려온 후 좌익은 찬탁운동에 나섰다. 소련과 손을 잡고 신탁통치를 통해 한반도를 독립시키려 했던 미 군정은 좌익운동을 방치했고, 이에 이승만과 심한 마찰이 있었다. 하지 장군과 미 국무부 극동담당 국장은 이승만의 활동을 노골적으로 방해, 한때 가택 연금까지 했지만 이승만의 완강한 저항을 이길 수 없었다. 미국은 좌우 합작을 시도했지만, 좌우 합작의 종착점은 공산화라는 사실을 꿰뚫어 본 지도자가 이승만이었다. 세계에서 거의 유일하게 이승만 한사람 뿐이었다.

트루먼 대통령은 일본 패망 후 '중국의 국·공 합작'을 추진, 육군참모총장에서 물러난 마셜 장군을 1945년 12월 중국에 파견했고, 마셜은 장제스와 마오쩌둥을 만나 '국·공 합작'의 약속을 받아냈지만, 결과는 공산화로 귀결되었다. 같은 맥락에서 미국은 소련과 합의, 1946년 1월 16일 미소공동위원회 첫 예비회담이 열려 38선을 경계로 분할하는 의견이 교환되었고, 1946년 2월 8일 미소공동위원회에서 38선 분할 문제가 재협의 되었다. 미 군정은 남로당 활동을 자유화하여 경찰과 군 경비대까지 공산분자들이 들끓었다. 미 국무부와 군정이 좌우합작 놀음을 할 때, 이승만은 한반도의 공산화를 막기 위해 분연히 일어섰다. 이대로 가면 남한마저 공산화된다는 절박한 심정에서 1946년 12월 미국에 건너갔다. 미국 조야(朝野)에 호소하여 미국의 한반도 정책을 바꾸기 위함이었다. 이승만은 한반도 문제는 미국과 소련의 타협 대상이 아니라, 유엔으로 이관하여 유엔 주관하에 정부를 수립해야 한다고 호소했다. '미 군정은 친일파 청산은 커녕, 행정 조직과 군부대까지 공산화시키고 있다. 유엔이 나서서 남북한 총선거를 통해 통일정부를 구성해야 한다' 주장했다. 이승만은 소련의 야욕으로 동유럽이 공산화되고 있던 현실을 직시했고, 중국에서도 실패한 좌우합작에 매달리는 미 군정으로는 한반도가 공산화될 수밖에 없음을 확신했기에, 미 군정에 반기를 든 것이었다. 이승만의 전략은 대성공이었고, 이승만의 전략대로 역사는 움직였다. 이는 이승만이 미국에서 공부했고, 자유민주주의 건국의 청사진이 있었고, 미국에 든든한 기독교 후원세력이 있었기에 가능했다. 이 모든 것은 하나님 예비하심이었다. 한반도 전체를 공산화하려는 소련의 의도를 깨달은 미국은 이승만의 제안을 받아들였다. 트루먼 대통령은 1947년 3월 '공산주의 확대를 막고 소련을 봉쇄하는 트루먼 독트린'을 선언했고, 이에 소련은 미소공동위원회를 거부, 미소공동위원회는 결렬되었다.

이승만의 주장대로 한반도 문제는 유엔으로 넘어오게 되었고, 1947년 11월 '유엔 감시 아래 남북한 총선거를 실시하여 단일 정부를 구성한다'는 유엔 결의안이 통과되었다. 하지만 1948년 1월 7일 서울에 도착한 유엔 위원단의 입북을 소련이 거부함으로써 대한민국 건립은 또 한 번의 위기를 맞이했다. 위원단은 프랑스, 중국, 인도, 시리아, 엘살바도르, 오스트레일리아, 캐나다, 필리핀 8개국 대표로 구성되었고 단장은 인도의 메논이었다. 이때 이승만의 마법같은 외교로 1948년 5월 10일 남한 만의 총선거가 이루어질 수 있었다. 모윤숙(1910-1990)을 통한 이승만의 필사적인 1948년 2월의 외교가 꺼져가는 대한민국 건국의 불씨를 살렸다. 다음은 모윤숙 회고록「회심의 창가에서」(1980년 출간)에 나오는 이야기이다. 1947년 11월 유엔 감시 아래의 남북한 총선거 결의안이 유엔에서 통과되자 이승만은 미심쩍은 김구를 여러 번 만나 자유민주세력의 결속을 다졌다. 김구는 '남한만이라도 선거해서 독립정부를 세워야 한다. 유엔이 인정하는 정부가 중앙정부다'며 결속을 확약했지만, 소련과 북한이 선거를 거부하며 김구를 초청, 군사 퍼레이드를 벌이자 놀란 김구는 남한의 공산화는 시간문제일 뿐으로 생각, 1948년 1월 26일 남한만의 단독정부 수립을 거부했다. 이에 유엔 한국위원단은, 한반도 전체 선거가 불가능하니 철수하자는 측과 남한만이라도 실시하자는 측으로 갈라졌다. 유엔 위원단은 단장인 인도 대표, 메논 박사를 유엔에 보내어 협의하기로 했다. 이에 이승만은 모윤숙에 다급하게 부탁해 메논을 달밤에 이화장으로 모셔오게 했다. 모윤숙은 유엔 대표단 환영행사에서 문학박사인 메논과 타고르 시를 통해 대화를 나눈 사이였다. 모윤숙은 '의장님, 달빛이 참 좋은데요… 제가 좋아하는 드라이브 코스가 있는데 어떠신가요?' 제안했다. 갑작스런 제안에 메논은 몇 번 거절했지만 거듭된 애원에 결국 성사되었고 모윤숙은 차를 이화장으로 이끌었다. 차가 이화장 문앞에 섰을 때 메논은 'Naughty girl' 소리쳤지만, 이승만이 바지저고리 채로 달려나와 메논을 끌어안고 눈물을 흘렸다. '목적지가 여기가 아닌데요' 메논은 겸연쩍게 웃으며 끌려가 이승만의 포로가 되었다. 이승만의 메논 설득은 결정적인 역사를 만들었다. 메논이 한국을 떠난 후 이승만은 10통 이상의 전보를 보냈다. 타이프를 치고 나서 Marion Moh, 모윤숙의 세례명을 찍고 모윤숙에 사인하도록 했다. '메리언 이름이 아니면 읽어보겠소? 이건 당신 이름으로 보내는 한민족의 SOS요!' 했다. 메논은 꼬박꼬박 답장을 보냈고, 이미 남한만의 정부 수립을 결심하고 있었다. 메논은 2월 19일 한반도 현황을 보고하면서 '이승만은 인도의 간디와 네루처럼 존경받는 지도자'라고 추켜세웠고, 마침내 유엔은 2월 26일 남한만의 선거 결의안을 찬성 31, 반대 2, 기권 11로 통과시켰다. 메논은 3월 인도 외무장관으로 발령 나서 귀국했고, 뒷날 회고록에서 '대한민국에서의 임무수행은 머리보다 가슴을 우선시킨 유일한 예외였다. 이승만과 메리언의 초인적 애국심에 감복하지 않을 수 없었다' 고 백했다. 메논은 모윤숙을 인도로 초청하여 극진히 대접하기도 했다.

일제로부터 해방이 독립이 아니라 자유민주 대한민국의 수립이 독립이었다.

1948년 8월 15일 대한민국이 건국된 후 합법적 정부로 유엔의 인준을 받는 일이 중요했다. 1948년 12월 초 제3차 유엔 총회가 파리에서 열렸고 장면 박사를 비롯한 4명의 대표단이 파견되었다. 12월 11일 미국, 중국, 오스트레일리아가 공동 발의하여 '대한민국이 한반도의 유일한 합법정부'라는 결의안이 총회에 회부되었다. 소련, 헝가리, 동독, 체코 순으로 2시간씩 인준안 의결을 방해하는 필리버스터를 계속해 11일이 다 지나갔다. 장면 박사는 이대로는 안 되겠다는 생각에 단원과 함께 교회를 찾아가 밤새 기도했다. 대통령도 기도하며 교회에 기도를 부탁했다. 다음날 소련 대표가 마이크를 잡고 인준안 방해 발언을 하던 중 갑자기 호흡 곤란을 일으켜 병원으로 실려 갔다. 다음 차례인 헝가리 대표는 느긋하게 다른 곳에서 커피를 마시고 있었고, 사회자의 '코리아 건국 인준에 대한 발언이 없습니까?'에 반응이 없었다. 드디어 가부 표결을 했고 찬성 48, 반대 6, 기권 1로 가결되어 대한민국은 유엔이 인정한 유일한 합법정부가 되었다. 대한민국은 기도로 유엔의 인준을 받았고, 그 후 1년 6개월 만에 북한 공산군이 남침했을 때 유엔이 인준한 나라이기에 유엔 결의로 참전할 수 있었다.

　이승만의 독립운동은 임시정부 수립 이후부터 스탈린과의 싸움이었다. 스탈린이 집권한 후 1925년 임시정부 대통령 탄핵을 당한 지 23년 만에 자유민주 대한민국 수립이라는 최후 승리를 거둔 것이었다. 1950년 6·25 남침은 스탈린과의 마지막 결전이었고, 여기서도 이승만은 승리했다. 해방 후의 시대 상황이 남과 북을 불가피하게 갈랐지만, 남한 만이라도 자유민주주의를 확실하게 지킬 수 있었던 것은 이승만의 공적이었다. 이승만은 분단의 원흉이 아니라, 한반도의 공산화를 막고 자유민주 대한민국을 세운 국부이다. 분단의 원흉은 남북통일 정부의 꿈을 물거품으로 만든 스탈린이고 그 하수인인 김일성이다. 이승만은, 막판에 총선거를 통한 대한민국 수립을 반대한 김구, 수단과 방법을 가리지 않고 한반도를 공산화하려는 좌익 세력, 좌우합작을 주장한 미 군정을 제압하고 대한민국의 건국을 이루었다. 하나님이 자유민주 대한민국을 건립하도록 이승만을 들어 쓰셨다.

7. 6·25 전쟁에서 대한민국을 구한 하나님의 손길

○ 6·25 전쟁은 애치슨 라인이 발단이었고 러시아가 부추긴 전쟁이었다.

미국은 1949년 북대서양 조약기구(NATO)가 설립되자 소련의 유럽 침공을 충분히 방지할 것으로 생각했다. 애치슨 국무장관은 유럽에 미군을 주둔시킬 필요가 없다고 큰소리쳤다. 나아가 애치슨은 미국의 동북아 최종 방위선은 일본과 오키나와라는 정보를 흘렸고, 이승만 대통령은 '한국에서의 미군 철수는 곧 전쟁이며 공산화를 의미한다'며 이에 적극 반대했다. 이승만 대통령은 2차 대전 종전과 함께 중국에서 장제스 총통에게 국공합작을 권유했던 미국의 마샬 국무장관에 대해 실망하며 미국의 한국 지원을 우려했는데, 실제로 후임 애치슨 장관을 통해 그러한 상황이 일어나고 말았다. 1950년 1월 12일 '미국의 극동 방위선을 일본과 오키나와, 필리핀으로 연결하는 애치슨 라인'을 선언했고, 이에 김일성은 모스크바로 달려가 전면 남침이라는 승부수를 던졌던 것이다.

일본군의 무장 해제 및 과도기 관리를 위해 주둔했던 미군은 1949년 6월 한반도에서 완전 철수했고, 더욱 미국이 애치슨 라인을 긋자 때가 완전히 무르익었다고 판단한 소련은 1950년 4월 10일 남침을 승인, 곧바로 군사고문단을 파견하며 작전 계획을 수립했다. 소련의 인적 물적 지원으로 치밀하게 준비한 북한은 6월 25일 새벽 4시 기습 남침을 감행했다. 사실 애치슨 라인을 그을 당시 미국 입장에서는 대한민국은 소련과 중국이 하나 된 거대한 공산주의 세력의 유라시아 대륙 끝에 매달려 있는 작은 나라로 지킬만한 가치가 있지 않았다. 이에 공산 세력과 직접 대치하는 위험을 피하려는 의도로 애치슨 라인이 그어졌던 것이다. 하지만 이에 완강히 반대한 지도자가 이승만이었다. 공산 세력은 6·25 남침을 감행했지만, 이승만 대통령의 외교력과 뚝심으로 대한민국이 지켜졌고, 더욱 한미상호방위조약까지 체결함으로써 한국의 안보는 더욱 공고해졌고 그 바탕 위에 경제적 번영을 이룰 수 있었다. 이 모든 것은 하나님 역사하심이었다. 마지막 때 하나님 사명을 감당하도록 대한민국을 축복하셨다.

○ 6·25 전쟁 승리는 하나님이 도우신 승리였다.

　군사적으로는 대한민국이 이길 수 없는 전쟁이었다. 북한은 240대의 소련제 전차로 중무장하고 새벽 4시에 기습 남침했다. 무방비 상태였던 대한민국을 구한 것은 하나님의 손길이었다. 첫 번째 기적은 미군과 유엔군의 신속한 참전 결정이었다. 유엔 안전보장이사회는 5개국의 상임이사국이 있다. 유엔의 참전 여부를 결정하는 상임 이사국 회의에 소련이 참석하지 않았기에 유엔이 참전을 결정할 수 있었다. 소련 대표의 참석을 하나님이 막으신 것이다. 전쟁이 발발하자, 빌리 그래함 목사를 비롯한 교계 지도자들이 트루먼 대통령에게 백만 명의 기독교인 있는 한국을 구해야 한다고 호소했다. 이에 미국이 신속하게 움직여 6·25 남침을 워싱턴과 유엔의 긴급 현안으로 부각시켰고, 미국의 조기 참전도 이루어졌다. 유엔은 6월 28일 '군사적 제재를 통해 평화를 회복한다'는 결의안을 채택했고, 7월 7일 유엔군 사령부를 창설, 7월 8일 미국의 맥아더 원수를 유엔군 사령관에 임명했다. 트루먼 대통령은 6·25 발발 후 5일 만인 6월 30일 유엔의 참전과는 별도로 미군의 파병을 결정했고, 7월 1일 극동 방위군 일부를 부산에 상륙시켰다. 이는 이승만 대통령과 맥아더 장군의 역할이 컸다. 대통령은 미국의 극동 사령관 맥아더 장군(1880-1964)과 30여 년 가까운 친구였다. 맥아더 장군의 장인이 한국의 독립 지원을 위한 '기독교 우호 단체 The Friends of Korea'의 고참 멤버로 이승만을 독립운동 초기부터 도왔던 것이다. 공산군이 탱크를 앞세우고 6·25 당일 춘천 근교까지 이르자 대통령은 6월 26일 새벽 3시 동경의 맥아더 사령관을 깨웠다. 깨울 수 없다는 전속부관에게 '미국 시민이(註. 1948년 8월 15일 정부 수립 행사에 경축 사절로 온 맥아더는 공산주의 침략을 염려하는 이승만에게 '한국이 침략 당하면 미국이 공격 당한 것으로 간주, 한국을 지킬 것'이라 다짐했다.) 죽어가는데 장군을 잘 재우시오' 호통을 쳤다. 대통령은 잠에서 깬 맥아더 장군에게 '6·25가 누구 책임인가? 미국의 관심과 성의가 부족했기 때문이다. 공산주의 침략을 누누히 경고했음에도 귀담아듣지 않았기 때문이다!' 추궁하며 '어서 한국을 구하시오!' 호통을 쳤다. 이에 맥아더 장군은 급히 전쟁 준비에 나섰던 것이다. 이는 1984년 밝혀진 프란체스카 여사(1900-1992) 회고록에 나와 있다. 6월 25일은 일요일이라 대통령은 10시쯤 국방부장관으로부터 보고를 받았다. 대통령은 즉각, 장면 미국 대사에게 '적이 문 앞에 와 있다고 트루먼 대통령에게 전하시오!' 했다. 무초 미국 대사에게 전투 장비와 탄약 지원을 요청했다. 이러한 노력과 믿음으로 6월 27일 대통령은 '미국이 와서 도울 것'이라는 담화를 발표했다. 실제 맥아더 사령관은 전황을 살피러 6월 29일 수원 비행장에 왔고 대통령은 미군 조종사가 모는 경비행기를 타고 수원으로 가 소령 때부터 알던 맥아더와 극적으로 상봉을 했다. 맥아더의 시찰 이후 미국은 지상군 참전을 전격 결정했다. 남침 3일 만에 서울을 점령한 공산군이 3일간 서울에 머무른 것, 맥아더의 신속한 전선 시찰은 하나님이 역사하셨다고밖에 설명할 길이 없다. 부산에 피난 온 대통령은 각료들과 함께 초량교회(1892년 미국의 마튼 베이드 선교사가 세운 부산 최초의 개신교 교회)에 모여 하나님께 기도했다. 목회자들과 성도들도 대한민국을 구해 달라고 눈물로 기도했다. 신사참배로 우상을 숭배한 죄, 양 떼를 버리고 도망 온 죄를 회개하며 통곡했다. 회개와 통곡의 기도는 일주일을 밤낮으로 이어졌다. 이같은 눈물의 기도와 간구가 있었기에 하나님이 모든 상황을 움직이시고 도우셨던 것이다.

두 번째 기적은 인천상륙작전의 성공이었다. 유엔군 사령관 맥아더 장군은 독실한 기독교인이자 영적인 사람이었다. 인천 상륙작전은 모두가 무모하다고 반대했지만, 결과는 대성공이었다. 군사적으로는 무모한 작전이었다. 인천은 10m에 이르도록 조수 간만의 차가 큰 갯벌이어서 대규모 선단의 진입이 어렵고, 더욱 인천 앞의 월미도가 큰 장애물이 되었다. 맥아더 장군은 그러한 점을 역이용하여 허를 찔렀다. 한미 특공대가 월미도를 기습 점령하여 1950년 9월 14일 자정 월미도 등대를 밝힘으로써 유엔군 함대가 인천 앞바다로 모여들었고, 9월 15일 새벽 상륙작전을 실행할 수 있었다. 인천상륙작전의 성공으로 그동안 열세였던 전세가 역전되었고, 적의 보급로를 차단, 고립시킬 수 있었다. 인천은 서울로 들어가는 지름길이었고 유엔군은 9월 28일 서울을 수복했다. 맥아더 장군은 9월 29일 낮 12시, 수도 서울의 환도식에서 '하나님 은혜로, 유엔 깃발 아래 싸우는 우리 군대는 한국의 수도를 탈환, 공산군의 압제로부터 자유와 인권을 되찾았습니다. 오늘의 승리는 하나님의 도우심이 없었다면 불가능했습니다' 말했고, 이승만 대통령은 맥아더 장군의 손을 잡으며 '대한민국을 되찾게 해주신 하나님께 감사드린다'며 눈물을 흘렸다. 세 번째 기적은 한미상호방위조약 체결이었다.

8. 이승만 대통령의 휴전 반대와 한미상호방위조약의 체결

○ 한미상호방위조약 체결은 이승만 대통령의 뚝심과 하나님의 도우심으로 가능했다.

6·25 전쟁에서 미국은 38선을 지키는 것, 38선 북쪽으로 적군을 몰아내는 것이 목표였지만, 이승만 대통령은 압록강까지 진격하여 공산주의를 몰아내고 한반도를 통일하는 것이 목표였다. 이승만 대통령은 무초 대사를 통해 트루먼 대통령에게 보내는 서한에서 '우리는 공산군을 우리의 본래 국경인 압록강과 두만강 북쪽으로 완전히 몰아낼 때까지 싸울 것'이라고 다짐하며 북진을 주장했다. 북진은 이승만 대통령의 결단으로 국군이 먼저 38선을 넘음으로써 이루어졌다. 국군이 평양을 탈환하자 1950년 10월 30일 대통령은 위험을 무릅쓰고 평양을 방문, 평양시청 앞에서, 태극기를 들고 운집한 5만여 평양시민을 상대로 연설, 박수갈채를 받았다. 11월 말에는 압록강까지 다달았지만 잠복해 있던 중공군의 공세로 유엔군은 후퇴하게 되었다. 진쟁을 계속하려면 미군을 20만 명 더 늘리고 연간 9억 불 이상의 비용을 추가로 부담해야 하는 미국은 1951년 초 휴전 방침을 정하고 1951년 7월부터 휴전 협상을 시작했다. 이에 이승만 대통령은 한미상호방위조약을 체결하지 않으면 휴전에 응할 수 없다고 미국에 결연히 (We have right of suicide) 맞섰다. 1953년 4월 22일에는 '휴전협정이 맺어지면 한국군은 유엔군에서 이탈해 독자적으로 싸울 것'이라고 선언했다. 한미상호방위조약 체결을 압박하기 위함이었다. 막대한 인명 피해와 전쟁 비용으로 휴전 협상을 조기 종결하여 손을 떼려던 미국으로선 심각한 상황이 되었다. 세계 최빈국 대통령이 세계 최강국의 구도를 완

강하게 거부한 것이다. 급기야 미국 정부는 1953년 5월 24일, 유엔군 사령부 주도로 휴전의 걸림돌인 이승만을 감금하고 군사정권을 수립하는 극비의 '에버레디 작전계획'을 수립했다. 하지만 최종 승자는 이승만이었다. 신임 국무장관 존 포스터 덜레스는 반공주의자이자 이승만의 하버드 대학원 동창으로 이승만에 호의적이었다. 아이젠하워 대통령도 위험하고 후유증이 큰 전쟁보다는 이승만과의 협상으로 기울게 되었다. 1953년 5월부터 7월까지 3개월은 미국이 한미상호방위조약을 체결할 수밖에 없도록 만든 한편의 드라마였다.

　이승만 대통령은 휴전 수락의 조건으로 처음부터 한미상호방위조약 체결을 요구했다. 미국은 당초부터 방위조약 체결에는 관심이 없었다. 해방 후 군정 때부터 좌우 합작과 한반도의 중립화가 관심이었다. 휴전협정이 체결되기 직전 미국 국가안보회의에서도 한반도 중립화가 논의되었다. 한국전쟁 종식을 공약으로 내세워 당선된 아이젠하워 대통령은 한반도가 스위스같이 되기를 희망했다. 미국은 '북한이 재침공하면 16개 유엔 참전국이 공동 대응하겠다는 선언'을 제시했지만, 이승만 대통령은 단호히 거부했다. 아이젠하워는 '미 정부의 한국 방어 성명과 군사 지원 행정협정'을 약속하며 장기간 10억 달러의 군사 경제 원조를 제안했지만 이승만은 '그같은 약속은 무의미하다. 의미 있는 것은 방위조약뿐이다'며 단호히 거부했다. 미국은 '유엔군과 중공군이 동시 철수한 후 방위조약 체결 가능성'을 시사했지만, 대통령은 '철수 이전에 체결해야 한다'고 맞섰다. 아이젠하워 대통령은 결국 조약 체결을 받아들였다. 6월 6일 서신으로 한미상호방위조약 체결 의사를 공식적으로 밝히면서 휴전협정 체결의 협조를 요청했다. 이승만 대통령은 치밀했다. 아이젠하워에게 보낸 6월 17일 자 회신에서, 1905년 테프트가쓰라 밀약과 1945년 미소의 일방적인 38선 확정, 1950년 애치슨 라인 선언으로 북한의 남침을 촉발한 사실 등 미국의 전과(前過)를 상기시키면서 한미상호방위조약은 미국이 한국에 베푸는 시혜(施惠)가 아닌 마땅히 갚아야 할 채무임을 강조했다. 놀랍게도 친서를 보낸 다음 날인 6월 18일 0시 대통령은 2만 7천여 명의 반공포로를 석방했다. 이는 하나님에 대한 믿음, 자유와 인권에 대한 확고한 신념에 바탕했다. 이미 유엔군과 공산군이 휴전에 잠정 합의, 6월 8일 유엔군과 공산군 사이에 포로 송환 문제가 타결된 상태였기에, 반공포로 석방은 온 세계를 경악시켰다. 아이젠하워는 '정신착란자인 친구가 적으로 변했다. 포로 석방은 유엔군 사령부를 통제 불가능한 상황으로 만들었다'며 격분했고, 영국의 처칠은 식사 중 포크를 떨어뜨렸다고 한다. 휴전협정을 시작했던 트루먼 전임 대통령도 낙담하며 '또 당했어' 푸념했다. 트루먼 대통령은 6·25 전쟁 때 확전하려던 맥아더 장군과 대립이 있었다. 1951년 3월 서울을 재수복한 후 휴전선 부근에서 일전일퇴의 소모전이 계속되었을 때, 전쟁을 끝내려던 트루먼 대통령은 확전하려던 맥아더 장군을 해임하고 휴전협정을 시작했고, 이승만 대통령은 이에 크게 실망하며 트루먼 대통령과 마찰을 빚었다.

휴전은 유엔군과 공산군 모두에 급박했다. 중공군도 인해전술로 전선을 돌파했지만, 막대한 손실을 입은 상태에서 보급력 부족으로 공세를 지속할 힘이 없었다. 미국과 유엔군은 이승만 대통령이 북진 등 더욱 망령된 일도 벌일 수 있다는 생각에 그의 요구를 들어주지 않을 수 없었다. 사실 한국전쟁에서 막대한 피해를 입은 미국은 전후 한국에 대한 방위책임을 지지 않으려고 했다. 미국이 다른 어떤 나라와도 군사동맹을 맺은 사실이 없다며 이승만 대통령을 비난하던 상황에서, 반공포로 석방은 한미방위조약 체결로 선회하는 결정적 계기가 되었다. 석방된 반공 포로들은 이승만을 외치며 감격의 행진을 했고, 6·25 전쟁은 하나님 가치, 자유와 인권을 지키기 위한 숭고한 전쟁임을 세계만방에 알리는 신호탄이 되어 휴전을 서두르던 아이젠하워의 인기는 급락했고, 불굴의 용기로 공산주의에 맞선 이승만의 인기는 치솟았다. 이같은 결단은 하나님에 대한 믿음으로 가능했다. 한편으론 수십 년 미국에서 쌓은 종교계 및 군부와 정치계의 인맥이 있었기에, 프린스턴대학에서 국제법과 정치학을 공부했기에 가능했다. 대통령이 협상한 조약을 의회가 반드시 비준하지는 않는다는 것을 알았기에, 휴전 협정 막바지가 여론을 극대화할 수 있는 기회임을 알았기에 단행한 결단이었다. 그의 결단은 정확했다. 여러 상원의원이 이승만을 지지하고 나섰다. 상원 최장수, 원목인 해리스 목사(F. B, Harris, 1944-1960 16년간 원목)와 가까웠던 점도 (워싱턴에서 같은 교회를 섬김)

큰 힘이 되었다. 결국 아이젠하워는 한미상호방위조약 체결로 선회했고, 1953년 6월 25일 월터 로버트슨 미 국무부 차관보를 특사로 보내 방위조약의 체결, 경제적 원조, 한국군 20개 사단으로 강화 등 이승만 대통령의 요구를 수용했다.

조약 체결에는 마지막 난관이 있었다. 미국 측 초안에는 '한쪽이 공격받으면 다른 한쪽이 자동 개입한다'는 조항이 없었다. 대통령은 로버트슨 특사에게 '반세기 전의 테프트가쓰라 밀약은 배신행위였고, 그에 따른 한일합방과 한반도 분단에 대한 빚을 갚으라' 다그치며 자동개입 조항의 삽입을 요구했다. 미국의 전쟁 참여는 행정부 아닌 의회의 권한이었기 대통령은 우회로를 택했다. '한쪽에 대한 공격을 다른 쪽에 대한 공동위험으로 보고 각기 헌법에 따라 행동한다. 미군은 한국에 주둔한다'는 조항을 신설했다. 미군이 주둔하면 유사시 개입하지 않을 수 없다. 미국을 꿰뚫어 본 외교 천재 이승만의 탁월한 발상이었다. 로버트슨 특사는 이승만을 너무도 잘 아는 사람이었다. 일본의 항복 뒤 미국이 마셜 장군을 중국에 특사로 파견, 국민당 정부와 공산 세력의 국공합작을 주선했을 때, 마셜 장군의 보좌역으로 국무부에서 파견되었던 사람이 로버트슨이었다. 이 모든 것은 하나님 예비하셨다고 보지 않을 수 없다. 로버트슨은 이승만 대통령을 충분히 이해, 수차례의 본국 협의 끝에 아이젠하워는 제의를 받아들였고, 이승만 대통령도 휴전을 방해하지 않겠다고 약속했다. 이에 이승만을 제거하려던 '에버레디 플랜'은 완전히 철회되었다. 이승만 대통령은 전략적 가치가 없는 한국을 손절하려던 미국과 싸워 최고의 동맹관계로 승화시켰다. 한미상호방위조약은 약소국 대한민국이 초강대국 미국을 이긴 조약, 미국이 외국에 당한 최초이자 마지막 불평등 조약이었다. 한미상호방위조약은 휴전협정 체결과 맞교환되었다. 휴전협정은 1953년 7월 27일 마크 클라크 유엔군사령관, 펑더화이 중국인민지원군 사령관, 김일성이 서명했지만, 이승만 대통령은 끝내 서명을 거부했다. 한미상호방위조약은 1953년 8월 8일 서울에서 덜레스 미 국무장관과 변영태 외무장관이 이승만 대통령 앞에서 서명했고, 10월 1일 워싱턴에서 정식 조인식이 열려 체결되었다.

조약이 체결된 후 대통령은 대국민 담화에서 '우리는 앞으로 여러 세대에 걸쳐

갖가지 혜택을 받을 것이다. 한미상호방위조약은 우리의 안보를 확고하게 지켜줄 것이며 그 바탕 위에 대한민국은 번영을 누릴 것이다' 했다. 이후의 역사는 그대로 진행되었다. 한미상호방위조약은 우리의 안보와 번영을 확보해 주었고, 대한민국은 공산주의 팽창을 막아줌으로써 미국 안보에 중요한 교두보가 되었다. 수십 년, 수백 년 앞을 내다본 이승만 대통령의 혜안과 뚝심, 불굴의 용기에 감탄하지 않을 수 없다. 전쟁이 끝난 이듬해인 1954년 7월 26일, 국빈 방문으로 미국이 제공한 군용기를 타고 워싱턴에 도착한 대통령은 '우리가 더 용기가 있었다면 압록강까지 차지할 수 있었다.' 첫 소감을 밝히며 휴전협정과 관련, 미국에 서운한 감정을 내비쳤다. 미국 상·하원 합동의회 연설에서 '전쟁은 아직 끝나지 않았다. 워싱턴을 향해 다가오고 있다. 공산주의 세력으로부터 자유민주주의를 지키기 위해, 한국과 아시아의 평화를 위해 지금 여러분의 중대 결단이 필요하다'며 한국에 대한 확고한 안보와 지원을 강조했다. 연설 초두는 '한국의 자유를 위해 싸우신 미국 정부와 군인, 특별히 자식을 죽음의 전쟁터로 보내주신 미국의 어머니들께 감사드리며 고귀한 희생자들이 하나님 품에 안기었을 줄 믿습니다'였다. 당시 최빈국의 대통령이었지만, 당당하고도 확신에 찬 어조로 기립박수가 33차례나 터져 나왔다. 전쟁의 후유증과 피로감에 쌓였던 미국의 분위기가 자랑스런 참전의 긍지와 자부심으로 바뀌었던 것이다.

 대통령은 확실하게 한국을 지키라고 미국에 당당하게 요구, 방위조약과 함께 미군의 주둔, 한국군의 증강과 10억 달러의 원조 등 최대한을 얻었다. 대통령은 원조자금이 전략적 부분의 기간산업에 쓰이도록 경제개발 3개년 계획을 수립, 집행했다. 미국은 원조자금으로 미국 비료 등을 구매하도록 했지만, 대통령은 충주비료공장, 단양시멘트공장, 인천판유리공장 등을 세웠다. 당인리, 마산, 삼척에 화력발전소를 세웠고, 화천에 수력발전소를 세웠다. 그 결과 1954-1960년 연평균 5.3%의 경제성장을 이루었고, 전력 생산량은 연평균 13.1% 증가했다. 원조자금 사용에 부패가 만연했던 다른 피원조국과는 확연히 대비된다. 대통령은 먼 미래를 내다보며 1956년 한미원자력협정을 체결, 100여 명의 국비 유학생을 미국에 보냈고 1959

년에는 원자력원을 설립, 연구용 원자로를 만들었다. 한일협상도 이승만 대통령이 먼저 시작했다. 1951년 9월 미국을 비롯한 연합국과 일본이 전후 처리 종식을 위한 샌프란시스코 평화조약이 체결되자, 대통령은 귀속재산의 완전한 매듭을 위해 일본과 직접 대화하겠다는 뜻을 미국에 밝혀, 전쟁 중임에도 1951년 10월 한일회담이 열렸다. 귀속재산의 국제법상 적법성 논란을 의식한 대통령은 평화조약 체결 전에 이미 미국에 강력히 요구, 조약 제4조에 '일본은 한국 내의 미 군정이 실행한 귀속재산 접수 처리 등에 따른 모든 행정 조치의 적법성을 인정한다' 조항이 들어간 상황이었지만, 이를 재확인하기 위함이었다. 한일수교협정은 1965년 6월 박정희 대통령에 의해 매듭지어졌다. 박정희 대통령의 경제개발 5개년 계획과 한일협정은 이승만 대통령의 경제개발 계획과 한일회담을 시작한 뿌리에서 꽃을 피웠다. 이승만 대통령이 다진 토대 위에 박정희 대통령의 경제개발 기관차가 달릴 수 있었다.

러시아의 우크라이나 침공 사태는 한미상호방위조약의 가치와 의미를 되새기게 한다.

우크라이나는 강대국들의 약속만 믿고 조약이 아닌 양해각서를 체결했다. 1994년 12월 5일 헝가리 수도 부다페스트에서 미국, 러시아, 영국과 '우크라이나의 주권과 국경을 존중하며, 정치적 독립에 대한 위협이나 무력 사용을 하지 않겠다는 협약'을 맺고 1996년까지 자신들이 보유하고 있던 핵무기를 모두 러시아로 넘기고 핵무기를 폐기하는 데에 서명했다. 하지만 러시아는 핵무기를 넘겨받은 후 최대의 곡창지대인 우크라이나에 대한 야욕을 드러냈다. 크림반도의 일부를 점령하더니 2022년 2월 우크라이나 본토를 침략하는 대규모 전쟁을 일으켰다. 당시 부다페스트 협약을 주도했던 클린턴 대통령은 인터뷰에서 '자신이 우크라이나에 핵무기를 포기하도록 설득한 것은 끔찍한 실수였다' 고백했다. 우크라이나는 러시아의 침공 위협에 직면하여 미국과 나토 회원국들에게 도움을 요청했고 모두가 협력을 약속했지만 실제 어느 나라도 군대를 파견하지 않았다. 협력의 약속, 협약과 법적 구속력 있는 조약은 근본적으로 다름이 증명되었다.

이를 이미 70여 년 전에 내다보고 미국과 확고한 안보 조약을 맺은 지도자가 이승만이었다. 조선말기 쇄국 이후 한반도는 청일전쟁, 러일전쟁, 만주를 지배하려던 일제의 만주사변, 2차 세계대전, 6·25 전쟁 등 끊임없이 전쟁에 휘말렸지만, 한미상호방위조약 이후 아무도 넘보지 못하는 나라가 되었다. 한미동맹이 없었다면 이미 공산화가 되지 않았겠는가! 세계 많은 나라가 한미동맹을 부러워한다. 사우디아라비아는 미국에 한미동맹에 준하는 상호방위조약 체결을 요구하고 있다. 그런데 좌파는 미군 철수를 주장한다. 미군 철수는 공산주의에 항복을 의미한다. 월남전에서 미국의 키신저와 월맹의 레둑토가 1973년 휴전협정을 맺었지만, 월남은 곧 패망했다. 방위조약이 없이 미군이 철수했기 때문이다.

○ 이승만 대통령은 국제 외교에서 일본을 이기고 독도의 영유권을 확보했다.

독도는 원래 우산국의 영토였다가 신라 지증왕 13년(512년)에 신라에 귀속되었다. 대한제국은 1900년 10월 25일 독도를 울릉도 부속 섬으로 제정했다. 그런데 일본은 1905년 2월 러일전쟁 와중에 자기들의 영토로 무단 편입시키고 다케시마(竹島)로 명명했다. 독도는 1945년 일본이 2차 대전에서 패배했다고 자동으로 한국 영토로 인정받은 것이 아니었다. 이승만 대통령의 뚝심과 국제적 감각이 아니었다면 독도는 일본의 다케시마로 계속 남을 뻔했다. 국제 상황을 면밀히 살핀 이승만 대통령은 1952년 1월 18일 전쟁 중임에도 평화선이자 해양주권선인 '이승만 라인'을 선포함으로써 국제 사회를 놀라게 했다.

1951년 9월 8일 미국과 일본 사이에 미일안전보장조약이 샌프란시스코에서 체결되어 1952년 4월 29일 발효될 예정이었다. 이 조약은 일본의 실질적 주권을 회복해 주는 조약이었고 독도 문제는 언급이 없었다. 이에 국제 상황 및 미일 관계 상황을 간파한 대통령은 미일안전보장조약 발효 석 달 전에 일방적으로 동해에 '평화선'을 선포했다. 국제법상 영해 기준은 3해리였지만, 바다 60해리까지 우리의 영해라는 선언이었다. 울릉도에서 독도까지 60해리로 독도를 영토로 포함하기 위함이었다. 이후 평화선을 넘어오는 일본 배들을 나포했다. 독도에 대한 실효적 조치로 1954년 독도에 등대를 설치하고 경찰 경비대를 파견했다. 독도 풍경을 담은 기념우표를 발행했다. 한국 외교의 승리였다. 이승만의 단호한 태도에 일본은 아무런 실효적 조치를 할 수 없었고, 독도에 대한 영유권은 미국을 비롯한 세계적 인정을 받게 되었다. 이승만 대통령은 6·25 때 일본군의 참전을 허용하지 않았다. 미국이 일본군을 투입하려고 하자 일본군이 참전하면 일본군부터 쏘겠다며 단호하게 거절했다. 일본 정부로선 이승만이 눈에 가시였다. 전쟁 중인 가난한 나라였지만, 강력한 외교로 영토를 지킨 드라마 같은 일이었다. 이승만 대통령이 물러난 후 일본은 독도에 대한 지배권을 점차 강하게 주장하고 있다. 2005년 2월부터는 '다케시마의 날(2월 22일)'까지 만들어 매년 기념하고 있다. 러일 전쟁 시기였던 1905년 2월 독도를 자기네 시마네현 행정구역으로 편입 고시한 날을 기념한다는 것이다. 독도는 1905년이 아니라 원래 우리의 영토였다. 기록으로도 기원전 2세기경, 우산국 시대부터 우리 영토였다. 독도는 대나무가 없는 바위섬이다. 일본의 주장은 대꾸할 가치도 없는 억지이다.

○ 이승만 대통령의 공과는 함께 다루어져야 한다. 대한민국의 정체성이 부정될 수 없다.

이승만 대통령을 뺀 대한민국 건국사는 존재할 수 없다. 이승만 대통령이 있었기에 공산주의와의 싸움을 이기고 자유민주 대한민국을 건국할 수 있었다. 6·25 전쟁에서 나라를 지킬 수 있었고, 한미상호방위조약을 이끌어낼 수 있었다. 자유민주주의는 대한민국의 정체성이다. 이승만 대통령의 부정은 대한민국 정체성의 부정, 자유민주주의 헌법의 부정이다. 정체성이 없이는 방향도 없다. 역사를 왜곡하고 부정하는 것은 국가의 혼을 없애는 것과 같다. 혼이 없이 어찌 당당한 민족이 될 수 있는가? 이승만 대통령을 폄훼하고 홀대하는 것은 국민적 수치이다. 대한민국 국민은, 특별히 지도자들은 「대한민국 건국사」와 「한미동맹사」를 읽고 새기며 자부심과 정체성을 확고히 지녀야 한다. 그렇지 않다면 대한민국에서 풍요와 자유를 누릴 자격이 없다. 지도자로의 자격은 더더욱 없다.

이승만 대통령을 친일 매국 세력으로 내몬 것은 남로당의 정치 선동에서 비롯되었다. 남로당은 1948년 5.10 총선을 반대하는 명분으로 제국주의 앞잡이론을 내세웠다. 대한민국 초대 입법, 사법, 행정부 수장은 모두 임시정부 요인이나 독립운동가 출신이었다. 북한은 공산주의에 협조하면 과거를 묻지 않았다. 이승만 대통령은 평생을 항일과 반공 투쟁에 바쳤다. 대한민국은 우파 국가로 태어났지만, 받쳐주는 우파 국민이 없었다. 자유민주주의와 시장경제를 제대로 이해한 사람은 이승만 대통령이 거의 유일했다. 1946년 미 군정이 실시한 여론조사에서 응답자의 77%가 사회주의가 좋다고 응답했다. 지식인층에서도 사회주의 선호도가 훨씬 높았다. 이승만 대통령은 우파 국민이 제대로 없는 악조건에서도 자유민주주의에 대한 확고한 신념으로 대한민국을 세우고 지켰다.

이승만 대통령은 건국 초기 농지개혁으로 국민의 삶을 안정시켰다. 대한민국 1호 개혁이 '소작농을 자신의 땅을 가진 자작농으로 만든 농지개혁'이었다. 사회주의 국가로의 전락을 막기 위함이었다. 제헌헌법 86조는 '농지는 농민에게 분배하며'로 시작한다. 1949년 6월 21일 제헌국회에서 제정 공포된 농지개혁법은 '대지주 농지를 평년작의 150%로 유상 몰수하여 농지를 소유하지 못한 농민들에게 나누어 주고, 5년간 소출의 30%를 국가에 조세로 내면 소유권을 가지도록'하는 내용이었다. 몰수 대전은 지가증권으로 지급함으로써 재정 부담이 없도록 했다. 농지개혁은 일찍이 그의 '독립정신'에 바탕한 개혁이자 실질적 양반 상놈의 신분제 폐지, 경제적 자유와 평등의 실현이었다. 농민 모두를 자작농으로 만드는 농민 해방이었고 농민들이 공산주의 선동에 넘어가지 않은 결정적 이유였다. 6·25 전쟁 중에도 농지개혁법 시행은 계속되었다. 김일성은 서울을 점령하면 전국적으로 농민 봉기가 일어날 줄 알았지만 6·25 전쟁 내내 농민의 동요가 없었다. 거꾸로 북한의 실상(농지를 무상 몰수, 집단농장으로 노동 착취)을 깨달은 북한군 포로들이 반공을 외쳤고 대통령은 국제적 비난을 무릅쓰고 반공 포로를 석방했다.

이승만 대통령은 경제민주화와 교육 민주화를 함께 추진했다. 건국에서부터 초등학교 무상교육을 실시했다. 세계에서 가장 가난한 나라가 전체 예산의 20%를 교육에 충당했다. 70%가 글자를 모르던 문맹국을 문명국으로 거듭나게 했다. 당장 내일을 기약할 수 없는 전쟁 중에도 특별요강을 발표, 피난지에서도 천막교실을 열어 가르쳤다. 남녀와 계층의 차별이 없는 평등한 교육으로 민주주의, 문명국가의 초석을 열었다. 이에 앞서 1913년 하와이에 정착했을 때부터 교육의 중요성과 남녀 평등을 강조, 남녀공학의 한인학교를 세웠다. 이러한 바탕에서 건국 초기부터 언론 자유와 여성 투표권이 보장되었다. 여성 투표권은 스위스보다도 앞섰다. 미국은 1960년대가 되어서야 실질적 흑인 투표권이 보장되었다. 이승만 대통령의 공적은 국부로서 조금도 손색이 없다. 여기에 추가한다면 지도자로서 나라를 지키겠다는 결연한 의지이다. 적이 코앞에 왔는데도 피난에 주저하던 대통령은 각료들에 끌리다시피 하여 27일 서울역에서 특별열차를 탔다. 6월 28일 새벽 2시 30분 한강 인도교 폭파는 공산군 남하를 저지하기 위한 군사작전이었지 대통령의 지시가 아니다. 폭파 전후 다리를 통제해 일반인 피해는 거의 없었다. 폭파 후 임시 부교(浮橋)를 설치, 피난민이 건널 수 있었다. 1950년 6월 30일 프란체스카 여사의 난중일기는 '대전으로 내려온 대통령은 머리맡에 권총을 놓고 잤다. 놀라는 내게 최후의 순간 공산당 서너놈을 쏜 뒤 우리 둘을 하나님 곁으로 데려다 줄 티켓이라며 내 손을 잡았다'고 기록한다. 1950년 8월 13일, 대구가 적의 공격권에 들어가자 무초 대사가 제주도로 정부를 옮길 것을 건의했지만, 대통령은 권총을 꺼내 들고 '이 총으로 내 처를 쏘고 적을 죽이고 나를 쏠 것이오. 우리는 총궐기하여 싸울 것이오. 결코 도망가지 않겠소!' 무초 대사가 놀라서 입이 굳어졌다고 한다.

이승만 대통령의 뚜렷한 과오는 1954년 9월 27일 '사사오입 개헌'과 1960년 '3·15 부정 선거'이다. 대통령이 연임에 집착, 사사오입 개헌으로 장기 집권의 길을 튼 것은 분명 잘못되었다. 하지만 당시 불안했던 한반도 정세, 재일 교포의 북송 움직임 등을 고려해야 한다. 이승만 대통령이 권력 자체에 집착한 지도자가 아니었음은 그의 삶을 통해 확인할 수 있다. 1960년 4·19혁명이 일어나자 변명 없이 책임지고 물러났다. 대통령은 경쟁 후보였던 조병옥 박사가 선거 한 달 전 서거하는 바람에 단독 후보였고 자동 당선이었다. 다만 이기붕을 부통령으로 당선시키기 위해 자유당의 조직적인 부정이 자행되었고, 이를 뒤늦게 알게 된 대통령은 스스로 하야를 결정했다. 4·19 시위에 참여했다가 부상당한 학생들을 찾아가 울먹이며 '내가 맞아야 할 총을 대신 맞았다. 부정을 보고 일어서지 않는 백성은 죽은 백성이다. 이 학생들이 참으로 장하다'고 말한 대통령이다. 대만의 장제스 총통이 하야한 대통령에게 위로의 서신을 보냈을 때 '내가 왜 위로를 받아야 하는가? 불의를 보고 방관하지 않는 100만 명의 학생들과 국민이 있으니 나는 행복하다' 회신했다. 회신을 받은 장제스는 '이 편지는 한국 국민이 길이 보관해야 할 편지'라며 감탄했다. 4·19는 독재자 이승만이 비참하게 쫓겨난 날이 아니다. 일평생 추구해 온 그의 '독립정신'이 드디어 완성되었음을 확인한 날이다. 대통령은 하와이로 유폐된 후 매일같이 갈라디아서 5장 1절 **"그리스도께서 우리를 자유롭게 하려고 자유를 주셨으니 그러므로 굳건하게 서서 다시는 종의 멍에를 메지 말라"** 말씀을 붙들고 대한민국을 위해 기도했다고 한다. 이 말씀은 그의 유언이 되었다.

    4·19 혁명 이후 좌파의 왜곡으로 '이승만'이란 이름이 지워졌다. 평생을 반일, 반공에 투신한 대통령, 미국이 인정하고 싶지 않은 역사적 진실을 밝히며 미국의 책임감을 불러일으킨 대통령, 미국을 정치적 심리적으로 이용, 독립을 이루고 나라를 지킨 대통령을 좌파는 미국의 앞잡이로 왜곡 비하한다. 6·25 때 한강 다리를 부수고 도망쳤다는 런승만, 양민학살의 주범, 비자금 조성설 등 잔인하게 그를 매장시켜 버렸다. 그가 죽어야 북한이 살기 때문이다. 다큐멘터리 '건국전쟁'을 만든 김덕영 감독은 이 다큐가 '386'세대의 통렬한 자기반성에서 출발했다고 고백했다. 더 늦기 전에 명예를 회복시켜야 한다는 반성에서 자료를 수집하고 다큐를 만들었다고 했다. 이승만 대통령이 그토록 심혈을 기울였던 공산주의와의 싸움은 이미 끝이 났다. 공산주의 중에서도 가장 낙후된 전체주의 독재국가가 북한이다. 일제의 산업시설이 대부분 북한에 있었기에, 해방 당시의 경제력은 북한이 남한보다 월등히 앞섰지만, 이제는 비교도 할 수 없게 되었다. 좌파는 어찌 이러한 북한을 추종하고 대한민국의 국부를 부정하는가! 민족의 정통성이 어찌 북한에 있는

가! 왜 김일성 독재에는 함구하는가! 독재와 억압으로 인민이 죽어가는데 어찌 인민공화국인가! 세계가 대한민국을 경이로운 눈으로 바라보며 배우고 있다. 대한민국은 태어나지 말아야 했던 나라가 아니라, 너무나 자랑스런 나라이다. 그 중심에 이승만 대통령이 있다. 그를 들어 쓰신 하나님의 은혜가 있다.

3장 우리나라에 부으신 하나님 축복과 은혜

1. 굳게 닫혔던 선교의 문을 여신 하나님

○ 천주교 박해와 쇄국

　기독교에 앞서 조선에 들어온 천주교는 자생적으로 피어났다. 정조 8년인 1784년 남인계 성호학파 이승훈(1756-1801)은 외교사절로 파견된 아버지를 따라 북경에 갔다가 중국에 파송된 프랑스 선교사 장 그라몽 신부에게 세례를 받았다. 이승훈은 중국에서 활동했던 이탈리아 선교사 마테오 리치(1552-1610)가 쓴 「천주실의」 등 천주교 서적과 십자가상, 묵주와 성화 등을 가지고 귀국하였고, 주변 인물에게 교리를 전했다. 남인계 실학자들인 이승훈의 처남, 정약전(1758-1816) 과 정약용(1762-1836)), 권일신 등이 천주교를 숭상하게 되었다. 하지만 제사를 멸한다는 죄로 1791년 조정의 1차 탄압이 있었고 이승훈은 순조 1년인 1801년 천주교인 100여 명이 처형당한 신유박해 때 순교했다

　이 무렵 조선에 입국한 첫 서양인 사제인 프랑스 모방(Maubant) 신부는 조선인 사제 양성을 위해 김대건, 최양업, 최방제를 마카오로 보내 공부시켰고, 그 결실로 김대건(1821-1846)이 최초의 조선인 신부가 되었다. 김대건 신부는 열다섯 나이에 조선의 첫 유학생이자 신학생으로 선발되어 마카오와 필리핀, 중국에서 공부를 하고 중국 상하이에서 사제(司祭) 서품을 받은 후 1845년에 귀국해 1년 1개월 동안 사목 활동을 하다가 스물다섯 나이에 용산 새남터에서 순교했다. 조선은 천주교를 조상 숭배도, 임금도, 양반도 없는 사학(邪學)으로 규정, 외국과 내통해 사회 혼란을 일으키는 불순 세력으로 지목, 더욱 쇄국을 강화함으로써 기독교 선교의 문은 굳게 닫혔다.

○ 쇄국과 함께 열악한 환경, 불결한 위생 등으로 조선은 선교사 파송 기피국이었다.

조선은 쇄국과 더불어 전염병과 풍토병의 위험 등으로 1880년대 초까지 미국 선교본부에서도 선교사 파송은 시기상조이며 생명을 위협하는 일이라고 인식하고 있었다. 당시 조선이 얼마나 낙후되었는가는 독일 여행가, 헤세 바르텍의 조선 방문 체험기 「조선, 1894년 여름」에 잘 나타나 있다. "**최악의 야만 국가라는 평판을 받고 있는 가난한 나라, 일본과 조선 사이에 있었던 참혹한 전쟁과, 조선의 통치자가 불과 10여 년 전에 천주교 신자들을 학살한 상념들이 찾아왔다. 이들이 절대 하지 않는 게 하나 있는데 바로 일이다. 나는 남자들이 일하는 것을 보지 못했다.** 그들은 집 안이나 집 앞에서 쪼그리고 앉아 조그만 중국식 파이프를 입에 물고 빈둥거리거나, 골목길 한가운데 옹기종기 모여 앉아 놀거나 잠을 잤다… 서울은 아마도 호텔이나 찻집, 유럽 여행자들을 위한 숙소를 볼 수 없는 지구상에서 유일한 수도이자 왕의 거주지일 것이다… 가장 큰 도로로 하수가 흘러들어 도랑이 되어버린 도시, 산업도 굴뚝도 유리창도 계단도 없는 도시… 대소변이 집 앞 거리에 버려지는 도시, 남녀 할 것 없이 모든 주민들이 흰옷을 입고 있으면서도 더럽고 분뇨 천지인 도시, 종교도 사원도 가로등도 상수도도 마차도 보도도 없는 나라가 또 있을까?"라고 바르텍은 기록하고 있다.

○ 선교의 문을 여신 하나님

이렇듯 가난하고 무지했던 조선이 깨어난 것은 선교사들을 통한 하나님의 손길이었다. 하나님은 생명의 위험에도 열악한 조선에 와서 복음을 전하려는 뜨거운 마음을 선교사들 가슴에 심어 주셨다. 선교사들은 세계에서 가장 잘사는 나라의 뛰어난 사람들이었지만 미개하고 불결한 조선에 와서 목숨을 바쳐 복음을 전했다. 이들의 사랑과 희생에 민족이 갚을 수 없는 빚을 졌다. 양화진 선교사 묘원과 기념홀에서 이들의 흔적을 볼 수 있다. 25살의 꽃다운 나이에 풍토병으로 소천한 '루비 캔드릭(1883-1908)' 선교사의 '내게 생명이 천개가 있다면 전부를 조선 선교에 바치겠노라' 글귀가 감동을 준다. 그녀는 미국 텍사스에서 출생, 미국 남감리교 선교사로 파송되어 개성에서 교사로 헌신하다가 소천했다. 세상을 떠나기 직전 **"내가 죽으면 텍사스 청년들에게 조선 선교사로 오라고 알려 주세요"** 말을 남겼다. 이

말에 감동을 받은 텍사스 청년 20여 명이 조선 선교사로 오게 되었다.

130여 년 전, 열악한 이 땅에 와서 똥지게를 지고 가는 이름 없는 선교사의 사진이 가슴을 울린다. 이들은 하나님 사랑, 복음의 은혜가 너무도 컸기에, 미개한 조선에 와서 모든 것을 바치며 희생했다. 비록 똥지게를 졌지만, 그 모습은 세상의 어떤 모습보다도 아름다운 모습, 천국을 걸어가는 모습이다. 똥지게를 졌던 선교사는 자신의 이름은 없고 오직 예수님 사랑의 흔적만을 남겼다. 이들의 고귀한 희생과 숭고한 뜻을 이어받아야 할 책임이 우리에게 있다. 이들을 움직이신 하나님 은혜를 우리가 어찌 잊을 수 있겠는가! 앞에서 살펴본 헐버트 선교사에 이어 몇 분의 선교사 발자취를 살펴본다. 여기의 내용은 김명규 교수의 '복음 성령 교회, 재한 선교사들 연구'를 중심으로 발췌하였다.

2. 초기 선교사들의 발자취

○ 영국 토마스 선교사(1840-1866) 순교의 씨앗

천주교에 대한 박해가 극심할 때인 1866년 9월 3일 평양 대동강변에서 27살의 영국 웨일즈 출신의 토마스(Robert J. Thomas) 선교사가 노기에 휩싸인 조선 군민들에 의해 순교 당했다. 미국 상선 제너널셔먼호에 탔던 24명 중 한 명으로 두 손에 성경책이 들려져 있었고 마지막까지 예수를 외치다 참수당했다. 그가 조선과 인연을 맺은 것은 대원군의 천주교 박해를 피해 중국으로 건너온 조선인을 만나면서였다. 토마스 선교사는 조선에 복음을 전하고자 조선어를 배웠고, 1865년 9월에는 조선에 와서 2개월여 동안 해안가에 머물면서 선교활동을 하기도 했다. 1866년 제너널셔먼호의 통역관으로 탑승하게 되었고, 선원들이 조선 병사 3명을 죽이자, 조선 군민이 배를 공격하여 불태웠고 배에 탄 모든 사람들은 강으로 뛰어내려야 했다. 토마스 선교사는 물에 뛰어들기 전 '예수, 예수' 부르짖다가 조선 사람들에 의해 머리를 몽둥이로 맞아 쓰러졌고 시신은 칼에 의해 토막 나 불태워졌다.

그를 죽인 병사 박춘권은 **"내가 그를 찌르려고 할 때 그는 두 손을 마주 잡고 무슨 말**

을 한 후 웃으면서 붉은 책을 나에게 권하였다. 그를 죽이기는 하였으나 그 책을 받지 않을 수 없었다"고 회상한다. 복음의 씨앗은 떨어진 자리에 반드시 싹을 틔우고 자라난다. 박춘권은 토마스 선교사가 건네준 한문 성경을 읽고 감명을 받게 되었고, 약 30년의 세월이 흘러 60대 노인이 되었을 때, 평양에서 선교하던 모펫(Moffett) 선교사에게 죄를 고백하며 세례를 받았다. 그 후 박춘권은 장로가 되어 복음 전도에 여생을 바쳤다. 제너럴서먼호를 침몰시켰던 평양 관찰사 박규수도 큰 충격을 받고 심령의 변화를 일으켜, 개화사상의 선구자가 되었다. 연암 박지원의 손자로 실학의 계승자였던 박규수는 서구 문명을 받아들여야 한다는 생각에서 젊은 제자들을 키웠다. 김옥균, 박영효, 홍영식, 김윤식, 박정양 등이 그의 제자였다. 이들은 스승의 뜻에 따라 개화운동을 전개했고, 고종은 이들 젊은 개화파의 의견을 받아들여 쇄국에서 개방으로 정책을 조금씩 바꾸었다. 1884년 6월 김옥균, 박영효 등은 일본 주재 미국 북감리교 선교부 대표인 맥클래이(Macclay)를 입국시켜 고종에게 소개하였고, 맥클래이는 고종으로부터 '의료와 교육사업을 위해 선교사가 들어오는 것은 좋다'는 선교사 입국 허가를 받아냈다. 그리하여 중국 선교본부에 있던 의료선교사 알렌(Allen)이 1884년 9월 최초로 조선에 들어왔고, 1885년 4월 미국 선교본부로부터 아펜젤러(Appenzeller)와 언더우드(Underwood) 선교사가 들어와, 의료와 교육에서부터 선교의 문이 열리게 되었다.

○ 미국에서 파송된 최초의 선교사 아펜젤러(1858-1902)와 언더우드(1859-1916)

27세의 감리교 선교사 아펜젤러와 26세의 장로교 선교사 언더우드는 1885년 4월 5일 함께 제물포항에 내렸다. 아펜젤러와 언더우드는 교단은 달랐지만, 대학 시절부터 선교사 꿈을 품었다가, 1883년 신학교연맹 집회에 참석하여 만나게 되었고, 함께 조선 선교사의 꿈을 품게 되었다.

아펜젤러는 조선에 첫발을 내디디며 '사망의 권세를 이기신 주님께서 조선 백성들의 결박을 끊으사 하나님 자녀로의 자유와 빛을 주옵소서' 기도했다. 아펜젤러는 제물포에 한 달간 머물며 내리감리교회를 세웠다. 서울에 도착한 선교사 부부와 가족들은 교파를 초월하여 연합예배를 드렸다. 이미 중국에서 들어온 의료선교사 알렌의 집에서 알렌 부부, 아펜젤러, 언더우드, 스크랜톤 선교사가 모여 1885년 6월 28일 첫 연합예배를 드렸고, 이는 서울유니언교회로 발전하여 아펜젤러가 첫 담임목사가 되었다. 서울유니언교회는 한국 감리교회와 장로교회의 원류가 되어 정동감리교회와 정동장로교회(1887년 9월 언더우드의 새문안교회)로 이어졌다. 현 정동(제일)교회는 아펜젤러가 1897년 세운 최초의 서양식 교회 건축물로, 정동교회 강단에는 국내 최초의 파이프 오르간이 설치되어 있다. 그 밑에 조그만 송풍실이 있었다. 정동교회 교인이었던 유관순 열사는 그곳에서 독립선언문을 등사했다.

고종의 신임을 받은 아펜젤러는 학교 건립을 허락받았고, 고종이 직접 '배재학당'이라는 이름을 하사했다. '배재학당'은 이승만을 비롯, 일제강점기 이후 건국에 이르기까지 독립운동에 귀하게 쓰임받은 수많은 기독교 인재들을 길러냈다. 아펜젤러는 '독립신문' 편집을 맡기도 했고, 청년 이승만이 만민공동회 사건으로 사형 선고를 받자, 언더우드, 헐버트 선교사와 함께 구명운동에 앞장섰다. 아펜젤러는 '배재학당'을 대학으로 발전시키려 했지만 안타깝게도 너무 일찍 소천하여 그 뜻을 이루지 못했다. 아펜젤러는 성경 번역에 진력하여 신약성서 번역을 완성했고, 1902년 목포에서 열리는 성경번역위원회에 참석하러 가던 중 군산 앞바다에서 선박 충돌사고로 44세의 이른 나이에 소천했다. 학창 시절 배운 수영으로 마지막까지 구조활동을 하다가 탈진하여 바다 속으로 가라앉고 말았다. 시신을 찾을 수도 없었다. 양화진 아펜젤러의 묘에는 그의 유품만이 묻혀 있다. 그는 마지막까지 사랑을 실천하고 갔다. 시신조차 남기지 않을 만큼 모든 것을 선교지 조선에 바치고 떠났다.

○ 아펜젤러의 교육 선교의 꿈은 언더우드에 의해 이루어졌다.

의료인의 신분으로 조선에 들어온 언더우드는 제중원에서 진료를 시작했고 제중원에서 화학과 물리를 가르치기도 했다. 1886년에는 정동에 고아원을 세우고 학생들을 가르쳤는데, 고아원은 나중에 구세학당이 되었고, 구세학당은 '경신학교'로 발전하였다. 1915년 '경신학교'에 대학부를 만들었는데 이는 '연희전문학교'의 전신이 되었다. 고아원에서 거두워 키운 아이 중에는 독립운동가 김규식도 있었다. 언더우드는 성서를 번역하면서 1889년에는 영어사전을 편찬했고, 1893년에는 찬송가를 번역, 간행했다. 1895년 명성황후시해사건 때는 아펜젤러, 헐버트 선교사와 함께 고종을 밤낮으로 지키며 보살폈다. 1897년에는 '그리스도신문'을 창간했다. 1903년 젊은이들에게 복음의 열정과 정직을 심어주기 위해 YMCA 설립을 주도했다. 언더우드의 열정은 장로교와 감리교의 연합사업으로 자리 잡았고, 마침내 초교파 기독교대학 '연희전문'의 설립을 보게 되었다.

언더우드는 1904년 11월 이승만이 미국으로 떠날 때 미국의 교회 지도자들에게 추천서를 써 주었다. 1909년 대한제국이 일본에 멸망하기 직전에는 한국 청년들에게 '내가 사랑하는 한국이 독립국이라는 것을 잠시도 잊지 않기를 바랍니다' 메세지로 용기를 북돋우기도 했다. 언더우드는 일제가 한국을 병합한 후 건강 악화로 1916년 미국으로 건너갔고 그해 세상을 떠났다. 그의 유해는 나중에 서울 양화진으로 옮겨져 묻혔고, 연세대 교정에 세워진 그의 동상에는 '하나님의 사자, 그리스도의 제자, 한국인의 친구, 세 마디 글귀가 새겨져 있다. 그의 가족은 대를 이어 한국 교회와 사회 발전에 기여했다. 백두산 천지의 깊이를 재고, 이순신 장군의 거북선 설계도를 그릴 정도로 한국에 애정을 가졌던 언더우드 2세 원한경 박사, 6·25전쟁 중 통역관으로 활약했던 언더우드 3세 원일한 선교사, 한국 교육의 국제화에 힘쓴 언더우드 4세 원광한 선교사에 이르기까지 언더우드 가문은 4대에 걸쳐 120여 년 간 우리나라와 민족을 위해 헌신한 민족의 은인이었다.

○ 스크랜튼(William B. Scranton, 1856-1922)과 모친 메리 스크랜튼(Mary Scranton)
1885년 5월 3일에는 30세의 의사 스크랜튼과 모친 53세의 메리 스크랜튼 여사가 의료선교와 교육선교를 위해 제물포항에 입국했다. 스크랜튼은 당시 조선의 지배층 진료 중심의 왕립 제중원과는 달리 소외된 백성을 위한 진료를 우선시하여 1885년 9월 10일 정동 미국공사관 옆에 서민들을 위한 진료소를 개설하였는데 이는 '정동병원'의 시발이 되었다. 스크랜튼은 서민들을 위한 시약소(Dispensary)를 애오개(아현동)에 세우기도 했다.

메리 스크랜튼은 아들 스크랜튼 병원 인근에 부지를 확보하고 학교 건축을 시작하여 1886년 11월 큰 기와집을 완공했는데 이는 '이화학당' 최초의 한옥교사(韓屋校舍)가 되었다. 메리 스크랜튼은 한국에 온 첫 여성 선교사로 여성해방 및 여성교육의 선구자로 이름을 남겼다. 당시 조선에서는 여자가 남자로부터 수술이나 시료를 받는 것은 생각조차 할 수 없는 일이었다. 메리 스크랜튼의 요청에 의해 여의사 메타 하워드(Meta Howard)가 오게 되었고 '이화학당' 구내에 최초의 여성병원이 생기게 되었다. 그녀의 헌신에 감동받은 명성황후가 이 여성병원에 '보구여관(保救女館)'이라는 이름을 내렸는데, 기독교가 억압받던 여성을 보호하고 해방시켰다는 의미를 담고 있다. 1892년에는 동대문 근방에 보구여관 분원을 설치하였는데 이 병원이 이화여자대학교 의대병원이 되었다.

초기 의료선교를 통해 선교의 환경을 조성한 스크랜튼은 나아가 교회 설립과 복음 전파에 집중했다. 1893년 자신의 거처와 '정동병원'을 일반 대중들이 사는 상동(소공동)으로 옮기고 병원과 교회를 분리하여 상동교회 담임목사가 되었다. 그러나 곧 모친 메리 스크랜튼의 병환으로 미국으로 귀국하게 되었고, 스크랜튼의 제자인 전덕기 전도사가 담임목사로 세워졌는데 이로써 '상동교회'는 한국인 목회자가 담임하는 최초의 교회가 되었다.

○ 윌리엄 홀(William J. Hall, 1860-1894) 가족

캐나다 출신 윌리엄 홀은 자수성가로 의대를 마치고 뉴욕 빈민가에서 의료 봉사를 하던 중, 조선 선교를 준비하던 의사 로제타(Rosetta, 1865-1951)를 만나 1891년 함께 조선에 들어와 서울에서 결혼했다. 윌리엄 홀 부부는 평양에서 의료봉사를 하면서 교회를 개척했고 한국 최초의 맹아학교를 세웠다. 윌리엄 홀은 1894년

평양에서 벌어진 청일전쟁의 부상자들을 치료하기 위해 불철주야 애쓰다가 전염병에 걸려 어린 딸과 함께 소천했다. 로제타 홀은 남편과 딸을 잃고도 한국에 계속 선교할 수 있도록 기도했다. 아들을 데리고 미국으로 돌아갔다가 1897년 한국으로 다시 와서 남편을 기념하는 '기홀병원'을 평양에 설립하였고, 평생을 한국의 여성교육과 의료선교에 헌신했다. 박 에스더를 미국으로 유학시켜 한국 최초의 여의사로 육성하는 한편, 한글 맞춤법에 맞는 점자법을 개발하는 등 우리 민족을 위한 그녀의 헌신은 46년 간이나 지속되었다.

아들 셔후드 홀(Sherwood Hall, 1893-1991)은 토론토 의대를 졸업하고 역시 의사였던 아내 마리안(Marian, 1896-1991)과 함께 한국에 와서 의료 선교를 했다. 그는 해주에 한국 최초의 폐결핵 요양원을 세웠고, '크리스마스씰'을 발행하는 등 결핵 퇴치 운동을 펼쳤다.

3. 한반도를 뒤덮은 성령의 바람

○ 1903년 하디 선교사(Robert A. Hardie, 1865-1949)의 회개로 시작된 원산 부흥 운동

하디 선교사는 1890년 캐나다 토론토 의과대학 졸업 후 25세 때 캐나다 대학선교회 파송 선교사로 부산에 도착, 선교활동을 시작했다. 그동안 선교에 열중했지만, 결실이 없었다. 성도들의 영적 상태는 변하지 않았다. 게으름과 부도덕, 거짓말과 속임, 사기와 횡령 등 나쁜 습성은 그대로였다. 믿었던 직분자들과 성도의 배신이 그를 낙담시켰다. 서울은 의료와 교육 선교를 통해 상류층을 중심으로 어느 정도 선교의 열매가 있었지만, 지방은 선교의 결실을 맺기가 어려웠다.

절망과 자괴감에 빠졌을 때, 1903년 8월 24일부터 1주일간 원산에서 개최된 선교사들의 기도회의 인도자로 초대되어 말씀을 준비하며 묵상하던 중, 하디는 자신이 성도들보다 더 흉측한 죄를 지었다는 생각에 이르렀다. 성도들은 사람들의 돈을 훔쳤지만, 자신은 하나님의 돈, 선교비를 훔쳤다는 생각에 두려움이 엄습했다.

성도들에게 거짓말한다고 소리쳤지만, 자신도 하나님께 정직하지 않았고, 성도들에게 성령 충만을 외쳤지만, 자신의 성령 충만을 구하지 않았음을 깨닫고 회개의 눈물을 주체할 수 없었다. 선교비를 유용하고 착복했다는 사실을 후배 선교사들 앞에 공개하는 것은 치욕이지만 하디는 고백했다. 선교의 결실이 없었음은 자신의 위선과 교만 때문이었음을 고백했다. 그러자 기도 모임 참석자들의 동일한 회개와 고백이 터져 나왔다. 조선인 탓을 하던 하디가 내 탓이라고 고백하자 교인들에게도 회개의 불길이 번졌다. 기도회가 끝나는 날 하디는 '원산교회' 주일예배를 인도했고, 그가 그토록 비난했던 성도들 앞에서 자신의 교만과 거짓된 마음을 고백했다. 한 사람 한 사람 이름을 부르며 눈물로 용서를 구했다. 그의 회개는 처절하고 절실했다. 자신의 위선을 성도들 앞에서 고백했을 때 그토록 애쓰고 노력해도 얻어지지 않던 것들이 상상 못할 에너지로 다가왔다. 수없이 '회개하라' 했을 땐 아무런 반응이 없던 교인들에게 기적같은 반응이 일어났다. 초라한 행색의 회중들이 가슴을 치며 죄를 회개하고 울며 간증했다. 더 이상 하디는 이방인이 아니라 민초들과 하나가 되었다. 하디의 회개는 1903년 원산 부흥운동의 불씨가 되었고, 한반도 영적 부흥의 시발점이 되어 1907년 '평양 대부흥운동'으로 이어졌다.

4. 핍박과 박해 속에서 신앙의 순수성을 지킨 믿음의 선진들

한국교회의 역사는 핍박과 고난, 순교의 역사이다. 선교 1세대의 신앙은 죽음을 무릅쓴 신앙이었다. 일제의 핍박과 탄압 속에서 수많은 믿음의 선진들이 순교를 당하면서도 일제의 신사참배를 거부했다. 오늘날 대한민국의 번영은 신앙의 순수성을 지킨 선교 1세대들의 믿음의 결실, 기도의 열매이다. 하나님이 선교 1세대들의 순수한 믿음과 기도를 기뻐 받으시고 대한민국에 번영의 축복을 내리셨다.

5. 우리나라에 부어주신 영적, 물질적 축복

○ 하나님 부어주신 영적인 축복

우리나라는 세계 복음사에 유례가 없는 급속적 영적 성장, 단기간에 영적 부흥을 이루었다. 중국과 일본에 복음이 먼저 들어왔지만, 복음의 꽃은 한국에서 피어났다. 한국은 동방의 예루살렘이 되어 중국과 일본에, 아시아와 세계에 복음을 전파하는 나라가 되었다. 복음의 물결, 복음 전파의 사명이 예루살렘에서 유럽으로, 미국으로 흘러 우리나라로 그 바톤이 이어졌다. 해외에 진출한 교민들이 세계 곳곳에서 복음을 전파하는 디아스포라 역할을 하고 있다. 우리나라는 유대인 다음으로 해외에 거주하는 동포 비율이 높다. 약 7백만 명의 디아스포라 교민들이 전 세계에 흩어져 있다. 교민들은 가는 곳마다 교회부터 세웠다. 한국인은 어디서나 복음의 뿌리를 내리며 복음부터 수출했다. 자동차를 수출하기 전에 복음 전하는 일을 먼저 했다. 60년대 초부터 우리나라 선교사, 부흥사, 전도자들이 세계를 누볐다. 물질적 성장에 앞서 교회가 먼저 성장하고 부흥했다. 경제 성장과 더불어 더욱 많은 선교사를 해외로 파송하였고, 지금은 2만 5천 여명의 선교사를 파송하고 있는 세계 1위의 선교국이 되었다.

우리나라는 세계에서 거의 유일하게 새벽기도를 드린다. 수요예배, 금요철야기도를 드린다. 그만큼 뜨거운 복음의 열정, 예배와 기도의 열정이 있었지만 안타깝게도 오늘날 복음의 열정이 식었다. 고난과 핍박 속에서 부흥한 한국교회가 물질적 축복 속에 하나님 은혜를 잊어버리고 하나님과 멀어지고 있다. 세계에서 가장 많은 선교사를 파송하는 나라지만, 동시에 젊은이들이 가장 많이 교회를 떠나는 나라가 되었다. 물질적 풍요가 신앙의 위기를 초래, 신앙의 순수성을 잃어버렸다. 겉으로는 세계적인 대형 교회들이 즐비하지만, 내적으로는 성령의 능력을 잃었다. 교회와 성도가 세상의 빛과 소금이 되지 못하고 말과 행동이 달랐기 때문이다. 지금은 영적 위기이다. 하나님 은혜, 선교사들의 은혜를 깨닫고 신앙의 순수성을 회복, 하나님 주시는 사명을 깨닫고 감당해야 한다.

○ 하나님 부어주신 물질적 축복

우리나라는 해방 초기 파키스탄에 농업 시찰단을 보낸 나라였다. 1960년대 초까지 식량 원조를 받던 나라, 세계에서 가장 가난한 나라 중 하나였다. 필리핀에 공무원 시찰단과 연수를 보냈고, 기술력도 재원도 없어 필리핀이 장충체육관을 지어주었다. 우리도 필리핀만큼 잘 살았으면 좋겠다고 부러워했다. 1961년 우리나라 수출액이 태국의 1/4, 필리핀의 1/7 수준이었다. 1964년에야 수출 1억 불을 넘었다. 1977년에 100억 불을 넘었다. 초고속 성장을 이루어 한 세대, 반세기 만에 원조를 받던 나라에서 원조하는 나라가 되었다. 세계 유례가 없는 단기간에 선진국 대열에 진입하는 물질적 축복을 받았다. 경제성장과 민주화를 동시에 이룬 세계 유일한 나라가 되었다. 한강의 기적을 이루어 세계 성장과 발전의 모델이 되었다. 반도체 기술이 세계 1위인 나라, 전자 정보 통신이 가장 빠른 나라, 고속도로와 지하철이 세계 최고인 나라가 되었다. 바다에 떠다니는 대형 선박의 43%가 한국산이다. 가전제품 1등국으로 TV, 냉장고, 세탁기의 30%가 한국제품이다. 의료보험이 최고인 나라, 신속하고 저렴하게 치료받는 나라, 국민들의 연간 병원 진료 횟수가 최고인 나라가 되었다. K-pop과 드라마가 세계를 휩쓰는 문화 강국이 되었다. 편의시설이 최고인 나라, 고속도로 휴게소나 공원 화장실에 냉난방과 깨끗하고 무료인 나라가 되었다. 인천공항은 9년 연속 세계 1위이다. 치안이 확보된 나라, 밤거리를 안심하고 다닐 수 있는 나라, 택배 물건을 마음 놓고 집 앞에 둘 수 있는 나라가 되었다. 도서관이나 커피숍에서 노트북과 스마트폰을 놓고 자리를 비워도 누구 하나 가져가지 않는다.

우리나라보다 좋은 나라는 세계에서 찾아보기 어렵다. 밖에 나가보면 안다. 유럽은 말할 것도 없고 미국에서도 도난과 소매치기가 성행한다. 택배 배달이 잘되지 않는다. 공항에서도 한눈팔면 가방을 잃는다. 지금 우리는 반만년 민족의 역사상 최고의 번영을 누리고 있다. 세계가 본받고 싶어 하며 부러워하는 나라가 되었다. 세계 어디를 가도 인정받는 자랑스러운 나라와 국민이 되었다.

이 모든 것은 우리의 지혜와 능력이 뛰어나서, 정치를 잘해서 이룬 것이 아니다. 선교사들의 은혜, 선교 1세대들의 순결한 신앙과 기도의 열매이다. 모든 것은 하나님이 예비하시고 축복하셨다. 민족의 건국 이념인 '홍익인간'은 하나님 마음과 같다. 마지막 때 하나님 사명을 감당하도록 하나님은 대한민국을 세우셨고, 6·25 전쟁에서 나라를 구하셨고, 단기간에 선진국에 진입하도록 축복하셨다. 이젠 경제적 우등생에서 나아가, 해야 할 일을 하며 은혜를 갚는 세계의 모범 국가가 되어야 한다. 하나님 은혜를 잊어버리고, 사명을 감당하지 않는다면 '오페일레마(배은망덕)'의 죄를 범하게 된다. 하나님 은혜로 출애굽 한 이스라엘은 은혜를 잊어버리고 하나님을 거역한 결과 바벨론의 포로가 되는 하나님의 채찍을 맞았다. 이스라엘에 대한 채찍은 오늘 우리에게 주시는 경고가 된다. 오늘 우리가 하나님 주신 놀라운 은혜와 축복을 잊어버리고 '내 힘으로 얻었다.' 자랑한다. 물질적 풍요의 도취 속에 맘몬의 신, 물질의 우상을 섬기고 있다. 지금 가장 시급하고 중요한 일은 영성을 회복, 하나님 앞에 바로 서는 일이다. 하나님 뜻을 새기며 주신 사명을 깨닫고 감당하는 일이다.

4장 대한민국에 주시는 하나님의 사명

1. 영적 대결의 상징인 한반도

○ 사탄 세력의 최전선인 북한 공산주의

　한반도 분단은 영적으로 하나님 편과 사탄 세력의 분리이다. 이 시대 영적 대결은 자유민주주의와 공산주의 대결이다. 한반도는 두 세력이 대치하는 유일한 분단국가로 영적 대결의 중심에 있다. 북한은 최악의 공산주의 국가로, 하나님을 거역하는 사탄의 정점에 있다. 공산주의보다도 나쁜 김일성 왕조 체제로 주민들은 노예가 되었다. 전 세계가 정보화 시대, 일일생활권 시대가 되었는데 유일한 암흑천지가 북한이다. 조선 왕조보다도 암흑세계다. 조선에는 언로가 있었다. 북한은 무자비한 독재와 억압 속에 3대째 혈통을 이어오고 있다. 4대 혈통으로 어린 딸을 앞세우고 있다. 수령은 신격화한 존재로 공산주의 유물론보다 더 나쁜 인간 우상이 되었다.

　문제는 자유민주 진영의 하나님 가치가 무너지고 있다는 점이다. 공산주의에 대한 승리가 하나님 가치의 승리가 아닌 자본주의, 물질주의 승리가 되었다. 북한 주민의 유일한 희망은 자유민주의 복음적 통일이다. 하지만 북한 정권은 주민들의 통일 희망마저 앗아갔다. 2023년 말부터 적대적 2 국가론으로 돌아서 통일을 내세우지도 않고, 동족 관계를 저버린 채 대한민국을 주적으로 부각시키며 우리 안의 분열, 남남갈등을 부추기고 있다. 그럴수록 우리는 자유민주의 복음적 통일을 강조, 북한 주민에 통일의 희망을 심어주며 국제사회의 신뢰와 호응을 얻어야 한다. 그러자면 물질 추구에서 돌이켜 영성을 회복, 하나님 관계를 바로 세워야 한다.

○ 하나님 나라의 파수꾼으로 세워진 대한민국

　하나님 원리는 대표성의 원리이다. 대한민국은 자유와 인권의 하나님 나라를 대표한다. 하나님 가치의 중심에 서서 하나님 나라를 이끌어야 한다. 대한민국에 영적 물질적 축복을 주신 이유이다. 구약의 영적 파수꾼은 이스라엘이었지만, 오늘날은 대한민국이다. 이스라엘은 혈통주의 유대교를 믿고 있다. 세계 기독교가 쇠퇴해도 대한민국은 영성을 회복, 공산주의와의 싸움에서 반드시 승리해야 한다. 한반도는 세계의 평화와 미래가 달린 곳이다. 한반도의 영적 승리가 없이는 하나님 나라의 승리가 없다. 한반도의 위기가 세계의 위기이다. 한반도의 평화가 없이는 세계 평화가 없다.

한반도 통일은 민족의 소원이자 하나님의 소원이다. 한반도에 복음적 통일을 이루어 세계 평화를 완성해야 한다. 대한민국에 하나님 주시는 사명이자 절체절명의 과제이다. 지금은 최대의 영적 위기이다. 교회와 성도가 깨어나 맘몬의 우상을 벗어나야 한다. 북한에 하나님 예비하신 남은 자들이 있다. 아합 시대에도 하나님 예비하신 7천 명의 남은 자들이 있었다. 교회와 성도들이 북한의 남은 자들, 나아가 인민들과 하나 되어 합심 기도해야 한다. 통일 준비는 영적인 준비이다. 영적으로 준비될 때 하나님 역사하신다. 전쟁의 승리는 하나님께 있다.

○ 파수꾼에 대한 하나님의 경고

(에스겔 33:2-8) …그 땅 백성이 자기들 가운데의 하나를 택하여 파수꾼을 삼은/ 그 사람이 그 땅에 칼이 임함을 보고 나팔을 불어 백성에게 경고하되/ 그들이 나팔 소리를 듣고도 정신차리지 아니하므로 그 임하는 칼에 제거함을 당하면 그 피가 자기의 머리로 돌아갈 것이라… 그러나 칼이 임함을 파수꾼이 보고도 나팔을 불지 아니하여 백성에게 경고하지 아니하므로 그 중의 한 사람이 그 임하는 칼에 제거당하면 그는 자기 죄악으로 말미암아 제거되려니와 그 죄는 내가 파수꾼의 손에서 찾으리라

구약의 파수꾼, 이스라엘에 대한 하나님의 경고는 오늘 우리에 대한 경고가 된다. 오늘 우리가 파수꾼의 경고를 새겨야 한다. 파수꾼은 영적으로 깨어 있어 하나님 말씀을 듣고 전해야 한다. 하나님 음성에 귀를 기울이며 기도해야 한다. 구약시대 이스라엘에 대한 심판은 성소에서부터 시작되었다. 오늘날 하나님 심판은 교회에서부터 시작된다. 대한민국 교회와 성도가 말씀의 본, 믿음의 본을 보여야 한다. 대한민국이 다른 나라의 본이 되어 하나님 나라를 이끌어야 한다.

영적 대결의 승리는 파수꾼에 달렸다. 파수꾼의 사명을 감당하지 못할 때 하나님의 심판이 먼저 파수꾼에게 임한다. 지금 우리에게 두려운 것은 핵무기가 아니라, 하나님 은혜를 잊어버리고 사명을 망각하는 일이다.

2. 6·25 전쟁은 제1차 영적 전쟁이었다.

○ 6·25 전쟁은 세계 전쟁사에 가장 숭고한 전쟁이었다.

6·25 전쟁은 공산주의 침략에 맞서 자유와 인권의 하나님 가치를 지키기 위한 전쟁이었다. 세계 전쟁사에 최고 명분의 전쟁, 영토 확장을 위한 전쟁이 아니라 인간의 존엄성을 지키기 위한 세계 양심의 전쟁이었다. 세계 최초로 유엔이 결의, 16개국의 전투부대와 5개국의 의료지원부대가 유엔의 이름으로 참전해서 싸운 전쟁이었다. 6·25 전쟁은 하나님이 도우신 전쟁, 기도로 승리한 전쟁이었다. 온 인류가 단결해서 하나님 가치를 지켜야 한다는 하나님의 메세지, 영적인 의미가 있다.

6·25 전쟁은 공산주의 만행을 경험한 전쟁, 유물론의 정체가 드러난 전쟁이었다. 공산군은 점령하는 곳마다 인민재판을 단행했다. 특히 기독교인을 무자비하게 죽였다. 1950년 9월 전남 영암교회 교인 24명이 집단 학살당했다. 전북 옥구 원당교회는 73명이 학살당했다. 전남 신안 진리성결교회는 43명의 교인이 생매장당했다. 충남 논산 병촌교회는 한 살 아기부터 노인에 이르기까지 54명이 집단 학살당했다. 오늘날 젊은이들은 공산주의 만행을 모른다. 우리가 누리는 자유와 인권의 가치, 하나님 은혜와 우방 참전국 젊은이들의 숭고한 희생의 가치를 모른다. 나라를 구해준 은인을 비방하며 거꾸로 은인에게 책임을 돌리고 있다. 하지만 대한민

국이 무너질 수 없다. 이승만 대통령이 목숨을 걸고 쟁취한 한미방위조약이 있기 때문이다. 하나님의 은혜, 주시는 사명이 있기 때문이다.

○ 'Freedom is not free'
　워싱턴 DC 링컨 기념관 건너편, 6·25 전쟁 참전용사 기념비에 새겨진 글이다. 벽에는 참전 희생자 이름이 빽빽이 새겨져 있다. 필자는 마침 미국의 현충일, 메모리얼 데이 즈음에 방문을 했었고, 휠체어를 탄 참전 용사들이 참배하는 모습을 보고 가슴이 뭉클했다. 각국에 한국전쟁 참전 기념비가 있다. 알지도 못하는 나라, 만나본 적도 없는 사람들의 자유를 지키기 위해 목숨을 바친 용사들의 숭고한 뜻을 기리는 곳이다. 우리가 누리는 자유는 이들의 고귀한 희생의 결과이다. 이들의 은혜를 어찌 잊을 수 있는가! 이들의 고귀한 희생으로 지킨 자유를 공산화가 되어 잃어버린다면 하나님이 어찌 우리를 축복하시겠는가! 우리는 우방에 갚아야 할 빚이 있다. 하나님 주신 자유와 인권을 앞장서서 지켜야 할 사명이 있다.
　6·25 전쟁은 가장 값비싼 대가를 치른 전쟁이었다. 유엔참전국 젊은이들이 우리의 자유와 인권을 지키기 위해 목숨을 바쳐 싸웠다. 미국은 1950년 7월 1일 한국에 첫발을 디딘 이래 3년 1개월간 48만여 명이 참전하여 총 17만 2천여 명의 막대한 피해를 입었다. 6·25 전쟁은 한국과 미국을 피의 동맹으로 결속시킨 전쟁이었다. 한미동맹은 전략적 가치 이전에 하나님 가치, 자유와 인권을 수호하기 위한 형제국 동맹이다. 하버드대 예배당에는 한국전쟁에 참전했다가 전사한 20여 명 학생들의 명단이 새겨져 있다. 자유와 인권을 지키기 위해 이국 땅에서 목숨을 바친 동문들에게 최고의 가치를 두고 기리고 있다. 여기서 6·25 전쟁에 참전한 미군의 감동적인 실화를 들어본다. 병역을 면제받으려고 온갖 꾀를 쓰는 지도층과 자녀들, 우리의 부끄러운 모습을 돌아보기 위함이다.
　미 8군 사령관 워커 장군과 밴플리트 장군은 아들과 함께 6·25 전쟁에 참전하여 워커 장군은 자신의 목숨을 잃었고, 벤플리트 장군은 외아들을 잃었다. 워커 장군은 1950년 12월 23일, 의정부 최전선에서 적과 싸워 큰 전과를 올린 아들 샘 워커 대위에게 은성무공훈장을 달아주려고 지프로 오다가 한국군 트럭이 급하게 끼어들어 부딪쳐 사망했다. 부자간 한국에서의 첫 만남은 영원히 이루어지지 못했다. 맥아더 사령관은 즉각 워커 대위를 본국으로 발령을 냈지만, 워커 대위는 '지금 중대장이 바뀌면 부하들이 위험합니다'며 재고를 간청했다. 맥아더 장군은 '이것은 명령이다!' 소리치며 억지로 귀국시켰고, '사랑하는 부하와 그 아들을 한꺼번에 죽일 수는 없다' 고백했다.

밴프리트 장군의 아들, 벤프리트 2세 지미 대위는 전투 조종사로 참전하여 1952년 4월 4일 압록강 남쪽 지역의 야간 폭격 임무 수행 중 실종되었다. 새벽 3시 김포 비행단의 레이더와 접촉한 후 표적을 향해 날아가다가 레이더에서 사라진 뒤 소식이 끊겼다. 그는 막 유럽 해외근무를 마쳤던 상태로 한국전 참전의 의무가 없었지만, 자원해서 참전했다. 그가 한국전에 참전하며 어머니께 쓴 편지는 그의 마지막 편지가 되었다. "사랑하는 어머니께, 눈물이 이 편지를 적시지 않았으면 합니다. 어머니, 저는 자원해서 전투 비행훈련을 받았습니다. B-26 폭격기를 조종할 것입니다. 기수에는 폭격수, 옆에는 항법사, 후미에는 기관총 사수가 함께 있습니다. 아버님께서는 모든 사람이 두려움 없이 살 수 있는 권리를 위해 지금 한국에서 싸우고 계십니다. 저도 미력이나마 아버님께 힘을 보태려 합니다. 어머니, 저를 위해 기도하지 마십시오. 대신, 미국이 위급한 상황에서 조국을 위해 소집된 나의 승무원을 위해 기도해 주십시오. 그들 중에는 무사히 돌아오기만을 기다리는 아내를 둔 사람도 있고, 애인이 있는 사람도 있습니다. 저는 최선을 다할 것입니다. 그것은 저의 의무입니다. 안녕히 계십시오. 당신의 아들 지미 올림." 더욱 놀라운 것은 밴프리트 장군이 "**적지에서의 수색 작전은 너무도 무모하다. 내 아들도 다른 실종 병사와 동일하다. 많은 희생이 요구되는 수색을 즉시 중단하라**"며 아들 구출 작전의 중지를 명령한 점이다. 그는 며칠 뒤 부활절을 맞아 실종된 미군 가족들에게 다음과 같은 편지를 보냈다. "**저는 모든 부모님들이 저와 같은 심정이라고 생각합니다. 우리의 아들들은 나라에 대한 의무와 봉사를 다 하고 있습니다. 예수님께서 말씀하신 바와 같이 벗을 위해서 자신의 삶을 내놓는 사람보다 더 위대한 사람은 없습니다.**" 이 편지는 오늘 우리가 잘 새겨야 한다.

한국을 조국으로 알고 참전하여 목숨을 바친 윌리엄 해밀턴 쇼의 숭고한 한국 사랑과 애국 충정은 가슴을 여미게 한다. 그의 부친 얼 쇼는 1921년 한국에 들어와 평생을 교육 선교사로 헌신했다. 해밀턴 쇼는 얼 쇼의 외아들로 1922년 6월 5일 평양에서 태어났다. 평양에서 고등학교까지 마친 그는 미국 웨슬리대를 졸업하고 2차대전 중 해군 소위로 노르망디 상륙작전에 참전하였고, 1947년 한국으로 돌아와 해군사관학교 교관으로 근무하며 한국해안경비대 창설에 기여했다. 제대 후 하버드대에서 박사학위를 밟던 중 6·25가 터지자 젊은 부인과 아들을 처가에 맡기고 재입대하여 한국전에 참전했다. **"내 조국에 전쟁이 났는데 어떻게 마음 편하게 공부만 할 수 있는가? 조국에 평화가 온 다음에 공부를 해도 늦지 않다."** 그가 미국 가족에게 남긴 마지막 말이었다. 해밀턴 쇼는 유창한 한국어로 맥아더 장군을 보좌하며 인천상륙작전에 참여한 뒤 해병대로 보직을 바꿔 서울 탈환에 나섰다가 1950년 9월 22일 녹번동 전투에서 인민군 매복조의 습격을 받아 전사했다. 녹번동 은평평화공원에는 군복차림의 그의 동상이 있다. 태어나서 자란 한국을 조국으로 생각하며 목숨까지 바친 그의 애국정신을 우리가 본받아야 하지 않겠는가! 그의 숭고한 사랑에 감명을 받은 미국 감리교인들은 아버지 얼 쇼가 공동으로 창립한 대전 감리교신학대(목원대)에 '윌리엄 해밀턴 쇼 기념교회'를 건립했다. 아들과 며느리도 하버드대에서 한국사로 박사학위를 받고 내한하여 장학사업과 한미 학술 교류에 힘썼다. 아버지 선교사로부터 3대에 이르기까지 한국에 베푼 숭고한 사랑을 우리가 어찌 잊을 수 있겠는가!

3. 마지막 영적 전쟁이 남았다. 어떻게 승리할 것인가?

○ 하나님 가치, 자유와 인권의 자유민주주의 정체성을 확고히 지켜야 한다.
통일 준비는 대한민국의 정체성을 확고히 하는 데에 있다. 대한민국은 자유와 인권의 하나님 가치 중심에 서서 가치동맹을 이끌어야 한다. 그 길이 6·25 전쟁에서 우리를 도운 우방에 빚을 갚는 길, 하나님 은혜에 보답하는 길이다. 자유민주주의 통일은 하나님 뜻이자 민족의 소망, 인류의 희망이다. 우리 민족은 하나님 마음, 홍익인간 사상을 품어 왔다. 세계가 염원하는 이상, 지향할 방향을 지녔다. 오늘날 글로벌 협력시대, 세계의 시대정신을 이끌어야 할 사명이 대한민국에 있다. 하나님 주신 영광된 사명이다.

지금 좌파의 선동으로 대한민국의 정체성이 흔들리고 있다. 좌파는 자랑스런 대한민국 역사를 왜곡하며 미군 철수를 주장한다. 주한 미국대사 화형식과 참수 퍼포먼스를 한 적이 있다. 맥아더 동상 앞에서 화형식을 하기도 했다. 경찰서에서 풀려나온 후 마치 전선에서 싸우고 돌아온 것처럼 당당한 모습이었다. 돌이켜보면 공산주의 서적을 금기시했던 1970-80년대가 젊은이들이 북한의 선동에 넘어간 시기였다. 공산주의를 제대로 모르면 선동에 넘어가게 된다. **제3부에서 공산주의 등장 배경과 이론의 허구를 살펴본 이유도 제대로 알기 위함이었다.** 새정부 들어 좌편향 역사교과서를 일부 바로 잡고 있지만, 아직 갈 길이 멀다. 더욱 적극적, 지속적 개선이 요구된다. 우편향하자는 얘기가 아니다. 역사를 사실대로 가르쳐서 후손들에게 바른 방향을 깨우치기 위함이다. 대한민국이 더이상 낡은, 좌파의 실험장이 되어선 안 된다.그러기에는 하나님 은혜와 주시는 사명이 너무도 크다.

○ 한미동맹을 강화해야 한다. 미국은 하나님 가치를 실현해야 할 사명의 형제국이다.

한미동맹은 하나님 맺어주신 동맹이자 영원히 변할 수 없는 하나님 가치 동맹이다. 한미동맹의 바탕은 기독교 정신이다. 지금은 세계사적으로 중요한 전환점에 있다. 과거의 역사는 대서양을 중심으로 펼쳐졌지만, 이제 역사의 중심이 태평양으로, 동북아로 옮겨지고 있다. 동북아 중에서도 하나님 나라 파수꾼으로 세워진 대한민국이 중심 역할을 해야 한다. 하나님은 마지막 때 쓰시려고 우리 민족을 예비하셨고, 마지막 사명을 감당하도록 대한민국을 축복하셨다.

미군이 한국에 주둔, 전쟁을 억지(抑止)하는 일은 한국만큼이나 미국에도 중요하다. 미국으로서도 한미동맹을 파기, 미군을 철수했다가 동북아에 유사시 미군을 재배치하려면 상상도 할 수 없는 엄청난 비용과 안보 위험이 초래된다. 한미동맹은 앞으로 더욱 공고하게, 정치와 경제, 산업과 기술동맹으로 발전해야 한다. 대한민국은 신냉전 시대의 중국에 대응하는 미국의 경제 안보 구상에 중요한 축을 담당한다. 군사적 근접 방위는 물론이고 경제 산업 측면에서도 미국에 절대 필요하다. 반도체, 전기자동차, 베터리, 로봇, 도심 비행 이동 수단 (USM/ Urban Air Mobility) 등을 대량 생산할 수 있는 기술력과 인프라를 고르게 갖춘 나라는 한국과 중국이다. 미국은 중국이 하는 일을 할 수 없지만, 중국을 대신하여 중국보다도 잘할 수 있는 나라가 한국이다. 대한민국의 자랑이자 하나님 예비하신 축복이 아닐 수 없다. 대한민국은 미국이 복음을 전하고 원조하여 발전시킨 대표적 나라이다. 미국으로서도 자랑스런 지원의 성공국이자 든든한 우군으로 전략적 가치가 크다. 대한민국은 미국과 하나님 가치 동맹국으로, 중국과 공산세력의 팽창에 대항하는 자유민주 진영의 전초기지 역할을 수행해야 한다. 그럴 때 미국과 함께 세계를 선도하는 진정한 선진국이 된다. 중국과 공산 세력이 함부로 대하지 못하는 당당한 G7, 미국과 함께하는 실질적 G2가 될 수 있다.

○ 영성을 회복, 복음적 통일을 이루어 마지막 때 제사장 사명을 감당해야 한다.
 6·25와 같은 물리적 전쟁이 다시 일어나선 안 된다. 선이 악을 이기는 복음적 통일을 이루어야 한다. 복음적 통일은 북한에 하나님 통치가 일어나는 통일, 김정은과 지도자들이 하나님 앞에 무릎 꿇고 회개하는 통일이다. 대한민국이 영적으로 준비될 때 복음적 통일이 이루어진다. 통일 준비는 영적 무장이다. 하나님은 복음적 통일의 문을 열고 계시지만 대한민국이 깨닫지도, 감당할 준비도 하지 못하고 있다. 물질적 탐욕이 온 나라를 뒤덮고 있다. 이 모든 일은 영적으로 준비될 때 가능하다. 대한민국이 군사력이 약해서 패하지 않는다. 영적으로 바로서지 못할 때 패한다. 진정 두려운 일은 대한민국이 사명을 감당할 수 없는 영적 상태가 되어 하나님이 우리를 떠나시는 일이다. 핵무기 보다 하나님을 두려워해야 한다. 지금은 물질적 부흥을 자랑할 때가 아니다. 물질의 우상을 쫓은 죄를 회개하며 하나님 은

혜를 구할 때이다. 한반도 전쟁은 6·25로 끝나지 않았다. 6·25보다 더 큰 마지막 영적전쟁이 놓여 있다. 복음적 통일은 하나님 뜻이자 북한 주민의 소망, 대한민국이 반드시 이루어야 할 파수꾼의 사명이다.

 이스라엘은 초대교회의 근원이었지만 아직도 혈통 중심의 유대교를 믿고 있다. 중동과 아랍은 이슬람을 믿고 있다. 다같은 아브라함의 후손인 이들이 하나님의 아픔이 되어왔다. 이들이 하나님 안에서 화해하고 하나님께로 돌아와야 세계 복음화가 완성된다. 오늘날 땅끝은 이스라엘과 중동이다. 하나님 나라 파수꾼인 대한민국은 땅끝까지 복음을 전할 사명이 있다. 사명을 이루도록 하나님은 역사하시며 준비하신다. 세계가 열광하는 K-Pop과 K-Contents, 한글을 배우려는 열풍은 세계 복음화를 위한 하나님의 준비하심이다.

5장 하나님 은혜와 사명을 망각한 오늘 우리의 모습

1. 세계적 기독교 쇠퇴와 한국 기독교의 쇠퇴

○ 미국 및 서구 기독교의 쇠퇴

그동안 세계 기독교를 이끌어 온 미국의 기독교 인구가 줄어들고 있다. 2020년 기독교 비율이 40% 미만이었다. 외형적 숫자보다도 내용이다. 등록 교인 수에 비해 주일 출석 교인이 현저히 줄었다. 한 달에 한번 이상 예배에 참석한다는 응답이 31%였다. 미국의 선교사 파송이 현저히 줄어들었다. 미국은 청교도들이 처음 정착할 때부터 가정과 학교에서 기독교 정신에 바탕한 정직을 가르치며 배려와 협동정신을 길러 왔지만, 지금 그 기독교 정신이 퇴색하고 있다. 영국은 청교도 신앙의 종주국이자 복음주의 신앙, 감리교의 창시국으로 기독교의 중심이었지만, 안타깝게도 오늘날 기독교가 쇠퇴하고 이슬람의 영향력이 급격히 증대하고 있다. 이슬람 세력에 굴복, 선교 금지법이 시행되고 있다. 수년 전 간호사가 환자의 수술 전 손을 잡고 기도했다는 이유로 고발당하고 해고된 일이 있었다. 공개적으로 전도했다가는 수갑을 차는 현실이 되었다. 영국의 기독교인 비율이 5% 미만이라는 통계이다. 선교 대상국의 기준이 5% 미만이다. 선교의 종주국이 선교 대상국으로 전락했다. 다른 유럽 국가들도 상황이 비슷하다. 지금 유럽에는 교회 십자가 모습을 거의 볼 수 없다. 노인들 몇 명만이 교회를 지키고 있다. 성전 건물들은 관광의 유물이 되었다. 반면 이슬람은 급속히 팽창하고 있다. 스웨덴은 이슬람 비율이 20%를 넘어섰다. 오스트리아는 30%를 넘어섰다. 유럽에 이슬람 노동자들이 많이 유입됐기 때문이다. 이슬람은 타 종교로의 개종이 불가능한 반면 결혼을 통해 이슬람 세력은 점점 커지고 있다. 근본 원인은 교회와 성도가 다음 세대를 믿음으로 세우지 못했기 때문이다. 유럽만의 문제가 아니라 기독교의 세계적인 문제이다.

○ 하나님 나라의 파수꾼으로 세워진 한국 기독교의 쇠퇴

한국 기독교는 1970년대에 최대의 부흥을 이루었고, 1980년대까지는 부흥된 상태였으나 1990년대부터 쇠퇴하기 시작했다. 1980년대 1,200만 명 선을 유지하던 기독교인이 지금은 800만 명 이하로 줄었다. 교인 수의 감소보다 내용이 문제이다. 젊은이들이 대폭 감소했다. 믿음의 다음 세대가 사라지고 있다. 20대 이하 기독교인 비율이 3% 미만이다. 믿음의 가정이 무너지고 있다. 자녀들이 부모의 종교를 따르지 않는 비율이 기독교가 가장 높다. 많은 교회가 교회학교를 제대로 운영할 수 없다. 이대로 가면 멀지 않아 대한민국이 선교 대상국이 된다. 지금 가장 중요한 선교 대상이 우리의 다음 세대이다.

우리나라는 세계적으로 유례가 없는 단기간에 영적 부흥을 이루었지만, 쇠퇴하는 데에도 급격한 모습을 보이고 있다. 서구 기독교의 쇠퇴 모습을 빠르게 따르고 있다. 왜 이렇게 되었는가? 교회와 성도가 선교 1세대의 신앙의 순수성을 잃었기 때문이다. 지금 우리의 신앙이 어떤 모습인지를 깨닫기 위해 언약 백성 이스라엘이 영적으로 가장 암울했던 사사시대의 모습과 대비해 볼 필요가 있다. 우리의 영적 상태를 깨닫고 돌이켜야 하기 때문이다.

2. 영적 암흑기였던 구약의 사사시대

○ 출애굽 3세대는 다음 세대가 아닌 다른 세대였다.

(여호수아 2:10) 그 세대의 사람도 다 그 조상들에게로 돌아갔고 그 후에 일어난 다른 세대는 여호와를 알지 못하며 여호와께서 이스라엘을 위하여 행하신 일도 알지 못하였더라

사사시대는 이스라엘이 출애굽 한 후 가나안에 들어가 왕이 세워지기까지 약 350년간의 영적 암흑기를 말한다. 그 세대의 사람은 출애굽 2세대, 곧 광야 생활

40년 동안에 태어난 사람들이다. 그 후에 일어난 세대는 출애굽 3세대, 가나안에 들어와 태어난 사람들이다. 가나안에서 태어난 출애굽 3세대는, 성경이 다음 세대가 아닌 다른 세대로 표현한다. 여호와 하나님을 알지도 못하고, 하나님의 은혜, 하나님께서 출애굽 1세대와 2세대에 행하신 일도 알지 못하는 전혀 다른 세대였기 때문이다. 자신들이 누리는 것을 당연한 것으로 여기고, 출애굽 1세대 및 2세대의 고난을 알지도 기억하지도 못했기 때문이다. 원인은 출애굽 2세대가 믿음을 물려주지 못했기 때문이다. 하나님 명령, 말씀을 따르지 않고, 땅을 차지하는 데에 급급했기 때문이다. 신앙의 본질을 외면한 채 눈에 보이는 세상적인 것에만 집중했기 때문이다.

○ 하나님 명령을 따르지 않은 이스라엘은 이방 민족의 지배 아래 버려졌다.

(여호수아 2:20-21) 여호와께서 이스라엘에게 진노하여 이르시되 이 백성이 내가 그들의 조상들에게 명령한 언약을 어기고 나의 목소리를 순종하지 아니하였은즉/ 나도 여호수아가 죽을 때에 남겨둔 이방 민족들을 다시는 그들 앞에서 하나도 쫓아내지 아니하리니

여호수아가 죽은 후 이스라엘은 가나안 땅을 더 이상 정복할 수 없었다. 이스라엘이 하나님 명령을 어기고 가나안에 거주하던 이방 족속들과 타협했기 때문이다. 하나님 명령을 어긴 이스라엘을 하나님은 내버려두셨다. 하나님을 잊어버린 백성에게 하나님 능력이 임할 수 없었다. 땅을 정복하자면 하나님 관계가 바로 서야 했다. 전쟁은 하나님께 속한 것으로, 땅을 차지하는 것보다 중요한 것은 하나님 말씀의 순종이었지만, 이스라엘은 말씀을 어기고 거주민들과 타협, 안주했던 것이다. 출애굽 2세대들은 이방 문화에 동화되어 이방인들을 따라가는 삶, 세상 모습과 똑같은 모습이 되었다. 물질적 탐욕의 신인 바알, 음란과 쾌락의 신인 아세라, 반인반어(半人半魚)의 신인 다곤을 함께 섬겼다. 결국 이스라엘은 땅을 차지하지 못하고 이방 민족의 지배를 받게 되었다.

○ 각자 소견에 옳은 대로 행했다.

(사사기 17:6) 그때에는 이스라엘에 왕이 없었으므로 사람마다 자기 소견에 옳은 대로 행하였더라

이스라엘의 왕은 하나님이시다. 이스라엘은 하나님 다스림을 받기로 언약을 맺은 백성이다. 그런데 여호수아가 죽은 후 가나안에서 태어난 출애굽 3세대들은 하나님을 무시하고 자기가 왕이 되었다. 각자 소견에 옳은 대로 행했다. 여호와 목전에서 악을 행하여 징계를 당하고도 여호와께서 자신들을 보호하지 않는다고 불평했다. 자기 뜻대로 살다가 이방 민족의 지배를 받아 견디지 못할 지경이 되면 하나님께 매달리기를 반복했다. 언약 백성이 언약대로 살지 않을 때 하나님의 징계는 불가피하다. 징계가 목적이 아니라 신앙의 회복이 목적이다.

○ 하나님은 사사들을 세워 이스라엘을 구원하셨지만, 이스라엘은 점점 더 하나님께 죄를 범했다.

하나님은 이스라엘의 고통을 외면하지 않으시고 사사들을 세워 이스라엘을 구원하셨다. 사사기의 이스라엘은 '하나님께 범죄 → 하나님 징계 → 하나님께 부르짖음 → 하나님의 구원 → 또다시 범죄'의 패턴을 반복하며 점점 더 하나님과 멀어졌다. 사사기의 시작은 가나안 족속과의 싸움이었고, 마지막은 베냐민 지파와의 싸움, 동족상잔의 비극이었다. 하나님 징계를 받았다면 돌이키고 다시 범죄하지 않아야 했지만, 징계를 당하고도 이스라엘은 일시적으로 회개할 뿐 죄악은 점점 더 심해졌다. 사사들이 이스라엘을 구한 것은 자신들 능력이 아니라 하나님 능력이요 은혜였지만, 사사들조차도 이를 깨닫지 못했다. 율법을 가르치고 하나님께 제사 드리도록 레위인과 제사장을 세웠지만 이들이 더욱 타락하고 하나님께 범죄했다. 여기서 그 몇 가지 사례를 본다.

영적 타락의 극치를 보인 미가의 신상과 단 지파의 범죄(사사기 17-18장). 에브라임 산지에 사는 미가라는 청년이 어머니의 은을 훔쳤다가, 훔친 자를 저주하는 어머니의 저주 소리에 어머니께 돌려주었는데, 어머니는 그 돈으로 미가를 위해 신상을 만들었다. 더욱 미가는 제사장 의복 에봇과 미신으로 점을 치는데 사용하는 드라빔을 만들었고, 한 레위인 청년을 돈으로 사서 집으로 불러들여 제사장으로 삼았다. 미가는 여호와 신앙을 개인의 우상 숭배 수단으로 삼아 제멋대로 우상의 산당을 만들었고, 레위인 청년은 돈에 팔려 개인의 사욕을 채워주는 하수인으로 전락, 함께 우상을 섬겼다. 한편, 그때까지 분배받은 블레셋 땅을 차지하지 못하고 떠돌던 단 지파 자손들이 북쪽의 평온한 라이스 땅을 빼앗고 미가의 신상과 제사장을 자기들 신상과 제사장으로 삼는 어처구니없는 일이 일어났다. 단 지파가 엉뚱한 땅을 차지한 것도 죄이지만, 미가가 이기적 목적으로 데리고 있던 레위인과 섬기던 신상을 자신들의 제사장과 신상으로 삼아 우상을 섬긴 것은 하나님 앞에 용서받을 수 없는 죄였다. 이에 단 지파는 요한계시록 7장의 '인치심을 받는 이스라엘 12 지파'에서 제외된다. 하나님 명령을 어기고, 영적으로 간음한 죄에 대한 하나님의 진노가 얼마나 큰 것인가를 보여준다. 성경은 단 지파가 차지한 라이스 땅을 '평온한 지역'이라고 반복해 강조한다. 진정한 평안은 세상의 평안이 아니라 하나님 안에서 말씀을 따를 때 얻는 것임을 성경은 강조하고 있다.

레위인의 영적 타락과 선동에 따른 동족 간의 싸움 (사사기 19-21장). 사사기는 영적, 도덕적 타락의 극치를 보인 한 레위인과 그의 선동으로 인한 동족 간의 싸움으로 끝을 맺는다. 이스라엘이 점점 더 타락, 그 끝이 어디까지 타락했는지를 보여준다. 한 레위인이, 행음하고 도망간 자신의 애첩을 찾아서 집으로 돌아오던 중, 베냐민 지파의 땅 기브온에 유숙하였다가 그 땅 기브아 사람들에 의해 윤간을 당하여 죽게 되자, 시신을 열두 토막으로 나누어 이스라엘 각 지파에 보내어 과장되게 선동, 베냐민 지파와 다른 지파 사이에 동족상잔의 전쟁이 벌어졌다. 말씀을 실천하며 거룩의 본을 보여야 할 레위인이 세상 사람보다도 못한 모습을 보였고, 애첩의 죽음에 대해 자신의 잘못을 뉘우치기는커녕, 악하고 엽기적인 행위로 베냐민 지파에 대한 보복을 선동함으로써 형제 지파 사이에 전쟁을 촉발했다. 다른 지파들도 악행을 꾸짖고 자신들을 돌아보기는커녕, 선동에 동조하여 베냐민 지파에게 복수를 결의함으로써 하나님 앞에 똑같은 죄를 저질렀다. 베냐민 지파가 전쟁에 패해 멸절의 위기를 맞자 뒤늦게 후회한 다른 지파들은 이방 여인들을 납치하여 베냐민 지파가 멸절되지 않도록 보내주었는데, 이 모든 것은 당시 이스라엘의 영적 도덕적 상태가 얼마나 타락했는지를 결론적으로 요약. 보여준다.

3. 오늘 우리의 모습이 사사시대와 같다.

O 다음 세대를 양육하지 못한 출애굽 2세대가 선교 2세대인 우리의 기성세대이다.

　사사기는 옛날이야기가 아니라 오늘 우리에게 주시는 하나님 경고이다. 우리의 선교 2세대, 기성세대는 선교 1세대가 뿌린 신앙의 열매, 기도의 열매를 먹었다. 출애굽 2세대보다도 크고 놀라운 영적, 물질적 축복을 받았다. 자유민주 대한민국의 수립과 6·25 전쟁을 통해 하나님의 도우심을 경험했다. 단기간에 영적 강국이 되어 세계에서 가장 많은 선교사를 파송하는 영적 부흥을 경험했다. 단기간에 선진국 대열에 진입하는 물질적 축복을 누렸다. 이 모든 기적과 은혜를 체험했음에도 하나님을 잊어버리고 물질적 성취에 도취되어 있다. 열심히 일하여 가난에서 벗어났지만, 자녀들에게 신앙을 물려주지 못했다. 믿음을 지키기보다 세상적 성취를 중시했다. 말씀보다 세상 가치를 우선했다. 수단과 방법을 가리지 않고 세상 성공이라는 우상을 쫓았다. 자녀에게 신앙의 본이 되지 못한 채 형식적, 위선적 신앙을 보였다. 그 결과 자녀들이 부모가 믿는 하나님을 믿지 않게 되었다.

O 하나님을 알지 못하는 출애굽 3세대가 선교 3세대인 우리의 다음 세대이다.
　우리의 다음 세대가 하나님을 알지 못하는 다른 세대가 되었다. 선교 1세대와 2

세대에 부어주신 하나님 은혜와 축복을 모른다. 저절로 얻어진 것처럼 당연한 것으로 여긴다. 감사하지 않고 내 능력인 양 자랑한다. 하나님을 무시하고 '내가 최고, 내가 제일'이 되었다. 각자 소견에 옳은 대로 행동한다. 우리의 다음 세대가 출애굽 3세대보다도 훨씬 하나님과 멀어졌다. 하나님을 찾지도 부르짖지도 않는다. 죄가 죄인 줄도 모른 채 죄의 중독에서 빠져나오지 못하고 있다.

○ 오늘날 이단이 난무하는 기독교의 모습이 레위인의 타락한 모습과 같다.

교회와 성도가 제 역할을 못함으로써 이단이 독버섯처럼 자라났다. 코로나 사태로 드러난 신천지의 실체가 오늘날 교회의 위기를 대변한다. 필자는 신천지 교인이 30만 명을 넘는데 놀랐다. 젊은이들이 40% 이상인데에 더욱 놀랐다. 끝이 다른 것이 이단(異段)이다. 이단은 성경의 일부 내용에 초점을 두어 성경을 왜곡한다. 요한계시록은 해석이 어렵다. 성경 전체의 맥락에서 두렵고 떨리는 마음으로 그 뜻을 새겨야 한다. 마지막 때 구원받을 144,000명은 신천지 교인이라는 터무니 없는 주장에 경악하지 않을 수 없다. 144,000명은 12지파 X 12제자 X 완전수 10을 상징하는 숫자로 믿는 성도들을 뜻한다고 신학자들이 해석한다. 신천지 내에서 144,000명에 들어가도록 교인 간에도 충성 경쟁, 열성에 따라 차등을 둔다니 말이 되는 이야기인가! 새 하늘 새 땅은 신천지의 장막 성전이고, 교주 이만희는 재림 예수라니, 어찌 하나님 이름을 망령되이 부르는가!

자녀들이 신천지에 들어간 후 소식이 끊겼다고 부모들이 말한다. 하나님은 가족을 하나 되게 하신다. 부모 자식 사이를 떼어 놓고 가정을 파괴하는 하나님이 아니시다. 가정은 하나님 나라의 모형이다. 가족 간 사랑, 자녀 사랑과 부모에 대한 효도는 하나님 주신 인간관계의 제1계명이다.

○ 신천지 사태의 교훈과 반성

신천지에 젊은이들이 많다는 것은 무엇을 의미하는가? 이단한테도 젊은이들이 저렇게 많이 모이는데 교회에는 왜 젊은이들이 없는가? 교회와 성도가 어찌 이단보다도 신뢰를 받지 못하게 되었는가? 어찌 젊은이들이 이단한테서 마음의 위로를 얻는 상황이 되었는가! 전적으로 기성교회와 성도의 책임이다. 필자도 가슴이 먹먹해지며 뼈저리게 반성하지 않을 수 없었다. 복음이 젊은이들에게 공허한 메아리가 되었다. 외형 키우기에 급급한 교회, 세습 문제로 싸우는 교회, 목회자의 성적 타락, 교회의 부정직과 각종 비리가 젊은이들로 하여금 교회에 등을 돌리게 했다. 기댈 데가 없었던 젊은이들은 나쁘게 보이는 교회보다 그럴듯하게 유혹하는 이단을 따라간 것이다.

  기성 교회가 신천지의 온상이 되었다. 근본적으로 교회가 본래의 사명을 망각했기 때문이다. 신천지에 빠진 젊은이들의 다수가 교회 주변에 있었다. 영적 갈망이 있었지만 교회가 채워주지 못했다. 복음의 능력이 사라진 교회에 실망한 젊은이들이 이단인 신천지로 몰렸다. 저들은 예수님 사랑, 살아있는 복음을 보고 싶어 한다. 교회가 이를 채워주지 못한다면 어디서 소망을 찾겠는가? 젊은이뿐만 아니라 오늘날 혼돈의 시대, 영적 암흑시대를 살아가는 모든 사람들의 마음속 갈망이 동일하다. 하지만 교회가 답을 주지 못하고 있다. 물질주의 가치관이 교회로 스며들었다. 교회가 외형을 자랑한다. 물질 때문에, 세습 문제로 싸운다. 세상의 불의와 부조리는 말씀의 높은 잣대로 비판하며, 교회의 불의와 부조리는 눈을 감고 있다. 교회와 성도가 세상 사람들과 똑같이 죄를 짓고, 오히려 더 나쁜 모습을 보인다면 '너희나 똑바로 살아라' 하지 않겠는가!

6장 어떻게 믿음을 회복하고 하나님 주신 사명을 감당할 것인가?

1. 이스라엘 포로 귀환 시대의 성전 건축, 말씀의 회복, 성벽 재건의 교훈

예루살렘 성전이 무너지고 바벨론의 포로가 된 것은 이스라엘이 하나님을 떠났기 때문이었다. 하나님은 사명을 망각한 이스라엘을 바벨론이라는 채찍을 들어 심판하셨다. 이스라엘에 대한 심판은 오늘 우리에 대한 경고이다. 바벨론에 포로로 끌려간 이스라엘은 비로소 자신들의 죄를 깨닫게 되었고, 하나님 은혜로 포로에서 귀환이 이루어졌다. 3차에 걸쳐 포로로 끌려갔듯이 포로에서의 귀환과 신앙의 회복도 3차에 걸쳐 이루어졌다. 먼저 무너진 성전의 건축이었다. 예배의 회복, 개인의 하나님 관계 회복이 먼저였다. 다음은 신앙의 순수성 회복, 말씀의 회복과 실천이었다. 하나님 중심 삶, 가정의 신앙 회복이었다. 마지막으로 성벽의 재건이었다. 신앙 공동체의 회복, 나라와 민족의 신앙 회복이었다. 하나님께서 이 일을 어떻게 역사하셨는지? 하나님의 사람들이 어떻게 이 일을 감당하였는지? 살펴볼 필요가 있다. 우리도 하나님 관계, 신앙의 순수성을 회복함으로써 가정의 신앙과 나라와 민족의 신앙을 회복하고 하나님 주시는 사명을 감당해야 하기 때문이다.

○ 스룹바벨의 성전 건축

(학개 1:4,8) 이 성전이 황폐하였거늘 너희가 이 때에 판벽한 집에 거주하는 것이 옳으냐/ 너희는 산에 올라가서 나무를 가져다가 성전을 건축하라 그리하면 내가 그것으로 말미암아 기뻐하고 또 영광을 얻으리라
(스가랴 3:3-4) 여호수아가 더러운 옷을 입고 천사 앞에 서 있는지라/ 여호와께서 자기 앞에 선 자들에게 명령하사 그 더러운 옷을 벗기라 하시고 또 여호수아에게 이르시되 내가 네 죄악을 제거하여 버렸으니 네가 아름다운 옷을 입으리라 하시기로

바벨론을 무너뜨린 바사 고레스 왕은 점령 지역의 자치를 표방하는 '고레스 칙령'을 내렸고, 이에 이스라엘은 고향으로 돌아가 성전을 건축할 수 있게 되었다. BC 538년 유대 총독 스룹바벨과 대제사장 여호수아가 이끈 1차 귀환은 성전 건축이 목표였다. 하지만 성전 건축은 시작된 후 1년 만에 중단되어 16년이나 지나게 되었다. 하나님은 학개 선지자를 통해 경고의 말씀과 소망의 말씀을 전했다. 성전이 형체도 갖추지 못하고 중단되었는데 자신들의 집은 반듯하게 단장하고 사는 이스라엘을 질책하며, 성전은 호화로움이 아니라 '산에 올라가 나무를 가져다 건축하면 기뻐하시리라' 하나님을 향한 마음이 중요함을 일깨웠다. 솔로몬 성전의 화려함을 생각하며, 성전 건축은 역부족이라고 포기했던 이스라엘은 하나님 소망으로 새 힘을 얻어 BC 515년 드디어 성전을 완공하게 되었다.

스가랴 선지자는 '대제사장 여호수아의 모든 죄악을 제하시고 의롭고 아름다운 옷을 입히시겠다'는 하나님 은혜와 소망의 말씀을 전했다. 성전 건축의 중단은 사마리아인들의 반대가 표면적 이유였지만, 성전 건축은 하나님을 향한 마음을 가질 때 하나님이 역사하실 것임을 일깨웠다. 태산과 같은 방해 세력도 스룹바벨 앞에 무너질 것임을, 성전을 건축할 때 하나님의 능력이 임할 것임을 강조했다(스가랴 4:6-7). 이에, 이스라엘은 소망과 기쁨을 되찾아 한마음으로 성전 건축을 완성했던 것이다.

예루살렘 성전은 세 번 건축되었다. 네 번째 성전은 마음의 성전이다.

예루살렘 성전은 솔로몬 때 처음 건축되었고, 포로 귀환 때의 스룹바벨 성전이 두 번째였고, 예수님 당시의 헤롯 성전이 세 번째 건축이었다. 그중 스룹바벨 성전은 가장 초라하게 건축되었지만 가장 아름다운 성전이라고 볼 수 있다. 스룹바벨 성전은 백성들이 하나님을 향한 마음으로 힘을 합쳐 건축한 성전이기 때문이다.

세 번 건축된 성전은 모두 무너졌다. 예루살렘 성전이 세워졌던 곳은 지금은 이슬람 사원, 황금돔이 되었다. 예수님은 헤롯 성전을 보시며 곧 형체도 없이 무너질 것이며, 사흘 만에 다시 지으시겠다고 말씀하셨다. 헤롯 성전은 AD 70년 로마에 함락되어 형제도 없이 무너졌고, 예수님은 사흘 만에 부활하심으로 우리에게 마음의 성전을 회복하게 하셨다. 성령을 보내심으로 하나님 거하시는 성전, 하나님 형상을 회복하게 되었다. 이제 외형적으로 크고 화려한 성전은 필요 없게 되었다. 마음속에 하나님을 모시는 성전, 성령의 지배를 받는 마음의 성전을 회복할 때이다.

○ 에스라를 통한 민족적 회개와 신앙의 순수성 회복

(에스라 7:10,28) 에스라가 여호와의 율법을 연구하여 준행하며 율례와 규례를 이스라엘에 가르치기로 결심하였더라/ 또 나로 왕과 그의 보좌관들 앞과 왕의 권세 있는 모든 방백들 앞에서 은혜를 얻게 하셨도다 내 하나님의 손이 내 위에 있으므로 내가 힘을 얻어 이스라엘 중에 우두머리들을 모아 나와 함께 올라오게 하였노라
(에스라 10:1) 에스라가 하나님의 성전 앞에 엎드려 울며 기도하여 죄를 자복할 때에 많은 백성들이 크게 통곡하매 이스라엘 중에서 백성의 남녀와 어린아이의 큰 무리가 그 앞에 모인지라

BC 458년 2차 귀환은 제사장이자 율법 학자인 에스라가 이끌었다. 에스라가 2차 귀환을 이끌고 예루살렘에 돌아왔을 때, 성전은 건축되었지만, 무엇보다 중요한 것은 말씀의 회복, 영성의 회복이었기에 율법과 규례를 가르치기로 결심했다. 먼저 역사서를 있었던 그대로, 자세하게 정리하여 백성들을 가르쳤다. 사사기, 사무엘상하, 열왕기상하, 역대상하 등 역사서는 포로 귀환 이후 에스라에 의해 체계적으로 정리되었다. 역사서는 이스라엘이 하나님께 범죄한 내용, 왕들의 악행과 이방신을 섬긴 내용을 자세히 기록하고 있다. 왜 부끄러운 역사를 샅샅이 찾아서 기록했는가? 언약 백성 이스라엘이 하나님 은혜를 잊어버리고 하나님을 배반했기 때문에 바벨론 포로가 되었음을 깨우치기 위함이었다. 그럼에도 불구하고 언약을 이행해 오신 하나님 은혜를 새기며 더욱 하나님 앞에 바로 서도록 하기 위함이었다. 말씀을 배우고 죄를 깨달은 백성들은 통회했고, 하나님 은혜에 대한 감사와 소망을 되찾았다.

에스라는 하나님의 손, 하나님의 도우심을 철저히 믿고 의지했다. 이에 더욱 힘을 얻어 말씀의 실천운동을 일으킬 수 있었다. 에스라의 철저한 회개와 소명의 결심은 민족적 회개와 각성으로 이어졌다. 에스라의 울부짖음과 철저한 회개에 마음의 감동을 받은 백성들은 에스라를 따라 하나님께 무릎을 꿇었다. 말씀을 사모하며 에스라에게 말씀 교육을 요청하기에 이르렀다. 에스라는 말씀을 가르치는 자로서 흠이 없도록, 자신이 먼저 철저하게 말씀을 실천함으로써 이스라엘의 잘못된 행위, 나쁜 습성을 뿌리뽑을 수 있었다. 지도자 한 사람의 철저한 회개와 울부짖음이, 실천적 의지와 솔선수범이 민족의 울부짖음과 회개로 거듭난 것이었다. 에스라의 말씀 교육과 신앙회복 운동은 구약의 종교개혁이었다.

○ 느헤미야의 성벽 재건

(느헤미야 2:17-18) 후에 그들에게 이르기를 우리가 당한 곤경은 너희도 보고 있는 바라 예루살렘이 황폐하고 성문이 불탔으니 자, 예루살렘 성을 건축하여 다시 수치를 당하지 말자 하고/ 또 그들에게 하나님의 선한 손이 나를 도우신 일과 왕이 내게 이른 말을 전하였더니 그들의 말이 일어나 건축하자 하고 모두 힘을 합쳐 이 선한 일을 하려 함에

BC 445년 3차 귀환은 느헤미야가 이끌었다. 느헤미야는 기도의 사람이었다. 성전은 재건되었지만, 성벽이 훼파되어 예루살렘과 성전을 지킬 수 없었기에, 느헤미야는 성벽 재건이라는 뚜렷한 목표와 사명감을 가졌다. 수심이 가득한 느헤미야의 얼굴을 보고 왕은 이유를 물었고, 느헤미야는 예루살렘 성읍이 황폐되고 성문이 불탔음을 알렸다. 느헤미야는 아닥사스다 왕의 신뢰를 받는 신실한 일꾼이었기에, 왕으로부터 성벽 재건의 허락과 임무를 받고 예루살렘에 돌아올 수 있었다.

예루살렘에 돌아온 느헤미야는 3일간 기도한 후, 밤에 일어나 비밀리에 성벽 재건을 위한 답사를 했다. 정치적인 이유로 느헤미야의 귀환을 경계하는 사람들도 있었기에, 조용히 돌아보며 성벽 건축의 효율적 방안을 찾고자 함이었다. 그런 후 느헤미야는 방백들과 백성에게 하나님의 선한 손이 도우셔서 왕의 허락을 받아 성벽 건축의 사명을 띠고 왔음을 알리며 하나님 은혜와 소망을 전했다. '성벽을 건축하여 다시는 수치를 당하지 말자' 느헤미야의 열의와 사명감에 찬 호소는 분열의 영을 떠나가게 했다. 느헤미야의 금식기도와 간절한 호소, 신실한 모습과 솔선수범에 감동을 받은 백성들은 한마음으로 성벽 건축에 참여하여 단 52일 만에 성벽 재건이 완성되는 기적이 일어났다. 모든 것은 느헤미야의 기도에 대한 하나님 응답하심이었다.

○ 느헤미야는 성벽 재건 후 에스라를 앞세워 민족적 성회를 열어 영적 부흥에 앞장 섰다.

(느헤미야 8:2,3,9,10,18) 일곱째 날 초하루에 제사장 에스라가 율법책을 가지고 회중 앞 곧 남자나 여자나 알아들을 만한 모든 사람 앞에 이르러/ 수문 앞 광장에서 새벽부터 정오까지.. 읽으매../ 백성이 율법의 말씀을 듣고 다 우는지라 총독 느헤미야와 제사장 겸 학사 에스라와 백성을 가르치는 레위 사람들이 오늘은 너희 하나님 여호와의 성일이니 슬퍼하지 말며 울지 말라 하고/ 느헤미야가 그들에게 이르기를.. 우리 주의 성일이니 근심하지 말라 여호와로 인하여 기뻐하는 것이 너희의 힘이니라…/ 에스라는 첫날부터 끝날까지 날마다 하나님의 율법책을 낭독하고 무리가 이레 동안 절기를 지키고 여덟째 날에 규례를 따라 성회를 열었느니라

성벽은 하나님이 지키시고 보호하시는 구별된 삶의 상징이다. 바른 신앙생활을 할 수 있는 믿음의 토대이자 울타리이다. 성벽 재건은 예배와 신앙의 회복, 영적 부흥을 위함이었다. 느헤미야는 성벽 재건 후 레위인으로 성문의 문지기와 노래하는 자들을 세우고, 제사장과 레위인을 앞세워 예루살렘을 다스리는 지도자들을 세웠다. 유대 달력 7월 1일에는 에스라를 앞세워 백성들의 영적 각성을 위한 부흥성회를 열었다. 8일간 계속된 성회는 규례에 따른 7월의 속죄일과 초막절을 겸한 예배이자 성회였다. 남녀노소를 막론, 말씀을 알아들을 수 있는 사람들은 모두 수문 앞 광장에 모여 하나님 말씀을 들었다. 백성들은 에스라를 통한 율법의 말씀에 감동을 받고 눈물을 흘렸다. 첫 번째는 회개의 눈물이었다. 백성들은 자신들의 죄를 통회했다. 두 번째는 용서와 화해, 사랑의 눈물이었다. 뜨거운 눈물로 서로를 용서하며 하나가 되었다. 세 번째는 하나님 은혜를 깨닫고 소망을 회복한 기쁨의 눈물이었다. 느헤미야와 에스라는 오늘은 여호와 성일이니 슬퍼하며 울지 말라.. 여호와로 인해 기뻐하는 것이 너희의 힘이니라 백성들을 위로했다. 이스라엘에 감사와 감격, 기쁨과 축복의 진정한 예배가 회복되었던 것이다.

2. 우리도 무너진 마음의 성전과 신앙의 순수성을 회복하고 믿음의 성벽을 구축해야 한다.

○ 무너진 성전과 성벽의 재건

바벨론 포로 시대에 무너진 이스라엘 성전과 성벽이 오늘 우리의 신앙 모습이다. 우리 안의 마음의 성전이 무너졌고, 믿음의 가정이 무너졌고, 교회와 하나님 공동체의 성벽이 무너져 내렸다. 교회의 원형, 천국의 모형이 가정이다. 먼저 하나님을 주인으로 모시는 가정의 성전을 회복해야 한다. 그리하여 교회가 하나님 거하시는 거룩한 성전을 회복하고 나아가 하나님 공동체, 믿음의 성벽을 구축해야 한다. 가정과 교회, 하나님 공동체는 서로 맞물려 있다. 가정은 작은 교회이며 교회는 큰 가정이다. 교회의 확대된 개념이 하나님 공동체이다. 예루살렘 성전은 하나님 나라, 하나님 임재를 상징한다. 지금, 생명수 샘물을 세상에 흘려보내야 할 교회가 거꾸로 세상의 혼탁한 물을 받아들이고 있다. 대한민국은 하나님 나라의 파수꾼으로 세워졌다. 하지만 하나님 은혜를 잊어버리고 주시는 사명을 외면하고 있다. 파수꾼의 사명을 감당하자면 물질주의가 교회를 지배하지 못하도록 말씀의 역청을 발라야 한다. 외형을 자랑하는 화려한 성전이 아니라, 하나님을 우선하는 마음의 성전을 회복해야 한다.

○ 선교 1세대들의 믿음의 순수성 회복

선교 1세대들은 고난과 핍박 속에서도 믿음의 순수성을 지켰다. 오늘 우리가 누리는 축복은 선교 1세대들이 뿌린 신앙의 열매, 기도의 열매이다. 선교 1세대들은 세상 사람들의 신망과 존경을 받았다. '기독교인은 역시 다르다'는 좋은 인식과 선한 영향력을 심었지만, 안타깝게도 지금은 오히려 나쁜 인식으로 바뀌게 되었다. 하나님 은혜로 영적 물질적 축복을 받은 우리가 지금 세상의 수치를 당하고 있다. 물질적 탐욕과 교만으로 신앙의 순수성을 잃어버렸기 때문이다. 하나님 앞에, 선교사들과 선교 1세대들께 낯을 들 수 없는 부끄러운 모습이다.

다음 세대가 또다시 세상의 수치를 당하지 않도록 눈물로 기도하며 믿음의 씨앗을 뿌리고 가꾸어야 한다. 먼저 나를 통해 자녀와 가정이 회복되어야 한다. 가정의 회복을 통해 교회가 회복되고 교회를 통해 나라와 민족이 회복되어야 한다.

○ 민족적 회개와 사명의 회복

지금 이대로는 하나님 사명을 감당할 수 없다. 영적 대각성 운동이 필요하다. 그리스도인은 성결 서약을 해야 한다. 정결 선언, 경건 선언이라도 해야 한다. 정직하고 진실한 모습, 거룩하고 순결한 모습을 보여야 한다. 지금은 교회와 성도가 하나님께 무릎 꿇고 울며 기도할 때이다. 오늘의 영적 타락, 하나님 은혜를 망각하고 우상을 섬긴 죄를 회개하며 돌이켜야 한다. 하나님 마음을 안다면, 우리에게 부어주신 은혜와 축복을 깨닫는다면 눈물로 회개하지 않을 수 없다. 지금 북한의 핵무기 공격에 직면해 있다. 나라를 지켜주실 분은 하나님밖에 없다. 사무엘이 민족의 대각성운동으로 이스라엘이 영적으로 회복되었을 때 하나님이 블레셋을 물리치셨다. 하나님은 기드온을 통해, 믿음의 훈련받은 300명의 용사로 미디안 대군을 물리치게 하셨다. 그들의 손엔 나팔과 횃불이 든 항아리뿐이었지만, 나팔을 불며 항아리를 깨뜨리고 횃불을 밝혔을 때 미디안 대군은 혼비백산하여 자기들끼리 칼로 치며 도망을 갔다. 전쟁은 하나님께 속한 것임을 보여 주셨다.

에스라와 느헤미야는 성전이 완공되고 성벽이 재건된 후 8일간 민족적 부흥성회를 열고 말씀을 가르치며 기도했다. 지금은 전국적 부흥 성회를 열고, 온 교회와 성도가 하나님께 무릎 꿇고 기도할 때이다. 온 나라가 하나님 말씀을 들으며 주신 사명을 깨닫고 감당할 때이다. 그 길만이 하나님 은혜, 선교사들의 은혜, 선교 1세대의 믿음에 보답하는 길이다. 교회 지도자들은 이 시대의 에스라가 되어야 한다. 에스라보다 더 큰 영성의 회복. 말씀의 실천이 있어야 한다. 직분자들은 이 시대의 느헤미야가 되어야 한다. 느헤미야보다 더 큰 신실함과 겸손한 섬김을 보여야 한다. 온 교회와 성도가 한마음이 되어 스룹바벨의 성전을 건축해야 하고 느헤미야의 성벽을 구축해야 한다. 민족적 회개로 온 나라가 다시 하나님께 돌아와야 한다. 이 시대는 포로 귀환기의 이스라엘보다도 더욱 악한 시대이기 때문이다. 우리에게 주시는 하나님 주신 사명이 더욱 크기 때문이다.

3. 법궤를 통한 교훈

○ 법궤는 인간의 죄에 대한 하나님 용서의 상징, 하나님 임재와 은혜의 상징이다.

법궤 안에는 출애굽 광야 때 대표적인 이스라엘의 배반과 그에 대한 하나님의 용서와 은혜를 상징하는 3가지 증거물이 들어 있다. 십계명을 새긴 두 돌판, 만나를 담은 항아리, 아론의 싹난 지팡이가 그것이다.

법궤가 있는 지성소에는 촛대가 없다. 하나님은 스스로 빛을 밝히시기 때문이다. 인간이 법궤 안을 들여다볼 수 없다. 눈으로 볼 수 있는 하나님이 아니시다. 눈에 보이는 하나님은 우상이 된다. 두 돌판은 말씀을 상징한다. 만나는 하나님이 인간을 먹이시고 모든 필요를 채워주심을 상징한다. 아론의 싹난 지팡이는 성령의 권능으로 새롭게 태어나는 영적 생명을 상징한다. 법궤는 성막의 지성소 안에 모셨다. 일 년에 한번 대속죄일에 대제사장이 지성소에 나아가 하나님을 만났다. 대제사장도 죄가 있으면 죽어서 나왔다. 법궤를 이동할 때에는 레위인이 어깨 위로 메고 모시도록 했다. 말씀을 따라 살아야 함을 보여주신다. 법궤를 모시면서도 하나님 관계를 바르게 하지 않고 말씀을 따르지 않는다면 하나님 아닌 우상을 섬기는 것이 된다.

○ 블레셋에 뺏긴 법궤

(사무엘상 4:17-18) 이스라엘이 블레셋 사람들 앞에서 도망하였고 백성 중에는 큰 살륙이 있었고 당신의 두 아들 홉니와 비느하스도 죽임을 당하였고 하나님의 궤는 빼앗겼나이다/ 하나님의 궤를 말할 때에 엘리가 의자에서 뒤로 넘어져 문 곁에서 목이 부러져 죽었으니 나이가 많고 비대한 까닭이라

엘리 제사장은 블레셋과의 전쟁에 법궤를 앞세웠다. 하나님에 대한 믿음이 아닌 법궤를 믿었다. 영적으로 무지했던 엘리 제사장은 법궤만 내세우면 이기는 줄 알았다. 보이는 법궤에 대한 믿음이 아니라 하나님께 순종하며 말씀을 따라야 함을 깨닫지 못했다. 이에 전쟁에 패하고 법궤를 뺏기고 두 아들까지 잃었다. 엘리 제사장이 비대했다는 것은 영적으로 무디었음을 나타낸다. 엘리 제사장이 죽은 후 제사장이 된 사무엘은 온 이스라엘을 미스바로 모으고 하나님께 회개하며 부르짖어 기도했고, 하나님은 큰 우뢰를 발하여 블레셋을 물리쳐 주셨다. 사무엘은 이스라엘 지파대로 12돌을 취해 기념비를 세우고 '하나님이 여기까지 우리를 도우셨다'며 에벤에셀의 하나님을 찬양했다(삼상 7:5-12). 에벤에셀은 엘리 제사장이 법궤를 빼앗겼던 곳이다. 하나님은 슬픔의 장소가 기쁨이 되게 하셨다.

이스라엘에는 또 다른 우상이 있었다. 모세의 놋뱀이었다. 하나님은 출애굽 후 광야 생활에 불평한 백성들을 불뱀에 물려 죽게 하셨다. 하나님은 모세에게 놋으로 뱀을 만들어 장대에 매달게 했고, 누구든지 놋뱀을 쳐다보면 낫도록 했다(민수기 21장). 놋뱀은 예수님을 상징한다. 놋뱀 자체의 능력이 아니라, 그것을 만들어 매달게 하신 하나님 은혜였다. 그런데 누군가가 그 놋뱀을 보관했고, 언제부턴가 사람들이 놋뱀에게 분향하고 경배하기 시작했다. 놋뱀의 우상은 훗날 히스기야가 산당을 제거할 때까지 계속되었다. 히스기야는 모세가 만들었던 놋뱀을 깨뜨려 버리고 그것을 느후스단 곧 '놋 조각'이라 불렀다(열왕기하 18:3-4).

○ 다윗성으로 돌아온 법궤

(사무엘하 6:13-14) 여호와의 궤를 멘 사람들이 여섯 걸음을 가매 다윗이 소와 살진 송아지로 제사를 드리고/ 다윗이 여호와 앞에서 힘을 다하여 춤을 추는데 그 때에 다윗이 베 에봇을 입었더라

법궤를 모시려던 다윗의 1차 노력은 왜 실패했는가? 하나님의 방법을 따르지 않았기 때문이었다. 법궤를 수레에 싣고 끌어서는 안 된다. 블레셋이 법궤를 이스라엘로 돌려보낼 때 수레에 실어 갓 새끼 낳은 어미 소들이 끌도록 한 것은 법궤를 시험하기 위함이었다. 법궤는 레위인이 어깨 위로 메고 운반해야 한다. 이스라엘 백성이 요단강을 건널 때 레위인 제사장들이 법궤를 메고 앞장서서 건널 때 요단강이 갈라졌다. 다윗이 2차로 법궤를 모셔 올 때에는 레위인들이 법궤를 어깨 위로 메도록 하여 안전하게 다윗성으로 모셔 올 수 있었다. 이에 다윗은 하나님께 번제와 화목제를 드리며 베 에봇이 벗겨져 속 살이 드러나도록 기뻐 춤을 추었다.

법궤를 모셔 오는 것은 하나님 관계의 회복, 예배의 회복이 된다. 예배는 하나님 만나는 기쁨, 마음속에서 우러나는 감사와 기쁨이 있어야 한다. 다윗은 마음의 법궤를 회복하고 마음속 기쁨이 넘쳤지만, 사울의 딸 미갈은 그런 기쁨이 없었다. 마음속에 하나님이 없으면 법궤도 우상이 된다. 법궤의 본질은 하나님 사랑과 이웃 사랑이다. 하나님을 사랑하지 않고 이웃을 사랑하지 않는다면 법궤를 잃어버리는 것과 같다.

4. 교회의 본질적 사명 회복 - 하나님 나라, 하나님 공동체의 회복

○ 라마 나욧과 같은 교회

사무엘상 19장 18-24절에는 사울에 쫓긴 다윗이 사무엘이 있는 라마 나욧으로 피신하는 장면이 나온다. 사무엘은 사울이 하나님께 불순종하자 사울을 왕으로 기름 부은 것을 후회하며 고향, 라마 나욧에 돌아와 기도하며 제자들을 가르쳤다. 라마 나욧은 '높은 곳의 마을' 신앙공동체란 뜻이다. 하나님은 사무엘을 귀하게 쓰시기 위하여 고지대의 고향 마을, 라마 나욧으로 돌아와 신앙공동체를 이루게 하셨다. 사울이 다윗을 죽이려고 쫓자 의지할 곳이 없게 된 다윗은 사무엘이 있는 라마 나욧으로 피신을 했다. 사울이 다윗을 잡으려고 전령들을 보냈지만, 그들이 라마 나욧에 이르자 성령이 임하여 하나님 말씀을 외치며 예언(預言)을 했다. 預言은 하나님으로부터 받은 말씀의 대언(代言)이다.

오늘날 한국교회가 라마 나욧과 같은 교회 되어야 한다. 말씀을 전하며 하나님 뜻을 이루는 하나님 공동체를 이루어야 한다. 첫째 상처받은 사람, 갈 데가 없는 사람들의 피난처, 안식처가 되어야 한다. 교회는 누구나 들어와 위안을 받고 힘을 얻어야 한다. 똑똑한 사람, 성공한 사람, 믿음이 좋은 사람들이 모여 자기 의를 드러내는 곳이 아니다. 누구든 받아들여 위로하고 끌어안는 곳, 누구나 말씀을 듣고 은혜를 받는 곳, 예수님 사랑과 긍휼을 실천하는 곳이다. 둘째 성령 충만해야 한다. 성령의 능력으로 사람을 변화시키는 곳이 교회이다. 라마 나욧에 들어간 사람은 성령에 취했다. 성령 충만이 교회의 생명이다. 영혼 구원이 교회의 존재 목적이다. 제일 큰 기적은 사람이 변화되는 기적이다. 내 의지와 능력으로 변화될 수 없다. 하나님 은혜로, 성령의 능력으로 변화된다. 변화의 힘은 하나님 능력, 말씀의 능력이다. 셋째 세상의 빛과 소금이 되어 하나님 나라를 확장해야 한다. 세상이 어두울수록 하나님 소망의 빛을 비추며, 세상의 부패를 막는 빛과 소금이 되어야 한다. 하나님은 세상 속에서 예수님 사랑을 실천하도록, 세상을 변화시키도록 교회를 세우시고 성도를 부르셨다. 넷째 하나님 영광만을 드러내야 한다. 세상 자랑은 사라지고, 예수님 사랑과 희생, 섬김을 실천해야 한다.

○ 초대교회의 모습, 하나님 공동체의 회복

예수님은 죄의 문제를 해결하시기 위해 오셨다. 구원은 죄의 구속으로부터 해방이다. 죄의 문제가 해결되면 하나님 보시기에 아름다운 하나님 나라가 된다. 예수님이 오신 목적은 궁극적으로 하나님 나라를 이루시기 위함이다. 예수님 가르침의 주제는 하나님 나라였다. 부활하신 후 40일 동안 하나님 나라에 관해 말씀하셨다. 초대교회는 성령 안에 하나 되어 하나님 공동체를 이루었다. 내 것, 네 것이 없이 모든 물품을 통용했다. 능력과 재능에 따라 봉사하며 섬겼다. 성령을 받은 제자들은 예수님의 증인이 되어 땅끝까지 복음을 전했다. 초대교회는 예루살렘 교회만이 아니라, 땅끝까지 흩어져 복음을 전한 제자들의 모습이다. 교회의 영성은 성령 충만하여 흩어져 사명을 감당하는 영성, 말씀을 실천하며 하나님 나라를 증거하고 이루는 영성이다.

교회와 성도를 통해 하나님을 보지 못한다면 사람들이 하나님을 알 방법이 없다. 교회와 성도가 하나님 나라를 증거하지 못한다면 하나님 나라는 그 어디에도 없다. 내가 성령을 받고 새사람이 될 때 가정이 변하고 이웃이 변하고 사회가 변화한다. 교회가 구원의 방주가 되어 교회로부터 생명수 샘물이 흘러나와 죽어가는 생명을 살려야 한다.

에스겔 47장에서 하나님은 에스겔에게 '성전 동편 문지방에서 나오는 생명수 샘물이 제단을 돌아 남쪽으로 흘러내려 큰 강을 이루고 바다까지 흘러 모든 생물이 살아나는 환상'을 보여주셨다. 에스겔은 어린 나이에 바벨론 포로로 끌려갔지만, 가장 절망적인 시기에 하나님 나라의 소망을 보게 되었다. 에스겔 47장은 교회의 축복과 사명을 상징한다. 성전의 앞면은 동쪽을 향해야 한다. 동편은 빛 되신 하나님, 생명의 근원인 말씀을 상징한다. 교회가 어둠을 밝히는 생명의 빛, 말씀의 빛이 되어야 한다. 에스겔에게 보이신 환상은 이스라엘 회복의 환상이자 죽어가는 생명을 살리는 교회 사명의 환상이다. 성전 동편 문지방에서 솟아나는 물이 제단을 돌아 흘러넘쳐 발목에 차고, 무릎에 차고, 허리에 차고, 큰 강을 이루어 바다에까지 이르렀다. 강물이 닿는 곳마다 생물들이 살아나고 풍성한 열매를 맺었다. 교회에서 생명수 샘물이 흘러넘쳐 온 땅을 적셔야 한다. 생명의 복음이 전해져 가정과 일터가 변화되고 사회가 변화되어 하나님 나라를 이루어야 한다. 하나님 나라의 파수꾼으로 세워진 한국교회가 그러한 사명을 감당해야 한다.

제6부 다음 세대의 양육

오늘날 세계적으로 믿음의 다음 세대가 끊어지고 있다. 문제는 하나님 나라의 파수꾼으로 세워진 우리나라의 다음 세대가 하나님과 더욱 멀어지고 있다는 점이다. 청소년들의 복음화 비율이 갈수록 떨어져 지금은 3% 미만이 되었다. 복음화 비율이 5% 미만이면 선교 대상국으로 분류된다. 우리나라가 멀지 않아 선교 대상국으로 전락한다. 중국의 복음화 비율이 5%에 근접한다. 이슬람 국가인 인도네시아도 기독교인 비율이 10%에 근접한다. 화교들이 기독교를 믿기 때문이다. 중국, 동남아에 선교사를 파송하는 것보다 시급하고 중요한 일은 우리나라 다음 세대에 대한 선교이다. 세계에서 가장 가깝고도 먼 선교지, 가장 어려운 선교지가 우리의 다음 세대가 되었다.

안타깝게도 젊은이들이 헬조선을 외치고 있다. 청소년들이 마약사범에 빠져들고 있다. 청년들의 도박 중독, 알콜 중독이 증대하고 있다. 대한민국이 이대로 무너질 수는 없다. 마지막 때 하나님 나라의 파수꾼으로 세워졌고, 다음 세대가 그 사명을 감당해야 하기 때문이다. 저들에게 복음을 전할 수만 있다면 무슨 노력이든 다해야 한다. 이 책을 내게 된 동기도, 책의 제목도 이에서 비롯되었다. 이같은 절박함에서 필자의 경험과 당부의 소견을 적어 본다.

1장 교회를 통한 양육

1. 다음 세대의 양육에 연합 사역이 필요하다.

성령은 하나 되게 하신다. 분리와 분열은 성령을 훼방하는 죄가 된다. 성령을 모독하는 죄는 용서받을 수 없다(마태복음 12:31). 교회의 연합을 깨뜨리기 때문이다. 한국 선교 초기, 교단과 교회가 복음 전파에 하나가 되었다. 감리교 아펜젤러 선교사와 장로교 언더우드 선교사가 연합하여 교회를 세웠다. 성령 안에서 하나 되어야 영적 전투에서 승리할 수 있다. 지금은 그 어느 때보다 연합 사역이 필요하다. 특별히 교회학교 사역은 연합 운용이 필요하다. 연합해서 재미있고 좋은 프로그램, 어린이들이 보면서 감동을 받는 프로그램, 연극과 연주, 찬양과 동요, 그림과 동시 등 다양한 프로그램을 개발해야 한다. 합창단 공연과 연극, 어린이들이 교회에 오고 싶도록, 즐겁게 교회를 찾도록 해야 한다. 이같은 프로그램 개발과 공연은 작은 교회가 할 수 없다. 교회가 연합해서 개발, 순회공연을 해야 한다, 동영상이라도 제작 보급해야 한다

교회보다 안전한 곳은 없다. 다음 세대의 위기는 교회학교의 위기이다. 큰 교회가 희생하며 열악한 교회를 지원해야 한다. 작은 교회는 교회학교를 제대로 운영할 수 없다. 양육할 어린이도 없고, 교사 자원도 부족하다. 교회가 너무 난립되어 있다. 교회를 전체적으로 통합 관리하고 지역별로 나누어 모든 교회가 자립할 수 있도록 하는 것이 바람직하다. 그렇지 못하더라도 교회학교 사역만큼은 지역별로 연합하여 합동 운용할 필요가 있다. 성령 안에 하나 되어 연합할 때 하나님 능력이 임한다.

2. 자카르타 교회의 연합 사례 및 늘푸른교회에서의 경험

○ 청소년 부흥회, Youth KOSTA

자카르타는 매년, 교회학교 청소년부 부흥회인 Youth KOSTA를 연합하여 실시

한다. KOSTA(Korean Students All Nations)는 해외 유학생들, 해외 청년들을 위한 연합부흥회로 교단을 초월하여 유명 강사 목사님들이 자비량으로 오셔서 많은 시간을 설교하시며 인도하신다. 필자의 큰아들은 호주 멜버른에서, 둘째 아들은 미국 L.A에서 코스타 부흥회에 참석하여 많은 은혜를 받았고, 강사 목사님들의 훌륭한 말씀들이 신앙을 바로 세우는 데 큰 도움이 되었다고 고백한다. 자카르타에는 대학생들을 위한 코스타는 없지만, 대신 중고등 학생들을 위한 Youth KOSTA를 매년 실행하고 있다. 교파를 초월하여 모든 교회가 참여한다. 연말 방학 기간을 이용, 자카르타 근교 호텔을 빌려 3박 4일 합숙 수련회를 한다. 모든 교회 중고등부 학생들이 참여한다. 전 교회가 물심양면으로 지원함으로써 뜨거운 청소년 연합 부흥회로 자리매김하고 있다.

전도사님들의 찬양 인도와 통성 기도, 목사님들의 감동적 설교에 청소년들이 주님을 만나고 감격의 눈물을 흘린다. 참여하는 청소년들은 물론, 봉사하는 성도들도 은혜를 받는다. 필자는 자카르타 Youth KOSTA의 뜨거운 열기와 은혜를 경험하고 그 감동을 체험했기에, 한국에서도 지역별로 교단을 초월하여 모든 교회가 참여하는 Youth KOSTA가 있었으면 하는 바람이다. 정기적으로, 최소한 1년에 한 번은 연합부흥회로 지역별로 개최할 필요가 있다. 연합해야 충분한 준비와 다양한 프로그램이 가능하고 말씀의 은혜를 더하게 된다. 함께 찬양하며 통성 기도할 때 열정과 감동을 더하게 된다. 교회가 함께 섬기면서 더욱 은혜를 받고 주님 안에 하나가 된다.

지금은 국내 대학생들과 청년들을 위한 연합부흥회가 더욱 절실히 필요하다. 청년부는 갈수록 숫자가 줄어들고 있다. 연합 청년 부흥회로 미래의 지도자들을 양성해야 한다. 지금은 아동부, 청소년부, 청년부 가릴 것 없이 모든 교회가 협력, 힘을 합쳐야 한다. 지역별 부흥회를 함께 열고 지역 교회가 함께 기도하며 준비하고 섬겨야 한다. 교회와 성도는 연합사역을 통해 화목제물이 되어야 한다. 연합사역을 할 때 하나님이 기뻐 역사하신다. 한국교회가 부흥할 수 있다.

○ 자카르타 극동방송과 CGN TV 개국

　필자는 자카르타에서 또 다른 연합사역의 은혜를 경험했다. 자카르타 극동방송과 CGN TV 개국을 통한 연합선교이다. 인도네시아는 수많은 섬들로 흩어져 있어 선교사들이 먼 오지까지 들어가서 선교하기가 어렵다. 필자는 인도네시아에 오래 살면서 이슬람의 기독교로의 개종이 사실상 어려움을 깨달았기에 미디어를 통한 선교 사역의 필요성을 절감하고 있었다. 각지에 흩어져 일하고 있는 교민들을 위해서도 미디어 사역은 필요했다. 인도네시아 교회와 성도들은 누구랄 것 없이 다 같이 이러한 생각을 가졌기에 2006년 극동방송이 들어왔을 때, 2012년 CGN TV가 개국했을 때 온 교회와 성도가 합심 기도하며 개국을 준비, 협력하고 도우며 축하했다. 교회와 성도의 적극적인 호응과 협력으로 극동방송과 CGN TV는 성공적으로 개국했고 인도네시아 선교의 효율적인 통로로 활용되고 있다.

○ 자카르타 늘푸른교회의 사례

교회학교

　자카르타 늘푸른교회는 영아부, 유치부, 어린이부, 청소년부가 비교적 잘 운영되고 있다. 교환학생들을 위한 청년부도 운영한다. 특히 영아부, 유치부, 어린이부가 소문이 나서 부모가 교회를 다니지 않는 아이들이 많이 온다. 유치부, 어린이부 부모들은 아이들을 Pick up하러 와서 직접 보기 때문에 전도의 좋은 통로가 된다. 도서실을 운영하는 것도 큰 도움이다. 기다리는 동안 도서실에서 책도 보고 커피를 마신다. 도서실 봉사팀과 전도팀이 교회에 다니지 않는 부모를 특별히 신경 써서 안내한다. 간단한 다과와 함께 도서실과 체육관 이용, 인니어 교실, 서예 교실, 미용 교실, 문화 탐당 등을 소개하며 자연스럽게 전도로 이어진다. 때로는 전도팀이 직접 인형극을 준비, 아파트를 돌아가며 어린이들을 대상으로 인형극을 펼치기도 했다.

　자카르타 근교의 인도네시아 국립대학(University Indonesia)에 한국 대학생들이 교환학생이나 6개월내지 1년 인니어 교육생으로 등록하고 있다. 늘푸른교회는 이들을 전도하고자 한 시간이 넘는 거리를 매주 토요일 교회 차로 데려오고 데려다 준다. 부목사님이 청년부를 담당하지만 담임 목사님도 가끔 설교하신다. 장로들도 돌아가며 간증과 경험을 나누는 시간을 갖는다. 교회에서 저녁을 대접한다. 김치도 만들어 준다. 이러한 노력으로 청년부가 제법 활성화되었다. 이들이 고국으로 돌아가면 적어도 교회에 적대감을 가지지는 않을 것이다.

3. 교회학교가 부흥하지 않으면 미래의 소망이 없게 된다.

학교의 양육, 공교육에 대해서는 이미 제3부 및 4부에서 검토했다. 여기서는 가정과 교회에서의 양육의 중요성을 강조하고자 한다. 자립공생사회 교육의 목적은 하나님 마음과 성품으로의 양육, 영성에 바탕한 교육의 혼을 기르는 데에 있다. 이는 어릴 때 가정과 교회에서 길러져야 한다. 먼저 교회의 양육을 간단히 본다. 하나님 관계의 회복, 영혼 구원은 교회의 본질적 사명이다. 이를 위해서는 어릴 때 교회학교를 통한 양육이 중요하다. 지금은 하나님 관계가 너무도 멀어졌다. 물질주의 가치관이 온 세상을 지배하고 있다. 교회에서 어릴 때부터 영적 양육이 그 어느 때보다도 필요하게 되었다.

예수님은 한 영혼 구원에 온 정성을 쏟으셨다. 천국은 어린아이 마음과 같다고 하셨다. 말씀대로, 말씀을 배우며 자라나는 어린 영혼이 천하보다 귀하다. 99마리 양을 버려두고 잃어버린 한 마리 양을 찾아 나서는 예수님 마음으로 어린 영혼 구원에 전력해야 한다. 이럴 때 교회에서 하나님 사랑과 은혜를 체험토록, 하나님 마음을 알고 느끼도록, 사랑과 배려, 정직과 협동심이 길러지도록 해야 한다. 세상 성공주의, 물질주의에서 벗어나 하나님 소망을 보도록 해야 한다. 교회마저 물질주의에 물든다면 어린 영혼은 어디에서 하나님을 만날 수 있겠는가? 세상의 희망, 미래의 소망이 없게 된다. 지금은 교회가 커지는 것보다 교회학교의 부흥, 어린 영혼 구원에 전력을 다할 때이다.

○ 지·정·의(知情意)의 영적 자립

(디모데후서 3:15-17) 또 어려서부터 성경을 알았나니 성경은 능히 너로 하여금 그리스도 예수 안에 있는 믿음으로 말미암아 구원에 이르는 지혜가 있게 하느니라 모든 성경은 하나님의 감동으로 된 것으로 교훈과 책망과 바르게 함과 의로 교육하기에 유익하니/ 이는 하나님의 사람으로 온전하게 하며 모든 선한 일을 행할 능력을 갖추게 하려 함이라

교육의 목표는 인격의 3요소, 지·정·의를 갖추는 데에 있다. 영성에 바탕한 교육이 될 때 지·정·의를 고르게 갖출 수 있다. 어릴 때 교회의 양육이 중요한 이유이다. 지·정·의는 서로 맞물려 있다. 지(知)는 하나님을 아는 것이 된다. 하나님이 지혜의 근본이다. 하나님을 알 때 옳고 그름, 선과 악을 분별하게 된다. 정(情)은 하나님 마음을 알며 느끼는 것이 된다. 하나님을 지식적으로 아는 것이 아니라 친밀한 교제를 통해 하나님 마음을 아는 것이 된다. 하나님 마음을 알 때 선악과를 따 먹지 않는 정신, 남을 판단 정죄하지 않고 배려하며 협동하게 된다. 의(意)는 하나님 뜻을 분별하며 따르는 것, 세상 속에서 하나님 뜻을 이루는 것이 된다. 정직한 자녀, 자기 책임을 다하는 자녀, 공동체에 선하게 쓰임받는 자녀가 된다.

지·정·의의 바탕이 영적 자립이다. 예배는 하나님께 드리는 가장 귀한 시간, 하나님을 만나는 시간이다. 기도는 하나님과의 교통이다. 기도해야 하나님 마음을 알고 느끼며, 하나님 뜻을 깨닫게 된다. 말씀은 영적 자양분이다. 말씀을 먹어야 영적으로 성장한다. 하나님 자녀의 성공은 세상적 성취가 아니라 하나님 자녀로 사는 것이다. 하나님 자녀의 삶이 가장 성공한 삶, 축복과 능력의 삶, 행복과 기쁨의 삶이 된다.

2장 가정을 통한 양육

1. 부모는 위대한 호칭이다. 거룩하고 소중한 자리, 권한과 책임이 따르는 자리이다.

(민수기 6:24-26) 여호와는 네게 복을 주시고 너를 지키시기를 원하며/ 여호와는 그의 얼굴을 네게 비추사 은혜 베푸시기를 원하며/ 여호와는 그 얼굴을 네게로 향하여 드사 평강 주시기를 원하노라 할지니라
(디모데전서 2:8) 그러므로 각처에서 남자들이 분노와 다툼이 없이 거룩한 손을 들어 기도하기를 원하노라

민수기 말씀은 하나님이 모세에게 말씀하신 제사장의 축복권이다. 제사장은 하나님을 대신하여 하나님 백성을 축복하는 축복권을 지닌다. 하나님 백성이 하나님 축복을 받도록 가르치고 인도할 책임이 있다. 아버지는 가정의 제사장이다. 하나님을 대신하여 자녀에 대한 축복권이 있다. 자녀 양육의 일차적 책임이 아버지한테 있다. 하나님 축복은 가정을 통해 이루어진다. 하나님 축복의 가정을 이루는 것이 아버지의 본질적 사명이다. 하나님은 아버지에게 '네 집에 축복을 부어주라' 말씀하신다. 아버지가 된 것은 영광이요 축복이다. 아버지 위치에 있는 것만으로 감사해야 한다. 하나님 축복을 부어주자면 아버지 믿음이 바로 서야 한다. 아버지 권위를 세우자면, 자녀를 축복하자면 아버지가 영적 제사장의 위치를 지켜야 한다.

오늘날 아버지 권위가 사라졌다. 어린이 조사에서 제일 좋아하는 단어가 어머니였다. 당연한 일이다. 어머니는 사랑의 대명사이다. 어머니 품은 언제나 따뜻하고 그립다. 문제는 아버지이다. 아버지는 무려 27번째 단어였다고 한다. 하나님 질서를 벗어나도 너무 벗어났다. 무엇이 잘못되었는지 아버지는 반성해야 한다. 세상적 성취보다 아버지 역할이 중요하다. 돈을 많이 버는 것보다 가족에게 인정받는

아버지가 성공한 아버지이다. 가정의 구원이 하나님 나라를 이루는 바탕이다. 하나님 나라와 그 의를 구하는 일은 가정에서부터, 아버지 믿음에서부터 시작된다.

제사장의 책임을 다하는 아버지는 어떤 모습인가? 하나님 은혜와 축복의 가정을 이루자면 아버지는 어떻게 해야 되는가? 첫째, 기도하는 아버지가 되어야 한다. 아버지가 기도할 때 가정이 하나님을 섬기는 제단이 되어 하나님 축복을 받는다. 둘째, 자녀에게 한없는 사랑을 주어야 한다. 하나님 사랑의 모형이 가정이다. 하나님 사랑을 느끼고 체험하도록 가정을 주셨다. 하나님 사랑의 통로가 아버지이다. 아버지가 하나님 마음으로 자녀를 사랑할 때 자녀가 아빠! 하며 아버지 품에 안기게 된다. 셋째, 자녀 마음을 이해하고 공감해야 한다. 자녀와 친밀히 대화하며 따뜻하게 품어야 한다. '얼마나 힘들었니? 잘 견디었구나' 한마디에 자녀들은 위로와 힘을 얻는다. 아버지가 가정의 화목제물이 되어 참고 인내해야 한다. 넷째, 말과 행동이 일치해야 한다. 아버지가 믿는 하나님을 삶으로 보여주어야 한다. 아버지가 하나님 가치관으로 살아야 한다. 정직해야 한다. 신실하게 약속을 지켜야 한다. 거짓되게 남을 비방하고 험담하지 않아야 한다. 교회 안팎의 모습이 같아야 한다. 자녀가 하나님을 믿지 않는 이유는 아버지 말이 틀려서가 아니라 말과 행동이 다르기 때문이다. 삶으로 보여주지 못하는 훈계는 내적 반항과 상처를 더 할 뿐이다. 니체의 아버지는 목사였다. 말과 행동이 달랐던 아버지 모습에 실망한 니체는 철저한 무신론자가 되었다. 마르크스 아버지도 외견상 독실한 신자였다. 잘못된 신앙인의 모습을 본 마르크스는 기독교에 반기를 들고 프랑스로 가서 '공산당 선언'을 했고, 영국으로 건너가 공산주의 바탕인 「자본론」을 집필했다.

○ 어머니는 기도로 돕는 중보자이다. 자녀는 어머니의 기도와 사랑을 먹고 자란다.

(시편 128:3) 내 집 안방에 있는 내 아내는 결실한 포도나무 같으며 네 식탁에 둘러 앉은 자식들은 어린 감람나무 같으리로다

아내가 행복해야 가정이 행복하다. 가정의 행복은 아내에게 달렸다. 아내는 '안의 해'라는 의미가 있다. 집안의 해와 같이 밝은 표정으로 가족의 사기를 북돋아 준다. 모든 것을 받아주고 위로한다. 사랑과 희생으로 남편과 가족을 지킨다. 제사장의 역할을 잘 감당하도록 기도의 조력자, 중보자이다. 가정은 포도원과 같고, 아내는 결실한 포도나무이며 자녀는 가정의 어린 감람나무와 같다. 어머니는 따뜻함과 편안함의 상징, 사랑과 희생의 대명사이다. 세상에서 가장 아름다운 이름, 언제나 불러보고 싶은 이름이 어머니이다. 생명이 태어나서 제일 먼저 배우는 단어가 엄마이다. 제일 먼저 보는 것도 엄마의 눈동자. 세상에서 가장 아름다운 눈은 젖 먹는 아이를 바라보는 어머니 눈이다. 자녀는 어머니 품을 제일 좋아한다. 어머니 품에서 편안함과 행복을 느낀다. 자녀에게 어머니는 영원한 사랑의 품, 마음의 안식처이다. 어머니를 생각하면 눈물부터 난다. 부르기만 해도 마음이 찡해진다. 아무리 난폭한 사람도 어머니 앞에서는 순한 양이 된다. 어머니 말에는 순종하는 마음이 있다.

어머니가 자녀에게 가장 큰 영향을 준다. 어머니 사랑과 모정이 인성교육의 바탕이다. 윈스턴 처칠이 제2차 세계대전을 승리로 이끌었을 때, 영국의 한 신문사가 유치원부터 대학까지 처칠을 가르친 교사들을 조사해서 '위대한 스승들'이란 제목으로 특집기사를 실었다. 기사를 읽은 처칠은 신문사에 자신의 마음을 담은 짤막한 편지 한 통을 보냈다. "귀 신문사는 나의 가장 위대한 스승을 찾아내지 못했습니다. 그분은 나의 어머님이십니다"였다. 미국의 로널드 레이건 대통령도 "나에게 가장 큰 영향을 미친 인물은 바로 나의 어머니 넬리 레이건 여사입니다. 어머니는 나의 가장 훌륭한 스승입니다"고 했다. 자녀는 어머니 사랑과 기도의 영양분을 먹으며 자란다. 자녀의 믿음은 어머니의 기도에 달렸다. 눈물로 기도하는 어머니의 자녀는 언젠가는 어머니를 생각하며 하나님께로 돌아오게 된다. 기도하는 어머니가 가장 아름답고 위대하다. 한나의 기도가 사무엘을 낳았다. 에이브러햄 링컨, 존 뉴턴, 존 록펠러와 같은 위대한 신앙의 인물 뒤에는 어머니의 기도가 있었다.

2. 가정은 하나님 나라의 축소판, 천국의 모형이다. 가장 중요한 신앙교육 장소이다.

○ 가정을 통해 하나님 축복을 누리며 천국의 기쁨을 맛본다.

하나님은 인간을 위해 우주 만물을 창조하시고, '생육하고 번성하라' 축복하셨다. 가정은 하나님 축복의 바탕이다. 하나님 주시는 기쁨과 행복이 넘치는 곳, 천국을 체험하는 곳이다. 하나님 아버지 사랑을 알도록 가정을 주셨고 부모가 되게 하셨다. 자녀의 축복보다 더한 축복은 없다. 부모가 되는 일보다 더 중요한 일은 없다. 전심을 다해 사랑하고 섬기며 가르쳐야 할 곳이 가정이요 자녀이다. 가정은 신앙교육의 처음이자 끝이다. 이 땅에 하나님 나라를 이루자면 가정이 하나님 질서를 회복해야 한다. 사사시대 영적 암흑기의 종식도 룻과 한나의 믿음을 통한 가정의 회복으로부터 시작되었다.

가정은 한없는 사랑으로 서로를 감싸주는 곳, 대가 없이 희생하고 베푸는 곳, 주고 또 주어도 부족한 마음의 곳이다. 세상 사람들이 다 배척해도 받아주고 믿어주는 사람이 부부요, 가족이다. 가족 간 사랑이 인류의 마지막 소망이자 보루이다. 가족 간 불화, 가족의 해체는 지구의 종말, 인류의 종말이 된다. 믿음의 가정, 사랑의 가정을 이루어야 한다. 가정은 행복해야 한다. 자녀는 행복하게 자라야 한다. 행복하도록 가정을 주셨고 자녀를 주셨다. 가정이 행복하지 않으면 하나님 나라는 어느 곳에도 없다. 가정의 행복을 통해 하나님 사랑과 은혜를 체험한다. 자녀를 아끼고 사랑하는 마음이 하나님 아버지 마음이다. 부모는 자녀를 낳고 키우면서 하나님 마음을 느끼며 하나님 사랑을 체험한다. 아무리 좋은 환경이 주어져도 가정의 행복, 부모의 사랑을 대체할 수는 없다. 돈으로 좋은 집은 살 수 있어도 좋은 가정은 살 수는 없다. 비록 작고 초라해도 하나님 소망을 바라보며 기도하는 가정보다 행복한 가정은 없다. 가정을 통해 하나님 사랑과 축복, 천국의 기쁨을 누린다.

○ 부부는 서로의 부족을 채워줌으로써 온전한 한 몸을 이룬다.

(창세기 2:24) 이러므로 남자가 부모를 떠나 그의 아내와 합하여 둘이 한 몸을 이룰지로다
(에배소서 5:25) 남편들아 아내 사랑하기를 그리스도께서 교회를 사랑하시고 그 교회를 위하여 자신을 주심 같이 하라

하나님은 아담을 창조하시고, 아담의 갈빗대를 취해 하와를 만드신 후 둘이 한 몸을 이루도록 축복하셨다. 한 몸을 이룸으로써 온전한 가정, 천국의 기쁨을 맛보게 하셨다. 하나님은 아담과 하와에게 에덴동산을 선물로 주셨다. 에덴은 '기쁨'이다. 에덴동산은 기쁨의 동산이다. 기쁨의 가정을 만들어야 한다. 하와는 '산 자의 어머니'란 뜻이다. 생명을 살리는 어머니, 사랑으로 생명을 품는 어머니가 되어야 한다. 가정은 생명이 태어나고 자라는 곳, 생육하고 번성하는 은혜와 축복이 넘치는 곳이다. 행복한 가정은 좋은 배우자를 만나서가 아니라, 예수님이 십자가에 죽으신 것처럼 서로 희생할 때 이루어진다. 서로 부족을 채워주며 희생할 때 가정이 천국이 된다.

남편은 아내에게, 아내는 남편에게 성자가 되기를 바라지 말아야 한다. 일방적인 희생은 영속할 수 없다. 서로 희생하며 짐을 함께 질 때 하나님 보시기에 좋은 부부가 된다. 아름다운 만남이란 조건이 딱 맞는 만남이 아니라 나를 내려놓는 만남, 내가 변화하는 만남, 서로 희생하며 양보하는 만남이다. 부부는 서로에게 가장 큰 선물인 여보, 당신이라 부른다. '여보(如寶)는 보배와 같다, 당신(堂身)은 내 몸과 같다.' 뜻도 된다. 부부는 사랑의 기쁨을 나누며 서로를 가장 행복하게 만들도록 하나님 축복을 받은 사람이다. 가정의 천국은 만들어가는 천국이다. 결혼은 천국의 열쇠를 부여받는 것이 아니라, 천국을 만드는 책임과 의무를 부여받는 것이다. 상대방이 행복해야 내가 행복하다. 하나님 축복의 질서가 가정 안에 있다. 가정을 통해 하나님 사랑과 은혜, 부부의 소중함, 자녀의 소중함을 깨닫게 하신다.

○ 자녀는 하나님 주신 기업이다. 하나님 기쁨의 자녀로 양육해야 한다.

(시편 127:3-5) 자식들은 여호와의 기업이요 태의 열매는 상급이로다/ 젊은 자의 자식은 수중의 화살 같으니/ 이것이 그의 화살통에 가득한 자는 복되도다. 그들이 성문에서 그들의 원수와 담판할 때에 수치를 당하지 아니하리로다

자녀는 하나님 약속의 기업이다. 하나님의 축복이요 상급이다. 재물이 기업이 아니라 자녀가 기업이다. 기업은 발전하고 성장해야 한다. 부모는 자녀를 양육하면서 보람과 기쁨, 행복을 느낀다. 부모의 자녀 사랑은 다함이 없는 사랑, 주고 또 주어도 부족한 사랑이다. 하나님 아버지의 마음이자 하나님 주신 본능이다. 하나님 아버지 마음으로 참고 인내하며 믿음의 자녀, 하나님 소망의 자녀로 양육한다. 자녀를 통해 하나님 축복이 이어진다. 하나님의 기업, 하나님 기쁨의 자녀로 양육하는 것이 부모의 가장 중요한 사명이다. 자녀의 믿음이 바로 서지 않는다면 아무리 많은 재물을 얻더라도 기업의 열매가 없게 된다.

부모 되기는 쉬워도 하나님의 기업으로 잘 양육하기는 쉽지 않다. 돈을 많이 벌어 학원에 보낸다고, 명문대에 보낸다고 부모 책임을 다하는 것이 아니다. 공부보다 훨씬 중요한 것은 하나님 자녀가 되도록, 하나님 인도하시는 삶을 살도록 하는 일이다. 탐욕과 물질의 우상을 쫓는 사망의 골짜기에서 건져내어 영적 생명을 찾도록 해야 한다. 자녀는 부모의 소유물이 아니다. 부모가 자녀 삶을 책임질 수 없다. 하나님께 온전히 맡기고 하나님 인도하시는 길을 가도록 기도해야 한다. 기도할 때 하나님의 뜻과 계획을 보게 하시며, 이루도록 지혜와 능력을 부어주신다. 요게벳이 죽을 수밖에 없는 모세를 하나님께 맡기며, 갈대 상자에 떠내려 보냈을 때 하나님이 책임져 주셨다. 바로의 공주 품에 안기게 하셨고, 왕궁에서 자라게 하셨고, 이스라엘을 출애굽 시키는 민족의 지도자가 되게 하셨다.

○ 자녀는 부모를 공경해야 한다. 효도는 하나님 약속이 있는 첫 계명이다.

(에베소서 6:1-3) 자녀들아 주 안에서 너희 부모에게 순종하라 이것이 옳으니라/ 네 아버지와 어머니를 공경하라 이것은 약속이 있는 첫 계명이니/ 이로써 네가 잘되고 땅에서 장수하리라

가정은 하나님 나라 질서의 바탕이다. 부모는 자녀를 사랑하고 자녀는 부모를 공경하는 것이 가정의 기본 질서이다. 자녀는 부모 사랑을 받을 때 평안과 행복을 느끼며, 부모님께 효도할 때 부모의 기쁨이 된다. 하나님 자녀가 하나님께 순종할 때 하나님의 기쁨이 되고 하나님 주시는 기쁨과 평안, 샬롬을 누리는 것과 같다. 부모 마음을 알고 부모 뜻에 순종하는 것이 효도이다. 효도는 자녀의 특권이자 의무이다. 부모는 자녀를 사랑하며 자녀를 위해 헌신한다. 자녀가 성장하여 가정을 이루면 행여 방해가 될까 전화도 삼간다. 자녀가 부모 마음을 헤아려 먼저 부모님께 전화하며 자주 문안드릴 때 부모는 기쁨과 보람을 느낀다.

부모라고 허물과 결점이 없을 수 없다. 세상에는 부모 역할을 다하지 못하는 경우도 많다. 자녀들은 부모로부터 상처를 받을 수도 있다. 그럼에도 불구하고 자녀는 부모를 공경해야 한다. 하나님의 명령이자 창조 질서요, 인간의 기본 도리이기 때문이다. 하나님은 왜 부모를 공경하라고 그토록 강조하시는가? 첫째, 부모 공경은 하나님 공경과 같기 때문이다. 성경은 하나님을 아버지라고 부른다. 부모를 무시하는 것은 하나님을 무시하는 것과 같다. 예수님이 하나님께 언제나 '예' 하셨다면 우리는 당연히 '예' 해야 한다. 신앙 훈련, 믿음의 훈련은 '예' 하는 훈련이다. 보이지 않는 하나님께 '예' 하자면, 보이는 부모님께 '예' 하는 훈련부터 해야 한다. 둘째, 생명을, 부모를 통해 얻었기 때문이다. 생명의 근원은 하나님이시지만 그 생명은 부모를 통해서 얻었다. 하나님을 섬기자면 부모부터 섬겨야 한다. 부모를 섬기지 않고 하나님을 섬기는 방법은 없다. 생명보다 귀한 것은 없다. 그 생명을 부모로부터 공짜로 받았다. 자신의 생명을 소중히 여기면서 부모를 섬기지 않는다면 생명을 모독하는 죄, 하나님을 거역하는 죄가 된다. 셋째, 생명이 부모에 의해 양육되었기 때문이다. 부모의 자녀 사랑은 하나님의 인간 사랑과 같다. 자녀를 사랑하지 않는 부모는 없다. 상처를 주는 부모도, 인격이 부족해도 자녀를 사랑하는 마음은 같다. 하나님 주신 인간의 본성이기 때문이다. 설령 부모가 사회적으로 잘못해서 사람들이 손가락질을 할지라도 자녀는 그럴 수 없다. 상당 부분, 부모의 잘못은 자녀를 남부럽지 않게 양육하기 위한 동기에서 비롯되었기 때문이다. 자녀의 등록금 마련을 위해 아버지는 몇 번이나 양심을 접었을지도 모른다. 나쁜 것을 나쁘다고 얘기도 못 하고 속으로만 울었을지 모른다. 어머니는 몇 번이나 거짓말을 했을지 모른다. 힘들어도 내색조차 할 수 없었다. 부모는 자녀에게 말 못 할 사정으로, 남모르게 양심의 가책으로 괴로워했을 것이다. 그러한 부모를 자녀가 불의한 부모라고 지탄할 수 있겠는가? 오히려 더욱 공경해야 하지 않겠는가? 더욱 의롭고 떳떳한 자녀가 되어 부모의 기쁨이 되어야 하지 않겠는가! 넷째, 하나님은 뿌린 대로 거두시기 때문이다. 부모 공경과 효도의 씨를 뿌리면 자식으로부터 공경과 효도를 받게 된다. 부모에게 불효하면 그 불효가 자식을 통해 자신에게 되돌아온다. 오늘날 부모한테는 최소한의 도리도 하지 않으면서, 자식들만 위하는 부모들이 많다. 자식에게 불효를 가르치는 것이다. 부모를 공경하며 효도하는 것이 자녀에게 가장 확실한 효도 교육, 가장 중요한 가정 교육이 된다.

○ 어릴 때 가정에서의 신앙교육이 중요하다.

유대인의 쉐마교육
(신명기 6:4-7) 이스라엘아 들으라 우리 하나님 여호와는 오직 유일한 하나님이시니/ 너는 마음을 다하고 뜻을 다하고 힘을 다하여 내 하나님 여호와를 사랑하라/ 오늘 내가 네게 명하는 이 말씀을 너는 마음에 새기고/ 네 자녀에게 부지런히 가르치며 집에 앉았을 때에든지 길을 갈 때에든지 일어날 때에든지 이 말씀을 강론할 것이며

(잠언 22:6) 마땅히 행할 길을 아이에게 가르치라 그리하면 늙어도 그것을 떠나지 아니하리라

쉐마는 '들으라' 뜻이다. '들으라'의 요체는 '여호와 말씀을 마음에 새기고 자녀에게 부지런히 가르치라'이다. 쉐마교육은 어릴 때 하나님을 알도록, 세상 지식을 알기 전에 말씀을 가르치며, 마음과 생각을 하나님 마음으로 채우는 일이다. 쉐마교육은 유대인의 정체성 교육과도 같다. 유대인은 남자아이가 열세 살, 여자아이가 열두 살이 되면 성인식을 치른다. 성인식에서 랍비는 기본적으로 '사람은 왜 사는가? 세상에 사는 목적이 무엇인가? 묻고 아이들은 '하나님이 세상을 창조하셨지만, 완전한 세상이 되기 위해서는 인간이 하나님 뜻을 따라 세상을 개선해 나가야 한다' 답변한다. 유대인은 어려서부터 세상의 발전과 개선에 기여해야 한다는 생각을 갖도록, 하나님 뜻을 이루며 살도록 각인시킨다.

유대인의 자녀 교육은 성인식 이전과 이후로 나뉜다. 성인식까지는 자녀를 맡아서 가르치지만 12살, 13살이 되면 하나님께로 돌려드린다고 생각한다. 부모의 자녀 교육은 성인식까지만 이루어진다. 성인식 이후는 자녀를 온전한 성인으로 대하며 자녀의 교육 책임에서 벗어난다. 대신 성인식까지는 자녀의 신앙교육에 열의와 성의를 다한다. 아버지는 성인식 전까지 원칙적으로 바깥에서 저녁 식사를 하지 않는다. 집에서 아이들과 저녁 식사를 하며 하나님 이야기, 조상 이야기, 아버지가 경험한 믿음 이야기를 나눈다. 아버지는 답을 주기보다 질문을 하며 자녀가 스스로 답을 얻도록 한다. 자녀의 재능과 장점을 보고 격려한다. 학교에 가면 다른 아이의 장점을 보도록, 남을 험담하지 않도록 가르친다. 어릴 때부터 공동체 의식을 심어준다. 유대인 사회가 결속력이 강하고 신뢰가 두터운 바탕은 쉐마교육의 힘이다.

유대인의 쉐마교육은 우리가 본받아야 할 점이 많다. 오늘날 기독교인이 줄어드는 이유는 가정에서 신앙 교육이 없기 때문이다. 가정에서의 신앙 교육은 부모의 가장 큰 책임이다. 공교육에 앞서 하나님을 알도록 가르쳐야 한다. 어릴 때 하나님을 아는 것보다 더 큰 축복은 없다. 교육의 목표는 좋은 성품의 양육, 전인적 인격체의 양육이다. 가정의 신앙교육을 통해 좋은 성품이 길러져야 한다. 안타깝게도 오늘날 어릴 때부터 선행교육으로 신앙교육은 발붙일 틈이 없다. 이기적 경쟁 교육으로 배려와 협동심이 사라졌다. 그릇된 인성부터 가르치고 있다. 부모는 세상의 악한 영으로부터 자녀를 지켜야 한다. 신앙교육으로 믿음의 다음 세대를 세워야 한다.

3. 이 세대는 하나님을 아는 복을! 다음 세대는 하나님을 전하는 복을!

○ 신앙의 유산, 거룩의 유산이 가장 값진 유산이다.

자녀에게 물려줄 최고의 유산은 물질이 아닌 신앙이다. 악한 세상일수록 자녀를 더욱 믿음으로 세워야 한다. 자녀를 더욱 믿음으로 세우는 것보다 소중한 일은 없다. 믿음의 유산은 영원한 생명의 유산이다. 돈을 물려주어 잘못되는 자녀는 많지만, 믿음의 유산을 물려주어 잘못되는 자녀는 없다. 믿음의 유산, 기도의 유산이 천만금의 재물보다 값진 유산이다. 재물은 타락의 온상이 된다. 타락한 세상, 마약과 퇴폐의 소굴에서 하나님이 지키시지 않으면 바르게 살아갈 수 없다. 세상적 성공, 물질적 성취가 중요한 것이 아니라 영적 생명이 중요하다. 가정의 목적은 세상적 성공이 아니라 거룩이 되어야 한다. 자녀를 축복하자면 부모가 거룩한 모습을 보여야 한다. 자녀가 거룩의 옷을 입도록 신앙의 유산을 물려주어야 한다.

미국의 링컨 대통령은 가난한 농부의 아들로 태어나 13세 때 어머니를 잃었지만, 어머니는 평생 본받고 싶어하는 신앙의 멘토였다. 어머니는 전염병으로 죽어가면서 '내가 읽던 이 성경책을 읽으며 기도하라' 유언했다. 링컨은 어머니의 유일한 유산인 성경책을 읽으며 꿈과 용기를 얻었고 포용과 정직을 배웠다. 일을 하며 독학으로 공부했지만, 기도하는 대통령, 정직한 대통령이 되어 미국 역사상 가장 위대한 인물이 되었다. 남북전쟁(1861-1865)이 시작되었을 때 자신을 음해했던 최대의 정적 에드윈 스탠턴을 가장 중요한 국방장관에 임용했다. 1865년 대통령 취임사는 '모두에게 관용을 베풉시다'였다. 링컨은 어머니 유언, 신앙의 유산을 삶으로 실천했다. 전쟁 중에도 기도가 최우선이었다. 교회 지도자들이 찾아와 '하나님이 북군 편이 되어 승리하게 해 달라고 기도하고 있다' 했을 때 '그렇게 기도하지 말고 우리가 하나님 편에 서도록 기도해 달라' 부탁한 정직한 대통령이었다.

○ 불확실성의 시대, 아나돗의 밭을 사야 한다(예레미야 32-33장).

예레미야에게 이스라엘의 멸망을 예고하신 하나님은 예레미야로 하여금 아나돗의 밭을 사도록 하셨다. 예레미야는 바벨론에 의한 이스라엘의 멸망이 임박함을 알았지만, 하나님 말씀을 쫓아, 은 칠십 세겔을 주고 아나돗의 밭을 샀다. 세상적으로 보면 곧 빼앗길 땅을 모든 은금을 주고 사는 것은 어리석은 일이지만, 예레미야는 이스라엘 회복의 약속의 말씀을 믿었기에 아나돗의 밭을 샀다. 이스라엘에 소망이 보이지 않을 때에, 모든 재산을 팔아 회복의 소망을 샀던 것이다. 아나돗은 레위 자손의 성읍으로 드려진 거룩한 땅이다(여호수아 21:19). 제사장 몫으로 드려진 땅으로, 그 땅의 목적이 하나님께 드리는 제사이다. 장사를 위한 땅, 이득을 목적하는 땅이 아니다. 아나돗은 하나님께 예배, 하나님의 거룩을 상징한다. 하나님이 예레미야에게 아나돗의 밭을 사도록 하신 것은 우리에게 무엇이 중요한가를 보여주신다. 불확실성의 시대, 타락한 혼돈의 시대일수록 영성을 회복하고 하나님의 거룩을 지켜야 함을 보여주신다.

다음 세대가 하나님 소망을 보도록 신앙의 유산을 물려주어야 한다. 지금은 아나돗의 밭을 사야 할 때이다.

○ 가정에 믿음의 기념비, 감사의 기념비를 세워야 한다.

(창세기 35:1-3) 하나님이 야곱에게 이르시되 일어나 벧엘로 올라가서 거기 거주하며 네가 네 형 에서의 낯을 피하여 도망하던 때에 네게 나타났던 하나님께 제단을 쌓으라 하신지라/ 야곱이 이에 자기 집안 사람과 자기와 함께 한 모든 자

에게 이르되 너희 중에 있는 이방 신상들을 버리고 자신을 정결하게 하고 너희들의 의복을 바꾸어 입으라/ 우리가 일어나 벧엘로 올라가자 내 환난 날에 내게 응답하시며 내가 가는 길에서 나와 함께 하신 하나님께 내가 거기서 제단을 쌓으려 하노라

(여호수아 4:20-22) 여호수아가 요단에서 가져온 그 열두 돌을 길갈에 세우고/ 이스라엘 자손들에게 말하여 이르되 후일에 너희의 자손들이 그들의 아버지에게 묻기를 이 돌들은 무슨 뜻이니이까 하거든/ 너희는 너희 자손들에게 알게 하여 이르기를 이스라엘이 마른 땅을 밟고 이 요단을 건넜음이라

야곱은 타고난 성격이 이기심과 경쟁심이 강했다. 태어날 때부터 형 에서의 발꿈치를 잡았다. 그러한 야곱을 하나님은 축복하셔서 믿음의 제단을 쌓도록 하셨고, 예수님의 조상 이스라엘이 되게 하셨다. 하나님은 시련과 고난을 통해 야곱의 믿음을 훈련시키셨다. 창세기 35장의 본문 말씀은 야곱이 그 마지막 시련을 이기고 하나님 명령을 쫓아 벧엘에 올라가 제단을 쌓고자 결단하는 장면이다. 드디어 야곱은 이방 신상과 우상의 표적들을 모두 버렸다. 자녀와 가족, 함께 한 모든 사람들에게도 버리도록, 옷을 갈아입도록 했다. 옷을 갈아입는 것은 구별된 삶, 거룩의 상징이다. 마침내 야곱은 벧엘에 올라가 하나님의 제단을 쌓았다. 벧엘은 이스라엘 믿음의 제단, 감사의 기념비가 되었다. 그 믿음의 바탕 위에 예수님이 오셨다.

하나님 은혜는 가장 힘들 때 체험하게 된다. 감사는 상황에 대한 반응이 아니라 믿음에 대한 반응이다. 믿음의 눈으로 바라봤을 때 요단강은 더 이상 걸림돌이 아니었다. 언약궤를 멘 제사장들이 먼저 강물에 들어갔을 때 강물은 위에서부터 서서히 말라 바닥이 드러났고, 백성들이 법궤를 따라 걸어서 강을 건널 수 있었다. 40년 전 홍해를 건널 때에는 모세의 지팡이로 하나님이 먼저 바다를 가르셨지만, 요단강을 건널 때에는 백성이 법궤, 하나님 말씀을 앞세웠을 때 요단강이 갈라졌다. 40년간 광야 훈련은 하나님 말씀을 따라 사는 믿음의 훈련이었다. 이스라엘은 지파대로 강바닥의 큰 돌 하나씩을 메고 나와 길갈에 감사의 기념비를 세웠다. 길갈의 열 두돌은 하나님 은혜로 요단강을 건너 가나안에 들어왔음을 후손들이 알리는 감사의 기념비였다.

야곱이 벧엘에 쌓은 믿음의 제단, 여호수아가 길갈에 세운 감사의 기념비는 부모가 자녀에게 물려주는 신앙의 유산이 된다. 가정에 믿음의 기념비, 감사의 기념비를 세우는 일이 부모의 가장 중요한 사명이자, 책임이다.

하나님 축복의 가정을 이루자면 먼저 부모가 하나님을 만나야 한다. 과거가 중요하지 않다. 현재의 삶, 남은 삶이 중요하다. 날이 저물기 전에, 인생의 노을이 지기 전에 하나님을 만나야 한다. 생명이 하나님께로부터 왔고 하나님 품으로 돌아가야 한다. '이전엔 세상 낙 기뻤어도 지금 내 기쁨은 오직 예수, 이 세상 떠날 때 찬양하고 숨질 때 하는 말 이것일세, 내 구주 예수를 더욱 사랑' 찬송가 314장이 말년의 고백이 되어야 한다. 하나님 품에 안기는 소망의 죽음, 사랑하는 가족과 믿음 안의 이별을 준비해야 한다. 부모를 생각하며 믿음을 찾도록 아름다운 믿음의 추억, 믿음의 길잡이가 되어야 한다. 자녀의 미래가 죄의 결과라면 소망이 없게 된다. 자녀가 생명을 찾도록 믿음의 표지판을 세워야 한다. 인간의 고귀한 가치는 영적 생명, 하나님 자녀로의 회복에 있다. 임종을 앞둔 사람의 가장 큰 소망은 가족과의 믿음 안의 작별이다. 하나님 은혜, 예수님 십자가 대속에 감사의 고백, 하나님 축복과 소망을 전하는 부모가 행복한 부모이다.

하나님 감사와 찬양의 노래를 전한 믿음의 선진들

(신명기 32:10-12) 여호와께서 그를 황무지에서, 짐승이 부르짖는 광야에서 만나시고 호위하시며 보호하시며 자기의 눈동자 같이 지키셨도다/ 마치 독수리가 자기의 보금자리를 어지럽게 하며 자기의 새끼 위에 너풀거리며 그의 날개를 펴서 받으며 그의 날개 위에 그것을 업는 것 같이/ 여호와께서 홀로 그를 인도하셨고 함께 한 다른 신이 없었더라

(시편 40:3) 새 노래 곧 우리 하나님께 올릴 찬송을 내 입에 두셨으니 많은 사람이 보고 두려워하여 여호와를 의지하리로다

신명기 32장은 죽음을 앞둔 모세가 느보산에 올라 이스라엘이 장차 살아갈 가나안 땅을 바라보며, 그동안 하나님의 인도하심과 도우심을 회상한 감사의 고백이자 이스라엘에 마지막으로 당부한 유언과 같은 노래이다. 자신을 눈동자같이 지키신 하나님, 독수리가 새끼를 둥지 밖으로 떨어뜨리고 날개를 펴서 받아 올려 스스로 날도록 훈련시키는 것처럼 자신을 훈련시키신 하나님을 찬양하고 있다.

다윗의 시편은 죄에서 건져주신 하나님 은혜에 대한 감사와 찬양의 노래이다. 다윗은 하나님 용서의 은혜에 감사하며 날마다 새 노래를 불렀다. 새 노래는 새로운 마음, 새로운 언어의 노래이다. 더욱 하나님께로 나아가기 위한 노래, 죄를 멀리하기 위한 다짐의 노래이다. 후손들에게 하나님을 두려워하며 순종하도록, 하나님을 의지하며 말씀을 따르도록 일깨워주는 노래이다.

4. 자녀의 죄와 축복은 부모로부터 온다. 죄의 뿌리와 나쁜 습성은 당대에 끊어야 한다.

○ 자녀는 부모를 비추는 거울, 부모의 CCTV이다.

자녀는 부모 모습을 그대로 비춘다. 부모의 나쁜 모습을 더 잘 비춘다. 가장 가까운 사람에게 진짜 모습이 비춰진다. 자녀에게 인정받는 믿음이 참 믿음이다. 자녀는 부모의 말이 아닌 삶을 보고 배운다. 자녀는 부모에게서 살아있는 믿음을 보고 싶어 한다. 자녀가 CCTV임을 의식한다면 아무렇게나 행동할 수 없다. 잘못된 모습이 비춰질까 긴장하게 된다. 하나님은 CCTV 정도가 아니라 마음과 생각까지 감찰하신다. 하나님을 의식한다면 자녀 앞에서 바른 모습이 된다. 자녀에게 바른 모습을 보이려 할 때 하나님 앞에도 바로 서게 된다. 하나님 관계, 자녀 관계가 선순환되어 더욱 하나님께로 나아가는 모습이 믿음의 가정, 하나님이 주인 된 가정의

모습이다.

오늘날 돈이 주인인 가정이 되었다. '잘 산다'에 대한 개념과 인식을 바꾸어야 한다. 하나님을 섬기는 가정, 하나님 안에서 평안을 누리는 가정이 잘 사는 가정이다. 가정의 목적은 하나님 성품을 닮아가는 거룩이다. 부모가 믿음의 모습, 거룩의 모습을 보일 때 자녀에게서 숨겨진 하나님의 거룩한 형상이 나타난다. 자녀를 위해 눈물로 기도할 때 자녀가 변화하게 된다. 눈물의 기도가 자녀의 하나님 꿈과 성품을 빚어간다. 하나님이 자녀에게 꿈을 주시고, 이루게 하시고, 하나님 성품을 닮아가게 하신다.

○ 부모의 나쁜 습관, 죄의 뿌리는 당대에 끊어야 한다.

부모가 뿌린 씨앗대로 자녀가 열매를 맺는다. 죄는 관성이 있다. 전염성과 중독성이 있다. 부모가 하나님 은혜로 거듭나 나쁜 습관과 죄의 유전을 당대에서 끊어야 한다. 성경에는 이삭과 야곱, 요셉의 좋은 예가 있다. 이삭의 에서 편애가 야곱의 시기심을 자극했고, 리브가의 야곱 편애가 에서에게 상처를 주었다. 잘못된 죄의 뿌리가 야곱에게 유전되어 야곱은 요셉을 편애했다. 야곱의 요셉 편애가 형들에게 상처를 주었고, 형제간 갈등과 불화를 초래했다. 요셉은 철부지같이 형들에게 자랑했고, 형들은 요셉을 미워하여 애굽에 노예로 팔았다. 하지만 요셉은 고난을 통해 더욱 하나님을 의지하며 하나님 은혜를 체험했다. 감옥은 요셉에게 하나님 함께 하심을 체험하는 형통한 곳이 되었다. 하나님을 믿고 의지한 요셉, 하나님 은혜를 체험한 요셉은 형들에게 받은 상처에서 벗어나 형들을 용서할 수 있었다. 요셉이 형들을 용서함으로써 이삭으로부터 내려오던 가문의 상처, 나쁜 유전과 죄의 뿌리가 끊어졌다.

지금은 자녀들을 위해 울 때이다. 자녀를 나무라기 전에, 하나님께 무릎 꿇고 눈물로 기도해야 한다. 자녀 마음을 이해하며 자녀와 함께 울어야 한다. 회초리보다 무서운 것은 부모의 눈물이다. 자녀 사랑은 몸의 희생과 헌신이다. 몸의 희생과 헌신이 없이 자녀를 사랑하는 방법은 없다. 눈물의 기도, 몸의 희생과 헌신이 자녀를 변화시킨다.

5. 자립공생 정신 양육

○ 교육에 대한 부모의 인식이 달라져야 한다.

　미래 사회에 중요한 것은 외적인 스펙이 아니라 좋은 성품과 바른 인격이다. 타인에 대한 이해와 배려, 신뢰와 협동, 관계성과 공감 능력이다. 자녀가 좋은 대학을 나온다고 성공이 아니다. 좋은 성품으로의 양육이 성공이다. 성품이 좋아야 다른 사람과 좋은 관계를 맺고 여러 사람의 마음을 하나로 모을 수 있다. 어릴 때 가정에서 좋은 성품이 길러져야 한다. 가정은 하나님 마음, 하나님 성품이 길러지는 곳이다.

　앞에서 보았지만, 유대인은 자녀가 성인식을 치를 때까지 가정에서 말씀으로 양육한다. 하나님 소망을 보게 하며 자존감과 자긍심을 심어준다. 자녀의 재능과 장점을 찾아 칭찬과 격려로 자기개발의 동기를 부여한다. 아인슈타인은 어린 시절 학업 지진아로 담임교사가 평가했지만, 어머니는 '네가 이 세상에서 제일 잘할 수 있는 일이 있다'며 격려했다. 고등학교를 중퇴했고, 대학에서도 성적이 좋지 않아 취직도 어려웠지만, '너는 특별한 재능이 있다'는 어린 시절 어머니 격려가 나침반이 되어 뒤늦게 능력을 발휘 위대한 과학자가 되었다.

○ 자립정신 양육

　자립공생사회는 자립으로의 양육이 중요하다. 자립의 바탕이 영적 자립이다. 영적 자립은 어릴 때 가정에서부터 길러져야 한다. 자립으로의 양육과 관련, 구체적으로 몇 가지를 본다면 첫째, 정직이다. 가정에서 정직을 가르치며 준법정신을 길러야 한다. 하나님 앞에 바로 설 때 가장 정직한 사람, 준법정신이 철저한 사람이 된다. 둘째, 책임감이다. 자신의 행동에 책임을 지도록, 기본적으로 자신이 일한 대가로 생활한다는 인식을 심어야 한다. 셋째, 자기 개발이다. 자기 재능과 잠재력을 최대한 개발하여 공동체에 기여하도록, 책임 있는 사회인으로 양육해야 한다. 넷째, 예의와 규범이다. 자립은 다른 사람과 공동체에 대한 기본적인 예의이다. 자립한 사람은 예의와 규범을 지키게 된다. 다섯째, 정리 정돈이다. 자신의 자리는 자신이 치워야 한다. 다른 사람에게 부담이 되지 않도록 하는 것은 더불어 사는 공동체 생활의 기본이다.

○ 공생정신 양육

 하나님 보시기에 아름다운 사회는 주고받는 원형 사회이다. 직선에서는 뒤처지는 사람은 낙오되지만, 원형 사회에서는 모두가 승리한다. 밀어주고 당기면서 돌기 때문이다. 자립 양육에 추가하여 공생정신 양육의 몇 가지만 본다면 첫째, 협동심과 배려심이다. 선악과를 따먹지 않는 정신, 남을 판단 정죄하지 않는 정신이다. 남을 시기하며 경쟁하지 않을 때 좋은 관계가 된다. 남을 이기는 사람이 아니라 밀어주는 사람이 되도록, 서로 돕는 공동체 의식을 심어준다. 둘째, 사랑과 긍휼의 마음이다. 어려운 이웃을 돕는 마음, 함께 아파하는 마음이다. 하나님은 인간에 필요한 모든 것을 주셨다. 하나님 은혜, 예수님 십자가 희생과 사랑을 깨닫는다면 내 것을 자랑하며 교만할 수 없다. 셋째, 희생과 섬김의 정신이다. 나만을 위한 성공, 다른 사람에 피해를 주는 성공이 있을 수 없다. 다른 사람과 공동체를 유익하게 하는 성공, 섬김과 봉사의 성공이 되어야 한다.

3장 인생에서 가장 중요한 것은 예수님과의 만남이다.

1. 왜 예수님을 만나야 하는가?

○ 예수님 안에 생명이 있기 때문이다.

　인생의 축복은 만남의 축복이다. 누구를 만나느냐에 따라 인생이 달라진다. 좋은 친구를 만난다면 큰 축복이 된다. 예수님을 만난다면 축복을 넘어 생명을 얻게 된다. 예수님은 길이요 진리요 생명이 되신다. 신앙은 예수님과의 만남, 예수님 은혜와 사랑을 체험하는 사건이다. 예수님을 만나면 인생의 모든 문제가 해결된다. 예수님은 생명을 살리시는 분이기 때문이다. 생명은 내가 얻을 수도, 구할 수도, 지킬 수도 없다. 생명은 하나님이 주관하신다. 예수님은 하나님과 동일체로 생명 길로 인도하신다. 예수님은 단순한 종교 지도자, 인간을 바른 삶으로 인도하는 철학자나 사상가가 아니다. 생명 자체가 되신다. 인간의 노력으로 세상의 재물과 명예, 권력을 얻을 수는 있지만 그 어떤 것으로도 생명을 얻을 수는 없다. 복음은 종교 교리나 신학이 아닌 생명을 회복시키는 구원의 능력이다.

　예수의 히브리어, 여호수아는 여호와 하나님이 보내신 구원자란 뜻이다. 그리스도(Christ)는 헬라어로, 기름 부음을 받은 자란 뜻이다. 구약의 기름 부음을 받은 자는 왕과 선지자, 제사장 세 사람이다. 왕은 하나님을 대신하여 백성을 다스리는 사람이고, 선지자는 하나님 말씀을 전하는 사람이며, 제사장은 하나님께 제사를 드리며 백성들의 죄를 중보하는 사람이다. 예수님은 구약의 왕과 선지자와 제사장의 직분을 완성하신 분이다. 예수님은 나를 다스리는 왕, 나의 주인이 되시고, 내 삶을 인도하시는 인도자가 되시며, 내 생명을 구원하는 구원자가 되신다.

○ 예수님은 나의 주인이 되신다.

(요한복음 2:3-5) 포도주가 떨어진지라 예수의 어머니가 예수에게 이르되 저들

에게 포도주가 없다 하니/ 예수께서 이르시되 여자여 나와 무슨 상관이 있나이까 내 때가 아직 이르지 아니하였나이다/ 그의 어머니가 하인들에게 이르되 너희에게 무슨 말씀을 하시든지 그대로 하라 하니라"

요한복음 2장 1-12절에는 예수님이 갈릴리 가나의 혼인 잔치에서 물을 포도주로 만든 기적이 나온다. 내가 주인일 때 예수님은 손님이 된다. 손님은 주인에게 명령하거나 지시할 수가 없다. 주인의 대접을 받을 뿐이다. 예수님이 손님일 때 내게 변화가 일어나지 않는다. 예수님이 나의 주인, 나의 주님(Lord)이 될 때 내가 변화, 주님의 능력이 나타난다. 모친 마리아가 예수님이 주님임을 깨닫고 하인들에게 명령하여 무조건 예수님 말씀을 따르도록 했을 때 물이 포도주로 변하는 기적이 일어났다. 예수님은 포도주가 떨어졌을 때 물을 포도주로 만드셨다. 항아리의 물이 만물의 주인이신 예수님을 만나자 붉은 포도주로 변한 것처럼, 예수님을 만나면 죄악 속에 사는 것이 부끄러워 얼굴이 붉어진다. 가슴이 뜨거워지고 심령이 변화하며 죄에서 벗어나게 된다. 하나님 자녀의 권세와 축복, 능력을 누리는 삶이 된다.

인생을 살면서 '왜 사는가?' 의문과 회의는 하나님 관계를 벗어났기 때문이다. 생명은 하나님이 주셨기에 '왜 사는가?'가 아니라 '어떻게 살아야 하는가?'가 중요한 일이다. 그것은 창조주 하나님 관계를 회복하고 창조 목적을 이루는 일이다. 세상 물건도 만든 사람이 소유권을 가진다. 나를 창조하신 분이 하나님이시다. 인간은 하나님 형상, 하나님의 영이 부여된 하나님 자녀이다. 하나님을 떠나는 것이 영적 사망이다, 하나님께 불순종이 죄의 본질이다. 예수님은 하나님 관계를 회복시키기 위해 이 땅에 오셔서 인간의 죄를 대신 지시고 십자가에 죽으셨다. 예수님을 주인으로 모실 때 영적 생명을 회복, 하나님 자녀의 권세와 축복을 누린다. 영적 생명은 하나님의 영, 성령의 내재하심이다. 복음을 영접하고 예수님을 주인으로 모실 때, 성령의 능력을 힘입는 하나님의 아들이 된다.

○ 예수님은 나의 인도자가 되신다.

(시편 23:1) 여호와는 나의 목자시니 내게 부족함이 없으리로다
(에스겔 34:15) 내가 친히 내 양의 목자가 되어 그것들을 누워 있게 할지라

　예수님을 만나지 못한다면 목자 없는 양이 된다. 양은 목자 없이 살아갈 수 없다. 공격 무기도 없고 방어 능력도 없다. 눈이 나빠 잘 보지 못한다. 길을 잃어버리면 집을 찾지 못한다. 다리가 짧아 행동이 느리고 넘어지면 일어설 수 없다. 양에겐 목자가 절대적으로 필요하다. 목자가 있어야 두려움 없이 편안히 잠을 잔다. 목자의 인도를 따를 때 부족함이 없게 된다. 목자는 양을 잘 안다. 눈동자같이 지키며 안전하게 보호한다. 양은 목자의 음성을 잘 듣도록 청각이 발달되었다. 목자의 음성을 듣고 따르는 것이 양의 유일한 생존 방법이다. 인간은 양과 같은 연약한 존재지만, 예수님이 목자가 되실 때 염려와 두려움이 없게 된다.
　삶이 어렵고 힘든 것은 목자 되신 예수님을 만나지 못했기 때문이다.

○ 예수님은 나의 구원자가 되신다.

(사도행전 3:6) 베드로가 이르되 은과 금은 내게 없거니와 내게 있는 이것을 네게 주노니 나사렛 예수 그리스도의 이름으로 일어나 걸으라
(히브리서 9:12) 염소와 송아지의 피로 하지 아니하고 오직 자기의 피로 영원한 속죄를 이루사 단번에 성소에 들어가셨느니라

　성전 미문(美門)에 앉아 구걸하는 앉은뱅이에게 베드로와 요한은 물질이 아닌 예수님을 선물로 주었다. 문제의 근원을 해결해 주었다. 구걸할 필요가 없도록, 장애가 사라지게 했다. 최고의 기적은 예수님을 통한 구원의 기적이다. 삶의 모든 문제, 근원적 문제가 해결된다. 예수님은 양의 문이 되신다. 예수님을 통하지 않고는 하나님께로 나아가는 길, 영적 생명을 회복하는 길이 없다. 구약에는 죄를 지을 때마다 염소나 송아지, 양 등 제물의 피로 속죄 제사를 드렸지만, 예수님이 인간의 죄를 대신하여 피 흘려 죽으심으로 인류의 영원한 속죄 제물이 되셨다. 예수님을 만나면 죄에서 구원되어 생명을 얻는다. 복음을 영접하면 하나님 앞에 의롭다 함을 입는다.

인간에게 가장 중요한 것은 하나님 자녀로의 회복, 영적 생명의 회복이다. 세상을 다스리도록 유업을 받은 하나님 자녀가 세상에 메여 산다면 얼마나 안타까운 일인가! 예수님을 만나지 못한 삶이 가장 불행한 삶이다. 예수님을 만날 때 죄와 죽음의 문제가 해결된다. 세상 삶은 태어나서 죽음으로 가는 여정이지만, 예수님을 만나면 죽음에서 생명으로 가는 여정, 영원한 생명의 삶이 된다.

2. 예수님을 만나면 무엇이 달라지는가?

○ 인간의 정체성, 하나님 자녀의 정체성을 회복한다.

인간의 정체성은 하나님 자녀로 사는 것, 자녀의 은혜와 축복, 권세와 능력의 삶을 사는 것이다. 예수님을 만날 때 하나님 자녀의 정체성을 회복하게 된다. 하나님 자녀는 세상의 어떤 것보다 귀한 자리, 하나님 뜻에 따라 만물을 다스리는 권세와 능력의 자리이다. 영원한 생명을 지닌 하나님의 자녀임을 깨닫는다면, 하나님과 친밀히 교통하며 하나님 뜻을 따르는 자녀의 정체성을 지키게 된다.

정체성 회복은 인간의 본질 회복이다. Doing이 아닌 Being이다. 하나님 자녀로서 하나님 형상과 성품을 회복하는 일, 하나님 안의 삶이 된다. 인간의 정체성 회복은 하나님께도 가장 중요하다. 창조 목적을 이루셔야 하기 때문이다. 하나님을 사랑하며 친밀히 교제하는 자녀가 될 때 하나님 뜻을 따르게 된다. 하나님 나라를 이루며 하나님 창조 사역에 동참하게 된다.

○ 인생관과 가치관, 성공과 행복의 기준이 달라진다.

예수님을 만나면 삶의 의미와 목적, 인생관과 가치관, 성공과 행복의 기준이 달라진다. 생명이 하나님께 있음을, 하나님 안에 소망이 있음을 보게 된다. 말과 행동이 달라지고, 하나님 축복과 은혜의 삶, 하나님 안에서 보람과 가치를 찾는 삶이 된다. 전능하신 하나님이 '너는 내 사랑하는 자녀다' 하시는데 더 이상 무엇이 필요한가? 더 이상의 축복과 은혜, 더 이상의 권세와 능력이 있겠는가! 하나님과 교통하며 하나님 은혜 안에 있을 때 천국이 된다. 우주 만물이 아름답게 보인다. 나뭇잎 소리, 풀잎 속삭이는 소리에 감격하게 된다. 인간의 가장 큰 죄악은 하나님을 부인하며 거역하는 삶이다. 하나님을 떠난 삶이 지옥이다.

안타깝게도 물질문명이 최고조로 발달한 오늘날 하나님과 더욱 멀어지고 있다. 오늘날, 진정 필요한 것은 예수님과의 만남, 예수님 안의 생명의 삶이다. 세상적 성취가 성공이 아니라, 하나님 안의 삶이 성공이다. 성령의 인도를 받을 때 말과 행동이 달라진다. 내 욕심을 채우는 삶이 아니라 이웃과 공동체를 섬기는 삶이 된다. 기도의 내용이 달라진다. 하나님 뜻을 구하며 이웃을 중보하게 된다.

○ 물질에 대한 인식이 달라진다.

(누가복음 5:11) 그들이 배들을 육지에 대고 모든 것을 버려두고 예수를 따르니라
(요한복음 4:28-29) 여자가 물동이를 버려 두고 동네로 들어가서 사람들에게 이르되/ 내가 행한 모든 일을 내게 말한 사람을 와서 보라 이는 그리스도가 아니냐 하니

기구한 운명으로 남들을 피해 살던 사마리아 여인이 예수님을 만난 뒤 마음이 뜨거워져 물동이를 버려두고 동네에 가서 소리쳐 예수님을 전했다. 근원적인 문제, 병든 영혼이 치유되었기 때문이다. 예수님을 만나면 인생의 모든 문제가 해결된다. 예수님 안에 생명이 있기 때문이다. 세상의 상처와 배신감 속에 숨어 살던 여인이 새사람이 되었다. 돈만 알던 세리 삭개오가 베푸는 사람이 되었다(누가복음

19:8). 예수님을 만나면 물질을 정당한 방법으로 얻고, 하나님 뜻에 맞도록 사용한다. 생명이 없는 곳에 소망을 두는 어리석은 사람은 없기 때문이다.

돈으로 생명을 얻을 수는 없다. 하나님 주시는 평안을 누릴 수는 없다. 행복한 가정을 살 수는 없다. 정작 중요한 것은 돈으로 얻을 수 없다. 오히려 돈 때문에 가장 중요한 생명을 잃게 된다. 생명을 잃게 된다는 것을 깨달을 때 세상의 것을 탐하지 않게 된다. 물질이 나쁜 것이 아니라 물질을 섬기는 것이 나쁜 것이다. 물질은 비인격적인 수단일 뿐이다. 비인격적인 것을 섬기는 것이 우상이다. 예수님을 만날 때 물질의 우상을 벗어나 하나님 안의 생명을 얻게 된다. 아프리카 흑인을 잡아다가 노예 시장에 팔았던 존 뉴튼(1725-1807)은 예수님을 만나 새 생명을 얻고 변화되어 천국의 기쁨 속에 살았다. 찬송가 305장 '나같은 죄인 살리신(Amazing grace)'은 그의 신앙 고백이다. 새 생명을 얻어 변화된 삶, 영원한 생명의 삶보다 귀하고 값진 삶이 있겠는가! 더 큰 기쁨과 감격이 있겠는가!

ㅇ 역사에 대한 인식이 달라진다.

세상의 모든 일은 하나님의 절대적인 주권 아래 있다. 예수님을 만나면 하나님의 섭리, 구속 사관의 입장에서 역사를 보게 된다. 역사는, 하나님 창조 목적을 이루시기 위한 구원 섭리의 여정, 죄로써 하나님을 떠난 인간에 대한 하나님 자녀로의 회복의 여정이다. 영어의 역사 History는 하나님(His) 이야기(story)이다. 하나님의 구속 사관을 가진 사람은 역사 속에서 일하시는 하나님의 손길을 깨닫고 겸손하게 된다. 하나님 소망을 바라보며 기도하게 된다. 하나님 의를 추구하며 하나님 뜻을 이루게 된다. 하나님 의가 아니고서는 인간은 완전하게 정의로울 수 없다. 하나님을 무시하고 내가 주인일 때 자기 의를 내세우게 된다. 하나님 구속 사관의 인식을 가진 사람만이 참된 정의를 실현할 수 있다. 하나님 의를 따르는 사람은 언제나 소수였지만, 그 소수를 통해 역사는 발전해 왔다. 하나님이 역사의 주관자시기 때문이다.

예레미야는 하나님의 구속 사관으로 역사를 바라보았기에, 악이 관영한 이스라엘을 하나님이 바벨론이라는 채찍을 들어 치실 것을 깨달았다. 이에 '민족의 죄를 회개하며 하나님의 채찍을 맞자'고 했던 것이다. 하나님의 구속 사관을 가진 사람은 합력해서 선을 이룬다. 바벨론에 포로로 끌려간 사람 중에 다니엘과 에스겔 두 지도자가 있었다. 다니엘은 왕궁에서 살았고, 에스겔은 포로들과 함께 힘든 환경에 살았지만 서로 비방하지 않았다. 두 사람은 각자의 자리에서 최선을 다함으로써 하나님 구원 섭리의 역사에 쓰임을 받았다. 다니엘은 왕궁에서 왕들에게 선한 영향력을 끼침으로써 이스라엘이 포로에서 해방되는 데에 기여했고, 에스겔은 그발 강가에서 이스라엘 백성들에게 하나님 말씀을 가르침으로써 하나님과 바른 관계를 지키는 데에 기여했다.

지금은 구속 사관의 역사 인식이 그 어느 때보다 필요하다. 하나님의 구속사적으로 매우 중요한 시기, 마지막 심판의 때이기 때문이다. 하나님의 구속 사역은 반드시 이루어져야 한다. 창조 목적을 이루셔야 하기 때문이다. 그렇지 못하다면 하나님 심판이 불가피하게 된다. 지금은 세계적인 영적 위기이다. 이 시대 영적 대결의 중심, 하나님 구속사의 중심에 대한민국이 있다. 세계가 하나님과 멀어지더라도 대한민국은 하나님 뜻을 찾아 이루어야 한다. 마지막 때 하나님 나라의 파수꾼으로 세워졌기 때문이다.

○ 하나님 주시는 소명을 찾게 된다.

(이사야 6:8) 내가 또 주의 목소리를 들으니 주께서 이르시되 내가 누구를 보내며 누가 우리를 위하여 갈꼬 하시니 그 때에 내가 이르되 내가 여기 있나이다 나를 보내소서 하였더니

이스라엘이 하나님을 떠난 암울한 시대에 이사야는 환상으로 하나님 소명을 받았다. 하나님 말씀을 선포하도록 하나님은 이사야를 부르셨고, 부르심에 응한 이사야는 이스라엘의 죄악을 깨우치며 죄에서 돌이키도록 하나님 말씀을 전했다.

이 시대 그리스도인은 하나님의 뜻과 계획을 찾아 이루어야 할 소명이 있다. 하나님은 우리 모두를 부르신다. 이 시대는 한 사람의 선지자가 아니라 각자의 자리에서 책임을 다하는 직업적 소명이 필요하다. 각자 자기 책임을 다할 때 하나님 나라는 이루어진다. 생명(生命)은 소명을 찾아 이루라는 하나님 명령이다. 소명은 하나님 부르심이다. 하나님은 각자를 부르신다. 인생의 목적은 소명을 찾아 이루는 데에 있다. 소명을 찾을 때 가치 있고 보람 있는 삶, 축복과 능력의 삶이 된다. 하나님 뜻을 이루는 비전을 가져야 한다. 그리스도인의 비전은 야망과는 다르다. 야망은 욕망의 산물이지만 비전은 소명의 산물이다.

소명은 내 뜻대로 사는 삶이 아닌, 하나님 뜻을 이루는 삶이다. 예수님을 만나면 하나님 소명을 찾게 된다. 하나님 뜻을 쫓을 때 영원한 생명의 삶이 된다. 지금은 하나님 소명을 찾아 이루어야 할 때이다. 하나님 뜻, 하나님 나라는 반드시 이루어져야 한다. 하나님 뜻을 이루도록 대한민국을 축복하셨다. 대한민국은 소명을 찾을 권리는 있어도 포기할 자유는 없다. 하나님 소명을 이루지 못한다면 나라와 민족의 비극, 인류의 비극이 된다. 대한민국의 위기는 영적인 위기이다. 안타깝게도 지금 영적으로 하나님과 더욱 멀어졌다. 믿음의 다음 세대가 끊어지고 있다. 이대로는 소명을 감당할 수 없다. 다음 세대는 소명을 찾을 수도 없게 된다. 아무리 어렵더라도 다음 세대를 믿음으로 세워야 한다. 이 책을 쓴 목적도, 책의 제목도 이에서 비롯되었다.

3. 그리스도인의 소명

1) 1차적 소명은 하나님 자녀로 사는 기본적 소명이다.

1차적 소명은 내가 누구인가? 물음의 답이 된다. 복음을 영접하고 하나님 자녀 관계를 회복하는 것, 하나님 자녀로 사는 삶이 1차적 소명이다. 제2부에서 인간의 정체성 회복은 1차적 소명이 된다. 하나님 자녀로의 정체성 회복은 인간의 가장 큰 축복이다. 하나님은 자녀에게 축복주시기를 원하신다. 하나님 축복을 받자면 하나님과 친밀하게 교통하는 기쁨의 자녀, 하나님 뜻을 따르는 순종의 자녀가 되어야 한다.

2) 2차적 소명은 협의의 소명, 직업적 소명이다.

각자에게 하나님 주시는 소명이 있다. 각자의 소명은 일을 통해 이루어진다.

2차적 소명은 나는 무엇을 하는 사람인가?에 대한 답이 된다. 1차적 소명이 분명하다면 2차적 소명을 쉽게 찾을 수 있다. 하나님 자녀는 하나님 뜻을 이루는 일을 해야 한다. 일은 하나님 뜻을 이루는 신성한 행위이다. 일을 통해 하나님 창조 사역에 동참한다. 1차적 소명을 실현하는 통로, 수단이 2차적 소명이다. 인간은 더불어 살도록 창조되었다. 더불어 사는 길은 일을 통해 서로 봉사하고 섬기는 길, 공동체 안에서 필요한 일을 찾아서 담당하는 길이다. 일을 통해 하나님 나라가 확장된다. 일터는 하나님 함께 하시는 현장이 된다.

1차적 소명이 인생의 목적이라면 2차적 소명은 인생의 목표가 된다. 목적이 분명하다면 목표를 정하기 쉽고 목표를 이루기 위해 최선의 노력을 하게 된다. 목적이 없으면 목표를 정할 수 없고, 목표가 없는 사람이 열심히 일할 수 없다. 소명은 하나님 주신 재능과 달란트를 발휘, 일을 통해 하나님 뜻을 이루려는 책임감이된다. 단순히 돈을 벌기 위해 일한다면 충분하지 않다. 남과 비교하며 불평하게 된다. 소명으로 일한다면 남과 비교하지 않고 자기 역량을 키우게 된다. 다른 사람의 잣대로 남을 따라가는 삶이 아니라, 스스로의 목표를 세우고 이루는 삶이 된다.

예수님의 증인은 사회 속의 모습이다. 그리스도인은 일을 통해 이웃 사랑을 실천하며 보람과 기쁨을 얻고 하나님 영광을 드러낸다. 일은 단순히 생계를 위한 수단이 아니라, 하나님 나라를 이루는 사역이 된다. 하나님 나라를 이루기 위해 직업을 선택하는 의미에서 성직과 세상 직업이 구분되지 않는다. 목회자만이 성직이 아니라, 기술직이든 생산직이든 사무직이든 거룩한 직업, 성직이 된다, 소명으로 일을 할 때 다 같이 하나님 나라를 이루는 거룩한 사역이 된다.

○ 그리스도인은 직업적 정체성을 지녀야 한다.

2차적 소명은 직업적 정체성과 책임감, 자기 분야에 전문성과 탁월성을 갖추는 것이 된다. 그리스도인은 '나는 무엇을 하는 사람이다' 당당하게 말할 수 있어야 한다. 자기 분야의 전문가로서 장인 정신을 지녀야 한다. 장인 정신은 소명의식에서 나온다. 자립공생사회는 각자가 자기 분야에 소명의식, 장인 정신을 지니는 사회이다. 각자 맡은 일에 최선을 다함으로써 하나님 나라를 이룬다. 소명의식이 있을 때 합력해서 선을 이루게 된다. 남에게 자랑하는 일이 아니라 청지기로 섬기는 일이 된다. 보이는 곳이 아니라, 보이지 않는 곳에 더욱 충실하게 된다.

그리스도인은 일을 통해 세상 속에서 빛과 소금의 역할을 담당한다. 하나님은 조화로운 코스모스 세계를 창조하셨지만, 인간의 타락으로 혼돈과 무질서의 카오스 세상이 되었다 하나님 구원 섭리는 직업적 소명을 통해 조화로운 하나님 질서를 회복하는 일이 된다. 정치, 경제, 사회, 문화, 예술 등 각 분야에서 일을 통해 하나님 보시기에 아름다운 질서를 회복해야 한다. 하나님의 새 역사는 가진 것, 내게 있는 것을 통해 시작된다. 하나님 주신 재능을 소중히 여기며 개발해야 한다. 내게 주신 작은 일을 통해 하나님은 은혜를 부어주신다. 소명으로 결단하고 나아갈 때 하나님 예비하신 축복을 경험하게 된다. 룻은 시어머니를 위해 이삭 줍는 작은 일을 시작했지만, 그 일을 통해 보아스를 만나게 하셨다. 다윗이 골리앗을 쓰러뜨릴 때 사용했던 것은 최신 병기가 아니라, 늘 손에 익숙하던 시냇가의 작은 물맷돌이었다. 모세가 출애굽의 기적을 행할 때 사용했던 도구는 양을 치던 지팡이였다. 가진 것이 부족하고 초라할지라도 하나님 손에 들려질 때 기적의 돌멩이, 능력의 지팡이가 된다. 하나님 주신 일, 맡기신 역할을 소명으로 감당할 때 하나님의 새 역사는 반드시 이루어진다. 전능하신 하나님이 각자를 통해 이루시려는 뜻과 계획을 가지고 계신다는 것은 얼마나 가슴 설레는 일인가!

아합 시대, 하나님께 쓰임 받았던 오바댜는 직업적 소명을 이룬 사람이었다(열왕기상 18:1-19).

아합은 구약 북이스라엘의 가장 악한 왕이었다. 하나님을 거역하고 이방 신, 우상을 섬김으로써 영적 암흑시대를 초래했다. 이같은 암흑시대에 오바댜는 아합의 왕궁을 맡은 자, 오늘날의 비서실장이었다. 오바댜는 여호와를 경외하는 직업인이었다. 악한 아합왕도 그를 믿고 모든 것을 맡길 정도로 맡은 일에 성실했다. 오바댜는 맡은 자리가 사명의 자리였고, 자기 자리에서 최선을 다함으로써 하나님께 쓰임을 받았다. 이세벨이 여호와의 선지자들을 찾아서 죽일 때에 선지자 100명을 오십명씩 굴에 숨기고 떡과 물을 먹였다. 엘리야의 갈멜산 전투 승리에도 숨은 공로자였다. 악한 아합 시대에도 이방신에 굴하지 않았던 오바댜와 같은 7천 명의 남은 자들이 있었다. 하나님은 남은 자들을 통해 구원 섭리의 역사를 이루어 오셨다. 오늘날은 아합 시대보다도 악한 시대, 하나님을 대적하며 더욱 우상을 섬기는 시대가 되었다. 지금은 그 어느 때보다 직업 현장에서 하나님께 쓰임 받는 일꾼이 필요한 시대이다. 그리스도인은 이 시대의 남은 자들, 이 시대의 오바댜가 되어야 한다.

3) 직업적 소명을 어떻게 찾을 것인가?

○ 재능과 적성에 맞는 일이어야 한다. 자기다움을 찾아야 한다.
  앞으로 4차 산업 시대가 될수록 다양성이 중요하다. 재능과 적성에 따라 자기 실력을 쌓는 것, 꾸준한 자기개발이 중요하다. 남들과 비교하며 남들과 같은 목표에 매달릴 필요가 없다. 자립공생사회는 재능과 적성에 맞는 진로를 선택, 누구나 자기다움을 찾을 수 있다. 다수를 떨어뜨려 실패자로 만드는 인기 학과, 인기 직업은 없다. 각자 스스로의 잣대로 목표를 세우고 자기 역량을 개발하며 미래를 준비한다. 일자리 예측과 창출, 직업훈련과 일자리 연결을 국가적으로 추진한다.
  직업적 소명을 결정하는 가장 중요한 요소는 재능과 적성이 된다. 재능과 적성은 하나님이 주신다. 내게 하나님 주신 재능은 무엇인가? 장점과 특성, 내가 잘할 수 있는 일은 무엇인가? 스스로 질문하고 확인해야 한다. 못하는 것을 잘하려는 노력보다 잘하는 것을 발전시키는 노력이 훨씬 빛을 발한다. 적성과 재능을 다른 사람과 비교할 필요가 없다. 스스로의 절대 기준으로 판단하면 된다. 내가 보다 잘할 수 있는 분야, 노력하면 더욱 개발할 수 있는 분야면 된다. 적성과 재능에 따른 진로는 운이 좋아 성공하는 길이 아니라, 꾸준한 노력으로 성공하는 길이다. 자기 개발을 통해 성취감과 만족감을 맛보며 이웃과 사회에 유익을 주는 보람된 일이 된다. 직업적 소명을 결정하는 두 번째 중요한 요소는 좋아하는 일, 즐기며 할 수 있는 일이어야 한다. 내가 좋아하는 일, 내게 맞는 일은 무엇인가? 흥미를 느끼는 일, 관심 있는 분야는 무엇인가? 평생 그 일에 충실할 수 있는가? 스스로 묻고 확인해야 한다. 좋아하는 일을 할 때 힘들어도 피곤하지 않다. 즐겁게 기쁨으로 일한다. 즐기면서 일을 할 때 효과적인 일이 된다. 본인도 행복하며 보는 사람들도 기분이 좋다.

○ 하나님 소망, 하나님 주시는 꿈과 진로이어야 한다.

(요한계시록 3:8) 볼지어다 내가 네 앞에 열린 문을 두었으되 능히 닫을 사람이 없으리라 내가 네 행위를 아노니 네가 작은 능력을 가지고서도 내 말을 지키며 내 이름을 배반하지 아니하였도다

자립공생사회는 누구나 공동체에 필요한 일을 한다. 일이 생활 속의 예배가 된다. 누구나 자기 자리에서 정직하게 성실하게 일함으로써 하나님의 기쁨이 된다. 하나님 기쁨이 되기 위한 꿈, 각자에게 주신 하나님의 뜻과 계획을 찾아 이루는 것이 소명이다. 소명에 따른 진로 결정은 기도로 준비하며 성령의 인도를 받아야 한다. 소명은 하나님의 뜻과 계획에 대한 나의 순종이 된다. 생각만으로 소명이 되지 않는다. 하나님 앞에 뜻을 정할 때 소명이 된다. 소명이 재능과 적성, 좋아하는 일에 우선한다. 재능이 부족하더라도, 좋아하지 않더라도 소명이 확실하다면 그 일을 택할 수 있다. 하지만 소명은 자연히 재능과 적성, 좋아하는 일에 연결된다. 재능과 적성, 좋아하는 일에 소명의 결단이 이루어질 때 행복한 삶이 된다.

소명은 영성에 바탕한다. 소명의식이 없이는 하나님의 일을 할 수가 없다. 그리스도인은 직업관, 직업의식이 뚜렷해야 한다. 사회에 유익한 직업, 선한 영향을 주는 일이 되어야 한다. 직업을 결정할 때 하나님 관계에서 어떤 의미를 가지는가? 하나님 영광을 드러내는 일인가?가 중요한 기준이 된다. 하나님 함께 하시지 않는 수고는 헛된 일이 된다. 인생의 진정한 행복과 가치는 소명을 찾아 이루는 삶이다. 소명에 따라 진로를 결정하면 왜 공부해야 하는지? 이유와 동기가 분명하게 된다. 최선의 노력으로 그 일을 준비하게 된다. 소명으로 일을 감당할 때 남과 비교하지 않는다. 다른 사람의 짐이 가볍다고 불평하지 않는다. 힘들고 어려운 일을 감당할수록 값진 희생과 보람이 된다.

소명은 세상적 영웅이 되는 꿈이 아니라, 자기 자리를 지키며 빛내는 꿈이다. 하나님 나라는 작은 것에서 시작된다. 능력의 크고 작음이 아니라, 주신 능력에 감사하며 순종할 때 하나님은 기뻐 축복하신다. 하나님은 작은 능력을 가지고 충성한 빌라델비아교회를 칭찬하셨다. 하나님 축복은 열린 문의 축복이다. 열린 문은 하나님의 절대적인 능력이다. 하나님이 문을 여시면 닫을 사람이 없고, 닫으시면 열 사람이 없다. 소명의 길은 하나님 함께 하시는 길, 하나님 능력을 체험하는 길이다. 작은 일이 큰 일이 된다. 작은 일을 통해 하나님은 더욱 은혜를 부어주신다. 새 시대는 한 사람의 영웅이 아니라, 각자의 자리에서 책임을 다하는 영웅들을 요구한다. 자기 자리를 빛내는 사람들, 맡은 일을 소명으로 감당하는 직업인들이 새 시대를 밝히는 영웅들이다.

4) 소명은 때가 중요하다. 청년의 때에 결단해야 한다.

○ 소명은 때를 놓치지 않는 것이다.

(전도서 12:1) 너는 청년의 때에 너의 창조주를 기억하라 곧 곤고한 날이 이르기

전에, 나는 아무 낙이 없다고 할 해들이 가깝기 전에

소명은 내가 중심이 아니라 하나님이 중심이다. 하나님의 때에 소명을 감당해야 한다. 내가 중심일 때 소명에 대한 오해와 함정에 빠지게 된다. 내가 준비가 덜 되었다고 생각하며 때를 놓치거나 외면할 수 있다. 내 중심으로 준비해 놓고 소명을 감당할 수 있다고 자만할 수 있다. 내 일을 하면서 하나님 일이라고 착각할 수 있다. 소명은 하나님 예비하신 시간에 나를 맞추는 것이다. 하나님의 부르심, 하나님의 때를 분별하는 지혜가 필요하다. 준비가 덜 되었더라도 하나님이 부르실 때에 응해야 한다. 소명은 하나님 부르심에 기쁨으로 순종하는 자세이다. 내가 능력이 있어서 하나님께서 쓰시는 것이 아니다. 하나님이 쓰시면 하나님 능력이 나타난다. 지금은 할 수 있지만 나중에는 할 수 없는 것이 소명이다. 인생에서 가장 후회스러운 일은 때를 놓치는 일이다. 도울 수 있을 때 도와야 한다. 준비할 수 있을 때 준비해야 한다. 소명의 결단은 빠를수록 좋다. 청년의 때는 아무리 강조해도 지나침이 없다. 청년의 때는 자기 가능성의 그릇, 내적 그릇을 키울 수 있는 시기이다. 청년의 때에 하나님을 알고 하나님 뜻을 구해야 한다. 청년의 때에 뜻을 정해야 인생을 낭비하지 않는다. 누가복음 15장에 나오는 탕자의 죄는 소중한 인생을 낭비한 죄이다. 하나님 뜻을 쫓을 때 가치 있는 삶, 축복의 삶이 된다. 인생은 하나님 뜻을 찾아 이루는 소명이다. 하나님이 인간을 창조하신 목적이다.

◌ 세상을 쫓을 때 인생은 짧지만, 소명을 쫓을 때 인생은 충분히 길다.

(시편 90:4) 주의 목전에는 천 년이 지나간 어제 같으며 한 순간 같을 뿐임이니이다
(시편 90:12) 우리에게 우리 날 계수함을 가르치사 지혜로운 마음을 얻게 하소서

시간을 나타내는 헬라어에는 크로노스(Chronos)와 카이로스(Kairos)가 있다. 크로노스는 흘러가는 역사 속의 시간이지만, 카이로스는 역사 밖의 초월적인 시간이다. 크로노스 시간은 물리적 객관적 정량적 시간, 가만히 있어도 흘러가는 자연적 시간이다. 길이로 측정한다. 카이로스 시간은 특별한 목적이 심어진 시간, 질적으로 변화하는 시간이다. 깊이로 책정한다. 카이로스 시간은 하나님 은혜의 시간, 하나님과 관계된 시간, 하나님 사명을 감당하는 시간이다. 하나님 은혜만큼, 하나님과 동행하며 하나님 뜻에 순종하는 만큼 얻어지는 영적인 시간이다. 세상은 크로노스 시간이 중요하지만, 하나님 나라는 카이로스 시간이 중요하다. 인간은 크로노스 시간, 보이는 시간과 공간을 지배할 수 있어도 카이로스 시간, 영적 시간은 지배할 수 없다. 인간이 지배하는 크로노스 시간은 사라져 소멸하지만, 하나님 관계하시는 카이로스 시간은 영원하다.

물리적 크로노스 시간을 하나님의 영원한 카이로스 시간으로 바꾸는 삶이 소명이다. 소명의 사람, 영성의 사람은 시간을 거룩하게 사용한다. 시간이 흐를수록 세상의 때를 벗겨내고 하나님 성품을 닮아간다. 하나님 관계하시는 카이로스 시간을 통해 진정한 쉼과 평안, 샬롬을 누린다. 세상에 영원한 것은 없다. 영원한 것은 하나님 품 안뿐이다. 인생이 짧은 이유는 영원한 하나님의 시간 속에 살지 않기 때문이다. 인생이 짧다고 한탄할 것이 아니라 하나님이 동행하시는 삶, 사명을 감당하는 삶을 살면 된다. 세상을 쫓아 시간을 낭비하기엔 인생이 너무 짧지만, 하나님 뜻을 쫓아 살기엔 인생은 충분히 길다. 사명을 감당하기엔 인생은 대하처럼 길다.

4. 하나님 뜻을 정하여 나아갈 때 하나님 역사하시는 현장에 서게 된다.

○ 소명의 사람은 삶의 태도가 달라진다. 소명이 힘과 에너지가 된다.

(빌립보서 3:13-14) 형제들아 나는 아직 내가 잡은 줄로 여기지 아니하고 오직 한 일 즉 뒤에 있는 것은 잊어버리고 앞에 있는 것을 잡으려고/ 푯대를 향하여 그리스도 예수 안에서 하나님이 위에서 부르신 부름의 상을 위하여 달려가노라

○ 소명의 삶에는 실패가 없다. 다른 사람을 원망하며 자신의 노력을 멈출 때에는 실패가 되지만, 소명은 멈출 수가 없다. 소명이 삶을 이끄는 원동력이자 살아야 할 이유이기 때문이다. 소명을 쫓을 때 삶의 모습, 말과 행동이 달라진다. 소명이 마음과 생각을 지킨다. 소명이 있다면 함부로 인생을 낭비할 수 없다. 소명에 방해되는 행동과 습관을 버린다. 세상 유혹에 흔들리지 않고 하나님 소망을 바라본다. 인도네시아 보고르 뿐짝 기슭에는 호랑이 쇼가 있다. 호랑이가 불꽃 링을 통과한다. 불을 보지 않고 조련사를 보고 달려가기 때문이다.

　소명의 사람은 오늘에 충실한다. 하나님의 선물, 하나님 주신 최고의 날이다. 오늘을 충실하게 보냄으로써 희망찬 내일이 펼쳐진다. 어제가 행복한 추억이 되고 내일은 설레이는 꿈이 된다. 날로 소망과 기쁨이 더해진다. 하나님을 찾고 기도한다. 기도하며 하나님 지혜와 능력을 구한다. 말씀을 새기며 성령의 음성을 듣고 따른다. 기도할 때 하나님은 기뻐 그 길을 인도하시며 감당할 능력을 부어주신다. 말씀과 기도로 하나님 성품을 닮아가게 된다. 사랑과 긍휼로 이웃을 섬기며 자기 책임을 다한다. 하나님 앞에 서는 자세로 공동체를 섬긴다. 하찮은 일도 최선을 다한다. 이웃의 진실한 벗이 된다. 교만하지 않고 겸손하게 된다. 소명으로 일하는 사람은 성취했다고 자랑하지 않는다. 더욱 겸손하게 하나님 은혜를 구한다. 하나님 부어주실 은혜의 그릇이 점점 커지게 된다. 물질의 탐욕을 벗어난다. 하나님 뜻을 이루기 위해 내 뜻과 욕심을 버린다. 하나님 주시는 것에 감사하며 자족한다. 게으르지 않고 부지런하다. 끊임없이 자기계발을 하며 자기 일에 전문가가 된다. 포기하지 않고 걷는 사람은 목적지에 반드시 도착한다.

○ 하나님이 쓰시면 약점이 강점된다. 소명을 위한 고난은 하나님 함께 하신 스토리가 된다.

　인간은 약하고 보잘것없는 질그릇 같은 존재지만, 하나님의 뜻을 담을 때, 보배로운 그릇이 된다. 내가 약할 때 하나님의 강함이 드러난다. 하나님 뜻을 정해 나아갈 때 약점이 강점된다. 하나님은 겸손한 자를 높이신다. 약한 자를 들어 강한 자를 부끄럽게 하신다. 건축자들의 버린 돌을 머릿돌이 되게 하신다. 약한 사람, 부족함을 아는 사람은 하나님을 의지하며 기도한다. 하나님은 약한 자에게 능력을 부어 쓰신다. 하나님 능력이 임하면 누구나 귀하게 쓰임 받는다. 내 안에 계신 성령님을 믿고 기도할 때 하나님의 능력이 나타난다.

소명의 길에서의 고난은 연단이요 축복이 된다. 고난의 십자가를 질 때 생명이 살아난다. 가족이 살고 이웃이 살고 나라와 민족이 살아난다. 고난이 연단임을, 하나님 축복임을 안다면 능히 고난을 이길 수 있다. 고난의 흔적은 하나님 함께 하신 스토리가 된다. 고난과 역경을 이길수록 감동적 스토리가 된다. 요셉이 그러했고, 다윗이 그러했고, 다니엘이 그러했다. 예수님은 비천하게 이 땅에 오셔서 가장 힘든 고난을 받으시고 십자가에 죽으심으로 인간의 죄를 대속하셨다. 예수님을 바라볼 때 이기지 못할 고난이 없다. 주님 얼굴을 뵙는다고 생각할 때, 이 땅의 수고와 헌신은 소망과 기쁨이 된다. 하나님은 소명의 길에서의 흘린 눈물과 아픔을 아신다. 하나님의 위로, 닦아주실 눈물이 있다면(요한계시록 7:13-17) 이보다 더 값진 삶, 큰 영광과 감격이 있겠는가!

만남의 축복

자카르타 늘푸른교회 김신섭 목사님

　필자가 2002년도 인도네시아 외환은행장으로 부임했을 때 임기를 마치고 10년이나 더 있을 줄은 몰랐다. 그 기간이 무척 빨리 지나갔다. 좋은 교회, 좋은 목사님, 좋은 교우들을 만났기 때문이었다. 성전이 은혜롭게 완공되고 입당 예배를 드린 후에도 릴레이기도는 계속되었다. 목사님은 새가족 교육과 성경공부에 철저하시다. 새가족은 대부분 주재원들이지만 귀국하기 전까지 반드시 새가족 교육을 받아야 하고, 이어서 단계적 성경공부를 받도록 했다. 새가족 교육을 받은 후에는 반드시 한 가지 사역팀에 소속되도록 했다. 이 같은 철저한 교육과 관리에 주재원들이 기한이 차서 귀국할 때에는 하나같이 믿음이 자랐다고 고마워하며, 믿음의 좋은 추억을 안고 돌아간다고 고백한다. 필자도 예외가 아니다
　이 같은 목사님 곁에서, 하나님 역사하시는 현장에 함께 섰던 것이 필자에겐 큰 축복이었다. 목사님은 성도들의 영적 성장을 위해 한국의 유명 목사님들을 자주 초청, 말씀 부흥회를 열었다. 특별히 바쁘신 중에도 여러 번 오셔서 말씀을 전해주신 춘천중앙교회 권오서 목사님, 선한목자교회 유기성 목사님, 만나교회 김병삼 목사님, 대전 산성교회 지성업 목사님, 충남 예산 광시교회 고용민 목사님께로부터 받은 은혜와 영감이 필자가 이 책을 쓰는데 좋은 자양분이 되었다.

일산신광교회 김인기 목사님

　2015년 귀국하여 일산신광교회에 등록, 김인기 목사님을 만난 것은 더없는 축복이었다. 머리말에서 언급했지만, 김인기 목사님은 부족한 필자의 영성을 넘치게 채워 주셨다. 영의 양식을 먹어야 한다는 것이 어떤 것인가를 체험했다. 목사님 설교는 너무도 감동적이어서 주일이 기다려진다. 목사님은 필자 신앙의 스승이자 멘토셨다. 말씀만이 아니라 지극한 효성과 말씀대로 사시려고 몸부림치는 모습을 가까이서 보지 못했다면 이 책은 도저히 쓸 수 없었다. '책 쓰는 것을 접어야지' 생

각했다가도 목사님 설교 말씀을 듣고 나면 생각이 바뀌곤 했다. 숙제들이 사명감으로 되살아나곤 했다. 목사님의 설교와 성경공부는 감동적이다. 깊은 영성, 많은 독서, 풍부한 지식에 바탕한 정확한 설명은 필자가 가졌던 의문들을 풀리게 했다. 이 책의 성경 지식과 설명, 영성과 영감의 바탕은 목사님께로부터 왔다. 목사님의 주옥같은 설교와 영의 양식을 필자만 먹고 기뻐할 수 없었기에, 받은 은혜와 감동을 전해야만 했기에, 이 책을 내게 되었다.

목사님은 겸손하시다. 심지어 담임목사란 표현도 꺼리신다. 당신을 소개할 때에는 '신광교회에서 말씀으로 예배를 섬기는 목사'라고 한다. 오직 하나님을 섬기는 종의 자세, 하나님 마음으로 교회와 성도를 섬기신다. '사명을 잃은 사람이 자리를 지키는 것은 불행'이며, 하나님 책망을 받을까 두려운 마음으로 '성도들에게 꼭 필요한 말씀을 주옵소서' 기도하며 말씀을 준비하신다고 한다. 하나님 앞에 거짓이 없는 모습, 말씀대로 살아보려고 하시는 노력이 녹아난 설교임을 잘 알기에 필자에겐 더욱 감동적이다.

부평감리교회 홍은파 목사님

목사님은 배려심과 정이 많으시다. 1990년대 일산에서 부평감리교회를 가자면 행주대교를 건너야 했는데 길이 막혀 예배에 늦을 때도 있었지만, 목사님은 출발 시부터 예배를 드리는 것이라며 격려해 주셨고, 일산 쪽으로 오실 일이 있으면 꼭 들러서 기도해 주셨다. 부평 부개동 골목길에, 지금도 마주 오는 차가 겨우 비켜가는 2차선 좁은 길에 2만 명 가까운 대형교회로 부흥한 것이 우연이 아닌 감동의 스토리임을 필자는 잘 알고 있다. 목사님은 선친 홍창준 목사님의 고생하시는 모습, 열악한 교회 형편을 보며 자란 터라 목사를 시키시려는 선친에 반항을 많이 하였다고 한다. 고3이 되어서야 선친의 뜻을 따라 진로를 바꾸었고, 은혜를 받으니, 환경은 그대로였지만 마음이 천국으로 변하여 화장실 청소부터 기쁨으로 담당하였다고 한다. 그러한 기쁨과 열정이 변함없이 이어져 지금의 부평감리교회를 이루었고 인근에 폐교된 초등학교 부지를 매입하여 선교 훈련원을 건립, 세계 각국의 훈련생들을 초청하여 복음의 사도로 양성해 파송하는 귀한 사역을 담당하는 교회가 되었다.

어성호 선교사님

1992년 필자가 첫 번째 자카르타 주재원으로 나갔을 때 등록한 교회, 개척한 지 3개월이 안 된 교회가 바로 어성호 선교사님이 개척하신 '자카르타중앙교회'였다. 선교사님은 교회 창립 후 2년여 지나 교회가 뿌리를 내릴 즈음 인도네시아 신학대학 설립에 전념하시고자 목회를 다른 목사님에게 넘기셨다.

선교사님은 인도네시아 감리교 1호 선교사로 많은 선교의 흔적을 남기셨다. 탁월한 친화력과 끈질긴 노력으로 1996년 드디어 웨슬리 신학대학이 당국의 허가를 받아 설립되었다. 선교사님의 땀과 노력은 아름다운 결실을 맺어 웨슬리 신학대학을 졸업한 현지인 목회자들이 인도네시아 전역에서 목회를 하고 있다. 선교사님은 인니어에 능통하시고 현지 인맥이 풍부하셔서 많은 후배 선교사와 목사님들에게 도움을 주신다. 아직도 현역에 활동하시는 선교사님의 모든 일에 하나님 함께 하시기를 기도드린다.

유노상 장로님

장로님은 외환은행에서 필자의 멘토이셨다. 직장의 선배요 상사이자, 신앙의 선배인 장로님으로부터 필자는 너무도 많은 것을 배웠다. 보통 직장에서는 크리스천임을 잘 드러내시 않는다. 크리스천답게 행동할 자신이 없어서이다. 장로님은 당당하게 드러내셨다. 그만큼 크리스천답게 행동할 자신감이 있으셨고, 또 그렇게 노력하시려는 의지의 표현이셨다. 장로님은 누구보다 열심히 일하셨다. 그래서 노상 일한다는 별명이 붙으셨다. 일에는 철저하고 엄격해서서 부하 직원에게 야단도 많이 치셨지만, 내면에는 깊은 애정과 사랑이 있으셨다. 필자가 장로님 밑에서 두 번이나 일한 것은 큰 축복이었다. 야단도 많이 맞았지만 일도 즐겁게 했다. 장로님은 일과 신앙 양면으로 본이 되셨고, 필자가 장로님 밑에서 보고 배우

많은 것들이 은행 생활 및 신앙생활에 좋은 밑거름이 되었다.

임철진 장로님

2002년 늘푸른교회 등록 후 1년쯤 뒤 한 분의 훌륭한 장로님이 오셨다고 했는데 그분이 임철진 장로님이다. 인도네시아 우리은행 행장으로 부임했기에 필자와는 교회 안팎에서 자주 접했다. 서울에서 이미 장로였기에, 장로가 없었던 늘푸른교회에서는 2007년 4분의 장로가 피택되기까지 유일한 장로였다. 장로님은 장로의 본, 섬김과 희생의 본을 보였다. 교회 밖에서도 믿음과 행동이 일치하는 장로님 모습은 필자에게 신선한 충격이었고 도전이 되었다.

부인 이선신 권사님은 목회자 따님으로 성경 지식은 물론 재능과 경험이 많고 성격이 밝아 두루두루 봉사하시며 교회에 활기를 불어넣는 분위기 메이커였다. 장로님은 필자보다 10살 젊지만 장로 선배, 신앙의 선배로서 필자가 닮고자 하는 신앙의 멘토였다. 장로님은 2006년 임기를 마치고 귀국한 후에도 우리은행의 인도네시아 현지 은행 투자 문제를 담당하게 되어 인도네시아 출장이 잦았다. 인도네시아 감독 당국의 승인을 받는 일은 지루하고 끈기를 요하는 일이었다. 결국 장로님은 장기 출장 형태로 약 1년간 혼자 지내게 되었다. 장로님은 게스트하우스에서 지낼 계획이었지만, 필자의 집에 있을 것을 필자가 권하여 1년 여 함께 지냈다. 장로님의 정직함과 신실함, 성실함은 우리은행 안팎으로 널리 알려져 우리은행 은퇴 후에도 우리은행이 투자한 현지은행의 고문으로 아직까지 현직에 계신다. 장로님 내외는 필자 내외와 믿음 안에서 형제자매처럼 지낸다. 서울에 오면 필자 집에 머물기도 한다. 형제자매라도 이렇게 가깝기 어렵다. 언제나 보고 싶고 떨어져 있어도 마음으론 함께 있다. 기쁜 일, 슬픈 일, 어려운 일도 제일 먼저 나누며 서로에게 힘이 되니 얼마나 축복인가! 참된 행복은 관계의 축복임을 깨닫는다. 하나님 관계의 회복, 사람 사이 사랑의 관계 회복이 바로 에덴동산이 아니겠는가!

이강원 권사님

 늘푸른교회를 통해 필자는 또 한 분의 신앙의 멘토를 만났는데 그분이 이강원 권사님이다. 권사님은 2004년 동양물산 인도네시아 지사장으로 부임했다. 자카르타에서 2시간 이상 거리의 공장 기숙사에 있었고, 주일 예배만 드리고 점심도 하지 않고 공장으로 가셨기에 깊이 사귈 기회가 없었다. 필자가 2005년 말 외환은행을 은퇴하고 시간적 여유가 있어, 그동안 교회의 숙제였던 원거리에 있는 성도들의 속회를 필자가 담당, 인도하기로 했다. 원거리 지역이 자카르타 남쪽과 서쪽 두 군데였는데 필자가 두 곳 모두를 맡았다. 맡고 보니 어려움도 있었지만, 하나님 은혜를 체험하는 기쁨이 더 컸다. 어려움이란 집을 찾지 못해 헤매는 일이었다. 인도네시아는 전력이 열악해 외곽에는 가로등이 없고 밤이 되면 캄캄하다. 어렵게 집을 찾아가 드리는 속회 예배는 축복이었다. 밤이 늦도록 기도하며 은혜를 나누었다. 주일날 이분들을 만나면 서로 고마워 부둥켜안았다. 이런 마음이 하나님 마음일 것이다.

 이강원 권사님과의 교제도 이렇게 이루어졌고 시간적 여유가 생긴 권사님은 주일날 교회에서 점심을 드시고 갔고, 돌아가는 길에 기사에게 식사했느냐고 물었던 모양이다. 교회에서 식사가 나올 줄 알았는데 그렇지 않음을 알게 된 권사님은 남몰래 우유와 빵을 준비하여 기사들에게 나누어 주었다. 교회는 이 사실을 권사님이 떠난 뒤에 '기사들이 교회에서 왜 빵을 안 주느냐?' 해서 알았다. 그 분 떠나신 후 교회에서 공식적으로 50여명 되는 기사들에게 빵과 우유를 제공하는 계기가 되었다.

최정엽 청년

 2017년 6월, 10일간의 동유럽 패키지 투어를 갔었는데 뜻밖에 좋은 청년을 만나는 축복이 있었다. 농어촌개발공사에 다니는 청년으로, 친근한 인상과 서글서글한 성격에, 노트북과 사진 기술은 전문가 수준이며 축구와 운동, 독서 등 다양한 취미를 고루 갖춘 청년이었다. 와이파이 도시락이 무엇인지도 모르는 필자 내외에게 청년이 구입한 도시락을 나누어 주어 여행 기간 내내 와이파이로 자유롭게 교통할 수 있었고, 전문적 사진 기술로 필자 내외의 사진을 알게 모르게 찍어 동영상으로 편집, 여행 후에 보내주기까지 하였다. 보내온 사진과 동영상을 보니 여느 신혼여행 편집에 못지않았다. 늘그막에 신혼여행을 다녀온 기분, 배우가 된 느낌이었다.

청년은 필자 내외뿐만 아니라 사진을 부탁하는 누구에게나 정성을 다해 찍었다. 청년은 사진을 찍어주느라 제대로 구경도 못했지만, 사진을 보고 좋아할 표정들을 그려보며 찍는다고 했다. 좋아서 하는 일이라며 애써 겸손했다. 사진뿐만이 아니라 호텔에서, 버스에서 무거운 짐들을 들어주는 일을 솔선해서 했다. 청년으로 인해 모두가 마음으로 하나가 되었다. 서로 먹을 것을 나누고 양보하는 기분 좋은 여행, 몸과 마음이 힐링 되는 행복한 여행이었다. 필자에게 청년은 하나님 나라, 자립공생사회의 일꾼은 어떤 모습인가를 보여주는 특별한 선물이었다. 청년은 어릴 적 교회에 나간 적이 있다고 했다. 우리 내외는 교회에 나가도록, 신앙의 배우자를 만나도록 진심으로 권면하며 기도했다.

이밖에, 자카르타 한마음교회 송창근 장로님, 늘푸른교회 강기석 권사님, 팔팔회 회원들 그리고 나의 사랑하는 경동고 동기동창 석구, 인재, 병기를 만나게 하신 이가 하나님이심을 믿고 전심으로 감사하며 하나님의 축복임을 고백하지 않을 수 없다.

참고문헌

○ **1, 2부**:**역사를 변화시킨 말씀**(프랭크 보어햄/장학일, 엄영민)/ **그리스도를 본받아**(토마스 아켐피스/유재덕)/ **주님은 나의 최고봉**(오스왈드 챔버스/토기장이)/ **최고의 하나님을 위한 나의 최선**(오스왈드 챔버스/김창대)/ **존 웨슬리, 나의 삶이 되다**(존 웨슬리/이성덕)/ **찰스 스펄전이 생각한 복음의 핵심**(스티븐 로슨/이반석)/ **예수님의 임재 즐거움**(찰스 스펄전/유재덕)/ **내 안의 죄 죽이기**(존 오웬/김창대)/ **팡세**(파스칼/최종훈)/ **톨스토이 인생론, 참회록**(톨스토이/박병덕)/ **신의 입자**(리언 레더먼, 딕 테레시/박병철)/ **철학사전**(철학사전 편찬위원회)/ **철학의 고전**(로베르트 짐머/이동희)/ **우리 본성의 선한 천사**(스티븐 핑커/김명남)/ **성령님의 임재 연습**(앤드류 머레이/정혜숙)/ **우찌무라 간조 회심기**(우찌무라 간조/양혜원)/ **예수의 생애**(엔도 슈사쿠/김광림)/ **그리스도의 탄생**(엔도 슈사쿠/김광림)/ **죽으면 죽으리라**(안이숙)/ **당신은 죽어요, 그런데 안 죽어요**(안이숙)/ **낫고 싶어요**(안이숙)/ **죽음, 가장 큰 선물**(헨리 나웬/홍석현)/ **천국과 지옥의 이론**(C.S. 루이스/김선형)/ **고통의 문제**(C, S, 루이스/이종태)/ **순전한 기독교**(C.S.루이스/장경철,이종태)/ **예기치 못한 기쁨**(C. S. 루이스/강유나)/ **예수님이라면 어떻게 하실까**(찰스 쉘돈/김창대)/ **이것이 교회다**(찰스 콜슨/김애진 외)/ **성령님의 임재 연습**(앤드류 머레이/정혜숙)/ **아름다운 빈손**(한경직)/ **예수**(김형석)/ **영혼의 기도**(이재철)/ **새벽을 깨우리로다**(김진홍)/ **의식, 뇌의 마지막 신비**(김재익)/ **스스로 있는 신**(데이비드 로버트슨/전현주)/ **만들어진 신**(리처드 도킨스/이한음)/ **이기적 유전자**(리차드 도킨스/홍영남)/ **사피엔스**(유발 하라리/조현욱)/ **신경 끄기의 기술**(마크 맨슨/한재호)/ **숨겨진 차원**(에드워드 홀/김지명)/ **두번째의 사형선고**(김훈)/ **구원에 이르는 신음**(신혜원)/ **삶, 그리고 성령**(임영수)/ **내려놓음**(이용규)

○ **3, 4부**:**국부론**(아담 스미스/안재욱)/ **도덕감정론**(아담 스미스/김광수)/ **자본론**(칼 마르크스/김정로,전종덕)/ **진보와 빈곤**(헨리 조지/김윤상)/ **노동 빈곤과 토지 정의**(헨리 조지/김윤상)/ **자유론**(존 스튜어트 밀/김형철)/ **프로테스탄티즘과 자본주의 정신**(막스 베버/오거서)/ **신학대전**(토마스 아퀴나스/정의채)/ **신학대전 해설서**(월터 패렐/조규홍)/ **경제발전의 이론**(조셉 슘페터/정선양)/ **자본주의, 사회주의, 민주주의**(죠셉 슘페터/이종인)/ **선택할 자유**(밀턴 프리드먼/민병균,서재명,한동순)/ **자본주의와 자유**(밀턴 프리드먼/심준보,변동열)/ **노예의 길**(프리드리히 하이에크/김이석)/ **경제학은 어떻게 권력이 되었는가**(조너선 엘드리드/강주헌)/ **힘든 시

대를 위한 좋은 경제학(아브하지트 바네르지, 에스테르 뒤플로/김승진)/ **엘리트 세습**(대니얼 마코비츠/서정아)/ **토마스 모어의 유토피아**(김재은)/ **21세기를 위한 21가지 제안**(유발 하라리/전병근)/ **21세기 자본**(토머 피케티/장경덕)/ **자본과 이데올로기**(토머 피케티/안준범)/ **불평등의 대가**(조지프 스티글리츠/이순희)/ **불만 시대의 자본주의**(조셉 스티글리츠/박세연)/ **마틴 루터의 기도**(마틴 루터/유재덕)/ **공산주의 강의**(박성철)/ **기독교 사회주의**(홍성현)/ **민주주의적 자본주의의 위기**(마틴 울프/고한석)/ **자본주의의 미래**(폴 콜리어/김홍식)/ **좀비와 싸우다**(폴 크루그먼/김진원)/ **넛지**(리처드 탈러, 케스 선스타인/이강식)/ **정신현상학**(헤겔/임석진)/ **회복력 시대**(제레미 리/안진환)/ **지적 행복론**(리처드 이스털린/안세민)/ **행복의 철학**(루트비히 마르쿠제/정인모)/ **도덕적 인간과 비도덕적 사회**(라인홀드 니버/이한우)/ **물질문명과 자본주의**(페르낭 브로델/주경철)/ **사회주의 종말론**(이스트만/이기홍)/ **사회주의란 이런 거야**(조지 버나드 쇼/오세원)/ **자본주의의 미래**(폴 콜리어/김홍식)/ **포스트 피크**(앤드루 맥아피/이한음)/ **사회계약론, 인간 불평등 기원론**(장 자크 루소/이태일 외)/ **빈곤의 종말**(제프리 삭스/김현구)/ **힘든 시대를 위한 좋은 경제학**(아비지트 배너지, 에스테르 뒤플로/김승진)/ **자본주의 정신과 반자본주의 심리**(루트비히 폰 미제스/김진현)/ **정의란 무엇인가**(마이클 샌델/김명철)/ **공정하다는 착각**(마이클 샌델/함규진)/ **돈으로 살 수 없는 것들**(마이클 샌델/안기순)/ **엘리트 세습**(대니얼 마코비츠/서정아)/ **정의의 아이디어**(아마르티아 센/이규원)/ **헬렌 켈러 자서전**(헬렌 켈러/김명신)/ **신곡**(단테/박상진)/ **독일 국민에게 고함**(피테/박희철)/ **왜 일하는가**(이나모리 가즈오/김윤경)/ **왜 일하지 않는가**(찰스 콜슨, 잭 엑커드/김애진)/ **기후 재앙을 피하는 법**(빌 게이츠/김민주,이엽)/ **지구를 위한다는 착각**(마이클 셸런버/노정태)/ **사람은 무엇으로 사는가**(톨스토이/장경학)/ **구두수선공이 만난 허니님**(틀✧도이/김효영)/ **인간의 품격**(데이비드 브룩스/김희정)/ **두번째 산**(데이비드 브룩스/이경식)/ **형이상학**(아리스토텔레스/한석환)/ **철학의 힘**(김형철)/ **철학의 교실**(오가와 히토시/안소현)/ **윤리형 이상학 정초**(임마누엘 칸트/백종현)/ **정의론**(존 롤스/황경식)/ **천로역정**(존 번연/유성덕)/ **성장의 한계**(도넬라 메도즈/김병순)/ **열 번의 산책**(에디스 홀/ 박세연)/ **글로벌 그린 뉴딜**(제러미 리프킨/안진환)/ **일터의 사랑**(토니 캄플로/이승희)/ **노동의 종말**(제러미 리프킨/이영호)/ **소유의 종말**(제러미 리프킨/이희재)/ **국가는 왜 실패하는가**(대런 애쓰모글루, 제임스 로빈슨/최완규)/ **가난한 사람들의 선언**(프란시스코 판 더르/박형준)/ **자본주의**

문명의 정치경제(조홍식)/ **자본과 은행업**(이갑현)/ **불평등의 세대**(이철승)/ **이 또한 나의 생긴 대로**(김유심)/ **공짜는 없다**(정구영)/ **울고 있는 사람과 함께 울 수 있어 행복하다**(유정옥)

○ **5, 6부**:환단고기(안경전)/ **알아랑 민족**(류석근)/ **성경과 환단고기 만남**(신성욱)/ **신비한 성경 속 한자의 비밀**(박필립)/**한국민족의 기원과 형성**(신용하)/ **신채호의 조선 상고사**(김재은)/ 호머 헐버트 선교사 기념 사업회 자료/ **독립정신**(이승만)/ **공산당의 당부당**(이승만)/ **일본의 가면을 벗긴다**(이승만)/ **이승만과 김구**(손세일)/ **이승만과 마사리크**(김학은)/ **망명 노인 이승만 박사를 변호함**(김인서)/ **우남 이승만 평전**(이택선)/ **건국대통령 이승만 강의**(이호)/ **이승만 학당**(이승만 강의)/ **우남실록**(이기웅)/ **한미동맹 70년 한미역사 140년**(김영수)/ **이승만 오디세이**(복거일)/ **대한제국 멸망사** (헐버트 선교사/신복룡)/ **회심의 창가**(모윤숙)/ **재한 선교사들 연구**(김명구)/ **맥아더 회고록**(반광식)/ **프란체스카의 난중일기**(프찬체스카 도너리)/ **할아버지 손은 약손**(한수연)/ **한국인 이야기**(이어령)/ **지성에서 영성으로**(이어령)/ **아시아 지상주의**(이홍범)/ **대한민국 읽기**(최진석)/ **아시아가 바꿀 미래**(파라그 카나/고영태)/ **대한민국의 기원**(이정식)/ **인민, 시민, 국민의 탄생**(송호근)/ **한국의 시간**(김태유)/ **사이비 종교**(위고 슈탕/송순섭)/ **최고의 유산 상속 받기**(스토벌 짐/정지운)/ **당신의 날개로 날으리라**(D. C. 윌슨/정철하)/ **아이와 함께 철학하기**(로베르트 짐머/강주헌)/ **질그릇 속의 보화**(낸시 죠지/김애진)/ **위대한 신앙의 사람들**(제임스 로슨/김동순)/ **러빙 갓**(찰스 콜슨/김지홍)/ **유대인 쉐마교육**(이강근, C채널 세미나)/ **자기경영 노트**(피터 드러커/장영철)/ **마음챙김의 배신**(로널드 퍼서/서민아)/**청년아 울더라도 뿌려야 한다**(이재철)/ **인간의 일생**(이재철)/ **회복의 신앙**(이재철)/ **요한과 더불어**(이재철)/ **이들을 보소서**(이재철)/ **내게 있는 것**(이재철)/ **참으로 신실하게**(이재철)/ **예수님이 이끄시는 삶**(박선일)/ **문제아는 없고 문제 부모만 있다**(김양재)/ **하나님이 고치지 못할 사람은 없다**(박효진)/ **이 때를 위함이 아닌지**(임영수)/ **무엇을 믿으며 어떻게 살 것인가**(임영수)/ **가정, 그 선한 싸움의 현장**(이근호)/ **나의 세계관 뒤집기**(성인경)

더욱 믿음의 세대로

초판 1쇄 발행 2025. 05. 01.

지은이   강인구
펴낸이   방주석
펴낸곳   베드로서원
주 소   10252 경기도 고양시 일산동구 고봉로 776-92
전 화   031-976-8970
팩 스   031-976-8971
이메일   peterhouse@daum.net
등 록   2010년 1월 18일
창립일   1988년 6월 3일
ISBN   979-11-91921-34-2 03230
책값은 뒤표지에 있습니다.

베드로서원은 문서라는 도구로 한국교회가 복음의 본질을 회복하고 마을 목회와 선교적 교회로 나아가는 데 기여하고자 최선을 다합니다.

나의 힘이신 여호와여 내가 주를 사랑하나이다(시 18:1)